Wolfgang Zankl • Bürgerliches Recht

Bürgerliches Recht

Kurzlehrbuch

6., überarbeitete Auflage

von

Dr. Wolfgang Zankl
ao. Universitätsprofessor in Wien

unter Mitarbeit von

Dr. Marta Bodrogi
Mag. Bernhard Krumphuber
Mag. Alina Schmidt
Mag. Terezia Stuhl

Wien 2012

facultas.wuv

Der Autor

- ☐ Professor am Institut für Zivilrecht der Universität Wien
- ☐ Direktor des europäischen zentrums für e-commerce und internetrecht (www.e-center.eu)
- ☐ Leiter der International Wealth Management Group
- ☐ Dekan des Fachbereichs Rechtswissenschaften an der Privaten Universität im Fürstentum Liechtenstein (2007–2009)
- ☐ Professor an der Universität Graz (2000–2002) und Lehrbeauftragter an der Universität Leipzig (1997–2006)
- ☐ Entwicklung der Plattform www.checkmycase.com
- ☐ Ca 220 Publikationen und Studien auf Deutsch, Englisch und Spanisch va auf den Gebieten des Bürgerlichen Rechts, des Versicherungsrechts, der Rechtsvergleichung und des E-Commerce-Rechts
- ☐ Ca 500 Lehrveranstaltungen, Praktikerseminare und Vorträge auf Deutsch, Englisch und Spanisch im In- und Ausland (ua Dubai, Jerusalem, Hong-kong, London, Singapur, Santiago de Chile, Tokio)
- ☐ Verfechter von Informationsfreiheit im Internet („freedom of exchange of information, said Wolfgang Zankl", *New York Times*)
- ☐ Arktis- und Antarktisläufer (www.arctic-antarctic.at)
- ☐ www.zankl.at

Bibliografische Information Der Deutschen Nationalbibliothek

Die Deutsche Nationalbibliothek verzeichnet diese Publikation in der Deutschen Nationalbibliografie; detaillierte bibliografische Daten sind im Internet über http://dnb.d-nb.de abrufbar.

Alle Angaben in diesem Fachbuch erfolgen trotz sorgfältiger Bearbeitung ohne Gewähr, eine Haftung des Autors oder des Verlages ist ausgeschlossen.

6. Auflage 2012
Copyright © 2012 Facultas Verlags- und Buchhandels AG
facultas.wuv Universitätsverlag, Stolberggasse 26, 1050 Wien, Österreich
Alle Rechte, insbesondere das Recht der Vervielfältigung und der Verbreitung sowie der Übersetzung, sind vorbehalten.
Satz und Druck: Facultas Verlags und Buchhandels AG
Printed in Austria
ISBN 978-3-7089-0888-5

Vorwort

Das bürgerliche Recht ist mittlerweile so umfangreich geworden, dass Studierende, oft aber auch Berufsanwärter und Praktiker, die präzise und aktuelle Information suchen, den Wald vor lauter Bäumen nicht mehr sehen. Die Grundstrukturen des Zivilrechts werden immer schwerer erkennbar. Immer öfter ist daher auch zu hören, dass Prüfungskandidaten zwar komplexe Problemstellungen gelernt haben, grundlegende Zusammenhänge des Zivilrechts aber nicht herstellen können. Genau diese Flexibilität im Umgang mit den einzelnen Rechtsgebieten ist aber im Studium und in der modernen Rechtspraxis gefragt. Vor dem Hintergrund anhaltender Gesetzesflut und ständig zunehmender Literatur und Rechtsprechung geht es nicht mehr so sehr um ständig abrufbares Detailwissen, sondern vielmehr darum, Grundlagen zu beherrschen und diese auch parat zu haben. Das vorliegende Buch versucht, diesen Anforderungen durch seine kompakte Darstellung zu entsprechen. Es ist für Studierende, Berufsanwärter und Praktiker gedacht, die sich im Zivilrecht nicht verlaufen, sondern schnell und auf neuestem Stand zurechtfinden wollen.

Zu den aktuellsten und wirtschaftlich wichtigsten Entwicklungen gehören jene auf dem Gebiet des rasant wachsenden E-Commerce-Rechts. Dieses berührt zwar als Querschnittsmaterie so gut wie alle Bereiche der Rechtsordnung, der normative Schwerpunkt liegt aber im Zivilrecht. Im Sinne der oben dargelegten Methode, die darauf abzielt, Strukturen und Zusammenhänge herauszuarbeiten, wird daher auch diese Materie im Rahmen des vorliegenden Buches kurz behandelt. Da die einschlägigen Themen vor allem im Allgemeinen Teil des bürgerlichen Rechts und im Schuldrecht angesiedelt sind, erfolgt die Darstellung im Anschluss an die entsprechenden Kapitel.

In der 6. Auflage wurden Entwicklungen in Gesetzgebung, Lehre und Rechtsprechung berücksichtigt sowie Ergänzungen und Verbesserungen vorgenommen. Erweitert wurden auch die Literatur- und Judikaturübersichten. Bewährt hat sich das Update zu Beginn des Buches. Es enthält eine Zusammenstellung wichtiger Gesetzesänderungen und OGH-Entscheidungen seit der letzten Auflage und trägt dem Bedürfnis Rechnung, sich schnell über die aktuelle Rechtslage zu informieren.

Dr. Marta Bodrogi, Mag. Bernhard Krumphuber, Mag. Alina Schmidt, Mag. Terezia Stuhl, Dr. Maximilian Raschhofer, Mag. Thomas Just, Georg Dreier, Mag. Tamara Gotthart, Kerstin Keltner, Katharina Perger, Daniel Piff und Jia Zhou danke ich für ihre tatkräftige und hilfreiche Mitarbeit an der 6. Auflage.

Wien, im März 2012   Wolfgang Zankl

Inhaltsübersicht

Inhaltsverzeichnis

2. Teil: Schuldrecht 104

A. Allgemeines 104

Abkürzungsverzeichnis

Paragrafenzitate ohne nähere Bezeichnung beziehen sich auf das ABGB.

aA	anderer Ansicht
Abb	Abbildung
ABGB	Allgemeines Bürgerliches Gesetzbuch
Abs	Absatz
AcP	Archiv für die civilistische Praxis
ADV	Automatisierte Datenverarbeitung
aE	am Ende
aF	alte Fassung
AG	Aktiengesellschaft
AGB	Allgemeine Geschäftsbedingungen
AHG	Amtshaftungsgesetz
AJP/PJA	Aktuelle Juristische Praxis/Pratique Juridique Actuelle
Am.J.Comp.L.	The American Journal of Comparative Law
AnfO	Anfechtungsordnung
AngG	Angestelltengesetz
Anm	Anmerkung
AnwBl	Österreichisches Anwaltsblatt
AO	Ausgleichsordnung
ArbVG	Arbeitsverfassungsgesetz
arg	argumento (folgt aus)
ARGE	Arbeitsgemeinschaft
Art	Artikel
ASVG	Allgemeines Sozialversicherungsgesetz
AußStrG	Außerstreitgesetz
AußStr-BegleitG	Außerstreit-Begleitgesetz
AVRAG	Arbeitsvertragsrechtsanpassungsgesetz
B2B	Business to Business
B2C	Business to Consumer
BauRG	Baurechtsgesetz
bbl	Baurechtliche Blätter
BG	Bundesgesetz
BGB	Bürgerliches Gesetzbuch
BGBl	Bundesgesetzblatt
BGH	Bundesgerichtshof
BlgNR	Beilagen zu den stenographischen Protokollen des Nationalrats
BM	Bundesminister
BMF	Bundesministerium für Finanzen
BRBG	Bundesrechtsbereinigungsgesctz
Bsp	Beispiel
bspw	beispielsweise
BStFG	Bundes-Stiftungs- und Fondsgesetz
BTVG	Bauträgervertragsgesetz
B-VG	Bundesverfassungsgesetz
BWG	Bankwesengesetz
bzgl	bezüglich
bzw	beziehungsweise

ca	circa
CaS	Causa Sport
CD	Compact Disc
cic	culpa in contrahendo
CISG	United Nations Convention on Contracts for the International Sale of Goods (UN-Kaufrechtsübereinkommen)
CML Rev.	Common Market Law Review
DEuFamR	Deutsches und Europäisches Familienrecht
dh	das heißt
DHG	Dienstnehmerhaftpflichtgesetz
DRdA	Das Recht der Arbeit
DSG	Datenschutzgesetz
DVD	Digital Versatile Disc
E (e)	electronic
EB	Erläuternde Bemerkungen
e-center	europäisches zentrum für e-commerce und internetrecht
ECG	E-Commerce-Gesetz
ecolex	ecolex – Fachzeitschrift für Wirtschaftsrecht
ed(s).	editor(s)
EDV	Elektronische Datenverarbeitung
EF-Z	Zeitschrift für Ehe- und Familienrecht
EG	Europäische Gemeinschaft
EGG	Erwerbsgesellschaftengesetz
EheG	Ehegesetz
EheRÄG	Eherechts-Änderungsgesetz
EheRwG	Bundesgesetz vom 1.7.1975 über die Neuordnung der persönlichen Rechtswirkungen der Ehe
EisBEG	Eisenbahn-Enteignungsgesetz
EKHG	Eisenbahn- und Kraftfahrzeughaftpflichtgesetz
EO	Exekutionsordnung
EPG	Eingetragene Partnerschaft-Gesetz
ErbRÄG	Erbrechtsänderungsgesetz
ERCL	European Review of Contract Law
ERPL	European Review of Private Law
EU	Europäische Union
EuGH	Gerichtshof der Europäischen Gemeinschaften
EuLF	The European Legal Forum
EuR	Europarecht (Zeitschrift)
EV	Einstweilige Verfügung
EVHGB	Einführungsverordnung zum Handelsgesetzbuch
EVÜ	Übereinkommen über das auf vertragliche Schuldverhältnisse anzuwendende Recht
FamErbRÄG	Familien- und Erbrechts-Änderungsgesetz 2004
FamRZ	Zeitschrift für das gesamte Familienrecht
FamZ	Interdisziplinäre Zeitschrift für Familienrecht
FBG	Firmenbuchgesetz
FernFinG	Fern-Finanzdienstleistungs-Gesetz
ff	und der, die folgenden
FG	Festgabe
FMedG	Fortpflanzungsmedizingesetz
FS	Festschrift

G	Gesetz
GBG	Allgemeines Grundbuchsgesetz
GedS	Gedächtnis-, Gedenkschrift
gem	gemäß
GesbR	Gesellschaft bürgerlichen Rechts
GesRZ	Der Gesellschafter
GewO	Gewerbeordnung
GewRÄG	Gewährleistungsrechts-Änderungsgesetz
ggü	gegenüber
GmbH	Gesellschaft mit beschränkter Haftung
GOG	Gerichtsorganisationsgesetz
GP	Gesetzgebungsperiode
GPR	Zeitschrift für Gemeinschaftsprivatrecht
grds	grundsätzlich
GSpG	Glücksspielgesetz
GUG	Grundbuchsumstellungsgesetz
H	Heft
hA	herrschende Auffassung
Hg	Herausgeber
HGB	Handelsgesetzbuch
hL	herrschende Lehre
hM	herrschende Meinung
HTML	Hypertext Markup Language
idF	in der Fassung
idR	in der Regel
idZ	in diesem Zusammenhang
ieS	im engeren Sinn
IHR	Internationales Handelsrecht
immolex	Neues Miet- und Wohnrecht
insb	insbesondere
IPR	Internationales Privatrecht
IPRax	Praxis des Internationalen Privat- und Verfahrensrecht
IPRG	Bundesgesetz über das internationale Privatrecht
iSd	im Sinne des
ISP	Internet Service Provider
IT	Informationstechnologie
iVm	in Verbindung mit
iwS	im weiteren Sinn
iZm	im Zusammenhang mit
iZw	im Zweifel
JA	Justizausschuss
JAB	Justizausschussbericht
JAP	Juristische Ausbildung und Praxisvorbereitung
JBl	Juristische Blätter
JN	Jurisdiktionsnorm
JRP	Journal für Rechtspolitik
juridikum	juridikum – Zeitschrift im Rechtsstaat
JWG	Jugendwohlfahrtsgesetz
JZ	Juristen-Zeitung
Kfz	Kraftfahrzeug
KHVG	Kraftfahrzeughaftpflichtversicherungsgesetz

KindRÄG	Kindschaftsrechtsänderungsgesetz
Kl	Kläger
KO	Konkursordnung
K&R	Kommunikation und Recht
krit	kritisch
KSchG	Konsumentenschutzgesetz
KUR	Zeitschrift für Kunsturheberrecht
KWG	Kreditwesengesetz
LG	Landesgericht
LH	Landeshauptmann
Lit	Literatur
lit	litera
M	Mobile
maW	mit anderen Worten
mE	meines Erachtens
MJ	Maastricht Journal of European und Comparative Law
MMR	MultiMedia und Recht
MR	Medien und Recht
MRG	Mietrechtsgesetz
MRK	Menschenrechtskonvention
MSchG	Markenschutzgesetz
mwN	mit weiteren Nachweisen
NÄG	Namensänderungsgesetz
NIC	Network Information Center (nic.at Internet Verwaltungs- und Betriebs-GmbH)
NO	Notariatsordnung
NotAktG	Notariatsaktsgesetz
NR	Nationalrat
NZ	Österreichische Notariatszeitung
Oä	oder ähnliches
ÖA	Der Österreichische Amtsvormund
ÖBA	Österreichisches Bankarchiv
ÖBl	Österreichische Blätter für gewerblichen Rechtsschutz und Urheberrecht
OEG	Offene Erwerbsgesellschaft
OGH	Oberster Gerichtshof
OHG	Offene Handelsgesellschaft
ÖJZ	Österreichische Juristenzeitung
ÖStA	Österreichisches Standesamt
OLG	Oberlandesgericht
OrgHG	Organhaftpflichtgesetz
ÖZW	Österreichische Zeitschrift für Wirtschaftsrecht
PatG	Patentgesetz
PC	Personal Computer
pdf	portable document format
PHG	Produkthaftungsgesetz
PIN	Personal Identity Number
PSG	Privatstiftungsgesetz
PSG 2004	Produktsicherheitsgesetz 2004
PStG	Personenstandsgesetz
RabelsZ	Rabels Zeitschrift für ausländisches und internationales Privatrecht

RAO	Rechtsanwaltsordnung
RdM	Recht der Medizin
RdU	Recht der Umwelt
RdW	Österreichisches Recht der Wirtschaft
RFG	Recht und Finanzen der Gemeinden
RHG	Reichshaftpflichtgesetz
RIW	Recht der internationalen Wirtschaft
RL	Richtlinie
Rsp	Rechtsprechung
RV	Regierungsvorlage
RWZ	Österreichische Zeitschrift für Recht und Rechnungswesen
RZ	Österreichische Richterzeitung
Rz	Randziffer
S	Seite
s	siehe
SigG	Signaturgesetz
SigV	Signaturverordnung
SMS	Short Message Service
sog	so genannte (r, s)
SPG	Sicherheitspolizeigesetz
StEG	Strafrechtliches Entschädigungsgesetz 2005
StGB	Strafgesetzbuch
StGG	Staatsgrundgesetz über die allgemeinen Rechte der Staatsbürger
StbG	Staatsbürgerschaftsgesetz
StPO	Strafprozessordnung
str	strittig
stRsp	ständige Rechtsprechung
StVO	Straßenverkehrsordnung
SW	Sachwalter
SWRÄG	Sachwalterrechts-Änderungsgesetz
TEG	Todeserklärungsgesetz
TKG	Telekommunikationsgesetz
TLD	Top Level Domain
ua	unter anderem
UbG	Unterbringungsgesetz
UGB	Unternehmensgesetzbuch
UHG	Urkundenhinterlegungsgesetz
UMTS	Universal Mobile Telecommunication System
UN	Vereinte Nationen
UNK, UNKR	Übereinkommen der Vereinten Nationen über Verträge über den Internationalen Warenkauf
UrhG	Urheberrechtsgesetz
USchG	Unterhaltsschutzgesetz
UStG	Umsatzsteuergesetz
usw	und so weiter
uU	unter Umständen
UVG	Unterhaltsvorschußgesetz
UWG	Gesetz gegen den unlauteren Wettbewerb
VersVG	Versicherungsvertragsgesetz
VfGH	Verfassungsgerichtshof
vgl	vergleiche

VO	Verordnung
VR	Die Versicherungsrundschau
VStG	Verwaltungsstrafgesetz
WÄG	Wohnrechtsänderungsgesetz
WBl, wbl	Wirtschaftsrechtliche Blätter
WEG	Wohnungseigentumsgesetz
wo	wie oben
WoBl, wobl	Wohnrechtliche Blätter
WRP	Wettbewerb in Recht und Praxis
www	world wide web
XML	Extensible Markup Language
Y2K	Jahr 2000
Z	Ziffer
ZaDiG	Zahlungsdienstegesetz
Zak	Zivilrecht aktuell
ZAS	Zeitschrift für Arbeitsrecht und Sozialrecht
zB	zum Beispiel
ZessRÄG	Zessionsrechts-Änderungsgesetz
ZEuP	Zeitschrift für europäisches Privatrecht
ZEuS	Zeitschrift für europarechtliche Studien
ZEV	Zeitschrift für Erbrecht und Vermögensnachfolge
ZfRV	Zeitschrift für Rechtsvergleichung, Internationales Privatrecht und Europarecht
ZfS	Zeitschrift für Stiftungswesen, Stiftungsrecht und Vermögensverwaltung
ZfV	Zeitschrift für Verwaltung
ZIK	Zeitschrift für Insolvenzrecht und Kreditschutz
ZivRÄG	Zivilrechts-Änderungsgesetz
ZÖR	Zeitschrift für Öffentliches Recht
ZPO	Zivilprozessordnung
ZSt	Zeitung für Stiftungswesen
zT	zum Teil
ZuKG	Zugangskontrollgesetz
ZVglRWiss	Zeitschrift für Vergleichende Rechtswissenschaft
ZVR	Zeitschrift für Verkehrsrecht
ZZPInt	Zeitschrift für Zivilprozess International

Update

Im Folgenden findet sich eine Zusammenstellung wichtiger Entwicklungen in Gesetzgebung und Rechtsprechung seit der letzten Auflage (2010). Die Verweise in Teil A beziehen sich auf jene Randziffern, unter denen die neue Rechtslage im systematischen Zusammenhang behandelt wird.

A. Gesetzgebung

I. Verbraucherkreditgesetz (VKrG)

Die Bestimmungen betreffend die Abzahlungsgeschäfte gem §§ 16–25 KSchG wurden durch das BGBl I 28/2010 aufgehoben, weil es gleichzeitig durch dieses BGBl zum Erlass des Verbraucherkreditgesetzes (VKrG) gekommen ist. Das VKrG regelt bestimmte Aspekte von Verbraucherkreditverträgen und anderen Kreditformen zugunsten von Verbrauchern und umfasst *insb vorvertragliche Pflichten* des Kreditgebers, das *Rücktritts- und Kündigungsrecht* des Kreditnehmers und die Möglichkeit einer *vorzeitigen Rückzahlung* (vgl § 1 VKrG), Rz 251. Gem § 2/1 VKrG ist der Kreditgeber ein Unternehmer iSd § 1/1 Z 1 KSchG, der einen Kredit gewährt oder zu gewähren verspricht oder eine sonstige Kreditierung einräumt. Hingegen ist Kreditnehmer ein Verbraucher iSd § 1/1 Z 2 und § 1/3 KSchG, der einen Kredit oder eine sonstige Kreditierung in Anspruch nimmt (§ 2/2 VKrG).

§ 4 VKrG regelt den Anwendungsbereich für Verbraucherkreditverträge und stellt klar, dass die Bestimmungen in den §§ 5–17 VKrG nur auf Kreditverträge anwendbar sind, die einen Gesamtkreditbetrag von mindestens 200 Euro aufweisen. Darüber hinaus sind die genannten Regelungen nicht auf Kredite anzuwenden, die bspw binnen drei Monaten zurückzuzahlen sind oder zwischen Arbeitgebern und Arbeitnehmern als Nebenleistung aus dem Arbeitsverhältnis zu einem effektiven Jahreszinssatz unter den marktüblichen Zinsen geschlossen werden.

§ 6 VKrG regelt ausführlich die vorvertraglichen Pflichten des Kreditgebers, die dem Verbraucher gegenüber rechtzeitig vor Abschluss des Vertrages zu erfüllen sind, und § 9 VKrG zählt eine Reihe zwingender Angaben auf, die ein Kreditvertrag aufzuweisen hat. Besonders hervorzuheben ist das in § 12 VKrG vorgesehene Rücktrittsrecht: Der Verbraucher kann von einem Kreditvertrag innerhalb von vierzehn Tagen ohne Angabe von Gründen zurücktreten, wobei die Frist für die Ausübung des Rücktrittsrechts mit Abschluss des Kreditvertrags beginnt.

II. Darlehens- und Kreditrechts-Änderungsgesetz

Das Darlehens- und Kreditrechts-Änderungsgesetz (BGBl I 28/2010) ist mit 20. Mai 2010 in Kraft getreten. Dadurch wurden auch die Bestimmungen des ABGB bezüglich des Darlehens geändert. Das Darlehen ist *kein Realvertrag mehr*, sondern zählt nun zu den Konsensualverträgen. Außerdem wurden die bisher im KSchG enthaltenen Regelungen bezüglich der Abzahlungsgeschäfte von Verbrauchern durch das VKrG ersetzt, Rz 82, 156.

III. Insolvenzrechtsänderungsgesetz

Im Zuge des Insolvenzrechtsänderungsgesetzes 2010 (IRÄG 2010, BGBl I 29/2010), das vor allem das Ziel verfolgt, Sanierungen sowie Unternehmensfortführungen in der Insolvenz zu erleichtern, wurden Konkurs- und Ausgleichsverfahren durch ein *einheitliches Verfahren* (Einheitsverfahren), nämlich das Insolvenzverfahren nach der Insolvenzordnung (IO), ersetzt (Sonderrecht existiert weiterhin für Versicherungsunternehmen sowie Banken).

Anstelle einer Konkursordnung (KO) und einer Ausgleichsordnung (AO) existiert nunmehr eine auf alle Insolvenzverfahren anwendbare Insolvenzordnung (IO), in welcher sowohl das Sanierungs- als auch das eigentliche Konkursverfahren geregelt sind, Rz 64, 68, 99, 152a, 325.

IV. E-Geld-Gesetz

Durch BGBl I 107/2010 wurde das bisherige E-Geld-Gesetz aufgehoben, und an dessen Stelle trat das neue E-Geld-Gesetz 2010. Die Definition in § 1 E-Geld-Gesetz legt fest, dass E-Geld jeder elektronisch – darunter auch magnetisch – *„gespeicherte monetäre Wert"* in Form einer Forderung gegenüber dem E-Geld-Emittenten ist, der gegen Zahlung eines Geldbetrags ausgestellt wird und damit die Durchführung von Zahlungsvorgängen iSd § 3 Z 5 ZaDiG ermöglicht, die auch von anderen natürlichen oder juristischen Personen als dem E-Geld-Emittenten angenommen werden, Rz 294. § 1/2 regelt, dass nur E-Geld-Emittenten berechtigt sind, E-Geld auszugeben, und zählt alle E-Geld-Emittenten auf. § 2 sieht jene Ausnahmen vor, in denen das E-Geld-Gesetz für bestimmte E-Geld-Emittenten nicht bzw nur beschränkt anwendbar ist, und stellt klar, welche Werte kein E-Geld iSd Bundesgesetzes darstellen (§ 2/3).

Das 2. Hauptstück des E-Geldgesetzes beschäftigt sich mit den Voraussetzungen und dem Verfahren für E-Geld-Emittenten, um eine Konzession zu erhalten. Darunter findet sich in § 11 E-Geld-Gesetz die Regelung, dass die Eigenmittel des E-Geld-Instituts, die die Bestandteile von § 23/1 Z 1 und 2 BWG (eingezahltes Kapital und offene Rücklagen) umfassen, in keinem Fall weniger als EUR 350.000 betragen dürfen.

Im 3. Hauptstück finden sich die für E-Geld-Inhaber wichtigen Bestimmungen betreffend die Ausgabe und Rücktauschbarkeit von E-Geld. Dabei sieht § 17 E-Geld-Gesetz vor, dass das E-Geld stets in der Höhe des Nennwertes des entgegengenommenen Geldbetrages auszugeben ist und abweichende Vereinbarungen zulasten des E-Geld-Inhabers unwirksam sind, Rz 294.

V. Budgetbegleitgesetz 2011

Die mit dem Budgetbegleitgesetz 2011 (BGBl I 111/2010) einhergehende Einschränkung von protokollarischen Anbringen bei Gerichten brachte auch die *Änderung im FMedG* (in Kraft seit 1.5.2011) mit sich, nach welcher sowohl die Beratung über die rechtlichen Folgen (insb der Zustimmung) betreffend eine medizinisch unterstützte Fortpflanzung (§ 7/3 FMedG) als auch die Zustimmung zu einer solchen selbst (§ 8/1 FMedG) nicht mehr durch das Gericht, sondern ausschließlich durch den Notar bzw durch einen Notariatsakt erfolgen muss, Rz 426.

VI. Bundesverfassungsgesetz über die Rechte von Kindern

Durch das BVG über Rechte von Kindern (BGBl I 4/2011, in Kraft seit 15.2.2011), erfuhr das Übereinkommen über die Rechte der Kinder (*UN-Kinderrechtskonvention*) eine Verankerung in der Bundesverfassung, Rz 428.

VII. Teilzeitnutzungsgesetz 2011

Durch BGBl I 8/2011 wurde das Teilzeitnutzungsgesetz 1997 aufgehoben, und ein neues Teilzeitnutzungsgesetz trat mit 23.2.2011 in Kraft. Dadurch wurde die *Mindestlaufzeit* von Teilzeitnutzungsverträgen von drei Jahren auf ein Jahr herabgesetzt. Außerdem finden die Bestimmungen des TNG auch auf bewegliche Sachen Anwendung, solange diese zu Wohn- oder Beherbergungszwecken dienen, Rz 179a.

VIII. Änderung des TKG

Der bereits 2003 eingeführte § 107 TKG, der unerbetene Anrufe zu Werbezwecken ohne vorherige Einwilligung regelt („*Cold Calling*"), hat mehrere Änderungen erfahren. Durch BGBl I 23/2011 wurde die Bestimmung um Absatz 1a erweitert, welche vorsieht, dass der Anrufer bei Telefonanrufen zu Werbezwecken die Rufnummernanzeige nicht unterdrücken oder verfälschen darf und dass dieser auch den Diensteanbieter zur Unterdrückung bzw Verfälschung nicht veranlassen darf, vgl Rz 279.

Darüber hinaus wurde *§ 5e KSchG* mit BGBl I 22/2011 ergänzt: §5e/4 KSchG legt nun fest, dass Verträge, die während eines gemäß § 107/1 TKG 2003 unzulässigen Anrufs im Zusammenhang mit Gewinnzusagen oder Wett- und Lotteriedienstleistungen ausgehandelt werden, nichtig sind. Nur der Verbraucher kann sich auf die Ungültigkeit des Vertrags berufen, und dem Unternehmer steht es nicht zu, für Leistungen, die er trotz der Nichtigkeit derartiger Verträge erbracht hat, Entgelt für die zwischenzeitliche Benützung oder Wertminderung zu verlangen. Die Rücktrittsfrist des § 5e/2 KSchG beginnt bei Verträgen über Dienstleistungen, die während eines gemäß § 107/1 TKG 2003 unzulässigen Anrufs ausgehandelt werden, mit der Erbringung der Dienstleistung durch den Unternehmer oder, wenn er die Dienstleistung erst später in Rechnung stellt, mit der ersten Rechnungslegung, Rz 262.

Schließlich brachte BGBl I 102/2011 eine Erweiterung des § 107/5 TKG, sodass nun vier Fälle vorgesehen sind, in denen das Versenden elektronischer Post zu Zwecken der Direktwerbung unzulässig ist, nämlich wenn die Identität des Absenders verschleiert oder verheimlicht wird oder gegen Bestimmungen des § 6 ECG (Informationspflichten bei elektronischer Werbung) verstoßen wird, oder der Empfänger aufgefordert wird, Websites zu besuchen, die gegen § 6 ECG verstoßen, oder keine authentische Adresse vorhanden ist, an die der Empfänger eine Aufforderung zur Einstellung solcher Nachrichten senden kann, Rz 262.

IX. Änderung des KSchG

Mit BGBl I 77/2011 wurde die in *§ 28a KSchG* geregelte Möglichkeit, auf Unterlassung zu klagen, dahingehend *erweitert*, dass nun auch verbotene Verhaltensweisen iZm Dienstleistungen der Vermögensverwaltung und der Ausgabe von E-Geld erfasst werden: Demnach können Unternehmer, die im geschäftlichen Verkehr mit Verbrauchern iZm zB Haustürgeschäften, Verbraucherkreditverhältnissen, Abschlüssen im Fernabsatz, der Vereinbarung von missbräuchlichen Vertragsklauseln, der Gewährleistung oder Garantie beim Kauf oder bei der Herstellung beweglicher körperlicher Sachen oder iZm Diensten der Informationsgesellschaft im elektronischen Geschäftsverkehr oder Wertpapierdienstleistungen oder Dienstleistungen der Vermögensverwaltung oder Zahlungsdiensten oder der Ausgabe von E-Geld gegen gesetzliche Gebote oder Verbote verstoßen und dadurch die allgemeinen Interessen der Verbraucher beeinträchtigen, auf Unterlassung geklagt werden, Rz 249b.

Des Weiteren wurde die Bestimmung über die missbräuchliche Verwendung von Zahlungskarten im Fernabsatz in *§ 31a KSchG* durch das BGBl I 66/2009 *aufgehoben* und in das Zahlungsdienstegesetz (ZaDiG) übertragen, Rz 284.

B. Rechtsprechung

1. Allgemeiner Teil

OGH 29.6.2009, 9 Ob 68/08b:	Geltungserhaltende Reduktion
OGH 1.9.2009, 5 Ob 21/09p:	Gewährleistungsansprüche des Wohnungseigentümers gegen den Bauträger
OGH 8.9.2009, 1 Ob 123/09h:	AGB: „Änderungskündigung" von Mobilfunkverträgen
OGH 8.9.2009, 4 Ob 59/09v:	Unzulässige Klauseln in Finanzierungsleasingverträgen
OGH 8.9.2009, 4 Ob 90/09b:	Leistungsort von Geldschulden (Schickschulden)
OGH 18.9.2009, 6 Ob 104/09a:	„Ausmalverpflichtung" im Mietvertrag in concreto gröblich benachteiligend
OGH 18.9.2009, 6 Ob 128/09f:	Unzulässige Klausel in Bank-AGB betreffend Sparbücher
OGH 22.10.2009, 3 Ob 111/09h:	Listige Irreführung beim Unternehmenskauf
OGH 15.12.2009, 9 Ob 41/09h:	Keine Formalvollmacht des Vereinsobmannes
OGH 17.12.2009, 6 Ob 212/09h:	Unzulässige Klauseln in Bürgschaftsverträgen
OGH 27.1.2010, 7 Ob 248/09k:	Eingriff in die Privatsphäre
OGH 9.3.2010, 1 Ob 8/10g:	Vertragsinhalt vs AGB
OGH 17.3.2010, 7 Ob 15/10x:	Unzulässige Klauseln in den Emissionsbedingungen von „Snowball-Anleihen"
OGH 25.3.2010, 2 Ob 252/09m:	§ 25 GSpG: Gleichheitsgrundsatz verbietet willkürliche, unsachliche Differenzierungen
OGH 20.4.2010, 1 Ob 3/10p:	laesio enormis: Verjährung, gemischte Schenkung
OGH 20.4.2010, 1 Ob 14/10f:	Rundschreiben von Landwirtschaftskammer kann Amtshaftung begründen
OGH 20.4.2010, 4 Ob 26/10t:	Pflichten eines Rechtsanwalts als Sachwalter
OGH 30.6.2010, 3 Ob 69/10h:	Bestätigung der Rsp-Änderung: Einschreiben beweist nicht den Zugang
OGH 28.7.2010, 9 Ob 80/09v:	Keine Sittenwidrigkeit bei Bestehen auf Vorleistungspflicht trotz Mängeln
OGH 10.8.2010, 1 Ob 120/10v:	30-jährige Verjährungsfrist gilt auch für juristische Person
OGH 31.8.2010, 4 Ob 65/10b:	Irrtumsanfechtung wegen irreführender Werbung für Anlageprodukte I
OGH 31.8.2010, 5 Ob 69/10y:	Gewährleistungsfrist bei Liegenschaften beginnt mit der körperlichen Übergabe zu laufen

OGH 1.9.2010, 7 Ob 144/10t:	Intransparente Klausel
OGH 22.9.2010, 8 Ob 25/10z:	Irrtumsanfechtung wegen irreführender Werbung für Anlageprodukte II
OGH 23.9.2010, 5 Ob 133/10k:	Einfache E-Mail (ohne qualifizierte elektronische Signatur) erfüllt Schriftformgebot des § 886 nicht
OGH 11.11.2010, 3 Ob 194/10s:	Irrtumsanfechtung bei ungelesen unterschriebener Urkunde
OGH 11.11.2010, 3 Ob 201/10w:	30-jährige Verjährungsfrist für Geltendmachung von Geschäftsunfähigkeit
OGH 23.11.2010, 1 Ob 164/10i:	AGB: intransparentes Verhältnis von Gewährleistung und Garantie
OGH 14.12.2010, 3 Ob 183/10y:	Keine Vorteilsausgleichung bei Gewährleistung
OGH 18.1.2011, 4 Ob 212/10w:	Geltungskontrolle von AGB
OGH 23.3.2011, 4 Ob 20/11m:	Anlageberatung ohne Hinweis auf Insolvenzrisiko
OGH 29.3.2011, 2 Ob 34/11f:	Gewährleistung: Beweislast für Verbesserung, Mangelhaftigkeitsvermutung
OGH 30.3.2011, 9 ObA 51/10f:	Zugangszeitpunkt eines Telefax
OGH 26.4.2011, 8 Ob 151/10d:	Irreführung von Anlegern: „150-jährige Unternehmenstradition"
OGH 27.4.2011, 7 Ob 34/11t:	Einbeziehung der AVB in den Vertrag, Aufklärungspflicht
OGH 11.5.2011, 3 Ob 81/11z:	Keine Weisungen an den Sachwalter im Rahmen der Personensorge
OGH 16.6.2011, 6 Ob 92/11i:	Irrtumsanpassung: Verkehrswertminderung durch erforderliche Bauarbeiten
OGH 7.7.2011, 5 Ob 108/11k:	Zurückbehaltung des gesamten Werklohns
OGH 18.7.2011, 6 Ob 85/11k:	Zustimmungsfiktion in AGB
OGH 18.7.2011, 6 Ob 114/11z:	Recht auf freie Meinungsäußerung

2. Schuldrecht

OGH 18.9.2009, 6 Ob 142/09i:	Schadenersatzpflicht des Reiseveranstalters bei mangelnder Aufklärung über Pass- und Visaerfordernisse
OGH 28.9.2009, 2 Ob 114/09t:	LKW mit Arbeitskorb und EKHG
OGH 30.9.2009, 7 Ob 166/09a:	Geschäftsführerhaftung
OGH 25.11.2009, 3 Ob 77/09h:	Höhe des Ausgleichanspruchs nach § 364a
OGH 17.12.2009, 6 Ob 212/09h:	Unzulässige Klauseln in Bürgschaftsformularen
OGH 28.1.2010, 2 Ob 128/09a:	Vertrag mit Schutzwirkung
OGH 17.2.2010, 2 Ob 133/09w:	Ersatz frustrierter Reisekosten

OGH 17.2.2010, 2 Ob 222/09z:	Vertraglicher Ausschluss der EKHG-Haftung für Sachschäden
OGH 23.2.2010, 4 Ob 209/09b:	Übernommene Hypothek von Aktiven iSd § 1409 nicht abzuziehen
OGH 24.2.2010, 3 Ob 268/09x:	Klauselkontrolle bei Heimverträgen
OGH 20.4.2010, 1 Ob 19/10s:	Haftung für Schiunfall auf Geschwindigkeitsmessstrecke
OGH 20.4.2010, 4 Ob 205/09i:	Schuldbeitritt zu Interzessionszwecken erfordert Schriftform
OGH 11.5.2010, 4 Ob 36/10p:	Zurechnung eines Krankenpflegers wegen unterbliebener Behandlung bzw Aufklärung
OGH 19.5.2010, 8 Ob 126/09a:	Stand der Technik (PHG)
OGH 27.5.2010, 2 Ob 199/09t:	Haftungsklausel im Mietvertrag – Bereicherungsanspruch für Weiterbenützung des gekündigten Mietobjekts
OGH 8.6.2010, 4 Ob 71/10k:	Unterlassene ärztliche Behandlung: Schockschaden nur bei Kausalität der Unterlassung ersatzfähig
OGH 8.6.2010, 4 Ob 12/10h:	Keine Aufklärungspflicht des Arztes bei entfernter Möglichkeit einer Komplikation
OGH 17.6.2010, 2 Ob 193/09k:	Haftung für Bäume nach § 1319
OGH 30.6.2010, 9 Ob 60/09b:	Explodierende Mineralwasserflasche nach Einfrieren
OGH 30.6.2010, 3 Ob 92/10s:	Erheblichkeitsschwelle für Schadenersatz wegen entgangener Urlaubsfreude nach § 31e/3 KSchG
OGH 30.6.2010, 9 Ob 83/09k:	Arzthaftung: Ersatz für Schockschaden aus Vertrag mit Schutzwirkung
OGH 31.8.2010, 4 Ob 137/10s:	Haftung bei Vermittlung von „Mietkauf"
OGH 1.9.2010, 6 Ob 146/10d:	Aufklärungspflichtverletzung der Bank betreffend Bankgarantie
OGH 29.9.2010, 7 Ob 95/10m:	Eigenverpflichtung des Haftpflichtversicherers durch Abfindungsvergleich
OGH 29.9.2010, 9 Ob 13/10t:	Sicherungsglobalzession – Verständigung des Schuldners bei vereinbartem Buchvermerk
OGH 21.10.2010, 5 Ob 173/10t:	Erhaltungspflicht des Vermieters bei Gesundheitsgefährdung
OGH 9.11.2010, 4 Ob 146/10i:	Sorgfaltspflichten beim Abschleppen eines Unfallwracks
OGH 2.12.2010, 2 Ob 162/10b:	Mängelbehebungskosten nicht nach PHG ersatzfähig
OGH 14.12.2010, 3 Ob 82/10w:	Bereicherungsrecht: Kein Vorrang der Leistungskondiktion im dreipersonalen Verhältnis
OGH 17.12.2010 6 Ob 142/10s:	Abgrenzung Garantie – Bürgschaft

OGH 20.12.2010, 5 Ob 208/10i: Wirksamkeit einer Mietvertragsbefristung bei Verlängerung und Mietzinsüberprüfung

OGH 28.1.2011 6 Ob 256/10f: Einigung bei Grenzverhandlung stellt außergerichtlichen Vergleich dar

OGH 9.2.2011 5 OB 193/10h: Lastenfreistellungsverpflichtung beim grundbücherlichen Sicherungsmodell

OGH 15.2.2011, 4 Ob 192/10d: Keine schadenersatzrechtliche Haftung des Subunternehmers gegenüber Bauherrn

OGH 22.2.2011, 8 Ob 5/11k: Interzession definiert durch Bestehen eines Regressionspruches

OGH 24.2.2011, 6 Ob 8/11m: Fehlerhafte Anlageberatung: Vertrauens- oder Erfüllungsinteresse?

OGH 28.2.2011, 9 Ob A 115/10t: Kein Schadenersatzanspruch bei diskriminierender Beendigung nach GlBG aF

OGH 7.4.2011, 2 Ob 210/10m: Werkvertrag mit Schutzwirkung zugunsten Mieter

OGH 9.3.2011, 7 Ob 222/10p: Unzulässige Übertragung von Gewährleistungsrechten an Verbraucher

OGH 26.4.2011, 8 Ob 126/10b: Pflicht zur Auffüllung einer Kaution: Dauer- oder Zielschuld

OGH 26.4.2011, 8 Ob 101/10a: Schadenersatzpflicht des Reisebüros für Ersatzflug und entgangenen Urlaubstag

OGH 5.5.2011, 2 Ob 157/10t: Konkurrenz zwischen § 1431 und § 1042

OGH 11.5.2011, 7 Ob 173/10g: AGB-Klauseln beim Leasing

OGH 24.5.2011, 1 Ob 80/11p: Abgrenzung Reiseveranstalter – Reisevermittler gem § 31b KSchG

OGH 26.5.2011, 9 Ob 51/10f: Vorteilanrechnung bei unrichtiger Anlageberatung

OGH 7.6.2011, 5 Ob 103/11z: Bereicherungsanspruch bei unberechtigtem Garantieabruf aus Unternehmerkauf

OGH 21.6.2011, 1 Ob 46/11p: Schadenersatz: Subjektiv-konkrete Berechnung des Wertes volatiler Wertpapiere

OGH 22.6.2011, 2 Ob 219/10k: Religionsfreiheit rechtfertigt nicht Verletzung der Schadensminderungsobliegenheit

OGH 28.6.2011, 9 Ob A 132/10t: Schadenersatz bei Mobbing

OGH 29.6.2011, 8 Ob 132/10k: Schadenersatzrechtliche Haftung des Anlageberaters bei Kursverlust

OGH 5.7.2011, 4 Ob 62/11p: Haftung des Anlageberaters

OGH 6.7.2011, 3 Ob 113/11f: Vermerk der Sicherungszession im Buchvermerk nicht notwendig

OGH 15.7.2011, 8 Ob 124/10h: Wiederholungsgefahr bei Unterlassungserklärungen mit „Ersatzklauseln"

OGH 18.7.2011, 6 Ob 85/11k: Zustimmungsfiktion in AGB

OGH 27.7.2011, 9 Ob 57/10p: Doppelveräußerung

OGH 09.8.2011, 4 Ob 74/11 b: Wegfall der Wiederholungsgefahr bei Unterlassungsklage

OGH 24.8.2011, 3 Ob 128/11m: Psychisches Leid bei der Schmerzengeld-bemessung

OGH 25.8.2011, 5 Ob 129/11y: Haftung des Erfüllungsgehilfen

OGH 30.8.2011, 8 Ob 138/10t: Pflicht des Vermieters für ausreichende Beleuchtung zu sorgen

OGH 20.9.2011, 4 Ob 136/11w: Verursachung des Anlegerschadens: Beratungsgespräch oder (auch) Werbe-prospekt?

OGH 08.11.2011, 10 Ob 31/11y: Zulässigkeit von Zahlscheingebühren

3. E-Commerce-Recht

OGH 18.6.2009, 8 Ob 25/09y: Benützungsentgelt bei Rücktritt von Fern-absatzvertrag

OGH 14.7.2009, 4 Ob 30/09d: Geltung des Herkunftslandprinzips

OGH 30.9.2009, 7 Ob 166/09a: Keine Haftung des GmbH-Geschäftsführers bei verbotener E-Mail-Werbung

OGH 30.9.2009, 7 Ob 168/09w: Unzulässige Mailwerbung für Sachverstän-digentätigkeit

OGH 18.12.2009, 6 Ob 133/09s: Firmenwortlaut bei Second Level Domain

OGH 19.1.2010, 4 Ob 174/09f: Unerlaubte Datenbeschaffung über Fernab-satz

OGH 24.11.2010, 9 Ob 76/10g: Haftung des Linksetzers bei inkompatibler Software

OGH 18.1.2011, 17 Ob 16/10t: Ortsnamenschutz bei Top Level Domains

OGH 19.1.2011, 3 Ob 210/10v: Exekutive Übertragung von .com-Domains

OGH 23.3.2011, 4 Ob 32/11a: Notwendigkeit eines Vertragsabschlusses im Fernabsatz für Anwendbarkeit von Art 15/1 lit c EuGVVO

OGH 10.5.2011, 17 Ob 10/11m: Imitationsmarketing: Verwendung ver-wechslungsfähiger Zeichen als UWG-Verstoß

OGH 9.8.2011, 4 Ob 74/11b: Unerlaubte Werbeaufkleber als Fernabsatz-Medium

OGH 9.8.2011, 17 Ob 6/11y: Anwendbares Recht bei internationalen Domainstreitigkeiten

OGH 14.9.2011, 6 Ob 104/11d: Umfang der Bekanntgabepflicht des Diens-teanbieters

OGH 20.9.2011, 4 Ob 105/11m: Anzeige von Vorschaubildern durch eine Suchmaschine

4. Sachenrecht

OGH 28.9.2009, 2 Ob 104/09x:	Einlösungsrecht gem § 462
OGH 25.11.2009, 3 Ob 77/09h:	Öffentliche Straße als „behördlich genehmigte Anlage" iSd § 364a
OGH 19.1.2010, 5 Ob 268/09m:	Unzulässigkeit der Naturalteilung wegen unverhältnismäßig hoher Umbaukosten
OGH 11.2.2010, 5 Ob 258/09s:	Verkaufsvollmacht der Bank als Umgehung des § 1371
OGH 17.3.2010, 7 Ob 192/09z:	Immission durch Freizeitanlage
OGH 19.3.2010, 6 Ob 138/09a:	Erwerb einer Wegeservitut durch eine Gemeinde
OGH 24.3.2010, 3 Ob 246/09m:	Abgrenzung Sicherungszession und Zession zahlungshalber
OGH 20.4.2010, 4 Ob 205/09i:	Schuldbeitritt zu Sicherungszwecken – analoge Anwendung des § 1346 Abs 2
OGH 22.4.2010, 8 Ob 82/09f:	Eigentumsvorbehalt – Voraussetzung der Ersatzaussonderung bei Weiterveräußerung
OGH 31.8.2010, 5 Ob 63/10s:	Keine Ausschlussklage bei schlichter Miteigentumsgemeinschaft
OGH 28.4.2010, 3 Ob 48/10w:	Höchstbetragshypothek bei Rahmenkreditvertrag
OGH 24.6.2010, 6 Ob 111/10g:	Pfandverwertung – Interessenwahrungspflicht gem § 466a Abs 2
OGH 29.9.2010, 9 Ob 13/10t:	Sicherungsglobalzession und Insolvenz des Zedenten
OGH 21.10.2010, 5 Ob 126/10f:	Hypothekenerwerb durch Zession der besicherten Forderung – Eintragungserfordernis
OGH 9.11.2010, 4 Ob 89/10g:	Ausgleichsanspruch analog § 364a
OGH 23.11.2010, 1 Ob 182/10m:	Veränderung des Grundwasserspiegels durch behördlich genehmigte Bauarbeiten
OGH 14.12.2010, 3 Ob 216/10a:	Anfechtung von Belastungs- und Veräußerungsverboten verschiedener Berechtigter
OGH 21.1.2011, 9 Ob 86/10b:	Haftung des Servitutsberechtigten gem § 364a
OGH 28.1.2011, 6 Ob 249/10a:	Informationspflichten der Bank gegenüber Pfandbesteller
OGH 23.2.2011, 3 Ob 155/10f:	Anforderungen an Buchvermerk bei Sicherungszession I
OGH 6.7.2011, 3 Ob 113/11f:	Anforderungen an Buchvermerk bei Sicherungszession II
OGH 9.8.2011, 4 Ob 96/11p:	Nadel- und Laubablagerungen auf dem Dach: nicht ortsunüblich

5. Familienrecht

OGH 8.9.2009, 1 Ob 119/09w:	Einbeziehung einer eingebrachten Liegenschaft in das Aufteilungsverfahren bei überwiegender Wertschöpfung während der Ehe
OGH 29.9.2009, 8 Ob 59/09y:	Verpflichtung der Mutter, auf eine positive Einstellung des Kindes zu den Besuchskontakten des Vaters hinzuwirken
OGH 16.10.2009, 6 Ob 212/08g:	Sittenwidrigkeit bei Beharren auf Unterhaltsverzicht unter Ausschluss der Umstandsklausel möglich
OGH 22.10.2009, 3 Ob 186/09p:	Definition der Lebensgemeinschaft
OGH 24.11.2009, 10 Ob 69/09h:	Vorrang des Vaters bei der Obsorgezuteilung nach dem Tod der alleine obsorgeberechtigten Mutter
OGH 25.11.2009, 3 Ob 134/09s:	Unterhaltspflicht bei Geburt eines Kindes nach Scheidung
OGH 18.12.2009, 2 Ob 67/09f:	Obergrenze des Unterhalts ist im Einzelfall zu beurteilen
OGH 27.1.2010, 3 Ob 235/09v:	Gewalttätiges Verhalten eines Ehegatten
OGH 29.2.2010, 1 Ob 138/10i:	Doppelehe
OGH 17.3.2010, 7 Ob 29/10f:	Geldveranlagung in Gold nicht mündelsicher
OGH 17.3.2010, 7 Ob 7/10w:	Gleichteiliges Verschulden, wenn das mindere Verschulden eines Ehegatten nicht fast völlig in den Hintergrund tritt
OGH 25.3.2010, 2 Ob 31/10p:	Gegenüberstellung von Eheverfehlungen in ihrer Gesamtheit
OGH 20.4.2010, 1 Ob 23/10d:	Konkludente Begründung einer GesBR bei Zusammenwirken von Lebensgefährten?
OGH 5.5.2010, 1 Ob 160/09z:	Schuldenregulierungsverfahren mindert nicht generell die Unterhaltspflicht (verst Senat)
OGH 22.6.2010, 5 Ob 102/10a:	Obsorgeentziehung wegen Kindeswohlgefährdung
OGH 24.6.2010, 6 Ob 87/10b:	Zinshaus als Unternehmen unterliegt nicht der ehelichen Aufteilung
OGH 8.7.2010, 2 Ob 111/10b:	Ersatz der Detektivkosten durch den Ehestörer
OGH 13.10.2010, 3 Ob 144/10p:	„Unterhaltsstopp" ist bei Sonderbedarf höher anzusetzen
OGH 11.11.2010, 2 Ob 74/10m:	Ansprüche des Scheinvaters gegen den biologischen Vater

OGH 23.11.2010, 8 Ob 139/10i:	Gesonderte Wohnungsnahme bei Vorliegen gerechtfertigter Gründe (psychische Erkrankung)
OGH 24.11.2010, 7 Ob 221/10s:	Verfristete Scheidungsgründe
OGH 27.1.2011, 2 Ob 57/10m:	Ausstattungsanspruch des Hinterbliebenen lange nach Unfalltod eines Elternteils
OGH 22.3.2011, 3 Ob 147/10d:	Medizinische Fortpflanzung für gleichgeschlechtliche Paare?
OGH 12.4.2011, 4 Ob 8/11x:	Schadenersatzpflicht des obsorgeberechtigten Elternteils wegen Vereitelung von Besuchskontakten
OGH 27.4.2011, 5 Ob 11/11w:	„Natürliche" Fortpflanzungshilfe durch einen anderen Mann
OGH 30.8.2011, 2 Ob 121/11z:	Wohnungserhaltungsanspruch als persönliche Rechtswirkung der Ehe
OGH 14.9.2011, 5 Ob 41/11g:	Verbote und Aufträge an den Obsorgebetrauten setzen Kindeswohlgefährdung voraus
OGH 29.9.2011, 8 Ob 46/11i:	Genehmigung des Pflegschaftsgerichts bei Amtshaftungsklage

6. Erbrecht

OGH 16.2.2009, 7 Ob 145/09p:	Grenzen des Eintrittsrechts nicht selbstbestimmungsfähiger Minderjähriger nach § 14 MRG
OGH 29.10.2009, 9 Ob 48/09p:	Kein Pflichtteilsergänzungsanspruch bei redlicher Verwendung des Geschenks zur Schuldentilgung
OGH 10.11.2009, 5 Ob 205/09x:	Verbücherungsfähigkeit einer Gütergemeinschaft auf den Todesfall
OGH 17.12.2009, 6 Ob 204/09g:	Anspruch des Nachlasses gegen den Legatar aus einem Benützungsentgelt
OGH 18.12.2009, 6 Ob 167/09s:	Erbeinsetzung unter Potestativbedingungen
OGH 19.1.2010, 4 Ob 219/09y:	Erb- und Pflichtteilsverzicht gegen Abfindung ist keine Schenkung
OGH 27.1.2010, 7 Ob 259/09b:	Verlust der Erbschaft wegen Nichterfüllung von Auflagen
OGH 20.4.2010, 1 Ob 3/10p:	Verjährungslauf gegen den ruhenden Nachlass
OGH 6.5.2010, 2 Ob 208/09s:	Pflichtteilsberücksichtigung von Schenkungen auf den Todesfall
OGH 24.6.2010, 6 Ob 89/10x:	fideikommissarische Substitution – Vererbbarkeit der Anwartschaft des Nacherben

OGH 14.7.2010, 7 Ob 56/10a: Prozess- und Vertretungskosten eines auf Zahlung des Pflichtteils gerichteten Verfahrens

OGH 1.9.2010, 6 Ob 136/10h: Pflichtteilsminderung mangels Naheverhältnis

OGH 3.9.2010, 9 Ob 66/09k: Stellung des Legatars im Verlassenschaftsverfahren

OGH 11.10.2010, 6 Ob 140/10x: Vermächtnis von Mietzinsen

OGH 20.10.2010, 1 Ob 159/10d: Beginn der Verjährungsfrist für Pflichtteilsansprüche

OGH 21.10.2010, 2 Ob 85/10k: Antragsrecht zur Inventarerrichtung

OGH 22.10.2010, 7 Ob 196/10i: Eintrittsrecht nach dem Tod des Hauptmieters

OGH 15.12.2010, 1 Ob 108/10d: Bestätigung für Legatar nur mit Zustimmung der Erben

OGH 18.1.2011, 4 Ob 218/10b: Erbschaftskauf ist kein Vorkaufsfall

OGH 26.1.2011, 1 Ob 222/10v: kein Kurator für ungezeugte Ersatzerben

OGH 27.1.2011, 2 Ob 148/10v: Schenkung auf den Todesfall und Nachlassseparation

OGH 23.2.2011, 3 Ob 227/10v: Übergangener Erbe muss Erbschaftsklage erheben

OGH 16.3.2011, 6 Ob 30/11x: Schaden des überlebenden Ehegatten aus der Errichtung eines formungültigen Testaments

OGH 22.3.2011, 3 Ob 44/11h: Übergangener Nacherbe

OGH 27.4.2011, 9 Ob 7/11m: Schenkungsanrechnung zwischen Pflichtteilsberechtigten

OGH 31.5.2011, 10 Ob 28/11g: Einbringung des Separationsantrags beim Gerichtskommissär als PDF-Datei

OGH 16.6.2011, 6 Ob 54/11a: Geltendmachung des Schenkungspflichtteils der Erben

OGH 7.7.2011, 5 Ob 97/11t: Überlebender ist nach Anwachsung außerbücherlicher Eigentümer

OGH 7.7.2011, 5 Ob 245/10f: Gütergemeinschaft auf den Todesfall und Pflichtteilsansprüche

OGH 26.7.2011, 1 Ob 102/11y: Wirksamkeit von Nottestamenten

OGH 9.8.2011, 4 Ob 98/11g: Schranken des Rechts zur Pflichtteilsminderung

1. Teil

Allgemeiner Teil

A. Einleitung

I. Einordnung und Einteilung des bürgerlichen Rechts

Literaturauswahl: *Rill*, Zur Abgrenzung des öffentlichen vom privaten Recht, ZÖR 1961, 457; *R. Walter*, Der Aufbau der Rechtsordnung (1974); *Novak*, Hoheitsverwaltung und Privatwirtschaftsverwaltung, ÖJZ 1979, 1; *B. Binder*, Der Staat als Träger von Privatrechten (1980); *Berger*, Auswirkungen der Europäischen Menschenrechtskonvention auf das österreichische Zivilrecht, JBl 1985, 142; *F. Bydlinski*, Das Privatrecht im Rechtssystem einer „Privatrechtsgesellschaft" (1994); *derselbe*, Kriterien und Sinn der Unterscheidung von Privatrecht und öffentlichem Recht, AcP 194 (1994) 319; *Lerche*, „Verwaltungsprivatrecht" und „Privatwirtschaftsverwaltung", 2. FS Winkler (1997) 581; *Lurger*, Grundfragen der Vereinheitlichung des Vertragsrechts in der Europäischen Union (2002); *Fischer-Czermak/Hopf/Schauer* (Hg), Das ABGB auf dem Weg in das 3. Jahrtausend (2003); *Lurger*, Die Europäisierung des Vertragsrechts aus vertragstheoretischer und verfassungsrechtlicher Perspektive, FS Mantl I (2004) 305; *Gebauer* (Hg), Zivilrecht unter europäischem Einfluss (2005); *Langenbucher* (Hg), Europarechtliche Bezüge des Privatrechts (2005); *Rösler*, 30 Jahre Verbraucherpolitik in Europa, ZfRV 2005, 134; *Fischer-Czermak/Hopf/Kathrein/Schauer* (Hg), ABGB 2011 (2008); *Geistlinger/Harrer/Mosler/Rainer* (Hg), 200 Jahre ABGB – Ausstrahlungen (2011).
Judikaturauswahl: 4 Ob 137/03f (Gewaltentrennung).

Das österreichische Recht wird in öffentliches Recht und Privatrecht eingeteilt. Das bürgerliche Recht (Zivilrecht) ist *allgemeines Privatrecht* und unterscheidet sich damit von den Sonderprivatrechten (unten Rz 7). Es besteht (nach dem sog *Pandektensystem*) aus fünf Teilen: **1**

- *Allgemeiner Teil* (zB Geschäftsfähigkeit, Vertragsrecht, Verjährung)
- *Schuldrecht* (zB Vertragstypen, Bereicherungsrecht, Schadenersatzrecht)
- *Sachenrecht* (zB Eigentumsrecht, Besitzrecht, Grundbuchsrecht, Pfandrecht)
- *Familienrecht* (Ehe- und Kindschaftsrecht)
- *Erbrecht* (gesetzliches Erbrecht, Testament und Vermächtnis, Pflichtteilsrecht)

Das ABGB beruht nicht auf dieser Einteilung, sondern trifft eine andere Unterscheidung, die auf dem älteren *Institutionensystem* beruht: Nach einer Einleitung (§§ 1–14) wird zwischen Personenrecht (I. Teil: §§ 15–284) und Sachenrecht (II. Teil: §§ 285–1341) differenziert und anschließend ein III. Teil (§§ 1342–1502) mit „gemeinschaftlichen Bestimmungen der Personen- und Sachenrechte" geregelt. Das Sachenrecht unterfällt nach der Systematik des ABGB wiederum in dingliches Sachenrecht (= Sachenrecht im modernen Sinn und Erbrecht) und persönliches Sachenrecht (= Schuldrecht im modernen Sinn). **2**

II. Begriff und Bedeutung des Privatrechts

Literaturauswahl: s oben A.I.

1. Privatrechtliche Rechtsverhältnisse/Abgrenzung zum öffentlichen Recht

Judikaturauswahl: 1 Ob 49/05w (hoheitliches Handeln); 1 Ob 14/10f (Rundschreiben von Landwirtschaftskammer kann Amtshaftung begründen).

3   (Privatrechtliche) Rechtsverhältnisse können aus Rechten, Pflichten und/oder Obliegenheiten (Rechtspflichten „minderer Art", die zwar nicht durchgesetzt werden, aber durch ihre Verletzung Nachteile auslösen können, zB Mitverschulden, Rz 195) bestehen. Für die Abgrenzung zum öffentlichen Recht ist nach hA (Subjektstheorie) entscheidend, ob an einem rechtlichen Vorgang ein mit *Hoheitsgewalt* („imperium") ausgestattetes Rechtssubjekt in Ausübung dieser Gewalt teilnimmt (= öffentliches Recht: zB wenn ein Steuerbescheid erlassen wird = *Hoheitsverwaltung*) oder nicht (= Privatrecht: zB wenn die Gemeinde ein Grundstück kauft = *Privatwirtschaftsverwaltung*). Weiters werden insbesondere die Interessenstheorie, die das Privatrecht vom öffentlichen Recht danach unterscheidet, ob die betreffende Norm dem Einzelnen oder aber der Allgemeinheit dient, und die Subjektionstheorie, die auf Über- bzw Unterordnung abstellt, vertreten. Teile der Lehre befürworten eine Kombination aus Subjekts- und Subjektionstheorie. Der Unterscheidung zwischen Privatrecht und öffentlichem Recht entspricht im elektronischen Bereich jene zwischen E-Commerce und E-Government (s Rz 252).

3a   Charakteristisch für das Privatrecht ist die *„Privatautonomie"* (Freiheit zu entscheiden, ob und mit wem sowie zu welchen Bedingungen man sich an rechtlichen Vorgängen beteiligen will). Das damit grundsätzlich eingeräumte Selbstbestimmungsrecht wird allerdings durch zwingende Vorschriften beschränkt (vgl zB § 879, wonach keine Verträge mit gesetz- oder sittenwidrigem Inhalt geschlossen werden können). Zwingende Vorschriften sind von dispositiven (nachgiebigen) Bestimmungen zu unterscheiden, welche im Gegensatz zu ersteren durch Vereinbarung der Parteien modifiziert werden können. Die Parteien können anderes vereinbaren bzw vom Regelungsinhalt abgehen; in diesem Fall dient das nachgiebige Recht als Hilfe bei der Interpretation und greift subsidiär, wenn durch Vertrag nicht anderes bestimmt wurde.

Die Privatautonomie wird nicht nur durch zwingende Vorschriften beschränkt, die bestimmte Vertragsinhalte verbieten (s oben), sondern auch durch *Kontrahierungszwang* und *Monopole*. Während ersterer bestimmte Anbieter zum Vertragsabschluss verpflichtet (dazu unten Rz 53), ist es bei letzteren so, dass nur bestimmte Anbieter (die Monopolisten) Verträge schließen dürfen. Monopole, insb solche, bei denen es primär um kommerzielle Umsätze geht (zB im Glücksspiel), sind nicht mehr zeitgemäß (weshalb zB die Telekommunikation liberalisiert wurde). Sie werden oft aus fiskalischen Interessen aufrechterhalten, beschränken die (europäische) Dienstleistungsfreiheit und beeinträchtigen die Rechtssicherheit (s dazu unten Rz 16), weil sie die gegenseitige Kontrolle von Mitbewerbern verhindern.

2. Bedeutung der Abgrenzung

Die Abgrenzung erfolgt nicht nur aus systematischen Gründen, sondern **4** auch im Hinblick auf normative (gesetzliche) Unterschiede:

a) Gesetzgebung

Privatrecht ist grundsätzlich Bundessache (Art 10 Abs 1 Z 6 B-VG), öf- **5** fentliches Recht auch Landessache (zB Bauordnungen).

b) Vollziehung

Öffentliches Recht wird von Verwaltungsbehörden (zB Bezirkshauptmann- **6** schaft), Privatrecht von Gerichten (zB Bezirksgericht, Oberster Gerichtshof) vollzogen (vgl § 1 JN: Soweit ein Gesetz keine anders lautende Vollzugsklausel enthält, gehören „bürgerliche Rechtssachen" vor die Gerichte).

III. Einteilung des Privatrechts

Literaturauswahl: *F. Bydlinski*, Handels- und Unternehmensrecht als Sonderprivatrecht (1990); *F. Bydlinski:* Sonderprivatrechte – Was ist das? 2. FS Kastner (1992) 71; *Krejci*, Ist das Verbraucherrecht ein Rechtsgebiet? FG Mayrhofer (2002) 119; *Schauer*, Integration des Handels- und Unternehmensrechts in das ABGB? in *Fischer-Czermak/Hopf/Schauer* (Hg), Das ABGB auf dem Weg in das 3. Jahrtausend (2003) 137; *Geistlinger/Harrer/Mosler/Rainer* (Hg), 200 Jahre ABGB – Ausstrahlungen (2011).

1. *Allgemeines Privatrecht* (Zivilrecht = bürgerliches Recht): Es bildet **7** die Grundlage der Rechtsverhältnisse zwischen den Bürgern (s auch oben Rz 1).
2. *Sonderprivatrechte*: enthalten Sondervorschriften für bestimmte Bereiche des Privatrechts; das betrifft einen gewissen Adressatenkreis bzw ein gewisses Sachgebiet (zB Unternehmensrecht, Arbeitsrecht, Privatversicherungsrecht, Patent-, Marken- und Musterrecht, Recht des unlauteren Wettbewerbs). Subsidiär, soweit also solche Vorschriften nicht existieren, gelten allerdings auch in den Sonderprivatrechten die Regeln des allgemeinen Privatrechts.

IV. Quellen des Privatrechts

Literaturauswahl: *R. Walter*, Die Gewohnheit als rechtserzeugender Tatbestand, ÖJZ 1963, 225; *Vonkilch*, Darf die Rechtsprechung Gesetzen rückwirkende Kraft verleihen? ecolex 1996, 515; *Wieshaider/Gugging*, Gewohnheitsrecht als Rechtsquelle des österreichischen Bundesverfassungsrechts, ÖJZ 1997, 481; *Ch. Rabl*, Änderungen im Erbrecht durch das Erste Bundesrechtsbereinigungsgesetz, NZ 1999, 229; *Vonkilch*, Zur „Rückwirkung" der Rechtsprechung, ecolex 1998, 389; *derselbe*, Das Intertemporale Privatrecht (1999); *Zankl*, Das erste Bundesrechtsbereinigungsgesetz, ecolex 1999, 626; *Steinhofer*, Die Stellung des Laien im österreichischen Rechtsleben, in *Feiler/Raschhofer* (Hg), Innovation und Internationale Rechtspraxis, Praxisschrift für Wolfgang Zankl (2009) 853.

Judikaturauswahl: 1 Ob 212/97a (Rückwirkung der Rsp – Lohnfortzahlung).

8 Privatrecht entsteht in erster Linie durch (Bundes-)*Gesetze* (oben Rz 5), daneben existiert *Gewohnheitsrecht*. Dies wird zwar von manchen bestritten – insb von den Vertretern des Rechtspositivismus, weil das B-VG kein Gewohnheitsrecht vorsehe –, entspricht aber herrschender Ansicht. Der Vorrang des Handelsgewohnheitsrechts vor dem gesatzten allgemeinen bürgerlichen Recht wurde mit der Aufhebung der 4. EVHGB beseitigt.

9 Gewohnheitsrecht entsteht durch allgemeine, anhaltende Übung mit der Überzeugung, dass es sich bei dieser Übung nicht nur um Gepflogenheiten (zB dass man auf „uAwg" antwortet), sondern um Recht handelt (*„opinio iuris"*). Zuletzt wurde das Gewohnheitsrecht anlässlich der versehentlichen Aufhebung einer Reihe von Vorschriften durch das BundesrechtsbereinigungsG 1999 aktuell. Es wurde erwogen, die entsprechenden Regeln (Pflichtteil als Geldanspruch) – weil sie fest im Rechtsbewusstsein der Bevölkerung verankert sind – gewohnheitsrechtlich weiter anzuwenden. Ein weiteres Beispiel ist die Treuhand, die sich gewohnheitsrechtlich entwickelt hat.

10 Die *Rechtsprechung* gilt nur für den jeweils entschiedenen Einzelfall (§ 12) und hat daher nicht den Charakter einer Rechtsquelle. Anders als im angloamerikanischen Common (Case-)Law sind Gerichte an die Entscheidungen anderer Gerichte grundsätzlich nicht gebunden (eine gewisse Ausnahme besteht allerdings für den EuGH, dessen Entscheidungen objektives, für österreichische Gerichte bindendes Recht schaffen, und nach dem OGHG, wonach der OGH zB von eigener ständiger Rechtsprechung nicht ohne weiteres abweichen darf). Bei Abgehen von der ständigen Rechtsprechung kann eine gewisse „Enttäuschung" von Parteien eintreten, die auf die bisherige Judikatur vertraut haben. Dies wurde kritisiert, muss aber hingenommen werden, weil einerseits dieses Vertrauen im Hinblick auf § 12 nicht schutzwürdig ist und andererseits die Rechtsprechung sonst nicht auf neue Rechtserkenntnisse reagieren könnte.

11 Auch § 5 kann nicht dagegen eingewendet werden, dass es durch eine Rechtsprechungsänderung zu einer gewissen *Rückwirkung* kommt, weil die Bestimmung einerseits nur von Gesetzen spricht, die nicht zurückwirken, und andererseits das Rückwirkungsverbot des § 5 ganz allgemein relativ ist: Da es nicht im Verfassungsrang steht, kann es als lex generalis durch eine lex specialis aufgehoben werden, welche eine Rückwirkung vorsieht (einschränkend im Strafrecht durch Art 7 EMRK).

V. Anwendung des Privatrechts

Literaturauswahl: *Griller*, Drittwirkung und Fiskalgeltung von Grundrechten, ZfV 1983, 1, 109; *Berger*, Auswirkungen der Europäischen Menschenrechtskonvention auf das österreichische Zivilrecht, JBl 1985, 142; *F. Bydlinski/Krejci/Schilcher/V. Steininger* (Hg), Das Bewegliche System im geltenden und künftigen Recht (1986); *H. Torggler*, Zur Bedeutung der „wirtschaftlichen Betrachtungsweise" im Zivilrecht, ÖZW 1986, 100; *F. Bydlinski*, Juristische Methodenlehre und Rechtsbegriff[2] (1991); *Rebhahn*, Familie und Gleichheitssatz, in *Harrer/Zitta* (Hg), Familie und Recht (1992) 145; *Posch*, Auslegung von Gemeinschaftsrecht und umgesetztem Richtlinienrecht, AnwBl 1995, 703; *Kramer*, Uniforme Interpretation von Einheitsprivatrecht – mit besonderer Berücksichtigung von Art 7 UNKR, JBl 1996, 137; *St. Korinek/Vonkilch*, Gewissensfreiheit contra Schadensminderungspflicht, JBl 1997, 756; *Rüffler*, Richtlinienkonforme Auslegung nationalen Rechts, ÖJZ 1997, 121; *Kerschner*, Kausalitätshaftung im Nachbarrecht? RdU 1998, 10; *Posch*, Judikative Rechtsangleichung – ein Weg zur Europäisierung des Privatrechts? ZEuP 1998, 521; *Hinteregger*, Die Bedeutung der Grundrechte für das Privatrecht, ÖJZ 1999, 741; *M. Roth*, Europäische Menschenrechtskonvention und Privatrecht, RabelsZ 63 (1999) 709; *Eigner*, Auslegungsfragen zu den § 25 c, d KSchG, JAP 2000/01, 214; *Klamert*, Die richtlinienkonforme Auslegung nationalen Rechts (2001); *Honsell*, Der „effet utile" und der EuGH, FS Krejci II (2001) 1929; *Canaris*, Die richtlinienkonforme Auslegung und Rechtsfortbildung im System der juristischen Methodenlehre, FS F. Bydlinski (2002) 47; *Rüffler*, Analogie: Zulässige Rechtsanwendung oder unzulässige Rechtsfortbildung? JRP 2002, 60; *Stefula*, Rechtsnatur, Verbindlichkeit und Zulässigkeit nichtlegislativer Tabellen, JRP 2002, 146; *B. Jud*, Die Grenzen der richtlinienkonformen Interpretation, ÖJZ 2003, 521; *Noll*, Das Prinzip des „cheapest cost avoider" in der Rechtsprechung des OGH – Beispiele aus jüngerer Zeit, AnwBl 2003, 471; *Langenbucher*, Recht und Zeit – Eine Untersuchung zur Wirkung von Rechtsprechungsänderungen im Privatrecht, in *Alexy* (Hg), Juristische Grundlagenforschung (2004) 55; *Schacherreiter*, Rationalisierungsgewinne im Recht – ein Beispiel aus dem Internationalen Privatrecht, juridikum 2004, 65; *Schmaranzer*, Über die Gesetzeskraft von (Marginal-)Rubriken – unter besonderer Berücksichtigung der ABGB-Rubriken, JBl 2004, 497; *Woschnak*, Zum Schutz von Grundrechten im Privatrecht durch notarielle Fürsorge, FS Welser (2004) 1197; *M. Auer*, Materialisierung, Flexibilisierung, Richterfreiheit (2005); *Brenn*, Auf dem Weg zur horizontalen Drittwirkung von EU-Richtlinien, ÖJZ 2005, 41; *F. Bydlinski*, Grundzüge der juristischen Methodenlehre (2005); *Jabloner*, Stufung und „Entstufung" des Rechts, ZÖR 2005, 163; *Krejci*, Antidiskriminierung, Privatautonomie und Arbeitnehmerschutz, DRdA 2005, 383, 501; *Langenbucher*, Europarechtliche Methodenlehre, in *Langenbucher* (Hg), Europarechtliche Bezüge des Privatrechts (2005) 25; *Noll*, Rechtsökonomie (2005); *Riesenhuber*, Kein Zweifel für den Verbraucher, JZ 2005, 829; *Skouris*, Rechtswirkungen von nicht umgesetzten EG-Richtlinien und EU-Rahmenbeschlüssen gegenüber Privaten – neuere Entwicklungen in der Rechtsprechung des EuGH, ZEuS 2005, 463; *Baldus/Müller-Graff* (Hg), Die Generalklausel im Europäischen Privatrecht (2006); *F. Bydlinski*, Begriffsjurisprudenz – so oder anders, FS H. Hausmaninger (2006) 69; *Khakzadeh*, Die verfassungskonforme Interpretation in der Judikatur des VfGH, ZÖR 2006, 201; *Riesenhuber* (Hg), Europäische Methodenlehre – Handbuch für Ausbildung und Praxis (2006); *Riehm*, Die überschießende Umsetzung vollharmonisierender EG-Richtlinien im Privatrecht, JZ 2006, 1035; *Rösler*, Die Anwendung von Prinzipien des europäischen Verbraucherprivatrechts in der jüngeren EuGH-Rechtsprechung, ZEuS 2006, 341; *F. Bydlinski*, Zum Verhältnis von äußerem und innerem System im Privatrecht, FS Canaris II (2007) 1017; *Domej*, Höchstgerichtliche Rechtsprechung im Zivilrecht – zwischen „Fallgerechtigkeit" und genereller Leitlinie, in *Jabloner* (Hg), Wirken und Wirkungen höchstrichterlicher Judikatur (2007) 61; *Gelter/Grechenig*, Juristischer Diskurs und

Rechtsökonomie, JRP 2007, 30; *M. Heidemann*, Methodology of Uniform Contract Law (2007); *Trstenjak*, Die Auslegung privatrechtlicher Richtlinien durch den EuGH: Ein Rechtsprechungsbericht unter Berücksichtigung des Common Frame of Reference, ZEuP 2007, 145; *Kramer*, Juristische Methodenlehre[3] (2010); *Steinhofer*, Die Stellung des Laien im österreichischen Rechtsleben, in *Feiler/Raschhofer* (Hg), Innovation und internationale Rechtspraxis, Praxisschrift für Wolfgang Zankl (2009) 853; *P. Zankl*, Marketing und Rechtspraxis, Praxisschrift Zankl (2009) 951; *St. Zankl*, Juristische Ausbildung und Rechtspraxis, Praxisschrift Zankl (2009) 955; *Khakzadeh-Leiler*, Grundrechte in der zivilrechtlichen Judikatur des OGH, FS 200 Jahre ABGB II (2011) 1567; *Zankl*, Online-Glücksspiel in Europa (2011); *Wittmann-Tiwald*, ABGB und Grundrechtsschutz – Zur Bedeutung des ABGB und der Rechtsprechung für den Grundrechtsschutz, FS 200 Jahre ABGB II (2011) 1617.

1. Auslegung

12 Die Subsumtion (Anwendung des Rechts auf einen zu beurteilenden Sachverhalt) erfolgt mit Hilfe verschiedener *Auslegungs- (Interpretations-)Methoden* (vgl § 6), die den Zweck verfolgen, die Bedeutung einer Bestimmung zu ermitteln:

a) ***Wortinterpretation***: orientiert sich am Wortlaut eines Begriffs und ist extensiv, wenn sie diesen ausdehnt, hingegen restriktiv, wenn sie ihn eng versteht.

b) ***Historische (subjektive) Interpretation***: legt die – vor allem anhand von „Materialien" (zB Bericht des parlamentarischen Justizausschusses, Regierungsvorlagen) zu ermittelnde – Regelungsabsicht des Gesetzgebers zugrunde. Diese Auslegungsmethode ist nur insoweit anzuwenden, als die Vorstellungen des Gesetzgebers der betreffenden Norm nicht widersprechen.

c) ***Systematische Interpretation***: stellt auf den Zusammenhang einer Bestimmung ab.

d) ***Teleologische (objektive) Interpretation***: geht vom Sinn und Regelungszweck einer Bestimmung aus („ratio legis") und steht damit im Vordergrund des Interpretationsvorgangs.

e) ***Rechtsvergleichende Interpretation***: verweist auf Bestimmungen ausländischen Rechts (vor allem im selben Rechtskreis, aus österreichischer Sicht also Deutschland und Schweiz).

f) ***Verfassungskonforme Interpretation***: legt ein Normenverständnis zugrunde, das im Einklang mit (höherrangigen) verfassungsrechtlichen Bestimmungen steht. Damit hängt die sog ***„mittelbare Wirkung" der Grundrechte*** (zB Gleichheitsgrundsatz) zusammen: Sie sind nach hA bei der Auslegung des Privatrechts mit zu berücksichtigen, wirken aber in diesem Bereich nicht in der Form absolut, dass sie unmittelbar im Privatrechtsverkehr anwendbar sind (wenn zB zwei Mieter Kündigungsgründe setzen, der Vermieter aber nur einem kündigt, so kann sich dieser der Kündigung nicht unter Berufung auf den Gleichheitsgrundsatz widersetzen). Die mittelbare Wirkung der Grundrechte hilft bei der näheren Interpretation von Generalklauseln und dem Schließen von Lücken.

g) ***Richtlinienkonforme Interpretation***: kommt zur Anwendung, wenn Bestimmungen, die auf der Umsetzung von EU-Rechtsakten beruhen (zB das E-Commerce-Gesetz, s dazu unten Rz 259 ff), ausgelegt werden müssen.

h) ***Authentische Interpretation***: ist ein Akt des Gesetzgebers, wodurch ein neues Gesetz einer vormals geltenden Rechtsnorm einen neuen Inhalt unterstellt, der rückwirkend Geltung erlangt (oft folgt der Gesetzgeber damit der Auslegung der Lehre und Rsp oder weist korrigierend in eine andere Richtung). Sie ist keine Interpretation im eigentlichen und oben behandelten Sinn.

Die Interpretation kann zwar – zB aus teleologischen Erwägungen – extensiv erfolgen (s oben), sich also vom Kernbereich des Wortlauts einer Bestimmung entfernen, diesen aber nicht überschreiten. Der Wortlaut bildet daher die **Grenze der Interpretation**. Wenn mit Hilfe der Interpretationsregeln in diesem Rahmen keine Subsumtion erfolgen kann, so entfaltet der jeweilige Sachverhalt entweder keine rechtlichen Wirkungen oder das Gesetz ist lückenhaft (enthält keine Regel, obwohl eine solche wertungsmäßig zu erwarten wäre, sog „planwidrige Unvollständigkeit"). **13**

2. Lückenfüllung

Gem § 7 können Gesetzeslücken geschlossen werden durch Bedachtnahme auf **14**

a) „ähnliche, in den Gesetzen bestimmt entschiedene Fälle" (*Gesetzesanalogie*, ***Einzelanalogie***): sinngemäße Anwendung einer Bestimmung, die ähnliche Sachverhalte regelt (zB wird im Erbrecht § 1253, wonach sich der Erbvertrag nur auf maximal $^3/_4$ des Vermögens des Erblassers beziehen kann, wegen Wertungsgleichheit auch auf die Schenkung auf den Todesfall angewendet, bei der keine Obergrenze festgelegt ist = Lücke). Eine gesetzliche Bestimmung kann aber nicht zur analogen Anwendung herangezogen werden, wenn eindeutig ist, dass der Gesetzgeber die speziellen Rechtsfolgen nur dann eintreten lassen wollte, wenn genau die Tatbestandsmerkmale dieser Bestimmung erfüllt sind. In diesem Fall ist nur ein Umkehrschluss (*argumentum e contrario*) möglich.

b) „die Gründe anderer verwandter Gesetze" (***Gesamtanalogie***, *Rechtsanalogie*)*:* Gewinnung eines Rechtssatzes durch Wertungskombination mehrerer Bestimmungen (bekanntestes Bsp: aus verschiedenen Bestimmungen – vor allem §§ 866 aF, 874, 878 – wurde der Grundsatz abgeleitet, dass bereits im vorvertraglichen Bereich gewisse – gesetzlich nicht geregelte (= Lücke) – Schutz- und Sorgfaltspflichten bestehen, deren schuldhafte Verletzung man culpa in contrahendo nennt, s unten Rz 127).

c) ***„natürliche Rechtsgrundsätze"*** (nach heute hM sind darunter die allgemeinsten unserer Rechtsordnung zugrunde liegenden Wertprinzipien zu verstehen): wenn „der Rechtsfall noch immer zweifelhaft bleibt", die Methoden a) und b) also kein Ergebnis bringen, zB dass sich niemand auf sein rechtswidriges Verhalten berufen kann; daher kann sich derjenige, der einen anderen durch Wucher übervorteilt hat, – obwohl dies in § 879/2 Z 4, der den Wucher regelt, nicht vorgesehen ist (= Lücke) – nicht auf die Nichtigkeit des Vertrages berufen.

15   Ein Gesetz kann in gewisser Hinsicht auch insofern lückenhaft sein, als der Gesetzgeber es verabsäumt hat, seinen Anwendungsbereich einzuschränken. Die Lücke besteht dann im Fehlen einer Ausnahme. Dem kann durch *„teleologische Reduktion"* begegnet werden, wodurch das Gesetz auf jene Fälle eingeschränkt wird, für die es seiner ratio nach gedacht ist (Bsp: entgegen dem Wortlaut des § 879 sind nicht alle Verträge, die gegen ein Gesetz verstoßen, ungültig, s unten Rz 78 ff).

16   Der Lückenfüllung durch Analogie wird insbesondere vom Rechtspositivismus skeptisch begegnet, weil nach dieser Methode nur gesatztes (positiviertes) Recht gilt (s schon oben Rz 8 f beim Gewohnheitsrecht). Im Zivilrecht ist dieser Grundsatz de lege ferenda zwar wünschenswert (der Gesetzgeber sollte keine „Gummiparagrafen", sondern möglichst präzise Regelungen erlassen), de lege lata (in Bezug auf das bereits geltende Recht) aber schon deshalb nicht durchzuhalten, weil viele Sachverhalte zur Zeit der Schaffung des ABGB noch nicht existierten und daher auch nicht geregelt werden konnten. So gesehen existieren *„nachträgliche Lücken"*, die notwendigerweise geschlossen werden müssen, solange der Gesetzgeber nicht eingreift (bestimmte AGB-Klauseln werden gem § 864a nicht Vertragsinhalt, wenn nach dem äußeren Erscheinungsbild der Urkunde nicht damit gerechnet werden musste; dies gilt wegen völlig gleicher Interessenslage auch für AGB, die sich nicht in einer Urkunde, sondern online befinden; diese Lücke ist durch analoge Anwendung von § 864a zu schließen). Die moderne *Wertungsjurisprudenz* (die auf einer „wertenden" Rechtsanwendung beruht und nicht wie die *Begriffsjurisprudenz* auf mechanischer Subsumtionsautomatik) muss dabei aber behutsam vorgehen, um willkürliche Rechtsergebnisse zu vermeiden (die *Interessensjurisprudenz* dagegen stellt lediglich auf die Interessenslage bzw den Konflikt ab). Insbesondere müssen daher die Wertungskriterien, die nach hA in verschiedenen Intensitätsnuancen auftreten (sog *„bewegliches System"*), der Rechtsordnung selbst und nicht dem freien Empfinden des Rechtsanwenders entnommen werden.

Beispiel: In Anwendung des durch Gesamtanalogie gewonnenen Grundsatzes, dass Dauerrechtsverhältnisse aus wichtigen Gründen jederzeit beendet werden können, wird auch dem Erben das Recht eingeräumt, das Wohnrecht des überlebenden Ehegatten (§ 758) außerordentlich zu kündigen. Das Gesetz (§ 758) ist dabei insofern lückenhaft, als es weder die Kündigungsmöglichkeit noch wichtige Gründe dafür vorsieht. Da zumindest bei anderen wohnrechtlichen Bestimmungen der entsprechende Bedarf ein entscheidendes Kriterium ist (vgl § 97, § 14 MRG), wurde im Sinne des beweglichen Systems (Gewichtung der Wertungskriterien) angenommen, dass ein Umstand umso schwerwiegender sein muss (um als wichtiger Grund für die Beendigung des Wohnrechts nach § 758 zu gelten), je weniger ausgeprägt der Wohnbedarf ist. Das entscheidende Wertungskriterium (Wohnbedarf) wurde dabei nicht einfach „nach Gefühl" entwickelt, sondern der Rechtsordnung (eben § 97 und § 14 MRG) entnommen.

Auch bei Berücksichtigung von Erwägungen der Billigkeit oder der **Gerechtigkeit** muss wertend vorgegangen werden und darf eine Lösung nicht einfach deshalb als richtig angesehen werden, weil sie „gerecht" erscheint. Manchmal müssen sogar „ungerechte" Lösungen der **Rechtssicherheit** halber in Kauf genommen werden.

> *Beispiel:* Eine letztwillige Verfügung, die an einem Formmangel leidet, ist auch dann ungültig, wenn der darin geäußerte Wille des Erblassers eindeutig beweisbar ist. Erklärt der Erblasser etwa seinen letzten Willen, indem er sich auf Video aufnimmt oder aufnehmen lässt, so kommt der entsprechend Bedachte auch dann nicht zum Zug, wenn nach dem Erbfall sachverständig festgestellt wird, dass die Aufnahme echt und die Erklärung des Erblassers authentisch ist. Auch hier mag man es als ungerecht empfinden, sich über den erweislich wahren Willen des Erblassers hinwegzusetzen, um gesetzliche Erben zu berufen, die der Erblasser eindeutig nicht als Rechtsnachfolger wollte. Und dennoch kann das Ergebnis nur so sein, dass man die (im konkreten Fall) „ungerechte" Intestaterbfolge der Rechtssicherheit halber akzeptieren muss. Wollte man sich über die Formvorschriften des Erbrechts hinwegsetzen, um im Einzelfall jeweils nach Billigkeit zu entscheiden, wäre der Ausgang entsprechender Rechtsstreite unkalkulierbar. Letztlich wären die Formvorschriften auch immer dann überflüssig, wenn deren Zweck – die Beweisbarkeit des letzten Willens – anders erfüllt werden könnte, eben dadurch, dass durch beliebige Umstände der Echtheitsbeweis erbracht würde. Denkt man dies zu Ende, wäre gesatztes Recht dann aber überhaupt entbehrlich, denn es könnte im Einzelfall jeweils nach den Bedürfnissen der Billigkeit oder der Gerechtigkeit entschieden werden.

Begrifflich wird Rechtssicherheit vor allem durch Kriterien der Klarheit, Bestimmtheit und Beständigkeit gesetzlicher Anordnungen und Lösungen charakterisiert.

VI. Zeitabläufe im Privatrecht

Literaturauswahl: *Ch. Huber,* Die Verjährung von gesetzlichen Rückersatzansprüchen, JBl 1985, 395, 467, 531; *P. Bydlinski,* Zum Beginn des Fristenlaufs im Gewährleistungsrecht, RdW 1986, 235; *Ch. Huber,* Probleme der Verjährung und des Einlösungsrechts bei Faustpfandbestellung durch einen Dritten, ÖJZ 1986, 193; *Reidinger,* Zum Verhältnis Garantie – Ersatzanspruch wegen Mangelfolgeschäden; zu Beginn und Dauer der Frist zur Geltendmachung, WBl 1988, 34; *Eypeltauer,* Zum Geltungsbereich des § 1480 ABGB, ÖJZ 1991, 222; *Ertl,* Die Verjährung künftiger Schadenersatzansprüche, ZVR 1993, 33; *Eypeltauer,* Verjährung und Aufrechnung, JBl 1991, 137; *Riedler,* Judikaturwandel in der Frage der Verjährung von Entschädigungsforderungen nach § 1489 ABGB? ZVR 1993, 44; *derselbe,* Verstärkter Senat zum Verjährungsbeginn im Schadenersatz, ecolex 1996, 87; *Taupitz,* Die Unterbrechung der Verjährung gemäß § 1497 ABGB durch Auslandsklage, JBl 1996, 2; *Fremuth/Reidinger,* Beginn der Verjährung von Schadenersatzansprüchen, JAP 1996/97, 32; *Unterrieder,* Die regelmäßige Verjährung (1998); *Viehböck,* (Kein) Verzicht auf die Einrede der Verjährung? – oder: ein fortgesetzter Irrtum verjährt nicht, ÖJZ 1998, 773; *Pfeiler/Taupe,* Zur Verjährungshemmung nach § 1495 erster Satz ABGB im Eltern-Kind-Verhältnis, ÖJZ 1999, 408; *Krejci,* Zur Verjährung von Ersatzansprüchen der AG gegen entlastete Organwalter nach österreichischem Recht, GedS Helm (2001) 775; *Madl,* Die Verjährung des Anspruchs des Kreditnehmers auf Rückerstattung rechtsgrundlos bezahlter Zinsen, ÖBA 2001, 513; *Beclin*, Zur Verjährung bei Rückforderung ungerechtfertigt hoher Kreditzinsen, ecolex 2002, 15; *G. Graf*, Rechtswidrige Zinsanpassungsklauseln und Verjährungsrecht, ecolex 2003, 648; *B. A. Koch*, Verjährung im österreichischen Schadenersatzrecht de lege lata und de lege ferenda, Liber Amicorum Widmer (2003) 173; *Dullinger*, Zur Verjährung der Rückforderung überhöhter Kreditzinsen, FS Welser (2004) 121; *Leitner*, Wann beginnt die Verjährungsfrist des Rückforderungsanspruchs wegen überhöhter Zinsenzahlungen? ecolex 2004, 262; *Reischauer*, Ein Plädoyer für die Möglichkeit der außergerichtlichen Geltendmachung von Wandlung und Minderung (§ 933 ABGB) sowie die Einführung einer allgemeinen Regelung für die Verjährung von Bereicherungsansprüchen (Vorschlag eines § 1490a ABGB), FS Welser (2004) 901; *Iro*, Rückforderung überhöhter Kreditzinsen: OGH zum Verjährungsbeginn, RdW 2005, 198; *Riss*, Zur Verjährung schadenersatzrechtlicher Ansprüche auf Rückzahlung überhöhter Kreditzinsen, ÖBA 2005, 782; *Spitzer*, Neue Hemmung der Verjährung bei Verkehrsunfällen, ZVR 2005, 312; *Piekenbrock*, Befristung, Verjährung, Verschweigung und Verwirkung (2006); *Vollmaier/ Herzeg*, Verjährungs- und Verfallsabreden im Arbeitsrecht, JAP 2006/07, 33; *Apathy*, Verjährung des Anspruchs, der Klage oder des Rechts? FS Huwiler (2007) 1; *Kolonovits/Vonkilch*, Schadenersatzrechtliche Sonderverjährung und Gleichheitssatz. Ist § 25 Abs 3 siebenter Satz Glücksspielgesetz verfassungswidrig? ÖZW 2008, 12; *Koppensteiner*, Zur Bedeutung der Verjährung nach § 83 Abs 5 GmbHG, § 56 Abs 4 AktG, GesRZ 2008, 75; *Nademleinsky*, Wann beginnt die Verjährungsfrist in den Fällen des § 1310 ABGB? EF-Z 2008, 52; *B. Jud/Kogler*, Verjährungsunterbrechung durch Klage vor einem unzuständigen Gericht im Ausland, IPRax 2009, 439; *Kletečka*, Die Verjährung von Schadenersatzansprüchen aus fehlerhafter Anlageberatung, ÖJZ 2009, 629; *Vollmaier*, Verjährung und Verfall (2009); *derselbe*, Das Verjährungsrecht des ABGB, ÖJZ 2009, 749; *Wendehorst*, Verjährung bei der Haftung des Abschlussprüfers – Probleme durch ein deutschösterreichisches Rechtstransplantat, FS Straube (2009) 233; *P. Bydlinski*, Verjährungsverlängernde Vorwegvereinbarungen de lege lata et ferenda, ÖJZ 2010, 993; *G. Graf*, Schadenersatz wegen fehlerhafter Anlageberatung: Zum Beginn der subjektiven Verjährungsfrist, ZFR 2010, 57.

Judikaturauswahl: 4 Ob 194/00h (Verjährung nicht von Amts wegen wahrnehmbar); 1 Ob 115/00v (Verjährung durch nicht gehörige Verfahrensfortsetzung); 2 Ob 180/00k (Privatbeteiligtenanschluss unterbricht Verjährung nur in geltendgemachtem Umfang); 2 Ob 271/00t (Verjährung bei unter Sachwalterschaft stehenden Personen); 5 Ob 18/01k (Verjährung von Schadenersatzansprüchen); 4 Ob 73/03v (Verjährung von Kreditzinsen); 2 Ob 36/04i (Werkvertrag: Verjährung bei Teilrechnung); 5 Ob 112/04p (Ansprüche eines „Spielers" gegen Casino/§ 25 GSpG); 3 Ob 234/04i (Verjährung bei Darlehen mit Pauschalraten); 4 Ob 15/05t (Verjährung des Anspruches nach § 1042 ABGB); 7 Ob 19/05b (Eigenständige Verjährung von Regressansprüchen – § 896); 5 Ob 215/08s (Kurze Verjährungsfrist für Ansprüche aus dreipersonalen Garantien); 10 Ob 113/07a (Verjährungsunterbrechung trotz Anrufung eines unzuständigen ausländischen Gerichts); 1 Ob 120/10v (30-jährige Verjährungsfrist gilt auch für juristische Person).

17   Zeit und (bürgerliches) Recht hängen insofern eng zusammen, als es in allen Gebieten des Zivilrechts *Termine* (rechtlich erheblicher Zeitpunkt) und *Fristen* (rechtlich erheblicher Zeitraum) gibt, die eingehalten werden müssen, damit Rechte nicht verloren gehen (vor allem durch Verjährung, s unten) oder umgekehrt erworben werden (vor allem bei Ersitzung, s unten Rz 343 ff). Dabei ist zu beachten, dass das ABGB auf einer eigenen „Zeitrechnung" beruht (sog *„Zivilkomputation"*): Eine vertraglich oder gesetzlich festgelegte Frist ist im Zweifel nicht wie im herkömmlichen Gebrauch (von Zeitpunkt zu Zeitpunkt –

Naturalkomputation), sondern so zu berechnen, dass bei einer nach Tagen bestimmten Frist der Tag nicht mitgezählt wird, an dem die Frist beginnt (zB Dreitagesfrist, Beginn: 5. 8., 12.30 Uhr, Ende: 8. 8., 12.30 Uhr; zivilrechtlicher Beginn: 6. 8., 0 Uhr; zivilrechtliches Ende daher: 8. 8., 24 Uhr). Das Ende von Wochen-, Monats- oder Jahresfristen fällt auf den Tag, welcher seiner Benennung nach jenem des Fristbeginns entspricht; fehlt dieser Tag im letzten Monat, so zählt der letzte Tag dieses Monats (§ 902, im Übrigen: halber Monat = 15 Tage, Mitte des Monats = der 15.). Das Fristende fällt auf den nächsten Werktag, wenn es auf einen Samstag, Sonn- oder Feiertag, den 31.12. oder den Karfreitag fällt. Ausschlaggebend für die Fristwahrung (außer im Verfahren: Postlauf wird hier nicht mit eingerechnet) ist der Zugang am Empfängerort (§ 862a).

Die *Verjährung* beginnt grundsätzlich in dem Zeitpunkt, in dem ein Recht **18** objektiv – also unabhängig von der Kenntnis des Berechtigten – erstmals hätte ausgeübt werden können (§ 1478), führt aber nicht zum Erlöschen des Rechts, sondern nur zum Verlust der Klagbarkeit, hinterlässt also eine sog *Naturalobligation*. Diese kann (freiwillig) wirksam erfüllt, nicht aber gegen den Willen des Schuldners durchgesetzt werden (§ 1432; anders bei sog *Präklusionsfristen*, die idR kürzer sind als die Verjährungsfristen und ein Recht vollständig beseitigen, zB § 936, der den Vorvertrag regelt: innerhalb eines Jahres muss auf den Abschluss des verabredeten Vertrages gedrungen werden, „widrigenfalls ist das Recht erloschen"). Manche Rechte (vor allem Familienrechte, § 1458, das Eigentum, § 1459, und Hoheitsrechte des Staates, § 1456) sind unverjährbar. Die Verjährungsfrist beträgt grundsätzlich 30 Jahre (§ 1478), in bestimmten Fällen sind aber auch kürzere (vor allem *dreijährige*, vgl §§ 1486 ff zB für Schadenersatzansprüche und Ansprüche aus dreipersonalen Garantien – Rsp, § 933 für Gewährleistung bei unbeweglichen Sachen; aber auch *einjährige*, vgl § 1490 für Ehrenbeleidigungen; *zweijährige*, vgl § 933 für Gewährleistung bei beweglichen Sachen und *sechsjährige*, vgl § 1486a für Abgeltungsansprüche des Ehegatten) oder längere Fristen vorgesehen (zB 40-jährige Frist ua für den Fiskus, § 1472). Zu einer *Hemmung* der Verjährung (die Verjährungsfrist läuft nicht weiter, unterscheide Fortlaufs- und Ablaufshemmung) kommt es zB durch Vergleichsverhandlungen, Stundung (§§ 1494 ff, s unten Rz 71) oder Mediation (§ 22 ZivMediatG), zu einer *Unterbrechung* (die Frist beginnt von neuem) zB durch (auch deklaratives) Anerkenntnis oder Klage (§ 1497). Die Verjährung wird nicht von Amts wegen (anders bei Präklusionsfristen), sondern nur bei entsprechender Geltendmachung (zB durch Einrede im Verfahren) wahrgenommen (§ 1501). Sie kann einvernehmlich verkürzt, nicht aber verlängert werden (§ 1502).

Ersitzung wird vom ABGB ebenfalls als Fall der Verjährung angesehen **19** (vgl §§ 1451 ff), bedeutet aber Rechtserwerb, und zwar durch qualifizierten Besitz über eine bestimmte Zeit hinweg (Einzelheiten im Sachenrecht, s unten Rz 343 ff).

Durch *Verschweigung* werden Rechte erworben bzw gehen gleichzeitig **19a** verloren (vgl insb §§ 395, 412).

B. Personenrecht

I. Natürliche Personen

Literaturauswahl: *Schwimann*, Die Institution der Geschäftsfähigkeit (1965); *Dullinger*, Die gesetzliche Vertretung Minderjähriger bei Rechtsgeschäften, RZ 1986, 202; *Iro*, Verfügungen über Girokonten nicht voll Geschäftsfähiger, ÖBA 1986, 503; *Hirsch*, Ist der Unterlassungsanspruch wirklich verschuldensunabhängig? JBl 1998, 541; *Barta/Ganner*, Brauchen wir einen Katalog von Persönlichkeitsrechten für alte Menschen? JAP 1998/99, 197; *M. Binder*, Das rechtliche Fortleben des menschlichen Körpers nach dem Tode, JAP 1998/99, 228; *Barth*, Medizinische Maßnahmen bei Personen unter Sachwalterschaft, ÖJZ 2000, 57; *Bernat*, Die Forschung an Einwilligungsunfähigen, RdM 2001, 99; *Haidenthaller*, Die Einwilligung Minderjähriger in medizinische Behandlungen, RdM 2001, 163; *Schauer*, Rechtssystematische Bemerkungen zum Sachwalterrecht idF KindRÄG 2001, NZ 2001, 275; *Beclin*, Die wichtigsten Neuerungen durch das Kindschaftsrechts-Änderungsgesetz 2001 (KindRÄG 2001), JAP 2001/02, 121; *Barth*, Minderjährige Patienten im Konflikt mit ihren Eltern, ÖJZ 2002, 596; *Fischer-Czermak*, Zur Handlungsfähigkeit Minderjähriger nach dem Kindschaftsrechts-Änderungsgesetz 2001, ÖJZ 2002, 293; *dieselbe*, Einsichts- und Urteilsfähigkeit und Geschäftsfähigkeit, NZ 2004, 302; *Gitschthaler*, Handlungsfähigkeit minderjähriger und besachwalteter Personen, ÖJZ 2004, 81, 121; *Schauer*, 20 Jahre Sachwalterrecht – Sinn, Zweck und Alternativen, RZ 2004, 206; *Barth*, Der Rechtsanwalt als Sachwalter, ÖJZ 2005, 53; *Bernat*, Zwischen Autonomie und Paternalismus: die Stellung des Demenzkranken im Prozess des Selbstverlustes – ein deutsch-österreichischer Rechtsvergleich, ZfRV 2005, 163; *Dullinger*, Bankgeschäfte Minderjähriger, ÖBA 2005, 670, 791; *Ofner*, Gesetzliche Vertretung für psychisch Kranke und geistig Behinderte im internationalen Vergleich, ÖJZ 2005, 775; *Schauer*, Zu Rechtsmittellegitimation und Vertretungszwang im Sachwalterschaftsverfahren, FS Rechberger (2005) 487; *Aichinger*, Die Todeserklärung österreichischer Flutopfer, ÖJZ 2006, 1; *Barth*, Zwangsmaßnahmen an Minderjährigen in sozialpädagogischen Einrichtungen, ÖJZ 2006, 305; *M. Gumpoldsberger*, Die Vorsorgevollmacht im Fokus des Bankgeschäfts, ecolex 2006, 821; *Schauer*, Zur Bestellung eines Sachwalters ausschließlich für den Bereich der Personensorge, FamZ 2006, 19; *derselbe*, Vorsorgevollmacht und gesetzliche Angehörigenvertretung nach dem SWRÄG 2006, FamZ 2006, 148; *derselbe*, Würde im Alter: Der Beitrag der Rechtsordnung, in *BMJ* (Hg), Recht und Würde im Alter (2006) 37; *Wilhelm*, Emanzipation durch Vorsorgevollmacht, ecolex 2006, 261; *Barth/Ganner* (Hg), Handbuch des Sachwalterrechts (2007); *Hopf/Barth*, Sachwalterrecht und Patientenverfügung (2007); *B. Jud*, Die Vorsorgevollmacht, AnwBl 2007, 11; *E. Maurer*, Das österreichische Sachwalterrecht in der Praxis[3] (2007); *P. Oberhammer/C. Graf/Slonina*, Sachwalterschaft für Deutsche und Schweizer in Österreich, ZfRV 2007,133; *Pogacar*, Vorsorgevollmacht – ein Weg aus der Sachwalterschaft? Zak 2007, 26; *Schauer*, Schwerpunkte des Sachwalterrechts-Änderungsgesetzes (SWRÄG 2006), ÖJZ 2007, 173, 217; *Volgger*, Die Haftung des Sachwalters, FamZ 2007, 74; *Zierl*, Sachwalterrecht. Kurzkommentar (2007); B. *Jud/Seidl*, Grundbuchsrechtliche Hürden der Vorsorgevollmacht? ecolex 2007, 495; *Ch. Rabl*, Das Sachwalterrechts-Änderungsgesetz und Bankgeschäfte, ÖBA 2008, 83; *Schauer*, Gesetzliche Angehörigenvertretung und Bankgeschäfte, iFamZ 2009, 20; *Barth*, Das Beschleunigungsgebot in Kindschaftssachen nach dem FamFG, iFamZ 2010, 73; *Wilhelm*, Der möglicherweise geschäftsunfähige Kontoinhaber. Eine Anfrage aus der Praxis, ecolex 2011, 681; *Reich-Rohrwig/Babinek*, Geschäftsunfähigkeit von Stiftern, ecolex 2011, 687.

Judikaturauswahl: 7 Ob 198/00v (Keine analoge Anwendung der §§ 191 bis 195 auf die Sachwalterschaft); 7 Ob 112/02z (Fehlende Bestellung eines Kollisionskurators); 8 Ob 41/05w (Abwesenheitskurator); 4 Ob 126/08w (Subsidiarität der Sachwalterbestellung); 3 Ob 154/08f (schlichte Vorsorgevollmacht); 4 Ob 26/10t (Pflichten eines Rechtsanwalts als Sachwalter); 3 Ob 201/10w (30-jährige Verjährungsfrist für Geltendmachung von Geschäftsunfähigkeit); 3 Ob 81/11z (Keine Weisungen an den Sachwalter im Rahmen der Personensorge).

1. Rechtsfähigkeit

Als natürliche Person erlangt der Mensch mit seiner *Geburt* die Fähigkeit, **20** *Träger von Rechten und Pflichten* zu sein (Rechtsfähigkeit, in Bezug auf bloße Rechte schon mit der Zeugung – „nasciturus", vgl § 22). Die Rechtsfähigkeit endet mit dem *Tod* oder (bei bestimmter Dauer von Verschollenheit) durch *Todeserklärung* (vgl TEG, zum Todesbeweis insb § 21 TEG).

2. Handlungsfähigkeit

Die Handlungsfähigkeit betrifft die *Ausübung von Rechten und Pflichten*. **21** Sie umfasst Geschäftsfähigkeit und Deliktsfähigkeit:

a) Geschäftsfähigkeit

Geschäftsfähig ist, wer seine Rechtsangelegenheiten (Rechte und Pflichten) selbständig besorgen kann. Wer daran wegen seines Alters (unten aa), seines Geisteszustands (unten bb) oder aus anderen Gründen (unten cc) gehindert ist, erhält je nach Ausmaß der *Behinderung*, worauf im Folgenden einzugehen ist, einen gesetzlichen Vertreter. Dieser kann entweder – wie idR die Eltern bei ehelichen Kindern (unten aa) – von Gesetzes wegen berufen sein (gesetzliche Vertretung ieS) oder – wie bei Sachwalterschaft (unten bb) oder Kuratel (unten cc) – durch gerichtliche Entscheidung bestellt werden (gesetzliche Vertretung iwS).

aa) Alter (gesetzliche Vertretung ieS)

- –7 Jahre (*Kinder*): Personen in dieser Altersgruppe sind grundsätzlich geschäftsunfähig (§§ 151/1, 865); Ausnahme: gem § 151/3 werden geringfügige Geschäfte des täglichen Lebens, welche von Kindern in diesem Alter üblicherweise geschlossen werden, – zB Kauf eines Mickey-Mouse-Hefts – mit Erfüllung der das Kind treffenden Pflichten rückwirkend wirksam (im Außenverhältnis zum Dritten; unterscheide davon das familienrechtliche Innenverhältnis, in dem der Obsorgeberechtigte solche Geschäfte verbieten und bei Nichtbeachtung durch das Kind Sanktionen verhängen kann). Da Geschäfte von Kindern ohne Mitwirkung des gesetzlichen Vertreters nichtig sind, können sie von diesem auch nicht nachträglich genehmigt werden. Dies würde ohne analoge Anwendung des § 151/3 auch für gewöhnliche kleinere Schenkungen zutreffen. Besitzerwerb ist nicht möglich, da dies die Bildung eines rechtsgeschäftlichen Willens voraussetzt. Kinder können diesen Willen nicht bilden.

- 7–14 Jahre (*unmündige Minderjährige*): Personen in dieser Altersgruppe sind beschränkt geschäftsfähig, sie können ohne Mitwirkung des gesetzlichen Vertreters dasselbe wie Kinder, darüber hinaus aber auch ein „bloß zu ihrem Vorteil gemachtes Versprechen annehmen" (§ 865). Gemeint ist nicht die wirtschaftliche Vorteilhaftigkeit (Kauf einer Sache im Wert von € 800,– um € 500,–), sondern ob vom Minderjährigen Pflichten zu erfüllen sind oder nicht (wie vor allem bei Schenkungen). Letzterenfalls ist das Geschäft gültig, ersterenfalls schwebend unwirksam („negotium claudicans"): Der gesetzliche Vertreter kann es – binnen angemessener Frist – genehmigen; stimmt er nicht zu, ist das Geschäft ungültig. Besitzerwerb ist in diesem Alter bereits möglich (§ 310, s auch im Sachenrecht, unten Rz 309).
- 14–18 Jahre (*mündige Minderjährige*): wie Unmündige, zusätzlich (mit gewissen Schranken, vgl § 151/2) Geschäftsfähigkeit in Bezug auf das, was ihnen zur freien Verfügung überlassen wurde (vor allem Taschengeld) und in Bezug auf ihr eigenes Einkommen (vor allem für Lehrlinge), soweit dadurch die Befriedigung der Lebensbedürfnisse des Minderjährigen nicht gefährdet wird. Ferner können sich mündige Minderjährige selbständig zu Dienstleistungen verpflichten, ausgenommen Lehr- und Ausbildungsverträge (§ 152), und sind beschränkt testierfähig (§ 569, s unten Rz 492).

22   Die *gesetzliche Vertretung* ist bei Minderjährigen Teil der *Obsorge* und steht daher bei ehelichen Kindern grundsätzlich den Eltern zu (und zwar prinzipiell jedem Elternteil für sich allein – „wer zuerst kommt, mahlt zuerst", vgl § 154/1), bei unehelichen Kindern der Mutter (§ 166; Einzelheiten im Familienrecht, s unten Rz 444 f und Rz 457 f). Bei wichtigen Angelegenheiten muss Einvernehmen bestehen (§ 154/2), manchmal sogar das Pflegschaftsgericht zustimmen (§ 154/3).

23   Bei Geschäften mit Minderjährigen gibt es *keinen Vertrauensschutz*. Der Vertrag mit Geschäftsunfähigen ohne Mitwirkung des gesetzlichen Vertreters ist daher auch dann unwirksam, wenn die Geschäftsunfähigkeit nicht erkennbar war. Allenfalls kommt eine schadenersatzrechtliche oder bereicherungsrechtliche Haftung in Frage.

24   Soweit die Volljährigkeit nicht ausnahmsweise (durch Heirat, § 175) schon früher erreicht wird, tritt sie mit Vollendung des 18. Lebensjahres (= 18. Geburtstag) ein (§ 21/2). Geschäfte, die vorher ohne erforderliche Einwilligung des gesetzlichen Vertreters geschlossen wurden, können vom nunmehr Volljährigen durch schriftliche Erklärung saniert werden (§ 154/4). In familiengerichtlichen Angelegenheiten sind mündige Minderjährige gem § 104 AußStrG selbst verfahrensfähig und ist in solchen Verfahren Minderjährigen unter 14 Jahren (bei besonderem Bedarf auch Minderjährigen unter 16 Jahren) ein *Kinderbeistand* zur Unterstützung zur Seite zu stellen, der über weitgehende Parteienrechte verfügt (§ 104a AußStrG).

bb) Geisteszustand (Sachwalterschaft)

Personen, die „den Gebrauch der Vernunft nicht haben", sind je nach Dauer **25** (zB nur während Volltrunkenheit oder aufgrund unheilbarer Geisteskrankheit für immer) und Umfang der geistigen Beeinträchtigung *geschäftsunfähig* (§ 865).

Vermag eine volljährige Person, die an einer *psychischen Krankheit* leidet **26** oder *geistig behindert ist*, ihre Angelegenheiten nicht ohne Gefahr eines Nachteils für sich selbst zu besorgen, so ist auf Antrag oder von Amts wegen ein *Sachwalter* zu bestellen (§ 268/1). Das Sachwalterrecht ist vom *Subsidiaritätsprinzip* geprägt (die Bestellung eines Sachwalters als die letztrangige Betreuungsmaßnahme). Dieser Grundsatz wird durch vermehrte eigenverantwortliche Vorsorgemöglichkeiten verstärkt (§ 268/2 erklärt eine Sachwalterbestellung für unzulässig, sofern die Angelegenheiten der behinderten Person durch eine Vorsorgevollmacht, s Rz 27a, eine Patientenverfügung, s Rz 27b geregelt oder eine Vertretung durch andere gesetzliche Vertreter – insb die Vertretungsbefugnis nächster Angehöriger, s Rz 27 – gewährleistet ist). Das Wohl der behinderten Person wie auch eine möglichst selbstbestimmte Lebensführung stehen dabei im Vordergrund (§ 281; ist das Wohl der behinderten Person in Gefahr, hat das Gericht jederzeit die nötigen Verfügungen zu treffen, unabhängig davon, von wem es angerufen wird).

Zum *Sachwalter* kann grundsätzlich jede natürliche, voll geschäftsfähige **26a** Person bestellt werden. Das Wohl der pflegebefohlenen Person steht bei der Auswahl des Sachwalters stets im Vordergrund (§§ 275/1, 279). Ausschlussgründe sind vom Sachwalter dem Gericht mitzuteilen, schuldhaftes Unterlassen begründet eine Haftung für alle Nachteile, die dem Pflegebefohlenen daraus entstehen (§ 274). Ein *Ausschlussgrund* ist das Bestehen eines Abhängigkeitsverhältnisses oder einer anderen engen Beziehung des Sachwalters zu einer Krankenanstalt, einem Heim oder einer sonstigen Einrichtung, in der sich die behinderte Person aufhält oder von der sie betreut wird (§ 279/1). Nach Möglichkeit sollte eine nahe stehende Person als Sachwalter bestellt werden; verlangt die Besorgung der Angelegenheit vorwiegend Rechtskenntnisse, kommt ein Rechtsanwalt (Rechtsanwaltsanwärter) oder ein Notar (Notariatskandidat) in Frage (§ 279/2, 3), wobei diese Reihenfolge nach der Rsp streng zu beachten ist und bspw die Bestellung eines Rechtsanwalts zum Sachwalter dann subsidiär ist, wenn für die Vertretung der betroffenen Person keine besonderen Fachkenntnisse erforderlich sind; und es darf seine Bestellung erst dann erfolgen, wenn davor auch auf schriftlichem Wege erfolglos versucht wurde, mit allen in Frage kommenden nahestehenden Personen in Kontakt zu treten, und wenn der zuständige Sachwalterverein die Übernahme abgelehnt hat. Die bisher geltende gesetzliche *Höchstzahl* von möglichen Sachwalterschaften zur Vermeidung von Betreuungsmängeln (max 5 für natürliche Personen und max 25 für Notare und Rechtsanwälte) mit Ausnahmen für geeignete Vereine und Sachwalterschaften zur Besorgung einzelner Angelegenheiten wurde durch das BudgetbegleitG 2009 in eine gesetzliche Vermutung (Gegenbeweis im Verfahren möglich) umgewandelt (§ 279/5).

26b   Der Wirkungskreis des *Sachwalters* richtet sich nach dem Ausmaß der *Behinderung* (vgl § 268/3) und führt grundsätzlich – Ausnahme § 280/2: geringfügige Geschäfte des täglichen Lebens – zu einer Beschränkung der Geschäftsfähigkeit, die jener unmündiger Minderjähriger entspricht (vgl § 280/1), soweit der Behinderte überhaupt eine dieser Altersstufe entsprechende Einsichtsfähigkeit hat. Die Sachwalterschaftsbestellung bezieht sich auch auf die *Personensorge*, dh der Sachwalter hat persönlichen Kontakt zu halten (mindestens einmal im Monat) und sich darüber hinaus um ärztliche und soziale Betreuung zu kümmern (§ 282). Die Einwilligung in *medizinische Behandlungen* kann eine behinderte Person, unter der Voraussetzung ausreichender Einsichts- und Urteilsfähigkeit, nur selbst erteilen (§ 283/1). Fehlt diese, kann der Sachwalter zustimmen, sofern die Angelegenheit in seinen Wirkungskreis fällt (zB Zustimmung zu Schutzimpfung). Beachte: Führt die medizinische Behandlung gewöhnlich zu einer *schweren Beeinträchtigung* der körperlichen Unversehrtheit oder der Persönlichkeit (zB Operation), so ist das Fehlen der Einsichts- und Urteilsfähigkeit zusätzlich von einem unabhängigen Arzt zu bestätigen, und die Behandlung muss zur Wahrung des Wohles der behinderten Person erforderlich sein (§ 283/2). Fehlt das Zeugnis über die Urteilsfähigkeit, lehnt die behinderte Person diese Behandlung ab oder verweigert der Sachwalter die Zustimmung, kann diese durch das Gericht erfolgen. Bei *Gefahr im Verzug* (Gefährdung von Leben oder schwerer Schädigung der Gesundheit) kann die Zustimmung von Sachwalter oder Gericht unterbleiben (§ 283/3). Jedenfalls gerichtlicher Zustimmung bedarf es in zwei Fällen: 1. Zustimmung zu einer medizinischen Maßnahme, die auf Beseitigung der Fortpflanzungsfähigkeit abzielt und aus gesundheitlichen Gründen erforderlich ist; 2. eine *Forschung* an der behinderten Person, die mit einer Beeinträchtigung der körperlichen Unversehrtheit oder der Persönlichkeit verbunden, jedoch für deren Gesundheit oder Wohlbefinden von unmittelbarem Nutzen ist (§ 284).

Die behinderte Person wählt, vorbehaltlich Einsichts- und Urteilsfähigkeit, auch ihren *Wohnort* selbst (§ 284a/1); dessen dauerhafte Änderung ist vom Gericht zu genehmigen (§ 284a/2).

26c   Der *Sachwalter* führt im Rahmen seines Wirkungskreises die Geschäfte und vertritt innerhalb seiner Befugnis die behinderte Person nach außen. In Vermögensangelegenheiten sind die Bestimmungen des Kindschaftsrechts anzuwenden (§ 275/3 verweist auf §§ 229–234). Der Sachwalter hat Vermögen und Einkommen vorrangig zur Deckung der angemessenen Bedürfnisse des Behinderten zu verwenden (§ 281/3). Das ist ein wesentlicher Unterschied zum Obsorgeberechtigten nach § 149, der primär Vermögen und Einkommen erhalten und vermehren soll. Für seine Tätigkeit erhält der Sachwalter jährlich eine Entschädigung, die sich nach den Einkünften der behinderten Person bemisst, sofern die Befriedigung der Lebensbedürfnisse des Pflegebefohlenen nicht gefährdet ist (idR bis zu 5 %; bei besonderen Bemühungen kann das Gericht auf bis zu 10 % erhöhen und ihm zusätzlich bis zu 2 % des Vermögens der behinderten Person zusprechen, wenn dieses € 10.000,– übersteigt). Bestimmte Bezüge der behinderten Person, die kraft besonderer gesetzlicher Anordnung zur

Deckung bestimmter Aufwendungen dienen, gelten nicht als Einkünfte (§ 276). Die Eigenverantwortlichkeit des Pflegebefohlenen kann insofern gesteigert werden, als bestimmte Sachen oder Einkommensteile vom Wirkungskreis des Sachwalters ausgenommen werden können (§ 268/4).

Die Beschränkung der Geschäftsfähigkeit bleibt – auch bei zwischenzeitlicher Genesung oder in „lichten Augenblicken" (*„lucidum intervallum"*) – bis zur Aufhebung der Sachwalterschaft aufrecht (**konstitutive Wirkung**). Das Gericht hat in angemessenen Zeitabständen (längstens nach fünf Jahren, § 278/3) die Erforderlichkeit der Sachwalterschaft zu prüfen und den Sachwalter zu entheben, falls die Voraussetzungen für seine Bestellung wegfallen (§ 278/2). **26d**

Um bestimmte Angelegenheiten für Personen zu besorgen, die wegen *psychischer Krankheit* oder *geistiger Behinderung* dazu selbst nicht mehr in der Lage sind, besteht die Möglichkeit der *Vertretungsbefugnis nächster Angehöriger* (§ 284b/1; soweit weder ein Sachwalter und auch sonst kein gesetzlicher oder gewillkürter Vertreter existiert). Die Vertretungsbefugnis bezieht sich auf: 1. Rechtsgeschäfte des täglichen Lebens (Haushaltsführung, kleine Reparaturen, Kauf von Bekleidung, Übernahme von Krankheits- und Urlaubskosten); 2. Rechtsgeschäfte zur Deckung des Pflegebedarfs (zB Heimhilfe) und 3. die Geltendmachung sozialversicherungsrechtlicher Ansprüche und auch sonstiger Begünstigungen (Pflegegeld, Sozialhilfe, Gebührenbefreiung). Umfasst ist auch eine Verfügung über Einkünfte und pflegebezogene Geldleistungen (auch über dessen Konto) im Umfang der angeführten Rechtsgeschäfte, sofern diese Verfügung monatlich nicht den Betrag des *Existenzminimums* überschreitet (§ 284e/2 iVm § 291a/2 Z 1 EO). Der Kreis der nächsten Angehörigen umfasst gem § 284c: Eltern, volljährige Kinder, den Ehegatten (sofern er im gemeinsamen Haushalt lebt), eingetragene Partner und Lebensgefährten (müssen mindestens drei Jahre im gemeinsamen Haushalt gelebt haben). Es können auch mehrere Angehörige eine Erklärung abgeben, sofern sich diese aber widersprechen, ist keine wirksam (§ 284c/2). Es ist auf das Wohl des Vertretenen stets Bedacht zu nehmen. Die Vertretungsbefugnis ist über einen Notar in das *Österreichische Zentrale Vertretungsverzeichnis* einzutragen; dabei ist eine ärztliche Bestätigung über den Eintritt der Geschäftsunfähigkeit vorzulegen. Der Vertretungsbefugte erhält auf Wunsch eine Bestätigung über die Vertretungsbefugnis. Vertragspartner bzw Erklärungsempfänger dürfen auf die Vertretungsbefugnis vertrauen, wenn die vom Notar ausgestellte Bestätigung vorgelegt wird und sie von einer mangelnden Vertretungsbefugnis keine Kenntnis haben (auch Fahrlässigkeit schadet; § 284e/2). **27**

Weiters ist die aus der Rsp entwickelte *Vorsorgevollmacht* gesetzlich geregelt. Sie wurde vorrangig zur Reduzierung der steigenden Anzahl der Sachwalterschaften geschaffen. Für folgende Fälle sieht das Gesetz das Wirksamwerden einer Vorsorgevollmacht vor: bei Verlust der 1. erforderlichen Geschäftsfähigkeit; 2. Einsichts- und Urteilsfähigkeit oder 3. Äußerungsfähigkeit (§ 284f). Die Angelegenheiten, die mit der Vollmacht besorgt werden sollen, müssen bestimmt angeführt sein. Für die Errichtung sind strenge *Formvorschriften* einzuhalten, die jenen für letztwillige Verfügungen nachgebildet sind. **27a**

Grundsätzlich muss sie eigenhändig geschrieben und unterschrieben werden; alternativ kann sie auch als Notariatsakt aufgenommen werden. Fremdhändiges Verfassen (aber eigenhändig unterschrieben) ist möglich, sofern sie der Vollmachtsgeber vor drei unbefangenen, eigenberechtigten und sprachkundigen Zeugen bekräftigt und die Zeugen mit einem Zusatz auf der Urkunde unterschreiben (§ 284f/2). Für bestimmte Angelegenheiten verlangt das Gesetz als zusätzliche Form die Errichtung vor einem Rechtsanwalt, einem Notar oder bei Gericht (das betrifft Einwilligungen in medizinische Behandlungen, eine dauerhafte Wohnsitzverlegung und die Besorgung von Vermögensangelegenheiten, § 284f/3). Für die Bereiche einer gültig errichteten und wirksam gewordenen Vorsorgevollmacht ist kein Sachwalter zu bestellen (§ 284g; Ausnahme: Der Bevollmächtigte agiert nicht oder nicht im Sinne des Bevollmächtigungsvertrags, gefährdet durch seine Tätigkeit das Wohl der behinderten Person oder diese gibt zu erkennen, dass sie nicht mehr vertreten sein will). Tritt ein *Vorsorgefall* ein, kann der Bevollmächtigte über einen Notar gegen Vorlage eines ärztlichen Zeugnisses dessen Eintragung im Österreichischen Zentralen Vertretungsverzeichnis verlangen und sich eine Bestätigung über seine Vollmacht ausstellen lassen. Die Vorlage der Bestätigung bei Vertretungshandlungen bewirkt einen Schutz des gutgläubigen Dritten, der auf die Vollmacht vertraut (§ 284h/2; eine Registrierung der Vorsorgevollmacht oder die Bestätigung des Vorsorgefalls sind jedoch keine Wirksamkeitsvoraussetzungen der Vollmacht).

27b   Bei der *Patientenverfügung* handelt es sich um eine Willenserklärung, die erst wirksam werden soll, wenn der Patient nicht mehr einsichts-, urteils- oder äußerungsfähig ist (vgl dazu das Patientenverfügungs-Gesetz). Sie kann nur höchstpersönlich nach ärztlicher Aufklärung vor einem Rechtsanwalt, Notar oder einem rechtskundigen Patientenvertreter errichtet und auch jederzeit widerrufen werden. Mit der Patientenverfügung lehnt der Patient bestimmte medizinische Behandlungen ab (zB Elektroschockbehandlungen), die in der Verfügung konkret und eindeutig beschrieben werden müssen (unzureichend: „Ablehnung lebenserhaltender Maßnahmen"). Dem Verlangen nach einer bestimmten Behandlungsmethode ist zu entsprechen, wenn diese Methode medizinisch indiziert ist; das Setzen einer medizinischen Maßnahme, die lebensverkürzend wirkt, kann nicht Gegenstand einer verbindlichen Patientenverfügung sein. Die Patientenverfügung gilt nur befristet auf längstens fünf Jahre, danach besteht Erneuerungspflicht (und Wiederholung des ärztlichen Aufklärungsgespräches).

cc) sonstige Verhinderungen (Kuratel)

28   Ein *Kurator* ist zu bestellen, wenn jemand an der Besorgung seiner Angelegenheiten nicht wegen seines Alters oder Geisteszustands, sondern aus anderen Gründen gehindert ist. Mangels anderer Anordnung gelten für den zu bestellenden Kurator sinngemäß die Regeln über das Eltern-Kind-Verhältnis (§§ 137–186) und die Regeln über die Betrauung anderer Personen (als Eltern, Großeltern oder Pflegeeltern) mit der Obsorge (§§ 187–284). In Betracht kommen zB folgende Fälle:

- *Verlassenschaftskurator*: wird unter bestimmten Voraussetzungen zur Vertretung des ruhenden Nachlasses zwischen Tod des Erblassers und Einantwortung bestellt (s im Erbrecht, unten Rz 561);
- *Kollisionskurator*: bei Interessenwiderstreit (vor allem bei Rechtsgeschäften) zwischen Minderjährigen oder sonst nicht voll handlungsfähigen Personen und ihrem gesetzlichen Vertreter (§ 271) oder zwischen solchen Personen, die denselben gesetzlichen Vertreter haben (§ 272);
- *Kurator für Ungezeugte und Ungeborene* (§ 269): letzterer ist bei Ansprüchen, die auf § 22 gestützt werden, einzusetzen;
- *Kurator für Abwesende oder Unbekannte* (§ 270): ist bei mangelnder Bekanntgabe eines Vertreters und Gefährdung eigener oder fremder Rechte zu bestellen.

b) Deliktsfähigkeit

Auch dieser Teilaspekt der Handlungsfähigkeit richtet sich nach Alter und **29** Geisteszustand: Personen unter 14 Jahren sind ebenso deliktsunfähig (§ 153) wie Personen, die aufgrund dauernder oder vorübergehender Verstandesschwäche außerstande sind, das Unrecht ihres Verhaltens einzusehen (vgl aber Ausnahmen in § 1307, Einlassungsfahrlässigkeit und § 1310, Billigkeitshaftung). Beachte: Eltern haften für ihre unmündigen Kinder nur, wenn sie ihre Aufsichtspflicht schuldhaft verletzt haben (§ 1309).

II. Juristische Personen

Literaturauswahl: *Ostheim*, Zur Rechtsfähigkeit von Verbänden im österreichischen Recht (1967); *Straube*, Die Bedeutung der „ultra-vires-Lehre" im österreichischen Recht, ÖJZ 1978, 343; *Wilhelm*, Die Vertretung der Gebietskörperschaften im Privatrecht (1981); *Pauger*, Die juristische Person öffentlichen und die juristische Person privaten Rechts, ZfV 1986, 1; *Jabornegg*, Die Aktiengesellschaft als juristische Person, GesRZ 1988, 179 und GesRZ 1989, 13; *Lang/Rief*, Die österreichische Privatstiftung, Die Bank 1994, 147; *Peter Doralt*, Die österreichische Privatstiftung – Ein neues Gestaltungsinstrument für Unternehmen, ZGR 1996, 1; *Paul Doralt*, Ein kleiner Blumenstrauß von Fragen zur juristischen Person, RdW 1999, 263; *Vonkilch*, Zur privatrechtlichen Rechtsfähigkeit und Vertretung von Klubs und Fraktionen in den allgemeinen Vertretungskörpern, JBl 2000, 77; *Krejci/S. Bydlinski/Rauscher/Weber-Schallauer*, Vereinsgesetz 2002 (2002); *Werkusch*, Die Haftung des Organwalters gegenüber dem Verein nach dem VerG 2002, RdW 2003, 71; *M. Fischer*, Die Organisationsstruktur der Privatstiftung (2004); *Shin*, Die außervertragliche Schadenshaftung der juristischen Personen, ZfRV 2005, 43; *Schauer*, Aktuelle Entwicklungen im Stiftungsrecht, JEV 2009, 14; *Gassauer-Fleissner/Panhölzl*, Willensbildung des Stiftungsvorstandes – Anmerkungen zur positiven Regelung der Geschäftsführung im PSG, in *Feiler/Raschhofer* (Hg), Innovation und internationale Rechtspraxis, Praxisschrift für Wolfgang Zankl (2009) 191; *Raich*, Zugriff auf Stiftungsvermögen bei Bestehen eines Änderungs- und Widerrufsrechts, Praxisschrift Zankl (2009) 645; *Harrer*, Die Personengesellschaft als Trägerin eines Unternehmens (2010); *Keinert*, Delegiertenversammlung des Vereins, ecolex 2011, 1019.

Judikaturauswahl: 1 Ob 245/00m (Rechtsfähigkeit der Universität für angewandte Kunst); 6 Ob 270/01a (Rechtsfähigkeit eines Abgeordneten-Klubs); 7 Ob 283/02x

(Ausschluss von Vereinsmitgliedern); 6 Ob 219/04f (Anrufung der Schlichtungsstelle nach dem VereinsG 2002); 6 Ob 145/09f (Beirat einer Privatstiftung); 9 Ob 41/09h (Keine Formalvollmacht des Vereinsobmannes).

1. Rechtsfähigkeit und Erscheinungsformen

30   Eine juristische Person ist ein vom Menschen verschiedenes Rechtssubjekt. Ihre Rechtsfähigkeit ergibt sich aus § 26 und beginnt mit ihrer Entstehung, die zunächst wiederum davon abhängt, ob es sich um eine *juristische Person des öffentlichen Rechts* (insb Gebietskörperschaften und Sozialversicherungsträger; Errichtung idR durch Gesetz oder Verordnung) oder *des Privatrechts* handelt (Beispiele im Folgenden). Damit letztere entstehen kann, bedarf es idR (Ausnahme etwa beim ruhenden Nachlass) einer privatrechtlichen Gründung (zB Abschluss des Gesellschaftsvertrags bei der *GmbH*) und eines öffentlichrechtlichen Akts, der sich im Einzelnen nach dem jeweiligen Gründungssystem richtet. Am weitesten verbreitet ist das *Normativsystem,* bei dem ein Recht auf Erhalt der Rechtspersönlichkeit besteht (bei *AG* und *GmbH* durch Eintragung ins Firmenbuch), soweit die Voraussetzungen hiefür (vor allem die privatrechtliche Gründung in der gesetzlich vorgeschriebenen Art und Weise) gegeben sind. Auf dem *Anmeldesystem* beruhen die ideellen (nicht auf Gewinn gerichteten) *Vereine* im Sinne des VereinsG 2002: Sie sind zwar der Behörde anzuzeigen (die bei Vorliegen der gesetzlichen Voraussetzungen die Untersagung vornehmen kann), entstehen aber nach hM – soweit sie iSd § 26 „erlaubt", also nicht rechtswidrig sind – schon mit ihrer Gründung (schriftliche und inhaltlich gesetzlich determinierte Satzung, Bestimmung von Vorstand durch Mitgliederversammlung). (Zum Teil eingeschränkte) Auskunft aus dem Lokalen und Zentralen Vereinsregister ist seitens der Vereinsbehörden nicht mehr nur über Angabe der ZVR-Zahl oder des Namens, sondern auch anhand von Namensbestandteilen, allenfalls ergänzt um den Vereinssitz, zu erteilen (§§ 17/1 Z 3, 18/4 VereinsG).

30a   *Keine* juristische Person ist indes nach heute hA eine *Gesellschaft bürgerlichen Rechts* (GesBR). Sie hat keine eigene Rechtspersönlichkeit und ist daher nicht rechtsfähig. Gesetzlich geregelt in §§ 1175 bis 1216 (sowie §§ 8, 178 UGB), kann sie historisch als Grundform aller anderen österreichischen Gesellschaftsformen betrachtet werden. Stets sind ausschließlich die Gesellschafter, die sich mittels Gesellschaftsvertrags und durch Zusammenschluss von Leistungen oder Sachen organisiert haben, Zurechnungssubjekt aller Rechte und Pflichten. Anwendungsbereiche der GesBR sind ua Stimmrechtsbindungs-(Syndikats-)verträge (Gesellschafter einer Personen- oder Kapitalgesellschaft verpflichten sich, die Stimmen so abzugeben, wie dies die Majorität im Syndikat beschließt), der Zusammenschluss von Freiberuflern (zB „Regiegemeinschaft" von Rechtsanwälten oder Ärzten, Architekturbüro), „Gelegenheitsgesellschaften" wie Kredit- und Emissionskonsortien sowie Arbeitsgemeinschaften, zB in der Bauwirtschaft („Bau-ARGE").

Im Einzelnen wird bei juristischen Personen zwischen Erscheinungsfor- **31**
men unterschieden, bei denen die Verfolgung bestimmter Interessen durch kör-
perschaftliche Organisation im Vordergrund steht (***Personenverbände****:* Verein,
AG, GmbH, Wohnungseigentümergemeinschaft) und solchen, die durch zweck-
gewidmete Vermögensmassen charakterisiert sind (***Vermögensverbände****: ru-
hender Nachlass;* ***Stiftung***, die entweder nach dem Bundesstiftungs- und
FondsG mildtätigen oder gemeinnützigen Zwecken – vorbehaltlich der Zustimmung durch den LH oder BM – oder nach dem PrivatstiftungsG zu anderen Zwecken – Entstehung durch Stiftungserklärung bzw Eintragung ins Firmenbuch – gewidmet ist; ***Anstalt***, Stiftung mit äußerlich sichtbarer Institution;
Fonds, der ebenfalls mildtätigen oder gemeinnützigen Zwecken dient, aber
zeitlich begrenzt ist, so dass – anders als bei der Stiftung – auch das gesamte
Vermögen zur Erreichung des Fondszwecks verwendet werden kann; strittig ist
die Rechtslage, wenn zu bestimmten Zwecken – zB für Flutopfer – Sammlun-
gen erfolgen, sog ***Sammelvermögen***).

2. Handlungsfähigkeit

a) Geschäftsfähigkeit

Kommt der juristischen Person durch ihre Organe zu (zB Geschäftsführer **32**
der GmbH), da sie nicht selbst handeln kann.

b) Deliktsfähigkeit

Wird ebenfalls durch das (schädigende) Verhalten der Organe begründet, **33**
welches sich die juristische Person zurechnen lassen muss. Darüber hinaus haftet sie nach allgemeinen Regeln der ***Gehilfenhaftung*** nach den §§ 1313a und
1315 (s im Schadenersatzrecht, unten Rz 184 ff) und nach hM für das Fehlverhalten sog ***Machthaber*** (vgl auch § 337); das sind Personen, die in der Organisation der juristischen Person eine führende Rolle mit selbständigem Wirkungskreis spielen (zB Landessekretäre eines Gewerkschaftsvereins, Rsp).

3. Unterschiede zwischen natürlichen und juristischen Personen

Entgegen der *Gleichstellung* in § 26 bestehen *Unterschiede* zwischen na- **34**
türlichen und juristischen Personen, die sich einerseits aus der Natur der Sache
ergeben (zB in Bezug auf Persönlichkeitsrechte: zwar Namensschutz, aber
keine körperliche Integrität), andererseits aber auf Privilegierungen der juristischen Person hinauslaufen, die wirtschaftspolitische Hintergründe haben:
- Während natürliche Personen ein unbeschränktes ***Haftungsrisiko*** für die
  Folgen ihres wirtschaftlichen Tuns tragen, wird die Haftung beschränkt
  (= Motivation zur Teilnahme am Wirtschaftstreiben), wenn dieselbe Tätigkeit in Form einer juristischen Person ausgeübt wird (besonders
  augenfällig bei der ***Ein-Mann-GmbH***). Nur unter bestimmten (engen)

Voraussetzungen stehen den Gläubigern der juristischen Person (Schadenersatz-)Ansprüche gegen die Organe oder die Gesellschafter selbst zu (sog *Durchgriffshaftung*, zB bei qualifizierter Unterkapitalisierung der GmbH).

- Während die natürliche Person in ihrer Geschäftsfähigkeit durch Alter und Geisteszustand beschränkt sein kann, ist die Rechts- und Handlungsfähigkeit der juristischen Person nach hM unbeschränkt (Ausnahmen bestehen nach dem UniversitätsG 2002 für Universitäten und nach dem WEG für Eigentümergemeinschaften), reicht also nicht nur (im Sinne der *„ultra-vires-Lehre"*) so weit wie ihr bei der Gründung (etwa durch Gesellschaftsvertrag) festgelegter Tätigkeitsbereich. Auch dies hat wirtschaftliche Implikationen, weil bei Geltung der „ultra-vires-Lehre" viele Geschäftsabschlüsse (alle, die über den Tätigkeitsbereich der juristischen Person hinausgehen) wegen Ungültigkeit dem Handel entgehen würden (so der Fall bei oben genannten Ausnahmen).
- Während die natürliche Person für sämtliche Folgen ihres *rechtswidrigen Handelns* haftet, werden der juristischen Person nur die Tätigkeiten **bestimmter Personen zugerechnet** (s oben Rz 33), was wiederum eine Beschränkung des Haftungsrisikos bei Ausübung wirtschaftlicher Tätigkeit in Form einer juristischen Person bedeutet.

III. Persönliche Rechte

Literaturauswahl: *R. Doralt*, Der Schutz des Lebensbildes, ÖJZ 1973, 645; *Edlbacher*, Der Stand der Persönlichkeitsrechte in Österreich, ÖJZ 1983, 423; *Berka*, Der Schutz der freien Meinungsäußerung im Verfassungsrecht und im Zivilrecht, ZfRV 1990, 35; *Polak*, Grenzen des Bildnisschutzes für Prominente, ecolex 1990, 741; *Kopetzki*, Hirntod und Schwangerschaft, RdM 1994, 67; *Gamerith*, Die Probleme des Bildnisschutzes aus der Sicht der Rechtsprechung, MR 1996, 130; *Hirsch*, Ist der Unterlassungsanspruch wirklich verschuldensunabhängig? JBl 1998, 541; *M. Binder*, Das rechtliche Fortleben des menschlichen Körpers nach dem Tode, JAP 1998/99, 228; *F. Bydlinski*, Paradoxer Geheimnisschutz post mortem? JBl 1999, 553; *Thiele/Fischer*, Domain Grabbing im englischen und österreichischen Recht, wbl 2000, 351; *Kunz*, Ein Jahr nach dem „Caroline-Urteil" des EGMR – Eine Zwischenbilanz, MR 2005, 295; *Lettl*, Allgemeines Persönlichkeitsrecht und Medienberichterstattung, WRP 2005, 1045; *Deixler-Hübner*, Ist das österreichische Namensrecht noch zeitgemäß? FamZ 2007, 159.

Judikaturauswahl: 4 Ob 166/00s (www.fpo.at I); 4 Ob 176/01p (www.fpo.at II); 4 Ob 246/01g (www.graz2003.at); 6 Ob 283/01p (Postmortaler Schutz von Persönlichkeitsrechten?); 4 Ob 47/03w (Adnet im Internet); 8 Ob 108/05y (Videoüberwachung als Eingriff in Persönlichkeitsrechte); 4 Ob 213/05k (Namensschutz des Vereins „Zukunft Österreich"); 4 Ob 165/05a (Rechtswidrige Namensanmaßung – „rechtsanwälte.at"); 3 Ob 176/06p (Umfang der Rechnungslegungspflicht unter Verwandten – Pauschalabrechnung); 7 Ob 248/09k (Eingriff in die Privatsphäre); 6 Ob 114/11z (Recht auf freie Meinungsäußerung).

35   Die sog *Persönlichkeitsrechte* schützen vor allem die menschliche Person durch Unterlassungs-, Schadenersatz- und (verschuldensunabhängige) Beseitigungsansprüche vor **Integritätsbeeinträchtigungen** (vgl § 16: jeder Mensch hat angeborene, schon durch die Vernunft einleuchtende Rechte). Das gilt insoweit auch für juristische Personen, wenn diese über schutzfähige Interessen verfügen. Bsp für Persönlichkeitsrechte sind: das Recht auf Leben bzw auf körperliche Unversehrtheit (§ 1325) und das Recht auf Freiheit (§ 1329; verfassungsmäßiger Schutz gem Art 1 BVG über den Schutz der persönlichen Freiheit, eingeschränkt durch das UnterbringungsG und das HeimaufenthaltsG). Das Recht am eigenen Bild (§ 78 UrhG) schützt ua die Privatsphäre und Würde durch Gewährung von Ansprüchen bei öffentlicher Ausstellung, Verbreitung und/oder Zugänglichmachen von Abbildungen ohne Zustimmung der betreffenden Person, wenn diese in berechtigten Interessen verletzt wird. Das Namensrecht (§§ 43, 93, 139) schützt als subjektives Recht den Träger des Namens, wenn die Führung des Namens bestritten oder durch unbefugten Gebrauch beeinträchtigt wird. Geschützt werden dadurch auch der Deckname, die Firma, der Name juristischer Personen und politischer Parteien sowie Domain-Namen. Auf letzteres wird zB auch das Recht des Namensträgers gestützt, das sog *„Domain-Grabbing"* im Internet zu unterbinden. Das verfassungsgesetzlich gewährleistete Recht auf Datenschutz (§ 1 DSG) ist durch die Möglichkeit der Verwendung von Daten im Katastrophenfall durch Auftraggeber des öffentlichen Bereiches eingeschränkt (vgl § 48a DSG). Zulässig ist diese Verwendung, sofern es zur Hilfeleistung für die von der Katastrophe unmittelbar betroffenen Personen, zur Auffindung und Identifizierung von Abgängigen und Verstorbenen und zur Information von Angehörigen notwendig ist. Mit der Schaffung des Straftatbestands der beharrlichen Verfolgung (§ 107a StGB, in den Medien als *„Anti-Stalking-Gesetz"* bezeichnet) sollen Personen vor Eingriffen in die Privatsphäre geschützt werden. Danach macht sich strafbar, wer eine Person widerrechtlich beharrlich verfolgt, wenn diese Verfolgung geeignet ist, sie damit in ihrer Lebensführung unzumutbar zu beeinträchtigen. Erfasst ist ua auch die telefonische Kontaktaufnahme oder die Bestellung von Waren unter Verwendung der personenbezogenen Daten der betroffenen Person. *Unterlassungsansprüche* gegen diese Eingriffe in die Privatsphäre sind durch Maßnahmen der EO besonders abgesichert (§ 382g/1 EO sieht als Möglichkeit zB ein Verbot persönlicher, telefonischer oder sonstiger Kontaktaufnahme, aber auch ein Verbot des Aufenthalts an bestimmt zu bezeichnenden Orten vor). Weitere Bestimmungen zum Schutz der Persönlichkeitsrechte betreffen die Ehre bzw den wirtschaftlichen Ruf (§ 1330), die Erfindung (PatG), das Werk (§ 1 UrhG) und die Privatsphäre (§ 1328a).

IV. Persönliche Eigenschaften

Literaturauswahl: *W. Faber*, Elemente verschiedener Verbraucherbegriffe in EG-Richtlinien, zwischenstaatlichen Übereinkommen und nationalem Zivil- und Kollisionsrecht, ZEuP 1998, 854; *P. Winkler*, Der Kaufmannsbegriff und seine Reform (1999); *Krejci*, Methodisches, Dogmatisches und Politisches zur Grundtatbestandsbildung im „Handelsrecht", FS F. Bydlinski (2002) 219; *P. Bydlinski/Haas*, Besonderheiten bei Haftungsübernahme eines geschäftsführenden Alleingesellschafters für Schulden „seiner" GmbH? ÖBA 2003, 11; *Schauer*, Grundzüge der geplanten Handelsrechtsreform, ecolex 2004, 4; *Huemer*, Neue Rechtsprechung zur Verbrauchereigenschaft von GmbH-

Gesellschaftern, JBl 2007, 647; *Th. Wenger*, GmbH-Gesellschafter als Verbraucher, RWZ 2006, 292; *Harrer*, Gesellschafter und Manager als Konsumenten, wbl 2010, 605.

36 Natürliche (zT auch juristische) Personen können *Eigenschaften* haben, die besondere Rechtsfolgen auslösen. Dazu gehören die oben erörterten Besonderheiten aufgrund beschränkten Alters oder Geisteszustands, zB aber auch die Sonderregeln des KSchG, die dann zur Anwendung kommen, wenn eine (natürliche oder juristische) Person *Unternehmer* ist (also eine „auf Dauer angelegte Organisation selbständiger wirtschaftlicher Tätigkeit" betreibt) und im Rahmen dieser Organisation mit Personen kontrahiert, die nicht Unternehmer (also Verbraucher) sind (§ 1 KSchG). Auch die Unternehmereigenschaft des UGB – die jener des KSchG nachgebildet wurde – zieht im Geschäftsverkehr die Anwendung spezieller (unternehmensrechtlicher) Regeln nach sich. Besonderheiten gelten weiters etwa aufgrund der *Staatsbürgerschaft*, welche als sog Personalstatut im Internationalen Privatrecht eine Rolle spielt und des *Wohnsitzes*, der für die Bestimmung des Erfüllungsorts und des Orts der Zuständigkeit der Behörden maßgeblich ist. Im Gegensatz dazu stellen das Geschlecht, die Rasse und die Religionszugehörigkeit auf Grund der Gleichberechtigungsbestimmungen keinen rechtlichen Anknüpfungspunkt dar. Im Rahmen der vorliegenden Darstellung wird allerdings nur auf jene Besonderheiten einzugehen sein, die zum Zivilrecht gehören, vor allem also auf die wichtigsten Bestimmungen des KSchG (s unten Rz 241 ff).

C. Vertragsrecht

I. „Von Verträgen und Rechtsgeschäften überhaupt" (§§ 859 ff)

Literaturauswahl: *F. Bydlinski*, Privatautonomie und objektive Grundlagen des verpflichtenden Rechtsgeschäfts (1967); *Kramer*, Grundfragen der vertraglichen Einigung (1972); *Rummel*, Vertragsauslegung nach der Verkehrssitte (1972); *derselbe*, Verkehrssitten und Vertragsauslegung, JBl 1973, 66; *Kegel*, Verpflichtung und Verfügung – Sollen Verfügungen abstrakt oder kausal sein? FS F. A. Mann (1977) 57; *Zemen*, Im Zweifel Darlehen oder Leihe statt Schenkung? JBl 1986, 205; *Mayrhofer*, Verfügungs- und Verpflichtungsgeschäfte, FS Schnorr (1988) 673; *Karollus*, Praxisfragen der Vertragsauslegung, AnwBl 1996, 818; *G. Graf*, Vertrag und Vernunft (1997); *Saria*, Rechtsfragen des neuen § 864 Abs 2 ABGB, RdW 1997; 647; *Rummel*, Auslegung von Bankgarantien, ÖBA 2000, 210; *Thunart*, Die Beachtlichkeit des Irrtums als Interessenabwägung – § 871 ABGB, ÖJZ 2000, 447; *Vonkilch*, Zum wirksamen Zugang von sicher signierten E-Mails, RdW 2001, 578; *Zankl*, Rechtsqualität und Zugang von Erklärungen im Internet, ecolex 2001, 344; *Burgard*, Eine Versteigerung im Internet, JAP 2002/03, 134; *P. Bydlinski*, Die rechtsvernichtenden Gestaltungsrechte des Schuldners nach Abtretung, RdW 2002, 269; *Leitner*, Unklarheiten im Vertragsrecht, ecolex 2002, 12; *Rummel*, Besondere Auslegungsregeln für besondere Rechtsgeschäfte? FS F. Bydlinski (2002) 337; *Reiber*, Der konkludente Kündigungsverzicht, immolex 2003, 10; *Koziol*, Auslegungsprobleme rund um die wiederholte Inanspruchnahme revolvierender Garantien, FS Hadding (2004) 905; *Vonkilch*, Auslegung oder Anfechtung? JBl 2010, 3.

Judikaturauswahl: 2 Ob 2394/96i (Vertragsauslegung: Schenkung oder Darlehen?); 7 Ob 115/01i (Auslegung bei Versicherungsverträgen); 8 Ob 184/00t (Konkludenter Verzicht auf Eigentumsvorbehalt im Zwangsausgleich); 7 Ob 299/00x (Auswahlkriterien der Ärztekammer dürfen sich nur an sachlicher Qualifikation orientieren – §§ 16, 859); 8 Ob 131/03b (Scheckeinlösung als konkludente Annahme von Vergleichsanbot); 7 Ob 21/04w (Konkludente Einräumung einer Servitut); 1 Ob 259/03z (Konkludente Zustimmung des Miteigentümers); 1 Ob 206/05h (Auslegung des Garantievertrages – Erlöschen der Garantieerklärung); 4 Ob 149/06z (Auslegung von Garantieerklärungen); 10 Ob 33/04g (Schlüssige Übertragung einer Wegeservitut); 2 Ob 108/07g (E-Mail-Sendeprotokoll kein Anscheinsbeweis des Zugangs); 4 Ob 59/08t (Keine schlüssige Änderung der Hauptleistung durch unterzeichnete Lieferscheine); 7 Ob 24/09v (Rsp-Änderung: Aufgabe eines „Einschreibens" beweist nicht prima facie den Zugang); 3 Ob 69/10h (Bestätigung der Rsp-Änderung: „Einschreiben" beweist nicht den Zugang); 9 ObA 51/10f (Zugangszeitpunkt eines Telefax).

1. Allgemeines

Das *Rechtsgeschäft* besteht abstrakt (als Definition) aus einer oder mehreren Willenserklärungen, die auf die Herbeiführung von Rechtsfolgen gerichtet sind (Einzelheiten dazu unten Rz 39 ff). Konkret gibt es eine Vielzahl von Rechtsgeschäften (zB Verträge, Bevollmächtigungen, letztwillige Verfügungen), die nach verschiedenen Kriterien eingeteilt werden können, zB **37**

a) *Einseitige und mehrseitige Rechtsgeschäfte*, je nachdem, ob sie durch eine (zB Bevollmächtigung, Testament) oder mehrere (übereinstimmende) Willenserklärungen (vor allem Verträge) zustande kommen. Einseitige Rechtsgeschäfte, die einen Eingriff in den Rechtsbereich eines anderen nach sich ziehen, bedürfen einer ausdrücklichen gesetzlichen oder vertraglichen Norm.

b) *Einseitig und zweiseitig (mehrseitig) verbindliche (verpflichtende) Rechtsgeschäfte*, je nachdem, ob nur eine (zB Schenkung) oder mehrere Pflichten (zB Kauf) begründet werden. Stehen die gegenseitigen Pflichten im Austauschverhältnis (wie zB beim Kauf: Ware gegen Preis), spricht man von einem *synallagmatischen Vertrag*. Aus dem Synallagma (der Verknüpfung von Pflicht und Gegenpflicht) ergeben sich gewisse Besonderheiten (zB das Prinzip der Leistung Zug um Zug, dazu unten Rz 74).

c) *Entgeltliche und unentgeltliche Rechtsgeschäfte*, je nachdem, ob eine Leistung mit (Kauf) oder ohne Gegenleistung (freigebig, zB Schenkung, Vermächtnis) erfolgt. Für unentgeltliche Geschäfte gelten verschiedene Besonderheiten (zB bei Auslegung, vgl § 915, nicht anwendbar sind insb §§ 367, 918 ff, 1052, vgl aber §§ 901, 947 ff). Gemischte Geschäfte haben einen entgeltlichen und einen unentgeltlichen Teil; davon zu unterscheiden sind entgeltsfremde Geschäfte wie zB die Garantie.

d) *Verpflichtungs- und Verfügungsgeschäfte*, je nachdem, ob eine rechtliche Verpflichtung (*„Titel"*) begründet wird (zB durch den Abschluss eines Kaufvertrages, in welchem die Übertragung des Eigentums an einer Sache bloß versprochen wird) oder ob dieser Verpflichtung entsprechend gehandelt wird (zB durch Übergabe des Kaufgegenstandes, *„Modus"*). Die rechtliche Veränderung (zB Eigentumsübertragung) tritt immer erst durch das Verfügungsgeschäft ein. Verpflichtungsgeschäfte sind in der Regel „kausal", aus dem „Titel" muss also der wirtschaftliche Zweck (causa) erkennbar sein (zB dass die Eigentumsübertragung in Hinblick auf den Kaufpreis versprochen wird). Abstrakte Verpflichtungen (zB A verspricht B die Zahlung von € 100,–, ohne dass erkennbar wäre, aus welchem wirtschaftlichen Grund diese Verpflichtung eingegangen wird) sind nach österreichischem Recht grundsätzlich ungültig (Ausnahme zB bei Anweisung oder Garantie, s unten Rz 132 f und 139 ff, da aus dem dreipersonalen Verhältnis der Zweck idR sichtbar wird). Verfügungsgeschäfte müssen, um rechtliche Veränderungen herbeizuführen, immer kausal sein, also in Erfüllung eines Verpflichtungsgeschäftes vorgenommen werden. Abstrakte Verfügungen (zB Übergabe einer Sache ohne Titel) kennt das deutsche und französische Recht.

e) *Personenrechtliche und vermögensrechtliche Rechtsgeschäfte*, je nachdem, ob es um ein wirtschaftlich relevantes Vertragsobjekt oder um personenbezogene Aspekte (insb Familienrechte) geht.

f) *Geschäfte mit und ohne Zuwendungscharakter*, je nachdem, ob das Vermögen eines anderen vermehrt wird oder nicht.

g) *Rechtsgeschäfte von Todes wegen und unter Lebenden*, je nachdem, ob es um die Regelung von Rechtsverhältnissen nach dem Tod geht oder nicht.

38 Auf die *Einzelheiten* der verschiedenen Rechtsgeschäfte ist in den jeweiligen Rechtsgebieten einzugehen. Im allgemeinen Teil sind vor allem die Grundsätze des Vertragsrechts darzustellen, auf die dann im Zusammenhang mit den speziellen *Vertragstypen* (zB Kaufvertrag, Erbvertrag, Ehevertrag) zurückgegriffen werden kann. Da der Vertrag – wie jedes Rechtsgeschäft – auf dem Begriff der Willenserklärung aufbaut (daraus besteht), ist zunächst diese zu erörtern:

2. Willenserklärung

a) Allgemeines

39 Durch die Willenserklärung wird eine *rechtliche Absicht* zum Ausdruck gebracht. Diese muss sich zwar nicht auf sämtliche Rechtsfolgen im Einzelnen beziehen, darf aber nicht völlig fehlen (***gemäßigte Rechtsfolgentheorie***), sonst liegt kein Rechtsgeschäft, sondern nur ein juristisch unbeachtlicher Vorgang vor (zB „uAwg" oder im Geschäftsbereich sog „Gentlemen's Agreement", bei dem sich die Parteien bloß „auf ihr Wort" verlassen, auf die Durchsetzbarkeit hingegen verzichten).

40 Weiters ist die Willenserklärung zu unterscheiden von der *Willensbetätigung* (*Willensgeschäft*; rechtsgeschäftliche Intention wird ohne Erklärung realiter umgesetzt, dh das Rechtsgeschäft besteht aus einem inneren rechtsgeschäftlichen Erfolgswillen und einem dementsprechenden äußeren Verhalten, zB Abschicken bestellter Ware iSd § 864, Vorteilszuwendung bei vollmachtlosem Geschäft iSd § 1016), vom *Realakt* (rein faktischer Vorgang, der ohne bestimmten Geschäftswillen und ohne jedwede Äußerung Rechtsfolgen auslöst, zB Malen eines Bildes – Urheberrecht), von der *Willensmitteilung* (faktischer Erfolg wird angestrebt, Rechtsfolgen treten von Gesetzes wegen – unabhängig vom Willen des Äußernden – ein, zB bei Mahnung) und von der *Wissenserklärung* (*Vorstellungsmitteilung*; Benachrichtigung über Fakten, die Rechtsfolgen auslöst, zB Verständigung des Schuldners von der Zession gem § 1396). Letztere, die Willensmitteilung und die Wissenserklärung, werden in der Lehre auch als *Rechtshandlungen im engeren Sinn* (= geschäftsähnliche Handlungen) bezeichnet (beachte idZ auch sonstige Wirksamkeitsvoraussetzungen wie zB die Genehmigung durch das Pflegschaftsgericht, s oben Rz 22).

Willenserklärungen können *ausdrücklich oder stillschweigend* (schlüssig, **41** konkludent) abgegeben werden. Bei der ausdrücklichen Erklärung ergibt sich das Gewollte schon aus dem Inhalt der Erklärung („ja – nein") oder aus „allgemein angenommenen Zeichen" (§ 863, zB Kopfschütteln), bei der stillschweigenden Erklärung eindeutig aus den Umständen eines bestimmten Verhaltens, so dass „kein vernünftiger Grund besteht, daran (am Gewollten) zu zweifeln" (§ 863). Bsp: Jemand zeigt an der Kassa die Ware, welche er aus dem Regal genommen hat, und stellt damit stillschweigend das Angebot, diese kaufen zu wollen. Nach der Rsp kann jedoch bspw nicht aus der Entgegennahme und Unterzeichnung von Lieferscheinen, welche ein – nicht zu erwartendes – Anbot auf Abänderung der vereinbarten Hauptleistungspflicht enthalten, eine konkludente Vertragsänderung abgeleitet werden. Aus § 863 folgt weiter, dass im Zweifel keine stillschweigende Willenserklärung angenommen werden darf. Dies gilt insb auch für bloßes *Schweigen* (zB Nichtreagieren auf ein Angebot), das aber wiederum eine Erklärungsbedeutung erlangen kann, wenn sich dies aus den Umständen ergibt (wenn die Parteien zB in gewissen Sonderbeziehungen stehen – etwa ständige Geschäftsverbindung –, die eine „Pflicht zum Reden" mit sich bringen). Dies gilt auch für den *Unternehmer*: Schweigt er im unternehmerischen Verkehr auf eine Anfrage oder ein Angebot zur Geschäftsbesorgung, so gilt sein Schweigen nicht mehr per se als Annahme. Der Grundsatz „Schweigen hat keinen Erklärungswert" gilt demnach im allgemeinen Zivilrecht ebenso wie für unternehmensbezogene Geschäfte. Unter gewissen Umständen entstehen zwar Schadenersatzansprüche, den Unternehmer trifft aber keinesfalls eine Vertragserfüllungspflicht. Beachte eine mögliche Antwortpflicht gem § 1003 (s Rz 165).

Willenserklärungen sind idR *„empfangsbedürftig"* (Ausnahme vor allem **42** bei letztwilligen Verfügungen und der Auslobung): Sie erlangen grundsätzlich erst dann rechtliche Wirkung, wenn sie zugehen (§ 862a, vgl auch § 6/1 Z 3 KSchG). Dies ist dann der Fall, wenn damit gerechnet werden kann, dass sie der Empfänger zur Kenntnis nehmen kann, wenn sie also in seinen Machtbereich gelangen (ob sich der Empfänger dann tatsächlich Kenntnis verschafft, ist unerheblich, weil er es andernfalls in der Hand hätte, die Wirkung willkürlich zu vereiteln). Auch ob eine Erklärung, die per *E-Mail* übermittelt wurde, zugegangen ist (und damit wirkt), richtet sich danach, ob mit der Kenntnisnahme gerechnet werden konnte, was zB dann der Fall sein wird, wenn der Empfänger dem Absender eine Visitenkarte mit der E-Mail-Adresse gegeben hat, auf entsprechendem Geschäftspapier oder selbst per E-Mail an ihn herangetreten ist. Nach stRsp hat derjenige, der sich auf den Zugang einer empfangsbedürftigen Willenserklärung beruft, diesen im Verfahren zu behaupten und zu beweisen, wobei nach neuester Rsp weder die Aufgabe eines eingeschriebenen Briefes noch ein E-Mail-Sendeprotokoll als Anscheinsbeweis zu werten ist. Auch der „OK"-Vermerk bei einem Telefax ist nach jüngster Rsp nicht als Anscheinsbeweis für dessen Zugang anzusehen.

43   Auch der *Zugangszeitpunkt* orientiert sich daran, wann unter Zugrundelegung üblicher Gepflogenheiten mit der Kenntnisnahme gerechnet werden kann. Dies wird im Allgemeinen und grundsätzlich auch bei E-Mails (vgl § 12 ECG) im Rahmen „normaler" Geschäftszeiten sein; wenn zB ein Brief um 23 Uhr in den Postschlitz des Empfängers geworfen wird oder eine E-Mail ab dieser Zeit auf seinem Server abrufbar ist, so gilt die entsprechende Erklärung grundsätzlich erst am Morgen des nächsten (Werk-)Tages als zugegangen.

44   (Empfangsbedürftige) Willenserklärungen gelten so, wie sie der Erklärungsempfänger bei objektiver Betrachtung verstehen darf (*objektiver Erklärungswert*). Er kann – mit anderen Worten – darauf vertrauen, dass die Erklärung so gemeint war, wie sie objektiv in Erscheinung tritt (*Vertrauenstheorie*, vgl demgegenüber die *Willenstheorie*, die vor allem bei den nicht empfangsbedürftigen letztwilligen Verfügungen gilt und darauf abstellt, wie eine Erklärung gemeint ist). Dabei spielt es aus Gründen der Verkehrssicherheit grundsätzlich weder eine Rolle, ob die Erklärung anders zugegangen ist, als sie abgegeben wurde (zB durch Übertragungsfehler beim Faxen oder Mailen), noch, ob sich der Erklärende überhaupt der Erklärung bewusst war (*Erklärungsbewusstsein*) oder sie nur versehentlich (fahrlässig) abgegeben hat (adäquate Verursachung oder Risikoerhöhung als Voraussetzungen). Nur wenn der Erklärungsempfänger auf die Erklärung in der geäußerten Form gar nicht vertraut hat oder das Vertrauen nicht schutzwürdig war, kann sich der Erklärende davon lösen, zB durch Irrtumsanfechtung (s unten Rz 91 ff).

b) Auslegung

45   Soweit Verträge oder einseitige Willenserklärungen unklar sind, muss ihr Sinn interpretativ ermittelt werden. Dabei ist nicht „an dem buchstäblichen Sinne des Ausdrucks zu haften, sondern die Absicht der Parteien zu erforschen und der Vertrag so zu verstehen, wie es der Übung des redlichen Verkehrs entspricht" (§ 914). Bewegt sich das dadurch erzielte Auslegungsergebnis noch im Rahmen des Wortlauts, liegt einfache, darüber hinaus ergänzende Auslegung vor. Bei letzterer besteht also eine (Vertrags-)Lücke (die Parteien haben Regelungsbedürftiges nicht geregelt), die dadurch geschlossen wird, dass man eine Lösung zugrunde legt, die „redliche und vernünftige Parteien" getroffen hätten (*„Übung des redlichen Verkehrs"*).

Eine Art ergänzende Auslegung erfolgt auch bei **Konversion**: Umdeutung **46**
eines ungültigen Rechtsgeschäfts in ein gültiges, soweit dessen Voraussetzungen erfüllt sind und angenommen werden kann, dass dieses eher dem Parteiwillen entspricht als die Ungültigkeit des ursprünglich geplanten Geschäfts (zB Umdeutung einer mangels Notariatsakts ungültigen Schenkung auf den Todesfall in ein Vermächtnis, soweit dessen Formvorschriften erfüllt sind, vgl aber auch § 15/4 KSchG und § 610 als gesetzliche Konversion).

Beachte ferner § 915, der allerdings nur insoweit zur Anwendung kommt, **47**
als nach § 914 kein Auslegungsergebnis zu erzielen ist: Bei einseitig verbindlichen Verträgen wird im Zweifel angenommen, dass sich der Verpflichtete eher die geringere als die schwerere Last auferlegen wollte; bei zweiseitig verbindlichen wird eine undeutliche Äußerung „zum Nachteile desjenigen erklärt, der sich derselben bedient hat" (sog **Unklarheitenregel**).

II. Vertragsabschluss

1. Allgemeines

Literaturauswahl: *Welser*, Konsens, Dissens und Erklärungsirrtum, JBl 1974, 79; *F. Bydlinski*, Zu dem dogmatischen Grundfragen des Kontrahierungszwanges, AcP 180 (1980) 1; *M. Binder*, Zur Konversion von Rechtsgeschäften (1982); *P. Bydlinski*, Zum Vertragsabschluß durch „stille Annahme" (§ 864 ABGB), JBl 1983, 169; *Welser*, Vertragsauslegung, Gutglaubenserwerb und Freiheitsersitzung bei der Wegeservitut, JBl 1983, 4; *Kerschner/Riedler*, Der Vertragsschluß, JAP 1995/96, 8; *Madl*, Vertragsabschluß im Internet, ecolex 1996, 79; *Fenyves*, Der Einfluß geänderter Verhältnisse auf Langzeitverträge, Gutachten für den 13. ÖJT II/1 (1997); *Kalss/Lurger*, Zu einer Systematik der Rücktrittsrechte insbesondere im Verbraucherrecht, JBl 1998, 89, 153, 219; *dieselben*, Rücktrittsrechte (2001); *Fischer-Czermak*, Wegfall der Geschäftsgrundlage beim Leasing, ecolex 2000, 97; *Zankl*, Rechtsqualität und Zugang von Erklärungen im Internet, ecolex 2001, 344; *Burgard*, Eine Versteigerung im Internet, JAP 2002/03, 134; *Noll*, Pacta sunt servanda & clausula rebus sic stantibus: Der Wert der Vertragstreue, AnwBl 2002, 260; *Mottl*, Zur Praxis des Vertragsabschlusses im Internet, in *Gruber/Mader* (Hg), Privatrechtsfragen des e-commerce (2003) 1; *Vonkilch*, Ist der hypothetische Parteiwille „im Vertrag umschrieben" (§ 6 Abs 1 Z 5 KSchG)? RdW 2003, 690; *Wenusch*, Protestatio facto contraria non valet? ZVR 2005, 112; *F. Bydlinski*, Optionsvertrag und Äquivalenzverschiebung, FS Georgiades (2006) 53; *Heermann*, Die Stellung des multilateralen Synallagmas im Recht der Vertragsverbindungen, KritV 2006, 173; *G. Graf*, Kein Dissens bei ebay, MR 2007, 9; *Stagl*, Die Rezeption der Lehre vom Rechtsgeschäft in Österreich durch Joseph Unger, ZEuP 2007, 37.
Judikaturauswahl: 6 Ob 48/01d (Von Casino verhängtes Eintrittsverbot und Kontrahierungszwang); 2 Ob 252/09m (§ 25 GSpG: Gleichheitsgrundsatz verbietet willkürliche, unsachliche Differenzierungen).

a) Angebot und Annahme

Der Vertrag kommt gem § 861 – grundsätzlich formlos – durch überein- **48**
stimmende Willenserklärungen (Angebot und Annahme) zustande. Stimmen die Erklärungen überein, liegt *Konsens*, sonst *Dissens* vor (siehe unten Rz 81).

49   Ein *Angebot* (Offerte, Anbot, Einladung einen Vertrag zu schließen) erfordert *Bindungswillen* (daher sind Inserate, Websites oder Werbungen idR keine Angebote, sondern Aufforderungen an den Interessierten, selbst ein Angebot zu unterbreiten, sog *invitatio ad offerendum*) und *Bestimmtheit* (wesentlicher Vertragsinhalt muss feststehen, zB beim Kaufvertrag Ware und Preis).

50   Die *Annahme* muss „rechtzeitig" erfolgen, also dem Offerenten innerhalb der von ihm gesetzten Frist zugehen (vgl im Einzelnen § 862a). Mangels einer solchen Frist müssen Angebote unter Anwesenden (auch am *Telefon* oder im Zuge eines *Online-Chats*) sofort, unter Abwesenden „längstens bis zu dem Zeitpunkte angenommen werden, in welchem der Antragsteller unter der Voraussetzung, dass sein Antrag rechtzeitig angekommen ist, bei rechtzeitiger und ordnungsmäßiger Absendung der Antwort deren Eintreffen erwarten darf" (§ 862). Innerhalb dieser Fristen ist der Offerent an sein Angebot gebunden (*Bindungswirkung*), es sei denn, er hat unverbindlich („ohne obligo", „freibleibend", „unverbindlich") offeriert. Nach hA kann er dann sein Angebot jedenfalls bis zur Annahme widerrufen, uU (Auslegungsfrage) auch noch nach der Annahme, womit aber jeglicher Bindungswille fehlt, so dass kein Angebot, sondern nur die Einladung zur Erstellung eines solchen vorliegt. Offerent ist dann erst der Erklärungsempfänger, dem der unverbindliche Anbotsteller bei sonstiger Vertragsperfektion unverzüglich antworten muss („Pflicht zum Reden", s oben Rz 39 ff, in Analogie zu § 862a). Besondere Einschränkungen der Bindungswirkung gibt es bei den Verbrauchergeschäften (vgl §§ 3, 5e und 30a KSchG) und im UN-Kaufrecht (vgl Art 16 UN-K).

51   Bis zum Zugang kann die Annahme (oder eine sonstige Erklärung) jedenfalls *widerrufen* werden, nach hA auch noch danach, soweit der Empfänger noch nicht davon Kenntnis erlangt hat; Bsp: Die schriftliche Erklärung liegt bereits im Postfach des Empfängers, der Absender ruft ihn aber an und sagt ihm, dass sie nicht gilt. Problematisch ist der Fall, in dem der Empfänger vom Absender zwei sich widersprechende Erklärungen gleichzeitig erhält, zB einen Brief, in dem ein Angebot angenommen, einen zweiten, in dem die Annahme widerrufen wird. Ob der Vertrag zustande gekommen ist, hängt nicht vom Zufall ab, welchen Brief der Empfänger zuerst öffnet; vielmehr ist Einheitlichkeit anzunehmen, so dass die Annahme als zurückgenommen gilt.

52   Ist eine *Annahmeerklärung* nach der Natur des Geschäfts oder der Verkehrssitte *nicht zu erwarten*, so kommt der Vertrag gem § 864/1 zustande (*Willensbetätigung*, Rz 40), wenn dem Angebot „tatsächlich entsprochen wird" (zB durch Absenden der bestellten Ware). Das Behalten, Verwenden oder Verbrauchen einer Sache, die dem Empfänger unaufgefordert übersandt worden ist, gilt freilich nicht als Annahme. Der Empfänger ist auch nicht verpflichtet, die Sache zu verwahren oder zurückzustellen, er darf sich ihrer auch entledigen. Muss ihm jedoch nach den Umständen auffallen, dass die Sache irrtümlich an ihn gelangt ist, so hat er dies dem Absender mitzuteilen oder diesem die Sache zurückzuleiten (§ 864/2).

b) zwingende und faktische Vertragsverhältnisse

Gemäß dem Grundsatz der Privatautonomie kann niemand dazu gezwungen werden, einen Vertrag zu schließen. Eine Ausnahme davon besteht bei **Kontrahierungszwang**. Dieser gilt entweder von Gesetzes wegen (zur Sicherung der Existenz zB gem § 4 NahversorgungsG und § 3 EisenbahnbeförderungsG) oder allgemein dann, wenn bestimmte Güter oder Leistungen monopolistisch angeboten werden zB – fragwürdigerweise – für Casinos (Rsp) oder die Internet Verwaltungs- und Betriebsgesellschaft (www.nic.at), die als einzige dieser Art Domain-Namen für Österreich – mit der allgemeinen Top-Level-Domain „.at" – vergibt.

53

Auch der (einseitig oder zweiseitig verbindliche) **Vorvertrag** verpflichtet zum Abschluss eines Vertrages, nämlich des Hauptvertrages, stellt aber insofern nur eine scheinbare Ausnahme vom Grundsatz der Privatautonomie dar, als diese dadurch gewahrt bleibt, dass man zum Abschluss des Vorvertrages selbst nicht gezwungen ist. Der Vorvertrag verpflichtet zum Abschluss des Hauptvertrages (dessen wesentlicher Inhalt daher feststehen muss) zu einem bestimmten Zeitpunkt. Auf Abschluss des Hauptvertrages kann nur innerhalb eines Jahres (Präklusionsfrist) ab diesem Zeitpunkt und nur dann auf dessen Abschluss (nicht aber hinsichtlich des Hauptvertragsinhalts) geklagt werden, wenn sich nicht die Umstände in einer Art und Weise verändert haben, dass der Vertragszweck vereitelt oder das „Zutrauen des einen oder anderen Teils verloren wird" (§ 936, sog **clausula rebus sic stantibus**). Weiters gelten die für den Hauptvertrag erforderlichen Formvorschriften auch für den Vorvertrag. Vom Vorvertrag zu unterscheiden sind die gesetzlich nicht geregelte **Option** (auch Offerte mit verlängerter Bindungswirkung genannt; das Recht, einen inhaltlich vorausbestimmten Vertrag ohne weitere Mitwirkung des Partners in Geltung zu setzen), die **Punktation** (Entwurf, dem ein förmlicher Vertrag folgen soll; kann gem § 885 bereits verbindlich sein) und der **Rahmenvertrag** (Vereinbarung über gewisse, für alle weiteren Verträge relevanten Bestimmungen).

54

Die von manchen für wirksam gehaltenen *faktischen Vertragsverhältnisse*, die in bestimmten Bereichen ohne Willenserklärungen durch *„sozialtypisches Verhalten"* zustande kommen sollen (zB Einsteigen in ein öffentliches Verkehrsmittel), werden in Österreich überwiegend abgelehnt, weil sie nicht den allgemeinen Regeln des Vertragsrechts entsprechen. Man löst diese Fälle entweder über § 863 (weil in solchen Verhaltensweisen oft eine stillschweigende Willenserklärung liegt) oder – wenn dieser Weg verschlossen ist, weil jemand deutlich zu erkennen gibt, keinen Vertrag schließen zu wollen – bereicherungs- bzw schadenersatzrechtlich.

55

2. Vertragsabschluss unter Verwendung allgemeiner Geschäftsbedingungen (AGB)

Literaturauswahl: *Krejci*, Über „ungewöhnliche Klauseln" in AGB und Vertragsformblättern (§ 864a ABGB), ÖJZ 1981, 113, 150; *Willvonseder*, Taktikspiel AGB? Zum Problem einander widersprechender allgemeiner Geschäftsbedingungen, RdW

1986, 69; *Iro*, Teilgültigkeit gröblich benachteiligender AGB-Klauseln „soweit gesetzlich zulässig"? RdW 1987, 7; *Nitsche*, Kollision Allgemeiner Geschäftsbedingungen, FS Wesener (1992) 317; *Kiendl*, Die Richtlinie des Rates über mißbräuchliche Klauseln in Verbraucherverträgen und ihre Auswirkung auf das österreichische Recht, JBl 1995, 87; *Tschaler*, Zur Statthaftigkeit der Klausel „soweit gesetzlich zulässig", ÖJZ 1998, 281; *G. Graf*, Auswirkungen des Transparenzgebots, ecolex 1999, 8; *St. Korinek*, Das Transparenzgebot des § 6 Abs 3 KSchG, JBl 1999, 149; *Th. Rabl*, TKG: Kontrahierungszwang, Abänderung und Inhaltskontrolle von AGB, ecolex 2000, 490; *Heiss*, Inhaltskontrolle von Rechtswahlklauseln in AGB nach europäischem Internationalem Privatrecht? RabelsZ 65 (2001) 634; *Fenyves*, Das Verhältnis von Auslegung, Geltungskontrolle und Inhaltskontrolle von AVB als methodisches und praktisches Problem, FS F. Bydlinski (2002) 121; *Leitner*, Unklarheiten im Vertragsrecht, ecolex 2002, 12; *derselbe*, Ist das vollständige Ende der geltungserhaltenden Reduktion gekommen? ÖJZ 2002, 711; *I. Faber*, Die Inhaltskontrolle Allgemeiner Versicherungsbedingungen (2003); *Leitner*, Erscheinungsformen intransparenter AGB-Gestaltung, RdW 2003, 125; *Zankl*, Online-AGB: Erste OGH-Entscheidung zum E-Commerce-Gesetz, ecolex 2003, 669; *Haas*, Stichwort AGB-Kontrolle: Formularmäßige Erstreckungsklauseln auf dem Prüfstand, JAP 2003/04, 75; *Fallenböck*, Die AGB am Handy-Display, MR 2004, 440; *G. Graf*, Eigentumsvorbehalt und kollidierende AGB, FS Welser (2004) 205; *derselbe*, Sechs Jahre § 6 Abs 3 KSchG, FS G. Mayer (2004) 15; *Gruber*, Die Geltungskontrolle von Allgemeinen Geschäftsbedingungen (§ 864 a ABGB) in der Rechtsprechung des Obersten Gerichtshofes, FS Kramer (2004) 501; *Dutta*, Kollidierende Rechtswahlklauseln in Allgemeinen Geschäftsbedingungen, ZVglRWiss 104 (2005) 461; *M. St. Ertl*, Die AGB-Kontrolle nach § 25 TKG 2003, MR 2005, 139; *G. Graf*, Die verdoppelte AGB-Kontrolle, wbl 2005, 457; *G. Graf*, Welche Preisänderungsklauseln sind in Verbraucherverträgen wirksam? wbl 2005, 197; *Leitner*, Das Transparenzgebot (2005); *Krejci*, Über Rückkaufswertklauseln in AVB der klassischen Lebensversicherung, VR 2006, 104; *Stagl*, Geltung und Transparenz Allgemeiner Geschäfts- und Versicherungsbedingungen (nach österreichischem Recht) (2006); *Fenyves*, Das Transparenzgebot aus Sicht des Versicherungsvertragsrechts, VR 2007, 36; *Kath*, Rechtsfragen bei Verwendung Allgemeiner Versicherungsbedingungen (2007); *Krejci*, Das Transparenzgebot im Verbraucherrecht, VR 2007, 25; *Rummel*, Schadensersatz aus culpa in contrahendo wegen Verwendung unerlaubter Allgemeiner Geschäftsbedingungen, FS Canaris I (2007) 1149; *P. Bydlinski,* Die Auslegung und Anwendung von Ö-Normen, insbesondere in Bezug auf Schlussrechnung und Schlusszahlung, wbl 2008, 215; *Riss*, Inhaltlicher Widerspruch zwischen Allgemeinen Geschäftsbedingungen und öffentlichen Äußerungen (Werbung), ÖBA 2008, 188; *Schmidt-Kessel/Meyer*, Allgemeine Geschäftsbedingungen und UN-Kaufrecht, IHR 2008, 177; *Knyrim/Leitner/Perner/Riss* (Hg), Aktuelles AGB-Recht (2008); *Schauer*, Zur Auslegung von AVB als methodisches Problem, VR 2009, 16; *Stahov*, (Un-) Zulässige Klauseln in Mobilfunkverträgen in der Judikatur des OGH, in *Feiler/Raschhofer* (Hg), Innovation und internationale Rechtspraxis, Praxisschrift für Wolfgang Zankl (2009) 827; *Steinmaurer*, Verbraucherschutz im Telekommunikationsrecht, Praxisschrift Zankl (2009) 865; *Vonkilch*, Auslegung oder Anfechtung? JBl 2010, 3.

Judikaturauswahl: 2 Ob 190/01g (Tariferhöhungen ohne Einfluss auf laufenden Vertrag des Jahreskartenbesitzers); 6 Ob 16/01y (AGB eines Zusatzprogrammes eines Telekomanbieters müssen KSchG-konform sein); 4 Ob 80/03y (Sexhotphones: Erste OGH-E zum ECG); 1 Ob 46/03a (Inkasso, Gehaltsabtretung und Transparenzgebot); 7 Ob 69/06g (Begriff der „Sturmflut" in AVB); 3 Ob 133/06i (Unterlassungsbegehren wegen nicht verwendeter Klausen); 4 Ob 5/08a (Mobilfunktaktung); 9 Ob 68/08b (Geltungserhaltende Reduktion: Bindung des Kommanditisten an Publikums-GmbH & Co KG für 10 Jahre zulässig); 1 Ob 123/09h (AGB: „Änderungskündigung" von Mobilfunkverträgen); 4 Ob 59/09v (Unzulässige Klauseln in Finanzierungsleasingverträgen); 6 Ob 104/09a („Ausmalverpflichtung" im Mietvertrag in concreto gröblich benachteiligend); 6 Ob 128/09f (Unzulässige Klausel in Bank-AGB betreffend Sparbücher); 6 Ob 212/09h (Unzulässige Klauseln in Bürgschaftsverträgen); 1 Ob 8/10y: (Vertragsinhalt vs AGB); 7 Ob 15/10x (Unzulässige Klauseln in den Emissionsbedingungen von „Snowball-Anleihen"); 7 Ob 144/10t (Intransparente Klausel); 1 Ob 164/10i (AGB: intransparentes Verhältnis von Gewährleistung und Garantie); 4 Ob 212/10w (Geltungskontrolle von AGB); 7 Ob 34/11t (Einbeziehung der AVB in den Vertrag, Aufklärungspflicht); 6 Ob 85/11k (Zustimmungsfiktion in AGB).

Durch die Vorformulierung *allgemeiner Geschäftsbedingungen* (Vertrags-**56** formblätter) und den Umstand, dass diese regelmäßig von wirtschaftlich überlegenen Unternehmern verwendet werden, besteht eine gewisse *„Überrumpelungsgefahr"*. Daher werden bestimmte AGB (zB Versicherungsbedingungen, Telekommunikation) ex ante einer aufsichtsbehördlichen Kontrolle unterzogen und sämtliche AGB ex post dahingehend besonders geprüft, ob sie überhaupt wirksam vereinbart wurden („Geltungskontrolle", s unten a) und ob sie den Vertragspartner übervorteilen („Inhaltskontrolle", s unten b).

Im Zusammenhang mit der ***Ex-ante-Kontrolle*** wird zu Recht kritisiert, dass trotzdem eine gerichtliche Ex-post-Kontrolle stattfinden kann, was zu Rechtsunsicherheiten führe, weil man sich auf die Ex-ante-Kontrolle nicht verlassen könne. Die Situation ist jedenfalls insofern ungewöhnlich, als letztlich der VwGH (als letzte Instanz der verwaltungsbehördlichen Ex-ante-Kontrolle) und der OGH (als letzte Instanz der gerichtlichen Ex-post-Kontrolle) zu unterschiedlichen Ergebnissen kommen können.

Die ***Ex-post-Kontrolle*** erfolgt gerichtlich, wenn sich die durch die AGB benachteiligte Partei oder bestimmte Interessenvertretungen (vgl §§ 28 ff KSchG: *„Verbandsklage"*) darauf berufen. Wer AGB oder Vertragsformblätter verwendet, hat diese überdies einer nach § 29 KSchG klagebefugten Einrichtung auf deren Verlangen auszufolgen, sofern diese Einrichtung glaubhaft macht, dass die Kenntnis zur Wahrnehmung von Verbraucherinteressen erforderlich ist (§ 28/3 KSchG).

a) „Geltungskontrolle"

Unter dem Gesichtspunkt der Geltungskontrolle wird geprüft, ob sich der **57** Vertragspartner mit den AGB überhaupt einverstanden erklärt hat. Dies setzt in der Regel voraus, dass ihm die Verwendung der AGB *vor* Vertragsabschluss erkennbar ist (vgl in diesem Zusammenhang auch § 73/1 GewO: Aushangpflicht für Gewerbetreibende) und er zumindest die Möglichkeit zu ihrer Kenntnisnahme hat (nur ausnahmsweise gelten AGB von Gesetzes wegen, zB Kraftfahrzeug-Haftpflichtbedingungen). Wird also ein Vertragsteil erst *nach* Vertragsabschluss vom anderen auf dessen AGB hingewiesen (zB auf der Rechnung), so ist der Vertrag ohne Einbeziehung der AGB zustande gekommen.

In den Bereich der Geltungskontrolle gehört auch § 864a, der *nachteilige* **58** *Klauseln* in AGB grundsätzlich für unwirksam erklärt, soweit sie unüblich sind und der Vertragspartner mit ihnen, vor allem nach dem äußeren Erscheinungsbild der Urkunde, nicht rechnen musste. Bei Online-Verträgen gibt es definitionsgemäß keine „Urkunde", die Problematik ist aber gleich, § 864a sohin analog anzuwenden, wenn auf Internetseiten nachteilige Klauseln versteckt sind (s im Übrigen zu **Online-AGB** unten Rz 265).

59   Gem § 6/3 KSchG ist eine in AGB oder Vertragsformblättern enthaltene Vertragsbestimmung gegenüber einem Verbraucher unwirksam, wenn sie **unklar oder unverständlich** abgefasst ist (**Transparenzgebot**). Demgegenüber wäre eine solche Klausel nach der **Unklarheitenregel** (§ 915) zu Lasten des Unternehmers auszulegen (s oben Rz 47). Da nicht anzunehmen ist, dass das KSchG den Verbraucher schlechterstellen wollte, kommt § 6/3 KSchG nach hA erst zur Anwendung, wenn über § 915 kein für den Verbraucher günstiges Auslegungsergebnis zu erzielen ist.

b) „Inhaltskontrolle"

60   Soweit die AGB die Geltungskontrolle passiert haben, werden sie insbesondere unter dem Aspekt der Sittenwidrigkeit (§ 879) der „Inhaltskontrolle", also einer Überprüfung ihrer Angemessenheit, unterzogen; vgl auch § 879/3, der eine AGB-Klausel, die nicht die Hauptleistung betrifft, für unwirksam erklärt, „wenn sie unter Berücksichtigung aller Umstände des Falles einen Teil gröblich benachteiligt" (zB die Klausel, wonach der Benützer einer Parkgarage vor deren Verlassen Schäden melden muss, um den diesbezüglichen Ersatzanspruch nicht zu verlieren, Rsp). Weitere Bestimmungen, nach denen die Inhaltskontrolle vorzunehmen ist, enthält vor allem auch § 6/1 und 2 KSchG (dazu unten Rz 244).

3. Vertragsabschluss durch Stellvertreter

Literaturauswahl: *Kötz*, Trust und Treuhand (1963); *Welser*, Vertretung ohne Vollmacht (1970); *Frotz*, Verkehrsschutz im Vertretungsrecht (1972); *Welser*, Drei Fragen des Stellvertretungsrechts, JBl 1972, 337; *Coing*, Die Treuhand kraft privaten Rechtsgeschäfts (1973); *Welser*, Äußerer Tatbestand, Duldung und Anschein im Vollmachtsrecht, JBl 1979, 1; *Wilhelm*, Die Vertretung der Gebietskörperschaften im Privatrecht (1981); *Wiegand*, Trau, schau wem – Bemerkungen zur Entwicklung des Treuhandrechts in der Schweiz und in Deutschland, FS Coing II (1982) 565; *Wilhelm*, Der Vollmachtsmißbrauch im Zivil-, Handels- und Gesellschaftsrecht, JBl 1985, 449; *Lehner*, Treuhand und Liegenschaftsverkehr, NZ 1986, 121; *Schumacher*, Konkurseröffnung, Treuhand und Liegenschaftsverkehr, NZ 1991, 1; *Puck*, Vertretungsmacht des Bürgermeisters, JAP 1991/92, 249; *Bollenberger*, Konkursfestigkeit der treuhändigen Abwicklung, ecolex 1994, 670; *derselbe*, Treuhändiger Liegenschaftsverkehr und Konkurs einer Partei, ÖBA 1994, 825; *Thurnher*, Grundfragen des Treuhandwesens (1994); *Apathy* (Hg), Die Treuhandschaft (1995); *Bollenberger*, Treuhand und Liegenschaftskauf im Konkurs: Wunschvorstellungen und geltende Rechtslage, JBl 1995, 398; *König*, Treuhand und Liegenschaftskauf im Konkurs, JBl 1995, 38; *Spruzina*, Rechts- und Standespflichten des Treuhänders, NZ 1995, 217; *Kletečka*, Der Anscheinserfüllungsgehilfe, JBl 1996, 84; *Thurnher*, Fideikommissarische Substitution und Treuhand, GedS Hofmeister (1996) 15; *Bollenberger*, Drittfinanzierter Liegenschaftsverkehr: Haftung des Treuhänders gegenüber der Bank, ÖBA 1997, 139; *G. Graf*, Treuhand und Kreditzusage gegenüber dem Vertragspartner des Kreditnehmers, ecolex 1997, 8; *Grundmann*, Der Treuhandvertrag (1997); *Jappel*, Treuhandschaften (1998); *E. Walter*, Die Treuhand im Exekutions- und Insolvenzverfahren (1998); *Wiegand*, Treuhand und Vertrauen, FS Fikentscher (1998) 329; *Zankl*, Vertretungs- und schadenersatzrechtliche Aspekte der Testamentsvollstreckung, JBl 1998, 293; *Urbanek*, Die treuhändige Abwicklung von Liegenschaftskaufverträgen durch Notare und Rechtsanwälte (1999); *Auer*, Missbrauch der Vertretungsmacht im Handels- und Gesellschaftsrecht, GesRZ 2000, 138; *Gruber*, Treuhandbeteiligung an Gesellschaften (2001); *derselbe*, Zur Surrogation bei der Treuhand, NZ 2001, 297; *derselbe*, Die Treuhand in der Zwangsvollstreckung, JBl 2001, 207; *Apathy*, Art. 401 OR und die Treuhand im österreichischen Recht, FS Honsell (2002) 467; *P. Bydlinski*, Der sogenannte „Mißbrauch" unbeschränkbarer Vertretungsmacht, FS F. Bydlinski (2002) 19; *Cornelius*, Vertragsabschluss durch autonome elektronische Agenten, MMR 2002, 353; *Gruber*, Der Treuhandmißbrauch, AcP 202 (2002) 435; *Ch. Rabl*, Die Stellvertretung beim Erbverzicht, NZ 2002, 105; *derselbe*, Der untreue Treuhänder – Die Verteilung des Veruntreuungsrisikos beim Liegenschaftskauf (2002); *M.-L. Fellner*, Zum Verhältnis von Anscheinsvollmacht und falsus-procurator-Haftung: Zwingender Vertrauensschutz oder Wahlrecht? JBl 2003, 621; *Kerschner*, Gedanken zur Haftung des falsus procurator nach Handelsrecht – de lege lata und de lege ferenda, JBl 2003, 901; *Koziol*, Risikoverteilung bei auftragswidrigem Handeln des Bevollmächtigten, FS Rey (2003) 427; *Karner*, Rechtsscheinwirkung des Besitzes und Scheinermächtigung, JBl 2004, 486; *Krejci*, Abschied von der falsus-procurator-Haftung nach Art 8 Nr 11 EVHGB, FS Welser (2004) 559; *Bachner*, Keine Spezialvollmacht für Vorstand und Geschäftsführer, ecolex 2005, 282; *K. Schmidt*, Das Rätsel Treuhandkonto – Gedanken über «Unmittelbarkeit», «Mittelherkunft» und «Offenkundigkeit» als Kriterien der Verwaltungstreuhand, FS Wiegand (2005) 933; *Th. Wenger*, Zur Vertretung der AG bei Rechtsgeschäften (Bürgschaft) mit dem Vorstand, RWZ 2005, 170; *Wilhelm*, Der schmale Grat zum Schiedsgericht, ecolex 2005, 89; *Freudenthaler/Wiesinger*, Die Stellvertretung, JAP 2005/06, 50; *Apathy*, Probleme der Treuhand, ÖJZ 2006, 221; *Bitter*, Rechtsträgerschaft für fremde Rechnung (2006); *Löhnig*, Treuhand (2006); *Kunz*, Rahmenvereinbarungen für anwaltliche Beratung durch den Stiftungsvorstand, in *Eiselsberg* (Hg), Siftungsrecht. Jahrbuch 2007 (2007) 113; *Perner*, Die Haftung des Scheinvertreters nach dem UGB (§ 1019 ABGB), RdW 2007, 14; *Thunart*, Die wichtigsten Neuerungen für Unternehmensgeschäfte nach der HGB-Reform, Zak 2007, 3; *Riedler*, Reformbedarf beim Bevollmächtigungsvertrag (Ermächtigung, Auftrag, Vollmacht)? ÖJZ 2008, 667; *Wehr*, Die Anfechtung rechtsgeschäftlich erteilter Vollmachten, ÖJZ 2008, 611; *Ritter*, Die Rezeption des Treuhandrechts und dessen Einfluss auf die Stellung von geschäftsleitenden Organen, in *Feiler/Raschhofer* (Hg), Innovation und internationale Rechtspraxis, Praxisschrift für Wolfgang Zankl (2009) 701; *Schwarzenegger*, Die Vertretung von Gemeinden durch den Bürgermeister, RFG 2009, 192; *Knobl/Grafenhofer*, Haftung einer Bank für allfälliges Fehlverhalten von externen Anlageberatern oder Vermittlern, GesRZ 2010, 27; *Rubin*, Bevollmächtigung und formgebundenes Rechtsgeschäft, ecolex 2010, 24; *Koller*, Abschluss von Schiedsvereinbarungen durch rechtsgeschäftliche Vertreter – Problemfelder de lege lata, ecolex 2011, 876.

Judikaturauswahl: 5 Ob 254/00i (Benachteiligungsabsicht trotz Gutgläubigkeit des Kollisionskurators); 2 Ob 182/01f (Grenzen der Vertretungsmacht des Bürgermeisters); 1 Ob 64/00v (Verjährung bei Schädigung des Vertretenen durch den Vertreter); 7 Ob 55/00i (Tragung des Veruntreuungsrisikos); 6 Ob 134/01a (Haftung des Organwalters eines Vereins); 1 Ob 244/02t („Sex-Hotlines": Bezahlung von Telefon-Mehrwertdiensten); 9 Ob 128/03v (Treuhandkonto/Haftung der Bank); 4 Ob 210/07x (Arzthaftung bei Urlaubsvertretung).

a) Allgemeines

61   Der (direkte) Stellvertreter handelt im Namen des Geschäftsherrn (s unten Rz 62) und erzeugt damit rechtsgeschäftliche Wirkungen unmittelbar zwischen diesem und dem Dritten (anders bei *„indirekter Stellvertretung"*, die aber eigentlich gar keine ist, weil der Stellvertreter zunächst im eigenen Namen kontrahiert, indem er zB eine Sache kauft, um sie dann an den Geschäftsherrn weiterzuverkaufen). Stellvertretung ist grundsätzlich bei allen Rechtsgeschäften möglich (außer bei höchstpersönlichen, zB bei der Eheschließung und bei letztwilligen Verfügungen), beim Vertrag aber besonders häufig, so dass die Darstellung auch in diesem Zusammenhang erfolgt, wobei es dabei um gewillkürte Stellvertretung geht (*Bevollmächtigung*), die von der gesetzlichen Vertretung (dazu oben Rz 22) und von der organschaftlichen Vertretung juristischer Personen (oben Rz 32) zu unterscheiden ist.

b) Voraussetzungen

62   • *Geschäftsfähigkeit des Stellvertreters*: Da der Stellvertreter eine Willenserklärung abgibt (wenn auch im fremden Namen), muss er zumindest beschränkt geschäftsfähig, also zumindest 7 Jahre alt sein. Inwieweit er in diesem Alter bereits fremde Interessen wahrnehmen kann, obliegt der Einschätzung des Geschäftsherrn, auf dessen Risiko es geht, wenn der minderjährige Stellvertreter nachteilige Dispositionen trifft (vgl § 1018).
   • *Vertretungsmacht* (Vollmacht): kann gegenüber dem Stellvertreter (*intern*) oder gegenüber dem Dritten (*extern*) ausdrücklich oder stillschweigend (§ 863) erteilt werden, aber auch dadurch zustande kommen, dass der Geschäftsherr einen entsprechenden Anschein setzt, indem er zB jemandem Geschäftspapier und Stempel überlässt. Nehmen Dritte vertrauend auf diesen objektiven Vertrauenstatbestand gutgläubig an, dass der Geschäftsherr Vollmacht erteilt hat (was er in Wirklichkeit nicht getan hat), kommt das Geschäft mit dem Geschäftsherrn wirksam zustande (*Anscheinsvollmacht*). *Beachte aber:* Außer in den Fällen der Anscheinsvollmacht gibt es im Vertretungsrecht **keinen Vertrauensschutz** (wenn also zB nur der Vertreter versichert, Vollmacht zu haben, so nützt ein diesbezügliches Vertrauen ohne entsprechenden Anschein des Geschäftsherrn nichts). Teile der Lehre anerkennen die **Duldungsvollmacht** (schlüssige Willenserklärung im Unterschied zur Wissenserklärung bei der Anscheinsvollmacht; zB die Ehefrau kauft regelmäßig für das Unternehmen des Ehemannes in dessen Namen Waren ein und lässt die Rechnung auf den Ehemann ausstellen, der diese bezahlt und dieses Vorgehen duldet). Der **Umfang der Vertretungsmacht** richtet sich nach der konkreten Bevollmächtigung; sie kann in einer Einzel-, Gattungs- oder Generalvollmacht bestehen, wobei sich aber letztere nicht auf alle erdenklichen Geschäfte bezieht (§ 1008 verlangt selbst bei Bestehen einer Generalvollmacht zB für Vergleichsabschlüsse zumindest eine Gattungsvollmacht, für die Entschlagung einer Erbschaft sogar eine Einzelvollmacht).

- **Offenlegung** (Handeln im Namen des Vertretenen, nicht nur „auf Rechnung" eines anderen): kann ebenfalls ausdrücklich oder stillschweigend erfolgen (zB tritt die Kassiererin idR nur konkludent im Namen des Geschäftsherrn auf). Im Zweifel – wenn also nicht klar ist, ob der Vertreter im eigenen oder fremden Namen auftritt – ist ein Eigengeschäft anzunehmen. Die Person des Geschäftsherrn muss nicht bekannt gegeben werden, wenn es für den Dritten aus den Umständen erkennbar ist, wenn dieser damit einverstanden ist (*„Vertretungsvorbehalt"*) oder wenn sie ihm nach der Natur des Geschäfts (vor allem bei geringfügigen Bargeschäften) gleichgültig ist (*„Geschäft für den, den es angeht"*). Unterscheide vom Handeln **im fremden Namen** das Handeln **unter fremdem Namen**, bei dem sich jemand als ein anderer ausgibt. Im Zweifel gilt wieder Eigengeschäft, es sei denn, dass es dem Dritten gerade darauf ankommt, mit demjenigen zu kontrahieren, als der sich der Handelnde ausgibt (weil er zB nur diesem Prozente gibt). In diesem Fall gilt das Geschäft für den Namensträger, wenn er den Handelnden bevollmächtigt hat, sonst liegt Vertretung ohne Vollmacht vor (s unten Rz 65 ff). Bei Geschäften unter Abwesenden kann das Geschäft nur insofern für den Namensträger gelten, als eine entsprechende Vollmacht erteilt wurde, andernfalls kommt es zu einer falsus-procuratur-Haftung des Handelnden.

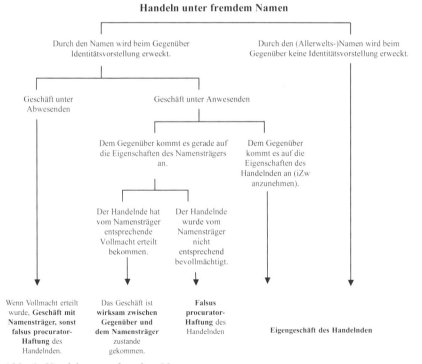

Abb. 1: Handeln unter fremdem Namen

c) Sonderformen der Vollmacht

63
- *Verwaltervollmacht*: Wer einem anderen eine Verwaltung anvertraut, von dem wird auch vermutet, dass er ihm die Macht einräumt, alles zu tun, was gewöhnlich mit der Verwaltung verbunden ist (§ 1029).
- *Überbringervollmacht*: Der Überbringer einer Quittung gilt als ermächtigt, die Leistung zu empfangen, sofern nicht dem Leistenden bekannte Umstände der Annahme einer solchen Ermächtigung entgegenstehen (§ 1029/2).
- *Ladenvollmacht*: Verkäufer sind im Zweifel bevollmächtigt, den Kaufpreis zu kassieren (§ 1030), nicht aber, Waren einzukaufen (§ 1031).
- *Prokura und Handlungsvollmacht*: unternehmensrechtliche Vollmachten mit gesetzlich umschriebenem Umfang (§§ 48 ff UGB). Der Prokurist ist zum Abschluss sämtlicher Geschäfte bevollmächtigt, die der Betrieb (irgend)eines Unternehmens mit sich bringt (davon ist zB auch der Abschluss einer Schiedsvereinbarung erfasst). Die Prokura kann nur von einem im Firmenbuch eingetragenen *Unternehmer* erteilt werden. Sie selbst wird im Firmenbuch eingetragen und kann vom Geschäftsherrn Dritten gegenüber nicht beschränkt werden (eine Beschränkung im Innenverhältnis ist möglich und auch üblich). Die Prokura ist unübertragbar und kann jederzeit vom Geschäftsherrn einseitig und formlos widerrufen werden. Im Unterschied zur Prokura bezieht sich die Handlungsvollmacht nur auf den Abschluss von Geschäften, die zum Betrieb jenes Unternehmens gehören, in dem der Handlungsbevollmächtigte tätig ist. Handlungsvollmacht kann auch von einem Unternehmer erteilt werden, der nicht im Firmenbuch protokolliert ist, sie kann Dritten gegenüber in ihrem Umfang beschränkt werden. Eine Eintragung ins Firmenbuch findet nicht statt. Die Handlungsvollmacht kann mit Zustimmung des Vollmachtgebers auch übertragen werden.
- *Unternehmensvollmacht* (§ 10 KSchG): Eine Vollmacht, die ein Unternehmer erteilt hat, erstreckt sich im Verkehr mit Verbrauchern auf alle Rechtshandlungen, die derartige Geschäfte gewöhnlich mit sich bringen. Eine Beschränkung der Vollmacht ist dem Verbraucher gegenüber nur wirksam, wenn sie ihm bewusst war. War dem Verbraucher die Beschränkung der Vollmacht nur infolge grober Fahrlässigkeit nicht bewusst, so hat der Unternehmer das Recht, vom Vertrag zurückzutreten. Die Rechtswirksamkeit formloser Erklärungen des Unternehmers oder seiner Vertreter („mündliche Zusagen sind unwirksam") kann zum Nachteil des Verbrauchers vertraglich nicht ausgeschlossen werden.
- *Untervertretung und Gesamtvertretung*: Ersteres wird dann angenommen, wenn sich der Bevollmächtigte eines weiteren Stellvertreters bedient; zweiteres ist die Einräumung der Vollmacht an mehrere Personen, die je nach Vereinbarung einzeln oder gemeinsam (wiederum einige oder aber auch alle – *Kollektivvertretung*) zusammenwirken müssen (insb bei juristischen Personen).

d) Abgrenzungen

- *Treuhand*: Der Treuhänder „kann mehr, als er darf", ihm wird also zB **64** das Eigentum am Treugut übertragen, über das er derivativ (ohne weitere Vollmacht) unbeschränkt verfügen kann: Im Innenverhältnis ist er aber an den Auftrag des Treugebers gebunden, der weiterhin als „wirtschaftlicher Eigentümer" betrachtet wird und daher zB berechtigt ist, Aussonderung des Treuguts im Insolvenzverfahren des Treuhänders aus der Insolvenzmasse zu verlangen oder (durch sog Exszindierung) Widerspruch gegen die Exekution in das Treugut durch Gläubiger des Treuhänders zu erheben. Häufigste Arten der Treuhand sind die Fiducia (Erwerb des Vollrechts – im Bsp Eigentum) und die Ermächtigungstreuhand (lediglich Übertragung von Verwaltungs- und Herrschaftsrechten). Weiters unterscheidet man die eigennützige (zB Sicherungstreuhand) und die fremdnützige (zB Verwaltungstreuhand), die offene (Bekanntgabe der Treuhand) und die versteckte Treuhand.
- *Abschlussvermittler*: vermitteln Verträge zwischen Vertragspartnern, ohne sie abzuschließen (insb Handelsmäkler: kein Stellvertreter, und Handelsvertreter: Vermittler, meist aber auch Stellvertreter).
- *Botenschaft*: Der Bote überbringt oder empfängt nur eine Erklärung (zB „A lässt Ihnen ausrichten ..."), daher ist bei diesem keine Geschäftsfähigkeit erforderlich; sogar ein Tier kann deshalb Bote sein (Brieftaube). Das Risiko der Veränderung der Botschaft trägt grundsätzlich derjenige, der sich des Boten bedient (bei absichtlicher Veränderung durch den Boten liegt das Risiko beim Empfänger; ebenso bei der Vollmacht, die nicht für den Geschäftsherrn gilt, wenn sie überschritten wird, s unten Rz 65).
- *Auftrag*: begründet keine Vertretungsmacht im Außenverhältnis, sondern im Innenverhältnis die Verpflichtung des Beauftragten, für den Geschäftsherrn (rechtsgeschäftlich) tätig zu werden. Um diesen dabei direkt vertreten zu können, benötigt er eine Vollmacht (sonst nur indirekte Stellvertretung möglich, s oben Rz 61).
- *Software-Agenten*: sind Programme, die auf elektronischen Marktplätzen selbständig Aufgaben für einen User erledigen (ein Agent kann zB so programmiert werden, dass er im Internet ein bestimmtes Angebot sucht – Auto X um maximal € 20.000,– – und gegebenenfalls annimmt). Da den Software-Agenten die Geschäftsfähigkeit fehlt, können die Stellvertretungsregeln nicht direkt angewendet werden, mangels einschlägiger Regeln (Lücke) und ähnlicher Interessenlage (der Geschäftsherr liefert sich allfälligen Programmfehlern genauso aus wie dem Fehlverhalten minderjähriger Stellvertreter, die er betrauen könnte) wird aber Analogie erwogen (im Einzelnen strittig).

e) Vertretung ohne Vollmacht

65   Soweit der Geschäftsherr ein ohne (ausreichende) Vollmacht in seinem Namen geschlossenes Geschäft nicht durch (ausdrückliche oder stillschweigende) Genehmigung oder durch Vorteilszuwendung (§ 1016) saniert (bis dahin ist es schwebend unwirksam), wird es ihm nicht zugerechnet (ist unwirksam) und begründet es Bereicherungsansprüche (Herausgabe des Geleisteten) sowie Schadenersatzansprüche gegenüber dem sog *„Scheinvertreter"* (falsus procurator, Vertreter ohne Vollmacht). Dieser muss den Dritten so stellen, wie wenn dieser nicht auf den Vertragsabschluss vertraut hätte (Ersatz des *Vertrauensschadens = negatives Interesse*). Hingegen ist der *Nichterfüllungsschaden* (= *Erfüllungsinteresse*) mangels Verursachung grundsätzlich nicht zu ersetzen.

> *Beispiel:* A ist von B bevollmächtigt, dessen Auto im Wert von € 5.000,– um eben diesen Betrag zu verkaufen. A veräußert es aber um € 4.500,– an C, der es in der Folge auch anmelden lässt (Kosten € 200,–). Der Vertrag ist ungültig, C kann von A € 200,– (Vertrauensschaden) fordern, nicht aber das sog Erfüllungsinteresse in der Höhe von € 500,– (Nichterfüllungsschaden), denn auch wenn sich A korrekt verhalten, C also über den Umfang seiner Vollmacht aufgeklärt hätte, hätte C den Wagen nicht um € 4.500,– bekommen. Ein über das Erfüllungsinteresse hinausgehender Vertrauensschaden (Anmeldungskosten zB € 600,–) wird nicht ersetzt (§ 1019), weil der Dritte sonst wirtschaftlich besser stünde als bei Gültigkeit des Vertrages. Die Höhe des Vertrauensschadens wird also durch das *„hypothetische"* (weil Vertrag ungültig) *Erfüllungsinteresse* begrenzt, im Beispiel würde C somit trotz Vertrauensschadens von € 600,– nur € 500,– ersetzt bekommen.

Auch der *Unternehmer* kann bei Vertretung ohne Vollmacht nur zum Ersatz des Vertrauensschadens, begrenzt mit dem Betrag des Erfüllungsinteresses, herangezogen werden (§ 1019). Dabei kann der Schadenersatzanspruch auch gegenüber dem „Scheingeschäftsherrn" geltend gemacht werden, soweit dieser den Scheinvertreter als Vertrags- oder Verhandlungsgehilfen eingesetzt hat (§ 1313a). Umgekehrt kann der Scheingeschäftsherr – da ihm das Geschäft nicht zugerechnet wird (s oben) – Leistungen, die der Scheinvertreter in seinem Namen erbracht hat, vom Dritten herausverlangen: im obigen Beispiel das Auto gem § 366 mit der Eigentumsklage (Dritter hat wegen Ungültigkeit des Vertrages kein Eigentum erworben, mangels Titels auch nicht gutgläubig gem § 367) oder bereicherungsrechtlich (letzteres insb auch dann, wenn Sache beim Dritten nicht mehr vorhanden ist). Bei Kenntnis und fahrlässiger Unkenntnis des Dritten von der mangelnden Vollmacht kommt § 1304 zur Anwendung (s auch im Schuldrecht, unten Rz 195).

66   Vertretung ohne Vertretungsmacht liegt grundsätzlich auch in den Fällen des *Insichgeschäfts* vor (vgl § 271), wenn also der Vertreter seine Vollmacht dazu verwendet, um mit sich selbst (*Selbstkontrahieren*) oder mit einem Dritten zu kontrahieren, von dem er ebenfalls bevollmächtigt ist (*Doppelvertretung*). Wirksam ist das Insichgeschäft nur dann, wenn es gestattet wurde, ausschließlich Vorteile oder keine Benachteiligungsgefahr für den oder die Geschäftsherren mit sich bringt (zB wenn zu üblichen Marktpreisen kontrahiert wird) oder ein Kollisionskurator bestellt wurde (s oben Rz 28).

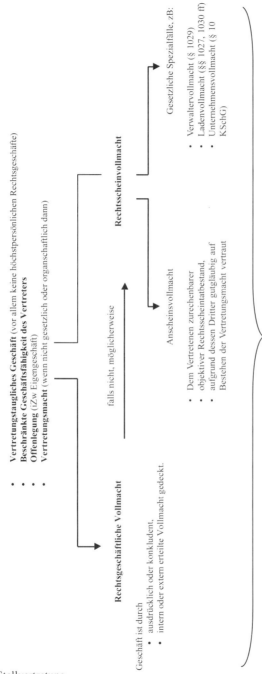

Abb. 2: Stellvertretung

67   Keine Scheinvertretung liegt in den Fällen des ***Missbrauchs der Vertretungsmacht***, also dann vor, wenn sich der Bevollmächtigte zwar im Rahmen seiner Vollmacht hält, aber – um den Geschäftsherrn zu schädigen – seinen Auftrag überschreitet (wenn also im obigen Fall die Vollmacht nicht auf einen bestimmten Betrag beschränkt gewesen wäre, sondern nur auf „Verkauf" gelautet hätte und der Bevollmächtigte den Wagen bewusst „zu billig" verkauft). Das Geschäft ist in diesem Fall gültig (mit Schadenersatzpflicht des Vertreters gegenüber dem Geschäftsherrn), es sei denn, der Bevollmächtigte und der Dritte haben in Schädigungsabsicht zusammengewirkt (***Kollusion***, § 879).

f) Beendigung der Vollmacht

68   Die Vollmacht erlischt vor allem durch Aufkündigung des Vertreters (§ 1021) oder Widerruf des Geschäftsherrn (§ 1020), der grundsätzlich jederzeit möglich ist (unwiderrufliche Vollmachten sind nach hA nur ausnahmsweise gültig). Weitere Endigungsgründe: Fristablauf bei zeitlich beschränkter Vollmacht, Eintritt einer vereinbarten Bedingung, Eröffnung des Insolvenzverfahrens (§ 1024; nicht jedoch nachträgliche Geschäftsunfähigkeit des Geschäftsherrn) und Tod des Geschäftsherrn oder des Vertreters (Ausnahmen: Prozessvollmacht, § 35 ZPO und auf den Sterbefall bezogene Vollmacht, § 1022). Die Vertretungsmacht bleibt in diesen Fällen aber aufrecht, wenn dem Dritten das Erlöschen schuldlos unbekannt war (§ 1026, Gutglaubensschutz). Außerdem müssen unaufschiebbare Geschäfte so lange fortgesetzt werden, bis der Geschäftsherr (sein Erbe) entsprechende Dispositionen treffen kann (§ 1025).

4. Vertragsabschluss mit Voraussetzungsklauseln

Literaturauswahl: *Steiner*, Grundverkehrsbehördliche Genehmigung und Bedingungslehre, JBl 1996, 413; *Hubmer*, Einverleibung des Liegenschaftskäufers trotz ausgelöstem Wiederkaufsfall? JBl 2002, 218.

69   Die Parteien können den Vertrag oder gewisse Rechtswirkungen von bestimmten Voraussetzungen abhängig machen, insb davon, dass
- ungewisse Umstände (***Bedingungen***) eintreten oder nicht eintreten (§§ 696 ff); zB dass der Kaufvertrag zwischen A und B nur gelten soll, wenn B von C einen Kredit erhält. Die Lehre differenziert zwischen *Suspensivbedingungen* (aufschiebende Bedingungen – Rechtswirkungen treten erst mit der Bedingung ein) und *Resolutivbedingungen* (auflösende Bedingungen – beenden den Vertrag). Nach Beeinflussungsmöglichkeit der Parteien werden weiters Wollens- (Potestativ-), Zufalls- und gemischte Bedingungen unterschieden (vgl zur Potestativbedingung auch § 899). Unmögliche oder unerlaubte Bedingungen können jedoch nicht wirksam vereinbart werden. Sie gelten als nicht beigesetzt, wenn sie auflösend sind. Bei aufschiebender Wirkung stehen sie dem gültigen Vertragsschluss entgegen. Wer eine Bedingung treuwidrig beeinflusst (wenn

zB A bei C gegen den Kredit interveniert), kann sich nicht auf ihren (Nicht-)Eintritt berufen bzw wird uU ersatzpflichtig.

- bestimmte Termine oder Ereignisse eintreten (**Befristung**, vgl §§ 704 f); zB dass der Vertrag zwischen A und B erst nach B's Tod gelten soll. Während es bei der Bedingung ungewiss ist, ob sie je eintritt, stellt sich diese Frage bei der Befristung nicht; der vereinbarte Zeitpunkt (im Bsp Tod des B) kommt bestimmt, nur das „Wann" ist fraglich.
- ein Beschenkter oder von Todes wegen Bedachter (zB Legatar) ein bestimmtes Verhalten in seinem Interesse, im Interesse des Schenkenden bzw Erblassers oder auch im Interesse eines Dritten setzt (**Auflage**, § 709), zB dass er das geschenkte oder vermachte Bild öffentlich ausstellt. Die Auflage wirkt in Bezug auf Erwerb und Verlust der Zuwendung wie eine auflösende Bedingung, unterscheidet sich von dieser aber vor allem dadurch, dass der Bedachte die Zuwendung nur bei schuldhafter Nichterfüllung der Auflage verliert (§ 710) und auf ihre Einhaltung geklagt werden kann (zur Durchsetzung von Auflagen im Erbrecht unten Rz 498).

III. Vertragserfüllung

Literaturauswahl: *Jabornegg*, Zurückbehaltungsrecht und Einrede des nicht erfüllten Vertrages (1982); *Wilhelm*, Baumängel: Das Zurückbehaltungsrecht bleibt eine scharfe Waffe, wbl 1987, 34; *Korab/Reidinger*, Die Fälligkeit des Honoraranspruches des Rechtsanwaltes, AnwBl 1999, 212; *Zankl*, Neue Fälligkeitsregeln und Informationspflichten im Internet (Fernabsatz), ecolex 2000, 350; *Reischauer*, Einige Gedanken zur Hinterlegung nach § 1425 ABGB, ÖJZ 2001, 453; *I. Welser*, Der Erfüllungsort für Verbesserungspflichten des Unternehmers nach § 8 KSchG, ÖJZ 2001, 745; *Hawel*, Rechtzeitigkeit von Banküberweisungen, RdW 2009, 189.

Judikaturauswahl: 4 Ob 90/09b (Leistungsort von Geldschulden – Schickschulden).

70 Auch die folgenden Regeln gelten für die Erfüllung sämtlicher (auch gesetzlicher) Leistungspflichten (zB bei Schadenersatz, Erfüllung von Legaten usw), werden aber in der Praxis am häufigsten bei Verträgen virulent und daher auch im Gesetz in diesem Zusammenhang normiert. Im Einzelnen geht es darum, wann, wo, auf welche Art und in welcher Reihenfolge ein Vertrag zu erfüllen ist:

1. Leistungszeit (§ 904)

71 Mangels gesetzlicher Fälligkeitsregeln (zB für die Erfüllung von Legaten, § 685, vgl aber auch § 1418) richtet sich der Leistungszeitpunkt nach der Vereinbarung oder der Natur bzw dem Zweck des Geschäfts (Zigaretten in der Trafik sind sofort zu bezahlen). Ergibt sich daraus nichts, muss der Schuldner erst nach Aufforderung durch den Gläubiger (**Mahnung** – diese kann gem § 904 sogleich, also ohne unnötigen Aufschub – uU mit Berücksichtigung einer

Vorbereitungszeit – erfolgen) leisten. Wird der aus den eben dargelegten Regeln bestimmte Fälligkeitszeitpunkt von den Parteien verschoben (gem § 1413 nur einvernehmlich), spricht man von **Stundung**, bei bloßem Verzicht des Gläubigers auf die Geltendmachung trotz Fälligkeit – Zinsen und Verjährung laufen daher weiter – von reiner Stundung (weiters existiert die durch Gesetz angeordnete Zwangsstundung = Moratorium in Krisenzeiten).

2. Leistungsort (§ 905)

72   Auch der Erfüllungsort ergibt sich primär aus der Parteienvereinbarung oder aus der Natur bzw dem Zweck des Geschäfts (zB Erfüllung des Dienstvertrages im Betrieb des Dienstgebers; als weitere Kriterien gelten gem § 905 auch Maß, Gewicht und Geldsorten). Ansonsten liegt im Zweifel eine **Holschuld** (Bereitstellen der Leistung) vor: Der Gläubiger muss sich die ihm (vertraglich oder deliktisch) geschuldete Leistung am Wohnort (Sitz) des Schuldners abholen. Die Parteien können aber auch eine **Bringschuld** (Ablieferung am Erfüllungsort beim Gläubiger) oder eine **Schickschuld** (Absendung; Gefahrenübergang auf den Gläubiger) vereinbaren, bei welcher der Schuldner verpflichtet wird, dem Gläubiger die Leistung zu übersenden. Geldschulden sind iZw sog *qualifizierte Schickschulden*: Der Schuldner muss die Leistung absenden und trägt – zum Unterschied von der normalen Schickschuld – auch das Risiko, dass sie ankommt (§ 905/2). Weitere Besonderheiten bei der Geldschuld ergeben sich aus der dem Geld anhaftenden Substitutionsfunktion; so erhält jemand, dem mit Buchgeld (Überweisung) bezahlt wird, eine Forderung; bei Fremdwährung kann dennoch in inländischer Währung bezahlt werden, wenn der Zahlungsort im Inland liegt (Ausnahme bei Vereinbarung über effektive Zahlung, s § 905a); möglich ist die Vereinbarung von Wertsicherungsklauseln (Indexklauseln), um die Leistung (den Wert) gegen eine allfällige (Geld-) Entwertung zu sichern.

3. Leistungsart (§§ 906 f)

73   Kann der Vertrag auf mehrere Arten erfüllt werden (liegt also eine **Wahlschuld** vor: es ist zB die Ware A oder B zu leisten), so hat – je nach Vereinbarung – der Schuldner, der Gläubiger oder ein Dritter die Wahl, welche Leistung zu erbringen ist, wobei von der einmal getroffenen Wahl nicht mehr abgegangen werden kann (§ 906/1; ohne Vereinbarung steht das Wahlrecht dem Schuldner zu). Hat der Gläubiger die Wahl und ist er damit in Verzug, so kann der Schuldner die Wahl treffen oder nach den §§ 918 und 919 vorgehen (§ 906/2). Wählt der Schuldner an Stelle des Gläubigers, so hat er diesen von der Wahl zu verständigen und ihm zugleich eine angemessene Frist zur Vornahme einer anderen Wahl zu setzen. Unterlässt der Gläubiger daraufhin eine andere Wahl, ist jene des Schuldners maßgebend, dem jedenfalls der Ersatz des Schadens gebührt (§ 906/2). Wurde eine Wahlschuld vereinbart und geht eines der „Wahlstücke" zufällig unter, so ist der Wahlberechtigte nicht mehr an den Vertrag gebunden (bei Verschulden des Verpflichteten kann der Berechtigte entweder Schadenersatz oder das übrige Stück wählen, § 907). Unterscheide von der Wahlschuld die **Ersetzungsbefugnis** *(facultas alternativa)*, bei welcher nur eine Leistung geschuldet wird, dem Schuldner aber das Recht zusteht, an Stelle dieser eine andere zu erbringen (zB § 934).

4. Leistungsreihenfolge (§ 1052)

Ein Vertragspartner muss seine Leistung nur **Zug um Zug**, also nur dann 74
erbringen, wenn der andere sie auch erbracht hat oder sie zumindest gleichzeitig anbietet (vgl insb §§ 1052, 1062). Ansonsten kann gegen die Klage des anderen die *„Einrede des nicht erfüllten Vertrages"* erhoben werden. Dies gilt auch nach der Erfüllung: Ist die Leistung unvollständig oder mangelhaft erbracht worden, so braucht der Kaufpreis so lange nicht (aus)bezahlt zu werden, bis der Qualitäts- oder Quantitätsmangel behoben wurde *(„Einrede des nicht gehörig erfüllten Vertrages")*. Hat sich ein Vertragsteil zur Vorausleistung (Abgehen vom Zug-um-Zug-Prinzip) verpflichtet, kann er zwar nicht die Einrede des nicht erfüllten Vertrages, immerhin aber die *„Unsicherheitseinrede"* erheben, wenn die Gegenleistung durch nach Vertragsabschluss entstandene unvorhersehbare Verschlechterung (clausula rebus sic stantibus) der Vermögensverhältnisse des Vertragspartners gefährdet ist (nur Zurückbehaltung, nicht Zurückforderung der eigenen Leistung oder Forderung der gegnerischen Leistung).

IV. Vertragsverletzung

Literaturauswahl: *Beck-Mannagetta*, Probleme der Konventionalstrafe, ÖJZ 1991, 185; *F. Hoyer*, Pauschalierter Schadenersatz ohne Schaden? ecolex 1999, 387; *Noll*, Die Konventionalstrafe – Rechtsprechung und wirtschaftlicher Hintergrund, AnwBl 2001, 374; *Spitzer*, Die Pfandverwertung im Zivil- und Handelsrecht (2004); *Wittwer*, Die positive Vertrags- oder Forderungsverletzung, ÖJZ 2004, 161; *Thunart*, Die wichtigsten Neuerungen für Unternehmensgeschäfte nach der HGB-Reform, Zak 2007, 3.

1. Allgemeines

Vertragsverletzungen lösen **Leistungsstörungen** (siehe unten Rz 99 ff) und 75
bei Verschulden **Schadenersatzansprüche** aus (siehe unten Rz 183 ff). An deren Stelle tritt als eine Art pauschalierter Schadenersatz die Pflicht zur Leistung einer *Vertragsstrafe (Konventionalstrafe),* wenn dies vereinbart wurde (§ 1336): Sie gebührt zwar grundsätzlich unabhängig vom Eintritt und von der Höhe eines konkreten Schadens (Pauschalierung), setzt aber iZw (Schadenersatzcharakter) ein Verschulden an der Vertragsverletzung sowie das Bestehen einer gültigen Hauptverbindlichkeit voraus. Die Vertragsstrafe kann – seit dem HaRÄG auch für **Unternehmer** – gerichtlich herabgesetzt werden (§ 1336/2). Grundsätzlich besteht die Möglichkeit, parallel zur Konventionalstrafe einen

diese übersteigenden Schaden einzufordern (§ 1336/3). Diesbezüglich gibt es für Verbrauchergeschäfte eine wesentliche Einschränkung: Ist der Schuldner ein Verbraucher im Sinne des § 1/1 Z 2 und § 1/3 KSchG, muss dies zuvor im Einzelnen ausgehandelt werden (§ 1336/3 letzter Satz).

76   Eine teilweise ähnliche Funktion wie die Vertragsstrafe hat das **Reugeld**, weil es bei schuldhafter Vertragsverletzung gleichfalls an Stelle des dadurch verursachten Schadens gebührt (§ 911). Darüber hinaus gewährt es demjenigen, der es verspricht, das Recht, grundlos, also auch dann vom Vertrag zurückzutreten, wenn er gesetzlich nicht dazu berechtigt wäre (§ 909); daher ist zB die *„Stornogebühr"* ein Reugeld (vgl Mäßigung insb gem § 7 KSchG). Unterscheide davon das sog *Angeld*, das „als ein Zeichen der Abschließung oder als eine Sicherstellung für die Erfüllung des Vertrages" gegeben wird und bei schuldhafter Vertragsverletzung einbehalten werden kann, ohne dass sich aber der schuldlose Teil damit begnügen muss (vgl im Einzelnen § 908; Mäßigung gem § 1336/2 analog möglich). Für den Fall eines Vertragsbruchs können auch der Verlust bestimmter Rechte des vertragsbrüchigen Teils oder ein Rücktrittsrecht des vertragstreuen Teils vereinbart werden. Eine derartige Klausel wird als **Verwirkungsabrede** bezeichnet; eine der häufigsten Formen ist der sogenannte **Terminsverlust** (s im Schuldrecht, unten Rz 249).

2. Vertragshindernisse

77   Einem Vertrag können *Störungen* entgegenwirken, die schon im Zeitpunkt des Abschlusses bestanden (*Wurzelstörungen*, unten Rz 78 ff), oder solche, die erst im Leistungsstadium auftreten (*Leistungsstörungen*, unten Rz 99 ff).

a) Wurzelstörungen

78   Wie erwähnt, liegen diese schon bei Vertragsabschluss vor und bewirken daher, dass gar kein Vertrag zustande kommt, dieser also ungültig (nichtig) ist (1. Variante: unten Rz 80–82) oder (sachenrechtlich) rückwirkend aufgehoben werden kann (2. Variante: unten Rz 84 ff). Letzteres (die sachenrechtliche Rückwirkung) bedeutet die juristische Fiktion, dass nie ein Vertrag abgeschlossen wurde. Daraus ergeben sich mehrere Konsequenzen, zB dass der Verkäufer nach wie vor Eigentümer der verkauften Ware ist und diese daher mit der rei vindicatio (Eigentumsklage) zurückverlangen kann.

79   Ist ein Vertrag **ungültig** (1. Variante), so kann er grundsätzlich nicht dadurch geheilt werden (**keine Konvaleszenz**), dass die erforderlichen Voraussetzungen später eintreten, die minderjährigen Vertragspartner also zB erwachsen werden. Eine gewisse Durchbrechung dieses Grundsatzes findet sich aber in § 154/4, wonach eine Person nach Eintritt ihrer Volljährigkeit jene Geschäfte (schriftlich) genehmigen kann, die sie vorher ohne die erforderliche Einwilligung des gesetzlichen Vertreters geschlossen hat (beachte idZ auch § 1432).

aa) mangelnde Erklärungsabsicht

In verschiedenen Varianten und aus verschiedenen Gründen kann es vor- **80**
kommen, dass jemand eine Erklärung abgibt, dies aber nicht (so) meint:

- *Scherzerklärung*: zB im Rahmen von Lehrveranstaltungen („Ich verkaufe Ihnen jetzt um € 5.000,– mein Auto, können Sie Eigentum daran erwerben, indem ich Ihnen den Zulassungsschein übergebe?" – ein Hörer nimmt das „Anbot" dankend an – kein Vertrag, wenn die mangelnde Erklärungsabsicht objektiv erkennbar war).
- *Mentalreservation*: Jemand gibt eine Erklärung unter einem geheimen Vorbehalt ab, denkt sich also dabei, sie in Wirklichkeit gar nicht zu wollen – die Erklärung gilt trotzdem (Vertrauenstheorie). Interessant, wenn auch nicht sehr praxisrelevant, ist der Fall, in dem der Vertragspartner die Mentalreservation „durchschaut". Da dem Vertragspartner gerade das Vertrauen fehlt, lässt sich die Gültigkeit der Erklärung nur auf den Grundsatz der Vertragstreue stützen. Folgt man dieser Argumentation nicht, bleibt offen, ob die Erklärung ungültig oder bloß anfechtbar ist.
- *Scheingeschäft*: Bsp: A braucht Kredit, erhält diesen aber nur gegen Sicherheiten. Er fingiert daher mit seinem Freund B einen Kaufvertrag und tritt dem Kreditgeber C die vermeintliche Kaufpreisforderung als Sicherheit ab (Sicherungszession, unten Rz 364). Das Scheingeschäft ist grundsätzlich nichtig (weil nicht gewollt), was aber einem gutgläubigen Dritten nicht entgegengehalten werden kann (§ 916/2). C wird also Gläubiger des B. Im vorliegenden Fall handelt es sich um ein „absolutes Scheingeschäft" (kein Vertrag ist gewollt) im Gegensatz zum „verdeckten Geschäft" (Vertragsabschluss ist grundsätzlich gewollt). Das Scheingeschäft ist vom Umgehungsgeschäft klar zu trennen (s dazu unten Rz 87).

bb) mangelnde Erklärungsfähigkeit (Geschäftsunfähigkeit)

S oben Rz 21 ff.

cc) Dissens

Literaturauswahl: *Kramer*, Grundfragen der vertraglichen Einigung (1972); *Welser*, Konsens, Dissens und Erklärungsirrtum , JBl 1974, 79; *Iro*, „Konkurrenz von Dissens und Irrtum?" ZVR 1976, 325; *Rummel*, Von durchschauten Irrtümern, falschen Bezeichnungen und aufzuklärenden Missverständnissen, JBl 1988, 1; *derselbe*, Probleme des Dissenses beim Vertragsschluß, RZ 1996, 2.

Liegt vor, wenn die Willenserklärungen äußerlich *nicht übereinstimmen* **81**
(§ 869), und ist entweder *offen*, wenn er den Parteien bewusst ist (zB A bietet 100, B antwortet „ja, 80" = *Dissens wegen Diskrepanz der Erklärungen*, bei nicht die Hauptpunkte betreffendem Dissens tritt der Vertrag nur zum Teil in Geltung; vgl idZ auch Art 19/2 UN-K), oder andernfalls *versteckt* (zB A bietet 5 „Flocken" und versteht darunter € 500,–, B ist einverstanden in der Annah-

me, dass es sich um € 5.000,– handelt; lässt sich durch Auslegung nicht klären, was objektiv unter „Flocken" zu verstehen ist, liegt Dissens wegen *Mehrdeutigkeit* vor, vgl idZ § 571: „falsa demonstratio non nocet"). Irrtumsanfechtung ist nicht möglich, da gar kein Vertrag zustande gekommen ist, der angefochten werden könnte (würde sich hingegen im obigen Bsp herausstellen, dass man unter 5 „Flocken" allgemein € 500,– versteht, so käme der Vertrag mit diesem Inhalt zustande und B müsste wegen Irrtums anfechten, siehe unten Rz 91 ff). Weiterer Dissensfall: A bietet dem B € 10.000,– für sein Auto. B ist einverstanden. Wenn B mehrere Autos besitzt und nicht klar ist, welches gemeint war (Auslegung), so liegt Dissens wegen *Unvollständigkeit der Erklärungen* vor – für einen Kaufvertrag ist Konsens über Ware und Preis erforderlich, hier fehlt Ersteres. Wer eine Einigung (obwohl Dissens vorliegt) durch undeutliche Ausdrücke oder Scheinhandlungen vortäuscht, wird ersatzpflichtig (§ 869 aE).

dd) Formungültigkeit

Literaturauswahl: *Dehn,* Formnichtige Rechtsgeschäfte und ihre Erfüllung (1998); *P. Bydlinski,* Neues im Recht der Rechtsgeschäftsform, RdW 2001, 716; *P. Bydlinski/F. Bydlinski,* Gesetzliche Formgebote für Rechtsgeschäfte auf dem Prüfstand (2001); *Welser,* Zivilrechtliche Formgebote und Notariatsakt, in *Rechberger* (Hg), Formpflicht und Gestaltungsfreiheit (2002) 1; *derselbe,* Notariatsakt: Abschaffung, Ersatz durch Schriftform, „geteilte Form" und „halbe Form", FS Weißmann (2003) 989; *Zib,* Was kann die elektronische Signatur bei Firmenbucheingaben leisten? ecolex 2005, 212; *Rubin,* Bevollmächtigung und formgebundenes Rechtsgeschäft, ecolex 2010, 24.

Judikaturauswahl: 7 Ob 248/00x (Zugangsfiktion nach § 10/1 VersVG); 5 Ob 133/10k (Einfache E-Mail ohne qualifizierte elektronische Signatur erfüllt Schriftformgebot des § 886 ABGB nicht).

82 Grundsätzlich müssen Verträge in keiner bestimmten Form geschlossen werden (*Formfreiheit*, s oben Rz 48), können also auch mündlich oder zB per E-Mail zustande kommen (*Konsensualverträge*). Allerdings gibt es auch *Realverträge*, bei denen das Geschäft erst durch Leistungserbringung wirksam wird (zB Leihe, Verwahrung, Trödelvertrag). Letztere stehen in einem Spannungsverhältnis zu Art 9 der E-Commerce-RL, wonach die Mitgliedstaaten sicherstellen müssen, dass Verträge auf elektronischem Wege zustande kommen können. Die rechtsgeschichtlich alten Realverträge haben im System des modernen Zivilrechts an Bedeutung verloren und sollten in Konsensualverträge umgewandelt werden (beachte: seit dem DaKRÄG 2010 normiert § 983 das Darlehen nunmehr als Konsensualvertrag. Für das Zustandekommen des Darlehensvertrags kommt es somit auf die übereinstimmenden Willenserklärungen von Gläubiger und Schuldner an. Es ist daher nicht mehr erforderlich, dass die als Darlehen gegebene Sache übergeben wird; s Rz 164). Die Parteien können auch eine (zB Schrift-)Form vereinbaren (*gewillkürte Form*), so dass sie iZw ohne deren Einhaltung nicht gebunden sind (§ 884). Außerdem stellt das Gesetz – vor allem aus Gründen der Beweissicherung (zB bei letztwilligen Verfügungen, §§ 578 ff), zum Schutz vor Übereilung (zB bei Bürgschaftserklärungen, § 1346/2, und Schenkungen, wenn das Geschenk nicht sofort übergeben wird, § 1/1 lit d NotAktsG) oder aufgrund notwendiger Evidenz (zB § 15

EheG) – *Formvorschriften* auf. Werden diese verletzt, ist das Geschäft grundsätzlich ungültig (Ausnahme gem § 1432: wird eine Leistung trotz Formungültigkeit erbracht, kann sie im Allgemeinen nicht zurückgefordert werden, Naturalobligation, s oben Rz 18). Als gesetzliche Formvorschriften kommen insbesondere die (einfache) Schriftform, die öffentliche Schriftform, die notarielle Beurkundung, der Notariatsakt und das Heranziehen von Zeugen in Betracht.

Beachte auch das *SignaturG*, das elektronische Signaturen regelt. Dabei **83** handelt es sich nicht um nachgebildete (faksimilierte) Unterschriften iSd § 886, sondern um eine Verschlüsselung, mit der ein elektronisches Dokument (zB E-Mail) versehen wird, um es authentisch und verfälschungssicher zu machen. Nach § 4 SigG erfüllt eine sog qualifizierte elektronische Signatur (diese muss gewissen Sicherheitserfordernissen entsprechen, vgl § 2 Z 3 SigG) grundsätzlich das rechtliche Erfordernis einer eigenhändigen Unterschrift. Ausgenommen davon sind ua Rechtsgeschäfte des Familien- und Erbrechts und insb auch (private) Bürgschaften (Details zum SigG unten Rz 285 ff).

ee) Ursprüngliche Unmöglichkeit (§ 878)

Literaturauswahl: *Lukas*, Zur Haftung beim anfänglich unbehebbaren Werkmangel, JBl 1992, 11; *Ziegler*, Die anfängliche Unmöglichkeit der Leistung (1992); *Apathy*, Emptio suae rei – § 878 ABGB, 2. FS Mayer-Maly (2001) 11; *Joeinig*, Die anfängliche Unmöglichkeit (2006).

Rechtlich Unmögliches (zB Sklaverei, vgl § 16) oder *faktisch Absurdes* **84** (zB Verkauf einer Audienz mit Kaiser Franz Josef – echter Fall in den 1980er Jahren!) ist „geradezu unmöglich" (§ 878 Satz 1) und kann daher – wenn dies schon bei Vertragsabschluss der Fall ist – nicht Gegenstand eines gültigen Vertrages sein. Der Schuldner wird haftbar, soweit er die Unmöglichkeit kannte oder kennen musste (grundsätzlich Ersatz des Vertrauensschadens) und für den Gläubiger nicht dasselbe gilt (sog *Kulpakompensation*, § 878 Satz 3).

Von den eben erörterten Fällen des § 878/1 sind jene der *„schlichten" an-* **85** *fänglichen Unmöglichkeit* zu unterscheiden, in denen die Leistungserbringung zB am Unvermögen des Schuldners scheitert – er agiert als Schilehrer, kann aber selbst nicht Schi fahren. Aus § 923, der die Veräußerung einer nicht mehr vorhandenen Sache – also eine schlicht unmögliche Leistung – als Gewährleistungsfall behandelt, folgt, dass der entsprechende Vertrag gültig ist (Gewährleistung setzt gültigen Vertrag voraus), aber – eben wegen Gewährleistung (insb Wandlung) – angefochten werden kann. Die Haftung des Schuldners hängt nach hA davon ab, ob er die Leistung garantiert hat; in diesem Fall ist das Erfüllungsinteresse zu ersetzen, der Gläubiger also schadenersatzrechtlich so zu stellen, wie er bei ordnungsgemäßer Erfüllung gestanden wäre (s unten im Schadenersatzrecht, Rz 184), ansonsten nur der Vertrauensschaden.

„Ist Mögliches und Unmögliches zugleich bedungen, so bleibt der Vertrag **86** in ersterem Teile gültig, wenn anders aus dem Vertrag nicht hervorgeht, dass kein Punkt von dem anderen abgesondert werden könne" (§ 878 Satz 2). Ist also nur ein Teil des Vertrages von der Unmöglichkeit (*Teilunmöglichkeit*) betroffen, so richtet sich die Gültigkeit des Restvertrages danach, ob die Parteien auch diesen für sich allein geschlossen hätten (iZw verliert der Restvertrag nicht seine Gültigkeit). Da entsprechende Regeln *für andere Fälle* der Teilungültigkeit fehlen (Lücke), wird § 878 auf diese grundsätzlich *analog* angewendet.

ff) Gesetz- oder Sittenwidrigkeit (§ 879)

Literaturauswahl: *Jabornegg*, Formularmäßige Haftungsfreizeichnung für grob fahrlässige Auskunft, JBl 1986, 144; *Mayer-Maly*, Die guten Sitten als Maßstab des Rechts, JuS 1986, 596; *Iro*, Zivilrechtliche Probleme bei Verträgen mit Schwarzarbeitern, JBl 1987, 1; *Fischer-Czermak*, Das Konsumentenschutzgesetz und der Liegenschaftsverkehr, NZ 1991, 115; *Illedits*, Teilnichtigkeit im Privatrecht (1991); *Reidinger*, Inbestandgabe zur Erschwerung von Liegenschaftsexekutionen. Rechte des Erstehers, JBl 1991, 217; *P. Bydlinski*, Die Sittenwidrigkeit des Ausschlusses einer Forderungsabtretung, ÖBA 1995, 850; *Eissler*, Die Richtlinie über missbräuchliche Klauseln in Verbraucherverträgen, ecolex 1998, 461; *Kosch*, Prozessfinanzierung durch Teilabtretung der betriebenen Forderung, ZIK 2000, 48; *Heiss*, Die relative Nichtigkeit des Geschäftsrests nach § 139 BGB bzw § 878 Satz 2 ABGB, FS Krejci II (2001) 1193; *E. Wagner*, Rechtsprobleme der Fremdfinanzierung von Prozessen, JBl 2001, 416; *Leitner*, Ist das vollständige Ende der geltungserhaltenden Reduktion gekommen? ÖJZ 2002, 711; *Apathy*, Die neuen ABB auf dem Prüfstand, ÖBA 2003, 177; *G. Graf*, Jetzt schlägt's aber (fast) 13! – Geschäftsbedingungen des Kreditinstitute: OGH erklärt 12 Klauseln der Bank AGB 2000 für unwirksam, ecolex-script 2003, 1; *Hasberger*, Erotik-Hotlines sittenwidrig? MR 2003, 333; *Iro*, OGH: Unwirksame Klauseln in den Allgemeinen Geschäftsbedingungen der Banken, RdW 2003, 66; *G. Graf*, Rechtswidrige Zinsanpassungsklauseln und Verjährungsrecht, ecolex 2003, 648; *Fenyves/Rubin*, Vereinbarung von Preisänderungen bei Dauerschuldverhältnissen und KSchG, ÖBA 2004, 347; *Mayrhofer*, Überlange rechtsgeschäftliche Bindungen des Verbrauchers, FS Welser (2004) 695; *Rosenmayr*, Sittenwidrigkeit von Angehörigenbürgschaften, ZIK 2004, 196; *Verse/Wurmnest*, Zur Nichtigkeit von Verträgen bei Verstößen gegen das EG-Beihilferecht, AcP 204 (2004) 855; *Brauneis/Neuwerth*, Anfechtung sittenwidriger Ausschreibungsunterlagen, ZVB 2005, 270; *Iro*, OGH: Auch einseitige Rundungsklauseln ohne Kumulierungseffekt unwirksam, RdW 2005, 262; *Thiele*, Von verfallenen Guthaben und unwirksamen Einwendungsfristen – Bemerkenswertes aus der wunderbaren Welt des M-Commerce, RdW 2005, 346; *G. Graf*, Die guten Sitten (§ 879 ABGB) als Schranke der Bestimmung der Begünstigten bei der Privatstiftung, in *Eiselsberg* (Hg), Stiftungsrecht. Jahrbuch 2007 (2007) 87; *Riss*, Mietvertragsklauseln auf dem Prüfstand des Verbraucherrechts, wobl 2007, 62; *Wilhelm*, Neunundreißig Mietvertragsklauseln weggefegt, ecolex 2007, 1; *Gartner*, Unzulässige Klauseln in Bauträgerverträgen, wobl 2008, 1; Eilmansberger, Zur Nichtigkeit kartellrechtswidriger Vereinbarungen und ihren Konsequenzen, JBl 2009, 427; *G. Graf*, Zivilrechtliches zum Aufzugskartell: Folgeverträge sind teilnichtig! ecolex 2010, 646.

Judikaturauswahl: 2 Ob 130/97z (Sittenwidrigkeit einer Abfindungsklausel – unvorhersehbare Unfallfolgen); 7 Ob 87/01x (Rechtfertigung eines Umgehungsgeschäfts durch EuGH-Rsp); 6 Ob 173/02p (Transportkostenersatz für das Rote Kreuz); 3 Ob 77/02y (Wiederkaufsrecht zu Gunsten eines Dritten und Umgehung); 1 Ob 244/02t („Sex-Hotlines": Bezahlung von Telefon-Mehrwertdiensten); 2 Ob 23/03a (Telefonsex-Vertrag/Sittenwidrigkeit); 1 Ob 144/04i (Werkvertrag: Nachforderung bei Schlussrechnung); 4 Ob 112/04f (Verfall von Wertkartenguthaben); 7 Ob 172/04a (Preisänderungsklausel); VwGH 2004/03/0066 („Wer spricht?"); 3 Ob 121/06z (Bindungsdauer bei Wartung einer Telefonanlage); 10 Ob 125/05p (Zulässigkeit einer Zinsanpassungsklausel); 7 Ob 78/06f (Verbraucherschutz im Mietrecht – „Klauselentscheidung"); 4 Ob 227/06w (Unzulässige Klauseln in Mobilfunkverträgen); 4 Ob 91/08y (Unzulässige Klauseln in Mobilfunkverträgen II); 1 Ob 145/08t (Sittenwidrigkeit des Kündigungsrechts bei Insolvenz des Lizenznehmers in Softwareüberlassungsvertrag); 7 Ob 230/08m (Unzulässige Klauseln in Kfz-Leasingverträgen I); 3 Ob 12/09z (Unzulässige Klauseln in Kfz-Leasingveträgen II).

Ein Vertrag ist ungültig, wenn er gegen ein *Gesetz* verstößt, das seiner ratio **87** nach (dazu unten Rz 184) die Gültigkeit eines entsprechenden Vertrages verhindern will (zB Waffengesetz). Gesetze, die sich nur an einen Partner richten, oder Bestimmungen, die nur das „Wie" und „Wann", nicht jedoch das „Was" verbieten, verfolgen diesen Zweck im Allgemeinen nicht (zB sind deshalb Geschäfte außerhalb der Ladenschlusszeiten nicht ungültig, sondern nur für den davon betroffenen Gewerbetreibenden mit Verwaltungsstrafe bedroht). Gegen ein Gesetz verstößt bspw, wer Bankgeschäfte ohne die erforderliche Konzession betreibt. Gem § 100 BWG besteht diesfalls kein Anspruch auf Vergütung (wie Zinsen und Provisionen). Die Vereinbarung zieht aber nicht die Rechtsunwirksamkeit des gesamten Bankgeschäfts nach sich. Oft werden Geschäfte zur *Umgehung* bestimmter Rechtsfolgen geschlossen. Sie sind nichtig, wenn dadurch der Gesetzeszweck vereitelt würde; Bsp: Zur Umgehung eines Grundverkehrsgesetzes, das den Grunderwerb durch Ausländer verbietet, wird von einem Österreicher eine Ein-Mann-GmbH gegründet. Diese kauft eine Liegenschaft und es werden in der Folge sämtliche Geschäftsanteile an einen Ausländer abgetreten. Da sich der Normzweck auch darauf bezieht, ist die Abtretung nichtig.

Ein Vertrag ist wegen *Sittenwidrigkeit* ungültig, wenn er gegen das **88** „Rechtsgefühl der Rechtsgemeinschaft" (nicht unbedingt identisch mit der Moral) verstößt (Rsp), wenn er also zB die Verpflichtung enthält (in einer Scheidungsvereinbarung), die Stadt zu verlassen, wenn er ein Entgelt für die Unterlassung der Ehelichkeitsbestreitungsklage enthält (Rsp), wenn er den Zweck verfolgt, einen anderen zu schädigen, wenn er wirtschaftlich unzumutbare Knebelungen enthält (jemand verpflichtet sich, nie mehr mit bestimmten Personen zu kontrahieren) usw. Nach der Judikatur ist auch Prostitution (nicht hingegen oder zumindest nicht grundsätzlich entgeltlicher Telefonsex) sittenwidrig. Die Konkretisierung der Generalklausel (Formel vom Rechtsgefühl der Rechtsgemeinschaft) erfolgt vor allem auch durch die *Grundrechte* (siehe Rz 12: mittelbare „Drittwirkung"), so dass zB ein Vertrag umso eher sittenwidrig ist (bewegliches System, s oben Rz 16), je stärker er sich zB vom Grundrecht der Meinungsfreiheit entfernt (ein Journalist verpflichtet sich, nie wieder etwas Negatives über eine bestimmte Partei zu berichten).

Spezialfälle sittenwidriger Vereinbarungen finden sich in § 879/2 und 3. **89** Demnach sind Verträge ungültig, mit denen etwas für die „Unterhandlung eines *Ehevertrages*" (Z 1) oder für die Vermittlung einer medizinisch unterstützten *Fortpflanzung* (Z 1a) bedungen wird, ferner sog *Streitanteilsvereinbarungen* (*pactum de quota litis*, zB ein Drittel des erstrittenen Betrages) mit „Rechtsfreunden" (Z 2; Erfolgsprämien für Prozessfinanzierer nach der Judikatur aber gültig), lebzeitige Verfügungen über (widerrufbare) ***Zuwendungen von Todes wegen*** (Z 3) und ***wucherische Verträge***, wenn also bestimmte Schwächen (Leichtsinn, Zwangslage, Verstandesschwäche, Unerfahrenheit oder Gemütsaufregung) des Vertragspartners ausgenützt werden, um sich einen unverhältnismäßigen Vorteil zu verschaffen (Z 4; evidentes Ungleichgewicht der Leistungen). Auch ***§ 6 KSchG*** enthält einen Katalog von Klauseln, die „im Sinn des § 879 jedenfalls nicht verbindlich" sind. § 879/3 betrifft die Sittenwidrigkeit bestimmter AGB-Klauseln (siehe oben unter Rz 60).

90 Ist ein Vertrag nach § 879 ungültig, ist zwischen ***absoluter*** und ***relativer*** Nichtigkeit als Rechtsfolge zu unterscheiden. Absolut nichtige Geschäfte bedrohen ua Allgemeininteressen und die öffentliche Ordnung, müssen daher nicht gerichtlich angefochten werden (amtswegige Beachtung), auf ihre Nichtigkeit kann sich jedermann berufen. Verletzt ein Vertrag aber nur die Rechte eines Vertragspartners (zB Wucher), so kann nur der Verletzte selbst die Nichtigkeit geltend machen (relative Nichtigkeit). In Zusammenhang mit der in Rz 86 erläuterten Teilungültigkeit wird hier nicht auf den hypothetischen Parteiwillen, sondern auf die ratio der betreffenden Verbotsbestimmung abgestellt (vgl ua §§ 16/8, 27 MRG, § 7 WucherG sowie § 917a).

gg) Willensmängel

Literaturauswahl: *Kramer*, Grundfragen der vertraglichen Einigung (1972); *Iro*, Versuch eines harmonischen Verständnisses der Bestimmungen über Willensmängel bei Verkehrsgeschäften, JBl 1974, 225; *Kramer*, Zur Unterscheidung zwischen Motiv- und Geschäftsirrtum, ÖJZ 1974, 452; *Welser*, Konsens, Dissens und Erklärungsirrtum, JBl 1974, 79; *Iro*, Zurechnung von Gehilfen im Recht der Willensmängel, JBl 1982, 470, 510; *Kerschner*, Irrtumsanfechtung, insbesondere beim unentgeltlichen Geschäft (1984); *Zemen*, Zum Grundsatz „falsa demonstratio non nocet" im Vertragsrecht, JBl 1986, 756; *Rummel*, Von durchschauten Irrtümern, falschen Bezeichnungen und aufzuklärenden Missverständnissen, JBl 1988, 1; *Bollenberger*, Irrtum über die Zahlungsunfähigkeit (1995); *Kerschner/Riedler*, Vertragsanfechtung/-anpassung wegen Irrtums, JAP 1995/96, 76; *Riedler*, Vertragsanfechtung/-anpassung wegen Drohung, JAP 1995/96, 226; *derselbe*, Vertragsanfechtung/-anpassung wegen List, JAP 1995/96, 163; *F. Bydlinski*, Zum Wegfall der Geschäftsgrundlage im österreichischen Recht, ÖBA 1996, 499; *Fenyves*, Der Einfluß geänderter Verhältnisse auf Langzeitverträge, Gutachten für den 13. ÖJT II/1 (1997); *Kramer*, Der Irrtum beim Vertragsabschluss (1998); *Fischer-Czermak*, Wegfall der Geschäftsgrundlage beim Leasing, ecolex 2000, 97; *Thunart*, Die Beachtlichkeit des Irrtums als Interessenabwägung – § 871 ABGB, ÖJZ 2000, 447; *Battlogg*, Die Inflationskomponente im Unterhaltsrecht, AnwBl 2001, 313; *Zankl*, Zivilrecht und e-commerce, ÖJZ 2001, 542; *Jaksch-Ratajczak*, Der Wegfall der Geschäftsgrundlage im Spiegel der jüngsten reiserechtlichen Rechtsprechung, in *Saria* (Hg) Wer hat Recht im Urlaub? Gerichtspraxis und aktueller Reformbedarf im Reiserecht (2002) 111; *Kietaibl*, Arbeitsvertragliche Folgen bei Verkennung der Arbeitnehmereigenschaft durch die Vertragsparteien, JBl 2004, 626; *Vonkilch*, Kennt das ABGB eine Haftung für die sorgfaltswidrige Abgabe einer wegen Willensmangels anfechtbaren Willenserklärung? JBl 2004, 759; *Jaksch-Ratajczak*, Zwischen Terror und SARS: Neues zum Wegfall der Geschäftsgrundlage im österreichischen Reiserecht, in *Saria* (Hg), Reise ins Ungewisse – Reiserecht in einem geänderten Umfeld (2005) 129; *Michitsch*, Die Rechtsfolgen der Tsunami-Katastrophe für den Reisenden, ZVR 2005, 222; *Kramer*, Bausteine für einen „Common Frame of Reference" des europäischen Irrtumsrechts, ZEuP 2007, 247; *Wehr*, Die Anfechtung rechtsgeschäftlich erteilter Vollmachten, ÖJZ 2008, 611; *G. Graf*, Zur Schadenersatzpflicht des schuldhaft Irrenden, ecolex 2010, 1131; *Krejci*, Zur Anfechtung von Wertpapierkäufen wegen irreführender Werbung und Beratung, ÖJZ 2010, 58; *Leupold/Ramharter*, Zum Verhältnis von irrtumsrechtlicher und schadenersatzrechtlicher Rückabwicklung bei Aufklärungspflichtverletzungen, ÖJZ 2010, 807; *Oppitz*, Zur irrtumsrechtlichen „MEL"-Judikatur des OGH, ÖBA 2011, 534; *Schauer*, Zertifikate statt Aktien: das Aliud als Ausweg? RdW 2011, 3; *Wilhelm*, Das unbekannte Qualifikations-Aliud, ecolex 2011, 1073; *Leupold*, Aktien vs Zertifikate – Zur aliud-Problematik, Zak 2012, 23.

Judikaturauswahl: 1 Ob 183/00v (Umfang der vorvertraglichen Aufklärungspflicht); 2 Ob 112/00k (Arglistige Veranlassung zur Pfandbestellung); 9 Ob 247/02t (Irrtumsanfechtung beim Neuwagenkauf); 9 Ob 152/03y (Gesetzesänderung als Wegfall der Geschäftsgrundlage); 6 Ob 148/07v (Irrtum über mögliche künftige Wertsteigerung einer Aktie); 1 Ob 37/08k (Listige Irreführung beim Liegenschaftskauf); 8 Ob 98/08g (Keine Irrtumsanfechtung bei Gewährleistungsausschluss für einen bestimmten Umstand); 3 Ob 111/09h (Listige Irreführung beim Unternehmenskauf); 4 Ob 65/10b (Irrtumsanfechtung wegen irreführender Werbung für Anlageprodukte I); 8 Ob 25/10z (Irrtumsanfechtung wegen irreführender Werbung für Anlageprodukte II); 3 Ob 194/10s (Irrtumsanfechtung bei ungelesen unterschriebener Urkunde); 4 Ob 20/11m (Anlageberatung ohne Hinweis auf Insolvenzrisiko); 8 Ob 151/10d (Irreführung von Anlegern: „150-jährige Unternehmenstradition"); 6 Ob 92/11i (Irrtumsanpassung: Verkehrswertminderung durch erforderliche Bauarbeiten).

• *Irrtum* (§§ 871 ff): Vorstellung und Erklärung stimmen nicht überein, **91** weil sich der Erklärende bei der Abgabe der Erklärung (*Erklärungsirrtum*, zB Verschreiben, Versprechen; zum fehlenden Erklärungsbewusstsein s oben Rz 44) oder in Bezug auf den Geschäftsgegenstand oder die Person des Geschäftspartners (Geschäftsirrtum ieS, der Käufer glaubt zB, dass das gekaufte Fahrzeug in Ordnung ist, während es in Wirklichkeit Mängel aufweist) irrt. Da es sich beim Irrtum um einen Wurzelmangel handelt, muss die Fehlvorstellung (spätestens) bei Vertragsabschluss vorliegen, spätere Fehlvorstellungen sind irrelevant; Bsp: Der Käufer erkundigt sich erst anlässlich der Übernahme des schon vor Wochen bestellten Neuwagens, ob dieser über ein ABS-System verfügt, der Verkäufer bejaht dies fälschlich – kein beachtlicher Irrtum. Unbeachtlich sind grundsätzlich auch Irrtümer bei *Gattungsschulden* (dazu unten Rz 101), weil hier im Zeitpunkt des Vertragsabschlusses noch kein konkretes Stück vorliegt, über das geirrt werden kann (Judikatur: Neuwagenkauf – grundsätzlich keine Irrtumsanfechtung wegen Mängeln des ausgelieferten Fahrzeugs). Eine unbeachtliche Fehlvorstellung liegt schließlich auch bei Unterschrift einer *ungelesenen Urkunde* vor. Der Inhalt wird damit in Kauf genommen (soweit er keine unüblichen Klauseln enthält). Nur wenn der Unterschreibende konkrete Vorstellungen vom Inhalt hatte, die aber nicht zutreffen, kann er – bei Vorliegen der weiteren Voraussetzung des § 871 (unten Rz 94) – wegen Erklärungsirrtums anfechten. Ähnlich ist es im Allgemeinen bei *Blankounterschriften*, wenn der Text anders verfasst wird, als vom Unterschreibenden gewollt.

92   Im Allgemeinen sind ferner nur *Geschäftsirrtümer iwS* relevant, das sind solche, die sich auf Umstände beziehen, die Vertragsinhalt sind, nicht hingegen Motivirrtümer (beachte aber § 3a KSchG; zum Irrtum in Bezug auf die Person des Geschäftspartners s § 873). Was Vertragsinhalt ist, kann nicht generell, sondern nur in Bezug auf einen konkreten Fall gesagt werden und muss iZw durch Auslegung geklärt werden (so ist zB bei Kauf eines „Goldringes" um € 5,– am Flohmarkt der Irrtum über die Eigenschaft Gold Motivirrtum, bei Kauf beim Juwelier um € 500,– hingegen Geschäftsirrtum, wenn sich herausstellt, dass der Ring nicht aus Gold ist). Unabhängig vom Vertragsinhalt ist aber § 871/2 zu beachten, wonach Irrtümer über Umstände, bezüglich derer eine gesetzliche Aufklärungspflicht besteht (zB § 5c KSchG), immer als Geschäftsirrtümer (und nicht als bloße Motivirrtümer) zu behandeln sind.

93   Als unbeachtliche *Motivirrtümer* werden hingegen angesehen: *Wertirrtümer* (jemand kauft eine Sache, weil er sie irrtümlich für besonders wertvoll hält), *Rechtsfolgenirrtümer* und *Kalkulationsirrtümer* (jemand schätzt seinen Aufwand falsch ein, „verkalkuliert" sich). Letztere können allerdings dann beachtliche Geschäftsirrtümer sein, wenn die Fehlkalkulation bei Abgabe der Vertragserklärung unterlaufen ist (zB falsche Addition einzelner Posten = Erklärungsirrtum) oder wenn die Kalkulation einvernehmlich zum Vertragsinhalt erhoben wurde. Ansonsten sind Motivirrtümer nur bei unentgeltlichen Geschäften, bei letztwilligen Verfügungen und bei arglistiger Herbeiführung beachtlich (vgl § 901, aber generell auch dann, wenn das Motiv als solches einvernehmlich zum Vertragsinhalt wird).

94   Ein beachtlicher Irrtum kann auch dann geltend gemacht werden, wenn er vom Irrenden *verschuldet* wurde, er den Irrtum also hätte entdecken können (allerdings Haftung wegen culpa in contrahendo für den Schaden, den der Vertragspartner durch die Vertragsaufhebung erleidet, zB Kosten der Rückstellung des Vertragsgegenstands), jedoch nur bei Vorliegen (zumindest) einer der drei folgenden *Anfechtungsvoraussetzungen* (§ 871/1, strittig, ob diese auch bei einer berechtigten Anfechtung wegen Motivirrtums erfüllt sein müssen):

    – *Veranlassung*: Der Vertragspartner veranlasst (verursacht) einen Irrtum zB dadurch, dass er den Kaufgegenstand falsch beschreibt („der Wagen ist tadellos in Ordnung", während er in Wirklichkeit mangelhaft ist). Verschulden ist nicht erforderlich.

    – *Offenbare Erkennbarkeit*: Dem Vertragspartner musste der Irrtum „aus den Umständen offenbar auffallen" (§ 871/1), wenn zB der Käufer für ein Imitat einen so hohen Preis zahlt, dass er es offensichtlich für echt hält.

    – *Rechtzeitige Aufklärung*: liegt vor, wenn der Irrende seinen Vertragspartner über die Fehlvorstellung informiert und dieser noch keine Dispositionen im Vertrauen auf den Vertrag getroffen hat; zB nicht mehr möglich, wenn der Vertragspartner in der Zwischenzeit schon Zubehör für das Auto erworben hat, bei dessen Verkauf dem Verkäufer ein Irrtum unterlaufen ist (res-integra-Lehre). Nach manchen Lehrmeinungen soll die Anfechtung trotz bereits erfolgter Disposition jedoch zulässig sein, wenn dem Vertragspartner des Irrenden der Vertrauensschaden ersetzt wird (Redintegration).

– **Gemeinsamer Irrtum**, also Fehlvorstellung beider Parteien über ein und denselben Umstand; rechtfertigt nach hA ebenfalls die Anfechtung, wogegen eingewendet wird, dass ein Vertragspartner seine Schutzwürdigkeit nicht dadurch verlieren kann (darum geht es bei den Anfechtungsvoraussetzungen), dass er ebenfalls irrt.

Wird der Irrtum bei Vorliegen (zumindest) einer dieser Voraussetzungen 95 gerichtlich geltend gemacht (Gestaltungsrecht), so kommt es bei wesentlichem Irrtum (wenn also der Vertrag bei Kenntnis der wahren Sachlage nicht geschlossen worden wäre) zur **Vertragsaufhebung** (ex tunc, dh die Aufhebung wirkt auf den Zeitpunkt des Vertragsabschlusses zurück, ausgetauschte Leistungen müssen gem § 877 zurückgestellt werden), bei unwesentlichem Irrtum (wenn der Vertrag anders geschlossen worden wäre) zur **Vertragsanpassung** (§ 872, Preiskorrektur; kein Schadenersatz!). Die (notwendig gerichtliche) Geltendmachung ist aber **ausgeschlossen**, wenn sie verjährt ist (§ 1487: drei Jahre ab Vertragsschluss), wenn der Irrende darauf verzichtet hat (ungültig bei Verbrauchergeschäften, § 6/1 Z 14 KSchG), bei Klaglosstellung (wenn der Vertragspartner den Irrenden so stellt, wie dieser es sich vorgestellt hat) und wenn der Umstand, auf den sich der Irrtum bezog, nachträglich eintritt (der bei Vertragsabschluss kranke Hund wird wieder gesund). Irrtumsanfechtung scheidet auch dann aus, wenn für einen bestimmten Umstand Gewährleistungsausschluss vereinbart wurde (Rsp).

	Irrtum	Wandlung (Rz 114)	Dauerschuldverhältnisse
sachenrechtlich	ex tunc	ex nunc	grds ex nunc
schuldrechtlich	ex tunc	ex tunc	grds ex nunc

Abb. 3: Irrtum – Wandlung

• **Arglist** (§ 870): bewusste Herbeiführung oder Ausnutzung eines Irrtums 96 (Täuschung). Der Vertrag kann – da der Betrüger nicht schutzwürdig ist – ohne weitere Voraussetzungen und unabhängig davon angefochten werden, ob über wesentliche oder unwesentliche, vertragsinhaltliche Umstände oder bloße Motive getäuscht wurde (Verjährung nach dreißig Jahren). Irrelevant ist auch, ob sich die Nachteile tatsächlich verwirklicht haben, die dem irregeführten Vertragspartner mit dem Abschluss des Vertrages gedroht haben (Rsp).

• **Drohung** (§ 870): Der Partner wird durch Androhung eines Übels zum 97 Vertragsabschluss gezwungen. Wiederum kann der Vertrag ohne weiters angefochten werden (Verjährung nach drei Jahren ab Wegfall der Zwangslage, § 1487).

Da sowohl die bewusste Täuschung als auch die Bedrohung des potenziellen Vertragspartners rechtswidrig sind (beide müssen ursächlich gewesen sein), hat dieser über die Anfechtungsmöglichkeit (Vertragsanpassung oder -auflösung) hinaus einen *Schadenersatzanspruch* (§ 874). Geht die Täuschung oder Drohung von einem Dritten aus, so kann nur dann angefochten (und Schadenersatz verlangt) werden, wenn der Vertragspartner an der Handlung des *Dritten* teilnahm oder davon offenbar wissen musste (§ 875). Beachte: Dienstnehmer, Stellvertreter und Gehilfen sind keine „Dritte". Ihr täuschendes oder drohendes Verhalten wird dem Vertragspartner selbst zugerechnet.

98   • *Geschäftsgrundlage:* sind jene Umstände, von deren (Fort-)Bestand die Vertragspartner typisch ausgehen. Fallen solche Umstände später weg (oder haben sie von Haus aus gefehlt), so kann der Vertrag nach hA angefochten (oder angepasst) werden (vgl auch §§ 936, 962, 1052, 1170a), wenn sie nicht der Sphäre des Anfechtenden angehören und er mit dem Wegfall auch nicht rechnen musste (wenn zB kurz vor Antritt der Urlaubsreise plötzlich ein Krieg am Reiseziel ausbricht).

Wurzelstörungen		
liegen im Zeitpunkt des Vertragsabschlusses vor. Sie verhindern das gültige Zustandekommen des Vertrages überhaupt oder sie ermöglichen seine Anfechtung (sachenrechtlich ex tunc).		
Fallgruppen	**Voraussetzungen**	**Rechtsfolge** (klags- bzw einredeweise Anfechtung oder Nichtigkeit)
Mangelnder Bindungs-wille	**Scherzerkärung**: objektive Erkennbarkeit mangelnden Bindungswillens	**Absolute Nichtigkeit**
	Mentalreservation: objektiver Erklärungswert weicht bewusst vom tatsächlich Gewollten ab.	Geschäft mit erklärtem Geschäftsinhalt grundsätzlich **unanfechtbar** (Vertrauenstheorie): bei durchschautem Vorbehalt Anfechtbarkeit (str).
	Scheingeschäft: Erklärungen einvernehmlich zum Schein abgegeben.	Unter Vertragspartnern **ungültig/nichtig**, gegenüber vertrauenden Dritten gültig (§ 916/2).
Geschäfts-fähigkeit	**Alter**: Volljährige ohne SW uneingeschränkt geschäftsfähig; Einschränkungen bei Minderjährigen. **Geistiger Zustand**: im Wirkungskreis des SW keine bzw beschränkte Geschäftsfähigkeit. Ohne SW (bei Geistesschwäche, Geisteskrankheit, Berauschung, etc): Prüfung im Einzelfall, ob „Gebrauch der Vernunft" vorhanden ist (§ 865).	**Absolut nichtig** oder **schwebend unwirksam**; bei verpflichtenden Geschäften von über siebenjährigen oder besachwalteten Personen außerhalb ihrer (eingeschränkten) Geschäftsfähigkeit: Zustandekommen durch nachträgliche Genehmigung des Vertreters (§ 865 letzter Satz). **Keine Anfechtung erforderlich**, auch nicht gegenüber auf die Geschäftsfähigkeit vertrauenden Personen (kein Vertrauensschutz).
Dissens	Wenn nicht durch Auslegung zu beseitigen: **Unvollständigkeit** (Hauptpunkte nicht vereinbart) oder **Diskrepanz** (schon äußerlich stimmen Erklärungen nicht überein) oder **Mehrdeutigkeit/Unverständlichkeit**.	**Absolute Nichtigkeit**, gem § 869 Satz 2 „entsteht kein Vertrag".

Fallgruppen	Voraussetzungen	Rechtsfolge (klags- bzw einrede- weise Anfechtung oder Nichtigkeit)
Formun- gültigkeit	**Gesetzliche** (zB: § 1346/2, § 1/1 lit d NotaktsG) oder auf **Parteienwillen** (dispositiv) beruhende **Formvorschrift wird verletzt.**	**Nichtigkeit; jedoch entstehen Naturalobligationen** (§ 1432).
Ursprüng- liche Unmög- lichkeit	Vereinbarung von bereits bei Vertragsabschluss **rechtlich Unmöglichem** oder **faktisch Absurdem** (schlichte, anfäng- liche Unmöglichkeit nach hM nicht erfasst)	**Absolute Nichtigkeit**; der die Unmöglich- keit Kennende haftet dem anderen für das Vertrauensinteresse, wenn jedoch Letzteren ebenfalls Verschulden trifft: Kulpakompensation.
Gesetzes-/ Sittenwidrig- keit	Verstoß gegen **Gesetz**, des- sen Zweck Ungültigkeit verlangt, oder gegen „**Rechts- gefühl der Rechtsgemein- schaft**" (§ 879/1). Beachte auch § 879/2 (insb Wucher), § 879/3, § 6 KSchG.	**Absolute Nichtigkeit** bei Verletzung von Allgemeininteressen, **relative Nichtigkeit** (Anfechtung erforderlich) bei Verletzung der Rechte des Vertragspartners (zB Wucher).
Willens- mängel: Irrtum, Drohung, Arglist, Geschäfts- grundlage	Irrtum über objektiven Erklä- rungswert (**Erklärungsirr- tum**) oder über Vertrags- gegenstand/-partner (**Ge- schäftsirrtümer** ieS). Voraussetzungen: **Veranlas- sung, rechtzeitige Aufklä- rung** oder **Erkennbarkeit.** Motivirrtümer grundsätzlich unbeachtlich!	**Anfechtung.** Bei wesentlichem Irrtum: ex tunc Vertragsaufhebung, bei unwesent- lichem Irrtum: Vertragsanpassung. Verjährungsfrist 3 Jahre ab Vertragsschluss (§ 1487).
	Zwang des Partners zum Vertragsabschluss durch **Androhung** eines Übels.	**Anfechtung.** Verjährungsfrist 3 Jahre ab Wegfall der Zwangslage (§ 1487). Haftung gem § 874.
	List = bewusste Herbeiführung oder Ausnutzung eines Irrtums, auch Motivirrtum beachtlich.	**Anfechtung.** Verjährungsfrist 30 Jahre ab Vertragsschluss (§ 1487). Haftung gem § 874.
	Wegfall von typischerweise beiderseits vorausgesetzten Umständen (**Geschäftsgrund- lage**) aus vom Anfechtenden nicht zu vertretenden und ihm nicht zurechenbaren Gründen.	Nach hM Anfechtung bzw Anpassung

Abb. 4: Wurzelstörungen

b) Leistungsstörungen

Liegen vor, wenn der Vertrag zwar wirksam zustande gekommen ist, in seiner Abwicklung aber Störungen auftreten (zu Leistungsstörungen im Insol- venzverfahren vgl § 21 IO). Nach der herkömmlichen Einteilung und Lehr- buchliteratur werden sie im Schuldrecht erörtert. Da sie aber nicht nur im Schuldrecht, sondern in allen Teilen des bürgerlichen Rechts vorkommen kön-

99

nen (zB im Familienrecht bei Nichterfüllung von Scheidungsvereinbarungen) und im Rahmen der Fallprüfung gewöhnlich zusammen mit den anderen Vertragshemmnissen behandelt werden, erscheint es systematisch und vom Verständnis her sinnvoll, sie im allgemeinen Teil darzustellen:

aa) nachträgliche Unmöglichkeit (§ 920)

Literaturauswahl: *Bollenberger*, Drittschaden bei obligatorischer Gefahrenverlagerung, JBl 1997, 284; *Ch. Rabl*, Schadenersatz wegen Nichterfüllung (1998); *Schauer*, Doppelvermietung und Unmöglichkeit der Leistung, wobl 1998, 365; *Bollenberger*, Das stellvertretende Commodum (1999); *Ch. Rabl*, Die Gefahrtragung beim Kauf (2002).
Judikaturauswahl: 1 Ob 164/01a (Einstweilige Verfügung eines slowenischen Gerichts und nachträgliche Unmöglichkeit).

100 Nachträgliche Unmöglichkeit kann zwischen Vertragsabschluss (zur ursprünglichen Unmöglichkeit s oben Rz 84 ff) und Vertragserfüllung durch ein *dauerhaftes* (vorübergehend = Verzug) *Erfüllungshindernis* eintreten, zB dadurch, dass die geschuldete Sache gestohlen wird (und unauffindbar bleibt), die zu erbringende Leistung nicht mehr erbracht werden kann (weil sich zB die vom Installateur zu behebende Verstopfung von selbst gelöst hat) oder nachträglich verboten wird; nach hL auch dann, wenn die Leistung unzumutbar (das zu renovierende Haus ist einsturzgefährdet) oder unerschwinglich wird (zB extrem krasse Kostensteigerungen auf Seiten einer Partei; allerdings zweifelhaft, ob rein wirtschaftliche Fehlentwicklungen noch dem Begriff der Unmöglichkeit zuzuordnen sind).

101 Die entsprechenden Regeln beziehen sich aber grundsätzlich nur auf *Speziesschulden* – wenn also eine ganz bestimmte Sache zu leisten ist (besondere Eigenschaften, zB die erste Gitarre von John Lennon) –, nicht aber auf Leistungen aus einer Gattung (allgemeine Eigenschaften, zB eine Gitarre der Marke X). Da eine beliebige Sache aus der *Gattung* geliefert werden kann, diese also insofern nicht untergeht („genus non perit"), stellt sich das Problem erst ab jenem Zeitpunkt (sog *„Konzentration"*), zu dem eine bestimmte Sache aus der Gattung ausgewählt (konkretisiert) und zur Leistung bereitgehalten wurde. Dies ist grundsätzlich der Zeitpunkt der vereinbarten Übergabe (bei Versendung der Zeitpunkt der Übergabe an den Transporteur), ab dem sohin die Gattungsschuld wie eine Speziesschuld behandelt wird.

102 Wird die Leistung in diesem Sinne unmöglich (= auch unzumutbar oder unerschwinglich), so hängen die Rechtsfolgen im Wesentlichen davon ab, ob den Schuldner, den Gläubiger oder keinen von beiden (Zufall) ein Verschulden trifft. Letzterenfalls erlöschen die beiderseitigen Leistungspflichten (§ 1447; Speziesschuld: Gläubiger trifft die Leistungsgefahr = Schuldner muss nicht leisten; zur Preisgefahr – Entgelt muss ohne Gegenleistung bezahlt werden: vor Fälligkeit der Leistung trägt sie der Schuldner, danach der Empfänger – außer bei Verzug; vgl dazu auch Abb. 5 Leistungsstörungen) und der Schuldner muss allenfalls (gegen Erbringung der vereinbarten Gegenleistung) herausgeben, was an die Stelle der unmöglich gewordenen Leistung getreten ist, das sog *stellvertretende Commodum* (zB die Versicherungssumme aus der Diebstahlversicherung). Hat der *Schuldner* die Unmöglichkeit *schuldhaft herbeigeführt* (weil er oder sein Gehilfe das verkaufte Auto zB unversperrt abgestellt hat) oder ist sie während seines verschuldeten Verzugs zufällig eingetreten, so hat der Gläubiger die Wahl (§§ 920, 921): Er kann entweder ohne Setzung einer Nachfrist vom Vertrag zurücktreten und das Erfüllungsinteresse verlangen (die Differenz zwischen seiner und der untergegangenen Leistung, *Differenzanspruch*) oder seine Leistung erbringen und den Wert der untergegangenen Leistung verlangen (*Austauschanspruch*).

Hat nicht der Schuldner, sondern der *Gläubiger* die Unmöglichkeit *herbeigeführt* oder ist sie zufällig eingetreten, als er sich in Annahmeverzug befand (siehe unten Rz 109), so muss er seine Leistung erbringen, ohne die Gegenleistung zu erhalten (Analogie zu §§ 1168, 1419).

Bei *teilweiser Unmöglichkeit* (wenn also zB Teile des zu liefernden Lagerbestandes gestohlen wurden) kann der Gläubiger zurücktreten, „falls die Natur des Geschäfts oder der dem Schuldner bekannte Zweck der Leistungen entnehmen lässt, dass die teilweise Erfüllung für ihn kein Interesse hat" (§ 920 Satz 2). Dies wäre im Beispiel etwa dann der Fall, wenn der Schuldner weiß, dass der Gläubiger den gesamten Lagerbestand als Einheit benötigt. Bei beschränkten Gattungsschulden (eine bestimmte Menge gleicher Güter ist vorhanden) kann uU die Problematik auftreten, dass es dem Schuldner nachträglich unmöglich wird, mehrere Verträge zu erfüllen (Menge ist aufgebraucht). In diesem Fall wird von manchen eine Erfüllung der Vertragspflichten nach Quoten vertreten. **103**

bb) Verzug

Literaturauswahl: *Ch. Rabl*, Gläubigerverzug und beiderseits zu vertretende Unmöglichkeit der Leistung, JBl 1997, 488; *P. Bydlinski*, Rücktritt wegen Verzuges ohne Nachfrist? RdW 1998, 719; *Ch. Rabl*, Schadenersatz wegen Nichterfüllung (1998); *derselbe*, Hinterlegung, Selbsthilfeverkauf und Preisgabe – Rechtsbehelfe im Annahmeverzug des Gläubigers, ÖJZ 1998, 688; *Dehn*, Das Zinsenrechts-Änderungsgesetz, RdW 2002, 514; *G. Graf*, Die Neuregelung der Rechtsfolgen des Zahlungsverzuges, wbl 2002, 437; *Walter Doralt*, Vorausleistung und Rücktritt beim Zahlungsverzug, RdW 2003, 8; *Thiele*, „Zukunftszinsen" und das Zinsenrechts-Änderungsgesetz, RdW 2003, 427; *Welser*, Reform des Leistungsstörungsrechts, in *Fischer-Czermak/Hopf/Schauer* (Hg), Das ABGB auf dem Weg in das 3. Jahrtausend (2003) 63; *Schauer*, Grundprinzipien des Leistungsstörungsrechts im ABGB, UN-Kaufrecht und in den PECL – eine vergleichende Skizze, FS Kramer (2004) 627; *Welser*, Braucht Österreich ein neues Schuldrecht? FS Michalek (2005) 391; *derselbe*, Ansätze für eine Reform des österreichischen Leistungsstörungsrechts, FS U. Huber (2006) 625; *Hawel*, Rechtzeitigkeit von Banküberweisungen, RdW 2009, 189.
Judikaturauswahl: 1 Ob 315/97 – verst Senat (entgangene Geldanlagezinsen als positiver Schaden); 1 Ob 202/00p (Unterhaltszinsen im Außerstreitverfahren); 6 Ob 15/06h (Verzugszinsen bei Unternehmergeschäft); 7 Ob 49/06s (Zinsen bei Leistungen aus Versicherungsverträgen – §§ 1333/2, 94 VersVG); 6 Ob 269/07p (Grundbücherliche Einverleibung beim Annahmeverzug des Liegenschaftskäufers).

104   Liegt vor, wenn der Schuldner die Leistung im Fälligkeitszeitpunkt (dazu oben Rz 71) nicht oder nicht vereinbarungsgemäß (zB unvollständig) erbringt (*Schuldner- oder Leistungsverzug*) oder wenn sie vom Gläubiger trotz ordnungsgemäßer Erbringung nicht angenommen wird (*Gläubiger- oder Annahmeverzug*).

105   Bei schuldlosem (*objektivem*) Verzug des Schuldners (das betrifft nicht nur die Hauptleistungspflichten, sondern auch selbständige Nebenleistungspflichten) hat dieser Verzugszinsen zu leisten, soweit es sich um Geldschulden handelt (s unten), und dem Gläubiger steht ein Wahlrecht zu (§ 918): Er kann entweder auf Erfüllung klagen oder unter Setzung (nach der Rsp auch durch einfache Gewährung) einer angemessenen Nachfrist vom Vertrag zurücktreten (Rücktritt ist auch nach erfolglos verstrichener Frist möglich). Das Setzen bzw Gewähren der Nachfrist entfällt bei Verweigerung bzw Unvermögen des Schuldners. Seit dem HaRÄG und dem Entfall der 4. EVHGB kann der Verkäufer auch beim Kreditkauf ohne besondere Vereinbarung gem § 918 vom Vertrag zurücktreten, wenn der Käufer mit der Zahlung in Verzug gerät (ebenso, wenn ein Eigentumsvorbehalt vereinbart wurde). Ist die Erfüllung für beide Parteien teilbar, so kann der Rücktritt bei Verzug mit einer Teilleistung nur hinsichtlich der verspäteten oder auch hinsichtlich aller noch ausstehenden Teilleistungen erklärt werden (§ 918/2). Gemeint sind damit die sog *Sukzessivlieferungsverträge*, bei denen wiederholt Leistungen mit jeweiligen Gegenleistungen erbracht werden (über den ganzen Winter hinweg wird jeden Monat Holz geliefert). Bei sonstigem Teilverzug (Unterschied zum Sukzessivlieferungsvertrag: die gesamte Leistung ist bereits fällig) kann ebenfalls vom Rest zurückgetreten werden, wenn die Leistungen auf beiden Seiten teilbar sind, sonst nur Gesamtrücktritt. Entsprechendes gilt für mehrere verschiedene, aber zusammengehörige Verträge.

106   Trifft den Schuldner ein Verschulden (*subjektiver* Verzug), wird er überdies haftbar (§ 921) und hat daher dem Gläubiger den Verspätungsschaden oder den Nichterfüllungsschaden zu ersetzen, je nachdem, ob der Gläubiger am Vertrag festhält oder zurücktritt. Die Differenz zwischen Leistung und Gegenleistung bildet das Erfüllungsinteresse (s oben Rz 65). Die Berechnung erfolgt entweder konkret – Vorliegen eines Deckungsgeschäfts – oder abstrakt – dh zum allgemein anerkannten Preis (s §§ 1323 f, 1331). Zum Verspätungsschaden gehören auch die über die gesetzlichen Zinsen hinausgehenden Nachteile, die der Gläubiger durch das Ausbleiben der ihm geschuldeten Leistung erleidet, zB die *Zinsen*, die er seinerseits für einen Kredit zahlen muss; ohne Verschulden sind nur die vertraglich vereinbarten oder – mangels Vereinbarung – die gesetzlichen Verzugszinsen in der Höhe von 4 % zu leisten (§ 1000/1), wobei es aber drei Besonderheiten gibt: 1. können Zinsen grundsätzlich nur insoweit verlangt werden, als sie nicht das Kapital übersteigen (*Zinsenanwachsungsverbot* § 1335), Ausnahme bei Geldforderungen gegen *Unternehmer* (§ 353 UGB); 2. können – außer bei entsprechender Vereinbarung – grundsätzlich auch keine Zinseszinsen verlangt werden (§ 1000/1); 3. betragen die Zinsen für Geldforderungen zwischen Unternehmern aus unternehmensbezogenen Geschäften 8 % über dem Basiszinssatz (§ 352 UGB).

Gerät der Schuldner mit der Erfüllung einer Leistung in Verzug (zB Ver- **107** anstaltung eines Feuerwerks zu Silvester), an deren verspäteten Erfüllung der Gläubiger aufgrund der Vereinbarung, der Natur des Geschäfts oder des dem Schuldner bekannten Leistungszwecks kein Interesse hat (*Fixgeschäft*), so wird der Vertrag ohne weiteres (ohne Setzung einer Frist) aufgehoben (mit Haftung für den Nichterfüllungsschaden bei Verschulden), es sei denn, der Gläubiger besteht auf der Leistung und teilt dies dem Schuldner unverzüglich mit (§ 919).

Tritt der Gläubiger bei (subjektivem oder objektivem) Schuldnerverzug **108** vom Vertrag zurück, so sind bereits ausgetauschte Leistungen wechselseitig zurückzustellen (§ 921 aE). Der *Rücktritt* hat im Gegensatz zur Irrtumsanfechtung (s oben Rz 94 ff) nur obligatorische (ex tunc) und keine dingliche Wirkung.

Beim *Annahmeverzug* verweigert der Gläubiger die Annahme der Leis- **109** tung, obwohl sie ihm ordnungsgemäß angeboten wurde oder (bei der Holschuld) zur Verfügung steht, oder er unterlässt eine für die Leistungserbringung erforderliche Mitwirkung (macht zB das auszumalende Zimmer nicht zugänglich). Die Konsequenz ist, dass er die *„widrigen Folgen"* zu tragen hat (§ 1419), was so verstanden wird, dass ihn das zufällige Unmöglichwerden der Leistung trifft (s oben Rz 102), der Schuldner für leicht fahrlässige Beschädigungen des Leistungsgegenstandes nicht mehr haftet und überdies das Recht zur schuldbefreienden gerichtlichen Hinterlegung der geschuldeten Leistung hat (§ 1425). Hingegen wird der Gläubiger mangels Annahmepflicht dem Schuldner grundsätzlich nicht verantwortlich (lediglich Obliegenheit, s oben Rz 3, aber uU Aufwandersatz), es sei denn, dass diesbezüglich ein qualifiziertes Interesse des Schuldners besteht (zB die Annahme – und Veröffentlichung – des vom Autor in Erfüllung des Verlagsvertrages abgelieferten Buches, §§ 918 ff kommen zur Anwendung). Zur Abgrenzung von Unmöglichkeit und Gläubigerverzug sind § 1155 sowie § 1168 (Sphärentheorie) heranzuziehen.

cc) Gewährleistung

Literaturauswahl: *P. Bydlinski*, Zum Beginn des Fristenlaufs im Gewährleistungsrecht, RdW 1986, 235; *Czermak*, Verbesserung durch Neuherstellung des Werkes – deutsche Rechtsprechung anwendbar? wbl 1987, 47; *Gruber*, Wandlung bei Verträgen über Hard- und Software, RdW 1989, 354; *derselbe*, Gewährleistung für bedungene Eigenschaften (1990); *Zankl*, „Altlastenatlas" und Gewährleistungsausschluß, ecolex 1990, 609; *derselbe*, Haftpflichtversicherung, Gewährleistung und Schadenersatz, ecolex 1990, 278; *P. Bydlinski*, Beschränkung und Ausschluß der Gewährleistung, JBl 1993, 559; *Welser*, Schadenersatz statt Gewährleistung (1994); *Puck*, Die Gewährleistung bei Unternehmens- und Anteilskauf, in *Nemec/Reicheneder* (Hg), Der Unternehmenskauf und seine Abwicklung in der Praxis (1996) 261; *Fischer-Czermak*, Leistungsstörungen beim Reiseveranstaltungsvertrag, JBl 1997, 274; *Zankl*, Verfall des Haftrücklasses bei Rücktritt des Masseverwalters? ecolex 1997, 420; *I. Welser/Vcelouch*, Haftung für mangelnde „Jahr-2000-Tauglichkeit" von Hard- und Software, ecolex 1998, 829; *Fenyves*, Vorteilsausgleichung im Gewährleistungsrecht? JBl 1999, 2; *B. Jud*, Vorteilsausgleichung im Gewährleistungsrecht, JBl 2000, 2; *Welser/B. Jud*, Zur Reform des Gewährleistungsrechts – Die Europäische Richtlinie über den Verbrauchsgüterkauf und ihre Bedeutung für ein neues Gewährleistungsrecht (2000); *Apathy*, Reisevertragsrecht und Gewährleistungsreform, JBl 2001, 477; *Augenhofer*, Skizzen zum Händlerregreß und zur „Direktklage", FS Krejci II (2001) 1021; *W. Faber*, Handbuch zum neuen Gewährleistungsrecht (2001); *Fischer-Czermak*, Zwei Fragen zur Gewährleistungsreform, FS Krejci II (2001) 1167; *B. Jud*, Regressrecht des Letztverkäufers. Art 4 der RL 99/44/EG über den Verbrauchsgüterkauf und die Reform in Österreich und Deutschland, ZfRV 2001, 201; *dieselbe*, Gewährleistung beim Reiseveranstaltungsvertrag, ecolex 2001, 430; *Kepplinger/Duursma*, Gewährleistung beim Unternehmenskauf, ZfRV 2001, 86; *Kletečka*, Gewährleistung neu – Kommentar zum GewRÄG für Praxis und Ausbildung (2001); *derselbe*, Gewährleistung neu – Überblick und Schlaglichter, RdW 2001, 642; *Welser/B. Jud*, Die neue Gewährleistung (2001); *I. Welser*, Der Erfüllungsort für Verbesserungspflichten des Unternehmers nach § 8 KSchG, ÖJZ 2001, 745; *Apathy*, Rügepflicht bei behebbaren Reisemängeln, RdW 2002, 2; *Augenhofer*, Gewährleistung und Werbung (2002); *Bollenberger*, Das neue Wahlrecht zwischen Wandlung und Minderung, RdW 2002, 713; *Call*, Zum Gewährleistungsrechts-Änderungsgesetz, FG Mayrhofer (2002) 53; *Egermann/Winkler*, Gewährleistung neu beim Unternehmenskauf, RdW 2002, 197; *Reischauer*, Das neue Gewährleistungsrecht und seine schadenersatzrechtlichen Folgen, JBl 2002, 137; *B. Jud*, Schadenersatz bei mangelhafter Leistung (2003); *Kletečka*, Der geringfügige Mangel, RdW 2003, 612; *Welser*, Reform des Leistungsstörungsrechts, in *Fischer-Czermak/Hopf/Schauer* (Hg), Das ABGB auf dem Weg in das 3. Jahrtausend (2003) 63; *Call*, Gewährleistung und Schadenersatz im Wohnungseigentum, FS Welser (2004) 109; *W. Faber*, Der Rückgriff des Letztverkäufers nach § 933b ABGB – Österreichisches Recht als Alternative für Exportgeschäfte? IHR 2004, 177; *Krejci*, Konsumentenschutz und Gewährleistung, FS G. Mayer (2004) 127; *Nademleinsky*, Die Umsetzung der Verbrauchsgüterkauf-Richtlinie, juridikum 2004, 97; *Reischauer*, Ein Plädoyer für die Möglichkeit der außergerichtlichen Geltendmachung von Wandlung und Minderung (§ 933 ABGB) sowie die Einführung einer allgemeinen Regelung für die Verjährung von Bereicherungsansprüchen (Vorschlag eines § 1490a ABGB), FS Welser (2004) 901; *Schauer*, Grundprinzipien des Leistungsstörungsrechts im ABGB, UN-Kaufrecht und in den PECL – eine vergleichende Skizze, FS Kramer (2004) 627; *I. Welser*, Teilweise oder vollständige Mangelhaftigkeit? Zur Reichweite der Verbesserungspflicht und Tragung der Kosten der Mangelfeststellung, FS Welser (2004) 1169; *Würth*, Gedanken zur Gewährleistung im Wohnrecht, FS Welser (2004) 1217; *Bollenberger*, Erste Judikatur zur „Neuen Gewährleistung" – Geringfügige Mängel beim Autokauf, Zak 2005, 23; *P. Bydlinski*, Neues zum neuen Gewährleistungsrecht, JBl 2005, 681; *Linder*, Gewährleistung in England und Österreich (2005); *Proschak*, Neues zum „geringfügigen Mangel" nach § 932 Abs 4 ABGB, ÖJZ 2005, 900; *Welser*, Braucht Österreich ein neues Schuldrecht? FS Michalek (2005) 391; *Wilhelm*, Gewährleistungsnebel über dem Unternehmenskauf, ecolex 2005, 741; *Apathy*, Die Lastenfreistellung nach § 928 Satz 2 ABGB, NZ 2006, 289; *Augenhofer*, Zum Vorrang der Verbesserung nach dem GewRÄG 2001, JBl 2006, 437; *W. Faber*, Zur „geringfügigen Vertragswidrigkeit" nach Art. 3 Abs. 6 der Verbrauchsgüterkauf-Richtlinie 1999/44/EG, ZEuP 2006, 676; *B. Jud*, Die Kaufrechts-RL und ihre Umsetzung in der österreichischen Rechtsprechung, GPR 2006, 71; *Mendel*, Gewährleistung beim Gebrauchtwagenkauf, Zak 2006, 269; *Welser*, Ansätze für eine Reform des österreichischen Leistungsstörungsrechts, FS U. Huber (2006) 625; *Thunart*, Die wichtigsten Neuerungen für Unternehmensgeschäfte nach der HGB-Reform, Zak 2007, 3; *P. Bydlinski*, Ein Gewährleistungsausschluss und seine Grenzen, Zak 2007, 6; *Haberl*, Anders- und Schlechtlieferung im ABGB und UGB, RdW 2007, 270; *Riss*, Zur Haftung des Veräußerers für öffentliche Äußerungen Dritter – insbesondere durch Werbung – nach § 922 Abs 2 ABGB, JBl 2007, 156; *Welser*, Die mangelhafte Erfüllung der Verbesserungspflicht, ZfRV 2007, 4; *Brugger*, Ende des Gewährleistungsausschlusses? ecolex 2008, 803; *P. Bydlinski*, Ein letztes (?) Mal: Zum Anwendungsbereich der Laesio-enormis-Vorschriften, JBl 2008, 744; *Harrich*, Das mangelhafte Leasingobjekt – Gewährleistung beim mittelbaren Finanzierungsleasing, Zak 2008, 347; *Meyenburg*, EuGH: Gewährleistung und Austausch ohne Berücksichtigung der zwischenzeitigen Nutzung, RdW 2008, 512; *Kriegner*, Fragen des schadenersatzrechtlichen Verbesserungsanspruchs gem § 933a ABGB, RdW 2009, 451; *Riedler*, Keine laesio enormis nach Gewährleistung? JBl 2009, 467; *Schauer*, Der relativ absolute Gewährleistungsausschluss, ÖJZ 2009, 733; *Kogler*, Gewährleistungsfrist beim Unternehmenskauf, ecolex 2010, 239; *Welser*, Zur Gewährleistung beim Erwerb von Wertpapieren, FS Reischauer (2010) 443.

Judikaturauswahl: 3 Ob 188/99i (Höhe des Schadenersatzes bei Konkurrenz mit Gewährleistung); 1 Ob 14/05y (Geringfügiger Mangel iSd § 932 Abs 4); 5 Ob 191/05g (Vorrang der Verbesserung – Liegenschaftskauf); 8 Ob 108/06z (Einwand der Unverhältnismäßigkeit iSd § 932/4 Satz 1 – Laminatböden); 7 Ob 239/05f (Geringfügigkeit bei Fehlen einer ausdrücklich zugesicherten Eigenschaft); 7 Ob 212/06m (Altes Gewährleistungsrecht: Preisminderung „fast gegen Null"); 6 Ob 241/06v (Unverhältnismäßigkeit der Verbesserung); 2 Ob 189/07v (Gewährleistungsausschluss beim Gebrauchtwagenkauf); 1 Ob 105/08k (Öffentlichrechtliche Fehler als Rechtsmängel); 9 Ob 3/09w (Gewährleistungsausschluss); 5 Ob 21/09p (Gewährleistungsansprüche des Wohnungseigentümers gegen den Bauträger); 9 Ob 80/09v (Keine Sittenwidrigkeit bei Bestehen auf Vorleistungspflicht trotz Mängeln); 5 Ob 69/10y (Gewährleistungsfrist bei Liegenschaften beginnt mit der körperlichen Übergabe zu laufen); 3 Ob 183/10y (Keine Vorteilsausgleichung bei Gewährleistung); 2 Ob 34/11f (Beweislast für Verbesserung, Mangelhaftigkeitsvermutung); 5 Ob 108/11k (Zurückbehaltung des gesamten Werklohns).

Gewährleistung ist die Folge ***mangelhafter Erfüllung*** (unterscheide davon Verzug als Folge der *Nichterfüllung*). Im Folgenden sind die allgemeinen Gewährleistungsregeln für entgeltliche Geschäfte (keine Gewährleistung bei Schenkungen) zu erörtern (§§ 922 – 933b). Für einzelne Geschäfte (zB bei Schenkung, Zession und beiderseitiges Unternehmensgeschäft) gibt es Sonderregeln, nicht (mehr) aber für den Werkvertrag, der seit dem GewRÄG, den „für entgeltliche Bestimmungen überhaupt geltenden Bestimmungen" unterliegt (§ 1167). **110**

Subsidiär gelten auch für jene Bereiche, die gewährleistungsrechtlichen Sondervorschriften unterliegen, die allgemeinen Bestimmungen der §§ 922 ff. Diese sind allerdings ganz generell nur dann anzuwenden, wenn der Schuldner überhaupt (schlecht) erfüllt hat. Hat er eine andere als die vereinbarte Leistung erbracht (***aliud***, 100 Flaschen Bier statt Wein) oder hat der Gläubiger die Leistung wegen der Mangelhaftigkeit zurückgewiesen (es hat keine Übergabe stattgefunden), so gelten die ***Nichterfüllungs- (Verzugs-)Regeln***. **111**

Im Einzelnen ist dafür einzustehen (Gewähr zu leisten), dass die Leistung dem Vertrag entspricht. Dies ist dann der Fall, wenn sie die vereinbarten oder die verkehrsüblichen ***Eigenschaften*** (zB dass sich alle Seiten eines Buches öffnen lassen) aufweist, allenfalls der ***Beschreibung***, ***einer Probe oder einem Muster*** entspricht, übliche oder vereinbarungsgemäße Verwendung möglich ist und die Erwartungen erfüllt, die der Übergeber, („Anscheins-")Hersteller oder EWR-Importeur durch ***öffentlich gemachte Äußerungen*** (zB durch Werbung) im Käufer geweckt hat (§ 922: arg „wenn sie bekannt waren und beeinflussend wirken konnten"). Man unterscheidet ***Sachmängel*** (solche, die einer Sache **112** körperlich anhaften) und *Rechtsmängel* (bei denen der Käufer nicht die rechtliche Position erlangt, die ihm vertraglich geschuldet wird, zB mangelndes Eigentum des Verkäufers, so dass auch der Käufer nicht Eigentümer wird, vgl aber § 367). Bei Sachmängeln, hier aber nur bei Gattungssachen, wird weiters zwischen *Qualitäts-* und (echten oder unechten) *Quantitätsmängeln* unterschieden. Der unechte Quantitätsmangel (das Kalb wiegt zB nur 100 statt der vereinbarten 150 kg) wird wie ein Qualitätsmangel behandelt. Rechtsmängel umfassen nicht nur privatrechtliche, sondern auch öffentlichrechtliche Mängel (wie zB Fehlen baubehördlicher Bewilligungen).

113   Die möglichen *Rechtsfolgen der Gewährleistung* werden in § 932/1 aufgezählt: *Verbesserung* (Nachbesserung oder Nachtrag des Fehlenden am ursprünglichen Erfüllungsort), *Austausch, Preisminderung* (actio quanti minoris) und *Wandlung* (actio redhibitoria – Aufhebung des Vertrages). Diese Gewährleistungsbehelfe können grundsätzlich unabhängig von der konkreten Beschaffenheit des Mangels geltend gemacht werden. Allerdings kann der Übernehmer der fehlerhaften Sache zunächst nur Verbesserung oder Austausch fordern (§ 932/2). Dieser Forderung hat der Übergeber in angemessener Frist und mit möglichst geringen Unannehmlichkeiten für den Übernehmer nachzukommen (§ 932/3). Die Gewährleistungsbehelfe Preisminderung und Wandlung stehen dem Übernehmer nur zu, wenn (§ 932/4)

- Verbesserung und Austausch faktisch unmöglich bzw für den Übergeber wirtschaftlich unzumutbar sind,
- der Übergeber die Verbesserung oder den Austausch nicht oder nicht in angemessener Frist durchführt,
- Verbesserung oder Austausch für ihn mit erheblichen Unannehmlichkeiten (Rsp: krasse Unbilligkeiten) verbunden wären oder
- ihm Verbesserung und Austausch aus triftigen, in der Person des Übergebers liegenden Gründen unzumutbar sind.

114   Der Übernehmer hat also prinzipiell ein *Wahlrecht* zwischen den Erfüllungsansprüchen Verbesserung und Austausch (Letzteres nur bei Gattungsschulden), es sei denn, dass eine der beiden Leistungen an sich unmöglich oder nur mit unverhältnismäßigem Aufwand möglich ist (ob eine selbst durchgeführte Verbesserung dem Vertragspartner in Rechnung gestellt werden kann, ist strittig, dafür spricht § 1168 analog, vgl auch § 1042). Die Unverhältnismäßigkeit der Verbesserung hängt vor allem von der Wichtigkeit der Behebung des Mangels für den Besteller ab. Ist zumindest eine Voraussetzung des § 932/4 erfüllt, kann er auch zwischen den Gestaltungsrechten Wandlung (nicht bei bloß geringfügigen Mängeln) und Preisminderung wählen, die beide jedenfalls gerichtlich geltend zu machen sind. Der Vertrag wird durch die Wandlung *aufgehoben* (bereits geleistete Sachen und der Kaufpreis können gem § 1435 wechselseitig zurückgefordert werden, schuldrechtliche ex tunc Wirkung; ua auch Anspruch auf Entfernung der gegenständlichen Sache und Teilwandlung denkbar), durch die Preisminderung *verändert* (der Kaufpreis wird herabgesetzt). Damit die bei Vertragsabschluss von den Parteien angenommenen und akzeptierten Wertrelationen erhalten bleiben (ein für eine Partei an sich ungünstiges

Geschäft soll nicht im Wege der Gewährleistung günstiger werden), wird die Preisminderung nach hA auf Basis der sog *relativen Berechnungsmethode* vorgenommen: P (vereinbarter Preis): p (verminderter Preis) = W (Wert der mangelfreien Leistung): w (Wert der mangelhaften Leistung).

Der Mangel muss im Zeitpunkt der *Übergabe* vorhanden sein (s diesbe- **115** züglich auch die Vermutungen hinsichtlich Viehmängeln iZm Krankheiten, §§ 925 ff), auch wenn er erst später zu Tage tritt. Für später entstehende Mängel ist daher *nicht Gewähr zu leisten.* Es obliegt aber dem Übergeber, zu *beweisen*, dass der Mangel nicht schon bei Übergabe bestand, wenn er innerhalb der ersten sechs Monate nach Übergabe hervorkommt oder dies im Nachhinein vor Gericht bewiesen werden kann. Diese Vermutung der Mangelhaftigkeit „tritt nicht ein, wenn sie mit der Art der Sache oder des Mangels unvereinbar ist" (§ 924, wenn es zB offensichtlich ist, dass der Mangel aus einer unsachgemäßen Benützung herrührt; beim Kauf eines Gebrauchtwagens können zB nicht alle innerhalb der ersten sechs Monate aufgetretenen Mängel generell auf den Übergabezeitpunkt rückbezogen werden).

Keine Gewährleistung besteht grundsätzlich dann, wenn darauf verzichtet **116** wurde (vgl aber § 9 KSchG, nach dem das Gewährleistungsrecht zugunsten des Verbrauchers grundsätzlich zwingend ist) oder wenn der Übernehmer wissentlich eine fremde Sache kauft (§ 929). Schließlich ist nicht für Mängel Gewähr zu leisten, die aus dem Grundbuch ersichtlich (Servituten, Reallasten oder verbücherte Bestandsrechte; nicht aber Hypotheken, s sogleich) oder sonst ganz offenkundig (arg „in die Augen fallen" oder – Größenschluss – tatsächlich bekannt) sind (§ 928). Letzteres gilt nicht beim Gattungskauf und beim Werkvertrag, weil in diesen Fällen im Zeitpunkt des Vertragsabschlusses noch keine bestimmte Sache vorliegt, deren Mängel augenfällig sein können. Ob § 928 beim Unternehmenskauf (dazu Rz 154) zur Anwendung kommt, wenn im Rahmen einer „Due Dilligence" (Prüfung des Unternehmens durch den Käufer anhand vom Verkäufer zur Verfügung gestellter Unterlagen) die Mängel erkennbar sind, ist fraglich, aber eher zu verneinen, da Untersuchungs- oder Nachforschungsobliegenheiten mit dem Erfordernis der Offenkundigkeit schwer vereinbar sind. Die Gewährleistung ist auch dann ausgeschlossen, wenn die Mängel Sachen anhaften, die in „Pausch und Bogen", nämlich so veräußert werden (zB eine Bibliothek) „wie sie liegen und stehen, ohne Zahl, Maß und Gewicht" (§ 930). In diesen Fällen der §§ 928 und 930 wird nur ausnahmsweise gehaftet, nämlich wenn die Mangelfreiheit ausdrücklich zugesichert oder vorgetäuscht wurde. Schulden und Rückstände, welche auf einer Sache lasten (zB Hypotheken, noch nicht beglichene Kraftfahrzeugabgaben, Abgabenverbindlichkeiten, welche an einer Liegenschaft haften, Kosten baupolizeilich angeordneter Maßnahmen, Aufträge zur Sanierung einer Altlast), sind aber stets (also auch bei Kenntnis) zu vertreten (§ 928, *„Depurierungspflicht"*), da diese eher der Sphäre des Veräußerers zuzuordnen sind. Durch Vertragsauslegung kann sich aber auch das Gegenteil ergeben: Wenn etwa der zukünftige Wohnungseigentümer einer Finanzierung der Umbaukosten mit Hilfe von Krediten zustimmt, ist anzunehmen, dass bezüglich der dafür begründeten Pfandrechte keine Depurierungspflicht besteht.

117   Die *Gewährleistung* besteht *von Gesetzes wegen*, bedarf also keiner besonderen Vereinbarung. *Anders* die *Garantie:* Sie wird meistens von Herstellern gegeben und bezieht sich idR auch auf Mängel, die erst nach Übergabe (innerhalb der vom Garanten bestimmten Garantiefrist) auftreten. Die Einzelheiten richten sich nach der vom Garanten übernommenen Zusage (als „unechte" Garantie nicht zu verwechseln mit der „echten" Garantie, s dazu unten Rz 142).

118   Die Gewährleistungspflicht ist an sich *verschuldensunabhängig*, trifft den Verpflichteten also auch dann, wenn er für den Mangel nicht verantwortlich ist und die Mangelhaftigkeit nicht kannte (kennen musste). Bei Verschulden an der Mangelhaftigkeit kann der Mangel allerdings als sog *Mangelschaden* auch schadenersatzrechtlich (Vorteil: längere Frist, gem § 1489 drei Jahre ab Kenntnis von Schaden und Schädiger) geltend gemacht werden (§ 933a/1). Allerdings kann sich ein solcher Schadenersatzanspruch zunächst nur auf Verbesserung oder Austausch (wiederum Wahlrecht) beziehen. Ersatz in Geld (Erfüllungsinteresse) steht nur zu, wenn eine der Voraussetzungen des § 932/4 (s oben) erfüllt ist (§ 933a/2). Das Erfüllungsinteresse kann als *Wertdifferenz* (Wert der Sache ohne Mangel abzüglich Wert der mangelhaften Sache), in Form von *Mangelbehebungskosten* (Mangel wird vom Übernehmer oder einem Dritten behoben) oder durch *Rückforderung* des Kaufpreises verlangt werden. Auch die abstrakten Mangelbehebungskosten können gefordert werden (also auch, wenn die Behebung nicht tatsächlich durchgeführt wird = abstrakte Schadensberechnung, s unten Rz 185). Überdies kann bei Verschulden auch ein *Mangelfolgeschaden* (zB Körperverletzung durch explodierenden Gasherd), wobei es sich um einen vertraglichen Schadenersatzanspruch gem § 1295 handelt, und ein *Begleitschaden* (zB Beschädigung des Türrahmens beim Umzug) geltend gemacht werden. Die Beweislastumkehr des § 1298 ist sowohl beim Mangelschaden als auch beim Mangelfolgeschaden auf zehn Jahre ab Übergabe befristet (§ 933a/3).

119   Musste ein Unternehmer einem Verbraucher Gewähr leisten, so kann er innerhalb von zwei Monaten von seinem Vormann (von dem er die mangelhafte Sache erworben hat, längstens aber fünf Jahre nach der Leistungserbringung des Verpflichteten), sofern dieser Unternehmer ist, auch nach Ablauf der Fristen des § 933 Gewährleistung fordern. Der in Anspruch genommene Vormann kann sich seinerseits an seinen Vormann wenden (wenn auch dieser Unternehmer ist). Auch bei diesem besonderen *Rückgriff* ist der Vorrang von Verbesserung und Austausch gegenüber Preisminderung und Wandlung zu beachten. Der Anspruch ist immer mit der Höhe des eigenen Aufwandes beschränkt (§ 933b). Beachte beim beiderseitigen Unternehmensgeschäft aber die Rügepflicht (*Mängelrüge*) nach § 377 UGB: Dem *Unternehmer* obliegt es, um seine Gewährleistungsansprüche zu wahren, die Ware nach Ablieferung zu untersuchen. Er ist verpflichtet, dem Verkäufer festgestellte Mängel in angemessener Frist (iZw sind 14 Tage angemessen) anzuzeigen. Es genügt rechtzeitiges Absenden der Anzeige (§ 377/4 UGB). Diese Rügeobliegenheit gilt bei Kaufverträgen über bewegliche Sachen, Werklieferungsverträgen, Werkverträgen über die Herstellung körperlicher beweglicher Sachen und Tauschverträgen über körperliche bewegliche Sachen (es handelt sich um keine Pflicht, sondern „nur" um eine Obliegenheit, deren Verletzung zum Verlust eigener Ansprüche führt). Der Unternehmer behält seine Gewährleistungsansprüche, wenn der Verkäufer den Mangel arglistig, vorsätzlich oder grob fahrlässig verursacht oder verschwiegen hat (§ 377/5 UGB).

Der Gewährleistungsanspruch muss bei beweglichen Sachen innerhalb von **120** *zwei Jahren*, bei unbeweglichen Sachen innerhalb von *drei Jahren* und bei Viehmängeln innerhalb von *6 Wochen* ab Ablieferung (bei Rechtsmängeln ab Erkennbarkeit, dies gilt auch bei Sachmängeln, wenn diese vorher unmöglich festgestellt werden können) gerichtlich geltend gemacht werden. Diese Fristen können einvernehmlich verkürzt (bei Verbrauchergeschäften nur bei gebrauchten Sachen) oder verlängert werden (§ 933). Die außergerichtliche Anzeige des Mangels innerhalb der *Gewährleistungsfrist* hat allerdings zur Folge, dass dem Verpflichteten unbefristet die *„Einrede der Mangelhaftigkeit"* entgegengehalten werden kann: zB muss daher der Kaufpreis erst nach Erfüllung der Gewährleistungspflicht bezahlt werden (§ 933/3). Dadurch – wie überhaupt durch die Verbesserung – können sich für den Gewährleistungsberechtigten zB insofern *Vorteile* ergeben, als die gekaufte Sache nun länger „hält". Auf der anderen Seite musste er bis zur Verbesserung eine mangelhafte Sache in Kauf nehmen. Er muss daher für die Vorteile grundsätzlich keinen Ausgleich leisten (*kein Vorteilsausgleich*, s zu diesem Begriff unten Rz 198).

dd) *Verkürzung über die Hälfte (laesio enormis)*

Literaturauswahl: *Stölzle*, Die Neuregelung der laesio enormis durch das Konsumentenschutzgesetz, AnwBl 1980, 472; *P. Bydlinski*, Die Stellung der laesio enormis im Vertragsrecht, JBl 1983, 410; *Zemen*, Kunstkauf und laesio enormis, ÖJZ 1989, 589; *derselbe*, Kunstauktion und laesio enormis, ÖJZ 1997, 213; *Wenusch*, Ist die laesio enormis auf Leibrentenverträge anwendbar? AnwBl 2001, 133; *P. Bydlinski*, Laesio enormis und Gewährleistung, RdW 2003, 429; *Grechenig*, Die laesio enormis als enorme Läsion der sozialen Wohlfahrt? – Ein rechtsökonomischer Beitrag zur HGB-Reform, JRP 2006, 14; *P. Bydlinski*, Ein letztes (?) Mal: Zum anwendungsbereich der Laesio-enormis-Vorschriften, JBl 2008, 744; *Riedler*, Keine laesio enormis nach Gewährleistung? JBl 2009, 467; *Krejci*, Optionsausübung und laesio enormis insbesondere bei gesellschaftsvertraglichen Aufgriffsrechten, FS Koziol (2010) 215.

Judikaturauswahl: 4 Ob 159/01p (Option und laesio enormis); 7 Ob 251/02s (Laesio enormis bei mangelhafter Sache); 1 Ob 67/03i (Laesio enormis beim Optionsvertrag); 10 Ob 21/07x (Verhältnis von laesio enormis und Gewährleistung); 4 Ob 135/07t (Laesio enormis bei Online-Auktionen); 1 Ob 3/10p (laesio enormis: Verjährung, gemischte Schenkung).

Gem § 934 kann ein Vertrag auch dann angefochten werden, wenn ein Teil **121** wertmäßig *nicht einmal die Hälfte* von dem erhält, was er selbst zu leisten hat (zB Kauf eines Autos, das € 5.000,– wert ist, um € 11.000,–). Die Anfechtungsmöglichkeit kann vertraglich nicht ausgeschlossen werden (§ 935). Sie besteht aber nicht bei bestimmten Geschäften (zB Vergleich, § 1386, weiters bei der Absicht zum Abschluss von gemischten Schenkungen und bei gericht-

Leistungsstörungen treten im Abwicklungsstadium eines wirksam zustande gekommenen Vertrages auf		
Fallgruppen	**Voraussetzungen**	**Rechtsfolge**
Nachträgliche Ummöglichkeit	**Der Erfüllung steht nachträgliches, dauerhaftes Hindernis entgegen**	**Zufällige Unmöglichkeit:** Leistung „geht zufällig unter" (bei Gattungsschulden muss entweder Konkretisierung erfolgt oder gesamte Gattung untergegangen sein).	Automatischer **Zerfall des Vertrages** (§ 1447) und Rückabwicklung, Gläubiger trägt Leistungsgefahr, Schuldner trägt Preisgefahr, beachte aber Fälle des Gefahrübergangs (insb. Versendungskauf). Kein Zerfall, wenn Gläubiger auf eventuell vorhandenes **stellvertretendes commodum** greift.
		Dem Schuldner zuzurechnende Unmöglichkeit: verschuldet oder zu **vertreten** (bei verschuldetem Verzug oder wenn durch Gehilfen verschuldet)	Gläubiger steht **Austausch-** oder **Differenzanspruch** zu.
		Vom Gläubiger zu vertretende Unmöglichkeit: Zufälliger Untergang während **Gläubigerverzug** oder **Unmöglichkeit** vom Gläubiger herbeigeführt.	Mit vereinbartem Erfüllungszeitpunkt geht Preisgefahr auf Gläubiger über.
Verzug	**Schuldnerverzug:** Leistung im Fälligkeitszeitpunkt **nicht erbracht**		Gläubiger kann auf Erfüllung klagen oder vom Vertrag zurücktreten (Rückabwicklung nötig); bei Verschulden: Verspätungs- bzw Nichterfüllungsschaden. Bei Fixgeschäft fällt Vertrag weg (Ausn § 919 Satz 1).
	Gläubigerverzug: Leistung trotz ordnungsgemäßer Erbringung **nicht angenommen**		Preis- und Leistungsgefahr gehen auf Gläubiger über, Schuldner wird von Haftung für leichte Fahrlässigkeit befreit, Möglichkeit der gerichtlichen Hinterlegung.
Gewährleistung	**Mangelhafte Vertragserfüllung:** Sach- oder Rechtsmangel muss bei Übergabe vorhanden sein.		Primär: **Verbesserung oder Austausch** (§ 932/2); **Preisminderung** und **Wandlung** nur unter den Voraussetzungen des § 932/4. Beachte § 933a.
Laesio enormis	Eine Leistung ist **weniger als die Hälfte** der anderen Leistung wert; nicht, wenn zB besondere Vorliebe oder Kenntnis des wahren Wertes		Vertragsaufhebung oder Aufzahlung bis zum gemeinen Wert (facultas alternativa)

Abb. 5: Leistungsstörungen

lichen Versteigerungen, wohl aber bei privaten Online-Versteigerungen), ferner dann nicht, wenn der Erwerb aus „besonderer Vorliebe" (Liebhaberwert) oder in Kenntnis des wahren Werts erfolgt oder wenn der andere Teil bis zum gemeinen Wert aufzahlt (im Bsp wären das € 6.000,–, nicht bloß € 500,–!). Auch *Unternehmer* können sich grundsätzlich auf das Recht der laesio enormis berufen; im Unterschied zu nichtunternehmerischen Vertragspartnern kann dieses Recht aber gegenüber einem Unternehmer vertraglich ausgeschlossen werden (§ 351 UGB). Erfolgt dieser Ausschluss in AGB, unterliegt er hinsichtlich der Wirksamkeit der Inhaltskontrolle des § 879/3. Das Rechtsmittel der laesio enormis unterliegt der Verjährungsfrist von 3 Jahren (§ 1487) und stellt eigentlich einen Wurzelmangel dar (s oben Rz 78), weil das beträgliche Missverhältnis im Zeitpunkt des Vertragsabschlusses vorliegen muss (deshalb kann zB auch ein Kaufvertrag angefochten werden, wenn die gekaufte Sache wegen eines Mangels weniger als die Hälfte des Kaufpreises wert ist – bei nachträglichen Mängeln hingegen nur Gewährleistung); dennoch wirkt die Anfechtung nach (kritisierter) hA sachenrechtlich ex nunc (s oben Rz 78, schuldrechtlich konsequenterweise ex tunc), so dass sie auch Elemente einer Leistungsstörung enthält.

2. Teil
Schuldrecht

A. Allgemeines

I. Entstehung/Rechtsnatur

Literaturauswahl: *Koziol*, Die Beeinträchtigung fremder Forderungsrechte (1967); *derselbe*, Delikt, Verletzung von Schuldverhältnissen und Zwischenbereich, JBl 1994, 209; *Kegel*, Vertrag und Delikt (2002); *Wittwer*, Die positive Vertrags- oder Forderungsverletzung, ÖJZ 2004, 161.

Judikaturauswahl: 1 Ob 125/05x (Beeinträchtigung eines fremden Forderungsrechts); 1 Ob 99/09d (Mobilfunkanlage auf Dach manifestiert besitzverstärktes Forderungsrecht).

122　　　Eine Schuld kann *vertraglich* (zu den einzelnen Vertragstypen s unten) oder *gesetzlich* (zB durch Unterhalts- oder Schadenersatzpflicht, s unten) *entstehen* und bewirkt, dass „eine Person einer anderen zu einer Leistung verbunden ist" (§ 859). Der Schuldner haftet grundsätzlich mit seinem gesamten Vermögen für seine Schulden, es sei denn, es besteht eine auf bestimmte Sachen begrenzte (cum viribus) oder betragsmäßige (pro viribus; vgl etwa Rz 558) *Haftungsbeschränkung*. Die Schuldrechte (Forderungsrechte) entfalten daher nur *relative* (obligatorische) *Innenwirkung*, indem sie eben nur innerhalb eines bestimmten Schuldverhältnisses zwischen den jeweiligen Parteien bestehen (nur der Verkäufer ist zur Herausgabe der veräußerten Sache verpflichtet). Anders die Sachenrechte: Sie wirken absolut, haben also Außenwirkung und können sohin gegenüber jedermann durchgesetzt werden (jeder beliebige Inhaber ist zur Herausgabe der dem Eigentümer abhandengekommenen Sache verpflichtet). Im Gegensatz zu den Sachenrechten unterliegen die Schuldrechte keinem *Typenzwang* (Rz 297). Dies bedeutet, dass vertraglich auch andere als im Gesetz vorgesehene Schuldverhältnisse begründet werden können. Es können daher dem Gesetz völlig unbekannte (sogenannte atypische) Verträge sowie Verträge geschlossen werden, welche eine Art Kombination gesetzlich geregelter Vertragstypen darstellen (sogenannte gemischte Verträge).

123　　　Die eben getroffene Differenzierung zwischen Schuld- und Sachenrechten betrifft vor allem die sog *Primärpflichten*, welche einen bestimmten Leistungsinhalt charakterisieren (im Beispiel die Herausgabepflicht). Im Bereich der *Sekundärpflichten*, die sich aus der Verletzung von Primärpflichten ergeben, entfalten auch obligatorische Rechte eine gewisse *Außenwirkung*: Gegen denjenigen, der eine fremde Forderung einzieht, bestehen Bereicherungsansprüche (s unten Rz 235 ff), bei Beeinträchtigung fremder Forderungsrechte uU Schadenersatzansprüche (s unten Rz 183 ff).

124　　　*Forderungsrechte* werden auch als *Ansprüche* bezeichnet und spielen im bürgerlichen Recht insofern eine zentrale Rolle, als zivilrechtliche Sachverhalte gewöhnlich „nach Ansprüchen" geprüft werden („wer kann was von wem aus welchem Rechtsgrund verlangen"). Diese Vorgangsweise ist im Allgemeinen praktikabel, versagt aber dort, wo es keine Ansprüche gibt (zB im Erbrecht: kein Anspruch des Erben – gegen wen auch? – auf Einantwortung) oder man von Gestaltungsrechten spricht (zB Recht auf Irrtumsanfechtung oder Wandlung). Gestaltungsrechte geben dem Berechtigten die Möglichkeit, Rechtsverhältnisse zu modifizieren oder zu beenden, ohne dabei an die Zustimmung des Vertragspartners gebunden zu sein. *Gestaltungsrechte* können daher anspruchshemmend wirken: So kann zB dem Kaufpreisanspruch mit der Irrtumsanfechtung des Vertrages begegnet werden, der die Grundlage des Kaufpreisanspruchs bildet. Eine Schuld, welcher es (etwa wegen eingetretener Verjährung, Rz 18) an ihrer Einklagbarkeit mangelt, nennt man *Naturalobligation.* Diese kann zwar wirksam beglichen (§ 1432), jedoch nicht eingeklagt oder exekutiert werden.

II. Inhalt

Literaturauswahl: *Welser,* Vertretung ohne Vollmacht (1970); *Fenyves,* Erbenhaftung und Dauerschuldverhältnis (1983); *Welser,* Die culpa in contrahendo im österreichischen Recht, LJZ 1984, 101; *Fenyves,* Bewegliches System und die Konkretisierung der „wichtigen Gründe" bei Auflösung von Dauerschuldverhältnissen, in *F. Bydlinski/Krejci/Schilcher/V. Steininger* (Hg), Das Bewegliche System im geltenden und künftigen Recht (1986) 141; *Bernat,* Zur Verletzung der ärztlichen Aufklärungspflicht und Ersatzfähigkeit von Familienplanungsschäden, JAP 1990/91, 232; *Zankl,* Culpa in testando bei Widerruf und Formungültigkeit letzwilliger Verfügungen, NZ 1995, 265; *Heid,* Vergabeverstoß und Schadenersatz, ecolex 1996, 7; *Pitzl/G. W. Huber,* Behandlungsaufklärung – Risikoaufklärung – Aufklärungsbögen, RdM 1996, 113; *Resch,* Zur Rechtsgrundlage der ärztlichen Aufklärungspflicht, RdM 1996, 170; *B. Jud,* Neuregelung der Beweislast in § 1298 ABGB – eine „halbe Lösung"? ecolex 1997, 569; *Engel,* Verletzung der ärztlichen Aufklärungspflicht – Geburt eines behinderten Kindes als ersatzfähiger Schaden der Eltern, JAP 1999/00, 131; *Pletzer,* Aufklärungspflichtverletzung und Vertragsaufhebung, JBl 2002, 545; *Goriany,* Aufklärungspflicht bei Interzessionen, JAP 2004/05, 54; *Jabornegg,* Zur Unterscheidung von befristeten und unbefristeten Dauerschuldverhältnissen bei Vereinbarung einer Verlängerungsklausel, FS Welser (2004) 335; *Ch. Rabl,* Die Konzentration der Gattungsschuld, FS Welser (2004) 833; *Wittwer,* Die positive Vertrags- oder Forderungsverletzung, ÖJZ 2004, 161; *Iro,* Fahrschulauto: Aufklärungspflicht des Gebrauchtwagenhändlers? RdW 2005, 339; *Jaksch-Ratajczak,* Haftung für grundlose Ablehnung des Vertragsabschlusses beim Liegenschaftskauf, wobl 2005, 217; *Zechner,* Zur Aufklärungspflicht des Opernveranstalters, JBl 2005, 341; *Honsell,* Zwei Fragen zur Umrechnung von Devisenforderungen, FS N. Horn (2006) 39; *Heindl,* Kapitalmarkt, Anlegerschutz und Haftungsfragen, ecolex 2007, 427; *Perner,* Die Haftung des Scheinvertreters nach dem UGB (§ 1019 ABGB), RdW 2007, 14; *Friedl,* Spielverlust und culpa in contrahendo der Spielbank, ecolex 2009, 140; *Lukas,* Abbruch von Vertragsverhandlungen, JBl 2009, 751 und JBl 2010, 23; *Wilhelm,* Zur Haftungsbegründung nach falschen Ad-hoc-Mitteilungen, ecolex 2010, 534; *G. Graf,* Wie das WAG die Anlageberaterhaftung verschärft, ecolex 2011, 1093; *A. Hofmann,* Prospekthaftung am Sekundärmarkt, ecolex 2011, 1096.

Judikaturauswahl: 7 Ob 148/01t (Schadenersatz im Vergaberecht und Beweislast); 7 Ob 307/02a (Fehlerhaftes Anbot bei öffentlicher Ausschreibung); 6 Ob 303/02f (Aufklärungspflichten bei Schwangerschaft); 2 Ob 289/03v (Aufklärungspflichten bei Ersatzfahrzeug); 3 Ob 131/03s (Freie Arztwahl bei Operation/Aufklärungspflichten);

6 Ob 310/04p (Änderung eines Dauerschuldverhältnisses und Gesetzesänderung – TKG); 1 Ob 112/05k (Warenhaus – Verkehrssicherungspflicht und „kundentypisches Verhalten"); 4 Ob 121/05f (Behandlung durch anderen als vereinbarten Arzt); 2 Ob 277/05g (Aufklärungspflicht bei Paragleiter-Tandemsprung); 3 Ob 176/06p (Umfang der Rechnungslegungspflicht unter Verwandten – Pauschalabrechnung); 6 Ob 257/08z (Rückabwicklung eines Dauerschuldverhältnisses bei Arglist); 4 Ob 12/10h (Keine Aufklärungspflicht des Arztes bei entfernter Möglichkeit einer Komplikation).

125   Die Schuld (aus der Sicht des Gläubigers: der Anspruch) kann in einem aktiven *Tun* oder in einem *Unterlassen* (s auch Rz 188) bestehen und als ***Stück-*** oder ***Gattungsschuld*** in Erscheinung treten. Möchte der Gläubiger einen Schuldner erfolgreich auf Unterlassung klagen, so muss er entweder (bei noch nicht erfolgtem Verstoß gegen die Unterlassungsverpflichtung) eine Erstbegehungsgefahr oder (bei bereits erfolgtem Verstoß gegen die Unterlassungspflicht) eine Wiederholungsgefahr beweisen. Unterlassungsansprüche können sich auch aus Sachenrechten ableiten (s Rz 317). Die Stückschuld richtet sich nach speziellen Eigenschaften (zB Verkauf einer bestimmten alten Uhr), die Gattungsschuld nach allgemeinen Merkmalen (zB Verkauf einer Uhr aus der Serie X der aktuellen Swatch-Kollektion). Bedeutung der Unterscheidung: zB keine Unmöglichkeit bei Gattungsschulden („genus non perit", s oben Rz 101). Wenn die geschuldete Leistung ohne Wertverlust in Teilen erbracht werden kann, spricht man von einer teilbaren Leistung, ansonsten von einer unteilbaren Leistung, wobei es stets auf die Parteienvereinbarung ankommt. Nimmt der Gläubiger Teilleistungen an (wozu er aber ohne Vereinbarung gem § 1415 nicht verpflichtet ist, Rz 144), erlischt die Schuld teilweise.

126   Im Einzelnen kann die Schuld Verschiedenes zum Inhalt haben: ***Hauptleistungspflichten***, welche den jeweiligen Vertragstyp kennzeichnen (zB Lieferung der verkauften Ware), ***Nebenleistungspflichten*** (zB Gebrauchsanleitung; können ausdrücklich festgelegt werden oder sich durch ergänzende Auslegung, vgl Rz 45, ergeben) und ***Verhaltenspflichten*** (Schutz-, Sorgfalts- und Aufklärungspflichten: zB den Käufer vor gefährlichen Eigenschaften der Ware zu warnen), welche den Gläubiger bzw dessen vom Leistungsaustausch nicht betroffenes sonstiges Vermögen schützen und deren Missachtung „*positive Vertragsverletzung*" heißt. Die Judikatur bejaht auch nach Auflösung des Vertragsverhältnisses noch gewisse Schutz- und Sorgfaltspflichten. So haben die Parteien etwa darauf zu achten, dass dem jeweils anderen aus der Rückabwicklung des Schuldverhältnisses kein Schaden entsteht.

127   Schon vor Vertragsabschluss entstehen Schutz- und Sorgfaltspflichten durch bloße Kontaktaufnahme und werden im sog ***vorvertraglichen Schuldverhältnis*** zusammengefasst. Seine schuldhafte Verletzung nennt man ***culpa in contrahendo***. Der Händler im obigen Beispiel muss daher nicht nur seine Vertragspartner, sondern auch potenzielle Kunden (zB bei der Besichtigung) vor gefährlichen Eigenschaften der Ware warnen oder Gefahrenquellen im Eingangsbereich seines Geschäftes beseitigen bzw davor warnen („Achtung Rutschgefahr"). Diese speziellen Pflichten, die gegenüber der Allgemeinheit (deliktisch) nicht oder nur teilweise bestehen, sind gegenüber potenziellen Vertragspartnern deshalb gerechtfertigt, weil sie der Schutzpflichtige auch für seine wirtschaftlichen Zwecke in Anspruch nehmen will. Sie wurden in (Gesamt-) Analogie zu verschiedenen Bestimmungen des ABGB entwickelt (zB §§ 874, 878, die entsprechende Pflichten für bestimmte Fälle vorsehen) und in *Fallgruppen* eingeteilt. In einer dieser Gruppen sind Pflichten zusammengefasst, die darauf hinauslaufen, den potenziellen Vertragspartner vor Gefährdungen zu schützen (s die obigen Beispiele). Zu einer anderen Fallgruppe gehört die Verpflichtung, nicht grundlos den Vertragsabschluss zu verweigern, wenn man diesen dem Vertragspartner gegenüber als sicher hingestellt hat (aus dieser Fallgruppe wurde die sog *culpa in testando* im Erbrecht abgeleitet, wonach der Erblasser den potenziellen Erben uU von einem Testamentswiderruf informieren muss, s unten Rz 512 f). Allen Fallgruppen gemeinsam sind zwei Besonderheiten:

1. dass im Bereich von Vermögensschäden grundsätzlich nur für den Vertrauensschaden gehaftet wird (nicht hingegen für das Erfüllungsinteresse, das einen gültigen Vertrag voraussetzt, den es in contrahendo definitionsgemäß noch nicht gibt) und

2. dass sich die Haftung in contrahendo nach vertraglichen Grundsätzen richtet: Es ist daher auch für reine Vermögensschäden einzustehen (dazu unten Rz 184), die Gehilfenhaftung ist verschärft (unten Rz 194), und die Beweislast für das Verschulden trifft den Haftpflichtigen.

Beispiel: Versichert B zunächst in seiner Rolle als Prokurist des C dem Verkäufer A, der Kauf der Sache (Wert = € 100,–) um € 120,– sei „so gut wie perfekt", und verweigert B in der Folge grundlos den Vertragsabschluss, so kann A von C (haftet für B nach § 1313a) den Vertrauensschaden fordern, wenn er zB ein anderes Anbot (€ 110,–) ausgeschlagen hat (Schadenersatzanspruch im Beispiel: € 10,–). Das Erfüllungsinteresse (€ 20,–) steht A hingegen nicht zu, weil im Sinne der Privatautonomie keine verletzbare Pflicht zum Vertragsschluss besteht. Um der Haftung zu entgehen, müsste C den schwer zu erbringenden Beweis antreten, dass seinen Prokuristen kein Verschulden trifft (§ 1298).

Die Gesamtheit der bisher beschriebenen Inhalte wird als *Schuldverhältnis* bezeichnet (= juristische Summe der zwischen konkreten Parteien bestehenden Rechte und Pflichten), gebräuchlich dafür ist auch der Begriff „Organismus". Es handelt sich um ein *Zielschuldverhältnis*, wenn es durch einmalige Leistung erlischt (zB Kauf, Schenkung), und um ein *Dauerschuldverhältnis*, wenn es auf dauernde Leistungen gerichtet ist (zB Miete, Dienstvertrag). Dauerschuldverhältnisse können befristet oder unbefristet (Ende durch Kündigung) abgeschlossen werden. Sie weisen zwei Besonderheiten auf: **128**

1. Sie können – unabhängig davon, ob sie befristet oder unbefristet waren – im Hinblick auf die längere Bindung, die ein gewisses Vertrauensverhältnis voraussetzt, durch *außerordentliche Kündigung* jederzeit beendet werden, wenn ein wichtiger Grund dafür vorliegt (die den Internetprovidern und Telefonnetzbetreibern gesetzlich vorgeschriebene Vorratsdatenspeicherung ist kein wichtiger Grund für die Kündigung eines Mobilfunkvertrages, vgl den Fall „Handy-Kündigung wegen Vorratsdatenspeicherung" auf checkmycase.com). Ansonsten enden unbefristete Dauerrechtsverhältnisse durch normale Kündigung, die an bestimmte Fristen gebunden ist.

2. Die Anfechtung von bereits im Erfüllungsstadium befindlichen Dauerrechtsverhältnissen wirkt wegen der regelmäßig komplizierten Rückabwicklung grundsätzlich auch schuldrechtlich nur *ex nunc*, die bereits gegenseitig erbrachten Leistungen werden also nicht zurückgestellt, sondern die Parteien gehen einfach „auseinander". Anderes gilt nach der Rsp nur bei Arglist, da dem Handelnden nicht der Erfolg seiner Tat belassen werden soll (§ 870, Rz 96), und in Fällen, in welchen trotz eingetretenen Beginns des Dauerrechtsverhältnisses keine Rückabwicklungsschwierigkeiten bestehen (wechselseitige Leistungen eindeutig nachvollziehbar).

III. Parteien

Literaturauswahl: *Reidinger*, Die Berechnung des internen Ausgleichs zwischen zwei Bestellern von Teilsicherheiten, JBl 1990, 73; *Wilhelm*, Unrichtiges Gutachten – Haftung gegenüber Dritten, ecolex 1991, 87; *Kletečka*, Solidarhaftung und Haftungsprivileg, ÖJZ 1993, 785, 833; *Wilhelm*, Allgemeiner Einwendungsdurchgriff beim drittfinanzierten Kauf, ecolex 1994, 83; *Große-Sender*, Bereicherungsrechtliche Rückabwicklung beim Vertrag zugunsten Dritter, ÖJZ 1999, 88; *Artmann*, Die Haftung des Abschlußprüfers für Schäden Dritter, JBl 2000, 623; *Kaufmann*, Die Zurechnung fremden Verhaltens auf Geschädigtenseite beim Vertrag mit Schutzwirkung zugunsten Dritter, ÖJZ 2000, 546; *P. Bydlinski*, Die „Beraterhaftung" der Banken im österreichischen Recht, FS Hadding (2004) 759; *Karollus/Lukas*, Dritthaftung der Bank aus einer unrichtigen Bankbestätigung, JBl 2004, 273; *Perner*, Gemeinschaftliche Forderungen (2004); *derselbe*, § 890 Satz 2 ABGB – ein Fall der „Gesamthandforderung"? JBl 2004, 609; *Schoditsch*, Schädigermehrheit und gesetzliches Haftungsprivileg, JBl 2004, 557; *Perner*, Die Haftung von Mitschuldnern bei Verletzung vertraglicher Verbindlichkeiten, JBl 2005, 629; *Schmaranzer*, Ausschluss des Vertrages mit Schutzwirkung zugunsten Dritter durch unmittelbare vertragliche Ansprüche? JBl 2005, 267; *Schmaranzer*, Der Vertrag mit Schutzwirkung zugunsten Dritter (2006); *P. Bydlinski/Coors*, Gesamtregress, Freistellungsansprüche und Legalzession unter Mitschuldnern? ÖJZ 2007, 175; *Auer/Egglmeier-Schmolke*, Vertrag mit Schutzwirkung zugunsten Dritter, bbl 2008, 159; *Perner*, Ersatz der Kosten des Vorprozesses beim Solidarschuldnerregress, RdW 2008, 49; *Wilhelm/Friedl*, Subsidiarität des Vertrags mit Schutzwirkung zugunsten Dritter, ecolex 2008, 903; *Parapatits*, Der Vertrag zu Gunsten Dritter (2011).

Judikaturauswahl: 1 Ob 200/03y (Raubüberfall); 6 Ob 250/01k (Computerabsturz und Vertrag mit Schutzwirkung zugunsten Dritter); 4 Ob 236/02p (Haftung des gewerberechtlichen Geschäftsführers – Bedeutung des § 39 GewO); 7 Ob 165/03w (Eingeschränkte Preisgestaltung bei Ordinationsübernahme); 2 Ob 272/03v (BauarbeitenkoordinationsG); 6 Ob 155/04v (Reichweite eines Vertrages mit Schutzwirkung zugunsten Dritter); 4 Ob 229/04m (Vertragliche Schutzwirkungen zugunsten Dritter auf Baustelle); 3 Ob 67/05g (Kunstsachverständiger – Gutachterhaftung gegenüber Dritten); 6 Ob 60/08d (kein Vertrag mit Schutzwirkungen zugunsten Dritter bei Ersatzanspruch aus öffentlich-rechtlicher Sonderbeziehung); 9 Ob 83/09k (Arzthaftung: Ersatz für Schockschaden aus Vertrag mit Schutzwirkung); 2 Ob 210/10m (Werkvertrag mit Schutzwirkung zugunsten Mieter).

129 Die Parteien des Schuldverhältnisses heißen Gläubiger und Schuldner. Beide können aus bloß einer oder aus mehreren Personen bestehen, wobei letzterenfalls verschiedene Varianten existieren (§§ 888 ff):

a) Teilschuldverhältnis: bei teilbaren Leistungen kann iZw jeder Gläubiger nur (s)einen Teil der Leistung verlangen bzw muss jeder von mehreren Schuldnern nur (s)einen Teil der Leistung erbringen (§ 889; Bsp: Drei Erben verlangen nach Maßgabe ihrer Erbquoten vom Schuldner des Erblassers Bezahlung einer Geldschuld). Eine Ausnahme besteht, wenn sich mehrere **Unternehmer** gemeinschaftlich zu einer teilbaren Leistung verpflichten: Diese haften solidarisch, dh jeder kann für die gesamte Schuld im Außenverhältnis in Anspruch genommen werden (§ 348 UGB; zur solidarischen Haftung s sogleich b).

b) Gesamt- (Solidar-)Schuldverhältnis: Bei unteilbaren Leistungen und Gläubigermehrheit kann jeder Gläubiger die gesamte Leistung einfordern und der Schuldner, bis er von einem bestimmten Gläubiger (auch außergerichtlich) zur Leistung aufgefordert wird, an jeden beliebigen Gläubiger leisten (Gesamtgläubigerschaft). Bei mehreren Schuldnern hat im Falle der Gesamtschuld jeder Schuldner die gesamte Schuld zu erbringen (zB gem § 1302 bei gemeinsamer Schädigung oder beim Schuldbeitritt) – wodurch auch die anderen Schuldner befreit werden. Gegen diese hat der in Vorlage Getretene bzw vom Gläubiger (denn dieser kann sich den Schuldner aussuchen) in Anspruch Genommene einen Regressanspruch (§ 896; eigenständiger Rechtsgrund, Verjährungsfrist 30 Jahre). Dieser richtet sich nach dem „besonderen Verhältnis" der Solidarschuldner (§ 896). Ein solches ergibt sich zB aus § 1313, wonach der Geschäftsherr, wenn er neben einem (für einen) Gehilfen haften muss (§§ 1313a, 1315), bei diesem Regress nehmen kann (vgl diesbezüglich auch die Sonderbestimmungen der §§ 3 f DHG, s unten Rz 214). Wenn zwischen den Solidarschuldnern kein besonderes Verhältnis besteht (wenn sich also zB bei mehreren gemeinsamen Schädigern im Innenverhältnis die Schadensbeiträge nicht bestimmen lassen), so erfolgt der Regress nach gleichen Teilen (§ 896). Wird einem einzelnen Mitschuldner die Schuld erlassen, können die anderen gem § 894 trotzdem in Anspruch genommen werden und ihrerseits am von der Schuld Befreiten Regress nehmen. Überhaupt entfalten Sondervereinbarungen (wie der Erlass) einzelner Solidargläubiger bzw -schuldner nur für die Parteien der Vereinbarung Wirkung.

c) Gesamthandschuldverhältnis: Die Leistung kann von mehreren Gläubigern nur gemeinsam verlangt (zB von den Erben im obigen Bsp bei unteilbarer Schuld oder gem § 848 bei Forderungen einer Miteigentumsgemeinschaft) bzw von mehreren Schuldnern nur gemeinsam erbracht werden (zwei Architekten werden gemeinsam zur Planung verpflichtet).

d) Vertrag zu Gunsten Dritter: Eine Schuld kann auch gegenüber einem **130** Dritten begründet werden, wobei iZw ein *echter* Vertrag zugunsten Dritter anzunehmen ist, bei dem der Dritte – zum Unterschied vom *unechten* Vertrag zugunsten Dritter, auf dessen Erfüllung nur der Vertragspartner dringen kann (§ 881/1) – selbst die Leistung verlangen kann, wenn diese hauptsächlich ihm zum Vorteil gereicht (§ 881/2; zB die Bezugsberechtigung in der Lebensversicherung). Verpflichtet ist er dazu oder zur Annahme der Leistung nach allgemeinen Regeln der Privatautonomie nicht (vgl § 882). Der Schuldner behält sämtliche Einreden gegen den Vertragspartner auch gegenüber dem begünstigten Dritten. Einreden, welche dem Vertragspartner gegenüber dem begünstigten Dritten zustünden, darf der Schuldner jedoch nicht geltend machen. Es gibt keinen **Vertrag zu Lasten Dritter** (§ 880; das Versprechen der Leistung eines Dritten begründet bloß eine Verwendungszusage, es sei denn, der Versprechende steht für die Leistung ein = Garantie, vgl Rz 142). Auch der Verpflichtete wird durch die Einbeziehung eines Dritten in das Schuldverhältnis nicht schlechter gestellt, weil er diesem alle Einreden (zB Gewährleistung) entgegenhalten kann, die gegenüber dem unmittelbaren Vertragspartner bestehen (§ 882/2).

131 *e) Vertrag mit Schutzwirkung zu Gunsten Dritter*: Während beim Vertrag zu Gunsten Dritter die Hauptleistungspflicht einem Dritten zugute kommt, gilt dies in Bezug auf den Vertrag mit Schutzwirkung zu Gunsten Dritter für die Schutz- und Sorgfaltspflichten. Solche werden (mit unterschiedlicher Reichweite) gegenüber dem Gläubiger nahestehenden Personen angenommen, von denen für den Schuldner erkennbar ist, dass sie durch seine Leistung gefährdet werden könnten; zB werden solche Pflichten gegenüber den Familienangehörigen des Werkbestellers angenommen, der den Installateur beauftragt, in seinem Haus eine Gasleitung zu reparieren. Geschieht dies mangelhaft, so dass es zur Explosion kommt, so haftet der Installateur auch den Angehörigen gegenüber, die mit dem Werkbesteller im Haushalt wohnen, nach vertraglichen Grundsätzen (zu diesen – Beweislastumkehr und strengere Gehilfenhaftung – s unten Rz 184 ff). Ein Ausschluss dieser (gesetzlichen) Pflichten wird als unzulässiger Vertrag zu Lasten Dritter angesehen. Sie bestehen aber nach der Judikatur dann nicht, wenn beim Geschädigten kein „Rechtsschutzdefizit" besteht, weil er ohnedies einen unmittelbaren vertraglichen (oder öffentlichrechtlichen) Anspruch hat.

Beispiel: Vom Hauseigentümer beauftragter Handwerker verschuldet Stromausfall und dadurch Computerabsturz bei einem Mieter. Dieser kann vertraglich nur den Hauseigentümer als Vermieter in Anspruch nehmen, der sich das Fehlverhalten des Handwerkers gem § 1313a zurechnen lassen muss, nicht aber den Handwerker selbst unter Berufung auf Schutzwirkungen seines – des Handwerkers – Vertrages mit dem Hauseigentümer (Rsp).

IV. Änderungen

1. personell

132 Das Schuldverhältnis kann sowohl auf Gläubiger- als auch auf Schuldnerseite geändert werden:

a) Änderung des Gläubigers (Zession)

Literaturauswahl: *Czermak*, Zwei Rechtsfragen des Factoring, JBl 1984, 413; *P. Bydlinski*, Zur Abtretbarkeit der Rechte aus einem Mietverhältnis, JBl 1985, 728; *Welser/Czermak*, Zur Rechtsnatur des Factoring-Geschäftes, RdW 1985, 130; *P. Bydlinski*, Die Übertragung von Gestaltungsrechten (1986); *Koziol*, Zur Reichweite gesetzlicher

Abtretungs- und Verpfändungsverbote, RdW 1986, 262; *Iro*, Zur Kollision von Factoring und verlängertem Eigentumsvorbehalt, ÖBA 1990, 259; *Karollus*, Zum Schutz des Schuldners bei unrichtiger Abtretungsanzeige, ÖJZ 1992, 677; *Puck*, Die wirkliche Übergabe bei der Schenkung einer Forderung, ecolex 1992, 230; *Iro*, Die Übertragung des vorbehaltenen Eigentums beim drittfinanzierten Kauf und beim Factoring, FS Frotz (1993) 101; *Beclin*, Kondiktion beim Zedenten oder beim Zessionar? JAP 1993/94, 132; *P. Bydlinski*, Die Sittenwidrigkeit des Ausschlusses einer Forderungsabtretung, ÖBA 1995, 850; *Dullinger/Rummel*, Zum Bereicherungsausgleich bei der stillen Zession, ÖBA 1998, 593; *Holzner*, Weiterhin: Drittwirksamkeit vertraglicher „Abtretungsverbote", JBl 1998, 495; *Koziol*, Abtretung künftiger Forderungen und Konkurs des Zedenten, ÖBA 1998, 745; *Apathy*, Die Forderungsabtretung, insbesondere zur Kreditsicherung, im österreichischen Recht, in *Hadding/ Schneider* (Hg), Die Forderungsabtretung, insbesondere zur Kreditsicherung, in ausländischen Rechtsordnungen (1999) 509; *Lukas*, Auf dem Weg zu einem internationalen Zessionsrecht? ÖBA 2000, 501; *derselbe*, Zession und Synallagma (2000); *Popp*, Das Schuldanerkenntnis des Schuldners gegenüber dem Zessionar (2000); *Lukas*, Chancen und Risken der Rechtsvereinheitlichung am Beispiel des Zessionsrechts, JbJZivRWiss 2000 (2001) 21; *Markowetz*, Bereicherungsrechtliche Rückabwicklung im Rahmen der Forderungsabtretung, ÖJZ 2001, 581; *P. Bydlinski*, Die rechtsvernichtenden Gestaltungsrechte des Schuldners nach Abtretung, RdW 2002, 269; *derselbe*, Rückgriff der Akkreditivbank kraft Legalzession (§ 1358 ABGB)? ÖBA 2002, 680; *Rasche*, Abtretungsverbote, einheitliches Zivilrecht und Unternehmensfinanzen, EuLF 2002, 133; *Resch*, Der Zeitpunkt des Forderungsübergangs bei einer Legalzession gemäß § 332 ASVG, JBl 2002, 341; *Wiegand*, Die Einziehungsermächtigung im deutschen, österreichischen und schweizerischen Recht, FS Honsell (2002) 119; *Binder-Degenschild/Schandor*, Factoring – Praxis und Rechtsnatur in Österreich (2003); *Dullinger*, Bankhaftung bei Mehrfachzession, ÖBA 2003, 601; *Kundi*, Zession hypothekarisch gesicherter Forderungen (2003); *Müller-Chen*, Abtretungsverbote im internationalen Rechts- und Handelsverkehr, FS Schlechtriem (2003) 903; *Ertl*, Abtretung von Honorarforderungen und anwaltliche Schweigepflicht, FS Welser (2004) 159; *Fremuth-Wolf*, Die Schiedsvereinbarung im Zessionsfall (2004); *Lurger*, Die Zession im sachenrechtlichen Übertragungssystem des ABGB, FS Welser (2004) 639; *Bazinas/Lukas* (Hg), Das UN-Abtretungsübereinkommen (2005); *Beig*, Ende der absoluten Wirkung des Zessionsverbots bei Unternehmergeschäften, ecolex 2005, 676; *Grünzweig*, Neue Regelungen über vertragliche Zessionsverbote, RdW 2005, 398; *Iro*, Sicherungszession im Konkurs des Zedenten? RdW 2005, 266; *Spunda*, Unwirksamkeit von Zessionsverboten durch das ZessRÄG, RWZ 2005, 193; *Brand*, Revolutionäres im Zessionsrechts-Änderungsgesetz, ecolex 2005, 677; *Apathy*, Abtretung von Bankforderungen und Bankgeheimnis, ÖBA 2006, 33; *Beig*, Die Aufrechnungsbefugnis des Abtretungsschuldners bei der Zession künftiger Forderungen, JBl 2006, 155; *P. Bydlinski/Vollmaier*, Die gesetzliche Entschärfung vertraglicher Abtretungsverbote und Abtretungsausschlüsse (§ 1396a ABGB), JBl 2006, 205; *Flessner/Verhagen*, Assignment in European Private International Law (2006); *Rudolf*, Einheitsrecht für internationale Forderungsabtretungen (2006); *Aydinonat*, Nichtabtretungsvereinbarungen und der neue § 1396a ABGB (2007); *P. Bydlinski*, Die Abtretungsanzeige des Zessionars nach deutschem und österreichischem Recht, FS Canaris I (2007) 83; *P. Bydlinski/Coors*, Gesamtregress, Freistellungsansprüche und Legalzession unter Mitschuldnern? ÖJZ 2007, 175; *Haeseler/Greßl*, Leasing und Factoring (2007); *J. Zehetner*, Zessionsrecht (2007); Beig, Die Zession künftiger Forderungen (2008); *Markowetz/Radauer*, Konventionalstrafe als probates Mittel gegen (willkürliche) Abtretung von Forderungen? ecolex 2008, 899; *Fellner/B. Jud*, Rechtliche Aspekte des Verkaufs notleidender Kredite, RdW 2009, 630.

Judikaturauswahl: 7 Ob 274/01x (Anwaltliche Haftung für Vertretungsfehler/Regress); 6 Ob 328/02g (Umfang und Wirkung der Legalzession – stmk SozialhilfeG);

1 Ob 46/03a (Inkasso, Gehaltsabtretung und Transparenzgebot); 2 Ob 183/04g (Kinderzuschuss und Legalzession); 8 Ob 29/09m (Leistung an Scheinzessionar); 9 Ob 13/10t (Sicherungsglobalzession – Verständigung des Schuldners bei vereinbartem Buchvermerk); 3 Ob 113/11f (Vermerk Sicherungszession im Buchvermerk nicht notwendig).

Eine Änderung auf Gläubigerseite erfolgt durch Abtretung (Zession) der Forderung (= Verfügungsgeschäft): An die Stelle des Altgläubigers (Zedent) tritt aufgrund einer entsprechenden Vereinbarung (= Verpflichtungsgeschäft, zB Verkauf der Forderung) der neue Gläubiger (Zessionar). *Abtretbar* sind alle veräußerlichen Rechte (auch zukünftige, soweit sie durch ihren Rechtsgrund ausreichend bestimmbar sind), unabtretbar hingegen solche, die „der Person ankleben" (§ 1393), also höchstpersönliche Rechte (zB Unterhaltsansprüche), weiters Sachenrechte (haben eigene Übertragungsregeln, s unten Rz 306 ff und 316 ff) sowie Rechte, deren Unabtretbarkeit durch *Abtretungsverbot* vereinbart wurde (str; nach der Rsp wirkt die Vereinbarung eines Zessionsverbotes absolut – also auch Dritten gegenüber: Eine trotzdem vorgenommene Abtretung ist unwirksam, sodass der Übernehmer die Forderung nicht erwirbt; beachte aber die sogleich erörterten Änderungen bezüglich unternehmerischer Zessionsverbote durch das ZessRÄG. Für die Abtretung selbst (Verfügungsgeschäft) besteht abgesehen von Sicherungszessionen stets Formfreiheit, anderes kann allerdings für das zugrundeliegende Verpflichtungsgeschäft gelten (etwa bei Schenkung). Durch das ZessRÄG gab es eine Änderung betreffend vertraglich vereinbarter Zessionsverbote zwischen Unternehmern (§ 1396a). Das Verbot der Abtretung von Geldforderungen aus unternehmerischen Geschäften ist nur dann verbindlich, wenn diese Vereinbarung im Einzelnen ausgehandelt worden ist und der Gläubiger dadurch unter Berücksichtigung aller Umstände des Falles nicht gröblich benachteiligt (vgl § 879/3) wird. Das Erfordernis der „Aushandlung im Einzelnen" schließt jedenfalls die kommentarlose Einbeziehung entsprechender AGB (Rz 56) aus. Außerdem wird auch ein bloßes Aufmerksammachen auf eine vorformulierte Vertragsbestimmung nicht ausreichen, vielmehr muss ein Zessionsverbot bei offenem Verhandlungsergebnis ausgehandelt worden sein. Dieses Verbot wirkt nur inter partes, also im Verhältnis zwischen Schuldner und ursprünglichem Gläubiger (relative Wirkung); die verbotswidrig vorgenommene Zession stellt eine Vertragsverletzung dar, woraus dem Schuldner gegenüber dem Gläubiger Rechte erwachsen (§ 1396a/2; Schadenersatz oder Kündigungsrechte). Solche Rechte des Schuldners wegen Verletzung des Zessionsverbots können aber nicht gegen die Forderung eingewendet werden. Eine vereinbarte Konventionalstrafe für den Verstoß gegen das Zessionsverbot kann vom Richter gemäßigt werden (§ 1336/2.

Die Zession bezieht sich iZw (mangels gegenteiliger Vereinbarung) auch auf *Nebenrechte* (zB Bürgschaft für die abgetretene Forderung). Der Schuldner (debitor cessus) bleibt aber jedenfalls gleich und muss der Zession nicht zustimmen, weil sich seine Schuld inhaltlich nicht ändert (§ 1394). Er kann daher grundsätzlich (vgl aber § 1396 letzter Satz) auch alle *Einreden* (zB Gewährleistung, wenn der Verkäufer die Kaufpreisforderung aus einem mangelhaft erfüllten Vertrag abgetreten hat) dem neuen Gläubiger entgegenhalten (§ 1396). Bis zur Verständigung von der Abtretung darf der Schuldner schuldbefreiend an den Altgläubiger leisten (§ 1395), kann also dann nicht ein weiteres Mal vom wirklichen (neuen) Gläubiger in Anspruch genommen werden. Dieser kann aber den Zedenten bei entgeltlicher Abtretung (bis zur Höhe des Entgelts) gewährleistungspflichtig machen, wenn die abgetretene Forderung unrichtig (wie etwa im Beispiel) oder uneinbringlich war (§ 1397). Unrichtigkeit der Forderung liegt auch dann vor, wenn eine Forderung mehrfach abgetreten wird. Da sie nur der erste Zessionar erwerben kann (vgl § 442 und unten im Sachenrecht: kein gutgläubiger Forderungserwerb), gehen die weiteren leer aus und haben Gewährleistungsansprüche gegen den Zedenten. Wird der Schuldner nur von einer der späteren „Zessionen" verständigt, so kann er an den ihm bekanntgegebenen „Gläubiger" schuldbefreiend leisten. Dem Erstzessionar stehen in diesem Fall ein Anspruch einerseits gem § 1397 gegen den Zedenten, andererseits gem § 1041 gegen den Zweitzessionar und bei Verschulden gegenüber beiden auch Schadenersatzansprüche zu. Allgemein gilt, dass der Schuldner im Falle einer unrichtigen Zessionsanzeige schuldbefreiend an den ihm bekanntgegebenen Scheinzessionar leisten kann, es sei denn, er kennt die Unrichtigkeit der Zessionsanzeige. Sonderformen der Zession:

- *stille Zession*: Ohne Verständigung des Schuldners (damit dieser nicht an der Bonität des Zedenten zweifelt); str ist, an wen dieser bei Kenntnis von der an sich geheim gehaltenen Abtretung schuldbefreiend leisten kann – richtigerweise wohl, weil die Parteien diesen Anschein erwecken (Vertrauenstheorie), an den Zedenten.

- *gesetzliche Zession*: Forderung geht ohne Abtretung von Gesetzes wegen über – wichtigster Fall: § 1358, wonach derjenige in die Rechte des Gläubigers eintritt, der eine fremde Schuld bezahlt, für die er persönlich (als *Bürge*) oder mit bestimmten Vermögensstücken (*Pfand*) haftet.

  Beispiel: A bürgt gegenüber B für eine Forderung, die dieser gegen C hat; wenn C nicht zahlt und daher A in Anspruch genommen wird, geht damit die Forderung des B auf ihn automatisch über, so dass er bei C Regress nehmen kann.

  Eingeschränkte Gewährleistung: nur bei Betrug (§ 1423).

- *notwendige Zession* (§ 1422): Übergang einer Forderung, wenn dies von jemandem verlangt wird, der sie begleicht, ohne dafür (als Bürge oder Pfandbesteller) zu haften. Eingeschränkte Gewährleistung wie oben (§ 1423).
- *Sicherungszession*: dazu im Sachenrecht, s Rz 364.
- *Inkassozession*: Treuhändische Abtretung einer Forderung, damit sie von einem anderen (im eigenen Namen, aber auf Rechnung des Zedenten) geltend gemacht wird.
- *Globalzession*: Abtretung mehrerer Forderungen „auf einmal"; ist gültig, wenn die Forderungen bestimmbar sind, was dann der Fall ist, wenn ihr Rechtsgrund feststeht (zB alle Forderungen aus Leasinggeschäften). Auch die Abtretung aller Forderungen ein und desselben Unternehmers ist hinreichend bestimmt.

- **Factoring**: Abtretung von Unternehmensforderungen an einen Factor, der sie entweder bloß zum Inkasso einzieht oder vom Zedenten kauft und dabei (letzterenfalls) auch das Risiko der Uneinbringlichkeit übernehmen kann (echtes Factoring).

b) Änderung des Schuldners

Literaturauswahl: *Krejci*, Betriebsübergang und Arbeitsvertrag (1972); *Fenyves*, Die Schuldenhaftung eines Unternehmenserwerbers, ecolex 1990, 137; *Riedler*, Der Vermögens- und Unternehmensbegriff des § 1409 ABGB, JBl 1992, 563, 625; *Wilhelm*, Bürgschaft, Garantie, Einredeverzicht, ecolex 1992, 221; *P. Bydlinski*, Pflichten und Haftung der Banken im internationalen Überweisungsverkehr, ÖBA 1998, 833; *Spielbüchler*, Die Verpflichtung aus der Annahme einer Anweisung, JBl 2003, 825; *Goriany*, Aufklärungspflicht bei Interzessionen, JAP 2004/05, 54; *Haberl*, Die rechtliche Konstruktion der zivilrechtlichen Anweisung, RZ 2006, 247; *A. Aigner*, Unternehmenskauf – inwieweit gilt § 1409 ABGB für den Share-Deal? ecolex 2007, 16; *derselbe*, Unternehmenskauf – Besonderheiten der Erwerberhaftung des § 1409 ABGB beim Share-Deal, ecolex 2007, 93; *Artmann*, Offene Fragen zum Unternehmensübergang nach §§ 38 f UGB, wbl 2007, 253; *Gehringer*, Die Vorschriften des Unternehmensgesetzbuches über den Unternehmensübergang, NZ 2007, 232; *Böhler*, Zur Forthaftung des Unternehmensveräußerers bei langfristigen Verträgen, ÖBA 2009, 576.

Judikaturauswahl: 4 Ob 205/09i (Rsp-Änderung: Schuldbeitritt zu Interzessionszwecken erfordert Schriftform; 4 Ob 209/09b (Übernommene Hypothek von Aktiven iSd § 1409 ABGB nicht abzuziehen).

133   Zu einer personellen Änderung (Erweiterung) auf Schuldnerseite kommt es durch Schuldübernahme oder Schuldbeitritt:

aa) Schuldübernahme (und Varianten)

- **privative (befreiende) Schuldübernahme**: An die Stelle des bisherigen Schuldners tritt mit Zustimmung des Gläubigers ein neuer (§ 1405), dessen Rechtsposition jener des alten entspricht, so dass er auch alle Einwendungen (zB Einrede des nicht gehörig erfüllten Vertrages) gegen die inhaltlich identische Schuld erheben kann (§ 1407/1). Sollte der Gläubiger der Übernahme die Zustimmung versagen, so stellt die Vereinbarung zwischen Schuldner und dem Dritten eine Erfüllungsübernahme (siehe dazu sogleich unten) dar. Bürgen und Pfandbesteller haften jedoch nur weiter, wenn sie der Schuldübernahme zugestimmt haben (§ 1407/2).
- **Hypothekenübernahme** (§ 1408): Übernimmt bei Veräußerung einer Liegenschaft der Erwerber eine auf ihr haftende Hypothek (die Schuld; dingliches Pfandrecht geht ohnehin über), so ist dies iZw als Übernahme der und nicht als Beitritt zur hypothekarisch gesicherten Schuld anzusehen (lex specialis zu § 1406/2). Weitere Voraussetzung ist, dass der Veräußerer den Gläubiger zur Annahme des neuen Schuldners schriftlich auffordert, wobei seine Einwilligung als erteilt gilt (soweit auf diese Wirkung ausdrücklich hingewiesen wird), wenn sie nicht binnen sechs Monaten versagt wird.

- **Erfüllungsübernahme**: Ein Dritter verspricht dem Schuldner, die Leistung an den Gläubiger zu bewirken, ohne dass diesem daraus ein direktes Recht erwächst (§ 1404).
- **Vertragsübernahme**: Der Erwerber tritt zur Gänze (und nicht nur im Hinblick auf eine bestimmte Schuld) an die Stelle des ausscheidenden Vertragspartners. Kommt nur in bestimmten gesetzlich geregelten Fällen vor (zB gem § 14 MRG: Eintritt in den Mietvertrag nach Tod des Mieters), kann aber auch vertraglich zwischen allen Beteiligten vereinbart werden. Die Wirksamkeit der Vertragsübernahme hängt somit insb auch von der Zustimmung des verbleibenden Vertragspartners ab.

Keine Schuldübernahme, aber auch eine personelle Änderung durch eine Art *Leistungsübernahme* ist die **Anweisung**: Dabei wird jemand (idR von seinem Gläubiger) im sog Deckungsverhältnis angewiesen, an einen Dritten (den Anweisungsempfänger) zu leisten, wobei die Leistung des Angewiesenen gegenüber dem Anweisungsempfänger (Einlösungsverhältnis) dem Anweisenden zugerechnet wird. Der Angewiesene muss die Anweisung befolgen, wenn sie – wie im Regelfall – daher rührt, dass er dem Anweisenden bereits etwas schuldet (Anweisung auf Schuld, § 1401/1), nach der Rsp jedoch nur, soweit es dadurch zu keiner stärkeren Belastung kommt. Sowohl das Deckungsverhältnis als auch das Valutaverhältnis (Anweisender – Anweisungsempfänger) können verschiedene Rechtsgeschäfte als Grundlage haben. Nimmt der Angewiesene die Anweisung gegenüber dem begünstigten Anweisungsempfänger an, wozu er allerdings nicht verpflichtet ist (er kann auch ohne besondere Annahme leisten), so ist er diesem gegenüber zur Leistung verpflichtet. Bis zur Annahme kann die Anweisung widerrufen werden (§ 1403/1). Durch die Leistung an den Anweisungsempfänger erfüllt der Angewiesene zugleich die Schuld des Anweisenden gegenüber dem Anweisungsempfänger (Valutaverhältnis) und seine Schuld gegenüber dem Anweisenden. Die Leistungspflicht aus der angenommenen Anweisung ist abstrakt, dh auch dann zu erfüllen, wenn sich zB herausstellt, dass der Angewiesene dem Anweisenden gar nichts schuldet.

> *Beispiel:* A schuldet B € 5.000,– aus einem Kaufvertrag, C schuldet A € 5.000,– aus einem Darlehen. A weist C an, die € 5.000,– an B zu zahlen. Nimmt C die Anweisung an, so kann er die Zahlung an B nicht mit der Begründung verweigern, dass das Darlehen oder der Kauf ungültig ist, nur die Ungültigkeit beider Verhältnisse – Doppelmangel – kann nach hA geltend gemacht werden.

Dem Anweisungsempfänger können allerdings Einwendungen entgegengesetzt werden, welche die Gültigkeit der Annahme betreffen (zB Geschäftsunfähigkeit im Zeitpunkt der Annahme) oder sich aus dem persönlichen Verhältnis zwischen dem Anweisungsempfänger und dem Annehmenden ergeben (zB Aufrechnung mit Gegenforderungen) oder den Inhalt der Anweisung betreffen (**titulierte Anweisung**: Wenn im obigen Beispiel der Kaufvertrag bei der Anweisung erwähnt wird, so kann sich der Annehmende C zB auf dessen Ungültigkeit wegen Sittenwidrigkeit berufen). Der Anweisungsempfänger ist – wenn er mit der Anweisung einverstanden war – verpflichtet, den Angewiesenen zur Leistung aufzufordern (§ 1401/1), und er muss den Anweisenden unverzüglich in-

134

formieren, wenn er von der Anweisung keinen Gebrauch macht oder der Angewiesene die Annahme oder die Leistung verweigert (§ 1401/2). Schuldbefreiend wirkt weder im Deckungsverhältnis noch mangels gegenteiliger Vereinbarung im Valutaverhältnis die Annahme, sondern erst die tatsächliche Leistung (§ 1401/3). Die Grundkonstruktion der Anweisung liegt verschiedenen weiteren Rechtsfiguren zugrunde, zB Scheck, Wechsel, Akkreditiv, Kassalieferschein und Giroüberweisung.

Abb. 6: Anweisung

bb) Schuldbeitritt

135 • *Vertraglicher Beitritt*: ist iZw – wenn also nicht klar ist, ob Schuldübernahme beabsichtigt ist – anzunehmen (§ 1406/2) und bedeutet, dass ohne Zustimmungserfordernis des Gläubigers zum bisherigen Schuldner ein weiterer hinzutritt. Nach dem Gesetz bedarf der Schuldbeitritt keiner Form, obwohl er den Beitretenden genauso oder – weil er vom Gläubiger nicht nur subsidiär in Anspruch genommen werden kann (s unten Rz 143) – sogar stärker belastet als die formbedürftige Bürgschaft (§ 25c KSchG behandelt beide Fälle in Bezug auf Informationspflichten des Gläubigers hinsichtlich der wirtschaftlichen Leistungsfähigkeit des ursprünglichen Schuldners gleich). In Analogie zu den Bürgschaftsregeln (§ 1346/2) und unter Abwendung von bisheriger Rsp verlangt der OGH daher nun auch für den Schuldbeitritt Schriftlichkeit.

• *Gesetzlicher Beitritt* (also ohne Vereinbarung): kommt bei Übernahme eines Vermögens oder Unternehmens durch Rechtsgeschäft unter Lebenden (also zB nicht bei exekutivem Erwerb oder Erbfolge; vgl im Einzelnen § 1409a) zustande und kann nicht abbedungen werden. Der Erwerber haftet neben dem Veräußerer und (zwingend) bis zur Höhe der übernommenen Aktiven für alle Passiven, die er kannte oder kennen musste (§ 1409/1). Handelt es sich um einen nahen Angehörigen, so muss dieser die (schuldlose) Unkenntnis beweisen (§ 1409/2). Beachte idZ auch § 38 UGB, § 14 BAO, § 67 ASVG sowie § 6 AVRAG.

2. inhaltlich

Literaturauswahl: *Reischauer*, Gedanken zur Novation, JBl 1982, 393; *P. Bydlinski*, Weitere Gedanken zur Novation, ÖJZ 1983, 484; *derselbe*, Novation und Weiterhaftung – Versuch eines Resümees, JBl 1986, 298; *Kletečka*, Unerkennbare Ansprüche bei der Schadensregulierung durch Abfindungsvergleich, ecolex 1991, 5; *H. Schumacher*, Der Rücktritt vom gerichtlichen Vergleich, JBl 1996, 627; *Apathy*, Das Saldoanerkenntnis nach österreichischem Recht, ÖBA 1999, 679.

Judikaturauswahl: 2 Ob 130/97z (Sittenwidrigkeit einer Abfindungsklausel – unvorhersehbare Unfallfolgen); 2 Ob 344/00b (Anerkenntnis der Haftung nach Verkehrsunfall); 1 Ob 27/01d (verst Senat – Saldoanerkenntnis bei Kontokorrentkredit); 1 Ob 264/03k (Anbieten einer „Kulanzlösung" als konstitutives Anerkenntnis); 2 Ob 136/07z (Prozessvergleich umfasst im Zweifel auch materiellrechtliche Wirkung); 7 Ob 95/10m (Eigenverpflichtung des Haftpflichtversicherers aufgrund Abfindungsvergleichs); 6 Ob 256/10f (Einigung bei Grenzverhandlung stellt außergerichtlichen Vergleich dar).

a) ***Novation*** (§§ 1376 ff): Umwandlung einer Schuld in eine andere durch **136** Änderung des Rechtsgrundes (der Mieter darf die Sache zB unentgeltlich als Entlehner weiterbenützen) oder des Hauptgegenstandes (einvernehmliche Lieferung eines BMW statt des vereinbarten Mercedes). Erlischt die neue Schuld (zB durch Anfechtung), so lebt die alte wieder auf, umgekehrt entsteht die neue nur, soweit die alte gültig war (***Akzessorietät***). Dafür können alle Einreden gegen die alte Schuld auch gegen die neue erhoben werden. Pfandrechte und Bürgschaften gelten allerdings für die neue Schuld nicht weiter (§ 1378). Unterscheide: Die ***Schuldänderung*** (§ 1379) bewirkt bloß eine Modifikation in Nebenpunkten (zB Erfüllungsort), lässt die Schuld aber (mitsamt Bürgen oder Pfandrechten) unverändert. Im Zweifel ist eine Schuldänderung und keine Novation anzunehmen (§ 1379 dritter Satz).

b) ***Vergleich*** (§§ 1380 ff): Neuerungsvertrag (also auch eine Art Novation), **137** durch welchen streitige oder zweifelhafte Rechte durch beiderseitiges Nachgeben festgelegt werden (man trifft sich zB „in der Mitte"). Ein Vergleich kann nicht über „Unvergleichbares" (zB Streit über Gültigkeit einer Ehe) geschlossen werden (§ 1382) und bezieht sich – selbst wenn es sich um einen Generalvergleich handelt – nicht auf Rechte, die verheimlicht worden sind oder an welche die Parteien nicht denken konnten (§ 1389). Anfechtung wegen laesio enormis (nicht aber wegen Wuchers) ist ebenso ausgeschlossen (§ 1386) wie Irrtumsanfechtung, es sei denn, es handelt sich um einen Irrtum über die Person oder die Natur des Geschäfts (§ 1385), um einen Erklärungsirrtum (§ 1388), um einen arglistig herbeigeführten Irrtum oder um einen sog Irrtum über die Vergleichsgrundlage, bei dem beide Parteien bei Vergleichsabschluss von unzutreffenden Prämissen ausgehen, weil man sich über diese schließlich nicht verglichen hat. Pfandrechte und Bürgschaften beziehen sich auch auf verglichene Forderungen, soweit diese nicht über die ursprüngliche Verbindlichkeit hinausgehen (§ 1390).

c) ***Anerkenntnis***: Das gesetzlich nicht speziell geregelte *Anerkenntnis* liegt **138** in einem einseitigen Nachgeben und ist entweder ***konstitutiv*** (wenn es aus einer Willenserklärung besteht, die wie der Vergleich auf eine Neubegründung der Rechtslage gerichtet ist) oder ***deklarativ*** (wenn es aus einer Wissenserklärung besteht, die nur der Klarstellung der Rechtslage dient, ohne sie aber zu ändern). Das deklarative Anerkenntnis hat damit nur eine gewisse Beweiswirkung. Die Abgrenzung ist allerdings schwierig und muss oft durch Auslegung getroffen werden. Ein konstitutives Anerkenntnis ist nach der Judikatur jedenfalls nur zur Bereinigung (mE auch zur Vermeidung) eines Streits oder Zweifels über den Bestand einer konkreten Forderung möglich, weil es sonst auf die Begründung (im österr Recht unwirksamer, Rz 37) abstrakter Verpflichtungen gerichtet sein könnte. Das bei Geschäftsverbindung mit Banken übliche Anerkenntnis eines bestimmten Kontensaldos nach gewissen (zB vierteljährlichen) Verrechnungsperioden („der Kontostand gilt als anerkannt, wenn nicht innerhalb von vier Wochen widersprochen wird" oä) wirkt daher idR nur deklarativ (verst Senat). Auch Anerkenntnisse nach Verkehrsunfällen sind nach der Rsp nur dann konstitutiv, wenn sie vorbehaltlos, also zB ohne Bezug auf die Versicherung („ich bin eh versichert") abgegeben werden.

V. Sicherung einer Schuld

Literaturauswahl: *Koziol*, Über den Anwendungsbereich des Bürgschaftsrechts, JBl 1964, 306; *derselbe*, Der Garantievertrag (1981); *Avancini*, Rechtsprobleme bei Patronatserklärungen, ÖJZ 1983, 546; *P. Bydlinski*, Die Besicherung vernichtbarer Forderungen, ÖBA 1987, 876; *Reidinger*, Zum Verhältnis Garantie – Ersatzanspruch wegen Mangelfolgeschäden; zu Beginn und Dauer der Frist zur Geltendmachung, WBl 1988, 34; *Hoffmann*, Die Patronatserklärung im deutschen und österreichischen Recht (1989); *Reidinger*, Die Berechnung des internen Ausgleichs zwischen zwei Bestellern von Teilsicherheiten, JBl 1990, 73; *P. Bydlinski*, Bürgenhaftung für Kontokorrentkredite, ÖBA 1991, 879; *Schett*, Die Abgrenzung von Bürgschaft und Schuldbeitritt und ihre Bedeutung, JAP 1991/92, 201; *Wilhelm*, Die neue Form der Garantie, ecolex 1993, 14; *Bacher*, Ausgleichsansprüche zwischen mehreren Sicherern einer fremden Schuld (1994); *P. Bydlinski*, Die Sittenwidrigkeit von Haftungsverpflichtungen, ZIK 1995, 135; *Fried*, Die weiche Patronatserklärung (1998); *Lutter*, Der Letter of Intent[3] (1998); *Wratzfeld*, Kondiktion einer zu Unrecht in Anspruch genommenen Garantie im Konkurs des Auftraggebers? ecolex 1998, 12; *Th. Rabl*, Die Bürgschaft (2000); *Rummel*, Auslegung von Bankgarantien, ÖBA 2000, 210; *Eigner*, Auslegungsfragen zu den § 25 c, d KSchG, JAP 2000/01, 214; *Gruber*, Schutz des Bürgen vor globalen Haftungserklärungen – eine rechtsvergleichende Skizze, FS Honsell (2002) 503; *Harrer*, Sicherungsrechte (2002); *derselbe*, Einreden des Bürgen, FS Honsell (2002) 515; *S. Leitner*, Die Patronatserklärung, ÖBA 2002, 517; *dieselbe*, Die harte Patronatserklärung im Konkurs, ZIK 2002, 151; *Neumayr*, Persönliche Sicherungsgeschäfte, FS Honsell (2002) 481; *Hantke*, Die Besicherung von Konzernkrediten über so genannte Ausstattungsverpflichtungen und andere Patronatserklärungen (2004); *Koziol*, Auslegungsprobleme rund um die wiederholte Inanspruchnahme revolvierender Garantien, FS Hadding (2004) 905; *Ofner*, Informationspflichten des Garanten gemäß Art 6 Abs 2 der Verbrauchsgüterkaufrichtlinie und § 9b KSchG, FS Welser (2004) 779; *Reidinger*, Rechtsprobleme der Garantieabrede im Lichte des neueren Gewährleistungsrechts, FS Welser (2004) 889; *Rosenmayr*, Sittenwidrigkeit von Angehörigenbürgschaften, ZIK 2004, 196; *Rummel*, Rechtsprobleme der Patronatserklärung, FS Peter Doralt (2004) 493; *Goriany*, Aufklärungspflicht bei Interzessionen, JAP 2004/05, 54; *P. Bydlinski*, Der Bürge im Konkurs, ÖBA 2005, 97; *J. Koch*, Die Patronatserklärung (2005); *Schnellecke*, Wirksamkeit und Inhaltskontrolle harter Patronatserklärungen (2005); *A. Thoß*, Bürgenschutz im österreichischen und deutschen Recht (2007); *Apathy*, Neue Judikatur zum Kreditsicherungsrecht, ÖJZ 2008, 253; *Bollenberger*, Drittpfandbestellung und Interzedentenschutz nach §§ 25c und 25d KSchG, ÖBA 2008, 650; *Kellner*, Zum Interzessionsbegriff des § 25c KSchG, Zak 2009, 207; *Riedler*, Zum Regreß des Bürgen gegen den Erwerber der verpfändeten Liegenschaft des Schuldners, ÖBA 2009, 918; *Bruchbacher*, Formpflicht für den sicherungsweisen Schuldbeitritt, Zak 2011, 303; *Gruber*, Die Vinkulierung der Versicherungsforderung in der jüngsten Rechtsprechung, ZFR 2011, 56; *Wilhelm*, Interzession, extensiv (§ 25c KSchG), ecolex 2011, 281.

Judikaturauswahl: 1 Ob 93/02m (Pfandbestellung als Interzession); 7 Ob 65/04s (Haftung des Interzedenten – § 25c KSchG); 10 Ob 58/05k (Pflichten des Gläubigers ggü Bürgen); 4 Ob 149/06z (Auslegung von Garantieerklärungen); 3 Ob 111/08g (Zum Begriff der Interzession); 7 Ob 232/09g (Formelle Garantiestrenge und Vorlagepflicht bezüglich Original-Bankgarantie); 6 Ob 142/10s (Abgrenzung Garantie – Bürgschaft); 8 Ob 5/11k (Interzession definiert durch Bestehen eines Regressanspruches); 1 Ob 12/11p (Interpretation Garantieerklärung bezüglich Auftraggeber sowie besichertes Grundgeschäft); 6 Ob 146/10d (Aufklärungspflichtverletzung der Bank betreffend Bankgarantie).

Eine Schuld kann obligatorisch oder dinglich besichert werden (§ 1343). **139** Die *dinglichen Sicherheiten* (vor allem Pfandrechte) wirken gegenüber jedermann, so dass der Pfandgläubiger zB exekutive Zugriffe Dritter auf das Pfand verhindern kann (vgl Einzelheiten im Sachenrecht). Die *obligatorischen* (schuldrechtlichen) *Sicherheiten* wirken nur gegenüber jenen Personen, die sich entsprechend verpflichtet haben. Der Gläubiger kann daher zB nicht verhindern, dass auch Dritte den Sicherungsgeber in Anspruch nehmen und ihn dadurch zahlungsunfähig machen. Nahe Angehörige, welche eine Schuld besichern, sind nach der Rsp besonders schutzwürdig, was unter bestimmten Voraussetzungen, insb grobem Missverhältnis zwischen der Haftungshöhe und der wirtschaftlichen Situation des Interzedenten sowie (in Anlehnung an § 879/2 Z 4) Ausnützung der psychischen Lage des Interzedenten bei Erkennbarkeit dieser Umstände für den Gläubiger, zur Annahme der Sittenwidrigkeit der jeweiligen Verträge führen kann. Zu den besonderen Schutzbestimmungen für Verbraucher s Rz 241 ff. Zu den obligatorischen Sicherheiten gehören:

a) *Bürgschaft:* Der Bürge verpflichtet sich gegenüber dem Gläubiger zur **140** Begleichung der Schuld (oder eines Teil derselben, § 1353) für den Fall, dass der Schuldner nicht leistet. Da es sich um einen Vertrag zwischen Gläubiger und Bürgen handelt (§ 1346), muss der Schuldner nicht zustimmen und hat der Gläubiger gegenüber dem Bürgen bestimmte (grundsätzlich schadenersatzrechtlich sanktionierte) Pflichten: Aufklärungspflicht über die wirtschaftliche Situation des Schuldners (vgl auch § 25c KSchG für Bürgschaften und sonstige Sicherungsgeschäfte von Verbrauchern) und Pflicht, den Regress des Bürgen nicht durch Säumigkeit mit der Eintreibung der Schuld zu gefährden (§ 1364), sowie die Pflicht zur Rechnungslegung (§ 1366). Im Einzelnen gelten vor allem vier Grundsätze:

1. *Formpflicht* (§ 1346/2): Die Bürgschaft muss – auch, wenn sie von einem *Unternehmer* abgegeben wird – schriftlich erklärt werden; Fax reicht hiezu ebenso wenig (str) wie elektronische Signaturen für Privatbürgschaften (§ 4/2 Z 4 SignaturG). Diese Formpflicht gilt aber nicht

für **Kreditinstitute**, wenn sie im Rahmen ihres Geschäftsbetriebs Haftungen übernehmen (§ 1/6 BWG).

2. *Akzessorietät* (§ 1351): Die Bürgschaft gilt dem Grunde und der Höhe nach nur, soweit die gesicherte Schuld gültig ist; dh nicht gestundet wurde oder etwa bereits durch (teilweise) Erfüllung, Anfechtung oder Verjährung erloschen ist; Ausnahme bei Verbürgung für Geschäftsunfähige – eine Bürgschaft für diese ist trotz Ungültigkeit der Hauptschuld wirksam, selbst wenn der Bürge von der Geschäftsunfähigkeit nichts wusste (§ 1352). Aufgrund der vom Schuldner noch nicht geltend gemachten Einwendungen steht dem Bürgen nach hM ein vorläufiges Leistungsverweigerungsrecht zu, bis der Hauptschuldner erklärt hat, ob *er die Einwendung ausüben will (dilatorische Einrede).*

3. *Subsidiarität* (§ 1355): Der Bürge muss nur leisten, wenn der Schuldner erfolglos gemahnt wurde; Ausnahmen zu Gunsten des Bürgen bei Ausfallsbürgschaft (Haftung erst bei erfolgloser Exekution), zu Lasten des Bürgen bei Konkurs oder unbekanntem Aufenthalt des Schuldners (sofortige Haftung, § 1356) und bei Verpflichtung als Bürge und Zahler (sofortige Haftung, § 1357). Der Bürge haftet also hier wie beim (formfreien) Schuldbeitritt (Rz 143). Auch das Bürgschaftsversprechen eines Unternehmers kann grundsätzlich erst nach erfolgloser Mahnung des Schuldners vom Gläubiger eingefordert werden. Die Subsidiaritätsregel des § 1355 gilt nunmehr für jeden Bürgen (da es sich dabei um dispositives Recht handelt, kann vertraglich eine Haftung als Bürge und Zahler vereinbart werden).

4. *Regress:* Durch Legalzession, wobei auch Rechtsbehelfe und Sicherungsmittel an den Bürgen auszuliefern sind (§ 1358, oben Rz 132), oder aufgrund besonderer Vereinbarung zwischen Schuldner und Bürgen (etwa nach § 1014) oder auch (falls keine Vereinbarung zwischen Bürgen und Schuldner besteht) nach den Regeln der Geschäftsführung ohne Auftrag. Bei Zahlung des Bürgen ohne Einverständnis des Schuldners kann dieser seine Einwendungen aus dem Verhältnis zum Gläubiger auch dem Bürgen entgegen halten (§ 1361).

Unter bestimmten Voraussetzungen (zB wenn die Bürgschaft mit Einverständnis des Schuldners eingegangen wurde) hat der Bürge *Sicherstellungsansprüche* gegen den Schuldner (vgl §§ 1364, 1365). *Mehrere Bürgen* haften solidarisch und können beim Schuldner, aber auch bei den Mitbürgen (iZw zu gleichen Teilen, § 896) Regress nehmen (§ 1359). Dasselbe gilt analog für den gegenseitigen Regress zwischen Bürgen und Pfandbestellern, je nachdem, wen der Gläubiger in Anspruch genommen hat.

Die wesentlichen Unterschiede zum Schuldbeitritt (Rz 135) sind die Akzessorietät zur Hauptforderung (beim Schuldbeitritt reicht es, wenn die Hauptschuld nur im Beitrittszeitpunkt besteht) und nach hM das Schriftlichkeitserfordernis. Beachte: Im Zweifel ist bei eigenem wirtschaftlichen Interesse des Interzedenten am Grundgeschäft oder bei Wissen um die Zahlungsunfähigkeit des Schuldners ein Schuldbeitritt anzunehmen. Zu den Unterschieden gegenüber der Garantie s Rz 142.

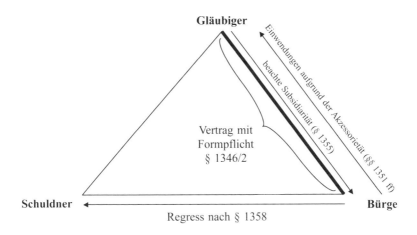

Abb. 7: Bürgschaft

b) *Patronatserklärung:* Der Patron verpflichtet sich nicht – wie der Bürge **141** – zur Zahlung an den Gläubiger, sondern dazu, dem Schuldner erforderlichenfalls die Mittel zur Erfüllung der Schuld zur Verfügung zu stellen (gesetzlich nicht geregelt).

c) *Garantie:* Durch Garantie kann nicht nur der Hersteller die Mangel- **142** freiheit einer Sache zusichern (dazu oben Rz 117), sondern zB auch ein Dritter einen bestimmten Erfolg (zB der Hersteller dem Großhändler einen Mindestumsatz eines neuen Produkts) versprechen oder dem Gläubiger die Leistung seines Schuldners zugesagt werden (vgl § 880a). Letzterenfalls (Sicherungsgarantie) gelten Formpflicht der Bürgschaft (§ 1346/2) und Regress (§ 1358) wegen gleicher Interessenlage analog. Zum Unterschied von der Bürgschaft ist die Garantie aber nicht akzessorisch, besteht also auch dann, wenn die garantierte Leistung ungültig ist (wird). Die Inanspruchnahme der Garantie kann aber rechtsmissbräuchlich und daher unzulässig sein, wenn völlig klar ist, dass sie unberechtigt erfolgt (zB wenn der Schuldner eindeutig schon geleistet hat).

d) *Schuldbeitritt:* Eine gewisse Sicherheit in Form eines weiteren Schuld- **143** ners (Insolvenzrisiko „halbiert") ergibt sich für den Gläubiger auch daraus, dass ein Dritter neben den bisherigen Schuldner tritt (s oben Rz 135). Formpflicht gilt nach (umstrittener) hA trotzdem nicht analog.

Sicherungsrecht	Besonderheiten beim Entstehen des Rechtes	Rechte des Besicherten	Rechte des Besichernden
Sicherungseigentum (s Rz 363)	• Besitzkonstitut als Modus nicht möglich (keine Publizität)	• „Er kann mehr als er darf" (wie Treuhänder) • **Ab**sonderungsrecht • Exszindierungsklage	• Anspruch auf Rückübereignung bei Einlösung der Schuld • **Aus**sonderungsrecht • Exszindierungsklage • Schadenersatz
Sicherungszession (s Rz 364)	• besondere Publizität notwendig (wie Pfandrecht) • Bestimmbarkeit der Forderung • beachte auch § 12 KSchG	• „Er kann mehr als er darf" (wie Treuhänder) • **Ab**sonderungsrecht	• Anspruch auf Rückübertragung bei Einlösung der Schuld • **Aus**sonderungsrecht • Schadenersatz
(einfacher) **Eigentumsvorbehalt** (s Rz 365)	• Beim Grundgeschäft wird Eigentumsübergang an die aufschiebende Bedingung der vollständigen Bezahlung der Forderung geknüpft.	• Auflösend bedingtes Eigentum • Rei vindicatio gegen Käufer, wenn Grundgeschäft wegfällt (zB Rücktritt) • Schadenersatz gegen Käufer bei Weiterveräußerung, wenn Dritter gutgläubig Eigentum erwirbt • **Aus**sonderungsrecht • Exszindierungsklage	• „Anwartschaftsrecht" • Gebrauch/Fruchtziehung • Actio Publiciana/ Schadenersatz • Besitzstörungsansprüche • **Aus**sonderungsrecht • Exszindierungsklage
(vertragliches) **Pfandrecht** (s Rz 347)	• bei Liegenschaften: Grundbuchseintragung; bei beweglichen Sachen: Faustpfandprinzip • bei Forderungen: Publizität etwa durch Verständigung des Drittschuldners	• vorzugsweise Befriedigung (primär im Wege der gerichtlichen Versteigerung), kein Gebrauchsrecht • **Ab**sonderungsrecht • Pfandvorrechtsklage • Besitzschutz • Actio publiciana	Realschuldner hat folgende Rechte: • rei vindicatio (nicht ggü dem Gläubiger) • § 1358 • bei Afterpfand: § 460 • Rückübertragungsrecht bei Erlöschen der Forderung
Bürgschaft (s Rz 140)	• Schriftlichkeit (§ 1346/2)	• Inanspruchnahme des Bürgen nach erfolgloser Mahnung des Schuldners	• Einwendungen aufgrund der Subsidiarität und Akzessorietät • § 1358 • uU Sicherstellungsansprüche gegen den Schuldner • Regressansprüche gegen etwaige Mitbürgen und Pfandbesteller

Abb. 8: Übersicht über die Sicherungsrechte

Sicherungs-recht	Besonderheiten beim Entstehen des Rechtes	Rechte des Besicherten	Rechte des Besichernden
(Sicherungs-) **Garantie** (s Rz 142)	• Schriftlichkeit (§ 1346/2)	• Befriedigungsanspruch gegen den Garanten ohne Einschränkungen durch Akzessorietät	• Regressansprüche gegen etwaige Mitbürgen und Pfandbesteller • § 1358 • keine Einwendungen aufgrund der Akzessorietät
Schuldbeitritt (s Rz 135, 143)	• nach hM keine analoge Anwendung des § 1346/2 (Schriftlichkeit) • keine Zustimmung des Gläubigers erforderlich	• Anspruch gegen den Beitretenden auch ohne vorausgehende Mahnung des Schuldners	• Regress iSd § 896 (vgl § 1347) • § 1407: Einwendungen des Hauptschuldners stehen auch dem Beitretenden zu.
Patronatserklärung (s Rz 141)	• gesetzlich nicht geregelt	• Patron verpflichtet sich lediglich, dem Schuldner erforderlichenfalls Mittel zur Erfüllung bereit zu stellen.	• je nach Ausgestaltung zwischen Schuldner und Patron: unterschiedliche Rechte

Fortsetzung Abb. 8: Übersicht über die Sicherungsrechte

VI. Erlöschen der Schuld

Literaturauswahl: *Koziol*, Treuhänderischer Forderungserwerb durch den Bürgen, RdW 1987, 182; *Eypeltauer*, Verjährung und Aufrechnung, JBl 1991, 137; *Dullinger*, Handbuch der Aufrechnung (1995); *Apathy*, Aufrechnungsverbot bei Girokonten? ÖBA 1996, 99; *Reischauer*, Einige Gedanken zur Hinterlegung nach § 1425 ABGB, ÖJZ 2001, 453; *Bucher*, Kompensation im Prozess, FS Geimer (2002) 97; *Reiber*, Der konkludente Kündigungsverzicht, immolex 2003, 10; *Deixler-Hübner*, Ausgewählte Rechtsfragen zur Aufrechnungseinrede, FS Rechberger (2005) 91; *B. Jud*, Die Aufrechnung im Internationalen Privatrecht, IPRax 2005, 104; *Saenger/Sauthoff*, Die Aufrechnung im Anwendungsbereich des CISG, IHR 2005, 189; *Beig*, Die Aufrechnungsbefugnis des Abtretungsschuldners bei der Zession künftiger Forderungen, JBl 2006, 155; *Wilhelm/Friedl*, Globalzession zahlungshalber zur Sicherung der eingeräumten Kreditlinie, ecolex 2009, 762.

Judikaturauswahl: 2 Ob 329/00x (Verpflichtungen der Bank bei verdecktem Debetsaldo – Sittenwidrigkeit der Aufrechnung); 6 Ob 16/02z (Kompensationsrecht des Rechtsanwalts); 1 Ob 37/03b (Kompensationsrecht des Treuhänders); 3 Ob 58/06k (Teilzahlung von Geldschulden – Zurückweisungsrecht des Gläubigers); 2 Ob 137/08y (Inkassobefugnis setzt keine Zession voraus); 8 Ob 70/08i (Zession gem § 16 BTVG ist eine Zession zahlungshalber und nicht an Zahlungs statt); 1 Ob 183/08f (Auslegung von Klauseln über Aufrechnung).

Eine Schuld erlischt durch   **144**

a) *Erfüllung:* „Leistung dessen, was man zu leisten schuldig ist" (§ 1412), wobei stets an den Gläubiger oder „den zum Empfang geeigneten Machthaber" (§ 1424; das sind vom Gläubiger zum Empfang ermächtigte Personen, zB Anweisungsempfänger) geleistet werden muss. Nur ausnahmsweise (vgl etwa § 1395) tritt schuldbefreiende Wirkung auch bei Leistung an andere Personen ein. Der Gläubiger muss weder eine andere als die geschuldete Leistung (§ 1413) noch bei einer einheitlichen Leistung eine Teilleistung entgegennehmen (§ 1415). Er ist verpflichtet, eine Quittung auszustellen (§ 1426) bzw einen Schuldschein zurückzugeben (§ 1428). Ist bei mehreren Verpflichtungen eines Schuldners nicht klar, welche getilgt werden soll, gilt iZw die Reihenfolge des § 1416 (zuerst Anrechnung auf Zinsen, dann fälliges vor nicht fälligem Kapital; sind mehrere Posten fällig, dann zuerst jener, welcher „schuldig zu bleiben dem Schuldner am meisten beschwerlich fällt"). Wird die Leistung mit Einverständnis des Schuldners von einem Dritten angeboten, so muss sie der Gläubiger – sonst Annahmeverzug – akzeptieren. Ohne Einwilligung des Schuldners kann dem Gläubiger die Leistung von einem Dritten nicht aufgedrängt werden (§ 1423, Ausnahme gem § 462, s unten im Sachenrecht Rz 362). Bei Erfüllung gegenüber einem Geschäftsunfähigen (wenn also zB dessen Forderung durch seinen gesetzlichen Vertreter wirksam begründet wurde und nun erfüllt werden soll) erlischt die Schuld nur insoweit, als das Geleistete beim Empfänger noch vorhanden oder zu seinem Vorteil verwendet worden ist (§ 1424).

145 b) *Leistung an Zahlungs Statt:* Mit Einverständnis des Gläubigers kann der Schuldner anstelle der geschuldeten Leistung eine andere erbringen, wodurch die ursprüngliche Schuld erlischt (§ 1414). Da die Leistung an Zahlungs Statt ein „entgeltliches Geschäft" ist (§ 1414), unterliegt es den entsprechenden Regeln, bildet also zB den Titel für einen gutgläubigen Eigentumserwerb (Rsp) oder kann an Leistungsstörungen leiden (zB wegen Gewährleistung, wenn die an Zahlungs Statt gegebene Sache mangelhaft ist); wird die Leistung an Zahlungs Statt demgemäß durch Anfechtung beseitigt, so lebt die ursprüngliche Forderung wieder auf. Unterscheide: *Leistung zahlungshalber* bedeutet, dass die alte Schuld nicht schon durch die Hingabe einer anderen Leistung (wie bei der Leistung an Zahlungs Statt) erlischt, sondern erst dadurch und nur insoweit, als der Gläubiger aus dem Hingegebenen etwas erlangt (zB den geschuldeten Geldbetrag bei Zession einer Geldforderung zahlungshalber). Unterschied zwischen der Leistung an Zahlungs Statt und der Novation (§ 1376 ff; Rz 136): Bei der Leistung an Zahlungs Statt fallen der Zeitpunkt der Änderung der geschuldeten Hauptleistung und die Leistung der anderen Sache zusammen.

146 c) *Gerichtliche Hinterlegung:* Kann eine Leistung nicht erfüllt werden, weil sie der Gläubiger nicht annimmt (Annahmeverzug), unbekannt oder abwesend ist oder andere wichtige Gründe vorliegen, so kann sie schuldbefreiend beim Gericht des Erfüllungsortes hinterlegt werden (§ 1425), was insbesondere auch den Übergang der Gefahr bewirkt. Beachte § 373 UGB zum Annahmeverzug eines Unternehmers bezüglich Warenkauf bei unternehmensbezogenen Geschäften.

147 d) *Aufrechnung (Kompensation):* Soweit kein gesetzliches (§§ 1440 ff) oder vereinbartes Aufrechnungsverbot besteht (vgl auch § 6/1 Z 8 KSchG), kann die Aufhebung von gegenseitigen Forderungen einvernehmlich (ohne besondere Voraussetzungen) oder einseitig durch entsprechende Aufrechnungserklärung erfolgen, deren Wirksamkeit von drei Voraussetzungen abhängt (§ 1438): Die Forderungen müssen 1. gleichartig (zB gegenseitige Geldschulden, auch wenn sie verschieden hoch sind), 2. fällig und 3. „richtig" (= klagbar) sein, wobei letzteres allerdings nur für die Forderung gilt, mit der aufgerechnet wird (die Gegenforderung – gegen die aufgerechnet wird – kann auch eine Naturalobligation sein, s oben Rz 18). Mit verjährten Forderungen kann anders als mit sonstigen Naturalobligationen aufgerechnet werden, da die Aufrechnung stets auf jenen Zeitpunkt bezogen wird, zu welchem die Forderungen erstmals aufrechenbar waren. Eine praxisrelevante Figur stellt das Kontokorrent dar, bei welchem meist in regelmäßigen Intervallen eine Vielzahl von gegenseitigen Forderungen aufgerechnet wird.

e) *Verzicht* (§ 1444)*:* ist nach hA nur dann wirksam, wenn er angenommen **148** wird (Vertrag), was allerdings häufig stillschweigend geschieht. Auch bei Unentgeltlichkeit besteht trotz der Ähnlichkeit zur Schenkung, die formbedürftig ist (§ 944), kein bestimmtes Formerfordernis.

f) *Vereinigung:* tritt ein, wenn eine Verpflichtung mit der ihr entsprechen- **149** den Forderung „in einer Person vereinigt wird" (§ 1445 Satz 1), wenn also Gläubiger und Schuldner (vor allem indem der eine Erbe des anderen wird) „zusammenfallen". Die Vereinigung unterbleibt aber, wenn der Gläubiger gem § 812 „eine Absonderung seiner Rechte verlangen kann (Nachlassseparation, s unten Rz 563) oder „wenn Verhältnisse von ganz verschiedener Art eintreten" (§ 1445 Satz 2). Daher wird zB durch die erbrechtliche Nachfolge des Schuldners in die Verlassenschaft seines Gläubigers an den Rechten der Erbschaftsgläubiger nichts geändert (sie können weiter auf die Forderung greifen).

g) *Zufälliger Untergang:* Geht eine Sache zufällig unter, so erlischt die **150** auf sie bezogene Leistungspflicht (§ 1447), s dazu schon oben Rz 102.

h) *Tod* (§ 1448): Durch Tod des Schuldners erlöschen nur höchstpersönli- **151** che Leistungspflichten (zB Malen eines Bildes), andere gehen auf die Erben über. Durch den Tod des Gläubigers wird die Schuld grundsätzlich nicht berührt, da die Forderung auf die Erben übergeht (es gibt aber Ausnahmen – vgl § 1022).

i) *Zeit* (§ 1449): Vertraglich oder gesetzlich (zB Gewährleistung) befriste- **152** te Verbindlichkeiten erlöschen durch Zeitablauf, unbefristete Dauerschuldverhältnisse (zB Hauptmietvertrag) durch ordentliche Kündigung, sämtliche (also auch befristete) Dauerschuldverhältnisse durch außerordentliche Kündigung aus wichtigen Gründen (s oben Rz 128).

j) *Sanierungsplan:* Wird ein Sanierungsplan durch das Gericht rechtskräf- **152a** tig bestätigt, sieht § 156 IO eine Befreiung von gewissen Teilen der Schuld vor. Vgl auch die Bestimmungen zum Zahlungsplan (§§ 193–198 IO) sowie zum Abschöpfungsverfahren (§§ 199–216 IO).

B. Die Schuldverhältnisse im Einzelnen

I. Rechtsgeschäftliche Schuldverhältnisse

1. einseitig (Auslobung)

Literaturauswahl: *Steiner*, Rechtsanspruch auf Auftragserteilung für den Gewinner eines Architektenwettbewerbes? RdW 1999, 513.

153   Die Auslobung ist eine „nicht an bestimmte Personen gerichtete Zusage einer **Belohnung** für eine Leistung oder einen Erfolg" (§ 860), zB ein Preisausschreiben (vgl § 860 Satz 2) oder Zusicherung einer Prämie für den Sportler, der als erster einen Marathon unter 2 Stunden läuft (nicht aber zB eine öffentliche Ausschreibung, durch die das betroffene Publikum nur aufgefordert wird, Anbote zu legen). Die Auslobung ist insofern ein **einseitiges Geschäft**, als sie nicht durch Annahme, sondern bereits durch die öffentliche Bekanntmachung verbindlich wird. Sie wirkt daher auch demjenigen gegenüber, der die Leistung oder den Erfolg in Unkenntnis der Auslobung erbringt. Aus demselben Grund kann sie auch einseitig – außer es wurde darauf verzichtet – in derselben Form, in der sie veröffentlicht wurde, wieder zurückgezogen werden, was aber demjenigen gegenüber wirkungslos ist, dem der Widerruf (ohne Verschulden) unbekannt war (§ 860a). Zur Erbringung der Leistung durch mehrere vgl § 860b.

2. mehrseitig (Vertragstypen)

a) Kauf (§§ 1053 ff)

Literaturauswahl: *Faistenberger*, Das Vorkaufsrecht (1967); *P. Bydlinski*, Eigentumsvorbehalt und Rücktrittsrecht, RdW 1984, 98; *Bonell*, Die Bedeutung der Handelsbräuche im Wiener Kaufrechtsübereinkommen von 1980, JBl 1985, 385; *Peter Doralt* (Hg), Das UNCITRAL-Kaufrecht im Vergleich zum österreichischen Recht (1985); *Zankl*, Zur Rechtsnatur des „Flaschenpfandes", JBl 1986, 493; *Reidinger*, Weitere Rechtsfragen drittfinanzierter Verträge, JBl 1987, 357; 431; *Lessiak*, UNCITRAL-Kaufrechtsabkommen und Irrtumsanfechtung, JBl 1989, 487; *Karollus*, UN-Kaufrecht (1991); *Lurger*, Die Anwendung des Wiener UNCITRAL-Kaufrechtsübereinkommens 1980 auf den internationalen Tauschvertrag und sonstige Gegengeschäfte, ZfRV 1991, 415; *Hoyer/Posch* (Hg), Einheitliches Wiener Kaufrecht (1992); *Resch*, Zur Rüge bei Sachmängeln nach UN-Kaufrecht, ÖJZ 1992, 470; *Schlechtriem*, Anwendungsvoraussetzungen und Anwendungsbereich des UN-Übereinkommens über den internationalen Warenkauf (CISG), AJP/PJA 1992, 339; *Iro*, Die Übertragung des vorbehaltenen Eigentums beim drittfinanzierten Kauf und beim Factoring, FS Frotz (1993) 101; *Karollus*, UN-Kaufrecht: Hinweise für die Vertragspraxis, JBl 1993, 23; *Wilhelm*, UN-Kaufrecht (1993); *derselbe*, Allgemeiner Einwendungsdurchgriff beim drittfinanzierten Kauf, ecolex 1994, 83; *Reidinger*, Der Meinungsstreit zur Drittfinanzierung, JAP 1994/95, 100, 166; *F. Hoyer*, Bereicherungsrechtliche Rückabwicklung des drittfinanzierten Kaufs, ecolex 1996, 343; *Kramer*, Uniforme Interpretation von Einheitsprivatrecht – mit besonderer Berücksichtigung des Art 7 UNKR, JBl 1996, 137; *Puck*, Der Unternehmenskauf – Gewährleistung, Schadenersatz und Irrtum (1996); *dieselbe*, Die Gewährleistung bei Unternehmens- und Anteilskauf, in *Nemec/Reicheneder* (Hg), Der Unternehmenskauf und seine Abwicklung in der Praxis (1996) 261; *Umlauft*, Die Preisbestimmung beim Vorkaufsrecht für alle Veräußerungsarten, GedS Hofmeister (1996) 663; *Wilhelm*, Zum CISG bzw UNCITRAL bzw UN-Kaufrecht nichts Neues! ecolex 1996, 509; *Große-Sender*, Rückabwicklung in Dreipersonenverhältnissen, JAP 1996/97, 221 und JAP 1997/98, 18, 73, 163, 237; *F. Hoyer*, Der Einwendungsdurchgriff beim drittfinanzierten Kauf (1999); *Petrikic*, Das Nacherfüllungsrecht im UN-Kaufrecht (1999); *Rudolf*, Aktuelle Rechtsprechung zum UN-Kaufrecht, ecolex 2000, 565; *Kramer*, Rechtzeitige Untersuchung und Mängelanzeige bei Sachmängeln nach Art 38 und 39 UN-Kaufrecht – Eine Zwischenbilanz, FS Koppensteiner (2001) 617; *Lurger*, Die wesentliche Vertragsverletzung nach Art. 25 CISG, IHR 2001, 91; *Petz*, Die UNIDROIT-Prinzipen für internationale Handelsverträge (2001); *Posch/Terlitza*, Entscheidungen des österreichischen Obersten Gerichtshofs zur UN-Kaufrechtskonvention (CISG), IHR 2001, 47; *Welling*, Gefahrtragung im UN-Kaufrecht und deren Beeinflussung durch die INCOTERMS 2000, wbl 2001, 397; *Mader*, Vorkaufsrechte und Umgehung, FS Honsell (2002) 305; *Mayer-Maly*, Der Vorkaufsfall, FS Honsell (2002) 321; *Ch. Rabl*, Die Gefahrtragung beim Kauf (2002); *derselbe*, Der untreue Treuhänder – Die Verteilung des Veruntreuungsrisikos beim Liegenschaftskauf (2002); *Schauer*, Konkurrenzen zwischen dem UN-Kaufrecht und dem Europäischen Schuldvertragsrecht, FS Honsell (2002) 261; *Apathy*, Der Verkauf „reisender Ware", RdW 2003, 299; *Thoss*, Schadenersatzansprüche von Eigentümer und Anwartschaftsberechtigtem bei Verletzung des Vorbehaltsguts durch Dritte, JBl 2003, 277; *Kramer*, Konsensprobleme im Rahmen des UN-Kaufrechts, FS Welser (2004) 539; *Ch. Rabl*, HGB-Reform: Gefahrenübergang beim Versendungskauf – Bitte nicht so! ecolex 2004, 602; *Schauer*, Grundprinzipien des Leistungsstörungsrechts im ABGB, UN-Kaufrecht und in den PECL – eine vergleichende Skizze, FS Kramer (2004) 627; *Schlechtriem/Schwenzer* (Hg), Kommentar zum Einheitlichen UN-Kaufrecht[4] (2004); *Benke/Klausberger*, Drittfinanzierter Autokauf mit Szenen einer Kreditausfallsversicherung, ÖJZ 2005, 361; *Posch/Terlitza*, The CISG before Austrian Courts, in *Ferrari* (Hg), Quo vadis CISG? (2005) 263; *Saenger/Sauthoff*, Die Aufrechnung im Anwendungsbereich des CISG, IHR 2005, 189; *Schlechtriem*, Internationales UN-Kaufrecht[3] (2005); *Schroeter*, UN-Kaufrecht und Europäisches Gemeinschaftsrecht (2005); *Bittner*, Gibt es einen eigenen Kaufvertrag für Grundbuchszwecke? NZ 2006, 12; *derselbe*, Der ABGB-Kaufvertrag gilt doch für Grundbuchszwecke, NZ 2006, 138; *Keinert*, Rechtsirrtum beim Vorkaufsrecht, ÖJZ 2006, 137; *Hofmann/Linder*, Gedanken zur Gefahrtragung beim Versendungskauf, JBl 2008, 623; *Riedler*, Reformbedarf bei Kauf-, Tausch- und Dienstleistungsverträgen? ÖJZ 2008, 934; *Kulnigg/Perkowitsch*, Purchase Price Adjustment Clauses in Share Sale and Purchase Agreements – Some Practitioners Observations, in *Feiler/Raschhofer* (Hg), Innovation und internationale Rechtspraxis, Praxisschrift für Wolfgang Zankl (2009) 485; *Röper*, Rügeobliegenheiten beim Share Deal, ecolex 2009, 935; *derselbe*, Due Diligence und Gewährleistung beim Share Purchase Agreement, GesRZ 2009, 136; *M. F. Schmidt*, Unternehmenskauf im Konkurs, Praxisschrift Zankl (2009) 741; *Wendehorst*, Einwendungsdurchgriff, ecolex 2010, 529; *Wendehorst/Zöchling-Jud*, Verbraucherkreditrecht, VerbraucherkreditG und ABGB-Darlehensbestimmungen (2010).

Rsp-Übersichten zum UNK: *F. Ferrari:* IHR 2001, 179; *Karollus:* RdW 1991, 319; RdW 1992, 168; RdW 1994, 386; *Lurger:* IHR 2005, 177, 221; JBl 2002, 750; *Posch/Terlitza:* IHR 2001, 91; *Rudolf:* ecolex 2000, 565; *Thiele:* IHR 2002, 8.

Judikaturauswahl: 7 Ob 313/01g (Zulässigkeit der Streitanmerkung im Vorkaufsfall); 3 Ob 77/02y (Wiederkaufsrecht zu Gunsten eines Dritten und Umgehung); 5 Ob 271/03v (Einräumung eines Wiederkaufsrechts an Dritten); 4 Ob 179/05k (Zurückbehaltungsrecht nach UN-Kaufrecht); 5 Ob 191/05g (Vorrang der Verbesserung – Liegenschaftskauf); 4 Ob 135/07t (Kaufvertrag auf Auktionsplattform im Internet kein Glücksvertrag); 2 Ob 137/08y (Vorkasseklausel bei Onlineversteigerungen); 9 Ob 75/07f (Zweijahres-Frist gem Art 39 Abs 2 UN-Kaufrecht gilt auch für verborgene Mängel).

aa) Allgemeines

154   Der Kaufvertrag verpflichtet den Verkäufer zur *Eigentumsübertragung* und den Käufer zur *Kaufpreiszahlung* (Eigentumsübergang erst mit Übergabe, dazu im Sachenrecht). Den Verkäufer können Nebenleistungspflichten (Rz 126) wie die Mitlieferung bestimmter Urkunden oder einer Gebrauchsanweisung treffen. Gegenstand des Kaufes können körperliche und unkörperliche Sachen (zB Forderungen) sein. Beim Unternehmenskauf unterscheidet man zwischen „Asset-Deal" (Kauf von Unternehmensgegenständen) und „Share-Deal" (Kauf von Geschäftsanteilen). Der Kaufvertrag kommt grds formlos (Ausnahme § 1 NotAktG, § 1278/2 vgl Rz 566) durch endgültige Einigung über Ware und Preis zustande (*Konsensualvertrag*). Der Preis muss zumindest bestimmbar sein (zB bei Markt- oder Börsenpreisen). Er versteht sich im Zweifel inklusive Umsatzsteuer. Verstößt der Preis gegen gesetzliche Preisbestimmungen, so gilt der gesetzliche Preis (§ 917a), verstößt er gegen kartellrechtliche Bindungen, so hat dies nur Konsequenzen gegenüber dem Kartell, nicht aber gegenüber dem Käufer. Der Preis ist grundsätzlich nicht zu bezahlen, wenn die gekaufte Sache vor dem (vereinbarten) Übergabezeitpunkt zufällig zerstört wird (s § 429 zum Versendungskauf, Rz 331). Zu den Kosten der Übergabe der verkauften Ware siehe § 1063a.

Geht die verkaufte Sache zufällig unter (bei Gattungsschulden grds erst nach Konzentration denkbar, vgl Rz 101), muss geklärt werden, ob die *Preisgefahr* bereits auf den Käufer übergegangen ist und er daher trotzdem bezahlen muss. Die Preisgefahr geht grds mit dem Zeitpunkt der bedungenen Übergabe, ansonsten mit der tatsächlichen Übergabe auf den Käufer über, es sei denn, der Verkäufer befindet sich im Verzug (siehe Rz 102).

bb) Besonderheiten

155   *Kreditkauf* (§ 1063): Der Verkäufer hat auch beim Kreditkauf ohne besondere Vereinbarung gem § 918 die Wahl, entweder Erfüllung des Vertrags zu verlangen oder auch von diesem zurückzutreten, wenn der Käufer mit der Zahlung in Verzug gerät. Ist der Käufer Konsument und der Verkäufer Unternehmer (Verbrauchergeschäft, s unten Rz 241 ff) und beträgt der Kaufpreis zumindest € 200,–, so gelten die Bestimmungen des Verbraucherkreditgesetzes (§§ 2 f VKrG). Sollte umgekehrt der Käufer zur Vorauszahlung verpflichtet sein, spricht man von einem Vorauszahlungskauf (Pränumerationskauf vgl auch § 27 KSchG).

156   *Drittfinanzierter Kauf:* Beim diesem ist zwischen der sogenannten *Absatzfinanzierung* (Abtretungskonstruktion; Verkäufer erhält von einem Drittem Kredit, tritt ihm dafür die Kaufpreisforderung ab und überträgt ihm das vorbehaltene Eigentum) und der **Konsumfinanzierung** (Darlehenskonstruktion; Käufer nimmt sich einen Kredit, der direkt an den Verkäufer ausbezahlt und vom Käufer in Raten an den Finanzierer zurückgezahlt wird; dem Finanzierer wird die Kaufpreisforderung abgetreten und das vorbehaltene Eigentum übertragen) zu unterscheiden. Bei der Abtretungskonstruktion hat der Käufer auch gegen den Dritten alle Einwendungen aus dem Kaufvertrag, da dieser lediglich die abgetretene Kaufpreisforderung geltend machen kann. Dies gilt jedoch nicht für die Darlehenskonstruktion, soweit der Finanzierer die Kreditforderung geltend macht. Handelt es sich beim Kauf um ein Verbrauchergeschäft und arbeiten der Verkäufer und der Finanzierer bezüglich der Kreditierung zusammen ("wirtschaftliche Einheit" der Verträge), dann kommen die Bestimmungen über verbundene Verträge nach § 13 VKrG zum Tragen. Man spricht von einem verbundenen Kreditvertrag, wenn dieser einerseits ganz oder teilweise der Finanzierung eines Vertrags über die Lieferungen bestimmter Waren oder der Erbringung bestimmter Dienstleistungen dient und andererseits der Kreditvertrag mit dem finanzierten Vertrag eine wirtschaftliche Einheit bildet, wobei das Gesetz bestimmte Konstellationen aufzählt, in denen von einer solchen Einheit auszugehen ist (vgl § 13 Abs 1 VKrG). Bei Vorliegen eines verbundenen Kreditvertrages stehen dem Verbraucher gegenüber dem Finanzierer dieselben Einwendungen zu wie gegen den Verkäufer, dh dass zum Beispiel bei mangelhafter Ware auch mit der Kreditrückzahlung so lange innegehalten werden kann, bis der Mangel behoben wird (§ 13 Abs 2 VKrG; Einrede des nicht gehörig erfüllten Vertrages, s dazu Rz 74). Nach herrschender Ansicht gilt dies für Drittfinanzierungen gegenüber Unternehmern analog, kann aber – anders als Verbrauchern gegenüber (§ 2/2 KSchG) – vertraglich ausgeschlossen werden.

Spezifikationskauf: § 1063b iVm § 906/2 regelt den Kauf einer beweglichen Sache, bei welchem „dem Käufer die nähere Bestimmung über Form, Maß oder ähnliche Verhältnisse vorbehalten" ist. Wenn der Käufer zur Spezifikation vereinbarungsgemäß verpflichtet ist, so hat er diese vorzunehmen (§ 1063b). Ist der Käufer damit in Verzug, besteht für den Verkäufer die Möglichkeit, zu spezifizieren und dies dem Käufer bekanntzugeben. Entsteht dem Verkäufer durch eine unterbliebene Spezifikation ein Schaden, hat dafür der Käufer einzustehen (§ 906/2).   **157**

Vorbehaltskauf: Der Verkäufer kann sich gegen die Gefahr, dass der Käufer nicht zahlt und nach Rücktritt die verkaufte Sache nicht mehr vorhanden ist (weil zB Dritte darauf Exekution geführt haben), dadurch absichern, dass das Eigentum an der von ihm veräußerten Sache erst mit vollständiger Zahlung des Kaufpreises übergehen soll (muss vereinbart werden – Vermerk auf Rechnung daher zu spät!). Leistet der Schuldner nicht, so kann der Gläubiger vom Vertrag zurücktreten (s oben Rz 102) und sein Eigentum zurückfordern. Er ist dadurch sowohl gegen Exekutionen (§ 37 EO) als auch im Konkurs des Käufers geschützt (§ 44 IO). Verkauft der Vorbehaltskäufer die Sache weiter, so erwirbt auch sein Vertragspartner nur das Vorbehaltseigentum (vgl § 442), es sei denn, es liegen die Voraussetzungen des gutgläubigen Eigentumser-   **158**

werbs vor (§ 367). Verarbeitet der Vorbehaltskäufer die Sache, so entsteht mangels gegenteiliger Vereinbarung Miteigentum zwischen ihm und dem Verkäufer im Verhältnis zwischen dem Wert der Sache und der Arbeit (§ 415). Wirksam ist auch der *weitergeleitete Eigentumsvorbehalt* (bei dem der Käufer nicht das Eigentum, sondern nur seine bedingte Rechtsposition – sein Anwartschaftsrecht – weiterveräußert) und der *verlängerte Eigentumsvorbehalt* (bei dem zum Schutz des Verkäufers vereinbart wird, dass der Käufer bei Weiterveräußerung schon jetzt eine allfällige Kaufpreisforderung abtritt oder den Kaufpreis übereignet). Unwirksam ist hingegen der *erweiterte Eigentumsvorbehalt*. Dabei wird vereinbart, dass das Eigentum an einer verkauften Sache erst mit vollständiger Begleichung aller Forderungen gegen den Käufer (und nicht schon mit Bezahlung des Kaufpreises) übergehen soll (s zum Vorbehaltskauf auch Rz 365).

159   *Vorkaufsrecht*: gibt dem Begünstigten das (höchstpersönliche) Recht, eine Sache, die an einen Dritten verkauft werden soll oder verkauft worden ist (Vorkaufsfall), innerhalb bestimmter Fristen zu denselben Bedingungen selbst zu kaufen (§§ 1072–1079). Übt er das Recht aus, so wird ihm der Verkäufer haftbar, wenn er den Vertrag nicht erfüllen kann (weil die verkaufte Sache schon dem ersten Käufer übergeben wurde). Übergibt der Verkäufer die Sache hingegen dem Vorkaufsberechtigten, haftet er dem ersten Käufer, wenn er diesen nicht zumindest über das Bestehen des Vorkaufsrechtes informiert hat. Bei unbeweglichen Sachen kann das Vorkaufsrecht ins Grundbuch eingetragen (§ 1073) und damit auch dem ersten Käufer gegenüber ausgeübt werden. Allerdings muss der Vorkaufsberechtigte auch die vom Dritten gebotenen Nebenleistungen erbringen. Ohne besondere Vereinbarung kann das Vorkaufsrecht nicht auf andere Veräußerungsarten (zB Schenkung) ausgedehnt werden (§ 1078). Unterscheide vom Vorkaufsrecht das *Wiederkaufsrecht* (§§ 1068–1070) und das *Rückverkaufsrecht* (§ 1071), welche beide ebenfalls verbüchert werden können. Ersteres gibt dem Verkäufer das höchstpersönliche Recht, die Sache zu einem bestimmten Preis (grds jener des ersten Kaufes; § 1068) zurückzukaufen. Entgegen dem Wortlaut des § 1070 lässt die hL die Vereinbarung eines Wiederkaufsrechts auch bezüglich beweglicher Gattungsschulden zu. Durch das Rückverkaufsrecht erlangt der Käufer das höchstpersönliche Recht, die gekaufte Sache dem Verkäufer zurückzuverkaufen (zB Flaschenpfand). Auch hier ist von einer Unbeachtlichkeit der gesetzlichen Einschränkung auf unbewegliche Sachen auszugehen.

159a   *Kauf auf Probe*: Beim Kauf auf Probe wird ein Kaufvertrag unter der (im Zweifel aufschiebenden, § 1080) Bedingung geschlossen, dass die Ware vom Käufer innerhalb der vereinbarten oder vom Verkäufer gem § 1082 gesetzten Frist genehmigt wird. Wurde die Ware bereits an den Käufer übergeben, gilt Stillschweigen als Genehmigung. Das Zustandekommen des Vertrages hängt daher vom Belieben des Käufers (Potestativbedingung) ab. Davon zu unterscheiden ist der *Kauf nach Probe*, bei welchem der Verkäufer dafür Gewähr leisten muss, dass die verkaufte Sache in ihren Eigenschaften der Probe entspricht. Vom Willen des Verkäufers hängt es beim *Verkauf mit Vorbehalt eines* *besseren Käufers* (§§ 1083–1085) ab, ob der Vertrag zustande kommt oder nicht. Sollte der Verkäufer innerhalb einer bestimmten Frist einen für ihn „besseren Käufer" finden, kommt kein Vertrag zustande. Erfolgte bereits eine Übergabe, steht der Kaufvertrag unter einer auflösenden, ansonsten unter einer aufschiebenden Bedingung.

Verkaufsauftrag (Trödelvertrag), §§ 1086–1089: Beim Trödelvertrag **159b** (= Realvertrag) erhält der Trödler vom Eigentümer eine bewegliche Sache mit der Vereinbarung übergeben, diese entweder binnen einer bestimmten Frist zurückzugeben oder einen bestimmten Preis dafür zu bezahlen. Stellt der Trödler die Sache bis zum Fristablauf nicht zurück, so hat er dem Eigentümer den bestimmten Preis zu bezahlen, auch wenn er die Sache zu einem geringeren Preis oder gar nicht verkauft hat. Letzterenfalls wird der Trödler mit Fristablauf Eigentümer der Sache. Der Trödler kann dem Dritten das Eigentum an der Sache wegen der ihm durch den Verkaufsauftrag eingeräumten Verfügungsermächtigung verschaffen. Solange die Sache nicht übereignet wurde, trägt der Eigentümer innerhalb der Frist die Gefahr eines zufälligen Untergangs.

UN-Kaufrecht: Das Übereinkommen der Vereinten Nationen über den internationalen Warenkauf (UN-Kaufrecht) gilt für Kaufverträge über bewegliche Sachen zwischen Parteien, die ihre Niederlassung in verschiedenen Vertragsstaaten haben. Ausnahmen: Kauf von Waren für den persönlichen Gebrauch (Art 2 lit a) oder einvernehmlicher Ausschluss des Übereinkommens (Art 6, dispositives Recht). Vertragsstaaten sind neben Österreich, Deutschland und anderen europäischen Ländern vor allem auch die USA und Russland. Das Übereinkommen regelt (unter Ausschluss des Internationalen Privatrechts) den *Vertragsabschluss* (nicht aber Wurzelmängel, wie zB Geschäftsfähigkeit oder Irrtum) sowie die *vertraglichen Rechte und Pflichten*, nicht jedoch „die Wirkungen, die der Vertrag auf das Eigentum an den verkauften Waren haben kann" (Art 4 lit b). Die Bestimmungen über den Vertragsabschluss entsprechen im Wesentlichen jenen des ABGB, mit zwei Ausnahmen: 1. Ein Angebot kann grundsätzlich bis zur Absendung der Annahmeerklärung (und nicht nur bis zum Zugang) widerrufen werden (Art 16). 2. Unwesentliche Ergänzungen oder Abweichungen von einem Angebot gelten als angenommen, wenn der Offerent dies nicht unverzüglich beanstandet (Art 19/2). Bezüglich der vertraglichen Rechte und Pflichten ist vor allem folgendes zu beachten: Das UN-K differenziert nicht – wie das ABGB – zwischen einzelnen Leistungsstörungen, sondern kennt nur die *Vertragsverletzung* per se. Liegt eine solche auf Seiten des Verkäufers vor, so kann der Käufer Preisminderung, Erfüllung, Nachbesserung, Ersatzlieferung oder Vertragsaufhebung verlangen (Art 46–52), die beiden letzteren jedoch nur bei wesentlicher Vertragsverletzung, wenn also die Durchführung des Vertrages für ihn nicht mehr von Interesse ist und dies vom Verkäufer vorausgesehen wurde oder für eine vernünftige Partei voraussehbar gewesen wäre (Art 25). Den Käufer treffen allerdings eine Untersuchungspflicht (Art 38) sowie eine Rügeobliegenheit binnen angemessener Frist (Art 39). Unterlässt er die fristgerechte Rüge, so bleiben ihm gem Art 44 – sofern er dafür eine „vernünftige Entschuldigung" hat – lediglich das Recht auf eingeschränkten Schadenersatz und Preisminderung nach Art 50. Gem Art 39 Abs 2 gilt eine absolute Frist von zwei Jahren für die Geltendmachung von Vertragswidrigkeiten, es sei denn, diese Frist wäre mit einer vertraglichen Garantiefrist unvereinbar. Diese Frist gilt auch für verborgene Mängel.

In Konkurrenz zu den genannten Rechtsbehelfen steht dem Käufer auch ein *Schadenersatzanspruch* zu, der grundsätzlich verschuldensunabhängig ist (vgl allerdings die Befreiungsgründe des Art 79) und sich auch auf den entgangenen Gewinn bezieht, allerdings nur insoweit, als der konkrete Schaden für den Vertragspartner voraussehbar war (Art 74).

Bei Vertragsverletzung durch den Käufer kann der Verkäufer *Erfüllung* oder *Vertragsaufhebung* verlangen (konkurrierend Schadenersatz, s oben). Zum Unterschied vom ABGB kann der Käufer auf Abnahme der gekauften Ware geklagt werden.

b) Tausch (§§ 1045 ff)

Literaturauswahl: *Lurger*, Zur Typologie internationaler Gegengeschäfte, WBl 1990, 353; *dieselbe*, Handbuch der internationalen Tausch- und Gegengeschäftsverträge (1992); *Riedler*, Reformbedarf bei Kauf-, Tausch- und Dienstleistungsverträgen? ÖJZ 2008, 934.
Judikaturauswahl: 9 Ob 59/08d (Zur Natur von Barter-Systemen).

161   Der Tauschvertrag verpflichtet die Parteien zur Hingabe von *Sachen gegen Sachen*. Die Regeln über den Kauf (Rz 154 ff) sind soweit möglich auch auf den Tausch anzuwenden. Wird eine Sache gegen eine andere Sache und Geld versprochen (zB bei „Inzahlungnahme" von Gebrauchtfahrzeugen), so ist im Zweifel (mangels anderer Vereinbarung oder Auslegung) zur Gänze Kaufrecht anzuwenden, wenn die Geldleistung überwiegt, hingegen gilt Tauschrecht, wenn die Sachleistung im Vordergrund steht (vgl § 1055).

c) Schenkung (§§ 938 ff)

Literaturauswahl: *P. Bydlinski*, Die Formpflicht bei der Schenkung ohne wirkliche Übergabe (§ 1 Abs 1 lit d NZwG), NZ 1991, 166; *Puck*, Die wirkliche Übergabe bei der Schenkung einer Forderung, ecolex 1992, 230; *Stefula/Thunart*, Der Motivirrtum beim Rechtsgeschäft unter Lebenden, NZ 2002, 193; *Umlauft*, Schenkungswiderruf wegen Dürftigkeit gemäß § 947 ABGB im Zusammenhang mit geleisteter Sozialhilfe, FS Weißmann (2003) 963; *Riedler*, Reformbedarf bei Schenkungs-, Verwahrungs-, Leih- und Darlehensvertrag? ÖJZ 2008, 624; *Lenneis*, Fragen zur Schenkung durch Umwandlung eines Wertpapieralleindepots in ein Gemeinschaftsdepot, AnwBl 2010, 462.
Judikaturauswahl: 2 Ob 274/01k (Schenkung ohne wirkliche Übergabe); 6 Ob 128/05z (Schenkungswille); 7 Ob 255/06k (Abgrenzung der Schenkung unter Auflage/Gültigkeit „ewiger" Vertragsklauseln); 5 Ob 180/07t (Keine Schenkungsabsicht bei gleichzeitiger Auferlegung von Pflichten).

162   Durch den Schenkungsvertrag verpflichtet sich der Geschenkgeber, eine *Sache ohne Gegenleistung* hinzugeben. Damit der Vertrag zustande kommt, muss der Beschenkte die Schenkung annehmen. Wird das Geschenk nicht bei

Vertragsabschluss übergeben (§ 943), so bedarf dieser zu seiner Gültigkeit eines Notariatsaktes (§ 1/1 lit d NotAktsG, Übereilungsschutz). Dem Formerfordernis des § 943 ist nur durch „wirkliche Übergabe" entsprochen (Übereilungsschutz), nicht aber durch Besitzkonstitut (dazu Rz 330); anders die Rsp, wenn am Übertragungswillen des Geschenkgebers kein Zweifel besteht. Bei der Schenkung von Forderungen reicht die Verständigung des Schuldners aus. Die Schenkung kann (auch) wegen Motivirrtums angefochten und aus bestimmten Gründen (vgl §§ 947 ff) widerrufen werden (zB bei grobem Undank des Beschenkten oder wenn der Geschenkgeber seinen notwendigen Unterhalt nicht mehr bestreiten kann). In gewissem Umfang werden auch Unterhaltsberechtigte des Geschenkgebers (§ 950) oder Pflichtteilsberechtigte (§ 951 iVm § 785, s dazu Rz 578) geschützt. Bei wissentlicher Verschenkung einer fremden Sache haftet der Geschenkgeber (§ 945). Ansonsten sind die Regeln über die Leistungsstörungen unanwendbar (vgl § 917). Zur Schenkung auf den Todesfall s unten Rz 527.

d) Verwahrungsvertrag (§§ 957 ff)

Literaturauswahl: *Riedler*, Reformbedarf bei Schenkungs-, Verwahrungs-, Leih- und Darlehensvertrag? ÖJZ 2008, 624.

Judikaturauswahl: 9 Ob 42/07b (Parkgarage kein Aufbewahrungsraum iSd § 970 Abs 2).

Der Verwahrungsvertrag ist ein Realvertrag (kommt erst durch Übergabe **163** zustande). Er verpflichtet den Verwahrer zur sorgfältigen *Aufbewahrung* und zur Rückstellung *der* (beweglichen oder unbeweglichen) *Sache* nach Ablauf der Verwahrungszeit. Ein Entgelt kann ausdrücklich oder stillschweigend vereinbart werden (§ 969). Der Hinterleger schuldet dem Verwahrer aber jedenfalls die zur „Erhaltung oder zur Vermehrung der fortdauernden Nutzungen der Sache" getätigten Aufwendungen und hat jeden dem Verwahrer schuldhaft zugefügten Schaden zu ersetzen (§ 967). Benutzt der Verwahrer die Sache, gibt er sie unbefugt einem Dritten zur Verwahrung oder verzögert er die Rückstellung, so haftet er verschuldensunabhängig für den daraus entstehenden Schaden (§ 965), sonst nur bei Verschulden (§ 964). Für die Geltendmachung der wechselseitigen Ansprüche besteht eine 30-tägige Präklusivfrist (§ 967). Das Ende des Verwahrungsvertrages ergibt sich entweder aus der ausdrücklichen Vereinbarung oder aus den Umständen, ansonsten kann jeder Teil den Vertrag jederzeit aufkündigen (§ 963). Vor Ablauf der Vertragslaufzeit kann der Hinterleger die Rückstellung jederzeit verlangen, der Verwahrer hingegen nur, wenn ihm ein unvorhergesehener Umstand die Fortsetzung unmöglich macht (§ 962). Werden Wertpapiere mit der Vereinbarung hinterlegt, dass das Eigentum daran an den Verwahrer übergehen soll (depositum irregulare), liegt im Anwendungsbereich des DepotG ab dem Eigentumsübergang gem § 8/2 DepotG ein Darlehen vor. Eine besondere Verwahrungshaftung trifft *Gastwirte*, die Fremde beherbergen (§§ 970 ff: Hotels, Pensionen, Schlafwagen, uU Privatzimmervermieter, Garagen; nicht aber Restaurants oder Kaffeehäuser; bezüglich Badeanstalten vgl § 970/3). Sie haften für die von den Gästen „eingebrachten" Sachen (§ 970/2), es sei denn, sie können beweisen, dass der Schaden weder durch sie oder ihre Leute verschuldet noch durch andere „aus- und eingehende" Personen (andere Gäste, Lieferanten, Diebe) verursacht wurde (vgl aber die Haftungsbeschränkungen: grds € 1.100; bei Geld und Kostbarkeiten Haftung bis zu € 550). Gem § 970b trifft den Geschädigten die Obliegenheit, den Schaden unverzüglich anzuzeigen. Die Präklusivfrist des § 967 gilt auch hier. Neben dieser besonderen Haftung kann gegenüber den Gästen auch eine Haftung ex contractu oder ex delicto greifen.

e) Darlehen (§§ 983 ff)/Kredit

Literaturauswahl: *Harrer-Hörzinger*, Zur Rechtsnatur des Darlehens, ÖJZ 1990, 614; *G. Graf*, Bereicherungsausgleich bei ungültigem Kreditvertrag, ecolex 1994, 76; *Beclin*, Zur Verjährung bei Rückforderung ungerechtfertigt hoher Kreditzinsen, ecolex 2002, 15; *Kathrein*, Kodifikationsproblematik und -bedarf am Beispiel des Kreditvertrages, in *Fischer-Czermak/Hopf/Schauer* (Hg), Das ABGB auf dem Weg in das 3. Jahrtausend (2003) 171; *Riedler*, Reformbedarf bei Schenkungs-, Verwahrungs-, Leih- und Darlehensvertrag? ÖJZ 2008, 624; *Dehn*, Die neue Verbraucherkredit-Richtlinie: Geltungsbereich – Umsetzungsoptionen – Sanktionen, ÖBA 2009, 185; *Wendehorst*, Die neue Verbraucherkreditrichtlinie: Rücktritt, Kündigung, vorzeitige Rückzahlungen, ÖBA 2009, 30; *P. Bydlinski/Bollenberger*, Das neue Darlehensrecht des ABGB: Verbesserungsvorschläge zum Ministerialentwurf, ÖBA 2010, 96; *Wendehorst/Zöchling-Jud*, Verbraucherkreditrecht, VerbraucherkreditG und ABGB-Darlehensbestimmungen 2010.
Judikaturauswahl: 3 Ob 234/04i (Verjährung bei Darlehen mit Pauschalraten).

164   Bei einem Darlehen handelt es sich, seit dem Darlehens- und Kreditrechts-Änderungsgesetz (DaKRÄG), um einen Konsensualvertrag und nicht mehr um einen Realvertrag. Das Hauptaugenmerk liegt daher nicht mehr in der Übergabe der Sachen, sondern in der Verpflichtung des Darlehensgebers zu dieser Übergabe (s § 983 Satz 1). Der Darlehensnehmer erwirbt **an den übergebenen Sachen Eigentum** und darf über diese nach seinem Belieben verfügen. Er ist hingegen verpflichtet, dem Darlehensgeber spätestens nach Vertragsende ebenso viele Sachen derselben Gattung und Güte zurückzugeben (vgl dazu § 983 Satz 2). Eine teilweise Rückgabe bzw -zahlung kann jedoch von den Parteien vereinbart werden.

Ein Darlehensvertrag kann sowohl über Geld als auch über andere vertretbare Sachen abgeschlossen werden. Darüber hinaus können Darlehen entgeltlich (Zinsen) oder unentgeltlich sein, wobei es sich bei fehlender Entgeltsvereinbarung zwischen den Parteien im Zweifel um ein entgeltliches Darlehen handelt. Wenn ein Darlehen entgeltlich vereinbart wird, so kommt ein Kreditvertrag gem § 988 (= Konsensualvertrag) zustande, durch den das (auch abtretbare) Recht entsteht, den Kreditbetrag abzurufen (= Gestaltungsrecht). Sondervorschriften bestehen für Verbraucherkredite (Schriftform und Informationspflichten; vgl insb auch, § 100 Abs 1 BWG, § 6 Abs 8 VKrG: Vorvertragliche Informationspflichten sowie § 15 VKrG: vorzeitiges Kündigungsrecht des Verbrauchers) und Ehegattenkredite (§ 25a KSchG: durch Verwaltungsstrafe gesicherte Informationspflichten; vgl auch § 98 EheG bei Scheidung).

f) Auftrag (§§ 1002 ff)

Literaturauswahl: *W. Völkl/E. Völkl*, Die Haftung der rechtsberatenden Berufe im Spiegel der Rechtsprechung, ÖJZ 1991, 617; *B. A. Oberhofer*, Die Risikohaftung wegen Tätigkeit in fremdem Interesse als allgemeines Haftungsprinzip, JBl 1995, 217; *derselbe*, Der Ersatzanspruch bei Schäden wegen Tätigkeit in fremdem Interesse, ÖJZ 1994, 730; *Steiner/Fleisch*, Ärztliche Substitutionsbefugnis, AnwBl 1997, 702; *W. Faber*, Risikohaftung im Auftrags- und Arbeitsrecht (2001); *Neumayr*, Haftung für Sachschäden im Zusammenhang mit der Überlassung von Arbeitskräften (§ 7 öAÜG, § 1014 ABGB), FS Kramer (2004) 757; *Kissich*, Risikohaftung des Auftraggebers analog § 1014 ABGB auch für Personenschäden, ZVR 2005, 184; *Riedler*, Reformbedarf beim Bevollmächtigungsvertrag (Ermächtigung, Auftrag, Vollmacht)? ÖJZ 2008, 667.

Judikaturauswahl: 4 Ob 83/02p (Entfall des Honoraranspruchs eines Rechtsanwalts); 1 Ob 42/03p (Bemessungsgrundlage nach AHR bei Liegenschaftsumwidmung – § 5 AHR); 9 Ob 128/03v (Treuhandkonto/Haftung der Bank); 1 Ob 220/08x (Auftragsgemäß erbrachte Leistungen eines Rechtsanwalts auch bei Suspendierung zu honorieren); 2 Ob 84/09f (Umfang einer Prozessvollmacht); 6 Ob 110/07f (Verbot der Geschenkannahme).

Der Auftrag verpflichtet den Beauftragten, für den Auftraggeber ***rechtsgeschäftlich tätig zu werden*** (zB Vertragsverhandlungen, nicht aber Reinigungsarbeiten = faktische Tätigkeit = Werkvertrag, s Rz 166). Unterscheide vom Auftrag („Innenverhältnis") auch die ***Vollmacht*** („Außenverhältnis"), welche mit dem Auftrag verbunden werden kann. Die Vollmacht bedarf keiner Zustimmung des Bevollmächtigten, da sie den Bevollmächtigten nicht verpflichtet, zu handeln. Der Bevollmächtigte kann den Vollmachtgeber Dritten gegenüber in dessen Namen berechtigen und verpflichten. Ebenfalls das Innenverhältnis betrifft die (im Gesetz unerwähnte) ***Ermächtigung***. Der Ermächtigte kann (im eigenen Namen) auf Rechnung des Ermächtigenden handeln. Der Beauftragte muss den Auftrag grundsätzlich persönlich ausführen (vgl aber § 1010), was aber, außer bei gegenteiliger Vereinbarung, nicht heißt, dass er keine Erfüllungsgehilfen beiziehen darf. Im Gegensatz zum Substitutsbeauftragten (§ 1010) sind diese an die Anweisungen des Beauftragten gebunden. Für deren Fehlverhalten haftet er im Rahmen des § 1313a. Der Beauftragte muss alle Vorteile herausgeben und erhält umgekehrt alle (notwendigen und nützlichen) Aufwendungen und Schäden ersetzt, die mit der Ausführung verbunden sind (§ 1014; vgl auch § 1015). Er haftet dem Auftraggeber auch bei Unentgeltlichkeit für alle von ihm schuldhaft (etwa durch Überschreiten der Weisung) verursachten Schäden (§ 1012). Personen, die zur Besorgung bestimmter Geschäfte öffentlich bestellt worden sind (zB Rechtsanwälte), müssen auf entsprechende Aufträge bei sonstiger Schadenersatzpflicht reagieren (Annahme oder Ablehnung des Auftrags, § 1003).

165

g) Werkvertrag (§§ 1165 ff)

Literaturauswahl: *Iro*, Die Warnpflicht des Werkunternehmers, ÖJZ 1983, 505; *Madl*, Gewährleistung für offenkundige Mängel beim Werkvertrag, RdW 1985, 362; *Czermak*, Verbesserung durch Neuherstellung des Werkes – deutsche Rechtsprechung anwendbar? WBl 1987, 47; *Kurschel*, Die Gewährleistung beim Werkvertrag (1989);

Reidinger, Zurückbehaltungsrecht des Werkunternehmers gegen den Dritteigentümer, JAP 1990/91, 235; *Engljähringer*, Ärztlicher Behandlungsvertrag, ÖJZ 1993, 488; *Rummel*, Das „Baugrundrisiko", ein neuer Rechtsbegriff? 2. FS Strasser (1993) 309; *Apathy*, Verbesserung oder Geldersatz, RdW 1994, 198; *derselbe*, Das neue Reisevertragsrecht, RdW 1994, 234; *Riedler*, Der Reisevertrag, ecolex 1994, 149; *Fischer-Czermak*, Leistungsstörungen beim Reiseveranstaltungsvertrag, JBl 1997, 274; *Wenusch*, Die Warnpflicht des Unternehmers bei sachverständig beratenem Werkbesteller, ecolex 1998, 756; *Hirsch*, Entgeltansprüche von Beherbergungsunternehmern in eingeschneiten Wintersportorten, ZVR 2000, 2; *Sturm*, Anweisungsfehler und Bestellermitverschulden im Werkvertragsrecht, wbl 2000, 299; *Apathy*, Reisevertragsrecht und Gewährleistungsreform, JBl 2001, 477; *B. Jud*, Gewährleistung beim Reiseveranstaltungsvertrag, ecolex 2001, 430; *dieselbe*, Die Rangordnung der Gewährleistungsbehelfe, JbJZivRWiss 2001, 205; *Apathy*, Rügepflicht bei behebbaren Reisemängeln, RdW 2002, 2; *Bläumauer*, Schadenersatz für entgangene Urlaubsfreude – ein Rechtsabenteuer! RdW 2002, 271; *Karner*, Verpatzter Urlaub und der EuGH, RdW 2002, 204; *M.-M. Karollus*, Entgangene Urlaubsfreude und Reisen „à la carte" – Zwei EuGH-Entscheidungen zur Pauschalreise-Richtlinie, JBl 2002, 566; *Saria* (Hg), Wer hat Recht im Urlaub? Gerichtspraxis und aktueller Reformbedarf im Reiserecht (2002); *Bläumauer*, Schadenersatz für entgangene Urlaubsfreuden – Ende des Abenteuers? RdW 2003, 692; *P. Bydlinski*, Geld statt Urlaubsfreude nun auch in Österreich – zwei Fragen zum neuen § 31e Abs 3 KSchG, JBl 2004, 66; *Csoklich*, Neuerungen im internationalen Lufttransportrecht, RdW 2004, 648; *Kerschner*, Vergütungsanspruch wegen Mehraufwands beim Werkvertrag, FS Welser (2004) 443; *Posch*, Reaktionen des österreichischen Gesetzgebers auf die privatrechtliche Judikatur des Europäischen Gerichtshofs, ZEuP 2004, 581; *Wilhelm*, Eine Studie zu Gefahr und Warnpflicht beim Werkmangel, FS Welser (2004) 1185; *Aufner*, Die neue EU-Überbuchungsverordnung, ZVR 2005, 229; *Michitsch*, Reiserecht – Kommentar der §§ 31b ff KSchG (2004); *Kriegner*, Das Vollständigkeitsrisiko beim Bauvertrag, immolex 2005, 203; *Michitsch*, Die Rechtsfolgen der Tsunami-Katastrophe für den Reisenden, ZVR 2005, 222; *Saria* (Hg), Reise ins Ungewisse – Reiserecht in einem geänderten Umfeld (2005); *Zankl*, Qualifikation und Dauer von Mobilfunkverträgen, ecolex 2005, 29; *Bläumauer*, Kein Abschied von der Frankfurter Tabelle, RdW 2006, 205; *Bollenberger*, Zum Inhalt der Sicherstellung des Bauunternehmers nach § 1170 b neu ABGB: Muss der Besteller faktisch ein Vorleistungsrisiko tragen? RdW 2006, 199; *P. Bydlinski*, Gewährleistung am Beispiel eines Werkvertrages, Zak 2006, 105; *Michitsch*, Die Frankfurter Tabelle zur Reisepreisminderung und ihre Anwendbarkeit im österreichischen Recht, ZVR 2006, 340; *I. Welser*, In Österreich wie in der Schweiz: Mängel von Baustoff und Baugrund – „Jolly Joker" jedes Bauprozesses, ZfRV 2006, 203; *Schopper*, Sicherstellung bei Bauverträgen – der neue § 1170 b ABGB, JAP 2006/07, 53; *Kietaibl*, Pauschalreiserecht (2007); *Schopf*, Die Prüf- und Warnpflicht des Werkunternehmers[3] (2007); *Wiesinger*, Sicherstellung bei Bauverträgen – § 1170 b ABGB, bbl 2007, 1; *Holzner*, Zur Anwendbarkeit der gesetzlichen Verarbeitungsregeln auf den Werkvertrag, JBl 2009, 684; *Panholzer*, Die Anwendbarkeit des § 1170b ABGB, Erfahrungen seit der Einführung 2007 und die damit verbundenen Problemstellungen in der Praxis, bbl 2009, 83; *Hartlieb-Lamprechter*, Sicherstellung gem § 1170b ABGB, ecolex 2010, 223; *Wenusch*, Nochmals: Sowiesokosten, ecolex 2011, 991.

Judikaturauswahl: EuGH 12.3.2002, Rs C-168/00 (*Simone Leitner/TUI Deutschland GmbH & Co KG*, Slg 2002, I-2631); Schadenersatz für entgangene Urlaubsfreuden); 1 Ob 47/02x (Erfüllungszeitpunkt beim Werkvertrag); 2 Ob 36/04i (Werkvertrag: Verjährung bei Teilrechnung); 1 Ob 144/04i (Werkvertrag: Nachforderung bei Schlussrechnung); 7 Ob 110/01d (Sowieso-Kosten); 1 Ob 268/03y (Stornogebühr und § 27a KSchG); 7 Ob 117/05i (unzulässiger Bestandteil des Reisevertrages); 6 Ob 85/05a (Behinderung der Verbesserung durch Werkbesteller); 6 Ob 251/05p („Frankfurter Liste" ist keine den Richter bindende Rechtsquelle); 9 Ob 81/04h (Quellcodeüberlassung beim Softwareerstellungsvertrag); 10 Ob 2/07b (Rückersatz von Reisekosten – Tsunami-Katastrophe); 6 Ob 231/08a (Erheblichkeitsschwelle für Schadenersatz wegen entgangener Urlaubsfreude; 2 Ob 79/08v (Verkehrssicherungspflichten des Werkbestellers); 4 Ob 130/09k (Unterlassener Hinweis auf Hurrikanrisiko führt zum Ersatz entgangener Urlaubsfreude); 3 Ob 92/10s (Erheblichkeitsschwelle für Schadenersatz wegen entgangener Urlaubsfreude nach § 31e Abs 3 KSchG); 8 Ob 101/10a (Schadenersatzpflicht des Reisebüros für Ersatzflug und entgangenen Urlaubstag); 1 Ob 80/11p (Abgrenzung Reiseveranstalter und Reisevermittler gem § 31b KSchG).

Der Werkvertrag verpflichtet den Werkunternehmer gegenüber dem Werkbesteller zur **Herstellung** eines bestimmten *(faktischen) Erfolges* (zB Reparatur einer Heizung, Reinigung eines Kleidungsstücks; Rechtshandlungen werden hingegen auf Grundlage von Aufträgen erbracht, s Rz 165). Wird eine Sache vom Werkunternehmer hergestellt und stammt das Material hiefür von ihm (sog Werklieferungsvertrag), so liegt nur dann ein Werkvertrag vor, wenn die Sache auf den Besteller „zugeschnitten" ist, ansonsten aber im Zweifel ein Kaufvertrag (§ 1166). Der Werkunternehmer hat das Werk selbst auszuführen bzw unter seiner persönlichen Verantwortung ausführen zu lassen (§ 1165). **166**

Der **Werklohn** ist erst nach Beendigung der Arbeiten fällig (spätestens mit Zugang der Rechnung; beachte aber: Die Werklohnforderung verjährt bereits ab dem Zeitpunkt, zu welchem dem Werkunternehmer die Rechnungslegung möglich ist), mangels anderer Vereinbarung hat er angemessen zu sein (§ 1152). Zur Besicherung seines Lohnanspruchs steht dem Werkunternehmer zwar kein gesetzliches Pfandrecht an der hergestellten Sache, jedoch ein Zurückbehaltungsrecht (§ 471) bezüglich des beigestellten Materials zu. Weiters kann er die Einrede des nicht erfüllten Vertrages (§ 1052) erheben. Überschreitet der Werklohn einen (im Zweifel unverbindlichen) *Kostenvoranschlag*, so geht dies zu Lasten des Werkunternehmers, wenn die Überschreitung beträchtlich ist und dies nicht, sobald als unvermeidlich erkennbar, angezeigt wurde. Geringfügige Überschreitungen muss der Werkbesteller im Zweifel (wenn der Kostenvoranschlag nicht verbindlich war) hinnehmen (anders nach § 5 KSchG: im Zweifel garantierter Kostenvoranschlag). Kostenvoranschläge unter Garantie nehmen dem Werkunternehmer jegliche Möglichkeit, selbst eine unvorhergesehene Kostensteigerung vom Werkbesteller zu verlangen (§ 1170a/1). Der Errichter eines Bauwerkes kann vom Besteller ab Vertragsabschluss für das ausstehende Entgelt *Sicherstellung* verlangen (§ 1170b/1). Umfasst sind Verträge zur Herstellung und Bearbeitung eines Bauwerks, einer Außenanlage zu einem Bauwerk oder eines Teils davon (zB Installations- oder Malerarbeiten, Renovierung einer Wohnung oder eines Hauses, Errichtung eines Kamins oder Einbau einer Solaranlage). Die Höhe der Sicherstellung beträgt 20 % des vereinbarten Entgelts (bei kurzfristigen – innerhalb von drei Monaten zu erfüllenden Verträgen bis zu 40 %). Ein Verzicht des **Unternehmers** auf das Recht der Sicherstellung ist unwirksam (§ 1170b/1 zweiter Satz), er kann sie aber nicht von juristischen Personen des öffentlichen Rechts oder von Verbrauchern verlangen (§ 1170b/3). Als Sicherstellung zählt das Gesetz ua Bargeld, Bareinlagen, aber auch Bankgarantien und Versicherungen auf (die Kosten der Sicherstellung **167** sind vom Werkunternehmer zu tragen, sofern sie 2 % der Sicherungssumme nicht übersteigen, s § 1170b/1).

168   Gem § 1167 ist bei Mängeln des Werkes das Gewährleistungsrecht der § 922 ff anzuwenden; dh für Kauf- und Werkverträge wird die Gewährleistung einheitlich geregelt (s oben Rz 110 ff). Der Gewährleistungsanspruch konkurriert mit Schadenersatz, entfällt aber, wenn das Werk infolge offenbarer Untauglichkeit des vom Besteller gegebenen Stoffes oder wegen seiner offenbar unrichtigen Anweisungen misslungen ist und wenn der Werkunternehmer seine diesbezügliche *Warnpflicht* erfüllt hat (§ 1168a). Beachte: Die Verletzung der Warnpflicht löst nur bei Verschulden des Werkunternehmers Gewährleistungsansprüche aus (obwohl die Gewährleistung im Allgemeinen verschuldensunabhängig ist). Bei Mitverschulden (Erkennbarkeit) des Bestellers kommt es daher zur sog *„geteilten Gewährleistung"*. Beachte ferner folgende Besonderheit von Gewährleistung und Schadenersatz beim Werkvertrag: Verursacht die Verbesserung Kosten, die zur Herstellung des Werks von Anfang an erforderlich gewesen wären (*„Sowieso-Kosten"*), so hat der Werkbesteller diese Kosten in bestimmten Fällen selbst zu tragen; Judikaturbeispiel: Der Werkunternehmer hatte einen Boden zu verlegen und unterließ es, den Werkbesteller auf die Notwendigkeit einer speziellen Isolierung hinzuweisen (Warnpflichtverletzung, s oben). Der Boden war deshalb mangelhaft. Die Kosten der Isolierung sind Sowieso-Kosten.

169   *Unterbleibt die Ausführung* des Werkes (§ 1168/1) durch einen *Zufall*, der aus der Sphäre des Bestellers kommt, so muss er dennoch den Werklohn zahlen (abzüglich dessen, was sich der Werkunternehmer erspart oder er anderweitig erwirbt), zB wenn der Elektriker umsonst kommt, weil das Licht nach einem Stromausfall „von selbst" wieder funktioniert. Unterbleibt eine zur Ausführung des Werks erforderliche *Mitwirkung des Bestellers*, so ist der Unternehmer berechtigt, ihm zur Nachholung eine angemessene Frist mit der Erklärung zu setzen, dass der Vertrag nach fruchtlosem Verstreichen als aufgehoben gilt (§ 1168/2). Verhindern Umstände aus der Sphäre des Werkunternehmers oder aus einer keiner der Vertragsparteien zuzurechnenden Sphäre die Herstellung des Werks, verliert der Werkunternehmer seinen Entgeltanspruch. Beachte auch § 27a KSchG (Rz 251).

170   Sondervorschriften gelten nach den §§ 31b–31f KSchG für die *Veranstaltung einer Reise*, wenn der Veranstalter mindestens zwei der folgenden Dienstleistungen gegen Entgelt erbringt: Beförderung, Unterbringung, andere touristische Nebenleistungen. Ua ist vorgesehen, dass der Reisende – nach entsprechendem Hinweis – Mängel der Reise bei sonstigem Mitverschulden unverzüglich anzeigen muss und dass er bei Rücktritt von der Reise anstelle der Vertragsrückabwicklung die Teilnahme an einer gleichwertigen Reise verlangen kann. Wenn der Reiseveranstalter einen erheblichen Teil der vertraglich vereinbarten Leistung nicht erbracht hat – was auch bei erheblichen Reisemängeln wie etwa einem Hurrikan am Urlaubsort anzunehmen ist – und dies auf einem dem Reiseveranstalter zurechenbaren Verschulden beruht, hat der Reisende auch Anspruch auf angemessenen Ersatz der *entgangenen Urlaubs-*

freude. Bei der Bemessung dieses Ersatzanspruchs ist insb auf die Schwere und Dauer des Mangels, den Grad des Verschuldens, den vereinbarten Zweck der Reise sowie die Höhe des Reisepreises Bedacht zu nehmen. (§ 31e/3 KSchG). Inwieweit der Zweck der Reise bei der Anspruchsbemessung eine Rolle spielt, ist nicht ganz klar. So sind zB Geschäftsreisen zwar vom Anwendungsbereich der Bestimmung erfasst (III. Hauptstück des KSchG), doch gibt es bei diesen definitionsgemäß keine „Urlaubsfreude". Der Höhe nach gehen die Materialien von einem Betrag zwischen € 50,– und € 60,– pro Tag aus, was allerdings normativ keine Grundlage hat und im Hinblick auf die im Gesetz genannten Bemessungskriterien, auf deren Zusammenspiel es im Einzelfall ankommt, auch zu wenig flexibel erscheint. Nach der Judikatur ist bei der Bemessung des Ersatzanspruchs in Form eines beweglichen Systems auf die oben genannten Kriterien Bedacht zu nehmen. Bei völligem Wegfall des angestrebten Erholungszwecks (Hurrikan am Urlaubsort) wurde bereits ein an den Schmerzengeldsätzen für leichte Schmerzen (s Rz 206) orientierter Ersatzanspruch für zulässig erachtet. Die Verjährungsfrist für solche Ansprüche kann – in Abweichung von § 1489 – auf ein Jahr verkürzt werden, sofern dies im Einzelnen ausgehandelt wird (§ 31f/1).

h) Leihe (§§ 971 ff)

Literaturauswahl: *E. C. Pieler/Reis*, Die Leihe von Kulturgut nach der österreichischen Rechtsordnung, KUR 2007, 37; *Riedler*, Reformbedarf bei Schenkungs-, Verwahrungs-, Leih- und Darlehensvertrag? ÖJZ 2008, 624.

Die Leihe ist ein Realvertrag, der den Leihgeber zur unentgeltlichen Über- **171** lassung des Gebrauchs einer beweglichen oder unbeweglichen (unverbrauchbaren) Sache verpflichtet. Bei Entgeltlichkeit läge eine Miete (Rz 172 ff), bei der Hingabe verbrauchbarer Sachen hingegen ein Darlehen (§§ 983 ff; Rz 164) vor. Nach der Rsp steht es der Unentgeltlichkeit jedoch gleich, wenn lediglich ein Anerkennungszins oder ein so niedriges Entgelt zu entrichten ist, dass es gegenüber dem Wert der Nutzung nicht ins Gewicht fällt. Wie der Mieter, ist auch der Entlehner (nicht aber der Prekarist, s unten) Rechtsbesitzer (Rz 307). Während der Vertragsdauer, welche sich aus der ausdrücklichen oder stillschweigenden Vereinbarung oder aus dem Zweck ergeben kann, darf der Verleiher die Sache nicht zurückfordern, selbst wenn sie „für ihn unentbehrlich wird" (§ 976). Der Entlehner kann jedoch die Sache, soweit dies dem Verleiher keine Nachteile bereitet, jederzeit zurückgeben (§ 977). Kann die Sache nach der Vereinbarung jederzeit zurückgefordert werden, liegt ein *Prekarium* (Bittleihe) vor (§ 974), wobei dies entgegen dem Wortlaut des Gesetzes von der Rsp und hL sehr wohl als Vertrag eingestuft wird. Der Verleiher ist wegen § 917 nicht gewährleistungspflichtig und haftet nur wie der Geschenkgeber (Rz 162). Der Entlehner haftet gem § 979 für jeden verschuldeten Schaden und für zufällige Schäden wie der Verwahrer (§ 965; s oben Rz 163). Die gewöhnlichen Gebrauchskosten (zB Ausmalen) trägt der Entlehner, die außerordentlichen (zB Dachreparatur) hingegen der Verleiher (§ 981). Der aus Missbrauch oder übertriebener Abnützung erwachsende Schadenersatzanspruch des Verleihers sowie der Ersatzanspruch für außerordentliche Aufwendungen des Entlehners unterliegt einer Präklusivfrist von 30 Tagen (§ 982).

i) Bestandvertrag (§§ 1090 ff)

Literaturauswahl: *P. Bydlinski*, Zur Abtretbarkeit der Rechte aus einem Mietverhältnis, JBl 1985, 728; *Korinek/Krejci* (Hg), Handbuch zum Mietrechtsgesetz (1985); *Reckenzaun*, Das gesetzliche Bestandgeberpfandrecht (1989); *Csáky*, Der Immobilienleasingvertrag in Österreich, Deutschland und in der Schweiz (1992); *F. Bydlinski*, Der negatorische Schutz des Mieters gegen Dritte und das Rechtssystem, wobl 1993, 1; *Iro*, Die Hauptmiete nach dem 3. WÄG, wobl 1994, 125; *Fischer-Czermak*, Mobilienleasing (1995); *Benn-Ibler/Artner*, Der branchenangemessene Mietzins, FS Hempel (1997) 12; *Ostermayer*, Verbotene Ablösen im Mietrecht (1996); *Pittl*, Das „gespaltene Mietverhältnis" nach § 46a Abs 3 MRG, wobl 1997, 123; *J. Rechberger*, Mietrecht (1998); *Schauer*, Doppelvermietung und Unmöglichkeit der Leistung, wobl 1998, 365; *derselbe*, Aktuelle Entwicklungen in der Rechtsprechung des OGH zu § 12a MRG, wobl 1999, 39; *Vonkilch*, Übergangsrechtliches zu den Änderungen von § 2 MRG durch das 3. WÄG (geänderte Abgrenzung von Haupt-/Untermiete, verbesserte Bekämpfung von „Scheinhauptmieten"), wobl 1999, 341; *Fenyves*, Sachlicher und persönlicher Anwendungsbereich des Mietrechtsgesetzes, in BMJ (Hg), Erneuerung des Wohnrechts (2000) 35; *Reiber*, Die Abgrenzung zwischen Wohnung und Geschäftsräumlichkeit im Mietrecht, immolex 2000, 170; *Vonkilch*, Ein kritischer Blick auf den neuen § 44 MRG, wobl 2000, 13; *W. Faber*, Auswirkungen des Gewährleistungsrechts-Änderungsgesetzes auf Bestandverhältnisse, immolex 2001, 246; *Kletec̆ka*, Die Analogie zum MRG beim Superädifikat, wobl 2001, 129; *H. Böhm*, Die Mietrechtsnovelle 2001, bbl 2002, 95; *Reiber*, Der konkludente Kündigungsverzicht, immolex 2003, 10; *Schauer*, § 12a Abs 3 MRG revisited: Alles zurück zum Start? wobl 2004, 229; *Tonkli*, Zur Liberalisierung des Mietrechts seit 1. 7. 2000, FS Welser (2004) 1083; *Würth*, Gedanken zur Gewährleistung im Wohnrecht, FS Welser (2004) 1217; *Würth/Zingher/Kovanyi*, Miet- und Wohnrecht (2004); *Görg/Putzi*, OGH zur Rechtsnatur von Mietfunkverträgen, RdW 2005, 473; *Iro*, Die Rechtsnatur von Bestandverträgen in Einkaufszentren, RdW 2005, 666; *B. Jud*, Bestandverträge in Einkaufszentren, wobl 2005, 121; *Karollus/Lukas*, Zur Qualifikation von Bestandverträgen in Einkaufszentren, wbl 2005, 341; *Kletec̆ka*, Bestandverträge auf Bahnhöfen und Flughäfen, immolex 2005, 6; *Pittl*, Beeinträchtigung der Gebrauchsfähigkeit einer Geschäftsräumlichkeit wegen mangelnder Kundenfrequenz, immolex 2005, 198; *Pittl/Ess*, Zur Zulässigkeit eines Räumungsbegehrens beim Immobilienleasing, wobl 2005, 185; *Rainer*, Der Immobilienleasingvertrag, immolex 2005, 166; *Riss*, Blei im Trinkwasser und Mobilfunkmasten auf dem Hausdach – aktuelle Rechtsprechung zur Mietzinsminderung, RdW 2005, 263; *derselbe*, Die Erhaltungspflicht des Vermieters (2005); *Schauer*, Neues zu § 12 a Abs 3 MRG – oder: Landunter in der Judikatur des 5. Senats, ecolex 2005, 26; *derselbe*, Neufassung des § 12a Abs 3 MRG: Ein Diskussionsvorschlag, wobl 2005, 169; *Schauer/Beig*, Zulässige Vertragsbindung bei Fernwärmelieferverträgen im Lichte des Verbraucherschutzrechts, in *Reiffenstein/Blaschek* (Hg), Konsumentenpolitisches Jahrbuch 2002–2004 (2005) 75; *Vonkilch*, Bestandverträge in Einkaufszentren: Geschäftsraummiete oder Unternehmenspacht? wobl 2005, 105; *Winkler/Vaclavek*, Gesellschafterwechsel und Mietzinsanhebung – Neues vom OGH? RdW 2005, 149, 208; *Zankl*, Qualifikation und Dauer von Mobilfunkverträgen, ecolex 2005, 29; *Beig*, Wohnrechtliche Aspekte des neuen Unternehmensgesetzbuchs, wobl 2006, 37; *Fenyves*, Einkaufszentren, Privatautonomie und Vertrauensschutz, wobl 2006, 2; *Iro/Riss*, Gebrauchsüberlassung in Einkaufszentren: Miete, Pacht oder Gesellschaft? RdW 2006, 415; *Thoß*, „Neues" zu § 12a Abs 3 MRG – Land auf in der Judikatur des 6. Senats, RdW 2006, 683; *Reidinger/Dirrheimer*, Der Verbraucher im Mietrecht, JAP 2006/07, 241; *Hausmann/Vonkilch* (Hg), Österreichisches Wohnrecht. MRG (2007); *Riss*, Mietvertragsklauseln auf dem Prüfstand des Verbraucherrechts, wobl 2007, 62; *Wilhelm*, Neununddreißig Mietvertragsklauseln weggefegt, ecolex 2007, 1; *Vonkilch*, Die gesetzliche Ausgestaltung der mietvertraglichen Erhaltungspflicht und die Grenzen ihrer Disponibilität, wobl 2008, 281, 309; *Stabentheiner*, Die Wohnrechtsnovelle 2009, wobl 2009, 97; *derselbe*, Wohnrecht und ABGB – Integration oder optimierte Verschränkung? wobl 2009, 29; *Vonkilch*, Erhaltungspflichten im Mietrecht – Wo steht die Judikatur? wobl 2009, 209; *derselbe*, Der Energieausweis im Zivilrecht, wobl 2010, 1; *Pittl*, Zur elektronischen Stimmabgabe nach WEG, MRG und WGG, wobl 2010, 321; *Spitzer*, Das Verhältnis Eigentümer – Untermieter, ÖJZ 2010, 10; *Schartner*, Der Mieter in der Insolvenz, wobl 2011, 255.

Judikaturauswahl: 6 Ob 69/05y (Vertragliche Einordnung des Mobilfunkvertrages); 5 Ob 193/06b (Unzulässige Mietzinserhöhung wegen Untervermietung); 5 Ob 70/06i (§ 14/3 MRG – Eintrittsrecht des homosexuellen Lebensgefährten); 7 Ob 78/06f (Verbraucherschutz im Mietrecht – „Klauselentscheidung"); 1 Ob 25/08w (Abgrenzung Miete/Pacht bei Tabaktrafik in Krankenhaus); 5 Ob 288/08a (Erhaltungspflicht des Vermieters bei Thermen auf ernste Schäden beschränkt); 9 Ob 57/08k (Kein Ersatzanspruch des Mieters bei Reparatur einer Therme während aufrechten Vertrags); 3 Ob 20/09a (Überwälzung von Erhaltungspflichten auf Mieter im Teilanwendungsbereich des MRG); 6 Ob 104/09a (Ausmalpflicht); 5 Ob 173/10t (Erhaltungspflicht des Vermieters bei Gesundheitsgefährdung); 5 Ob 208/10i (Wirksamkeit einer Mietvertragsbefristung bei Verlängerung und Mietzinsüberprüfung); 8 Ob 138/10t (Pflicht des Vermieters für ausreichende Beleuchtung zu sorgen).

Der Bestandvertrag begründet die Verpflichtung zur entgeltlichen Ge- **172** brauchsüberlassung. Als Konsensualvertrag kommt er zustande, sobald sich die Parteien über die Sache (das Bestandobjekt) und den Preis (Zins) einig sind (§ 1094). Er kann Miete oder Pacht sein (uU auch Leasing), je nachdem, ob dem Bestandnehmer nur der Gebrauch (zB Wohnung) oder auch die Nutzung (Fruchtziehung, zB Unternehmen) zusteht (zu unterscheiden ist im Hinblick auf die Anwendbarkeit des MRG – dazu gleich unten – insbesondere zwischen Geschäftsraummiete und Unternehmenspacht). Bei „Abbauverträgen" kommt es zur allmählichen Aufzehrung der überlassenen Sache, weshalb sie als gemischte Verträge (Rz 122) auch Züge eines Kaufvertrages aufweisen. Eine ähnliche Mittelstellung nehmen die gesetzlich nicht geregelten *Leasingverträge* ein. Der Miete ähnlich ist das Operating-Leasing, während beim Finanzierungsleasing kauf- bzw kreditvertragliche Elemente überwiegen (zB trägt der Leasingnehmer meist die Gefahr eines zufälligen Untergangs während der Vertragslaufzeit). Leasingverträge haben für den Leasingnehmer va den Vorteil, dass er das zur Anschaffung des Leasinggegenstandes erforderliche Kapital nicht sofort aufbringen muss, und uU auch steuerliche Vorteile. Den Bestandgeber treffen gem § 1096 folgende Pflichten: Er hat die Sache dem Bestandnehmer in brauchbarem Zustand zu übergeben und diesen Zustand zu erhalten (beachte aber § 1096/2 sowie §§ 3, 8 MRG), weiters darf er den Bestandnehmer „in dem bedungenen Gebrauche" nicht stören. Die Erhaltungspflicht des Bestandgebers nach § 1096 ist dispositiv, eine Überwälzung auf den Bestandnehmer sohin möglich. Dem Bestandgeber obliegende Ausbesserungsarbeiten sind diesem unverzüglich anzuzeigen (§ 1097). Sollte das in Bestand genommene Objekt bei Übergabe mangelhaft sein oder während der Laufzeit ohne Verschulden des Bestandnehmers werden, so wird der Bestandnehmer im Ausmaß und für die Dauer der eingetretenen Beeinträchtigung von der Zahlung des Mietzinses ex lege befreit (*Miet- oder Pachtzinsminderung*; § 1096). Wird etwa während eines aufrechten Mietverhältnisses die Heizanlage einer Wohnung defekt (ohne Verschulden und vertragliche Erneuerungspflicht des Mieters), ist der Mieter für die Dauer und das Maß der Unbrauchbarkeit von der Entrichtung des Zinses befreit. Davon unberührt bleibt der Anspruch des Bestandnehmers auf mangelfreie Erfüllung. Für übermäßige Abnutzung und verschuldete Schäden haftet der Bestandnehmer dem Bestandgeber (§ 1111). Sollte die Bestandsache durch außerordentliche Zufälle wie Feuer oder Überschwemmungen unbrauchbar werden, so trifft den Bestandgeber keine Wiederherstellungspflicht (§ 1104, vgl auch § 1112). Für den Anwendungsbereich des MRG beachte jedoch § 7 und § 29/1 Z 2 MRG (Wiederherstellungspflicht bei ausreichender Versicherungsdeckung). Den Bestandnehmer trifft die Hauptpflicht der Entrichtung des Zinses, wobei das MRG Beschränkungen zum Schutz der Mieter vorsieht (s dazu unten Rz 177). Bei unbeweglichen Bestandsachen hat der Bestandgeber zur Sicherung seiner Forderungen ein gesetzliches Pfandrecht an den eingebrachten beweglichen Sachen (§ 1101). Der Bestandvertrag endet bei Befristung mit Zeitablauf, wobei zusätzlich vorgesehen werden kann, dass vor Zeitablauf eine Kündigung nötig ist (bedingter Endtermin). § 1114 regelt die stillschweigende Erneuerung befristeter Vertragsverhältnisse (vgl auch § 29/3 MRG). Wie alle Dauerschuldverhältnisse können auch befristete und unbefristete Bestandverträge jederzeit *aus wichtigem Grund* aufgelöst werden (vgl auch §§ 1117, 1118). Bei unbefristeten Bestandverträgen außerhalb des MRG ist eine jederzeitige an Fristen und Termine gebundene ordentliche Kündigung möglich. Mangels Vereinbarung bestimmter Termine und Fristen gelten jene des § 560 ZPO. Zu den Auswirkungen einer Veräußerung der Bestandsache durch den Bestandgeber auf den Bestandvertrag vgl § 1120 bzw § 2/1 MRG; die Eintragung eines befristeten Bestandvertrages im Grundbuch (§§ 1095, 9 GBG) führt zu einem Ausschluss des ansonsten nach § 1120 zustehenden Kündigungsrechts.

173   Die bestandrechtlichen Regeln des ABGB kommen heute nur mehr zur Anwendung, wenn die Sondergesetze unanwendbar sind oder soweit diese keine Regelung enthalten. Die in der Praxis wichtigsten *Sonderregeln* enthält das *MRG*. Dieses trägt dem Gedanken Rechnung, dass sich idR der Vermieter gegenüber dem Mieter in einer überlegenen wirtschaftlichen Position befindet. Daher sind die Regeln des MRG zum Schutz des Mieters weitgehend zwingend. Diese sind umfangreich und so kasuistisch, dass sich das Mietrecht (und Wohnrecht – *WEG*) mittlerweile zu einer Spezialdisziplin – um nicht zu sagen, zu einem Sonderprivatrecht – entwickelt hat. Aus den im Vorwort erwähnten Gründen wird es daher im vorliegenden Rahmen nur in Grundzügen dargestellt.

174   Das *MRG regelt* die Miete von Wohnungen, einzelnen Wohnungsteilen oder Geschäftsräumlichkeiten aller Art, samt den etwa mitgemieteten Haus-

oder Grundflächen, ebenso die genossenschaftlichen Nutzungsverträge über solche Objekte (§ 1/1 MRG). Auf einige spezielle Mietverhältnisse (zB Dienstwohnungen, der Freizeitgestaltung gewidmete Zweitwohnungen) ist das MRG aber *nicht anwendbar* (vgl § 1/2 MRG), auf andere (zB Vermietung von Eigentumswohnungen, die nach 1945 errichtet wurden) nur *zum Teil*, insb in Bezug auf die Kündigungsvorschriften, nicht aber zB in Bezug auf die Zinsbeschränkungen (§ 1/4 MRG).

Seit der *Mietrechts-Novelle 2001* sind auch Ein- und Zweifamilienhäuser zur Gänze vom MRG ausgenommen, (bestimmte) Dachbodenausbauten zum Teil (vgl § 1/4 Z 2 MRG). Die *Wohnrechts-Novelle 2006* erweiterte die Teilausnahme des Anwendungsbereichs für Dachbodenausbauten auch für *Gebäudeaufstockungen* (§ 1/4 Z 2 MRG) und sieht neu eine Teilausnahme vom MRG für *Zubauten* im Sinne des § 1/4 Z 2a MRG vor.

Geschäftsraummietverträge können beliebig *befristet* werden, bei Wohnungen muss die Vertragsdauer mindestens drei Jahre betragen (§ 29/1 Z 3 lit b MRG, beachte aber § 1/2 Z 3 MRG). Vor Ablauf der Zeit kann der Vertrag von beiden Teilen nur durch außerordentliche Kündigung aufgelöst werden (§ 29/1 Z 4 und 5 MRG). Der Mieter einer Wohnung kann aber nach einem Jahr schriftlich kündigen (§ 29/2 MRG). Zur Erneuerung s § 29/3 MRG. **175**

Der Vermieter hat nach Maßgabe der rechtlichen, wirtschaftlichen und technischen Gegebenheiten und Möglichkeiten *die Verpflichtung*, das Haus, die Mietgegenstände und die der gemeinsamen Benützung der Bewohner des Hauses dienenden Anlagen im jeweils ortsüblichen Standard zu erhalten und erhebliche Gefahren für die Gesundheit der Bewohner zu beseitigen (§ 3/1 MRG). Die *Erhaltungspflicht* des Vermieters bezüglich der einzelnen Mietgegenstände besteht insoweit, als es sich um die Behebung von ernsten Schäden des Hauses oder um die Beseitigung einer vom Mietgegenstand ausgehenden erheblichen *Gesundheitsgefährdung* handelt, sowie auf jene erforderlichen Arbeiten, die eine Übergabe in brauchbarem Zustand voraussetzen (§ 3/2 Z 2 MRG). Nach der Rsp regelt § 3 MRG die Erhaltungspflicht des Vermieters unter vollem Ausschluss der diesbezüglichen für den Mieter an sich günstigeren Regeln des § 1096. Die übrigen Regelungen des § 1096 (ex lege Mietzinsminderung) bleiben durch das MRG unberührt. Der Vermieter hat daher innerhalb einer vermieteten Wohnung zB Mauerschäden zu beheben, nicht aber bei einer sog Gasetagenheizung die Therme zu reparieren, welche die Warmwasseraufbereitung und Heizung versorgt, außer es wären ernsthafte Schäden am Haus bzw eine Gesundheitsbeeinträchtigung zu befürchten. Erhaltungsarbeiten zur Beseitigung einer erheblichen Gesundheitsgefährdung können dem Vermieter nur aufgetragen werden, wenn sich die Gesundheitsgefährdung nicht durch andere, den Bewohnern des Hauses zumutbare Maßnahmen abwenden lässt (§ 6/1a MRG). Darüber hinaus muss der Vermieter nach Maßgabe seiner rechtlichen, wirtschaftlichen und technischen Möglichkeiten bestimmte *nützliche Verbesserungen* (§ 4 MRG) durchführen, sofern dies im Hinblick auf den allgemeinen Erhaltungszustand zweckmäßig ist (etwa Schalldämmungsmaßnahmen). Gewisse Erhaltungsmaßnahmen sind jedenfalls (§ 3/3 Z 2 MRG) durch- **176** zuführen, ansonsten müssen sie (insb durch Mietzinsreserven gem § 20 MRG) gedeckt sein. Auch die Kosten nützlicher Verbesserungen müssen gedeckt sein, wobei bezüglich des nicht gedeckten Teils auch die Möglichkeit besteht, dass sich die Mehrheit der Mieter und der Vermieter über die Finanzierung schriftlich einigen, wenn es dadurch zu keiner Belastung der übrigen Mieter kommt. Zur Deckung der Erhaltungsmaßnahmen kann das Gericht vorübergehend auch eine Mietzinserhöhung (§ 18 MRG) bewilligen. Kommt der Vermieter seinen Erhaltungs- und Verbesserungsarbeiten nicht nach, so kann ihm das Gericht auf Antrag der Hauptmieter die Durchführung der Arbeiten in angemessener Frist auftragen (§ 6/1 MRG).

177 *Hauptpflicht des Mieters* ist die Entrichtung des Mietzinses. Der Vermieter kann die Höhe des Zinses aber nicht beliebig festsetzen. § 16/1 MRG zählt die Fälle auf, in denen der nach Größe, Art, Beschaffenheit, Lage, Ausstattungs- und Erhaltungszustand angemessene Betrag zulässig ist: Zu nennen sind vor allem Vermietungen zu Geschäftszwecken (Z 1) und Wohnungen, die auf Grund einer nach 1945 erteilten Baubewilligung neu errichtet wurden (Z 2). In allen anderen Fällen (vor allem Altbauwohnungen) unterliegt der Hauptmietzins dem sog „*Richtwertsystem*" (Normzins für fiktive „Standardwohnung" mit Zu- oder Abschlägen je nach Ausstattung und Lage, vgl § 16/2 MRG, §§ 1, 2 RichtwertG). Bei Überschreitung der Höchstgrenzen des § 16 MRG ergibt sich aus § 917a für den übersteigenden Betrag Teilunwirksamkeit der Zinsvereinbarung (vgl auch § 27/3 MRG). Der Zins für Untermietverträge darf den Hauptmietzins nicht um mehr als die Hälfte übersteigen (§ 26 MRG). In bestimmten Kündigungsfällen (dazu Rz 178) kann gerichtlich ein „einstweiliger Mietzins" festgesetzt werden (§ 382f EO idF BGBl I 113/2003). Gem § 15 MRG umfasst der zu entrichtende Zins insb auch die anteiligen Betriebskosten (§ 21 MRG). Der Mieter hat gem § 8 MRG die Pflicht, den Mietgegenstand und für diesen bestimmte Anlagen (zB Gasleitungs- oder sanitäre Anlagen) so zu warten, dass dem Vermieter und den anderen Mietern kein Schaden erwächst (Ausnahme: Behebung ernster Schäden des Hauses, sowie Beseitigung einer Gesundheitsgefährdung, s dazu oben Rz 176). Wegen wichtiger Gründe muss der Mieter das Betreten seines Mietgegenstandes, uU auch die Benützung und Veränderung seines Mietgegenstandes gestatten (§ 8/2 MRG).

178 Der Mietvertrag *endet* gem § 29/1 MRG durch Aufkündigung (s nächster Absatz), durch den Untergang des Mietgegenstandes, durch Ablauf der vereinbarten Vertragsdauer in den Fällen der Z 3 oder wenn der Mieter die Sache erheblich nachteilig gebraucht bzw mit der Zahlung des Mietzinses säumig ist und der Vermieter daraufhin die vorzeitige Aufhebung des Vertrages fordert.

Gem § 30 MRG können (befristete und unbefristete) Mietverträge nur aus bestimmten („wichtigen") Gründen gekündigt werden (zB qualifizierter Zinsrückstand, mangelnder Bedarf des Mieters oder dringender Eigenbedarf des Vermieters). Die *Kündigung* des *Mieters* kann gerichtlich oder schriftlich, jene des *Vermieters* muss zwingend gerichtlich erfolgen (§ 33/1 MRG). Untermietverhältnisse können leichter gekündigt werden (vgl § 30/2 Z 12 MRG). Auch bei befristeten Mietverhältnissen genügt für den Mieter die schriftliche Aufkündigung (vgl § 29/2 MRG). Eine verspätete schriftliche Kündigung ist nicht wirkungslos, sondern entfaltet ihre Wirkung für den ersten späteren Kündigungstermin, für den die Frist zu diesem Zeitpunkt noch offen ist (§ 33/1 MRG). Hinsichtlich gerichtlicher Kündigungen beachte § 563 ZPO.

Weitere wichtige Bestimmungen:

179

§ 2 MRG: *Untermiete* liegt vor, wenn der Mietvertrag nicht mit den in § 2/1 MRG erwähnten Personen (insb Eigentümer oder Fruchtnießer) geschlossen wurde. Gem § 568 ZPO kann die Kündigung des Hauptmieters auch unmittelbar gegen den Untermieter vollstreckt werden. Im Gegensatz zur Rechtslage nach dem ABGB (§ 1098) kann sich der Vermieter auf vertraglich vereinbarte Untermietverbote nur bei wichtigen Gründen, welche gegen die Untervermietung sprechen (zB gänzliche Untervermietung), berufen (§ 11 MRG).

§ 9 MRG: *Änderungen des Mietgegenstandes* müssen vom Vermieter unter bestimmten Voraussetzungen (ua Stand der Technik, Übung des Verkehrs, wichtiges Interesse des Mieters) geduldet werden, ansonsten muss der Vermieter zustimmen.

§ 10 MRG: *Ersatzanspruch des Mieters* für bestimmte Aufwendungen (zB Erneuerung eines schadhaft gewordenen Fußbodens, Verbesserung der sanitären Anlagen, Erneuerung einer bei Beginn des Mietverhältnisses vorhandenen, aber schadhaft gewordenen Heiztherme oder eines Warmwasserboilers; außerhalb des MRG vgl § 1097) bei Beendigung des Mietvertrages. Den Investitionsersatzanspruches hat der Mieter bei einvernehmlicher Auflösung spätestens 14 Tage nach der Auflösungsvereinbarung bzw bei Aufkündigung spätestens 14 Tage nach deren Zustellung geltend zu machen (§ 10/4 MRG). Im Fall einer rechtzeitigen, aber formal oder inhaltlich mangelhaften Aufforderung zum Investitionsersatz (etwa bei fehlender Rechnung) trifft den Vermieter die Pflicht, binnen (mindestens) 14 Tagen zur Verbesserung aufzufordern (§ 10/4a MRG).

§ 11 MRG: *Untermietverbote* sind nur bei wichtigen Gründen (zB Störung des Hausfriedens durch den Untermieter) beachtlich, s schon oben.

§ 12 MRG: *Abtretung des Hauptmietrechts* an nahe Angehörige des Mieters, wenn sie eine gewisse Zeit zusammen mit dem ausscheidenden Mieter in der Wohnung gelebt haben. Eine Zustimmung des Vermieters ist nicht erforderlich, die Abtretung ist dem Vermieter lediglich anzuzeigen. Die WRN 2006 stellt klar, dass eine Abtretung der Rechte an einer *Seniorenwohnung* an Deszendenten ausgeschlossen ist (§ 12/3 MRG).

§ 12a MRG: *Eintritt eines Unternehmenserwerbers* in das Mietrecht des Veräußerers an jenem Objekt, in dem das Unternehmen betrieben wird. § 12a/5 MRG gestattet dem Mieter einer Geschäfträumlichkeit, das darin betriebene Unternehmen auch bei entgegenstehenden Vereinbarungen zu verpachten. Der Vermieter darf den Mietzins auf den angemessenen Betrag anheben (vgl auch § 38 UGB).

§ 14 MRG: Durch den **Tod des Mieters oder Vermieters** wird der Vertrag nicht aufgehoben. Der Ehegatte, der Lebensgefährte, Verwandte in gerader Linie und die Geschwister des verstorbenen Mieters sind berechtigt, in den Mietvertrag einzutreten, sofern sie ein dringendes Wohnbedürfnis haben und schon bisher im gemeinsamen Haushalt mit dem Mieter in der Wohnung gewohnt haben.

§ 16b MRG: Für künftige Ansprüche des Vermieters gegen seinen Mieter kann ersterer eine **Kaution** verlangen. Diese ist fruchtbringend auf einem Sparbuch bzw in einer gleich gut verzinsten und sicheren Form zu veranlagen. Im Falle der Insolvenz des Vermieters darf die Kaution für Ansprüche, die nicht im Zusammenhang mit dem Mietverhältnis stehen, nicht herangezogen werden.

§ 27 MRG: **Verbotene Vereinbarungen**, zB das Versprechen des neuen Mieters, dem früheren Mieter für die Aufgabe des Mietgegenstandes eine Leistung zu erbringen (**Ablöseverbot**). Wer derartige Leistungen erbringt, kann diese nach § 27/3 MRG samt Zinsen zurückverlangen.

179a   **Time-Sharing:** Bei dem im Teilzeitnutzungsgesetz (TNG) geregelten Time-Sharing erhält der Teilzeitnutzungsberechtigte gem § 2/1 TNG das für mehr als ein Jahr eingeräumte dingliche (zB Fruchtgenuss) oder obligatorische (zB Miete) Recht, ein bewegliches (zB Kreuzfahrtschiff) oder unbewegliches, zu Wohn- oder Beherbergungszwecken dienendes Nutzugsobjekt wiederkehrend während eines bestimmten Zeitraumes zu benützen. Dieses Recht kann sich auf ein bestimmtes Nutzungsobjekt oder auf mehrere Nutzungsobjekte, aus welchen der Teilzeitnutzungsberechtigte auswählen kann, beziehen. Das TNG gilt lediglich für Verbraucherverträge und lässt günstigere (gesetzliche) Bestimmungen unberührt. Abweichende Vereinbarungen zu Lasten des Verbrauchers sind jedoch unwirksam (§ 1/2 TNG). Für die Anwendbarkeit des TNG ist die dem Time-Sharing zugrunde liegende Rechtsform unmaßgeblich (§ 2/2 TNG). Es sieht für Teilzeitnutzungsverträge gewisse Formvorschriften und Mindestinhalte vor. Das TNG normiert ferner detaillierte **Informationspflichten** gegenüber den Teilzeitnutzungsberechtigten und gewährt ihnen gewisse **Rücktrittsrechte**. Der Lauf der Rücktrittsfristen kann dabei von der vollständigen Erfüllung der Informationspflichten abhängen (§ 6 TNG).

j) Dienstvertrag (§§ 1151 ff)

180   Der Dienstvertrag verpflichtet den Dienstnehmer zur **Arbeit „in persönlicher Abhängigkeit"**, nicht aber zur Herbeiführung eines bestimmten Erfolges (vgl Werkvertrag, Rz 166). Der Dienstgeber bestimmt die vertraglich geschuldete Leistung des Dienstnehmers (insb Arbeitsort, Arbeitszeit und das arbeitsbezogene Verhalten). Als ein Zeichen seiner persönlichen Abhängigkeit ist dieser zumeist in das Unternehmen des Dienstgebers eingegliedert. Die wichtigsten Bestimmungen über den Dienstvertrag befinden sich nicht mehr im ABGB, sondern in arbeitsrechtlichen Sondergesetzen (zB Angestelltengesetz, Arbeitskräfteüberlassungsgesetz, Arbeitnehmerschutzgesetz), die dem Arbeitnehmerschutzgedanken verpflichtet sind. Die meisten Bestimmungen sind zugunsten des Arbeitnehmers zwingend. Praktisch bedeutsam sind vor allem die Regeln über die Beendigung des Dienstvertrages (§ 20 AngG bestimmt etwa zwingende Mindestkündigungsfristen für den Dienstgeber; §§ 25, 26 AngG enthalten Regeln für die vorzeitige Auflösung ohne Kündigungsfrist, insb wichtige Gründe für die Entlassung). Die Vereinbarung einer **Konkurrenzklausel**, die auf eine Einschränkung der Erwerbstätigkeit des Angestellten für die Zeit nach Beendigung des Dienstverhältnisses abzielt, ist nur unter ganz bestimmten Voraussetzungen wirksam (§ 36 AngG: Der Angestellte darf nicht minderjährig sein; eine Beschränkung gilt nur für den Geschäftszweig des Dienstgebers und maximal für die Dauer eines Jahres; sie darf insgesamt keine unbillige Erschwerung des Fortkommens darstellen). Der Dienstgeber ist verpflichtet, dem Dienstnehmer unverzüglich nach Beginn des Dienstverhältnisses einen Dienstzettel auszuhändigen, welcher die wesentlichen Rechte und Pflichten aus dem Dienstvertrag zu enthalten hat (ua Name und Anschrift von Dienstgeber und Dienstnehmer, Beginn, vorgesehene Tätigkeit, Entgelt und dessen Fälligkeit, Dauer der Kündigungsfrist, Kündigungstermin; § 6 AngG). Dies gilt nach § 1164a auch für freie Dienstnehmer. Ein freier Dienstvertrag zeichnet sich durch die inhaltlich und persönlich unabhängige, weisungsfreie Erbringung von Leistungen durch den freien Dienstnehmer aus, ohne dass dieser in die Betriebsorganisation des Dienstgebers eingegliedert wäre. Soweit arbeitsrechtliche Vorschriften nicht vom persönlichen Abhängigkeitsverhältnis zwischen Dienstnehmer und Dienstgeber ausgehen, sind sie auch auf freie Dienstverträge anwendbar. Auch steuerrechtlich ist mittlerweile eine weitestgehende Gleichstellung von echten und freien Dienstnehmern erfolgt, zuletzt durch das Budgetbegleitgesetz 2009 (in Kraft seit 1.1.2010; Gewinnfreibeitrag und Lohnnebenkosten auch für freie Dienstnehmer).

Das AÜG regelt die **Arbeitskräfteüberlassung**, bei der sich ein Dienstnehmer seinem Dienstgeber gegenüber zur Dienstleistung an Dritte verpflichtet. Dabei wird er in die Organisation des Dritten eingegliedert und dessen Weisungen unterstellt. **180a**

k) Glücksvertrag (§§ 1267 ff)

Literaturauswahl: *Schwartz*, Strukturfragen und ausgewählte Probleme des österreichischen Glücksspielrechts (1998); *Grassl-Palten*, Zum Anwendungsbereich des § 1271 ABGB, FS F. Bydlinski (2002) 153; *Kunst*, Hausverlosungen im Internet, in *Feiler/Raschhofer* (Hg), Innovation und internationale Rechtspraxis, Praxisschrift für Wolfgang Zankl (2009) 495; *Friedl*, Spielverlust und culpa in contrahendo der Spielbank, ecolex 2009, 140; *Zankl*, Online-Gaming: Regulieren statt Monopolisieren, ecolex 2010, 310; *Zankl*, Online-Glücksspiel in Europa (2011); *Zankl*, Online-Gaming in Europe (2011).

Judikaturauswahl: 1 Ob 175/02w (Schadenersatz gegen Casinobetreiber wegen Spielverlusten); 4 Ob 135/07t (Erwerb bei Online-Versteigerung kein Glücksvertrag); 3 Ob 158/08v (Spielverlust und culpa in contrahendo der Spielbank); 2 Ob 252/09m (Verfassungswidrige Beschränkung des Ersatzes auf das Existenzminimum eines Spielers).

180b „Ein Vertrag, wodurch die Hoffnung eines noch ungewissen Vorteiles versprochen und angenommen wird, ist ein Glücksvertrag" (§ 1267). Dazu gehören gem § 1269 insb die Wette, das Spiel und das Los, aber zB auch Leibrentenverträge (§§ 1284 ff: Leistung gegen Rente auf Lebensdauer) und Versicherungsverträge (§§ 1288 ff, sondergesetzlich geregelt im VersVG).

Charakteristisch ist jeweils, dass mit dem Vertragsabschluss Risken („ungewisse Vorteile") verbunden sind. Bei der Teilnahme an Wetten, Spielen und Lotterien (*Glücksverträge ieS*) steht das aleatorische Element (Unterhaltung) im Vordergrund, bei den anderen Formen (*Glücksverträge iwS*) zumeist wirtschaftliche Zwecke (idR Versorgung), die Anfechtung wegen laesio enormis ist in beiden Fällen ausgeschlossen (§ 1268), die Berufung auf Wucher hingegen möglich (Rsp).

Glücksverträge sind im Allgemeinen unerlaubt und strafbar, soweit sie sich auf **Spiele** beziehen, bei denen Gewinn und Verlust ausschließlich oder vorwiegend vom Zufall abhängen (solche Spiele unterliegen grundsätzlich dem Glücksspielmonopol, s unten), es sei denn, dass bloß zu gemeinnützigen Zwecken oder bloß zum Zeitvertreib und um geringe Einsätze gespielt wird (§ 168 StGB). Auch wenn ein Spiel aber erlaubt ist, können Gewinne nur dann gerichtlich geltend gemacht werden, wenn die Einsätze tatsächlich geleistet oder hinterlegt worden sind, ansonsten entstehen nur Naturalobligationen (§ 1271). Unerlaubte Glücksverträge sind nichtig (§ 879), so dass die Einsätze zurückverlangt werden können.

Wetten und Spiele werden zivilrechtlich gleich behandelt (§ 1272). Kennt der Gewinner einer Wette deren Ausgang und verschweigt dies dem Anderen, ist die Wette ungültig. Umgekehrt wird der Verlierer als Geschenkgeber betrachtet, wenn er wusste, dass seine „Behauptung" falsch ist und er die Wette daher verlieren wird (§ 1270).

Auch *Lotterien* unterliegen grundsätzlich dem Glücksspielmonopol. Die Gewinne sind einklagbar (vgl § 1274 iVm dem GSpG, dazu unten). Verlosungen zwischen Privatpersonen werden wie Wetten und Spiele behandelt. Soll aber „eine Teilung, eine Wahl oder eine Streitigkeit durch das Los entschieden werden, so treten dabei die Rechte der übrigen Verträge ein" (§ 1273). Können sich also zB die Parteien eines Kaufvertrages nicht darüber einigen, ob die verkaufte Sache mangelhaft ist, und werfen sie deshalb eine Münze, so kommen (je nach Ausgang) die Regeln des Anerkenntnisses oder des Verzichts und der kaufvertraglichen Gewährleistung zum Tragen. Die in letzter Zeit verbreiteten Hausverlosungen sind nach Ansicht des BMF zulässig, soweit dies nur einmalig, insb also nicht gewerblich erfolgt. Nach anderer Ansicht handelt es sich um verbotene Glücksverträge, weil keine Ausnahme vom Glücksspielmonopol (s unten), sondern ein Verstoß gegen § 168 StGB vorliegt (s oben).

Glücksspiele, bei denen Gewinn oder Verlust ausschließlich oder vorwiegend vom Zufall abhängig sind, unterliegen grundsätzlich dem *Glücksspielmonopol* (Ausnahme zB für Glücksspiele, die nicht in Form einer Ausspielung durchgeführt werden, wenn kein Bankhalter mitwirkt oder der Einsatz 0,50

Euro nicht übersteigt). Das Monopol ist dem Bund vorbehalten (§§ 1, 3 GSpG). Dies wird zunehmend kritisiert, da an der Casinos Austria AG überwiegend private Shareholder beteiligt sind, Monopole die (europäische) Dienstleistungsfreiheit behindern und – mangels gegenseitiger Kontrolle von Mitbewerbern – die Rechtssicherheit beeinträchtigen (s Rz 3a).

l) Bauträgervertragsgesetz – BTVG

Literaturauswahl: *Kühnelt*, Zur Reform des Bauträgerrechtes – Möglichkeiten der Leistungssicherung durch Treuhand, GedS Hofmeister (1996) 337; *Degelsegger*, Das Bauträgervertragsgesetz – ein Überblick, wobl 1997, 1; *Gartner*, Der Treuhänder nach Bauträgervertragsgesetz – Haftungen und Risiken, immolex 2002, 265; *Kallinger*, Definition, Rechte und Pflichten des Bauträgers, immolex 2002, 259.

Judikaturauswahl: 4 Ob 56/03v (Bestandteile des Fixpreises iSd BTVG); 5 Ob 193/10h (Freistellungsverpflichtung beim grundbücherlichen Sicherungsmodell).

Dieses am 1.1.1997 in Kraft getretene, zuletzt mit BGBl 2008/56 modifizierte Bundesgesetz findet Anwendung auf Verträge über „den Erwerb des Eigentums, des Wohnungseigentums, des Baurechts, des Bestandrechts oder eines sonstigen Nutzungsrechts einschließlich Leasings an zu errichtenden oder durchgreifend zu erneuernden Gebäuden, Wohnungen oder Geschäftsräumen" (§ 2/1 BTVG). Es regelt insb die **Verpflichtung des Bauträgers** (= derjenige, der sich verpflichtet, dem Erwerber die Rechte einzuräumen) gegenüber dem Erwerber zur Sicherung der von diesem auf Grund des Bauträgervertrages (auch für Sonder- oder Zusatzleistungen) geleisteten Zahlungen vor Verlust für den Fall der Nichtfertigstellung des Objekts (§§ 7 ff BTVG). **181**

Weitere Bestimmungen: **182**

§ 3: Erfordernis der **Schriftform**; § 4: inhaltliche Mindesterfordernisse (zB mit Plänen und Baubeschreibungen bezeichneter Vertragsgegenstand, Preis sowie Beträge für Sonder- oder Zusatzleistungen und deren Fälligkeit, spätester Übergabetermin, zu übernehmende Lasten); §§ 5 ff: Regelung der besonderen gesetzlichen Rücktrittsrechte des Erwerbers und der zulässigen (beschränkten) vertraglichen **Rücktrittsrechte des Bauträgers**; §§ 7 ff: **Sicherung** des Erwerbers (zB gegen Verlust der von ihm aufgrund des Bauträgervertrages – auch für Sonder- oder Zusatzleistungen – geleisteten Zahlungen, wenn die Fertigstellung unterbleibt), die durch schuldrechtliche, grundbücherliche und pfandrechtliche Sicherungsmaßnahmen erfolgen kann; § 12: Verpflichtung zur Bestellung eines **Treuhänders** (Belehrung des Erwerbers und Überwachung der Sicherungspflicht des Bauträgers); § 14: Der Erwerber kann alle Leistungen, die er (oder der Treuhänder für ihn) entgegen den Bestimmungen des BTVG erbracht hat, zurückfordern; für Rückforderungsansprüche hat der Bauträger 8 % Zinsen über dem Basiszinssatz zu zahlen.

II. Gesetzliche Schuldverhältnisse

1. Schadenersatzrecht

a) Allgemeines

Literaturauswahl: *Koziol*, Ein europäisches Schadenersatzrecht – Wirklichkeit und Traum, JBl 2001, 29; *Griss*, Der Entwurf eines neuen österreichischen Schadenersatzrechts, JBl 2005, 273; *Koziol*, Die Vereinheitlichung der Gefährdungshaftung in Europa, FS Michalek (2005) 217; *G. Wagner*, The project of harmonizing European tort law, (2005) 42 CML Rev. 1269; *Griss/Kathrein/Koziol* (Hg), Entwurf eines neuen österreichischen Schadenersatzrechts (2006); *Reischauer/Spielbüchler/Welser* (Hg), Reform des Schadenersatzrechts II (2006); *Schmidt-Kessel*, Reform des Schadenersatzrechts I (2006); *Koziol*, Gedanken zum privatrechtlichen System des Rechtsgüterschutzes, FS Canaris I (2007) 631; *Schauer*, Entwurf eines neuen österreichischen Schadenersatzrechts, JRP 2006, 276; *derselbe*, Die Reduktionsklausel im Entwurf des österreichischen Schadenersatzrechts, NZ 2007, 129; *Kletečka*, Punitive damages – der vergessene Reformpunkt? ÖJZ 2008, 785; *Reischauer*, Schadenersatzreform – Verständnis und Missverständnisse, JBl 2009, 405, 484.

183   Grundsätzlich hat jeder seinen Schaden selbst zu tragen (§ 1311 Satz 1); nur wenn besondere Gründe vorliegen (Zurechnungsgründe), kann der Schaden einem anderen zugerechnet, also von diesem ersetzt verlangt werden. Das Schadenersatzrecht regelt die Voraussetzungen der **Schadensüberwälzung**:

aa) Zurechnungsgründe

aaa) Schaden

Literaturauswahl: *Koziol*, Die Beeinträchtigung fremder Forderungsrechte (1967), *Apathy*, Der Ersatz von Kosten eines Reservefahrzeuges, ZVR 1989, 257; *Lewisch*, Wirtschaftliche Betrachtungsweise und Vermögensschaden beim Betrug, RdW 1990, 369; *Ch. Huber*, Fragen der Schadensberechnung[2] (1995); *Koziol*, Delikt, Verletzung von Schuldverhältnissen und Zwischenbereich, JBl 1994, 209; *Lukas*, Von liquidierbaren Drittschäden, anzurechnenden Vorteilen und unechten Gesamtschulden, JBl 1996, 481, 567; *Riedler*, Verstärkter Senat zum Verjährungsbeginn im Schadenersatz, ecolex 1996, 87; *Ch. Huber*, Betriebsreservekosten – Einordnung in das Schadenersatzrecht, ecolex 1997, 77; *Karner*, Die Neuregelung des Ersatzes ideeller Schäden bei geschlechtlichem Missbrauch, JBl 1997, 685; *Ch. Huber*, Abkehr von der Zuerkennung fiktiver Heilungskosten – ein weiterer Meilenstein der Annäherung von Rechtsprechung und Lehre, ZVR 1998, 74; *Ch. Rabl*, Schadenersatz wegen Nichterfüllung (1998); *Eigner*, Konkrete Schadensberechnung von Betreuungsleistungen, JAP 1999/00, 79; *Hirsch*, Arzthaftung infolge unerwünschter Geburt eines Kindes, RdM 1999, 163; *Karner*, Rechtsvergleichende Überlegungen zur österreichischen Neuregelung des Ausgleiches ideeller Schäden bei geschlechtlichem Mißbrauch, ZEuP 1999, 318; *Schwarzenegger/Thunart*, Was kommt nach den fiktiven Heilungskosten? ÖJZ 2001, 673; *Koziol*, Die Bereicherung des Schädigers als schadenersatzrechtliches Zurechnungselement? FS F. Bydlinski (2002) 175; *derselbe*, Die Bedeutung des Zeitfaktors bei der Bemessung ideeller Schäden, FS Hausheer (2002) 597; *Schobel*, Ersatzfähigkeit reiner Trauerschäden, RdW 2002, 206; *F. Bydlinski*, Die „Umrechnung" immaterieller Schäden in Geld, Liber Amicorum Widmer (2003) 27; *Prisching*, Immaterieller Schadenersatz in Österreich und den USA (2003); *Schobel*, Der Ersatz frustrierter Aufwendungen (2003); *van Boom/Koziol/Witting* (eds.), Pure Economic Loss (2004); *Wukoschitz*, Schadenersatz wegen „entgangener Urlaubsfreude", ecolex 2003, 891; *P. Bydlinski*, Geld statt Urlaubsfreude nun auch in Österreich – zwei Fragen zum neuen § 31e Abs 3 KSchG, JBl 2004, 66; *Kasper*, „Seelische Schmerzen" – Richtlinien zur Praxis der Begutachtung, RdM 2004, 137; *Koziol*, Schadenersatz für reine Vermögensschäden, JBl 2004, 273; *Krejci/W. Brandstetter*, Verlust verbotener Vorteile als ersatzfähiger Schaden? ecolex 2004, 520; *Lukas*, Schadenersatz bei Verletzung der Privatsphäre, RZ 2004, 33; *Ch. Huber*, Aktuelle Fragen des Sachschadens, ÖJZ 2005, 161, 211; *Schauer*, Der immaterielle (ideelle) Schaden im österreichischen Recht – Grundlagen und aktuelle Entwicklungen, in *Bejcek/Pokorná* (Hg), Sborník přispevu z konference studentu doktorského studijního programu „obchodní právo" na téma ODPOVEDNOST ZA SKODU (2005) 16; *Wukoschitz*, Der Ersatz für entgangene Urlaubsfreude nach § 31e Abs 3 KSchG, in *Saria* (Hg), Reise ins Ungewisse – Reiserecht in einem geänderten Umfeld (2005) 145; *Hinghofer-Szalkay/Hirsch*, Die Ersatzfähigkeit immaterieller Schäden bei Geburt eines unvorhergesehenen behinderten Kindes, RdM 2008, 136; *Christandl/Hinghofer-Szalkay*, Beeinträchtigung der Entfaltungsmöglichkeiten der Person als ersatzfähiger immaterieller Schaden, ZfRV 2008, 82; *dieselben*, Sinn und Funktion einer gesetzlichen Erheblichkeitsschwelle im Nichtvermögensschadensrecht, JBl 2009, 284; *Apathy*, Drittschadensliquidation, JBl 2009, 69; *Wilhelm*, Der „unbekannte objektive Schaden": Zur Berechnung der Anlegerschadens, ecolex 2011, 891.

Judikaturauswahl: 1 Ob 315/97 (verst Senat – entgangene Geldanlagezinsen als positiver Schaden); 10 Ob 342/97k („Stirb langsam, Baby"); 2 Ob 317/00g (Geburt eines behinderten Kindes als Schaden – Arzthaftung); 2 Ob 104/05s (Kostenertragung des Ersatzautos durch den Schädiger); 3 Ob 127/05f (Ersatz für außergerichtliche Betreibungskosten gem § 1333); 10 Ob 142/05p (Drittschadensliquidation – Frachtvertrag); 6 Ob 231/08a (Erheblichkeitsschwelle für Schadenersatz wegen entgangener Urlaubsfreude); 6 Ob 148/08w (keine Arzthaftung nach Geburt von Drillingen anstelle von Zwillingen); 2 Ob 133/09w (Ersatz frustrierter Reisekosten); 1 Ob 19/10s (Haftung für Schiunfall auf Geschwindigkeitsmessstrecke); 6 Ob 8/11m (Fehlerhafte Anlageberatung); 9 Ob A 115/10t (Kein Schadenersatzanspruch bei diskriminierender Beendigung nach GlBG aF); 1 Ob 46/11p (Berechnung des Wertes volatiler Wertpapiere); 9 Ob A 132/10t (Schadenersatz bei Mobbing).

Unterscheide im Einzelnen:

- ***Vermögensschaden*** (Nachteil an vermögenswerten Gütern): zB finanzielle Nachteile durch wettbewerbswidriges Verhalten eines Konkurrenten, Beschädigung einer Sache,   **184**
  - ***reiner Vermögensschaden*** (ohne Verletzung absolut geschützter Güter): zB Nachteile durch Fehlinformation oder Fehlverhalten;

    A erhält von B einen „heißen Börsentipp", der sich aber in der Folge als falsch erweist. A erleidet zwar keinen Schaden an absolut geschützten Gütern (Eigentum, Freiheit, Leben), aber eben am Vermögen.

    Reine Vermögensschäden werden bei vertraglicher Haftung nach allgemeinen Grundsätzen (schon bei leichter Fahrlässigkeit), bei deliktischer Haftung hingegen nur ausnahmsweise ersetzt (zB bei Schutzgesetzverletzung iSd § 1311 zweiter Satz, sittenwidriger Schädigung nach § 1295/2 oder als Folge der Verletzung absolut geschützter Güter), um eine völlige Ausuferung der Haftung zu vermeiden. Denn wären auch bloße Vermögenspositionen umfassend geschützt, müsste zB derjenige, der einen Opernsänger durch fahrlässige Verletzung an seinem Auftritt hindert, allen Opernbesuchern, den Orchestermusikern, dem Konzertveranstalter, den Garderobefrauen, aber auch den Taxifahrern ihren wegen Entfalls der Opernvorstellung entstandenen Vermögensschaden ersetzen. Entsprechend führt auch die Beeinträchtigung fremder Forderungsrechte nur bei wissentlicher Verleitung zum Vertragsbruch und bei Offenkundigkeit („Besitzverstärkung") zu einem Ersatzanspruch (Rz 191).

– *realer Schaden* (direkte Veränderung an vermögenswerten Gütern):

zB abgebrochene Pedale eines Fahrrades, zerkratzte Windschutzscheibe eines Autos.

• *immaterieller (ideeller) Schaden* (Nachteil an nicht vermögenswerten Gütern): zB Schmerzen, Trauer. Zu den grundsätzlich nur bei grobem Verschulden zu ersetzenden *immateriellen Schäden* gehören auch **Beeinträchtigungen der Privatsphäre** (Rz 207a) und *„entgangene Urlaubsfreuden"* (Rz 170; Höhe des Anspruchs ua je nach Verschuldensgrad). Auch *„fiktive Mietwagenkosten"* sind ideelle Schäden, weil der Geschädigte sie nicht tatsächlich aufwendet, sondern nur dadurch geschädigt ist, dass er um die Gebrauchsmöglichkeit des beschädigten Fahrzeugs kommt, die aber kein selbständiger Vermögenswert und daher nicht ersatzfähig ist (einem Ersatz zugänglich sind sog *frustrierte Aufwendungen*, das sind während des Ausfalls des Kfz nutzlos gewordene Aufwendungen, wie etwa Versicherungsprämien, wobei die Rsp hier eher restriktiv ist). Auch die *„fiktiven Heilungskosten"* (wenn also zB jemand stirbt, bevor er sich einer durch einen Unfall erforderlichen Operation unterziehen lassen kann) zählen nach neuester Rsp zu den immateriellen Schäden und sind daher grundsätzlich nicht zu ersetzen. Wohl aber gewährt die Judikatur bei sog „Schockschäden" Ersatz bei rein seelischen Schmerzen aufgrund der **Tötung naher Angehöriger** (Rz 206). Alles in allem ist daher ein zunehmender „Trend" zum Ersatz ideeller Schäden zu beobachten. Gesetzlich angeordnet ist der Ersatz von immateriellen Schäden in §§ 1325, 1328, 1328a, 1329, 1331, zT 1326 und in § 31e Abs 3 KSchG.

• *positiver Schaden* (vorhandenes Vermögen wird verringert: Der Geschädigte kommt um das, was er *hatte*) und **entgangener Gewinn** (Vermögensvermehrung wird verhindert: Der Geschädigte kommt um das, was er *hätte*). Ersatz des entgangenen Gewinns nur bei grober Fahrlässigkeit und Vorsatz (§§ 1323 f). Eine Ausnahme existiert allerdings für **Geschäfte unter Unternehmern**: Gem § 349 UGB gebührt Ersatz des entgangenen Gewinns auch bei leicht fahrlässiger Schädigung, wenn beide Vertragspartner Unternehmer (auf Dauer angelegte Organisation selbständiger wirtschaftlicher Tätigkeit, Rz 241) sind. Ist der Ersatz auf den positiven Schaden beschränkt, spricht man von **eigentlicher Schadloshaltung**, umfasst er hingegen auch den entgangenen Gewinn, verwendet man den Begriff der **vollen Genugtuung**.

- *Nichterfüllungsschaden* (*positives Interesse*; entsteht durch Nichterfüllung einer vertraglichen Verbindlichkeit: Dem Geschädigten entgeht das „Erfüllungsinteresse") und *Vertrauensschaden* (*negatives Interesse*; entsteht durch Vertrauen auf die Gültigkeit eines Vertrages, der aber in Wirklichkeit ungültig ist oder nicht zustande kommt: Der Geschädigte macht nutzlose Aufwendungen). Ein Interesse daran, dass ein konkreter Vertrag erfüllt wird (Erfüllungsinteresse), gibt es nur dann, wenn dieser wirtschaftlich günstig war, jemand also zB eine Sache, die € 100,– wert ist, um € 90,– gekauft hat (Nichterfüllungsschaden = € 10,–). Der Ersatz des Vertrauensschadens wird durch das *hypothetische Erfüllungsinteresse* begrenzt, weil der Geschädigte sonst besser stünde als bei gültigem Vertrag.

    Beispiel: A hat vom falsus procurator, der den Vertrauensschaden zu ersetzen hat, s oben, eine Sache, die € 100.000,– wert ist, um € 90.000,– gekauft, dafür aber Transportkosten von € 20.000,– aufgewendet. Letztere bilden den Vertrauensschaden, der aber eben mit € 10.000,–, dem hypothetischen Erfüllungsinteresse, begrenzt wird.

Der *Schaden* wird bei leichter Fahrlässigkeit *objektiv (abstrakt)* berechnet, **185** indem auf den (gemeinen) Wert der beschädigten Sache abgestellt und dieser vor und nach Beschädigung verglichen wird (§ 1332; der gemeine Wert einer Sache entspricht deren Wiederbeschaffungswert/Kosten der Neuherstellung). Bei grober Fahrlässigkeit oder Vorsatz kann auch *subjektiv (konkret) berechnet* werden (Wahlmöglichkeit), indem man (im Beurteilungszeitpunkt) den Wert des unversehrten und des beeinträchtigten Vermögensguts im Vermögen des Geschädigten heranzieht (Differenzmethode: „vorher – nachher"). Bei qualifiziertem Vorsatz (*dolus coloratus*), dh bei Schadenszufügung durch strafbare Handlung, aus Mutwillen oder Schadenfreude, gebührt auch der Wert der besonderen Vorliebe (§ 1331).

bbb) Kausalität

Literaturauswahl: *F. Bydlinski*, Probleme der Schadensverursachung (1964); *Apathy*, Der Ersatz von Kosten eines Reservefahrzeuges, ZVR 1989, 257; *Ch. Huber*, Betriebsreservekosten – Einordnung in das Schadenersatzrecht, ecolex 1997, 77; *Schobel*, Hypothetische Verursachung, Aliud-Verbesserung und Schadensteilung, JBl 2002, 771; *Riss*, Hypothetische Kausalität, objektive Berechnung reiner Vermögensschäden und Ersatz verlorener Prozesschancen, JBl 2004, 423; *Leitner*, Kumulative Kausalität mit Zufall – Kritik an 6 Ob 163/05x, ecolex 2006, 278; *Koziol*, Wegdenken und Hinzudenken bei der Kausalitätsprüfung, RdW 2007, 12; *Winiger/Koziol/B. A. Koch/R. Zimmermann* (eds.), Digest of European Tort Law, Vol. I: Essential Cases on Natural Causation (2007); *Limberg*, Ersatz des durch Schandensbegrenzung(-sversuche) verursachten Folgeschadens; Zak 2008, 428; *Bumberger*, Überholende Kausalität und „Anlageschaden", JBl 2009, 247; *Kletečka*, Alternative Verursachungskonkurrenz mit dem Zufall – Die Wahrscheinlichkeit als Haftungsgrund? JBl 2009, 137; *A. Hofmann*, Kausalitätserfordernis und „positive -Anlagestimmung" bei der Haftungs für fehlerhafte Kapitalmarktinformationen, GES 2011, 317.

Judikaturauswahl: 2 Ob 155/97a (Auffahrunfall); 7 Ob 238/07m (Anlageschaden – überholende Kausalität); 1 Ob 243/07b (Schadenersatz bei später durch Dritte verursachter Zerstörung des mangelhaften Werks); 4 Ob 75/08w (Arzthaftung – summierte Kausalität iZm Vorschädigung); 1 Ob 1/09t (Summierte Kausalität und keine Gehilfenzurechnungsproblematik); 4 Ob 136/11w (Anlegerschaden):

186   Der Schädiger muss den Schaden verursacht haben. Um dies festzustellen, prüft man (im Sinne der *Äquivalenztheorie*), ob sein rechtswidriges Verhalten eine „conditio sine qua non" (notwendige Bedingung) für den Schadenseintritt war: Wäre der Schaden bei „Wegdenken" des rechtswidrigen Verhaltens nicht eingetreten, ist die Kausalität gegeben. Liegt das rechtswidrige Verhalten in einer Unterlassung, so muss das rechtmäßige Verhalten „hinzugedacht" und überprüft werden, ob der Schaden entfallen wäre.

Es gibt mehrere Sonderfälle: Unterschiedliche Ereignisse kommen als mögliche Ursache eines Schadens in Betracht:
*   *alternative Kausalität*: A und B haben sich rechtswidrig und schuldhaft verhalten, man weiß aber nicht, wessen Verhalten ursächlich war (sowohl A als auch B haben sich heimlich Zugang zum PC des C verschafft, wodurch bei C ein Virus eingeschleust wurde; es lässt sich nicht mehr herausfinden, von wem dieser stammt) – Lösung: solidarische Haftung.
*   *kumulative Kausalität*: Es steht fest, dass sowohl die Programme von A als auch von B verseucht waren, so dass jeder auch ohne den anderen den Schaden verursacht hätte – Lösung: solidarische Haftung.
*   *überholende Kausalität*: A verschafft sich Zugang, wodurch der Virus eingeschleust wurde, später bricht B ein, wodurch es ebenfalls zum Virenbefall gekommen wäre – Lösung strittig: nach der Judikatur Haftung des ersten (realen) Schädigers, in der Literatur zT solidarische Haftung.
*   weitere Fälle: *psychische Kausalität* (jemand regt zB zur Selbstschädigung an, indem er in einem Chatroom zum Selbstmord aufruft; eigentlich kein Kausalitäts-, sondern Rechtswidrigkeitsproblem, Haftung nur nach Maßgabe umfassender Interessenabwägung, zB – wie im Bsp – bei besonderer Missbilligung des ersten Verhaltens), *minimale Kausalität* (zB bei rechtswidrigem Streik, Haftung der Einzelnen für den Produktionsausfall nur nach Anteilen, nicht solidarisch).

187   Selbst wenn die Kausalität feststeht, unterbleibt die Zurechnung, wenn der konkrete Schaden eine inadäquate Folge des rechtswidrigen Verhaltens war (*Adäquanztheorie*), wenn er also nur infolge einer Verkettung von Umständen eingetreten ist, die außerhalb jeder Lebenserfahrung liegen.

Beispiel: Jemand erleidet vor Ärger einen Herzinfarkt, weil sein Frühpensionsantrag (zu Unrecht) abgewiesen wurde – keine Haftung des Versicherungsträgers (Rsp).

ccc) Rechtswidrigkeit

Literaturauswahl: *Koziol*, Die Beeinträchtigung fremder Forderungsrechte (1967); *Schilcher/Holzer*, Der schadenersatzrechtliche Schutz des Traditionserwerbers bei Doppelveräußerung von Liegenschaften, JBl 1974, 446, 512; *Welser*, Der OGH und der

Rechtswidrigkeitszusammenhang, ÖJZ 1975, 1, 37; *derselbe*, Die Haftung für Rat, Auskunft und Gutachten (1983); *Lewisch*, Altes und Neues zur Notwehr, JBl 1990, 772; *Karollus*, Funktion und Dogmatik der Haftung aus Schutzgesetzverletzung (1992); *Resch*, Schadenersatz und Mitverschulden des Dienstnehmers bei Nichtanmeldung zur Sozialversicherung, JBl 1995, 24; *Bollenberger*, Drittschaden bei obligatorischer Gefahrenverlagerung, JBl 1997, 284; *Thoss*, Schadenersatzansprüche von Eigentümer und Anwartschaftsberechtigtem bei Verletzung des Vorbehaltsguts durch Dritte, JBl 2003, 277; *Lukas*, Schadenersatz bei Verletzung der Privatsphäre, RZ 2004, 33; *Riss*, Schadenersatz bei Spielsucht – Nicht immer gewinnt die Bank, RdW 2005, 7; *Höllwerth*, „Hals- und Beinbruch" beim Sporttraining, JBl 2006, 568; *Grüblinger*, „Wrongful birth" – A never ending story?; Zak 2008, 143; *Häckel*, Schadenersatz infolge Foulspiels beim Fußball, Zak 2008, 183; *Apathy*, Drittschadensliquidation, JBl 2009, 69.

Judikaturauswahl: 2 Ob 153/98h (1 Liter Bier ohne Führerschein – Interessenabwägung); 2 Ob 155/97a (Auffahrunfall); 8 Ob 253/00i (Zumutbare Sicherungsmaßnahmen durch Gastwirte); 2 Ob 71/02h (Änderung eines Schutzgesetzes); 6 Ob 267/02m (Durchbrechung der ärztlichen Verschwiegenheitspflicht); 3 Ob 221/02z (Tod klagt auf Schadenersatz); 2 Ob 109/03y (Verletzung beim Judotraining); 5 Ob 112/04p (Ansprüche eines „Spielers" gegen Casino – § 25 GSpG); 6 Ob 76/05b (Handeln auf eigene Gefahr – Eislaufplatz); 1 Ob 125/05x (Beeinträchtigung eines fremden Forderungsrechts); 3 Ob 81/06t (Fußball: „Hineinrutschen" als typischer Regelverstoß); 1 Ob 255/06s (Kfz-Begutachtungspflicht als Schutzgesetz – § 57a KFG); 3 Ob 252/07s (Schutzpflichten der Bank); 7 Ob 166/09a (Geschäftsführerhaftung); 4 Ob 192/10d (Keine schadenersatzrechtliche Haftung des Subunternehmers gegenüber Bauherrn); 4 Ob 62/11p (Haftung des Anlageberaters – Zur Reichweite des Rechtswidrigkeitszusammenhangs); 9 Ob 57/10p (Doppelveräußerung).

Je nachdem, ob sich die Rechtswidrigkeit aus einem Verstoß gegen einen **188** Vertrag oder gegen sonstige Gebote oder Verbote der Rechtsordnung ergibt, unterscheidet man zwischen **Haftung ex contractu** (vertraglich) und **Haftung ex delicto** (deliktisch). In beiden Fällen kann (auch ohne Verschulden, dazu Rz 192 ff, bei Vorliegen einer Begehungs- bzw Wiederholungsgefahr) die Unterlassung von (weiteren) Schädigungen verlangt werden.

Deliktisch haftet, wer gegen absolute Rechte (zB Eigentum, körperliche Integrität, Freiheit; Eingriff indiziert die Rechtswidrigkeit bloß, im Einzelfall sind die Interessen des Eingreifenden und des Geschädigten abzuwägen), Schutzgesetze (§ 1311, zB StVO, StGB), gegen die guten Sitten (§ 1295/2; bei Absichtlichkeit) oder gegen Verkehrssicherungspflichten (s sogleich unten) verstößt. Unter Schutzgesetzen werden jene Rechtsvorschriften verstanden, die bestimmten gefährlichen Verhaltensweisen vorzubeugen versuchen und diese daher verbieten, ohne Rücksicht darauf, ob diese in concreto gefährlich sind (*abstrakte Gefährdungsverbote*; zB viele Vorschriften der StVO, § 158 StGB – Gläubigerbegünstigung; § 69 IO – Insolvenzverfahrensantragspflicht). Die Haftung bei Schutzgesetzverletzung erfordert Verschulden, das sich allerdings nur auf die Verletzung des Schutzgesetzes selbst, nicht aber auch auf den schädigenden Erfolg beziehen muss (außer wenn bei grobem Verschulden „volle Genugtuung" iSd §§ 1323f verlangt wird). Weiters ist der Beweis des Kausalzusammenhanges durch den Prima-facie-Beweis (bei Eintritt des gerade durch das Schutzgesetz zu verhindernden Schadens) erleichtert. Vereinzelt und bedenklicherweise kommt es vor, dass Bestimmungen inhaltlich Schutzgesetze

155

sind (zB § 56 Abs 1 Satz 1 GSpG, der dem Glücksspielmonopolisten bei seinen Werbeauftritten einen verantwortungsvollen Maßstab auferlegt), die Geltendmachung von Schadenersatzansprüchen nach § 1311 aber ausgeschlossen wird (§ 56 Abs 1 Satz 2 und 3 GSpG).

Vertraglich haftet, wer gegen die Haupt- oder Nebenleistungspflichten (auch Schutz- und Sorgfaltspflichten) eines Vertrages oder gegen ein vorvertragliches Schuldverhältnis (welches durch Kontaktaufnahme potenzieller Vertragspartner entsteht; Rz 127) verstößt. Die Besonderheit der Vertragshaftung liegt darin, dass sie – weil man vom (potenziellen) Vertragspartner auch Vorteile erlangt oder erhofft – diesem gegenüber Pflichten begründet, die gegenüber der Allgemeinheit (deliktisch) nicht bestehen (eine gewisse Ausnahme gilt aber bei den *Verkehrssicherungspflichten*, die auch deliktisch jeden treffen, der einen Verkehr eröffnet oder eine Gefahrenquelle erzeugt: Er hat auch die Allgemeinheit vor damit zusammenhängenden Schäden zu bewahren, zB wenn Dateien im Internet zum Downloaden zur Verfügung gestellt werden – Virenfreiheit oder zumindest entsprechende Warnung; die Haftung des Betreibers einer gehackten Internetseite zB für Datenverluste von Mitarbeitern oder Kunden, vgl dazu den Fall „Data Breach" auf checkmycase.com, hängt hingegen nicht mit Verkehrssicherungspflichten, sondern damit zusammen, dass den erwähnten Personen gegenüber vertraglich gehaftet wird; zu Informationspflichten bei *Data Breach* = Datenverletzung s § 24/2a DSG und § 95a TKG).

Mit den speziellen (strengeren) Pflichten gegenüber (potenziellen) Vertragspartnern hängen folgende *Besonderheiten der Vertragshaftung* zusammen:
- Beweislastumkehr für Verschulden (§ 1298; Rz 192)
- Haftung für Erfüllungsgehilfen (§ 1313a; Rz 194)
- Haftung auch für reine Vermögensschäden (dazu oben Rz 184).

Manchmal wird die Vertragshaftung als zu streng angesehen und interpretativ (zB bei Haftung für Fehlinformation im Internet gem § 1300, s Rz 201) oder sondergesetzlich entschärft, zB im Interesse des Dienstnehmers durch das DHG (s Rz 214) oder im Interesse des Glücksspielmonopolisten durch das GSpG (vgl etwa die Beschränkung des Vermögensschadens auf das Existenzminimum, wenn bestimmte Pflichten gegenüber dem Spieler verletzt wurden, § 25 Abs 3 GSpG).

189   Die Rechtswidrigkeit fehlt insb bei Notwehr (notwendige Abwehr eines gegenwärtigen oder unmittelbar drohenden rechtswidrigen Angriffs auf Leben, Gesundheit, körperliche Unversehrtheit, Freiheit oder Vermögen von sich oder einem Dritten), rechtfertigendem Notstand (angemessene Abwehr eines gegenwärtigen oder unmittelbar drohenden bedeutenden Nachteils durch Eingriff in minderwertige Rechtsgüter eines unbeteiligten Dritten; Interessenabwägung) und bei Einwilligung des Verletzten (die allerdings nur in gewissen Grenzen, insbesondere bei Vermögensrechten wirksam, sonst sittenwidrig ist). Trotz rechtswidrigen Verhaltens haftet der Schädiger nicht, wenn der herbeigeführte

Erfolg außerhalb des Schutzzwecks der Norm liegt, es fehlt dann der *Rechts-widrigkeitszusammenhang* (zB Frontalzusammenstoß mit einem Auto, dessen Bremslichter nicht funktionieren; es ist zwar rechtswidrig, in diesem Zustand zu fahren, der Unfall hat damit aber nichts zu tun; Zweck der Norm, die es verbietet, ohne funktionierende Bremslichter zu fahren, ist es, Auffahrunfälle, nicht aber, Frontalzusammenstöße zu vermeiden). Der konkrete Schutzzweck einer Norm ist mittels Auslegung im Einzelfall zu ermitteln. Abgelehnt wird eine Ersatzpflicht weiters, wenn der Schaden auch im Falle eines *rechtmäßi-gen Alternativverhaltens*, dh wenn sich der Täter rechtmäßig verhalten hätte, nicht ausgeblieben wäre.

Aus ähnlichen Gründen (fehlender Rechtswidrigkeitszusammenhang) sind **190** zB auch *„Drittschäden"*, das sind vor allem solche, die nicht beim Eigentümer einer beschädigten Sache, sondern bei einem Dritten infolge der Eigentums-verletzung eingetreten sind, grundsätzlich nicht zu ersetzen.

Beispiel: A beschädigt schuldhaft das Auto des B, das zwei Wochen repariert wird, so dass B während dieser Zeit auch nicht tankt. Der Besitzer der Tankstelle C, bei der dies idR geschieht, hat keinen Anspruch wegen des Verdienstausfalls gegen A.

Nicht rechtswidrig ist grundsätzlich auch die *Beeinträchtigung fremder* **191** *Forderungsrechte* – zB bei Doppelverkauf einer Liegenschaft: Haftung des zweiten Käufers gegenüber dem ersten grundsätzlich nur bei wissentlicher Ver-leitung zum Vertragsbruch (Koziol), es sei denn, das Forderungsrecht ist „be-sitzverstärkt" (weil die Liegenschaft zB schon dem ersten Käufer übergeben und von diesem benutzt wurde); dadurch wird es genauso erkennbar wie abso-lute Rechte (zB Eigentum) und ist daher unter denselben Voraussetzungen (also schon bei leichter Fahrlässigkeit) geschützt (Rsp, im Einzelnen strittig). Der Rsp ist zu folgen, weil der Vertrag bei wissentlicher Verleitung zum Vertrags-bruch idR ohnedies (wegen Kollusion) sittenwidrig und daher nichtig ist, so dass für den Eigentumserwerb der Titel fehlt.

ddd) Verschulden

Literaturauswahl: *Kletečka*, Mitverschulden durch Gehilfenverhalten (1991); *Ho-henecker*, Die Notstandsregelung des ABGB, JBl 1993, 363, 440; *F. Bydlinski*, Zur Haf-tung für Erfüllungsgehilfen im Vorbereitungsstadium, JBl 1995, 477, 558; *Kletečka*, Der Anscheinserfüllungsgehilfe, JBl 1996, 84; *St. Korinek/Vonkilch*, Gewissensfreiheit contra Schadensminderungspflicht, JBl 1997, 756; *Koziol*, Die Zurechnung des Gehil-fenverhaltens im Rahmen von § 1304 ABGB, JBl 1997, 201; *Markl/Pittl*, Ausgewählte Fragen der Erfüllungsgehilfenhaftung beim ärztlichen Behandlungsvertrag, ÖJZ 1997, 774; *P. Bydlinski*, Pflichten und Haftung der Banken im internationalen Überweisungs-verkehr, ÖBA 1998, 833; *Koziol*, Rechtsfolgen der Verletzung einer Schadensminde-rungspflicht – Rückkehr der archaischen Kulpakompensation? ZEuP 1998, 593; *Kauf-mann*, Die Zurechnung fremden Verhaltens auf Geschädigtenseite beim Vertrag mit Schutzwirkung zugunsten Dritter, ÖJZ 2000, 546; *Lewisch*, Sorgfaltsmaßstäbe im Scha-denersatz- und Strafrecht, ÖJZ 2000, 489; *Zankl*, Haftung für Fehlinformation im Inter-net, ecolex 2000, 472; *Zankl*, Haftung für Hyperlinks im Internet, ecolex 2001, 354; *Koziol*, Haftung der Notare für Substituten, FS Weißmann (2003) 431; *Kletečka*, Haftet der Notar für seinen Substituten? FS Welser (2004) 477; *Griss*, Haftung für Dritte im Wettbewerbsrecht und im allgemeinen Zivilrecht, JBl 2005, 69; *Haberl*, Belegarzthaftung und Fremdverschulden, RdM 2005, 100; *Koziol*, Zur Schadensminderungspflicht des Gläubigers bei Nichtlieferung durch den Schuldner, RdW 2005, 267; *derselbe*, Die Mitverantwortung des Geschädigten im Wandel der Zeiten, FS H. Hausmaninger (2006) 139; *Höllwerth*, „Hals- und Beinbruch" beim Sporttraining, JBl 2006, 568; *G. Graf*, Zur Schadenersatzpflicht des schuldhaft Irrenden, ecolex 2010, 1131; *Riedler*, Schadenersatzpflicht irregeführter Anleger? ecolex 2011, 194.

Judikaturauswahl: 1 Ob 175/02w (Vom Casino nicht verhängtes Eintrittsverbot); 4 Ob 274/00y (Verantwortlichkeit für Hyperlinks/Framelinks); 1 Ob 265/03g (Reichweite der Erfüllungsgehilfenhaftung); 2 Ob 297/03w (Inlineskater gegen Radfahrer); 8 Ob 12/05f (Haftung des Tierfuttermittelhändlers); 3 Ob 248/06a (Ausgespähter Bankomatencode – Sorgfaltspflichten des Kunden); 2 Ob 60/08z (Streupflicht des Bestandgebers zum Schutz des Bestandnehmers auf öffentlicher Verkehrsfläche); 2 Ob 78/08x (Schutzpflicht gegenüber Zeitungszusteller); 4 Ob 204/08s (Zurechnung des Gehilfen des Geschädigten beim Delikt); 1 Ob 1/09 t (Gehilfenhaftung); 4 Ob 36/10p (Zurechnung eines Krankenpflegers wegen unterbliebener Behandlung bzw Aufklärung); 2 Ob 219/10k (Religionsfreiheit rechtfertigt nicht Verletzung der Schadensminderungsobliegenheit); 5 Ob 129/11y (Haftung des Erfüllungsgehilfen).

192 Unter Verschulden versteht man die subjektive Vorwerfbarkeit rechtswidrigen Verhaltens – der Schädiger hat die gehörige Sorgfalt außer Acht gelassen. Im Einzelnen unterscheidet man *leichte Fahrlässigkeit* (Fehlverhalten, das „jedem einmal passieren kann"), *grobe Fahrlässigkeit* (Fehlverhalten, das einem sorgfältigen Menschen nie passiert) und *Vorsatz* (es reicht „bedingter" Vorsatz – *dolus eventualis*: der Schädiger sieht die schädlichen Konsequenzen seines Fehlverhaltens voraus und „findet sich damit ab"; weiters unterscheidet man zwischen der Absichtlichkeit – *dolus directus*, *dolus specialis*: dem Schädiger kommt es gerade auf die Schädigung an – und der Wissentlichkeit – *dolus principalis*: dem Schädiger ist die Unerlaubtheit seiner Handlung bewusst, relevant iZm § 1300, Rz 201). Die leichteste Form des Verschuldens ist die nach dem DHG relevante entschuldbare Fehlleistung (s dazu unten Rz 215).

Vor allem die Abgrenzung zwischen leichter und grober Fahrlässigkeit ist schwierig und wegen der subjektiven Faktoren des Verschuldens in einem Prozess oft schwer beweis- und vorhersehbar. In Bezug auf die Abgrenzung zwischen Fahrlässigkeit und Vorsatz ist auch die *bewusste Fahrlässigkeit* zu beachten (der Schädiger sieht zwar ebenfalls die Konsequenzen voraus, nimmt diese aber nicht billigend in Kauf, sondern vertraut darauf, dass sie ausbleiben). Diese Unterscheidung war bisher vor allem im Strafrecht relevant, ist aber nun im Hinblick auf § 16 ECG auch im Zivilrecht zu beachten (s unten Rz 270).

Nach § 1296 obliegt es grundsätzlich dem Geschädigten, das Verschulden zu beweisen. Besteht hingegen eine schuldrechtliche Sonderbeziehung (Vertrag, vorvertragliches Schuldverhältnis, Schutzgesetze), so hat der Schädiger darzulegen, dass ihn an der Schadenszufügung kein Verschulden trifft (*Beweislastumkehr*; § 1298). Die Beweislastumkehr gilt aber nur für die leichte Fahrlässigkeit, grobe Fahrlässigkeit und Vorsatz muss der Geschädigte beweisen. Soweit der Schädiger aufgrund vertraglicher Vereinbarung nur für grobe Fahrlässigkeit haftet, muss er auch beweisen, dass es an dieser Voraussetzung fehlt (§ 1298 Satz 2).

Unmündigen Minderjährigen (§ 153) und geistig Beeinträchtigten kann wegen *mangelnder Einsichtsfähigkeit* kein Vorwurf gemacht werden; des Weiteren Personen, die im entschuldigenden Notstand (verhältnismäßige Abwehr eines unmittelbar drohenden bedeutenden Nachteils) gehandelt haben. UU kann es aber in diesen Fällen dennoch zu einer Haftung kommen, wenn *Einlassungsfahrlässigkeit* (§ 1307; vorwerfbare Übernahme der schädigenden Tätigkeit) oder die Voraussetzungen der §§ 1306a oder 1310 (*Billigkeitshaftung*; Berücksichtigung der Umstände des Einzelfalles, insb der beidseitigen Vermögensverhältnisse) vorliegen. Beachte weiters die Haftung der gegenüber Minderjährigen aufsichtspflichtigen Personen gem § 1309 bei schuldhafter Unterlassung der notwendigen Obsorge.

193

Da durch den Einsatz von Hilfspersonen der Aktionsradius und damit auch das Schädigungspotenzial erweitert wird, muss sich der Schädiger nicht nur sein eigenes, sondern in gewissem Umfang auch das Verschulden seiner *Gehilfen* zurechnen lassen. Bei vertraglicher Haftung – Erfüllung vertraglicher oder vorvertraglicher Pflichten des Geschäftsherrn durch einen Gehilfen – gem § 1313a: Jedes Verschulden des Erfüllungsgehilfen wird dem Geschäftsherrn zugerechnet; bei deliktischer Haftung, wenn also zwischen dem Geschäftsherrn und dem Geschädigten keine Sonderverbindung bestand, erfolgt eine Zurechnung nur dann, wenn der „Besorgungsgehilfe" untüchtig, dh hinsichtlich der übertragenen Tätigkeit nicht geeignet oder wissentlich gefährlich (nur die realisierte Gefährlichkeit muss dem Geschäftsherrn bekannt gewesen sein) war (§ 1315). Soweit der Geschäftsherr nach den Regeln der Gehilfenhaftung vom Geschädigten zur Verantwortung gezogen wurde, steht ihm ein Regressanspruch gegenüber dem Gehilfen zu (§ 1313 oder DHG, wenn zwischen Geschäftsherrn und Gehilfen ein Dienstverhältnis bestand, vgl Rz 214 f). Weiters haftet der Gehilfe dem Geschädigten nach allgemeinen Haftungsprinzipien (mangels vertraglicher Verbindung zwischen ihnen meist nur deliktisch).

194

Trifft auch den Geschädigten ein Verschulden („*Mitverschulden*"), so wird der Schadenersatz je nach Schwere des Mitverschuldens gemindert (§ 1304: iZw um 50 %). Dies gilt auch dann, wenn es der Geschädigte schuldhaft verabsäumt hat, den Schaden möglichst gering zu halten (*„Schadensminderungspflicht"*). In beiden Fällen werden zwar keine Rechtspflichten verletzt (da der sorglose Umgang mit eigenen Gütern nicht rechtswidrig ist, vgl nur § 362), wohl aber Obliegenheiten, deren Missachtung Nachteile (hier eben den teilweisen Entfall des Schadenersatzanspruchs) mit sich bringt (s Rz 3). Auch der Geschädigte muss sich das Verhalten seiner Gehilfen zurechnen lassen, wobei eine umfassende Einstandspflicht nur im Rahmen eines Schuldverhältnisses eingreift, dh wenn der Gehilfe zur Beachtung entsprechender Obliegenheiten eingesetzt wurde. Besteht zwischen Schädiger und Geschädigten kein Schuldverhältnis (insb auch keine Pflichten in contrahendo), so trifft den Geschädigten hinsichtlich seiner Gehilfen nur unter den Voraussetzungen des § 1315 ein Mitverschulden.

195

bb) Schadenersatzleistung

Literaturauswahl: *Apathy*, Merkantile Wertminderung unter besonderer Berücksichtigung der Bagatellschäden, ZVR 1988, 289; *Kletěcka*, Solidarhaftung und Haftungsprivileg, ÖJZ 1993, 785, 833; *Ch. Huber*, Fragen der Schadensberechnung[2] (1995); *Fischer-Czermak*, Schadenersatz nach Verkehrsunfällen mit Leasingsfahrzeugen, ZVR 1997, 38; *Wittwer*, Das Ende der abstrakten Rente? JAP 1999/00, 156; *Ch. Huber*, Der merkantile Minderwert beim Kfz-Schaden – ein vernachlässigbarer oder vernachlässigter Schadensposten? FS Welser (2004) 303; *Schoditsch*, Schädigermehrheit und gesetzliches Haftungsprivileg, JBl 2004, 557; *Wittwer*, Zum Comeback einer Rechtsfigur – Die abstrakte Rente lebt weiter! ZVR 2004, 51; *Ch. Huber*, Aktuelle Fragen des Sachschadens, ÖJZ 2005, 161, 211.

Judikaturauswahl: 2 Ob 158/07k (Ersatz der objektiven Wertminderung statt niedriger fiktiver Reparaturkosten); 2 Ob 176/07g (Vorteilsanrechnung bei durch Brand zerstörtem Gebäude); 1 Ob 103/08s (Vertraglicher Schadenersatz: Fiktive Reparaturkosten durch objektive Wertminderung begrenzt); 2 Ob 116/08k (Absicht der Reparatur Voraussetzung für Ersatz fiktiver Reparaturkosten); 1 Ob 16/09y (Vertraglicher Schadenersatz: Kein Ersatz fiktiver Reparatur-/Verbesserungskosten I); 1 Ob 109/09z (Vertraglicher Schadenersatz: Kein Ersatz fiktiver Reparatur-/Verbesserungskosten II); 2 Ob 205/08y (Schadensminderungspflicht).

196   Gem § 1323 muss der Schädiger primär *Naturalrestitution* leisten (den Geschädigten realiter so stellen, wie er vor dem schädigenden Ereignis stand). Nur wenn die Naturalherstellung unmöglich oder untunlich ist, gebührt dem Geschädigten Ersatz in Geld. Die Rechtsprechung hat diesen Grundsatz allerdings umgedreht, indem sie von Untunlichkeit bereits dann ausgeht, wenn der Geschädigte Geld verlangt – Naturalrestitution ist damit praktisch weitestgehend verdrängt. Der Höhe nach richtet sich der deliktische Schadenersatzanspruch bei Sachschäden nach den fiktiven Reparaturkosten (gleichgültig, ob die Reparatur tatsächlich durchgeführt wird oder nicht), wobei die objektive Wertminderung die Obergrenze bildet (außer der Geschädigte weist die Absicht zur Durchführung der Reparatur nach). Daher wird bei einem Totalschaden, dh wenn die fiktiven Kosten der Reparatur den Wiederbeschaffungswert der Sache übersteigen, nur die Differenz zwischen dem Wert der beschädigten Sache und seinem Wiederbeschaffungswert ersetzt (bei abstrakter Schadensberechnung, Rz 185). Umgekehrt kann aber eine die fiktiven Reparaturkosten übersteigende objektive Wertminderung verlangt werden, wenn die Weiterbenützung der beschädigten Sache (trotz wirtschaftlicher Reparatur) nicht zugemutet werden kann. Bei vertraglichem Schadenersatz besteht eine Beschränkung auf die objektive Wertminderung nicht, außer der Geschädigte will den Schaden nicht beheben lassen.

197   *Mehrere Schädiger* haften solidarisch (jeder für den Gesamtschaden), wenn sie vorsätzlich gehandelt haben (dann auch ohne konkreten Beitrag – Judikatur: Haftung des Lenkers des Fluchtfahrzeugs für Körperverletzung bei Raubüberfall) oder wenn sich ihre Schadensanteile nicht bestimmen lassen, ansonsten haftet jeder nur für seinen Teil (§ 1302). Einem den gesamten Schaden ersetzenden Mithaftenden steht gegenüber den anderen ein Regressanspruch zu (§ 896).

Entstehen dem Geschädigten durch die Schadenszufügung nicht nur Nach- **198**
teile, sondern auch Vorteile (der Verletzte erhält zB zum Trost Geschenke), so
sind diese auch bei konkreter Schadensberechnung (Rz 185) nur zu berücksichtigen, wenn nach Lage des Falles (im Bsp daher nicht) eine ungerechtfertigte Besserstellung des Geschädigten einträte (*„Vorteilsausgleich"*).
Automatisch findet jedenfalls bei der objektiven Schadensberechnung kein Vorteilsausgleich statt (Lehre vom verhinderten Vorteilsausgleich).

Auch bei Zerstörung gebrauchter Sachen würde der Geschädigte besser als **199**
vor der Schädigung stehen, wenn ihm der Schädiger den Wert einer neuen
Sache ersetzen müsste (*„neu für alt"*). Deshalb gebührt ihm in diesen Fällen
nicht der volle Neuwert, sondern nur der Wert des gebrauchten Gegenstands
und die Kosten für die vorzeitige Anschaffung der neuen Sache (Kreditkosten).
Problematisch ist dies bei Zerstörung von Software, weil diese theoretisch
„ewig" hält – Kompromiss: Abstellen auf durchschnittliche (technische) Nut-
zungsdauer.

Bei Beschädigung relativ neuer Sachen (vor allem bei Kraftfahrzeugen) **200**
wird auch der sog *merkantile Minderwert* ersetzt, also ein (abstrakter) Ausgleich dafür geleistet, dass die Sache nun aufgrund des Umstands, dass sie einmal beschädigt war, am Markt geringer bewertet wird (Unfallfahrzeuge), und
zwar selbst dann, wenn die Schadensfolgen zur Gänze behoben wurden.

b) Besondere Haftungstatbestände

Literaturauswahl: *Apathy*, Historisches und Dogmatisches zur Entschädigung für
die Verhinderung des besseren Fortkommens (§ 1326 ABGB, § 13 Z 5 AtomHG, § 13
Z 5 EKHG), 1. FS Strasser (1983) 1; *Welser*, Die Haftung für Rat, Auskunft und Gutachten (1983); *Jabornegg*, Formularmäßige Haftungsfreizeichnung für grob fahrlässige
Auskunft, JBl 1986, 144; *Koziol*, Die Haftung der Banken bei Versagen technischer
Hilfsmittel, ÖBA 1987, 3; *G. Nowotny*, Die Haftung des gerichtlich bestellten Sachverständigen gegenüber dem Ersteher in der Liegenschaftszwangsversteigerung, JBl 1987,
282; *Gimpel-Hinteregger*, Das Tier als Sache und Schadensersatz für ein verletztes Tier,
ÖJZ, 1989, 65; *F. Graf*, Anwaltshaftung (1991); *Korn*, Die „zivilrechtliche" Ehrenbelei-
digung, MR 1991, 138; *B. Lorenz*, Die Haftung des Versicherers für Auskünfte und
Wissen seiner Agenten im deutschen, englischen und österreichischen Privatrecht
(1993); *Brodil*, Arzthaftung und Dienstnehmerhaftpflichtgesetz, RdM 1994, 50, 78;
Haybäck, Können wahre Tatsachenbehauptungen Ehrenbeleidigungen iS des § 1330
Abs 1 ABGB sein? JBl 1994, 667, 732; *Kletěcka*, Die Haftung des Veranstalters internationaler Schirennen – Eine Besprechung zum Fall Brian Stemmle, ZfRV 1994, 232;
Lanczmann, Unerwünschte Vaterschaft und Schadenersatz für Unterhaltsaufwand, JAP
1994/95, 192; *B. A. Oberhofer*, Sonderhaftpflicht für Besitzer? JBl 1996, 152; *R. Oberhofer*, Tierhalterhaftung im ländlichen Bereich, ZVR 1996, 34; *Resch*, Zur Rechtsgrundlage der ärztlichen Aufklärungspflicht, RdM 1996, 170; *Kletěcka*, Haftungsfragen
der Gentechnologie, JAP 1996/97, 230; *Juen*, Arzthaftungsrecht (1997); *Beclin*, Zur Reform des Schadenersatzes bei sexuellem Mißbrauch, JAP 1997/98, 191; *Kerschner*,
Arzthaftung bei Patientenverfügung, RdM 1998, 131; *Krejci*, Amtshaftung für Bankprüfer, ÖBA 1998, 16; *Riemelmoser/Jesernig*, Not kennt kein Gebot? RdM 1998, 35;
Eigner, Kein Ersatz von fiktiven Heilungskosten, JAP 1998/99, 147; *Barth*, Hat der Patient bei eigenmächtigen medizinischen Eingriffen Anspruch auf Ersatz seines Körper-

und Gesundheitsschadens? RdM 1999, 110; *Engel*, Verletzung der ärztlichen Aufklärungspflicht – Geburt eines behinderten Kindes als ersatzfähiger Schaden der Eltern, JAP 1999/00, 131; *E. Wagner*, Demonstrationsschäden im Lichte der Judikatur, JAP 1999/00, 162; *dieselbe*, Demonstrationshaftungsrecht: Voraussetzungen, unter denen Besetzer eines öffentlichen Straßenbauprojekts für dadurch verursachte Bauverzögerungen schadenersatzrechtlich haften, JAP 1999/00, 180; *Karner*, Der Ersatz ideeller Schäden bei Körperverletzung (1999); *derselbe*, Rechtsvergleichende Überlegungen zur österreichischen Neuregelung des Ausgleichs ideeller Schäden bei geschlechtlichem Missbrauch, ZEuP 1999, 318; *Fenyves/Hirsch*, Zur Deckung der Ansprüche aus „wrongful life" und „wrongful birth" in der Arzthaftpflichtversicherung, RdM 2000, 10; *Pitzl/G. W. Huber*, Ärztliche Heilbehandlung und Körperverletzungskonstruktion, RdM 2000, 105; *Terlitza*, Die Bauwerkehaftung (§ 1319 ABGB) (2000); *Zankl*, Haftung für Fehlinformation im Internet, ecolex 2000, 472; *derselbe*, Haftung für falsche Börsen- und Währungskurse im Internet, Raiffeisenblatt 2001, 13; *Aigner*, Zur Haftung von Notarzt und Sanitäter, RdM 2002, 100; *L. Fuchs*, Zur Haftung des Belegarztes, RdM 2002, 138; *Danzl/Gutiérrez-Lobos/Müller*, Das Schmerzengeld in medizinischer und juristischer Sicht[8] (2003); *Gimpel-Hinteregger*, Der Schutz der Privatsphäre durch das österreichische Schadenersatzrecht – de lege lata et de lege ferenda, Liber Amicorum Widmer (2003) 143; *Helmich*, Schadenersatz bei Eingriffen in die Privatsphäre, ecolex 2003, 888; *Koziol*, Die Tötung im Schadenersatzrecht, Liber Amicorum Widmer (2003) 203; *Rebhahn*, Amtshaftung für „Bankprüfer" – Wohltat oder Irrweg? ÖBA 2004, 267; *Wittwer*, Zum Comeback einer Rechtsfigur – Die abstrakte Rente lebt weiter! ZVR 2004, 51; *Bernert*, Haftung für den „Genmais", JAP 2004/05, 119, 187; *Walter Doralt*, Haftung der Abschlussprüfer (2005); *Eder-Rieder*, Opferrecht (2005); *M. Gumpoldsberger*, Beraterhaftung bei Spekulationsverlusten (2005); *Ch. Huber*, Aktuelle Fragen des Sachschadens, ÖJZ 2005, 161, 211; *Kath*, Schmerzengeld (2005); *Kerschner*, Neue Gentechnikhaftung in der Landwirtschaft (§§ 79k–79m GTG), RdU 2005, 112; *Koziol*, Recht auf korrekte Information durch Massenmedien und privatrechtlicher Schutz? FS Heldrich (2005) 259; *Vorhofer/W. Zimmermann*, Alpinseminar des OLG Innsbruck 2004 in Galtür, ZVR 2005, 4; *Griehsler/Tutsch*, Schmerzengeld für psychische Alterationen, ZVR 2006, 260; *Greiter*, Schmerzengeld nach einem Unfall (2006); *Kletečka*, Erste Entscheidung des OGH zu „wrongful conception", Zak 2006, 343; *Wilhelm*, Variationen über den Anlegerschaden, ecolex 2006, 541; *Wilhelm*, Just Birth – Wrongful Decision, ecolex 2006, 793; *Christandl/Hinghofer-Szalkay*, Ersatzansprüche für immaterielle Schäden aus Tötung naher Angehöriger – eine rechtsvergleichende Untersuchung, ZfRV 2007, 44; *Cornides*, Zur Haftung des Arztes bei fehlerhafter pränataler Diagnose, JBl 2007, 137; *Hinghofer-Szalkay/Prisching*, Schmerzunempfindlichkeit bereits vor Schadenszufügung durch den Schädiger: pro und contra Schmerzengeld ohne körperliche Schmerzen, Zak 2007, 143; *Hinghofer-Szalkay/Hirsch*, Wrongful Conception die Zweite – (k)ein Ende in Sicht, EF-Z 2007, 89; *Hollaender*, Die Geburt als schadenstiftendes Ereignis – Schadenersatz für „wrongful birth" bei Behinderung? RdM 2007, 7 *Merckens*, Kein Schaden ohne Kind – Rechtliche Erwägungen zur jüngsten „wrongful birth"-Judikatur des OGH, 5 Ob 165/05 h, AnwBl 2007, 237; *P. Bydlinski*, Haftung für fehlerhafte Anlageberatung: Schaden und Schadenersatz, ÖBA 2008, 159; *B. Jud*, Rechtsberatung durch Wirtschaftstreuhänder und mögliche Haftungsfolgen, AnwBl 2008, 433; *Leischner*, Rechtsprechungsübersicht Arzthaftung, RdM 2008, 181; *Pletzer*, „Recht auf kein Kind"? – Überlegungen anlässlich der jüngsten Entscheidung des OGH zu „wrongful birth", JBl 2008, 490; *E. Völkl/W. Völkl*, Die Haftung der rechtsberatenden Berufe im Spiegel der Rechtsprechung 2005 – 2007, ÖJZ 2008, 383; *Grüblinger*, „Wrongful birth" – A never ending story? Zak 2008, 143; *Häckel*, Schadenersatz infolge Foulspiels beim Fußball, Zak 2008, 183; *Böhmdorfer*, Anlegerschaden, in *Feiler/Raschhofer* (Hg), Innovation und internationale Rechtspraxis, Praxisschrift für Wolfgang Zankl (2009) 63; *Karner*, Unerwünschte Zeugung und ungeplante Geburt –

(K)eine Rechtsprechungsdivergenz? EF-Z 2009, 91; *Knötzl*, Gefährliche Geschenke – Die zivil- und strafrechtlichen Gefahren des verschärften Antikorruptionsstrafrechts, Praxisschrift Zankl (2009) 405; *E. Völkl/W. Völkl*, Haftung der Wirtschaftstreuhänder und Steuerberater, ÖJZ 2009, 161; *Höhne/Siegwart*, Die Haftung des Privatgutachters nach § 1330 ABGB, ecolex 2009, 859; *Wilhelm*, Irreführende Werbung und ihre rechtsgeschäftlichen und Haftungsfolgen, ecolex 2009, 929; *Foglar-Deinhardtstein*, Anwaltshaftung bei Prozessführung, Zak 2010, 63; *Leupod/Ramharter*, Anlegerschaden und Kausalitätsbeweis bei risikoträchtiger hypothetischer Kapitalanlage. Zugleich eine Besprechung von 4 Ob 28/10m und 9 Ob 85/09d, ÖBA 2011, 718.

Judikaturauswahl: 3 Ob 507/96 (Biss des Schäferhundes); 4 Ob 127/97y (Notarshaftung); 2 Ob 82/97 (verst Senat – Fiktive Heilungskosten/Rspsänderung); 6 Ob 345/97x (Anwaltshaftung); 2 Ob 357/97g (Motorradunfall); 6 Ob 114/00h (Ehrenrührige Äußerungen eines Rechtsanwalts); 2 Ob 33/01v (Vertragliche Haftung des Autobahnhalters/keine Privilegierung nach § 1319a); 2 Ob 04/01v (Ersatz rein seelischer Schmerzen bei Tötung naher Angehöriger); 6 Ob 146/01s (Unterlassungsanspruch nach § 1330 und Beweislast); 1 Ob 151/01i (Schadenersatz gegen Rechtsanwalt wegen Vertretungsfehlers); 6 Ob 127/02y (Schmerzengeldprozess: Reichweite der Bindungswirkung); 2 Ob 181/02k (Reichweite der Wegehalterhaftung); 6 Ob 283/01p (Postmortaler Schutz von Persönlichkeitsrechten?); 6 Ob 124/02g (Kein Schmerzengeld für „verlorene Liebe"); 3 Ob 221/02z (Tod klagt auf Schadenersatz); 2 Ob 111/03t (Reichweite des Schmerzengeldes – Schockschaden); 2 Ob 186/03x (Höhe des Schmerzengeldes bei „Schockschäden"); 6 Ob 258/03i (Doppelte Medienveröffentlichung); 6 Ob 274/03t (Haftung des Betreibers eines Online-Archivs); 4 Ob 233/04z (Schadenersatz auf Grund ausgetretenen Heizöls); 4 Ob 252/04v (Vervielfachungseffekt eines Hyperlinks); 2 Ob 7/05a (Schadenersatz für kosmetische Operation); 2 Ob 55/04h (Schadenersatz für „entgangene Lebensfreude"); 2 Ob 90/05g (Trauerschmerzengeld für Geschwister); 6 Ob 178/04a (Online-Gästebuch: Verbreitung unwahrer Tatsachen); 2 Ob 90/05g (grob fahrlässig getöteter Angehöriger – Trauerreaktion wegen Todesnachricht); 2 Ob 104/06t (Schmerzengeld trotz nicht feststellbarer Schmerzempfindung – Schädelhirntrauma und Wachkoma; 7 Ob 258/05z (Vertragsverfassung durch Wirtschaftstreuhänder); 2 Ob 277/05g (Aufklärungspflicht bei Paragleiter-Tandemsprung); 3 Ob 116/05p (Schmerzengeld ohne Schmerzempfindung – Querschnittslähmung); 4 Ob 121/05f (Behandlung durch anderen als vereinbarten Arzt); 7 Ob 136/06k („fächerübergreifende" Behandlung durch verschiedene Ärzte: Keine Anwendung des § 1313a); 5 Ob 165/05h („wrongful birth": Umfang des Schadens/Reichweite der Aufklärungspflicht); 3 Ob 248/06a (Ausgespähter Bankomatencode – Sorgfaltspflichten des Kunden); 4 Ob 71/06d (öfftl Kritik an Verbreitung nicht authentischer Bildquellen zu NS-Verbrechen – kein Unterlassungsanspruch); 4 Ob 251/06z (Liftbetreiberhaftung im Schiverbund); 6 Ob 101/06f (Schadenersatz für ungewolltes gesundes Kind – fehlgeschlagene Sterilisation); 1 Ob 132/07d (Erfolgshaftung in Analogie zu § 364a); 1 Ob 260/08d (Wegehalterhaftung verdrängt Bauwerkehaftung); 3 Ob 11/08a (Intraoperative Wachheit); 2 Ob 55/08i (Trauerschaden); 2 Ob 77/09a (Schockschaden I); 2 Ob 39/09p (Schockschaden II); 3 Ob 77/09h (Höhe des Ausgleichsanspruchs nach § 364a ABGB); 9 Ob 83/09k (Arzthaftung: Ersatz für Schockschäden aus Vertrag mit Schutzwirkung); 2 Ob 193/09k (Haftung für Bäume nach § 1319); 4 Ob 71/10k (Unterlassene ärztliche Behandlung – Schockschaden nur bei Kausalität der Unterlassung ersatzfähig); 4 Ob 137/10s (Haftung bei Vermittlung von „Mietkauf"); 3 Ob 128/11m (Psychisches Leid bei Schmerzengeldbemessung).

- *Sachverständigenhaftung* (§§ 1299, 1300): Personen, die über besondere **201** Kenntnisse verfügen (zB Rechtsanwälte, Ärzte, Handwerker usw) oder solche vorgeben, unterliegen einem objektivierten Verschuldensmaßstab

(§ 1299). Ein Verschulden liegt bereits dann vor, wenn ein konkreter Sachverständiger nicht das Wissen hat, das seinem Berufsstand entspricht.

Beispiel: Daher kann sich der Arzt, dem ein Kunstfehler unterläuft, nicht darauf berufen, in der Vorlesung, in welcher der entsprechende Stoff vermittelt wurde, krank gewesen zu sein. Der Kunstfehler wird ihm trotzdem zum Vorwurf gemacht, obwohl er infolge seiner Krankheit subjektiv „nichts dafür" kann.

Entsteht durch ein falsches Gutachten, einen falschen Rat oder eine falsche Auskunft ein (reiner) Vermögensschaden, so hat der Sachverständige dafür bei Fahrlässigkeit nur dann zu haften, wenn die Tätigkeit „gegen Belohnung" erfolgt (§ 1300). Dies ist nach hA auch ohne konkretes Entgelt schon dann der Fall, wenn sie auf einer sog „Sonderverbindung" beruht (zB Vertrag, ständige Geschäftsverbindung, vorvertragliches Schuldverhältnis), also nicht aus reiner Freigebigkeit erbracht wird (zB einem Passanten die Uhrzeit oder den Weg zum Bahnhof zu sagen). Letzterenfalls wird für reine Vermögensschäden nur bei Wissentlichkeit gehaftet. Dasselbe sollte für Fehlinformation (gegenüber Dritten, anders bei Sonderverbindung) auf Internetseiten angenommen werden: auch wenn diese kommerziell oder beruflich (also nicht aus Freigebigkeit) betrieben werden, ist § 1300, der die Haftung in diesen Fall an sich schon bei Fahrlässigkeit vorsieht, auf individuellen Kontakt und nicht darauf zugeschnitten, dass die Information einem unbestimmbaren Personenkreis gegenüber erteilt wird.

202 • Haftung des ***Wohnungsinhabers*** (§ 1318): Kommt jemand durch das Herabfallen einer gefährlich aufgehängten oder gestellten Sache (zB Pflanzentöpfe am Fenstersims) oder durch Herauswerfen oder Herausgießen aus einer Wohnung (zB Getränkeflasche bei einer Party) zu Schaden, so haftet dafür der Wohnungsinhaber (das ist derjenige, der über die Wohnung tatsächliche Verfügungsmacht hat), und zwar verschuldensunabhängig, also etwa auch dann, wenn er seine Partygäste stets im Auge behalten hat. Der Wohnungsbegriff in diesem Zusammenhang umfasst auch andere Räumlichkeiten, wie Geschäftslokale, Lager und Garagen.

203 • Haftung für ***Bauwerke*** (§ 1319): Entsteht durch den Einsturz eines Gebäudes (Werkes oder sonstigen Aufbaus; nach stRsp analoge Anwendung auch auf Bäume, wenn diese mangelhaft beschaffen sind) oder herabfallende Teile ein Schaden, so haftet dafür der Besitzer, es sei denn, er beweist, dass er alle entsprechende Vorkehrungen getroffen hat (strittig, ob Verschuldenshaftung mit Beweislastumkehr oder Gefährdungshaftung).

204 • Haftung des ***Wegehalters*** (§ 1319a): Entsteht durch den mangelhaften Zustand eines Weges (Abs 2: für den – allgemeinen oder bestimmten – Verkehr durch jedermann oder durch einen eingeschränkten Personenkreis benützbare Landfläche und dem Verkehr dienende Anlagen) ein Schaden, so haftet dafür der Wegehalter (Träger der Wegerrichtungs-/-erhaltungskosten), wenn ihm oder seinen Leuten Vorsatz oder grobe Fahrlässigkeit zur Last fällt. Die Haftung scheidet bei erkennbar unerlaubter oder widmungswidriger Benützung des Weges aus. Auch die Leute des Wegehalters haften erst ab grober Fahrlässigkeit. Darüber hinaus kann

den Wegehalter auch eine vertragliche Haftung treffen, zB den Auto-
bahnhalter gegenüber Autohaltern, die eine Vignette erworben haben
(Rsp) – Haftung nach allgemeinen Grundsätzen des Vertragsrechts (s
oben Rz 75) mit Beweislastumkehr schon bei leichter Fahrlässigkeit,
auch für das Fehlverhalten von Gehilfen (§ 1313a).

- Haftung des *Tierhalters* (§ 1320), wenn er nicht beweist, dass er für die   **205**
erforderliche Verwahrung oder Beaufsichtigung gesorgt hat. Darüber hinaus haftet jeder, der das Tier gereizt hat, nach den allgemeinen Voraussetzungen der Verschuldenshaftung. Vgl ferner §§ 1321 f.

- Haftung bei *Körperverletzung* oder *Tötung* (§§ 1325–1327): Bei Beein-   **206**
trächtigung der körperlichen oder geistigen Unversehrtheit gebühren dem
Verletzten die Heilungskosten (auch wenn erfolglos), der Aufwand für
vermehrte Bedürfnisse (Heilbehelfe, Rollstuhl etc), der (gegenwärtige
und zukünftige) Verdienstentgang in Form einer Rente, ein angemessenes Schmerzengeld (§ 1325) und allenfalls eine Verunstaltungsentschädi-
gung (§ 1326). Auch für „Sowieso-Schmerzen" wird der Schädiger – anders als für Sowieso-Kosten beim Werkvertrag, Rz 168 – haftbar.

Judikatur: Der Zahnarzt, dem ein Behandlungsfehler unterlaufen war, wendete
ein, dass der Patient auch bei fachgerechter Behandlung Schmerzen gehabt hätte.

Bei der Bemessung des Schmerzengeldes ist die Praxis eher restriktiv
(maximal in Österreich bisher zugesprochenes Schmerzengeld ca
€ 200.000,–) und unterscheidet idR zwischen leichten, mittelstarken und
starken Schmerzen. Dabei dienen entsprechende „Tagessätze" als Be-
messungshilfe (str). Bei Tötung sind die Begräbniskosten und den Hin-
terbliebenen die entgangenen Unterhaltsleistungen zu ersetzen, soweit
der Getötete unterhaltspflichtig war (§ 1327) und auch tatsächlich Unterhalt geleistet hat. Nahe Angehörige des Getöteten, die durch den
Anblick des Todes oder die Todesnachricht körperliche Beeinträchtigungen mit Krankheitswert erleiden („Schockschäden"), können überdies
Schmerzengeld verlangen, bei normaler Trauerreaktion („Seelenschmer-
zen") allerdings nur dann (neuere Rsp), wenn der Schädiger vorsätzlich
oder grob fahrlässig gehandelt hat (de lege ferenda wünschenswert, de
lege lata fraglich, weil es dafür keine eindeutige Rechtsgrundlage gibt).

- Haftung bei Verletzung der *geschlechtlichen Selbstbestimmung* (§ 1328):   **207**
Wer jemanden durch eine strafbare Handlung (zB Vergewaltigung) oder
sonst (zB Abhängigkeitsverhältnis) missbraucht, hat sowohl Vermögensschäden als auch immaterielle Beeinträchtigungen (zB durch die Demü-
tigung) zu ersetzen.

- Haftung bei *Eingriff in die Privatsphäre* (§ 1328a): Wer rechtswidrig   **207a**
und schuldhaft in die Privatsphäre eines Menschen eingreift (Bsp 1:
heimliche Nacktaufnahmen mit Foto-Handys) oder Umstände aus der
Privatsphäre eines Menschen offenbart oder verwertet (Bsp 2: Verbreitung solcher Fotos im Internet), hat ihm den dadurch entstandenen Schaden zu ersetzen. Bei erheblichen Verletzungen der Privatsphäre umfasst
der Ersatzanspruch auch eine Entschädigung für die erlittene persönliche

Beeinträchtigung (Abs 1) – immaterieller Schaden, der im Bsp 1 nach den Bestimmungen des Bildnisschutzes (Rz 35) nicht ersatzfähig ist (vgl § 87 UrhG). Abs 1 (lex generalis) ist nicht anzuwenden, sofern eine Verletzung der Privatsphäre nach besonderen Bestimmungen (leges speciales) zu beurteilen ist, zB eben nach dem UrhG, das den Ersatz immateriellen Schadens (nur) bei Verbreitung vorsieht (Bsp 2). Die Verantwortung für Verletzungen der Privatsphäre durch Medien richtet sich allein nach den Bestimmungen des Mediengesetzes. Dieses limitiert den Ersatz bei Verletzungen des höchstpersönlichen Lebensbereichs mit € 20.000,– (§ 7/1 MedienG), was auch als Höchstgrenze für Ansprüche nach § 1328a angesehen wird. Zur Möglichkeit einstweiliger Verfügungen gemäß § 87c UrhG siehe Rz 253.

208   • Haftung bei *Freiheitsberaubung* (§ 1329): Wer jemandem durch Entführung, Privatgefangennahme, vorsätzlich durch widerrechtlichen Arrest (§ 1329) oder sonstwie schuldhaft seiner Freiheit beraubt (Eingriff in absolut geschütztes Gut), hat ihm die dadurch entstehenden materiellen und immateriellen Schäden zu ersetzen.

209   • Haftung bei *Ehrenbeleidigung* (§ 1330): Bei Ehrenbeleidigung ieS (Abs 1; Verletzung der Würde einer Person etwa durch Beschimpfung oder Spott) ist der Vermögensschaden (positiver Schaden und entgangener Gewinn, nicht aber immaterieller Schaden) zu ersetzen. Dasselbe gilt bei *Rufschädigung* (Abs 2), wenn also Tatsachen verbreitet werden, deren Unwahrheit der Schädiger kannte oder kennen musste und die den Kredit, den Erwerb oder das Fortkommen des Geschädigten gefährden. In diesem Fall kann auch Widerruf und dessen Veröffentlichung verlangt werden. Für nicht öffentliche Mitteilungen, an denen der Empfänger ein berechtigtes Interesse hat (zB Banken), wird nur gehaftet, wenn die Unrichtigkeit bekannt war.

210   • Haftung für *Sachschäden* (§§ 1331–1332a): Ersatz des positiven Schadens oder auch des entgangenen Gewinns je nach Verschulden (siehe schon oben Rz 192 ff), bei strafgesetzwidriger Handlung oder mutwilliger Schädigung und bei Schädigung aus Schadenfreude auch Ersatz des „Wertes der besonderen Vorliebe" (das sog *Affektionsinteresse*, zB in Bezug auf die alte Uhr des Vaters, die zwar objektiv nicht viel wert ist, an welcher der Geschädigte aber besonders „hängt"). Wird ein Tier verletzt, so gebühren die Heilungskosten auch dann, wenn sie den Wert des Tieres übersteigen, soweit auch ein verständiger Tierhalter in der Lage des Geschädigten diese Kosten aufgewendet hätte (im Gegensatz zu Schäden an Sachen, vgl Rz 196).

210a   • Haftung für *Immissionen* (analog § 364a): Gegen Immissionen von benachbarten Grundstücken steht dem Eigentümer grds ein Unterlassungsanspruch zu (vgl Rz 316a). Der verschuldensunabhängige Ausgleichsanspruch des § 364a ist analog anzuwenden, wenn wegen der Einmaligkeit der Immissionen jede Unterlassungsklage zu spät käme. Der Ausgleichsanspruch umfasst volle Genugtuung, somit auch den zur Schadensabwehr gemachten Aufwand.

c) Sondergesetze

aa) Amtshaftung

Literaturauswahl: *Vrba/Zechner*, Kommentar zum Amtshaftungsgesetz (1983); *Apathy*, Die Haftung des Beamten aus zivilrechtlicher Sicht, ZfV 1986, 135; *Schauer*, Zivilrechtliche Probleme des Polizeibefugnis-Entschädigungsgesetzes, JBl 1989, 763; *Pirker/Kleewein*, Amtshaftung wegen unterbliebener Gefahrenabwehr, ÖJZ 1995, 521; *Rebhahn*, Staatshaftung nach dem Recht der Europäischen Gemeinschaft, JBl 1996, 749; *Dessulemoustier-Bovekercke*, Schadenersatz wegen Nichtumsetzung von Richtlinien, JAP 1996/97, 181; *Rebhahn*, Staatshaftung wegen mangelnder Gefahrenabwehr (1997); *Krejci*, Amtshaftung für Bankprüfer, ÖBA 1998, 16; *St. Korinek*, Amtshaftung für fehlerhafte Versicherungsaufsicht, ÖJZ 2000, 741; *M. Konecny/Augenhofer*, Amtshaftung für falsche Auskünfte, JAP 2000/01, 165; *Hecht*, Amtshaftung für rechtswidrig erteilte Genehmigungen gegenüber Bewilligungswerbern? RdU 2001, 123; *Koziol*, Der Rechtsweg bei Staatshaftungsansprüchen, ZfV 2001, 759; *Schwarzenegger*, Staatshaftung – Gemeinschaftsrechtliche Vorgaben und nationales Recht (2001); *Schragel*, Kommentar zum Amtshaftungsgesetz (AHG)[3] (2003); *Schwarzenegger*, Neue Herausforderungen im Staatshaftungsrecht, FS Funk (2003) 501; *Battlogg*, Flächenwidmung und Amtshaftung, AnwBl 2004, 502; *Kucsko-Stadlmayer*, Amtshaftung für Universitätsorgane, FS Welser (2004) 597; *Rebhahn*, Amtshaftung für „Bankprüfer" – Wohltat oder Irrweg? ÖBA 2004, 267; *Frischhut/Ranacher*, Die Unterscheidung zwischen legislativem und administrativem Unrecht in Staatshaftungssachen, ÖJZ 2005, 241; *Heller*, Die Haftung des Staates für den Verstoß seiner Höchstgerichte gegen Gemeinschaftsrecht, FS Michalek (2005) 139; *Heß*, Staatshaftung für zögerliche Justiz – ein deutsch-österreichischer Rechtsvergleich, FS Rechberger (2005) 211; *Kischel*, Gemeinschaftsrechtliche Staatshaftung zwischen Europarecht und nationaler Rechtsordnung, EuR 2005, 441; *Raschauer*, Bankaufsicht, Amtshaftung und Beihilfenverbot, ÖJZ 2005, 1; *Cabral/Chaves*, Member State Liability for Decision of National Courts Adjudicating at Last Instance, (2006) 13 MJ 109; *Karner*, Grenzen der Amtshaftung bei mangelhafter Bankenaufsicht, ÖBA 2007, 794; *Kerschner*, Amtshaftung der Gemeinden bei Baugenehmigung in hochwassergefährdeten Gebieten, RFG 2008, 85; *A. Rabl*, Beschränkung der Haftung der FMA verfassungsrechtlich zulässig? ZFR 2009, 186; *Winternitz*, Anlegerschäden eine „Reflexwirkung" des Aufsichtsverhaltens? Haftungsbeschränkung der FMA verfassungswidrig, ZFR 2009, 183; *Ulrich*, Amtshaftung für Studienverzögerung, Zak 2010, 330.

Judikaturauswahl: 1 Ob 216/98s (Gesetzliches Vorausvermächtnis und Amtshaftung); 1 Ob 147/02b (Schadensbegriff nach dem PolBEG); 1 Ob 177/03s (Haftung des Pflegschaftsrichters/Veranlagung von Mündelgeld); 2 Ob 269/04d (Trinkgeld als sozialversicherungsrechtliches Entgelt und §332 ASVG); 1 Ob 49/05w (hoheitliches Handeln); 1 Ob 257/05h (Keine Rechtsträgereigenschaft der Finanzmarktaufsichtbehörde).

Nach den Bestimmungen des AHG haften Rechtsträger nach den Bestimmungen des bürgerlichen Rechts für das rechtswidrige und schuldhafte Verhalten ihrer **Organe** (Rz 212), wenn dadurch in **Vollziehung der Gesetze** (= Hoheitsverwaltung) ein Schaden entsteht (§ 1 AHG). Rechtsträger sind der Bund, die Länder, die Bezirke, die Gemeinden, sonstige Körperschaften des öffentlichen Rechts und die Träger der Sozialversicherung. Ein **Naturalersatz** ist **ausgeschlossen**, der Schaden ist immer nur in **Geld** zu ersetzen. Bei Geltendmachung des Ersatzanspruches muss kein bestimmtes Organ genannt werden. Es genügt der Beweis, dass der Schaden nur durch die Rechtsverletzung eines

211

Organs des beklagten Rechtsträgers entstanden sein konnte (§ 2/1 AHG). Der durch ein Organ Geschädigte hat keinen Ersatzanspruch gegenüber dem Rechtsträger, wenn er den Schaden durch Rechtsmittel oder durch Beschwerde an den VwGH hätte abwenden können (sog Rettungspflicht, § 2/2 AHG).

212   Das *Organ* selbst *haftet* dem Geschädigten *nicht*, wodurch dessen Rechtsposition letztlich geschwächt wird, weil ihm kein deliktischer Anspruch gegen den unmittelbaren Schädiger zusteht. Hat das Organ allerdings vorsätzlich oder zumindest grob fahrlässig gehandelt, so ist es einem *Regressanspruch* des Rechtsträgers ausgesetzt, der (außer bei Vorsatz) vom Gericht aus Gründen der Billigkeit gemäßigt werden kann (§ 3 AHG). Dem Rechtsträger steht kein Regressanspruch zu, wenn das Organ aufgrund einer Weisung, eines Auftrags oder Befehls eines zuständigen Vorgesetzten gehandelt und dabei nicht gegen strafgesetzliche Vorschriften verstoßen hat (§ 4 AHG).

bb) Organhaftung

213   Organe eines Rechtsträgers (s oben Rz 211) haften diesem grundsätzlich nach den Bestimmungen des bürgerlichen Rechts für Schäden am Vermögen, die sie *in Vollziehung der Gesetze* durch ein schuldhaftes und rechtswidriges Verhalten verursacht haben (§ 1/1 OrgHG). Unter Organen versteht man physische Personen, wenn sie in Vollziehung der Gesetze (Gerichtsbarkeit oder Hoheitsverwaltung) handeln, gleichviel, ob sie dauernd oder vorübergehend oder für den einzelnen Fall bestellt sind, ob sie gewählte, ernannte oder sonst wie bestellte Organe sind und ob ihr Verhältnis zum Rechtsträger nach öffentlichem oder nach privatem Recht zu beurteilen ist (§ 1/2 OrgHG). Auch den Rechtsträger trifft eine Rettungspflicht (s oben Rz 211) bei sonstiger Verwirkung seines Ersatzanspruches (§ 2/1 OrgHG). Ist der Schaden durch eine entschuldbare Fehlleistung oder auf Weisung eines zuständigen Vorgesetzten entstanden, so haftet das Organ nicht (§ 2/2 OrgHG). Bei fahrlässigem Handeln kann das Gericht den Ersatzanspruch mäßigen (bei leichter Fahrlässigkeit bis auf Null, § 3 OrgHG).

cc) Strafrechtliches Entschädigungsgesetz 2005

213a   Unter bestimmten Voraussetzungen haftet der Bund auch für den Schaden, den eine Person durch den Entzug der persönlichen Freiheit zum Zweck der Strafrechtspflege oder durch eine strafgerichtliche Verurteilung erlitten hat (§ 1 StEG). Der Anspruch besteht in Folge einer gesetzwidrigen (§ 2/1 Z 1 StEG) oder ungerechtfertigten (§ 2/1 Z 2 StEG) Haft sowie bei Wiederaufnahme des Verfahrens, wenn statt dem Schuldspruch ein Freispruch oder eine mildere Strafe verhängt wird (§ 2/1 Z 3 StEG). Wie bei der Amtshaftung ist auch bei der *strafrechtlichen Entschädigung* das Organ, das der Person den Schaden zugefügt hat, dieser nicht haftbar. Der Schaden ist in Geld zu ersetzen (§ 5 StEG), wobei die Haftung des Bundes wegen Mitverschuldens des Geschädigten nach § 1304 eingeschränkt oder ausgeschlossen werden kann (zB wenn die Person gelinderen Mitteln zuwider handelte, eine ordnungsgemäße Ladung nicht befolgte oder den Verdacht auf sich lenkte, § 4 StEG). Kein Anspruch auf Entschädigung besteht zB im Fall der ungerechtfertigten Haft, wenn die Verfolgung der Person unterbleibt, weil sie die Tat im Zustand der Zurechnungsunfähigkeit begangen hat, oder wenn das Strafverfahren diversionell beendet wird (weitere Fälle siehe § 3 StEG). Für die Geltendmachung muss die geschädigte Person den Bund zunächst auffordern, den Ersatzanspruch binnen drei Monaten anzuerkennen oder ganz oder zum Teil abzulehnen (§ 9 StEG); erst nach Ablauf dieser Frist kann der Anspruch eingeklagt werden; bei einer Klageerhebung davor steht dem Bund für den Fall, dass er den Anspruch anerkennt oder erfüllt, Kostenersatz zu (§ 45 ZPO).

dd) Dienstnehmerhaftpflicht

Die Vorschriften des DHG gelten für Dienstnehmer und Lehrlinge in einem **214** privatrechtlichen oder öffentlich-rechtlichen ***Dienst- oder Lehrverhältnis***, außerdem für Heimarbeiter und für arbeitnehmerähnliche Personen. Ausgenommen sind Dienstnehmer, die als Organe von Rechtsträgern handeln. Für sie gelten die Vorschriften des AHG und des OrgHG (§ 1 DHG).

Das DHG regelt die Haftung der in § 1 DHG genannten Personen (Dienst- **215** nehmer), welche im Zuge ihrer Tätigkeit dem Dienstgeber oder einem Dritten einen Schaden zufügen. Schädigt der Dienstnehmer bei Erbringung seiner Dienstleistungen den Dienstgeber, so richtet sich seine Ersatzpflicht nach dem ***Grad seines Verschuldens***. Für eine ***entschuldbare Fehlleistung*** (leichtester Grad von Fahrlässigkeit) haftet der Dienstnehmer überhaupt nicht. Bei Fahrlässigkeit kann das Gericht den Ersatz mäßigen, bei leichter Fahrlässigkeit sogar ganz erlassen (§ 2/1 DHG). Das Gericht hat bei der Herabsetzung der Ersatzpflicht außer dem Grad des Verschuldens auch insb auf die in § 2/2 DHG angeführten Umstände (zB Ausbildung des Dienstnehmers, Arbeitsbedingungen, Wahrscheinlichkeit eines Schadens) Bedacht zu nehmen. Schädigt der Dienstnehmer bei Erbringung seiner Dienstleistungen einen Dritten, so hat er dies dem Dienstgeber unverzüglich mitzuteilen und ihm im Falle der Klage den Streit zu verkünden. Hat der Dienstnehmer den Dritten im Einverständnis mit dem Dienstgeber oder auf Grund eines rechtskräftigen Urteils entschädigt, so kann er vom Dienstgeber Rückersatz fordern, wenn dieser gem der §§ 1313a bis 1316 (Gehilfenhaftung, Rz 194) vom Dritten hätte in Anspruch genommen werden können. Die Höhe des Rückersatzes richtet sich wiederum nach dem Grad des Verschuldens (§ 3 DHG). Schädigt der Dienstnehmer einen Dritten und wird der Dienstgeber für den Schaden ersatzpflichtig (Gehilfenhaftung), so richtet sich auch der Regressanspruch des Dienstgebers nach dem Grad des Verschuldens des Dienstnehmers (§ 4 DHG) entsprechend den oben geschilderten Prinzipien.

Die Rechte des Dienstnehmers können nur durch ***Kollektivvertrag*** aufgehoben oder beschränkt werden (§ 5 DHG).

ee) ASVG

Judikaturauswahl: 9 ObA 143/07f (Dienstgeberhaftungsprivileg und Organisationspflicht).

216 § 333 ASVG regelt die Haftung des Dienstgebers für Schädigungen des Dienstnehmers durch *Arbeitsunfälle oder Berufskrankheiten*. Für Körperschäden haftet der Dienstgeber dem Dienstnehmer nur bei Vorsatz (*Dienstgeberhaftungsprivileg*), für Sachschäden nach allgemeinen Regeln. Diese Haftungsbegünstigungen kommen auch dem Vertreter des Dienstgebers und dem Aufseher im Betrieb zu. Das Dienstgeberhaftungsprivileg kommt nicht zur Anwendung, wenn der Arbeitsunfall durch ein Verkehrsmittel eingetreten ist, für dessen Betrieb eine erhöhte Haftpflicht (= Gefährdungshaftung) besteht. Der Dienstgeber haftet dann nach den allgemeinen Regeln für Verschuldens- und Gefährdungshaftung, aber nur bis zur Höhe der aus einer bestehenden Haftpflichtversicherung zur Verfügung stehenden Versicherungssumme.

217 Hat der Dienstgeber oder ein ihm Gleichgestellter den Arbeitsunfall oder die Berufskrankheit *vorsätzlich oder durch grobe Fahrlässigkeit* verursacht, so hat er den Trägern der Sozialversicherung alle Leistungen an den Dienstnehmer zu ersetzen (§ 334/1 ASVG).

218 § 332 ASVG regelt die Haftung des Dienstnehmers für die Schädigung eines *Arbeitskollegen* nach Übergang des Ersatzanspruches (Legalzession) auf den Sozialversicherungsträger. Der Versicherungsträger kann einen auf ihn übergegangenen Schadenersatzanspruch gegen einen Dienstnehmer nur geltend machen, wenn der Dienstnehmer vorsätzlich oder grob fahrlässig gehandelt hat oder der Versicherungsfall durch ein Fahrzeug verursacht wurde, für dessen Betrieb eine erhöhte Haftpflicht (= Gefährdungshaftung) besteht.

d) Gefährdungshaftung

219 Die Gefährdungshaftung beruht nicht auf rechtswidrigem und schuldhaftem Verhalten, sondern auf der Überlegung, dass der Gesetzgeber aus verschiedenen Gründen gewisse *gefährliche Tätigkeiten* erlaubt. Im Gegenzug muss der Betroffene verschuldensunabhängig für die Folgen seines gefährlichen Tuns einstehen.

aa) EKHG

Literaturauswahl: *Apathy*, Kommentar zum EKHG (1992); *derselbe*, Fragen der Haftung nach dem EKHG, JBl 1993, 69; *Canaris*, Die Gefährdungshaftung im Lichte der neueren Rechtsentwicklung, JBl 1995, 2; *Zöllner*, Gefährdungshaftung wohin? FS Krejci II (2001) 1356; *Danzl*, Das Eisenbahn- und Kraftfahrzeughaftpflichtgesetz[7] (2002); *Koziol*, Die Vereinheitlichung der Gefährdungshaftung in Europa, FS Michalek (2005) 217; *Fischer-Czermak*, Der Entwurf einer allgemeinen Gefährdungshaftung, NZ 2006, 1; *Reisinger*, Zur Synonymie von Betrieb und Verwendung eines Kfz, ZVR 2006, 109; *Apathy*, Schadenersatzreform – Gefährdungshaftung und Unternehmerhaftung, JBl 2007, 205; *Gschöpf*, Ist ein stehendes Kraftfahrzeug im Betrieb? ZVR 2008, 372; *Kath*,

Die Rechtsbegriffe der „Verwendung" und des „Betriebs" von Kraftfahrzeugen, ZVR 2009, 444; *Friedl*, LKW mit Arbeitskorb als ortsgebundene Arbeitsmaschine: kein „Betrieb" iSd § 1 EKHG, ecolex 2010, 52.

Judikaturauswahl: 2 Ob 19/97a (Bergstollen – § 19 EKHG); 2 Ob 142/01y (Haftung bei Skidoo-Unfall); 7 Ob 148/03w („Verwendung eines Fahrzeugs" iSd EKHG und KHVG); 2 Ob 252/03b („Außergewöhnliche Betriebsgefahr" bei Motorradunfall); 2 Ob 114/09t (LKW mit Arbeitskorb als ortsgebundene Arbeitsmaschine); 2 Ob 222/09z (Vertraglicher Ausschluss der EKHG-Haftung für Sachschäden); 4 Ob 146/10i (Sorgfaltspflichten beim Abschleppen eines Unfallwracks).

Nach den Bestimmungen des EKHG haften der *Halter eines Kfz* und der   **220**
Betriebsunternehmer einer Eisenbahn für Schäden, die durch *Unfälle beim Betrieb* des Kfz oder der Eisenbahn entstehen (§ 1 iVm § 5 EKHG). Ebenso haften „*Schwarzfahrer*", also Personen, die das Kfz oder die Eisenbahn unbefugt in Betrieb nehmen (§ 6 EKHG). Daneben haften der Halter oder der Betriebsunternehmer, wenn sie die „Schwarzfahrt" schuldhaft ermöglicht haben (zB durch Steckenlassen des Zündschlüssels). Der „*angestellte Schwarzfahrer*" (jemand, der für die konkrete Fahrt keine Erlaubnis hatte, dem das Verkehrsmittel aber vom Halter oder Betriebsunternehmer an sich überlassen war) haftet (mit Beweislastumkehr für das Verschulden) nach dem ABGB. Daneben haften der Halter und der Betriebsunternehmer nach dem EKHG (§ 6 EKHG).

Der Begriff der Eisenbahn ist im Sinne des Eisenbahngesetzes 1957 zu be-   **221**
stimmen. Daher fallen auch *Straßenbahnen und Schlepplifte* in den Anwendungsbereich des EKHG. Der Begriff des Kraftfahrzeuges richtet sich nach dem Kraftfahrzeuggesetz 1967. Damit ein *Kfz* unter das EKHG fällt, muss es eine Geschwindigkeit von *10 km/h* erreichen können (§ 2 EKHG).

Die Verpflichtung des Betriebsunternehmers oder Halters, für die Tötung   **222**
oder Verletzung entgeltlich beförderter Personen Ersatz zu leisten, kann im Vorhinein *weder ausgeschlossen noch beschränkt* werden (§ 10 EKHG; ein vertraglicher Haftungsausschluss hinsichtlich Sachschäden ist hingegen laut Rsp möglich). Eine Haftung nach dem EKHG für beschädigte Sachen tritt hinsichtlich des Beförderers aber nur ein, wenn ein Fahrgast die Sache als Handgepäck mit sich führte oder an sich trug (§ 4 EKHG).

Haftungsausschlüsse bestehen gegenüber „blinden Passagieren", Auto-   **223**
stoppern und Personen, die beim Betrieb der Eisenbahn oder des Kfz tätig waren (§ 3 EKHG). *Haftungsbefreiung* tritt bei *unabwendbaren Ereignissen* ein, soweit der Halter jede erdenkliche Sorgfalt angewendet hat und weder ein Fehler in der Beschaffenheit noch ein Versagen der Verrichtungen des Verkehrsmittels vorliegt (§ 9/1 EKHG). Als unabwendbar gilt ein Ereignis insb dann, wenn es auf das Verhalten des Geschädigten, eines Dritten oder eines Tieres zurückzuführen ist. Allerdings greift die Haftungsbefreiung nicht ein, wenn der Unfall auf einer „*außergewöhnlichen Betriebsgefahr*" beruht (Rsp: wenn besondere Gefahrenmomente zu der schon im normalen Betrieb liegenden gewöhnlichen Gefahr hinzutreten; zB Schleudern, Notbremsung, Entgleisung). Bei Mitverschulden des Geschädigten ist § 1304 ABGB anzuwenden (§ 7 EKHG).

224 Wurde ein Schaden durch **mehrere Kraftfahrzeuge** oder Eisenbahnen verursacht und sind die Beteiligten einem Dritten zum Ersatz des Schadens verpflichtet, so hängt die Möglichkeit eines Regresses untereinander davon ab, inwieweit der Schaden von dem einen oder anderen Beteiligten verschuldet oder durch (außer-)gewöhnliche Betriebsgefahr verursacht wurde. Das gleiche gilt für die gegenseitige Ersatzpflicht der Beteiligten (zB für die gegenseitigen Beschädigungen der Kraftfahrzeuge; § 11 EKHG).

225 Im Falle der Tötung eines Menschen sind unter anderem die Kosten der versuchten Heilung, der Verdienstentgang, Schmerzengeld und Bestattungskosten zu ersetzen. Außerdem haben die Unterhaltsberechtigten einen Anspruch auf Ersatz des entgangenen Unterhalts (§ 12 EKHG). Im Falle der **Körperverletzung** sind vor allem die Heilungskosten zu ersetzen und ein angemessenes Schmerzengeld zu leisten (§ 13 EKHG). Die Höhe der Haftung ist begrenzt (der Haftungshöchstbetrag ist abhängig von der Art des Fahrzeugs und des Schadens, vgl die §§ 15 f EKHG).

226 Das EKHG verdrängt die Schadenersatzregeln des **ABGB** nicht. Liegen also die Voraussetzungen der §§ 1293 ff vor, kann sich der Geschädigte aussuchen, nach welcher Anspruchsgrundlage er seinen Schaden ersetzt verlangt. Wichtig ist dies vor allem dann, wenn die Ersatzleistung nach dem EKHG auf Grund der Haftungshöchstgrenzen zur Deckung des Schadens nicht ausreicht (§ 19 EKHG).

bb) Produkthaftung

Literaturauswahl: *Welser*, Das neue Produkthaftungsgesetz, WBl 1988, 165; *Zankl*, Produkthaftung nach Ablauf der Benennungsfrist (§ 1 Abs 2 PHG), WBl 1988, 416; *P. Bydlinski*, Produkthaftungsgesetz und Haftpflichtversicherung (1990); *Kresbach*, Produkthaftung für „Weiterfresserschäden"? ecolex 1990, 469; *Welser*, Blitzschlag und Produkthaftung, ecolex 1990, 465; *Preslmayr*, Der Scheinhersteller im Produkthaftungsgesetz, ecolex 1991, 149; *Welser*, Der zwei- und dreifache Importeur, ecolex 1992, 471; *Terlitza*, Die Haftung für Weiterfresserschäden, FS Posch (1996) 441; *P. Bydlinski*, Produzentenhaftung für Raucherschäden nach österreichischem Recht? ÖJZ 1997, 378; *Ch. Rabl*, Der Beginn der Frist für die Bekanntgabe des Herstellers nach § 1 Abs 2 PHG, ecolex 1998, 758; *derselbe*, Die Haftung des Händlers nach dem Produkthaftungsgesetz, JBl 1999, 490; *Horwath*, Software – ein Produkt? ecolex 2000, 784; *Leitner*, Schadensverlagerung und Produkthaftung, ecolex 2001, 511; *Posch*, Europäisches Produkthaftungsrecht vor nationalen Gerichten, ZEuP 2001, 595; *Ch. Rabl*, Die Haftung des Scheinherstellers nach PHG, ecolex 2001, 662; *Eustacchio*, Produkthaftung (2002); Grau, Produktfehler (2002); *Preslmayr*, Handbuch der Produkthaftung[2] (2002); *Spitzer*, Der Unternehmer im PHG, JBl 2003, 414; *derselbe*, Vollharmonisierung des Produkthaftungsrechts, ecolex 2003, 141; *Davani*, Der Konstruktionsfehler der Zigarette nach dem PHG in Österreich, ecolex 2004, 437; *derselbe*, Die Haftung der Tabakindustrie für Gesundheitsschäden von Rauchern (2004); *Fitz/Grau/P. Reindl*, Produkthaftung[2] (2004); *Leitner*, Zum Ersatz von Raucherschäden nach österreichischem Recht, ÖJZ 2004, 93; *Linder*, Produktbeobachtung, Rückruf und Versicherungsschutz, wbl 2004, 449; *Posch*, Reaktionen des österreichischen Gesetzgebers auf die privatrechtliche Judikatur des Europäischen Gerichtshofs, ZEuP 2004, 581; *Straube*, Die neuere

Rechtsprechung des Europäischen Gerichtshofs zur Produkthaftungs-Richtlinie und deren Auswirkungen auf nationales Recht, FS Kramer (2004) 883; *Welser/Ch. Rabl*, Produkthaftungsgesetz – Kommentar[2] (2004); *Welser*, Das österreichische Produkthaftungsgesetz in der Rechtsprechung, FS Kramer (2004) 909; *Davani*, Zum Stand von Wissenschaft und Technik der Tabakindustrie, RdW 2005, 82; *Perner*, Haften Cargounternehmer nach dem PHG? ZVR 2006, 109; *Plank*, Ärzte, Krankenanstalten und Sozialversicherungsträger? Haftungsfragen bei selbst hergestellten Arzneimitteln, RdM 2008, 135; *Mair*, Vollharmonisierung des Schadensbegriffs in der Produkthaftungs-RL?, ecolex 2009, 1006; *Rudolf*, Internationales Produkthaftungsrecht nach der Rom II-Verordnung, wbl 2009, 525.

Judikaturauswahl: 1 Ob 184/98k (Holzlack – Schadensbegriff); 1 Ob 169/02p (Instruktionspflichten iSd PHG); 4 Ob 94/04h (Regress bei Produkthaftung); 5 Ob 108/04z (Instruktionsfehler iSd PHG); 2 Ob 78/06v (Schadensbegriff iSd PHG/Regressrecht des Haftpflichtversicherers); 8 Ob 136/06t (Abgrenzung von Herstellereigenschaft und „make ready service"); 7 Ob 30/07y (Juristische Person des öffentlichen Rechts ist Unternehmer iSd PHG) 8 Ob 126/09a (Stand der Technik – PHG); 9 Ob 60/09b (Explodierende Mineralwasserflasche nach Einfrieren); 2 Ob 162/10b (Mängelbehebungskosten nicht nach PHG ersatzfähig).

Wird durch den *Fehler eines Produktes* ein Mensch getötet, am Körper   **227** verletzt oder an der Gesundheit geschädigt oder eine *von dem Produkt* verschiedene Sache beschädigt (kein Ersatz von Schäden am Produkt selbst), so haften der *Hersteller* (der Erzeuger des End-, eines Teilprodukts oder Grundstoffs) und der *Importeur*, der das Produkt in den Europäischen Wirtschaftsraum eingeführt und in Verkehr gebracht hat, nach den Bestimmungen des PHG. Kann der Hersteller oder Importeur nicht festgestellt werden, so haftet stattdessen derjenige Unternehmer, der das Produkt in Verkehr gebracht hat (= *Händler*), es sei denn, er gibt den Hersteller bzw den Importeur oder denjenigen bekannt, der ihm das Produkt geliefert hat (§ 1 PHG). Neben dem tatsächlichen Hersteller haftet der sog *Anscheinshersteller*, das ist derjenige, der durch Anbringung seines Namens, seiner Marke oder seines Erkennungszeichens auf einem fremden Produkt (vor allem bei Drittlanderzeugung) den Anschein erweckt, Hersteller zu sein (§ 3 PHG). Hat ein Ersatzpflichtiger einen nicht von ihm verursachen Schaden ersetzt, so kann er Regress beim Hersteller nehmen. Haben mehrere den Schaden verursacht, so richtet sich der Regress danach, wer den Schaden hauptsächlich verschuldet hat (§ 12 PHG).

Das PHG versteht unter Produkten *bewegliche körperliche Sachen* (ein-   **228** schließlich Energie), auch wenn sie ein Teil einer anderen beweglichen Sache sind oder mit unbeweglichen Sachen verbunden wurden (§ 4 PHG). Nicht erfasst sind daher Dienstleistungen oder „geistige" Produkte (zB fehlerhafter Plan eines Statikers). Strittig ist die Einordnung von Software.

Ein Produkt ist fehlerhaft, wenn es nicht die *Sicherheit* bietet, die man den   **229** Umständen nach erwarten darf. Diese orientieren sich vor allem an der *Darbietung* des Produkts (Werbung, Beipackzettel usw), am *Gebrauch*, mit dem billigerweise gerechnet werden kann (Sessel als Aufstiegshilfe), und *am Zeitpunkt des Inverkehrbringens* (§ 5 PHG). Im Einzelnen wird zwischen Konstruktionsfehlern (der „Plan" war fehlerhaft), Produktionsfehlern (der Fehler passiert bei der Herstellung) und Instruktionsfehlern (bei Medikament wird zB nicht auf Nebenwirkungen oder Kontraindikationen hingewiesen) unterschieden. Das PHG ist nur anwendbar, wenn das fehlerhafte Produkt bereits in Verkehr gebracht worden ist: Das Produkt muss also den Produktionsprozess „gleich auf Grund welchen Titels" verlassen haben (vgl § 6 PHG). Daher besteht keine Haftung nach dem PHG, wenn das Produkt noch im Lager des Herstellers Schäden anrichtet. Hierfür trägt der Hersteller/Importeur die Beweislast (§ 7/1 PHG). Die Voraussetzung des Inverkehrbringens muss bei jenem erfüllt sein, der nach dem PHG in Anspruch genommen wird: Daher besteht trotz Inverkehrbringens durch den Hersteller keine Benennungspflicht des Händlers (s oben), wenn Getränkeflaschen im Regal explodieren und Kunden schädigen, weil die Flaschen noch nicht aufgrund eines Titels in die Verfügungsmacht der Kunden übergeben waren (vgl nochmals § 6 PHG). Weiters entfällt eine Haftung bei wahrscheinlicher Darlegung, dass das Produkt im Zeitpunkt des Inverkehrbringens noch nicht fehlerhaft war (§ 7/2 PHG).

230   Der ersatzfähige Schaden ist im Falle von *Sachschäden* auf die Wiederherstellungskosten bzw den Wert der zerstörten Sache limitiert; entgangener Gewinn und entgangene Nutzungen stehen nicht zu. Sachschäden unter € 500,– werden nach dem PHG überhaupt nicht ersetzt (§ 2 PHG). Erleidet ein Unternehmer (auch juristische Personen des öffentlichen Rechts) einen *Sachschaden*, so hat er nur Anspruch auf Ersatz, wenn er die Sache nicht überwiegend in seinem Unternehmen verwendet hat.

231   Bei *Mitverschulden* des Geschädigten ist § 1304 sinngemäß anzuwenden (§ 11 PHG). Die Haftung kann im Voraus *weder ausgeschlossen noch beschränkt* werden (§ 9 PHG). Nicht gehaftet wird, wenn der Fehler auf eine Rechtsvorschrift zurückzuführen ist oder wenn er im Zeitpunkt des Inverkehrbringens nach dem Stand der Technik (nicht mit Branchenüblichkeit gleichzusetzen) nicht erkannt werden konnte (Haftungsausschlüsse, § 8 PHG). Die *Verjährung* richtet sich grundsätzlich nach § 1489 ABGB (drei Jahre ab Kenntnis von Schaden und Schädiger); ab 10 Jahren, nachdem der Ersatzpflichtige das Produkt in Verkehr gebracht hat, kann er aber nicht mehr in Anspruch genommen werden (§ 13 PHG).

231a   Mit dem *Produktsicherheitsgesetz 2004*, wodurch die Richtlinie über die allgemeine Produktsicherheit umgesetzt wurde, werden Sicherheitsanforderungen an Produkte (§ 4 PSG), Verpflichtungen beim Inverkehrbringen (§ 6 PSG) sowie mögliche behördliche Maßnahmen (§ 8 PSG) geregelt. Ziel dieses Gesetzes ist der Schutz von Leben und Gesundheit von Menschen vor Gefährdungen durch gefährliche Produkte. Zu dessen Erreichung wurden ua ein Produktsicherheitsbeirat, zu dessen Aufgaben zB Beratung und Unterstützung des BM und die Erarbeitung von Empfehlungen zu Fragen der Produktsicherheit gehört, und ein Verbraucherrat, der eine effiziente und unabhängige Vertretung von Verbraucherinteressen gewährleisten soll, geschaffen.

cc) Amtshaftung bei automationsunterstützter Datenverarbeitung

Eine besondere, vom Verschulden unabhängige (Amts-)Haftung ordnet **232** § 89e GOG an. Der Bund haftet für *Schäden*, die *durch den Einsatz von Informations- und Kommunikationstechnik* durch Fehler bei der Führung gerichtlicher Geschäfte einschließlich der Justizverwaltungsgeschäfte entstanden sind. Diese Haftung ist ausgeschlossen, wenn der Schaden durch ein unabwendbares Ereignis verursacht wurde, das weder auf einem Fehler in der Beschaffenheit noch auf einem Versagen der Mittel der automationsunterstützten Datenverarbeitung beruht.

Darin wurde allerdings keine „echte" Gefährdungshaftung gesehen, sondern ein Einstehenmüssen für technische Hilfsmittel, das der Gehilfenhaftung **233** des § 1313a nachgebildet ist. Derjenige, der diese technischen Hilfsmittel einsetzt, soll die durch die Gehilfenhaftung vorgesehene Zurechnung von Schäden nicht dadurch ausschalten können, dass *statt menschlicher Gehilfen technische Hilfsmittel* eingesetzt werden.

Dazu ist zu bemerken, dass es sich insofern doch um eine Art *Gefährdungshaftung* handelt, als technische Hilfsmittel naturgemäß kein Verschulden treffen kann. Was die Zurechnung betrifft, so wird diese durch die erwähnten Bestimmungen zwar hergestellt, eine Verschlechterung der Rechtsposition Dritter tritt gegenüber herkömmlichen Gehilfen aber dennoch ein, weil der „echte" Gehilfe – zum Unterschied von technischen Hilfsmitteln – uU auch persönlich haftbar wird. Demgegenüber hat der Geschädigte hier also einen Haftpflichtigen „weniger".

e) Weitere Tatbestände

ZB Atomhaftpflichtgesetz, Reichshaftpflichtgesetz, Rohrleitungsgesetz. In **234** Gesamtanalogie nimmt die hA allgemeine *Gefährdungshaftung für gefährliche Sachen* an (allerdings eher restriktiv, zB wurden ein Autodrom oder das Sturmboot im Wiener Wurstelprater von der Rsp nicht als gefährlich eingestuft).

2. Bereicherungsrecht

Literaturauswahl: *Kerschner*, Bereicherung im öffentlichen Recht (1983); *Iro*, Zivilrechtliche Probleme bei Verträgen mit Schwarzarbeitern, JBl 1987, 1; *Apathy*, Der Verwendungsanspruch (1988); *P. Huber*, Wegfall der Bereicherung und Nutzen (1988); *Koppensteiner/Kramer*, Ungerechtfertigte Bereicherung[2] (1988); *Kerschner*, Anmerkungen zum österreichischen Bereicherungsrecht, JBl 1990, 571; *Beclin*, Kondiktion beim Zedenten oder beim Zessionar? JAP 1993/94, 132; *G. Graf*, Bereicherungsausgleich bei ungültigem Kreditvertrag, ecolex 1994, 76; *Gitschthaler*, Zur Rückforderbarkeit zu Unrecht bezahlter Unterhaltsbeiträge, ÖJZ 1995, 652; *Mahr*, Der Verwendungsanspruch beim „Recht am eigenen Bild", MR 1995, 127; *Wilhelm*, Bereicherungsansprüche wegen Ausnützens fremder Schöpfungen und Kenntnisse, ÖBl 1995, 147; *F. Hoyer*, Bereicherungsrechtliche Rückabwicklung des drittfinanzierten Kaufs, ecolex 1996, 343; *Große-*

Sender, Rückabwicklung in Dreipersonenverhältnissen, JAP 1996/97, 221 und JAP 1997/98, 18, 73, 163, 237; *F. Bydlinski*, Grundfragen der Unerlaubtheitskondiktion, entwickelt an einem exemplarischen Fall, FS Zöllner II (1998) 1029; *Dullinger/Rummel*, Zum Bereicherungsausgleich bei der stillen Zession, ÖBA 1998, 593; *Wratzfeld*, Kondiktion einer zu Unrecht in Anspruch genommenen Garantie im Konkurs des Auftraggebers? ecolex 1998, 12; *Große-Sender*, Bereicherungsrechtliche Rückabwicklung beim Vertrag zugunsten Dritter, ÖJZ 1999, 88; *Jaksch-Ratajczak*, Vertragsaufhebung durch Naturalrestitution, ÖJZ 2000, 798; *Reidinger*, Ungerechtfertigte Bereicherung durch Einbau auf Auftrag eines Dritten, JAP 2000/01, 48; *Kerschner*, Rückabwicklung gegenseitiger Verträge, JBl 2001, 756; *Markowetz*, Bereicherungsrechtliche Rückabwicklung im Rahmen der Forderungsabtretung, ÖJZ 2001, 581; *Spielbüchler*, Die Leistungskondiktion im System der kausalen Übereignung, JBl 2001, 38; *Thunart*, Die Einrede des gutgläubigen Verbrauchs, ZAS 2001, 102; *F. Bydlinski*, Die Leistungskondiktionen als Bereicherungsansprüche, FS Hausheer (2002) 49; *Koziol*, Die Bereicherung des Schädigers als schadenersatzrechtliches Zurechnungselement? FS F. Bydlinski (2002) 175; *Dullinger*, Zur Verjährung der Rückforderung überhöhter Kreditzinsen, FS Welser (2004) 121; *Reischauer*, Ein Plädoyer für die Möglichkeit der außergerichtlichen Geltendmachung von Wandlung und Minderung (§ 933 ABGB) sowie die Einführung einer allgemeinen Regelung für die Verjährung von Bereicherungsansprüchen (Vorschlag eines § 1490a ABGB), FS Welser (2004) 901; *Koziol*, Bereicherungsansprüche bei Eingriffen in nicht entgeltsfähige Güter? FS Wiegand (2005) 449; *Perner/Spitzer*, Unterhaltserhöhung nach Körperverletzung und Regress – kein Problem des Bereicherungsrechts, EF-Z 2006, 36; *Baumgartner*, Kostenersatz bei voreiliger Selbstverbesserung, JAP 2006/07, 179; *Rummel*, Altes und neues zu § 1042 ABGB, JBl 2008, 432; *Holzinger*, Ansprüche im Falle voreiliger Selbstvornahme der Verbesserung durch den Übernehmer. Besprechung der E des OGH vom 16.6.2008, 8 Ob 14/08d, RdW 2008, 636; *Werderitsch*, Zur Verjährung von Bereicherungsansprüchen – Über kurz oder lang? Zak 2008, 263; *Krejci*, Verweigerter Nachschuss und § 1043 ABGB, RdW 2011, 261; *Rüffler/Vonkilch*, Bereicherungsausgleich bei asymmetrischer Gesellschaftssanierung, ecolex-Script 2011, 1; *Zankl*, Arctic vs Antarctic, ecolex 2012.

Judikaturauswahl: 4 Ob 114/02x (Bereicherungsanspruch nach Zuschlag im Zwangsversteigerungsverfahren); 7 Ob 135/03h (Strohmann als gewerberechtlicher Geschäftsführer – Rückforderung von Entgeltszahlungen); 3 Ob 234/04i (Verjährung bei Darlehen mit Pauschalraten); 8 Ob 13/05b (Kondiktionsanspruch gegen Leistungsempfänger); 4 Ob 15/05t (Verjährung des Anspruches nach § 1042); 9 Ob 98/04h (Rückabwicklung von Veranlagungsgeschäften mit Geschäftsunfähigen); 6 Ob 292/05t (Rückorderung geleisteter Unterhaltsbeträge gem § 1042); 2 Ob 107/08 (Bereicherung bei Phishing); 4 Ob 84/09w (Bereicherung bei Beendigung der Lebensgemeinschaft); 2 Ob 199/09t (Haftungsklausel im Mietvertrag); 3 Ob 82/10w (Kein Vorrang der Leistungskondiktion im dreipersonalen Verhältnis); 2 Ob 157/10t (Konkurrenz zwischen § 1431 und § 1042); 5 Ob 103/11z (Bereicherungsanspruch bei unberechtigtem Garantieabruf aus Unternehmenskauf).

235 Mit Hilfe des Bereicherungsrechts können *grundlose Leistungen* (unten Rz 235 f) oder andere *ungerechtfertigte Vermögensverschiebungen* (unten Rz 237 ff) zurückverlangt werden (Bereicherungsanspruch). Leistungen und Vermögensverschiebungen auf der Grundlage von gültig zustande gekommenen Schuldverhältnissen sind jedenfalls gerechtfertigt, weshalb in solchen Fällen kein Bereicherungsanspruch zusteht (keine Korrektur von Verträgen). Ein Bereicherungsanspruch setzt einen ungerechtfertigt erlangten Vorteil voraus und zielt auf dessen Rückführung ab. Zum Unterschied davon geht es beim Schadenersatz um die Wiedergutmachung erlittener Nachteile.

a) Rückforderung von Leistungen

Eine **Leistung** (= bewusste Vermögenszuwendung zur Erreichung eines bestimmten Zwecks) kann unter bestimmten Voraussetzungen zurückgefordert werden (durch sog Kondiktionen, vgl im Einzelnen §§ 877, 1174/1 Satz 3, 1431, 1435 – s sogleich), wenn sie **ohne rechtfertigenden Grund** erfolgt ist. Häufig ist dies dann der Fall, wenn Leistungen aufgrund ungültiger oder anfechtbarer Verträge erbracht werden, die dann rückabzuwickeln sind, oder wenn bei einer Zweckvereinbarung die erwartete Gegenleistung ausbleibt. Mit Hilfe der jeweiligen Kondiktionen können die Parteien ihre Leistungen zurückverlangen (kondizieren), so

- gem § 1431 (**condictio indebiti** = irrtümliche Zahlung einer Nichtschuld) bei nichtigen Verträgen oder wenn versehentlich an den „Falschen" geleistet wurde; Voraussetzungen sind das Fehlen einer Verbindlichkeit und ein (wenn auch unverschuldeter) Irrtum des Leistenden darüber. Gleichzuhalten ist die Bezahlung einer bedingten oder noch ungewissen (§ 1434), nicht jedoch einer bloß noch nicht fälligen Forderung oder einer Naturalobligation (bei letzterer ist uU eine Kondition nach § 1435 möglich).

- gem § 1435 (**condictio causa finita**), wenn ein Vertrag (zB wegen Verzugs oder Gewährleistung) mit sachenrechtlicher Ex-nunc- und schuldrechtlicher Ex-tunc-Wirkung aufgehoben wird (dazu oben Rz 114).

- bei (schuld- und sachenrechtlich) ex tunc wirkender Aufhebung (vor allem Irrtumsanfechtung) erfolgt die Rückabwicklung gem § 877 (**condictio sine causa**); Irrtum (über die Leistungspflicht) ist keine Voraussetzung, eine rechtsgrundlose Leistung ist daher auch bei Kenntnis des Anfechtungsrechts kondizierbar.

- in Analogie zu § 1435 (**condictio causa data causa non secuta**): wegen Nichteintritts des mit der Leistung bezweckten und erwarteten Erfolges; die Unerreichbarkeit darf allerdings nicht von vornherein bekannt sein (§ 1174/1 Satz 1).

Der Kondiktionsschuldner muss den **Leistungsgegenstand** mitsamt allfälligem Zuwachs (§ 329) **herausgeben** und ein (bei Redlichkeit gewöhnliches, bei Unredlichkeit das höchste am Markt erzielbare) **Benützungsentgelt** leisten. Ist die Herausgabe unmöglich oder untunlich, muss er einen von seiner Redlichkeit abhängigen Wertersatz (Verkehrswert bei gutem, höchster Marktpreis bei schlechtem Glauben) leisten. Bestand die Leistung in einer Handlung, ist ein angemessener Lohn zu leisten (§ 1431). Nur wenn der Leistende zu einem unerlaubten Zweck (§ 1174) oder trotz Wissens um das Nichtbestehen der Schuld (§ 1432) leistet, ist eine Rückforderung des Geleisteten ausgeschlossen.

Besonderes gilt bei der Rückabwicklung von Verträgen (zweiseitigen Leistungen), wenn eine der zurückzugebenden Leistungen (etwa eine Sache) zufällig untergegangen ist: Nach einer Ansicht wird der Schuldner dann von der Herausgabe- (und Wertersatz-)Pflicht befreit, erhält seine Leistung aber zurück (**„Zwei-Kondiktionen-Theorie"**: Es bestehen zwei voneinander unabhängige

236

Kondiktionen der Vertragspartner; das Risiko, dass eine Kondiktion „ins Leere" greift, weil die Sache, auf die sie sich bezieht, untergegangen ist, trägt der jeweilige Kondiktionsgläubiger); dies ist allerdings umstritten. Die wohl zutreffendere *Saldotheorie* geht davon aus, dass der Wert beider Leistungen zu berücksichtigen ist und die Differenz (der Saldo) auszugleichen ist. Andere Meinungen differenzieren nach der Art der Rückabwicklung: Erfolgt diese aufgrund eines nichtigen Vertrages oder wirkt sie – wie etwa die Irrtumsanfechtung – sachenrechtlich ex tunc, so war der Herausgabepflichtige im Zeitpunkt des Untergangs nicht Eigentümer, das Risiko des zufälligen Untergangs hat der Kondiktionsgläubiger zu tragen (vgl § 1311).

b) Rückforderung sonstiger Vermögensverschiebungen

237   Ist die Bereicherung nicht durch eine (bewusste) Leistung eingetreten, so kann sie gem § 1041 durch einen „*Verwendungsanspruch*" rückgängig gemacht werden, wenn sie rechtsgrundlos erfolgt ist (zB wenn jemand eine fremde Sache titellos gebraucht oder sie stiehlt und durch untrennbare Verbindung mit eigenen Sachen Eigentum daran erlangt; Sachen sind körperliche Sachen, Forderungs-, Namens-, Marken-, Urheberrechte, aber auch Arbeitsleistungen). Ein Verwendungsanspruch setzt im Unterschied zu den Leistungskondiktionen keine Leistung, sondern die *sonstige ungerechtfertigte Verwendung einer Sache* zum Nutzen einer von seinem Eigentümer verschiedenen Person voraus. Verwendung ist dabei jede dem Recht des Eigentümers zuwiderlaufende Nutzung. Inhalt des Anspruches ist die Rückführung des durch die Verwendung rechtsgrundlos erlangten (daher weder durch Vertrag noch durch Gesetz gedeckten) Vorteils.

237a   Ein Verwendungsanspruch ist gegenüber dem Rechtsinstrument der Geschäftsführung ohne Auftrag und gegenüber Leistungskondiktionen *subsidiär* (vgl aber Rz 239), kann mit Schadenersatzansprüchen aber *konkurrieren*.

238   Für den *Inhalt des Verwendungsanspruchs* (Herausgabe, Wertersatz, Benützungsentgelt) gilt im Wesentlichen das oben Gesagte. Bei wissentlicher Inanspruchnahme fremden Gutes ist unabhängig von einem konkreten Vorteil ein angemessenes Entgelt zu zahlen. In den Fällen der sog „aufgedrängten Bereicherung" (A streicht versehentlich den Zaun des Nachbarn B mit) kommt es uU zum „Nachteilsausgleich" (Minderung der in der Bereicherung liegenden Vorteile durch die mit der Ersatzpflicht verbundenen Nachteile: B will keinen gestrichenen Zaun oder kann es sich nicht leisten).

239   Eine *Art Verwendungsanspruch* gewährt auch § 1042 für den Fall, dass jemand einen *Aufwand* macht, den *nach dem Gesetz ein anderer* hätte machen müssen, indem er zB eine fremde Unterhaltsschuld erfüllt. Der Anspruch setzt ein dreipersonales Verhältnis voraus, bei welchem der Entreicherte eine vom Bereicherten geschuldete Leistung an dessen Gläubiger erbringt. Der rechtsgrundlose Nutzen liegt in der Befreiung des Bereicherten von seiner Verpflichtung. „Nach dem Gesetz" sind auch vertragliche Verbindlichkeiten zu erfüllen, so dass auch deren Tilgung durch Dritte zu einem Ersatzanspruch führt. Nach neuerer Rsp konkurriert der Verwendungsanspruch nach § 1042 gegen den, der sich (wenn auch nur vorläufig) durch die Leistung des Verkürzten selbst einen Aufwand erspart hat, mit dem Anspruch nach § 1431 gegen den Empfänger der Leistung; letzterer und der eigentlich Verpflichtete sind dabei Solidarschuldner.

Einen **Sonderfall des Verwendungsanspruchs** regelt § 1043 in Anlehnung an die „lex Rhodia de iactu", wenn im Notfall Sachen **geopfert** werden, um größeren Schaden abzuwenden. Dadurch Begünstigte haben die Eigentümer der geopferten Sachen zu entschädigen. Historisch ging es dabei um Sachen, die über Bord eines Schiffes geworfen wurden, um es vor dem Untergang zu retten, im modernen Rechtsleben zB um Maßnahmen zur Vermeidung von Unfällen.

3. Geschäftsführung ohne Auftrag (§§ 1035 ff)

Literaturauswahl: *Meissel*, Geschäftsführung ohne Auftrag (1993).
Judikaturauswahl: 1 Ob 2168/96x („Büro für Genealogie").

Wenn sich jemand **eigenmächtig**, dh weder durch den Willen des Dritten noch durch Gesetz gedeckt, um **fremde Angelegenheiten** kümmert (zB Feuerlöschen beim Nachbarn, Entgegennahme einer Leistung für ihn), um damit *die Interessen eines anderen zu fördern* (**Geschäftsführungsabsicht**; *animus rem alteri gerendi*), so richten sich die Rechtsfolgen vor allem danach, ob die Geschäftsführung nützlich oder unnütz oder im Notfall erfolgt ist (§§ 1035 ff). Der **nützliche Geschäftsführer** wird objektiv und subjektiv zum (klaren und überwiegenden) Vorteil eines anderen tätig, dh die Geschäftsführung muss nicht nur abstrakt vorteilhaft, sondern auch im Interesse des konkreten Geschäftsherrn sein (was zB nicht der Fall ist, wenn dieser sich die Maßnahme des Geschäftsführers nicht leisten kann). Der nützliche Geschäftsführer erhält seine tatsächlichen Sach- (und Zeit-)Aufwendungen ersetzt (bezüglich letzterer umstritten), soweit diese zum Vorteil des Geschäftsführers fortwirken. Hingegen muss der **unnütze Geschäftsführer** die Folgen seiner Tätigkeit rückgängig machen und entstandene Schäden ersetzen. Aufwendungen kann er nur in natura zurücknehmen. Bei **Geschäftsführung im Notfall** (zur Abwendung eines bevorstehenden Schadens, § 1036) sind die notwendigen und zweckmäßigen (Sach- und Zeit-)Aufwendungen zu ersetzen, und zwar – um einen Ansporn zur Hilfeleistung zu geben – grundsätzlich auch dann, wenn sie sich letztlich als vergeblich erwiesen haben. Sämtliche Geschäftsführer ohne Auftrag sind zur Herausgabe von Vorteilen, zur Vollendung angefangener Geschäfte und zur Rechnungslegung verpflichtet.

240

III. Verbrauchergeschäfte

Literaturauswahl: *Peter Doralt/Koziol*, Stellungnahme zum Ministerialentwurf eines Konsumentenschutzgesetzes (1979); *Welser*, Die Beschränkung der Vertragsfreiheit beim Konsumentengeschäft, JBl 1980, 1, 72; *Krejci* (Hg), Handbuch zum Konsumentenschutzgesetz (1981); *P. Bydlinski*, Die Sittenwidrigkeit von Haftungsverpflichtungen, ZIK 1995, 135; *Kiendl*, Die Richtlinie des Rates über missbräuchliche Klauseln in Verbraucherverträgen und ihre Auswirkungen auf das österreichische Recht, JBl 1995, 87; *Kalss/Lurger*, Zu einer Systematik der Rücktrittsrechte insbesondere im Verbraucherrecht, JBl 1998, 89, 153, 219; *Aicher/Holoubek* (Hg), Der Schutz von Verbraucherinteressen – Ausgestaltung im öffentlichen Recht und im Privatrecht (2000); *Kalss/Lurger*, Rücktrittsrechte (2001); *Längle*, Gründungsgeschäfte werdender Unternehmer im Spannungsfeld zwischen HGB und KSchG, FS Krejci I (2001) 227; *I. Welser*, Der Erfüllungsort für Verbesserungspflichten des Unternehmers nach § 8 KSchG, ÖJZ 2001, 745; *Koziol*, Verbraucherschutz als Selbstzweck oder als Mittel sachgerechter Interessenwahrung? FG Mayrhofer (2002) 101; *Goriany*, Aufklärungspflicht bei Interzessionen, JAP 2004/05, 54; *B. Jud*, Konsumentenschutz in der Rechtsprechung, ÖJZ 2004, 241; *Kosesnik-Wehrle/Lehofer/G. Mayer/St. Langer*, Konsumentenschutzgesetz[2] (2004); *U. Reifner*, Maximalharmonisierung, Heimatlandkontrolle oder Harmonisierung – Das Ende des nationalen Verbraucherschutzes aus Brüssel? FS G. Mayer (2004) 159; *Kühnberg*, Die konsumentenschützende Verbandsklage, ZfRV 2005, 106; *Lurger/Augenhofer*, Österreichisches und Europäisches Konsumentenschutzrecht (2005); *Riss*, Die Reichweite des Unterlassungsanspruchs im Verbandsklageverfahren nach § 28 KSchG, RdW 2007, 395; *Gehringer*, Verbraucherschutz als Gerechtigkeitserfordernis? RdW 2008, 53; *Lurger*, Österreichisches und Europäisches Konsumentenschutzrecht (2008); *Meskic*, Europäisches Verbraucherrecht (2008); Grumböck (Hg), Kommentar zum Konsumentenschutzrecht (2009); *B. Jud/Wendehorst* (Hg), Neuordnung des Verbraucherprivatrechts in Europa? (2009); *Stahov*, (Un-)Zulässige Klauseln in Mobilfunkverträgen in der Judikatur des OGH, in *Feiler/Raschhofer* (Hg), Innovation und internationale Rechtspraxis, Praxisschrift für Wolfgang Zankl (2009) 827; *Steinmaurer*, Verbraucherschutz im Telekommunikationsrecht, Praxisschrift Zankl (2009) 865; *W. Zankl*, Travel Around the World, but Sue in Your Home Forum, Praxisschrift Zankl (2009) 969; *Kriegner*, Das rechtliche Zusammenspiel des neuen VKrG mit dem FernFinG hinsichtlich der Rücktrittsrechte, ecolex 2011, 198; *Stabentheiner/Cap*, Die neue Verbraucherrechte-Richtlinie, ÖJZ 2012, 53.

Judikaturauswahl: 7 Ob 172/04a (Preisänderungsklausel); 6 Ob 69/05y (Mobilfunkvertrag fällt nicht unter § 15 KSchG); 3 Ob 121/06z (Bindungsdauer bei Wartung einer Telefonanlage); 10 Ob 125/05p (Zulässigkeit einer Zinsanpassungsklausel) 6 Ob 212/09h (Unzulässige Klauseln in Bürgschaftsformularen); 7 Ob 222/10p (Unzulässige Übertragung von Gewährleistungsrechten an Verbraucher); 7 Ob 173/10g (AGB-Klauseln beim Leasing); 8 Ob 124/10h (Wiederholungsgefahr bei Unterlassungserklärungen mit „Ersatzklauseln"); 6 Ob 85/11k (Zustimmungsfiktion in AGB); 4 Ob 74/11b (Wegfall der Wiederholungsgefahr bei Unterlassungsvergleich); 10 Ob 31/11y (Zulässigkeit von Zahlscheingebühren).

1. Allgemeines

241   Das KonsumentenschutzG (KSchG) gilt für Verträge *zwischen Verbrauchern und Unternehmern*, sein I. Hauptstück enthält zwingende Vorschriften. Ein *Unternehmen* in diesem Sinne ist jede auf Dauer angelegte Organisation selbständiger wirtschaftlicher Tätigkeit (§ 1/2 KSchG); Vorbereitungsgeschäfte zur Schaffung der Voraussetzungen für den Unternehmensbetrieb, zB Kauf von Büromöbeln für das zu eröffnende Unternehmen, fallen noch nicht darunter (§ 1/3 KSchG). Dienstverträge sind vom KSchG ausgenommen (§ 1/4 KSchG), nicht aber Vereinsbeitritte und Mitgliedschaften (§ 1/5 KSchG).

§ 3 KSchG regelt ein Rücktrittsrecht bei Haustürgeschäften (Geschäfte, die **242** ohne Anbahnung durch den Verbraucher außerhalb der Geschäftsräumlichkeiten des Unternehmers geschlossen werden, s Rz 250). Gem § 3a KSchG kann der Verbraucher weiters dann von einem *Vertrag zurücktreten*, wenn ohne seine Veranlassung für seine Einwilligung maßgebliche Umstände, die der Unternehmer im Zuge der Vertragsverhandlungen als wahrscheinlich dargestellt hat, nicht oder nur in erheblich geringerem Ausmaß eintreten (Abs 1). Abs 2 definiert die „maßgeblichen Umstände" (zB die Aussicht auf einen Kredit), Abs 3 regelt die Modalitäten des Rücktrittsrechts (Frist, Erlöschen), Abs 4 bestimmte Ausnahmen davon. Beachte auch Abs 5 iVm § 3/4 KSchG (Schriftform).

Gem § 5 KSchG hat der Verbraucher für *Kostenvoranschläge* nur dann ein **243** Entgelt zu leisten, wenn er vorher darauf hingewiesen wurde (Abs 1). Außerdem ist der Kostenvoranschlag im Zweifel – „wenn nicht das Gegenteil ausdrücklich erklärt ist" – verbindlich (Abs 2).

Zu §§ 5a ff KSchG (Vertragsabschlüsse im Fernabsatz) s Rz 274 ff.

Gem § 6 Abs 1 KSchG sind *bestimmte Vertragsbestandteile* „jedenfalls" **244** *unverbindlich*: überlange oder nicht hinreichend bestimmte Bindungswirkung für Verbraucherangebote (Z 1), Deutung eines Verhaltens des Verbrauches als Willenserklärung ohne besonderen Hinweis und angemessene Frist für eine ausdrückliche Erklärung (Z 2), Fiktion des Zugangs einer Willenserklärung des Unternehmens an den Verbraucher (Z 3), Verschärfung der Schriftform oder Ausbedingung besonderer Zugangserfordernisse für Verbrauchererklärungen (Z 4), unausgewogene, ungerechtfertigte Möglichkeit zur Entgeltanhebung durch den Unternehmer (Z 5), Ausschluss eines gesetzlichen Zurückbehaltungsrechts (Z 6 und 7), Ausschluss der Aufrechnungsmöglichkeit bei Zahlungsunfähigkeit des Unternehmers oder für in rechtlichem Zusammenhang stehende Forderungen des Verbrauchers (Z 8), Ausschluss von Schadenersatzansprüchen des Verbrauchers für grobe Fahrlässigkeit (bei Personenschäden schon für leichte Fahrlässigkeit, Z 9), Entscheidungsbefugnis des Unternehmers oder eines von ihm bestimmten Dritten, ob die Unternehmerleistung vereinbarungsgemäß erfolgte (Z 10), Auferlegung einer den Verbraucher von Gesetzes wegen nicht treffenden Beweislast (Z 11), unangemessen kurze Verfallszeit von Rechten an dem Unternehmer zur Bearbeitung übergebener Sache (Z 12), Ausbedingung unverhältnismäßig hoher Verzugszinsen (Z 13), Ausschluss der Irrtumsanfechtung oder der Berufung auf die Geschäftsgrundlage (Z 14) und Übernahme von nicht zweckentsprechenden Einbringungskosten im Verzugsfall (Z 15). Sofern der Unternehmer nicht beweist, dass sie „im Einzelnen ausgehandelt" wurden, gilt das gleiche (Ungültigkeit) für die in § 6/2 KSchG aufgezählten Vertragsbestimmungen: Rücktrittsrecht des Unternehmers ohne sachliche Rechtfertigung (Z 1), Recht des Unternehmers zur schuldbefreienden Vertragsüberbindung an unbenannte Dritte (Z 2), Recht der nicht bloß geringfügigen Änderung der eigenen Vertragsleistung (Z 3), Befugnis zur einseitigen Entgelterhöhung für innerhalb von zwei Monaten zu erbringende Leistungen (Z 4), Schadenersatzausschluss bezüglich einer zur Bearbeitung übernommenen Sache (Z 5), Einschränkung des Anspruchs auf ein Angeld (Z 6) und Schiedsklauseln (Z 7). Weiters sind nach § 6/3 KSchG in Allgemeinen Geschäftsbedingungen enthaltene unklar oder unverständlich gefasste Bestimmungen unwirksam (*Transparenzgebot*).

245   § 7 KSchG betrifft die Mäßigung von An- oder Reugeld, §§ 8 und 9 KSchG den Erfüllungsort (grundsätzlich der Übergabeort, bei vertragsgemäßer Versendung der Bestimmungsort, bei Verlangen durch den Verbraucher der Aufenthaltsort) und den grundsätzlich zwingenden Charakter von *Gewährleistungsansprüchen des Verbrauchers* (sie können vor Kenntnis des Mangels weder beschränkt noch ausgeschlossen werden; eine kürzere als die in § 933 normierte *Gewährleistungsfrist* kann nur für gebrauchte bewegliche Sachen vereinbart werden – Kraftfahrzeuge gelten nach einem Jahr als gebraucht).

246   Nach § 9a KSchG trifft den zur Montage verpflichteten Unternehmer eine Haftung, wenn durch sein unsachgemäßes Verhalten an der Sache ein Mangel entsteht. Dasselbe gilt, wenn die Sache zur Montage durch den Verbraucher bestimmt war und die unsachgemäße Montage auf einem Fehler der Montageanleitung beruht (sog *„Ikea-Klausel"*). § 9b KSchG betrifft die *vertragliche Garantie*, die zur gesetzlichen Gewährleistungspflicht des Übergebers hinzutritt, diese aber nie einschränkt.

247   § 10 KSchG umschreibt den Umfang von *Vollmachten*, die ein Unternehmer erteilt. Sie beziehen sich im Verkehr mit Verbrauchern auf alle Rechtshandlungen, die derartige Geschäfte mit sich bringen (Abs 1); zu Beschränkungen durch den Unternehmer siehe Abs 1 letzter Satz, Abs 2 und Abs 3.

248   Die §§ 11 und 12 KSchG statuieren das Verbot von Orderwechseln und von *Gehaltsabtretungen*.

249   § 13 KSchG beschränkt den *Terminsverlust* (Recht, die gesamte noch offene Schuld zu fordern, wenn der Schuldner mit Teilleistungen in Verzug gerät) auf den Fall, dass der Unternehmer seine eigene Leistung bereits erbracht hat und der Verbraucher trotz zweiwöchiger Nachfristsetzung mit seiner Leistung über sechs Wochen in Verzug ist. § 13a KSchG regelt die Folgen einer *Rechtswahl*, wenn das Recht eines Staates gewählt wurde, der nicht Vertragsstaat des EWR-Abkommens ist. § 14 KSchG limitiert die *Zuständigkeit* für (bestimmte) Klagen gegen Verbraucher mit Wohnsitz, gewöhnlichem Aufenthalt oder Beschäftigung im Inland auf Gerichte an ebendiesen Orten. Auf der anderen Seite ist der Ausschluss von gesetzlichen Gerichtsständen des Unternehmers dem Verbraucher gegenüber unwirksam (Abs 3).

Für eine **Schiedsvereinbarung** zwischen einem Unternehmer und einem **249a** Verbraucher sieht das SchiedsRÄG 2006 Sonderbestimmungen bezüglich des Verbrauchers vor. Bei Verbrauchergeschäften können Schiedsvereinbarungen nur wirksam für bereits entstandene Streitigkeiten abgeschlossen werden (§ 617/2 ZPO). Darüber hinaus gelten für eine Schiedsvereinbarung mit einem Verbraucher strengere **Formerfordernisse**: Die Vereinbarung ist nur wirksam, wenn der Verbraucher diese in einem separaten Dokument eigenhändig unterzeichnet und eine schriftliche **Rechtsbelehrung** über die wesentlichen Unterschiede zwischen einem Schiedsverfahren und einem Gerichtsverfahren erhalten hat (§ 617/3 ZPO). Verstößt ein Schiedsspruch gegen zwingende Rechtsvorschriften oder liegen die Voraussetzungen für die Wiederaufnahmsklage gem § 530/1 Z 6 und Z 7 ZPO vor, so ist der **Schiedsspruch**, an dem ein Verbraucher beteiligt ist, jedenfalls aufzuheben (§ 617/6 ZPO).

Gem § 28a KSchG können Unternehmer, die im geschäftlichen Verkehr **249b** mit Verbrauchern iZm zB Haustürgeschäften, Verbraucherkreditverhältnissen, Abschlüssen im Fernabsatz, der Vereinbarung von missbräuchlichen Vertragsklauseln, der Gewährleistung oder Garantie beim Kauf oder bei der Herstellung beweglicher körperlicher Sachen oder iZm Diensten der Informationsgesellschaft im elektronischen Geschäftsverkehr oder Wertpapierdienstleistungen oder Dienstleistungen der Vermögensverwaltung oder Zahlungsdiensten oder der Ausgabe von E-Geld gegen gesetzliche Gebote oder Verbote verstoßen und dadurch die allgemeinen Interessen der Verbraucher beeinträchtigen, auf Unterlassung geklagt werden (**Verbandsklage**; s dazu auch § 28 KSchG: unzulässige AGB, § 29: Klageberechtigung).

Eine **neue EU-Richtlinie über die Rechte der Verbraucher** (2011/83/EU) **249c** bringt Vereinheitlichungen und Änderungen im Bereich von Haustürgeschäften, missbräuchlichen Klauseln in Verbraucherverträgen, Vertragsabschlüssen im Fernabsatz sowie für den Verbrauchsgüterkauf und Garantien für Verbrauchsgüter mit sich. Vorgesehen ist vor allem auch eine erhebliche (und bedenkliche, weil für den Verbraucher nur verwirrende) Erweiterung von Informationspflichten des Unternehmers. Die Umsetzung hat bis Ende 2013 zu erfolgen.

2. Sondervorschriften für Verträge außerhalb von Geschäftsräumlichkeiten und im Fernabsatz

Literaturauswahl: *Fischer-Czermak*, Das Konsumentenschutzgesetz und der Liegenschaftsverkehr, NZ 1991, 115; *Tangl*, Verbraucherschutz bei Haustürgeschäften, ZfRV 1997, 99; *Kalss/Lurger*, Zu einer Systematik der Rücktrittsrechte insbesondere im Verbraucherrecht, JBl 1998, 89, 153, 219; *dieselben*, Rücktrittsrechte (2001); *Rudisch*, Das „Heininger"-Urteil des EuGH vom 13. 12. 2001, Rs C-481/99: Meilenstein oder Stolperstein für den Verbraucherschutz bei Realkrediten? FG Mayrhofer (2002) 189; *Lurger*, Integration des Verbraucherrechts in das ABGB? in *Fischer-Czermak/Hopf/ Schauer* (Hg), Das ABGB auf dem Weg in das 3. Jahrtausend (2003) 111; *Posch*, Reaktionen des österreichischen Gesetzgebers auf die privatrechtliche Judikatur des Europäischen Gerichtshofs, ZEuP 2004, 581; *Schopper*, Zum Rücktrittsrecht nach § 3 KSchG beim Vertragsabschluss per Fax – Richtungswechsel in der Rsp des OGH, ÖBA 2005, 35; *Iro*, Die Bedeutung der EuGH-Urteile „Schulte" und „Crailsheimer Volksbank" für das österreichische Recht, ÖBA 2006, 326; *Schoditsch*, Überrumpelung beim Telefax? ÖJZ 2006, 8; *Putzer*, Mit einer Lebensversicherung oder Altersversorgung zusammenhängende Fernabsatz-Dienstleistungsgeschäfte aus dem Blickwinkel des FernFinG, wbl 2007, 457; *Fenyves*, § 5j KSchG im System des Zivilrechts, ÖJZ 2008, 297; *Brenn*, Endgültig kein Verbrauchergerichtsstand bei Gewinnzusagen nach § 5j KSchG, ÖJZ 2009, 845; *Ofner*, Editorial – Zum Nutzungsentgelt bei Widerruf eines Fernabsatzgeschäftes, ZfRV 2009, 193; *Leupold*, Verbrauchergerichtsstand nach Art 15 EuGVVO bei irreführenden Gewinnzusagen? Zak 2010, 45; *Kriegner*, Das rechtliche Zusammenspiel des neuen VKrG mit dem FernFinG hinsichtlich der Rücktrittsrechte, ecolex 2011, 198; *Ziegler*, Kreditkartenmissbrauch im Fernabsatz – Neuregelungen nach dem ZaDiG, ecolex 2011, 793.

Judikaturauswahl: 4 Ob 183/98k (Schweizer Regenseidenmantel – „Anbahnung" iSd § 3 KSchG); 2 Ob 11/02k (Keine „Anbahnung" bei vorherigem Anruf durch Unternehmer).

250
- Gem § 3 KSchG kann der Verbraucher schriftlich von einem Vertrags-antrag oder einem Vertrag *zurücktreten*, wenn er seine Vertragserklärung weder in den *Geschäftsräumen* noch auf einem Messe- oder Marktstand des Unternehmers abgegeben hat (Ausnahmen zB, wenn der Verbraucher selbst den Vertrag angebahnt hat oder diesem keine Besprechungen vorausgegangen sind) oder wenn der Unternehmer gegen bestimmte gewerberechtliche Regeln (§§ 54, 57, 59 GewO) verstoßen hat (zB wenn Privatpersonen aufgesucht werden und dabei der Eindruck erweckt wird, dass das für die bestellten Dienstleistungen geforderte Entgelt zumindest zum Teil gemeinnützigen, mildtätigen oder kirchlichen Zwecken zugutekommt; § 3/5 KSchG). Die Rücktrittsfrist beträgt eine Woche ab Erhalt einer Urkunde, die bestimmte Informationen (zB Name und Anschrift des Unternehmers, Belehrung über das Rücktrittsrecht) enthalten muss (bei Nichtausfolgung einer Belehrung ist der Rücktritt unbefristet zulässig; Ausnahme bezüglich Versicherungsverträgen; vgl § 3/1 letzter Satz KSchG). § 4 KSchG regelt die *vertragliche Rückabwicklung nach Ausübung des Rücktrittsrechts*. Danach hat der Unternehmer alle empfangenen Leistungen samt gesetzlichen Zinsen zurückzuerstatten und den vom Verbraucher gemachten notwendigen und nützlichen Aufwand zu ersetzen (Abs 1 Z 1). Der Verbraucher hat die empfangenen Leistungen zurückzustellen und dem Unternehmer ein angemessenes Benützungsentgelt einschließlich Wertminderung zu bezahlen, wobei die bloße Übernahme der Leistungen in die Gewahrsame des Verbrauchers für sich allein noch nicht als Wertminderung anzusehen ist (Abs 1 Z 2).
- Für Verträge, die unter ausschließlicher Verwendung von *Fernkommunikationsmitteln* geschlossen werden, gelten die §§ 5a–5i KSchG (s dazu unten Rz 274 ff).

3. Besondere Geschäftsarten

Literaturauswahl: *Koziol*, Die Ausfallsbürgschaft des geschiedenen Ehegatten kraft Richterspruchs, RdW 1986, 5; *Wilhelm*, Allgemeiner Einwendungsdurchgriff beim drittfinanzierten Kauf, ecolex 1994, 83; *F. Hoyer*, Bereicherungsrechtliche Rückabwicklung des drittfinanzierten Kaufs, ecolex 1996, 343; *Fischer-Czermak*, Finanzierungsleasingverträge: Abzahlungsgeschäfte nach dem KSchG? ecolex 1997, 331; *I. Faber*, Das Mäßigungsrecht gemäß § 25d KSchG, ÖBA 2004, 527; *Barth/Engel*, Das neue Heimvertragsrecht, ÖJZ 2004, 581; *Kathrein*, Heimverträge, FS Welser (2004) 425; *Schauer/Beig*, Zulässige Vertragsbindung bei Fernwärmelieferverträgen im Lichte des Verbraucherschutzrechts, wobl 2004, 133; *Goriany*, Aufklärungspflicht bei Interzessionen, JAP 2004/05, 54; *Barth/Engel*, Das Heimaufenthaltsgesetz, ÖJZ 2005, 401; *Schauer/Beig*, Nochmals: Zur zulässigen Vertragsbindung bei Fernwärme-Einzelverträgen, wobl 2005, 45; *dieselben*, Zulässige Vertragsbindung bei Fernwärmelieferverträgen im Lichte des Verbraucherschutzrechts, in *Reiffenstein/Blaschek* (Hg), Konsumentenpolitisches Jahrbuch 2002–2004 (2005) 75; *Vonkilch*, Die Kündbarkeit von Wärmelieferungs-Einzelverträgen aus wohnrechtlicher Sicht, wobl 2005, 1; *Zankl*, Qualifikation und Dauer von Mobilfunkverträgen, ecolex 2005, 29; *Ganner*, Spezielle Fragen des Heimvertragsrechts, FamZ 2006, 16; *Fenyves*, § 5j KSchG im System des Zivilrechts, ÖJZ 2008, 297.

Judikaturauswahl: 1 Ob 93/02m (Pfandbestellung als Interzession); 9 Ob 241/02k (Vertragsbindung des Verbrauchers gegenüber Flüssiggaslieferanten); 1 Ob 268/03y (Stornogebühr und § 27a KSchG); 7 Ob 65/04s (Haftung des Interzedenten – § 25c KSchG); 6 Ob 69/05y (Vertragliche Einordnung des Mobilfunkvertrages); 3 Ob 268/09x (Klauselkontrolle bei Heimverträgen).

- *Verträge über wiederkehrende Leistungen (§ 15 KSchG)*: Verbraucher **251** haben bei unbefristeten und über einjährigen Verträgen über wiederkehrende Werkleistungen (einschließlich der Lieferung von Energie) ein besonderes Kündigungsrecht. Mobilfunkverträge sind davon nicht erfasst (Rsp), weil sie keine Werk-, sondern Mietverträge sind (entgeltliche Nutzung der Infrastruktur des Netzbetreibers).

- *Abzahlungsgeschäfte (§§ 16–25 aE KSchG)*: Die Bestimmungen betreffend die Abzahlungsgeschäfte wurden durch das BGBl I 28/2010 aufgehoben, weil es gleichzeitig zum Erlass des Verbraucherkreditgesetzes (VKrG) gekommen ist. Das VKrG regelt bestimmte Aspekte von Verbraucherkreditverträgen und anderen Kreditformen zu Gunsten von Verbrauchern und umfasst dabei insb vorvertragliche Pflichten des Kreditgebers, das Rücktritts- und Kündigungsrecht des Kreditnehmers und die Möglichkeit einer vorzeitigen Rückzahlung (vgl § 1 VKrG).

- *Kreditgeschäfte von Ehegatten (§ 25a KSchG):* besondere Informationspflichten des Unternehmers, zB darüber, dass bei gemeinsamem Kredit die Haftung auch nach der Scheidung aufrecht bleibt.

- *Kreditverbindlichkeiten von Verbrauchern (§§ 25b–25d KSchG):* Schriftlichkeit und besondere Informationspflichten; richterliches Mäßigungsrecht (nach Billigkeit), wenn ein Verbraucher einer Verbindlichkeit als Mitschuldner, Bürge oder Garant beitritt.

- *Lieferungen im Handel mit Druckwerken (§§ 26–26b KSchG):* entsprechende Verträge sind unter bestimmten Voraussetzungen schriftlich zu errichten.

- *Wohnungsverbesserungsverträge (§ 26d KSchG):* sind schriftlich (mit bestimmtem Inhalt) zu errichten, wenn es sich um Haustürgeschäfte handelt (Einhaltung der Schriftform ist aber kein Gültigkeitserfordernis).
- *Vorauszahlungskäufe (§ 27 KSchG):* unter bestimmten Voraussetzungen Rücktrittsrecht.
- *Werkverträge (§ 27a KSchG):* Fordert der Werkunternehmer trotz Unterbleibens der Arbeit den Werklohn, so hat er dem Verbraucher die Gründe dafür mitzuteilen, dass er infolge Unterbleibens der Arbeit weder etwas erspart, erworben oder zu erwerben absichtlich versäumt hat (§ 1168).
- *Heimverträge (§ 27b–27i KSchG):* Die Bestimmungen finden auf Verträge zwischen Betreibern (Trägern) und Bewohnern von Alten- und Pflegeheimen und anderen Einrichtungen, in denen zumindest drei Menschen aufgenommen werden, Anwendung. Es wird eine Informationspflicht des Heimbetreibers über alle für den Vertragsabschluss sowie die Unterkunft, Betreuung und Pflege im Heim relevanten Punkte statuiert. Bestimmte Angaben bezüglich Form und Inhalt des Heimvertrages werden zwingend verlangt, wie etwa die Dauer des Vertragsverhältnisses, die Modalitäten der Vertragsbeendigung, allgemeine Verpflegung oder die Fälligkeit und Höhe des Entgelts. Insbesondere hinsichtlich der Persönlichkeitsrechte der Heimbewohner muss der Heimvertrag eine Reihe von Feststellungen enthalten (Selbstbestimmung, Achtung der Privat- und Intimsphäre, Recht auf Verkehr mit der Außenwelt, Wahrung des Brief-, Post- und Fernmeldegeheimnisses). Den Heimbewohnern wird ausdrücklich das Recht auf Benennung einer Vertrauensperson eingeräumt, welche bei der Bereinigung von Konflikten auch hinzugezogen werden kann. Eine Kündigung ist auf Seite des Heimbewohners jederzeit unter Einhaltung einer einmonatigen Frist zum Monatsende ohne das Erfordernis eines wichtigen Grundes möglich. Der Heimbetreiber kann eine Kündigung nur aus wichtigen Gründen aussprechen, wobei das Gesetz Beispiele für wichtige Gründe nennt (zB schwere Störung des Heimbetriebes durch den Bewohner, Zahlungsverzug, Einstellung des Betriebs des Heimes).
- *Immobiliengeschäfte (§§ 30a–31 KSchG):* bei dringendem Wohnbedarf Rücktrittsrecht des Verbrauchers, wenn er seine Vertragserklärung am selben Tag abgibt, an dem er das Vertragsobjekt das erste Mal besichtigt hat; besondere Aufklärungspflichten des Immobilienmaklers; Höchstdauer von Alleinvermittlungsaufträgen; Schriftlichkeit bestimmter Inhalte des Maklervertrages.
- *Reiseveranstaltungsvertrag (§§ 31b ff KSchG):* s oben beim Werkvertrag Rz 170.

3. Teil

E-Commerce

A. E-Commerce, E-Government und (bürgerliches) Recht im Allgemeinen

Literaturauswahl: *Brenn*, Zivilrechtliche Rahmenbedingungen für den rechtsge-schäftlichen Verkehr im Internet, ÖJZ 1997, 641; *P. Bydlinski*, Der Sachbegriff im elek-tronischen Zeitalter: zeitlos oder anpassungsbedürftig? AcP 198 (1998) 287; *Thiele/Fi-scher*, Domain Grabbing im englischen und österreichischen Recht, wbl 2000, 351; *Wiederin*, Die Kundmachung von Rechtsvorschriften im Internet, in *Gruber* (Hg), Die rechtliche Dimension des Internet (2001) 25; *Schwartz/Wohlfahrt*, Glücksverträge im Internet, MR 2001, 323; *Noll*; Der Umgang mit „virtuellen Unternehmen" im Haf-tungsrecht, JRP 2002, 236; *Zankl*, Verantwortlichkeit für fremde Internetinhalte, JBl 2001, 409; *derselbe*, Zivilrecht und E-Commerce, ÖJZ 2001, 542; *Foster*, Consumer Protection in the Internet, FG Mayrhofer (2002) 83; *Philippi*, Das Filmwerk und sein urheberrechtlicher Schutz im digitalen Zeitalter, in *Forgó/Feldner/Witzmann/Dieplinger* (Hg), Probleme des Informationsrechts (2003) 322; *K. Posch*, Die e-Mail-Nutzung aus arbeitsrechtlicher Sicht, in *IT-LAW.AT* (Hg), e-Mail – elektronische Post im Recht (2003) 75; *Stiger*, Die Zulässigkeit der Protokollierung der Internetzugriffe von Dienstnehmern durch den Dienstgeber aus arbeits-, datenschutz- sowie telekommunikationsrechtlicher Sicht, in *Forgó/Feldner/Witzmann/Dieplinger* (Hg), Probleme des Informationsrechts (2003) 407; *Thiele*, Internet Domains in der Insolvenz, ZIK 2003, 110; *Zankl*, Von E-Commerce zu M-Commerce, ecolex 2003, 507; *P. Burgstaller*, Die neue „dot EU"-Do-main, MR 2004, 214; *M. Roth*, Consumer Protection in International E-Commerce-Law, FS Boguslavskij (2004) 173; *M. Roth*, Der Schutz des Verbrauchers im internationalen Privat- und Verfahrensrecht bei Internetverträgen, FS Rechberger (2005) 471; *Kauf-mann/Tritscher*, TKG 2003 – der neue Rechtsrahmen für „elektronische Kommunikati-on", MR 2003, 273, 343; *Stomper*, Folgen der richtlinienwidrigen Umsetzung des Spam-Verbots, MR 2005, 267; *Thiele*, Domain-Grabbing endlich dogmatisch fundiert! MR 2005, 200; *Zöchbauer*, MedienG-Nov 2005 – Was ist neu? MR 2005, 164; *Bresich*, Spamming and Gambling – eine brisante Verbindung, ÖJZ 2006, 363; *Hilberg*, Das neue UN-Übereinkommen zum elektronischen Geschäftsverkehr und dessen Verhältnis zum UN-Kaufrecht – Wegweiser in Sachen E-Commerce? IHR 2007, 12; *A. Bruckner*, Aufbruch in das elektronische Zeitalter nun auch bei Hauptversammlungen von Aktien-gesellschaften, in *Feiler/Raschhofer* (Hg), Innovation und Internationale Rechtspraxis, Praxisschrift für Wolfgang Zankl (2009) 89; *Breitenfeld*, Die elektronische Auktion, Praxisschrift Zankl (2009) 77; *Feiel*, Aspekte zur Nutzung der digitalen Dividende in Österreich, Praxisschrift Zankl (2009) 133; *Feiler*, Security Breach Notification: Infor-mationspflichten bei der Verletzung der Sicherheit personenbezogener Daten, Praxis-schrift Zankl (2009) 147; *Hartzhauser*, Rechtsfragen beim Erwerb von Open Source Software unter dem Blickwinkel von Web 2.0, Praxisschrift Zankl (2009) 243; *Herr-mann*, Keyword-Advertising bei Google, Praxisschrift Zankl (2009) 261; *L. Hofmann*, Digitale Beweismittel nach der österreichischen ZPO, Praxisschrift Zankl (2009) 285; *M. Hofmann*, Rechtsbereinigung und digitale Kundmachung, Praxisschrift Zankl (2009) 293; *Hornsteiner*, Domainverfahren – quo vadis? Praxisschrift Zankl (2009) 303; *Klemm*, GPL Version 3.0 – Urheberrechtliches zur Neufassung der Open Source-Li-zenz, Praxisschrift Zankl (2009) 363; *Knyrim*, Keine Bilder für Google Street View? Georeferenzierte Bilddaten im Internet; Praxisschrift Zankl (2009) 423; *Lutz*, Open In-novation – Microsoft und geistiges Eigentum: ein Schritt Richtung Zukunft, Praxisschrift Zankl (2009) 535; *Noha*, Neue spezifische Formen der Internetwerbung – Keyword Advertising im weiteren Sinn und rechtliche Grenzen, Praxisschrift Zankl (2009) 589; *Pichler*, Einige Provokationen Gedanken zum (elektronischen) Publizieren, Praxisschrift Zankl (2009) 629; *Raschhofer*, Der urheberrechtliche Auskunftsanspruch gemäß § 87 Abs 3 UrhG gegen Access-Provider, Praxisschrift Zankl (2009) 661; *Rendl*, Die Aktionärsrichtlinie – Online-Hauptversammlung? Praxisschrift Zankl (2009) 679; *Rohringer*, Die elektronischen Urkundenarchive der Körperschaften öffentlichen Rechts – Die rechtliche Qualität der gespeicherten Urkunden, Praxisschrift Zankl (2009) 719; *Schütze*, „Second Life" – Rechtliche Herausforderungen der virtuellen Welt, Praxisschrift Zankl (2009) 753; *Serentschy*, Breitband als Motor für Wirtschaft und Gesellschaft, Praxisschrift Zankl (2009) 783; *Skoff*, Ein rechtlicher Überblick zum Thema SIM-Lock, Praxisschrift Zankl (2009) 809; *Voglmayr*, Europa im Zeichen der Informationsgesellschaft, Praxisschrift Zankl (2009) 921; *Woller*, Markenbenutzung durch Keyword-Advertising? Praxisschrift Zankl (2009) 931; *Zankl* (Hg), Auf dem Weg zum Überwachungsstaat? (2009); *Böhsner*, Digitale Verlassenschaft – Tod im „Social Network", Zak 2010, 368; *Gerhartl*, Gesetzliche Regelung der Videoüberwachung, jusIT 2010, 104; *Harrich*, Das neue Zahlungsverkehrsrecht im Überblick, Zak 2010, 123; *Hödl*, Zur Frage der gesetzlichen Festschreibung der Netzneutralität, jusIT 2010, 201; *Jahnel*, Die DSG-Novelle 2010 im Überblick, jusIT 2010, 12; *Jaksch-Ratajczak* (Hg), Aktuelle Rechtsfragen der Internetnutzung (2010); *Zankl*, Online-Gaming: Regulieren statt Monopolisieren, ecolex 2010, 310; *Knoll*, Zur datenschutzrechtlichen (Un)Zulässigkeit von Google Street View, jusIT 2010, 16; *Leidenmühler*, Das „Engelmann"-Urteil des EuGH – Rien ne va plus für das österreichische Glücksspielgesetz, MR 2010, 247; *Liebwald*, Die systematische Aufzeichnung der Daten über elektronische Kommunikation zu Überwachungszwecken. Richtlinie zur Vorratsdatenspeicherung 2006/24/EG, jusIT 2010, 58; *Siegwart*, Widerspruchsrecht gem § 28 Abs 2 DSG europarechts- und verfassungskonform? jusIT 2010, 108; *v. Olenhusen*, Die internationale Zuständigkeit bei Persönlichkeitsverletzungen im Internet, MR 2010, 189; *Zankl/Stahov*, Zahlungsdienstegesetz: Ermäßigung bei Einziehungsermächtigung zulässig, ecolex 2010, 741; *Zankl*, Internet, el manejo de datos y el derecho, Revista de Derecho de la Empresa (Chile) 2010, 105; *Peyerl*, Cloud Computing. Datenschutzrechtliche Aspekte bei der „Datenverarbeitung in der Wolke", jusIT 2011, 57; *Briem*, Ist der Auskunftsanspruch gegenüber Providern nach § 87b Abs 3 UrhG tot? MR 2011, 55; *Feiler/Stahov*, Die Einführung der Vorratsdatenspeicherung in Österreich, MR 2011, 111; *Zankl*, IT-Upate ecolex 2011, 298, 508, 896.

Judikaturauswahl: 4 Ob 166/00s (www.fpo.at I); 4 Ob 274/00y (Verantwortlichkeit für Hyperlinks/Framelinks); 4 Ob 308/00y (Meta-Tags und Markenrecht); 4 Ob 94/01d (Schutz des Layouts einer Website); 4 Ob 176/01p (www.fpo.at II); 4 Ob 246/01g (www.graz2003.at); 4 Ob 156/02y (Verwechslungsgefahr bei Domains); 4 Ob 101/02k (www.inet.at/Kennzeichenmäßiger Domaingebrauch (§ 10a MSchG); 4 Ob 177/02m (Urteilsveröffentlichung im Internet); 4 Ob 230/02f (Abdruck einer Website in Printmedien); 4 Ob 248/02b (Zulässigkeit des Framings fremder Websites); 4 Ob 257/02a (Domainregistrierung von amtskalender.at); 4 Ob 252/04v (Vervielfachungseffekt eines Hyperlinks); 4 Ob 131/05a (Wettbewerbsverletzung durch Aktivieren der „catch all"-Funktion); 4 Ob 165/05a (Rechtswidrige Namensanmaßung – „rechtsanwälte.at"); 4 Ob 194/07v (Musiktauschbörse); 4 Ob 186/08v (Impressum); 17 Ob 2/09g (Kritisierende Domain-Namen).

252   E-Commerce ist die *Automatisierung von Geschäftstransaktionen* durch die Verwendung von *Informations- und Kommunikationstechnologie* („the ability to perform transactions involving the exchange of goods and services between two or more parties using electronic tools and techniques", US-Department of Treasury). Bei E-Government geht es um elektronischen Verwaltungsverkehr zwischen den Behörden (horizontales E-Government) und um den Informations- und Parteienverkehr zwischen Behörden und Bürgern (vertikales E-Government). Sowohl E-Commerce als auch E-Government beruhen auf elektronischen Anwendungen und zielen auf Vereinfachungs- und Optimierungseffekte ab, so dass es gewisse Überschneidungen gibt (s zB unten Rz 285). Während aber E-Commerce auf privatrechtlichen Grundsätzen beruht, ist E-Government von demokratiepolitischen und rechtsstaatlichen Faktoren geprägt. Die öffentlichrechtlichen Anwendungen (zur Abgrenzung zwischen öffentlichem Recht und Privatrecht s oben Rz 3) müssen daher allen Bürgern offen stehen und können nicht – wie im E-Commerce – nach marktwirtschaftlichen Prinzipien (zB „first come, first served" im Domain-Namens-Recht) geregelt sein. Aufgrund des Legalitätsprinzips (Art 18 B-VG) müssen auch die Rahmenbedingungen des E-Government normativ wesentlich genauer als im E-Commerce determiniert sein (vgl dazu das E-Government-Gesetz; weitere Bestimmungen derzeit vor allem schon in der Finanzverwaltung, FinanzOnline-Verordnung, und im Allgemeinen Verwaltungsverfahren, Verwaltungsverfahrensnovelle 2001; zu den im E-Commerce relevanten Gesetzen s unten Rz 258 ff).

Der freie Zugang zur Informationstechnologie soll für alle Menschen ohne Diskriminierung gewährleistet sein. Durch die Pflicht zur **Barrierefreiheit** von Webseiten bezweckt das Bundes-Behindertengleichstellungsgesetz (in Kraft seit 1. Jänner 2006, zuletzt geändert durch BGBl I 7/2011) die Beseitigung der Diskriminierung von Behinderten (§ 1 BGStG). Zum Begriff der Barrierefreiheit vgl § 6/5 BGStG. Barrierefreiheit bezieht sich nicht nur auf die gesamte Verwaltung des Bundes, sondern auch auf den Geschäftsverkehr zwischen Privaten beim Zugang zu und der Versorgung mit Gütern und Dienstleistungen, die der Öffentlichkeit zur Verfügung stehen (§ 2/2 BGStG). Bei Verletzung des Diskriminierungsverbots besteht Schadenersatzpflicht für Vermögensschäden und die persönliche Beeinträchtigung (§ 9/1 BGStG).

Dass es sich beim Internet als zentraler Drehscheibe des E-Commerce (und des E-Government) um **keinen „rechtsfreien Raum"** handelt, ist mittlerweile klar: „legal patterns apply to electronic transactions in the same way as they apply to common business" (*Zankl*, Kommentar zum E-Commerce-Gesetz). Das Internet ist auch kein **„rechtsgefährlicher Raum"**. Wäre dies der Fall, müssten besondere „Zulassungsvoraussetzungen" bestehen, was die E-Commerce-RL aber gerade nicht verlangt. Vielmehr etabliert sie Zulassungsfreiheit, dass also für Dienste der Informationsgesellschaft keine besondere Genehmigung erforderlich ist (s unten Rz 261). Insb können daher mit der „Gefährlichkeit" auch keine speziellen Rechtsfolgen begründet werden (zB Sperren oder Monopole im Internet). Vielmehr ist das Internet nicht gefährlicher als das reale Leben bzw sollte dort, wo das ausnahmsweise doch der Fall ist, entsprechend reguliert werden, wie dies im Hinblick auf die Gefahren fehlenden Parteienkontakts etwa beim Fernabsatz bereits geschehen ist (s unten Rz 274).

Nicht zu verwechseln mit der Rechtsfreiheit des Internet (die also solche nicht existiert, s oben) ist **die *Informations- und Transaktionsfreiheit***, die für das Internet ua deshalb essentiell ist, weil es nur auf dieser Grundlage funktionieren und sich weiterentwickeln kann („Freedom of exchange of information, said Wolfgang Zankl", *New York Times*). Auch aus diesem Grund sind Sperren bestimmter Inhalte (Zensurgefahr) oder Monopole (zB für Glücksspiele) im Internet abzulehnen.

Zu beachten ist dabei, dass vor allem die Informationsfreiheit bestimmte Charakteristika aufweist:
1. Informationsubiquität
2. Informationsdezentralisierung
3. Informationsflut
4. Informationsdynamik

253   Jeder dieser Punkte wirft spezielle Fragen auf, die es in Summe gerechtfertigt erscheinen lassen, das Internet zwar nicht als rechtsfreien oder rechtsgefährlichen, immerhin aber als ***rechtsinhomogenen Raum*** zu bezeichnen. Dies hängt auch damit zusammen, dass das Internet an der Schnittstelle verschiedener Rechtsgebiete liegt. Privatrechtlich betroffen sind vor allem

- das ***Wettbewerbsrecht***: Als wettbewerbswidrig werden etwa Domain-Grabbing (s Rz 35) und die Verwendung irreführender Meta-Tags (a) oder „Word-Stuffings" (b) angesehen – das sind bei normaler Lektüre einer Website „unsichtbare", aber für Suchmaschinen erkennbare Begriffe (a) bzw Ausdrücke, die in derselben Farbe wie der Hintergrund einer Homepage in diese „gestopft" werden und dort zwar nicht für das menschliche Auge, wohl aber für Suchmaschinen wahrnehmbar sind (b). Auch die Verletzung der im ECG vorgesehenen Pflichten (s Rz 259 ff) kann wettbewerbswidrig sein. Hingegen wird ***Keyword-Advertising*** (bei Eingabe bestimmter Begriffe in Suchmaschinen erscheint Werbung für ähnliche Produkte) von der Judikatur sowohl wettbewerbs- als auch markenrechtlich grundsätzlich akzeptiert.

- das ***Urheberrecht***: Da digitale Vervielfältigungen qualitativ dem Original entsprechen, sind Rechtsverletzungen im Internet besonders häufig und vor allem im Zusammenhang mit Musiktauschbörsen umstritten. Eine Rolle spielt hier das Recht auf Privatkopie (§ 42 UrhG), das von der UrhG-Novelle 2003 zwar eingeschränkt wurde (auf rein privaten Gebrauch durch natürliche Personen), aber nicht auf die Rechtmäßigkeit der Kopiervorlage abstellt. Die Zulässigkeit des Downloads (nicht aber die Zurverfügungstellung geschützter Titel) ist daher vertretbar (strittig). Jedenfalls unzulässig ist die Überwindung von Kopiersperren, was das Recht auf Privatkopie relativiert. Die *UrhG-Novelle 2005* regelt die Vervielfältigungsmöglichkeiten von Schulen und Universitäten (§ 42/6 UrhG). Diese dürfen für die Zwecke des Unterrichts bzw der Lehre für eine bestimmte Schulklasse bzw Lehrveranstaltung in einem gerechtfertigten Umfang Vervielfältigungsstücke herstellen und auch verbreiten (auf Papier oder ähnlichem Träger). Auf anderen Trägern als Papier oder diesem ähnlichem Material ist die *Vervielfältigung* nur gestattet, wenn keine kommerziellen Zwecke verfolgt werden. Eine Vervielfältigung ganzer Bücher oder Zeitschriften ist nur mit Einwilligung des Berechtigten zulässig (§ 42/8 UrhG). Mit der *UrhG-Novelle 2006* wurde die Möglichkeit geschaffen, auf Grundlage des § 87c UrhG *einstweilige Verfügungen* sowohl zur Sicherung des Anspruchs des Berechtigten (Unterlassung, Beseitigung, angemessenes Entgelt, Schadenersatz, Herausgabe des Gewinns) als auch zur Sicherung von Beweismitteln zu erlassen. (Zur Sicherung von Unterlassungs- und Beseitigungsansprüche können einstweilige Verfügungen, selbst bei Fehlen der Voraussetzungen des § 381 EO, erlassen werden, vgl § 87c/3 UrhG.) Begeht jemand im Internet eine Urheberrechtsverletzung, ist der Access-Provider verpflichtet, dem Verletzten Auskunft über die Identität des Verletzers zu geben (§ 87b/3 UrhG); dies allerdings nur insoweit, als er die entsprechende IP-Adresse des Verletzers überhaupt gespeichert hat, was er aber mangels besonderer gesetzlicher Speicherbestimmung (§ 99/1 TKG) nicht darf. Die Rsp hat klargestellt, dass § 87b/3 UrhG keine implizite Speicheranordnung enthält. Zuletzt wurde zur Durchsetzung von Rechten im Zusammenhang mit geistigem Eigentum ein multilaterales Abkommen zwischen der EU, ihren Mitgliedstaaten, den USA und anderen Ländern geschlossen (*ACTA* – Anti Counterfeiting Trade Agreement), gegen das in der Öffentlichkeit vor allem deshalb protestiert wurde, weil es „hinter verschlossenen Türen" verhandelt worden sei, in Grundrechte eingreife und eine – von Providern durchzuführende – Internetzensur mit sich bringe. Die EU-Kommission hat auf die anhaltende Kritik reagiert und ACTA dem EuGH zur Prüfung vorgelegt.

• das *Arbeitsrecht*: Hier geht es vor allem um die Befugnis und Überwachung der Internetnutzung am Arbeitsplatz. Grundsätzlich kann der Dienstgeber die private Nutzung frei regeln (und auch verbieten), der entsprechenden Überwachung sind aber (vor allem durch das DSG, die Persönlichkeitsrechte und arbeitsrechtliche Bestimmungen der §§ 96 ArbVG und 10 AVRAG) Grenzen gesetzt.

Trotz der Tatsache, dass E-Commerce somit eine Querschnittsmaterie darstellt, liegt der **normative Schwerpunkt** insofern im **Zivilrecht**, als dieses das gesamte Online-Vertragsrecht – Vertragsabschluss und Vertragsabwicklung einschließlich Nichterfüllung, Gewährleistung usw – und auch die schadenersatzrechtliche Haftung im E-Commerce regelt. Aber auch zahlreiche Spezialvorschriften in den einschlägigen Gesetzen (zu diesen unten Rz 259 ff) sind dem bürgerlichen Recht zuzuordnen, so etwa das gesamte FernabsatzG sowie wesentliche Bereiche des SignaturG, des FernFinG und vor allem auch des ECG. Zivilrechtliche Bestimmungen finden sich ferner im ZugangskontrollG und im E-Geld-Gesetz.

Dabei ergeben sich zum einen Probleme aus dem **Zusammentreffen** traditioneller und zT **historischer Regelungsbereiche** des bürgerlichen Rechts **mit modernster Technologie** und den entsprechenden Gesetzen, die mit dem herkömmlichen Normengefüge des ABGB in Einklang gebracht werden müssen. Darüber hinaus wirft auch jeder der oben erwähnten Punkte spezielle Probleme auf:

254

255   Aus der *Ubiquität* (1.) und dem damit globalisierten Umfeld einschlägiger Transaktionen im E-Commerce ergibt sich eine Vielzahl rechtlicher Fragestellungen (insb in Bezug auf internationales Privat- und Verfahrensrecht), die insofern neuartig sind, als es früher nicht möglich war, innerhalb weniger Sekunden weltweit zu agieren.

256   Die mit der *Dezentralisierung* des Internet (2.) verbundenen Fragen – es gibt keinen „Zentralrechner", der kontrolliert oder gar abgeschaltet werden könnte, jeder kann von so gut wie jedem Punkt der Erde aus Information „ins Netz stellen" und abrufen – äußern sich vor allem im Zusammenhang mit haftungsrechtlichen Szenarien und erklären den Ruf nach der Verantwortlichkeit von Providern. Da der unmittelbare Täter einer Rechtsverletzung im Internet oft nicht greifbar ist, wird versucht, denjenigen zur Verantwortung zu ziehen, der dem Täter durch Zugang zum Internet (Access-Provider) oder Speicherung seiner Information (Host-Provider) die Infrastruktur für die Rechtsverletzung zur Verfügung stellt. Da freilich der Provider mit der Rechtsverletzung idR nur sehr mittelbar (technisch) in Verbindung steht, sieht das ECG weitreichende Haftungsbefreiungsvoraussetzungen vor (s unten Rz 270). Demgegenüber sind Access-Provider (und Telefonnetzbetreiber) verpflichtet, Verkehrs- und Standortdaten (wer hat wann mit wem von wo aus telefoniert, SMS oder E-Mails geschickt oder erhalten) verdachtsunabhängig zu speichern (§ 102a TKG) und den Sicherheitsbehörden unter bestimmten Voraussetzungen darüber Auskunft zu geben (§ 102b TKG). Diese sog *Vorratsdatenspeicherung* beruht auf einer entsprechenden EU-Richtlinie und wird vehement und zu Recht kritisiert, weil sie unverhältnismäßig in Grundrechte eingreift (Privatsphäre).

257   Die für das Internet typische *Informationsflut* (3.) und die *Geschwindigkeit*, mit der Information übertragen und ausgetauscht wird (4.), hat zu einer neuen Erscheinungsform „verdünnter Willensfreiheit" und damit zu neuen Schutzbedürfnissen – insb im Verhältnis zwischen Unternehmern und Verbrauchern (B2C – Business to Consumer) – geführt. Diesem Aspekt wird von den einschlägigen Gesetzen vor allem durch weitreichende Informationspflichten und spezielle Rücktrittsrechte des Verbrauchers Rechnung getragen (s unten Rz 262 f, 276 ff, 279 ff).

258   Im Einzelnen ergibt sich der *zivilrechtliche Rahmen des E-Commerce* vor allem aus den bereits erwähnten vertrags- und schadenersatzrechtlichen Bestimmungen des ABGB, die mangels einschlägiger Sondervorschriften auch dann gelten, wenn Transaktionen unter Einsatz von Informationstechnologie – also zB im Internet oder mobil per Handy *(M-Commerce)* – abgewickelt werden (sog *Medienneutralität des Rechts*). Dasselbe gilt für *Social Media* (zB Facebook); auch diese unterliegen mangels derzeit bestehender Sondervorschriften allgemeinen Regeln. Zivilrechtliche *Spezialregelungen* finden sich vor allem in folgenden Gesetzen, die allesamt auf entsprechenden EU-Richtlinien beruhen: E-Commerce-Gesetz (unten Rz 259 ff), Fernabsatzgesetz (unten Rz 274 ff), Signaturgesetz (unten Rz 285 ff), Zugangskontrollgesetz (unten Rz 293), E-Geld-Gesetz (unten Rz 294), Fernfinanzdienstleistungsgesetz (unten Rz 295).

B. Sondervorschriften

I. E-Commerce-Gesetz

Literaturauswahl: *Madl*, Vertragsabschluss im Internet, ecolex 1996, 79 *Helmberg*, Das neue IPR der Schuldverträge, wbl 1998, 465; *Brenn*, Haftet ein Internet-Service-Provider für die von ihm verbreiteten Informationen? ecolex 1999, 249; *Kilches*, Electronic Commerce Richtlinie, MR 1999, 3; *Parschalk*, Providerhaftung für Urheberrechtsverletzungen Dritter, ecolex 1999, 834; *Zib*, Electronic commerce und Risikozurechnung im rechtsgeschäftlichen Bereich, ecolex 1999, 230; *Gruber*, Werbung im Internet, in *Gruber/Mader* (Hg), Internet und e-commerce (2000) 109; *Zankl*, Neue Fälligkeitsregeln und Informationspflichten im Internet (Fernabsatz), ecolex 2000, 350; *derselbe*, Haftung für Fehlinformation im Internet, ecolex 2000, 472; *Fallenböck*, Internet und Internationales Privatrecht (2001); *Fallenböck/Stockinger*, Update Domainrecht: „Typosquatting", Domains im Kollisionsrecht, MR 2001, 403; *Kilches*, E-Commerce-Gesetz – gelungene Richtlinienumsetzung? MR 2001, 248; *Lurger*, Zivilrechtliche Aspekte des E-Commerce unter Einschluss des Verbraucherrechts und Kollisionsrechts, VR 2001, 14; *dieselbe*, Internet, Internationales Privatrecht und europäische Rechtsangleichung, in *Gruber* (Hg), Die rechtliche Dimension des Internet (2001) 69; *Mankowski*, Das Herkunftslandprinzip als Internationales Privatrecht der e-commerce-Richtlinie, ZVglRWiss 100 (2001) 137; *Schanda*, Verantwortung und Haftung im Internet nach dem neuen E-Commerce-Gesetz, ecolex 2001, 920; *Tichy*, Zugang elektronischer Erklärungen, Verbraucherschutz und E-Commerce-Gesetz, RdW 2001, 518; *Thiele*, Pfändung von Internet Domains, ecolex 2001, 38; *Vonkilch*, Zum wirksamen Zugang von sicher signierten E-Mails, RdW 2001, 578; *Zankl*, OGH erlaubt meta-tags im Internet, AnwBl 2001, 316; *derselbe*, E-Commerce-Gesetz in Sicht, AnwBl 2001, 459; *derselbe*, Rechtsqualität und Zugang von Erklärungen im Internet, ecolex 2001, 344; *derselbe*, Haftung für Hyperlinks im Internet, ecolex 2001, 354; *derselbe*, Zur Umsetzung vertragsrechtlicher Bestimmungen der E-Commerce-Richtlinie, NZ 2001, 288; *derselbe*, Der Entwurf zum E-Commerce-Gesetz, NZ 2001, 325; *derselbe*, Zivilrecht und E-Commerce, ÖJZ 2001, 542; *Anderl*, Kritische Gedanken zur Judikatur über die Haftung der Domain-Vergabestellen, AnwBl 2002, 138; *Blume*, E-Commerce und Binnenmarktprinzip in der EG (2002); *Blume/Hammerl*, E-Commerce-Gesetz (2002); *Ebensperger*, Die Verbreitung von NS-Gedankengut im Internet und ihre strafrechtlichen Auswirkungen, ÖJZ 2002, 132; *Fallenböck/Trappitsch*, Application Service Providing (ASP) – rechtlich betrachtet, MR 2002, 3; *Filzmoser*, Gewerbe- und berufsrechtliche Aspekte des E-Commerce-Gesetzes, RdW 2002, 322; *Haberler/Kerschischnig*, Werbe- und Massenmails: (K)eine Änderung der Rechtslage? wbl 2002, 533; *Kammerer*, Wettbewerbschaos zwischen E-Comerce-RL und Rom II, RdW 2002, 518; *Lurger/Vallant*, Die österreichische Umsetzung des Herkunftslandprinzips der E-Commerce-Richtlinie, MMR 2002, 203; *dieselben*, Grenzüberschreitender Wettbewerb im Internet, RIW 2002, 188; *Nemeth/Tangl*, Vertrags-, wettbewerbs- und international privatrechtliche Aspekte des Powershopping, FG Mayrhofer (2002) 141; *Spindler*, Herkunftslandprinzip und Kollisionsrecht – Binnenmarktintegration ohne Harmonisierung? RabelsZ 66 (2002) 633; *Spindler/Fallenböck*, Das Herkunftslandprinzip der E-Commerce-Richtlinie und seine Umsetzung in Deutschland und Österreich, ZfRV 2002, 214; *Stomper*, Das österreichische Spam-Verbot nach dem E-Commerce-Gesetz, MR 2002, 45; *Zankl*, E-Commerce-Gesetz. Kommentar und Handbuch (2002); *Fallenböck/Tillian*, Zur Auskunfts- und Mitwirkungspflicht der Internet-Provider, MR 2003, 404; *Gruber*, Die Haftungsbestimmungen im ECG, in *Gruber/Mader* (Hg), Privatrechtsfragen des e-commerce (2003) 243; *Keltner*, Auswirkungen des ECG auf den geschäftlichen E-Mail-Verkehr, in *IT-LAW.AT* (Hg), e-Mail – elektronische Post im Recht (2003) 43; *Mo-*

sing/Otto, Spamming neu! MR 2003, 267; *Mottl*, Zur Praxis des Vertragsabschlusses im Internet, in *Gruber/Mader* (Hg), Privatrechtsfragen des e-commerce (2003) 1; *M. Roth*, Internationales Vertrags- und Wettbewerbsrecht bei Internetsachverhalten, in *Gruber/Mader* (Hg), Privatrechtsfragen des e-commerce (2003) 253; *Skribe*, Wettbewerbsrechtliche Aspekte von Links im World Wide Web (2003); *Zankl*, Von E-Commerce zu M-Commerce, ecolex 2003, 507; *derselbe*, Online-AGB: Erste OGH-Entscheidung zum E-Commerce-Gesetz, ecolex 2003, 669; *Altenburger*, Hyperlinks – Haftung für fremde Inhalte (2004); *Handig*, Mangelhafte Anbieterkennzeichnung als lauterkeitsrechtliches Problem, in *Schutzverband gegen unlauteren Wettbewerb* (Hg), Aktuelle Fragen des Lauterkeitsrechts (2004) 69; *Schulte*, Die Informationspflichten auf Internetseiten nach § 5 Abs 1 ECG, MR 2004, 444; *Zankl*, Links, Dienste der Informationsgesellschaft und Informationspflichten bei Live-Cam, ecolex 2004, 261; *derselbe*, Online-Privilegien für Unterlassungsansprüche? ecolex 2004, 361; *derselbe*, Checkliste: Elektronische Werbung, ecolex 2004, 451; *derselbe*, Online-Archiv: Dritte OGH-Entscheidung zum E-Commerce-Gesetz, ecolex 2004, 524; *derselbe*, Haftung des Betreibers eines Online-Archivs, ecolex 2004, 530; *derselbe*, Online-Archiv II, ecolex 2004, 701; *derselbe*, Webauftritt, ecolex 2004, 711; *derselbe*, Auskunftspflicht für Mehrwertdienste? ecolex 2004, 853; *derselbe*, Proxy, Cache und Unterlassung, ecolex 2004, 941; *Bergauer*, Auskunftspflicht der Access-Provider: Zwei kontroverse Beschlüsse des OLG Wien, RdW 2005, 467; *Einzinger/Schubert/Schwabl/K. Wessely/Zykan*, Wer ist 217.204.27.214? MR 2005, 113; *Grünanger*, Rechtsgrundlagen der Internetbuchung, in *Saria* (Hg), Reise ins Ungewisse – Reiserecht in einem veränderten Umfeld (2005) 87; *Neubauer*, Die neue .eu-Domain, K&R 2005, 343; *Schanda*, Auskunftsanspruch gegen Access-Provider über die IP-Adressen von Urheberrechtsverletzern, MR 2005, 18; *Schauer*, Das Herkunftslandprinzip im Europäischen Gemeinschaftsrecht, in *Blaho/S̆vidroň* (Hg), Kodifikation, Europäisierung und Harmonisierung des Privatrechts (Bratislava 2005) 83; *Stomper*, Die Folgen der Megasex-Entscheidung – Mitverantwortlichkeit und Auskunftspflicht von Diensteanbietern, RdW 2005, 284; dieselbe, Zur Auskunftspflicht von Internet-Providern, MR 2005, 118; *dieselbe*, Auskunftsansprüche gegen Internet-Provider, MR-Int 2005, 99; *Wiebe*, Auskunftsverpflichtung der Access Provider, MR-Beiheft 4/2005, 1; *Zankl*, Sind Sie sicher? IT-Security, Anwalt aktuell 2005 (H 1) 18; *derselbe*, Haftung und Haftungsbefreiung im e-commerce, ecolex 2005, 202; *derselbe*, Vervielfachungseffekt eines Hyperlinks, ecolex 2005, 287; *derselbe*, Erste Erfahrungen mit der Umsetzung der E-Commerce-Richtlinie, Liber Amicorum Rauscher (2005) 193; *Laga/Sehrschön/Ciresa*, E-Commerce-Gesetz. Praxiskommentar (2007); *C. Pichler*, Besondere Kontrollpflicht für Host-Provider, ecolex 2007, 189; *Häusler*, Jüngere Rechtsprechung zum Internetrecht, ecolex 2008, 626; *Kodek/Ratz/Rohrer*, Beachtlichkeit der „Robinsonliste" für alle Dienstanbieter, ÖJZ 2008, 277; *Neubauer*, Zur Haftung und Auskunftsverpflichtung von Providern, MR-Int 2008, 25; *Sofokleous/Mosing*, Urheberrechtlicher Auskunftsanspruch gegen Access-Provider: ein „Pyrrhus-Anspruch"?! ÖBl 2008, 268; *Briem*, Ist der Auskunftsanspruch gegenüber Providern nach § 87b Abs 3 UrhG tot? MR 2011, 55; *Zankl*, IT-Update. Von Abo-Fallen, Homepages und Urteilsveröffentlichungen, ecolex 2011, 298.

Judikaturauswahl: 4 Ob 80/03y (Sexhotphones: Erste OGH-E zum ECG); 4 Ob 219/03i (Live-Cam: Zweite OGH-E zum ECG); 6 Ob 218/03g (Online-Archiv I: Dritte OGH-E zum ECG); 6 Ob 190/03t (Online-Archiv II); 4 Ob 7/04i (Auskunftspflichten für Mehrwertdienste); 4 Ob 66/04s (Sperrpflicht des Hostproviders); 4 Ob 234/03w (Ausnahme vom Herkunftslandprinzip bei irreführender Werbung); 6 Ob 178/04a (Online-Gästebuch: Verbreitung unwahrer Tatsachen); 4 Ob 194/05s und 4 Ob 195/05p („Keyword Advertising": Haftung des Suchmaschinenbetreibers); 1 Ob 218/07a („Robinsonliste"); 2 Ob 108/07g (Zugang einer E-Mail); 4 Ob 186/08v (Wirtschaftliche Verbraucherinteressen bei mangelhaftem Impressum); 4 Ob 41/09x (Auskunftspflicht des

Access-Providers bei Urheberrechtsverletzungen); 4 Ob 30/09d (Geltung des Herkunftslandprinzips); 7 Ob 166/09a (Mangelnde Haftung des GmbH-Geschäftsführers bei verbotener E-Mail-Werbung); 7 Ob 168/09w (Unzulässige Mailwerbung für Sachverständigentätigkeit); 6 Ob 133/09s (Firmenwortlaut bei Second-Level-Domain); 9 Ob 76/10g (Haftung des Linksetzers bei inkompatibler Software); 17 Ob 6/11y (Anwendbares Recht bei internationalen Domainstreitigkeiten); 6 Ob 104/11d (Umfang der Bekanntgabepflicht des Diensteanbieters); 4 Ob 105/11m (Anzeige von Vorschaubildern durch eine Suchmaschine; dazu auch BGH VI ZR 93/10; 3 Ob 210/10v (Exekutive Übertragung von .com-Domains); 17 Ob 16/10t („schladming.com" – Ortsnamenschutz bei Top Level Domains).

1. Anwendungsbereich

Das E-Commerce-Gesetz (ECG) regelt einen „rechtlichen Rahmen für **259** bestimmte Aspekte des elektronischen Rechts- und Geschäftsverkehrs" (§ 1 ECG). Wie sich schon aus dieser Formulierung ergibt, sind bei weitem nicht alle Erscheinungsformen des E-Business erfasst. Ausgenommen sind nicht nur das gesamte Abgabenwesen sowie das Datenschutz- und Kartellrecht (§ 2 ECG), sondern zB auch Domains, Hacking oder Cookie-Applications sowie überhaupt alle Vorgänge, die nicht über elektronische Verarbeitungs- und Speicherungssysteme ablaufen, wie insbesondere Sprachtelefon-, Telefax- oder Telexdienste. Zu den geregelten *„Diensten der Informationsgesellschaft"* (§ 3 ECG) gehören neben dem Online-Vertrieb von Waren, Online-Informationsangeboten und den Aktivitäten der Provider auch sonstige Dienste, die auf individuellen Abruf (interaktiv) im Fernabsatz erbracht werden (zB SMS, UMTS). Erfasst sind grundsätzlich nur kommerzielle Aktivitäten (solche, die in Ertragsabsicht entfaltet werden), dies allerdings sowohl B2C als auch B2B.

2. Regelungsschwerpunkte

Das ECG regelt fünf Hauptbereiche: **260**
a) Zulassungsfreiheit
b) Informationspflichten
c) Vertragsrechtliche Bestimmungen
d) Providerhaftung
e) Herkunftslandprinzip

3. Die Regelungsschwerpunkte im Einzelnen

a) Zulassungsfreiheit

Zulassungsfreiheit (§ 4 ECG) bedeutet, dass Anbieter elektronischer Diens- **261** te keine spezielle, sondern *nur* die auch *offline* vorgesehene *Berechtigung* benötigen. Besitzt ein Unternehmer zB eine Gewerbeberechtigung, so kann er die damit erlaubte Tätigkeit auch über seine Homepage ausüben, ohne dafür eine besondere Genehmigung zu brauchen.

b) Informationspflichten

262   *Transparenz kommerzieller Aktivitäten* gehört im Hinblick auf die oben (Rz 252 ff) erörterten Besonderheiten des E-Commerce (Informationsflut und Informationsdynamik) zu den Hauptanliegen einschlägiger Regelungen. Auch das ECG liegt auf dieser Linie und sieht daher vor, dass Anbieter von Diensten der Informationsgesellschaft (also zB Betreiber kommerzieller Websites; vgl auch das MedienG für Newsletter) zum einen allgemeine Informationspflichten und – wenn der Abschluss von Online-Verträgen ermöglicht wird – auch spezielle vertragliche Informationspflichten zu erfüllen haben.

- *Allgemeine Informationen*: Vor allem folgende Angaben sind leicht und unmittelbar zugänglich zur Verfügung zu stellen: *Name* oder Firma, geografische *Anschrift*, E-Mail-Adresse, Telefon- oder Telefaxnummer, Firmenbuchnummer/Firmenbuchgericht, gegebenenfalls auch Umsatzsteuer-Identifikationsnummer, zuständige Aufsichtsbehörde, Kammer oder Berufsverband mitsamt Hinweis auf die anwendbaren gewerbe- oder berufsrechtlichen Vorschriften. Sofern Preise angeführt werden, muss eindeutig erkennbar sein, ob es sich um *Brutto- oder Nettopreise* handelt und ob *Versandkosten* inkludiert sind (§ 5 ECG). Eine Verletzung der Informationspflicht iSd § 5 ECG stellt bei Unentgeltlichkeit (zB wenn ein Online-Dienst für den Verbraucher kostenlos ist und auch nicht auf entgeltliche Geschäfte abzielt) weder eine unlautere Geschäftspraktik iSd § 1 Abs 1 Z 2 UWG noch eine irreführende Geschäftspraktik nach § 2 UWG dar, da die wirtschaftlichen Interessen des Verbrauchers nicht betroffen sind (Rsp). *Werbung* muss ua (auch in Bezug auf den Auftraggeber) klar und eindeutig als solche erkennbar sein (§ 6 ECG). *Werbemails* und das Versenden von SMS sind grundsätzlich ohne vorherige Einwilligung des Empfängers unzulässig („opt-in"), sofern diese zu Zwecken der Direktwerbung erfolgen oder an mehr als 50 Empfänger gerichtet sind (§ 107/2 TKG). In bestimmten Fällen ist eine vorherige Zustimmung nicht notwendig (zB der Absender erhält die Kontaktdaten für die Nachricht im Zusammenhang mit dem Verkauf oder einer Dienstleistung an seine Kunden, vgl § 107/3 TKG). Jedenfalls unzulässig ist das Versenden elektronischer Post zu Zwecken der Direktwerbung, wenn die Identität des Absenders verschleiert oder verheimlicht wird, gegen Bestimmungen des § 6 ECG verstößt, der Empfänger aufgefordert wird, Websites zu besuchen, die gegen die genannte Bestimmung verstoßen, oder keine authentische Adresse vorhanden ist, an die der Empfänger eine Aufforderung zur Einstellung solcher Nachrichten („opt-out") richten kann (§ 107/5 TKG). Ebenso unzulässig sind Anrufe zu Werbezwecken ohne vorherige Einwilligung des Teilnehmers (§ 107/1 TKG). Dabei darf die Rufnummernanzeige durch den Anrufer nicht unterdrückt oder verfälscht werden (§ 107/1a TKG). In allen Fällen ist dafür zu sorgen, dass der kommerzielle Zweck eindeutig erkennbar ist (§ 7 ECG).

- *Vertragliche Informationen*: Gem § 9 ECG muss der Nutzer über *Verhaltenskodizes*, denen sich der Anbieter freiwillig unterwirft, vor Abgabe seiner Vertragserklärung (klar, verständlich und eindeutig) informiert werden, ferner über die einzelnen *technischen Schritte*, die zum Vertragsabschluss führen, über eine allfällige *Speicherung* des Vertragstextes, über technische Mittel zur Erkennung und Berichtigung von *Eingabefehlern* und über die *Sprachen*, in denen der Vertrag abgeschlossen werden kann (B2C zwingend). Der Eingang einer *elektronischen Vertragserklärung* des Users ist – außer bei rein individueller elektronischer Kommunikation (zB per SMS oder E-Mail-Korrespondenz) – gem § 10 ECG unverzüglich elektronisch zu *bestätigen* (B2C zwingend). Die Wirkungen einer solchen Bestätigung richten sich nach allgemeinem Zivilrecht. Sie kann also – je nach Inhalt – bereits Annahme einer Online-Bestellung bedeuten oder (idR) rein deklarativen Charakter über den Bearbeitungsvorgang haben.

Auch für die übrigen Informationspflichten *gilt allgemeines Zivilrecht*. **263** Ihre Verletzung kann also zur Irrtumsanfechtung (§ 871 Abs 2) und bei Verschulden zu Schadenersatzansprüchen des Nutzers führen. Darüber hinaus ist die Verletzung der Informationspflichten (zT) mit Verwaltungsstrafe bedroht (§ 26 ECG).

c) Vertragsrechtliche Bestimmungen

Das ECG regelt nicht die *Modalitäten des Vertragsabschlusses*; diese rich- **264** ten sich weiterhin *nach allgemeinem Zivilrecht*: idR Angebot durch den Nutzer, Annahme durch den Anbieter, dessen Darbietungen – zB auf einer Website im Internet – so wie bei Ausstellung von Waren in Schaufenstern idR noch keine Offerten beinhalten.

Abgesehen von den oben erörterten Informationspflichten, die im Vorfeld **265** des Vertragsabschlusses zu erfüllen sind, sieht aber das ECG speziell vor, dass *Vertragsbestimmungen* und *Allgemeine Geschäftsbedingungen* (sowohl B2C als auch B2B zwingend) *speicher- und reproduzierbar* sein müssen (§ 11 ECG). Davon zu unterscheiden ist die Geltung der AGB, die nicht von der Speicher- oder Reproduzierbarkeit, sondern nach allgemeinen Regeln des Zivilrechts davon abhängt, dass sie erkennbar und zugänglich sind (s dazu Rz 56). Mit anderen Worten: Wenn die AGB deutlich erkennbar platziert sind und online aufgerufen werden können, so ist von ihrer Geltung auch dann auszugehen, wenn sie – zB in Form gesperrter pdf-Files – nicht ausgedruckt werden können. Umgekehrt folgt aus der Ausdruckbarkeit oder Speicherbarkeit nicht ohne weiteres die Geltung der AGB: An versteckter Stelle angebrachte Geschäftsbedingungen gelten auch dann nicht (vgl auch § 864a), wenn sie reproduziert werden können. Zu beachten ist auch, dass sich aus dem ECG (und auch aus anderen Gesetzen) keine Verpflichtung ergibt, überhaupt AGB zu verwenden. Nur *wenn* sie verwendet werden, müssen sie den Voraussetzungen des § 11 ECG entsprechen; dies aber auch nur dann, wenn über die betreffende Website Verträge geschlossen werden können, nicht aber zB bei bloßer Werbung (Judikatur: Werbung auf einer Website für Telefonsex-Dienste – keine Verpflichtung nach § 11 ECG).

266   Sondervorschriften (die allerdings allgemeinen Regeln des Zivilrechts entsprechen) enthält das ECG auch für den *Zugang elektronischer Erklärungen*: Die Wirksamkeit tritt (B2C zwingend) erst dann ein, wenn die Erklärung vom Empfänger „unter gewöhnlichen Umständen" abgerufen werden kann (§ 12 ECG) – er muss daher zB eine kurz vor Mitternacht erhaltene E-Mail erst am Morgen des nächsten (Werk-)Tages gegen sich gelten lassen. Eine E-Mail gilt dann als abrufbar, wenn sie in der Inbox des Empfängers angekommen und gespeichert ist und ausgedruckt oder am Bildschirm angezeigt werden kann. Der Zugang ist vom Absender zu beweisen, das Sendeprotokoll reicht dafür nicht (RSp).

267   Von der eben erörterten Zugangsproblematik streng zu unterscheiden ist die vom ECG nicht geregelte Frage, inwieweit *Willenserklärungen* überhaupt *elektronisch* abgegeben werden können. Dies ist nach allgemeinen Regeln ohne weiteres zu bejahen (Formfreiheit). Insbesondere muss daher die Wirksamkeit elektronischer Kommunikation nicht eigens vereinbart werden: Ein durch korrespondierende E-Mails geschlossener Vertrag ist – auch ohne dass dies vorher ausgehandelt wurde – genauso gültig wie ein Geschäft, das telefonisch zustande kommt.

d) Providerhaftung

268   Da Provider in aller Regel nur sehr mittelbar (rein technisch) mit der eigentlichen Rechtsverletzung in Verbindung stehen, sieht das ECG weitgehende *Haftungsbefreiungen* für Access- und Host-Provider vor. Erstere vermitteln den Zugang zu einem Informationsnetz oder übermitteln innerhalb eines solchen Netzes Information. Letztere speichern fremde Information. Der sog Content-Provider, der eigene Inhalte bereitstellt, ist nicht erfasst; er haftet für diese Inhalte – da sie von ihm stammen – nach allgemeinen Regeln. Nach der Rsp ist der Betreiber eines Online-Archivs ein Content-Provider, da er selbst Inhalte ins Netz bzw ins Online-Archiv stellt. Keinen Einfluss auf seine Eigenschaft als Content-Provider habe die Tatsache, dass der Content auch ohne inhaltliche Prüfung archiviert wird.

Die einzelnen Providerbegriffe sind funktional zu verstehen; dh folgendes: IdR bieten ISPs – *Internet Service Provider* (= Sammelbegriff) – alle Dienste gleichzeitig an. Ob sie im konkreten Fall in den Genuss einer Haftungsbefreiung kommen, richtet sich danach, in welchem Zusammenhang (bei welcher Funktion) die Rechtsverletzung eingetreten ist.

269   Zu beachten ist auch, dass die Haftungsbefreiungen nicht für Unterlassungsansprüche (strittig) und *nicht für vertragliche Ansprüche* gelten – wenn daher zB ein Server längere Zeit ausfällt, so dass die gehosteten Sites nicht aufrufbar sind, und dadurch Umsatzeinbußen bei den entsprechenden Betreibern entstehen, so hat dies nichts mit dem ECG zu tun, sondern ist nach allgemeinem Zivilrecht als Vertragsverletzung zu beurteilen.

Weiters ist zu betonen, dass das ECG *keine Haftungsvoraussetzungen*, **270** sondern – wie bereits erwähnt – *Haftungsbefreiungsvoraussetzungen* statuiert. Sind diese Voraussetzungen erfüllt, so trifft den Provider keine wie auch immer geartete Verantwortlichkeit (*„horizontale Haftungsbeschränkung"*). Liegen die Voraussetzungen umgekehrt nicht vor, so folgt daraus nicht automatisch die Haftung, sondern diese ist nach den allgemeinen Rechtsvorschriften, also zB straf-, zivil- oder urheberrechtlich zu prüfen. Im Einzelnen gilt folgendes: Der Access-Provider (welcher – wie erwähnt – nur Zugang zu einem Kommunikationsnetz vermittelt oder innerhalb dieses Netzes Information – zB E-Mails oder SMS – übermittelt) ist haftungsfrei, wenn er (ohne Auswahl, Veränderung oder Speicherung) eine *reine Durchleitung* vornimmt (§ 13 ECG). Dies gilt auch bei kurzzeitiger technischer oder (unter bestimmten Voraussetzungen) auch effizienzbedingt längerer Zwischenspeicherung durch *„Caching"* (§ 15 ECG: „zeitlich begrenzte Zwischenspeicherung, die nur der effizienteren Gestaltung der auf Abruf anderer Nutzer erfolgenden Informationsübermittlung dient"), und schließlich sogar dann, wenn der Access-Provider tatsächliche *Kenntnis* davon hat, dass er rechtswidrige Information über- oder vermittelt. *Host-Provider*, die Speicherplatz (zB für Websites, E-Mail-Ordner, Postings oder Chats) zur Verfügung stellen, trifft für die entsprechenden Inhalte keine Verantwortung, soweit sie *keine Kenntnis* davon (vom Inhalt und dessen Rechtswidrigkeit) haben oder nach Kenntniserlangung die rechtswidrige Information unverzüglich *sperren* (§ 16 ECG). Kenntnis (und damit Verlust des Haftungsprivilegs) liegt nach der Rsp dann vor, wenn die Rechtswidrigkeit auch für einen juristischen Laien ohne weiteres erkennbar ist (zB Kinderpornografie). Jedenfalls ausgeschlossen ist die Haftung eines Host-Providers, wenn die Rechtswidrigkeit des Verhaltens aus der Sicht eines „Durchschnittsmenschen" nicht eindeutig bejaht werden kann (zB bei Bewerbung bestimmter Telefonnummern als unentgeltlich). In Bezug auf *Schadenersatzansprüche* verliert der Host sein Haftungsprivileg bereits dann, wenn ihm Tatsachen oder Umstände bewusst sind, aus denen die Rechtswidrigkeit offensichtlich wird (eine Art *bewusste grobe Fahrlässigkeit*). Wenn er also zB Hinweise auf ein Selbstmordforum auf seinem Server nicht ernst nimmt, so kann er dafür mangels Kenntnis zwar nicht strafrechtlich belangt werden, wohl aber uU schadenersatzpflichtig werden (zB für die Unterhaltsansprüche von Angehörigen eines Selbstmörders).

Die Haftungsbefreiungsvoraussetzungen gelten auch für *Suchmaschinen-* **271** *betreiber* (§ 14 ECG) und *Linksetzer* (§ 17 ECG), wobei erstere wie Access-Provider (Haftungsfreiheit bei reiner Vermittlung), letztere wie Host-Provider (Haftungsfreiheit mangels Kenntnis/bewusst fahrlässiger Unkenntnis bzw unverzüglicher Sperre) behandelt werden. Keine reine Vermittlung nehmen Suchmaschinen vor (so dass sie ihr Haftungsprivileg verlieren), wenn sie Keyword-Advertising anbieten (bei Eingabe bestimmter Suchbegriffe erscheint Werbung oder ein Link zum Werbenden). Ebenso verlieren Linksetzer ihr Haftungsprivileg, wenn die verlinkte Seite dem Linksetzer „untersteht" oder wenn er den fremden Inhalt als seinen eigenen darstellt (§ 17/2 ECG). Die Zulässigkeit und Verantwortlichkeit für Links ist nicht Regelungsgegenstand des ECG, sondern richtet sich nach allgemeinen Regeln. Demnach können Links grundsätzlich auch ohne Zustimmung des Verlinkten gesetzt werden (gilt nach österr Judikatur auch für Frame-Links, bei denen der fremde Inhalt ohne Änderung der Internetadresse als Teil der verlinkenden Seite angezeigt wird, soweit die Urheberschaft klargestellt ist) und haftet der Linksetzer (zivilrechtlich) nach den §§ 1313a und 1315 (dazu Rz 194) für schädigende Inhalte der verlinkten Seite; der Verlinkte ist daher als Gehilfe des Linksetzers anzusehen, weil dieser sich durch den Link die Programmierung entsprechender eigener Inhalte erspart und somit – wie es für die Einschaltung von Gehilfen charakteristisch ist (Rz 194) – seinen Aktionsradius erweitert.

272   Gem § 18 ECG sind sämtliche Anbieter von allgemeinen *Überwachungs- oder Nachforschungspflichten* befreit, müssen also nicht von sich aus und unabhängig von konkreten Anlassfällen nach Umständen forschen, die auf rechtswidrige Tätigkeiten hinweisen (Abs 1). Die Rsp tendiert unter bestimmten Voraussetzungen dennoch zu Kontrollpflichten des Host-Providers. Die Begründung, § 18 ECG schließe nur eine *allgemeine*, nicht aber eine *besondere* Überwachungs- und Nachforschungspflicht aus, ist die unglückliche Folge der missverständlichen Formulierung dieser Bestimmung (wortwörtliche Umsetzung der Richtlinie, die sich aber an Gesetzgeber richtet). Richtiger Ansicht nach bestehen mangels gesetzlicher Anordnung auch keine besonderen Überwachungs- oder Nachforschungspflichten. Unabhängig davon bestehen aber *Auskunftspflichten* gegenüber Gerichten (Abs 2), Sicherheitsbehörden (§ 53 Abs 3a SPG), Verwaltungsbehörden (Abs 3) und Privatpersonen (Abs 4), die ein rechtliches Interesse an der Identität bestimmter Nutzer haben (um gegen diese bei Rechtsverletzungen vorgehen zu können). Unberührt bleiben ferner sonstige Auskunfts- und *Mitwirkungspflichten* gegenüber Behörden oder Gerichten (Abs 5) sowie Vorschriften, nach denen ein Gericht oder eine Behörde dem Diensteanbieter die Unterlassung, Beseitigung oder Verhinderung einer Rechtsverletzung auftragen kann (§ 19 Abs 1 ECG). In Abweichung von § 3 Z 1 ECG, der nur kommerzielle Aktivitäten dem ECG unterwirft, gelten die Haftungs- und Nachforschungsbefreiungen sowie die Auskunftspflichten auch für unentgeltliche Dienste (§ 19 Abs 2 ECG).

	Content-Provider	Access-Provider	Host-Provider	Suchmaschinen-Betreiber	Linksetzer
Haftung	• keine Haftungsbefreiung • Haftung für Inhalte nach allgemeinen Regeln	Die Haftungsbefreiungen gelten **nicht für Unterlassungsansprüche** und **nicht für vertragliche Ansprüche**			
		• haftungsfrei, wenn reine Durchleitung (§ 13 ECG), auch bei Kenntnis von Rechtswidrigkeit der übermittelten Inhalte	• **allgemein** keine Haftung, wenn keine Kenntnis von Rechtswidrigkeit oder bei unverzüglicher Sperre der rechtswidrigen Information nach Kenntniserlangung • **Schadenersatzansprüche:** Verlust des Haftungsprivilegs, wenn Tatsachen oder Umstände bewusst sind, aus denen die Rechtswidrigkeit offensichtlich wird **(bewusste Fahrlässigkeit)**	• Haftung wie Access-Provider	• Haftung wie Host-Provider

Abb. 9: Providerhaftung

e) Herkunftslandprinzip

Gemäß dem Herkunftslandprinzip, das mit gewissen Ausnahmen und Abweichungen in den §§ 20 ff ECG geregelt ist, richten sich die rechtlichen Anforderungen an Dienste der Informationsgesellschaft im sog „koordinierten Bereich" (das sind gem § 3 Z 8 ECG „die allgemein oder besonders für Dienste der Informationsgesellschaft und für Diensteanbieter geltenden Rechtsvorschriften über die Aufnahme und die Ausübung einer solchen Tätigkeit") nach dem **Recht des Herkunftsstaates des Anbieters** (innerhalb des EWR). Vereinfacht gesagt muss also ein Anbieter prinzipiell nur die (zB wettbewerbs- oder gewerberechtlichen) Regeln der eigenen Rechtsordnung beachten; das IPR wird doppelt verdrängt: einerseits insofern, als die Aktivitäten des Diensteanbieters innerhalb des EWR – wenn also ein Gericht innerhalb des EWR nach den Regeln des Internationalen Verfahrensrechts zuständig ist – nicht kollisionsrechtlich, sondern eben nach jenem Recht zu beurteilen sind, in dem er seine Niederlassung hat. Andererseits auch dadurch, dass aus dem Recht des Herkunftslandes nur die Sachnormen, nicht aber die Verweisungsnormen anwendbar sind (denn sonst könnte das IPR des Herkunftslandes doch wieder auf das „Bestimmungsland" verweisen, dessen Anwendbarkeit aber gerade ausgeschlossen sein soll). Das Herkunftslandprinzip wurde ua deshalb kritisiert, weil es uU zu **Wettbewerbsverzerrungen** führt: Im Vorteil sind die Unternehmer jener Mitgliedstaaten mit „mildem" Wettbewerbsrecht, benachteiligt hingegen

273

jene in Staaten mit strengeren Regeln. Da letztere (zu denen etwa auch Österreich zählt) zur Vermeidung von Schwächungen des Wirtschaftsstandortes (keine Ansiedlung von Unternehmen in Ländern mit strengem Wettbewerbsrecht) sich tendenziell den milderen Rechtsordnungen annähern werden, prognostiziert man ein sog „race to the bottom" (geringstes Niveau).

II. Fernabsatzgesetz

Literaturauswahl: *Kilches*, Fernabsatzrichtlinie – Europäisches Electronic Commerce Grundgesetz? MR 1997, 276; *Kalss/Lurger*, Zu einer Systematik der Rücktrittsrechte insbesondere im Verbraucherrecht, JBl 1998, 89, 153, 219; *Fallenböck/Haberler*, Rechtsfragen bei Verbrauchergeschäften im Internet (Online-Retailing), RdW 1999, 505; *Klauser*, Der Anspruch nach § 5j KSchG in dogmatischer und kollisionsrechtlicher Hinsicht, ecolex 1999, 752; *M. Mohr*, Elektronischer Kauf – Verbraucherschutz im Fernabsatz, ecolex 1999, 247; *Fitzal*, Fernabsatzrichtlinie – Änderungen im KSchG, JAP 2000/01, 109; *Neubauer*, Bargeldloser Zahlungsverkehr und Fernabsatzgesetz, ecolex 2000, 708; *K. Wessely*, Internetauktionen – Steiger' dich rein! MR 2000, 266; *Zankl*, Rücktritt von Verträgen im Fernabsatz (insb Internet), ecolex 2000, 416; *derselbe*, Neue Fälligkeitsregeln und Informationspflichten im Internet (Fernabsatz), ecolex 2000, 350; *Kalss/Lurger*, Rücktrittsrechte (2001); *Peck*, Die Internet-Versteigerung (2002); *M. Brandstetter*, Online Auktionen, in *Forgó/Feldner/Witzmann/Dieplinger* (Hg), Probleme des Informationsrechts (2003) 76; *W. Faber*, Gewinnzusagen und verständige Verbraucher, wbl 2003, 553; *Fenyves*, Zur Deckung von Ansprüchen nach § 5 j KSchG in der Rechtsschutzversicherung, VR 2003, 89; *Freiberger*, Wie verständig ist der österreichische Konsument im Vergleich zum deutschen? RdW 2003, 552; *Mader*, Zur Zahlung beim Online-Vertrag, in *Gruber/Mader* (Hg), Privatrechtsfragen des e-commerce (2003) 45; *Mörsdorf-Schulte*, Revisibler internationaler Verbrauchergerichtsstand für den bloßen Gewinner – eine Auslegungsfrage europäischen Rechts, ZZPInt 8 (2003) 407; *Schurr*, Fernabsatzgesetz (2003); *Apathy*, Der Rücktritt des Verbrauchers vom Fernabsatzvertrag, FS Kramer (2004) 431; *Dörner*, Haftung für Gewinnzusagen, FS Kollhosser II (2004) 175; *Haberer*, Neues zu Gewinnzusagen, RdW 2004, 386; *Häcker*, Europäisch-zivilverfahrensrechtliche und international-privatrechtliche Probleme grenzüberschreitender Gewinnzusagen – zugleich zu einem europarechtlichen Begriff der unerlaubten Handlung, ZVglRWiss 103 (2004) 464; *Leipold*, Der Anspruch aus Gewinnzusage (§ 661a BGB) in dogmatischer Betrachtung, FS Musielak (2004) 317; *Vollkommer*, Der Verbraucher als Wettbewerbshüter, GedS Blomeyer (2004) 845; *Anderl*, Versteigerung bleibt Versteigerung – Kein Rücktrittsrecht bei Online-Auktionen, RdW 2005, 401; *Besenböck/Bitriol*, Zum Ersten, zum Zweiten – Rücktritt! ecolex 2005, 104; *Gurmann*, Internet-Auktionen (2005); *Hahn/Wilmer*, Handbuch des Fernabsatzrechts (2005); *Brenn*, Irreführende Gewinnzusagen, ÖJZ 2005, 698; *McGuire*, Internationale Zuständigkeit für „isolierte Gewinnzusagen", ecolex 2005, 489; *C. Schäfer*, Lässt sich die Gewinnzusage nach § 661 a BGB in das System des Bürgerlichen Rechts einordnen? JZ 2005, 981; *Schummer/Weinberger*, Zum Rücktrittsrecht bei „Online-Auktionen", JBl 2005, 765; *Stolz*, Verbraucherschutzrecht bei Online-Auktionen (2006); *T. Hofmann/Linder*, Fernabsatz-Rücktrittsrecht bei Untergang der Ware, wbl 2006, 308; *Schmidt-Räntsch*, Gewinnzusagen im Schuldrecht, FS U. Huber (2006) 575; *Slonina*, Haftung aus Gewinnzusagen im IPR und IZVR zwischen Verbraucherschutz und Lauterkeitsrecht, RdW 2006, 748; *Schurr*, Geschäftsimmanente Abstandnahme (2006); *A. Anderl*, Versteigerung bleibt Versteigerung – Kein Rücktrittsrecht bei Online-Auktionen, in *J. W. Pichler* (Hg), eAuktionsbusiness versus Rechtssicherheit (2007) 25; *Brenn*,

§ 5 j KSchG: EuGVVO und EVÜ, ÖJZ 2007, 129; *Fenyves*, § 5j KSchG im System des Zivilrechts, ÖJZ 2008, 297; *Brenn*, Endgültig kein Verbrauchergerichtsstand bei Gewinnzusagen nach § 5j KSchG, ÖJZ 2009, 845; *Ofner*, Editorial – Zum Nutzungsentgelt bei Widerruf eines Fernabsatzgeschäftes, ZfRV 2009, 193; *Schauer*, Fernabsatz, in *Jud/Wendehorst* (Hg), Neuordnung des Verbraucherprivatrechts in Europa? (2009) 99; *Aichberger-Beig*, Gerichtsstand bei Verbraucherverträgen und Betreiben einer Webseite, Zak 2011, 27; *Kriegner*, Das rechtliche Zusammenspiel des neuen VKrG mit dem FernFinG hinsichtlich der Rücktrittsrechte, ecolex 2011, 198; *Leupold*, Zur internationalen Zuständigkeit bei irreführenden Gewinnzusagen, Zak 2011, 23.

Judikaturauswahl: 1 Ob 303/02v (Gewinnzusagen nach § 5j KSchG – Empfängerhorizont); 4 Ob 92/03p (Informationspflichten bei Telefonauskunft – 118811); *BGH* VIII ZR 375/03 (Widerrufsrecht bei Internet-Auktion – eBay); 1 Ob 110/05s (extensiver Gebrauch durch Verbraucher während der Rücktrittsfrist – § 5g KSchG); 4 Ob 18/08p (Lebenserwartungsprognose); 8 Ob 25/09y (Benützungsentgelt für Testung einer Sache bei Rücktritt von Fernabsatzvertrag); 4 Ob 174/09f (Unerlaubte Datenbeschaffung über Fernabsatz); 4 Ob 32/11a und 4 Ob 160/10y (Notwendigkeit eines Vertragsabschlusses im Fernabsatz für Anwendbarkeit von Art 15 Abs 1 lit c EuGVVO); 4 Ob 74/11b (Unerlaubte Werbeaufkleber als Fernabsatz-Medium).

1. Allgemeines

Das Fernabsatzgesetz hat die §§ 5a ff KSchG eingeführt, die den *besonderen Gefahren Rechnung tragen* sollen, die für Konsumenten (angeblich) darin liegen, dass sie zB im Versandhandel, aber etwa auch beim Online-Shopping keine persönliche Beratung erhalten und die Ware nur abgebildet, nicht aber in natura sehen.   **274**

Die einschlägigen Bestimmungen des KSchG etablieren daher einerseits umfangreiche Informationspflichten des Unternehmers und für den Verbraucher ein besonderes Rücktrittsrecht. Sie gelten nicht nur, aber auch für Geschäfte im Internet, nämlich für Verträge, die unter ausschließlicher Verwendung von *Fernkommunikationsmitteln* (vgl § 5a Abs 2 KSchG) geschlossen werden, sofern sich der Unternehmer eines für den Fernabsatz organisierten Vertriebs- oder Dienstleistungssystems bedient (§ 5a Abs 1 KSchG).   **275**

2. Informationspflichten

Gem § 5c Abs 1 KSchG muss der Verbraucher mit bestimmten Ausnahmen (zB Versteigerungen, Hauslieferungen und Freizeitdienstleistungen, Finanzdienstleistungen, dazu unten Rz 295) vor Abgabe seiner Vertragserklärung klar und verständlich in einer dem verwendeten Fernkommunikationsmittel angepassten Weise (Abs 2) über bestimmte Informationen (zB *Name* und ladungsfähige *Anschrift* des Unternehmers, *wesentliche Eigenschaften* und *Preis* der Ware) verfügen. Nach Abs 3 sind bei *Ferngesprächen* mit Verbrauchern der *Name* oder die Firma des Unternehmers und der *geschäftliche Zweck* des Gesprächs zu dessen Beginn offenzulegen. Die Verletzung dieser Pflicht ist mit Verwaltungsstrafe bedroht (§ 32 KSchG), eigenartigerweise aber nicht die Verletzung der Informationspflicht gemäß Abs 1. Die Sanktionen dieser Pflicht-   **276** verletzung richten sich daher nach allgemeinen Regeln: Zivilrechtlich kann sie bei Verschulden Schadenersatzansprüche auslösen, bei manchen Informationen (Ware und Preis) auch zur Ungültigkeit des Vertrages führen, weil dann über essentialia negotii Unklarheit herrscht (§ 869). Im Übrigen ist zu beachten, dass gem § 871 Abs 2 ein Irrtum über Umstände, über die nach „geltenden Rechtsvorschriften" aufzuklären ist, immer Geschäftsirrtum (und nicht bloß Motivirrtum; vgl Rz 91ff) ist.

277   Gem § 5d KSchG muss der Verbraucher rechtzeitig während der Vertragserfüllung (spätestens zum Zeitpunkt der Lieferung) eine schriftliche oder auf dauerhaftem Datenträger gespeicherte *Bestätigung* der oben erwähnten Informationen und zusätzlich die in Abs 2 aufgezählten Angaben (zB Details des Rücktrittsrechts) erhalten (Ausnahmen davon gem Abs 3 ua wieder bei Hauslieferungen und Freizeit-Dienstleistungen). Die Unterlassung der Bestätigungspflicht wirkt sich auf die Frist für das Rücktrittsrecht des Verbrauchers aus (dazu unten Rz 279 ff).

278   Weitere Informationspflichten sieht § 5i KSchG für zwei Fälle vor:
• wenn der Unternehmer das *Angebot nicht annimmt* – unterbleibt diese Information schuldhaft, so wird der Unternehmer schadenersatzpflichtig,
• wenn der Unternehmer das *Angebot angenommen* hat und sich herausstellt, dass die *Ware nicht verfügbar* ist. Unterbleibt die Information, sind neuerlich Schadenersatzpflichten anzunehmen (für den Verspätungsschaden). Wird die Informationspflicht erfüllt, ändert dies nichts an der vertraglich übernommenen Leistungspflicht. Mit anderen Worten: Auch wenn der Unternehmer den Verbraucher informiert, kommen die allgemeinen Leistungsstörungsregeln über die Nichterfüllung oder Unmöglichkeit zur Anwendung (§§ 918 ff). Hat also der Unternehmer ein Anbot des Verbrauchers angenommen und stellt sich heraus, dass die entsprechende Ware nicht verfügbar ist, so kann sich der Unternehmer durch entsprechende Information nicht von der Erfüllungspflicht selbst befreien. Der Gegenmeinung ist nicht zu folgen, weil sie auf ein Rücktrittsrecht des Unternehmers, letztlich also darauf hinausläuft, dass der Verbraucher im Anwendungsbereich des KSchG schlechtergestellt wäre als nach allgemeinen Regeln des ABGB, nach denen es selbstverständlich ist, dass sich der Vertragspartner nicht einfach unter Hinweis auf die Nichtverfügbarkeit verkaufter Ware vom Vertrag lösen kann.

3. Rücktrittsrecht

279   Gem § 5e KSchG kann der Verbraucher mit gewissen Ausnahmen – zB Aktienhandel, entsiegelte Audio- oder Videoaufzeichnungen und Software, Maßarbeiten (vgl § 5f KSchG) – von einem im Fernabsatz geschlossenen Vertrag oder einer im Fernabsatz abgegebenen Vertragserklärung (ohne Angabe von Gründen) zurücktreten (darüber hinaus sind jene Verträge nichtig, die der Verbraucher während eines unzulässigen Anrufs gemäß § 107 Abs 1 TKG im

Zusammenhang mit Gewinnzusagen oder Wett- und Lotteriedienstleistungen abgeschlossen hat). Die Rücktrittsfrist wird durch *rechtzeitige Absendung der Erklärung* gewahrt und beträgt sieben Werktage (Samstag zählt nicht); sie beginnt bei Verträgen über die Lieferung von Waren mit dem Tag ihres Eingangs beim Verbraucher, bei Verträgen über Dienstleistungen mit dem Tag des Vertragsabschlusses (Abs 2). Ist der Unternehmer seinen Bestätigungspflichten nach § 5d Abs 1 und 2 KSchG nicht nachgekommen (s oben Rz 275), verlängert sich die Rücktrittsfrist auf drei Monate, wobei aber innerhalb dieser Zeit die siebentägige Frist beginnt, wenn der Unternehmer die Information nachreicht (Abs 3).

Im Unterschied zum Rücktritt vom Haustürgeschäft (§ 4 KSchG) muss der **280** *Rücktritt nicht schriftlich* erfolgen und ist auch *keine Verzinsung* des Kaufpreises vorgesehen, den der Verbraucher zurückerhält. Nach allgemeinen Regeln des Zivilrechts hat eine solche Verzinsung aber bereicherungsrechtlich stattzufinden.

Zu beachten ist ferner, dass der *Rücktritt auch für* einen allfälligen *Kre-* **281** *ditvertrag* gilt, den der Verbraucher zur Finanzierung des Fernabsatzvertrages mit dem Unternehmer oder einem Dritten geschlossen hat, soweit die beiden Verträge eine wirtschaftliche Einheit bilden (§ 5h KSchG). Der Kreditvertrag löst sich also ohne weiteres auf, was in puncto Vertrauensschutz problematisch erscheint. Bedenklich ist aber auch, dass der Verbraucher keine *Zinsen* zahlen muss (§ 5h Abs 2 KSchG). Da nicht einzusehen ist, dass der Verbraucher auf Kosten des Unternehmers mit dem ausbezahlten Geld arbeiten kann, muss die Bestimmung teleologisch so interpretiert werden, dass sie nur die Pflicht zur Zahlung der vereinbarten Kreditzinsen ausschließt, im Übrigen aber allgemeine Regeln des Bereicherungsrechts unberührt lässt, aus denen sich eine solche Verzinsung in Form eines Benützungsentgelts ergibt.

4. Weitere Bestimmungen

Gem § 5i KSchG muss der Unternehmer eine *Bestellung* des Verbrauchers **282** mangels anderer Vereinbarung mit gewissen Ausnahmen spätestens *innerhalb von 30 Tagen* ausführen, es sei denn, er hat das Angebot nicht angenommen. Diese Fälligkeitsregel ist bemerkenswert, weil sie für Konsumenten eine Verschlechterung gegenüber allgemeinen Regeln etabliert, wonach eine Leistung „sogleich" gefordert werden kann (§ 904 ABGB).

Gem § 5j KSchG haben Unternehmer, die *Gewinnzusagen* oder andere **283** vergleichbare Mitteilungen an bestimmte Verbraucher senden und durch die Gestaltung dieser Zusendungen den Eindruck erwecken, dass der Verbraucher einen bestimmten Preis gewonnen habe, dem Verbraucher diesen Preis zu leisten; er kann auch gerichtlich eingefordert werden.

Die Bestimmung in § 31a KSchG, die besonders der im Fernabsatz bestehenden Gefahr des *Missbrauchs von Kreditkarten* Rechnung trug, wurde durch **284** das BGBl I 66/2009 aufgehoben. Grund dafür war die Einführung des Zahlungsdienstegesetzes (ZaDiG), das in § 44 grundsätzlich die Haftung des Zahlungsdienstleisters für nicht autorisierte Zahlungsvorgänge vorsieht.

III. Signaturgesetz

Literaturauswahl: *Mayer-Schönberger/Pilz/Reiser/Schmölzer*, Sicher & echt: Der Entwurf eines Signaturgesetzes, MR 1998, 107; *Benn-Ibler/Held*, Schrift und Unterschrift – elektronisch, AnwBl 1999, 732; *Brenn*, Das österreichische Signaturgesetz – Unterschriftenersatz in elektronischen Netzwerken, ÖJZ 1999, 587; *Fallenböck/ Schwab*, Zu der Charakteristik und den Rechtswirkungen elektronischer Signaturen: Regelungsmodelle in den USA und Europa, MR 1999, 370; *Forgó*, Was sind und wozu dienen digitale Signaturen? ecolex 1999, 235; *W. Jud/Högler-Pracher*, Die Gleichsetzung elektronischer Signaturen mit der eigenhändigen Unterschrift, ecolex 1999, 610; *Stockinger*, Österreichisches Signaturgesetz, MR 1999, 203; *Stomper*, Das österreichische Bundesgesetz über elektronische Signaturen, RdW 1999, 636; *Menzel*, Elektronische Signaturen (2000); *derselbe*, Elektronische Signaturen im Geschäftsverkehr, JAP 2000/01, 181; *Schumacher*, Sichere Signaturen im Beweisrecht, ecolex 2000, 860; *Fina*, Die rechtliche Gleichstellung von elektronischen Signaturen mit handschriftlichen Unterschriften im Europäischen Gemeinschaftsrecht und US-amerikanischen Bundesrecht, ZfRV 2001, 1; *Straube*, Die Bürgschaftserklärung iSd § 1346 Abs 2 ABGB im Lichte der Signaturrichtlinie, FS Koppensteiner (2001) 657; *Vonkilch*, Der Einsatz elektronischer Signaturen aus versicherungs- und verbraucherschutzrechtlicher Perspektive, VR 2001, 25; *derselbe*, Die Haftung der Zertifizierungsdiensteanbieter nach dem SigG und ihre Pflichtversicherung, VR 2001, 122; *derselbe*, Zum wirksamen Zugang von sicher signierten E-Mails, RdW 2001, 578; *Bauer*, Konzept für die Implementierung elektronischer Signaturen in einem Unternehmen, in *Forgó/Feldner/Witzmann/Dieplinger* (Hg), Probleme des Informationsrechts (2003) 29; *Forgó*, e-Mail und elektronische Signatur, in *IT-LAW.AT* (Hg), e-Mail – elektronische Post im Recht (2003) 13; *Zib*, Was kann die elektronische Signatur bei Firmenbucheingaben leisten? ecolex 2005, 212; *W. Blocher/Zisak*, Elektronischer Rechtsverkehr: Rechtliche Regelung und praktische Anwendung elektronischer Signaturen, RdW 2006, 612; *Stanke*, Die elektronische Rechnung in Österreich – jetzt und in der Zukunft, in *Feiler/Raschhofer* (Hg), Innovation und internationale Rechtspraxis, Praxisschrift für Wolfgang Zankl (2009) 843.

1. Signaturen im Allgemeinen

285   Wie bereits dargelegt (s oben Rz 48 ff), wird das bürgerliche Recht vom Grundsatz der Formfreiheit beherrscht (§ 883 ABGB), so dass Erklärungen auch ohne Signaturen auf elektronischem Wege wirksam abgegeben werden können. Allerdings gehen damit gewisse Unsicherheiten einher: Zum einen können Zweifel an der Herkunft einer elektronischen Erklärung bestehen, was vor allem damit zusammenhangt, dass es keine Kontrolle von E-Mail-Registrierungen gibt. Auf der anderen Seite ist die elektronische Kommunikation manipulationsanfällig. Um diesen Gefahren – die letztlich auch das wirtschaftliche Potenzial des E-Commerce limitieren – zu begegnen, wurden Signaturverfahren entwickelt, mit denen *elektronische Erklärungen verschlüsselt* werden können. Dabei geht es um „elektronische Daten, die anderen elektronischen Daten beigefügt oder mit diesen logisch verknüpft werden und die der Authen-

tifizierung dienen" (§ 2 Z 1 SigG). Es handelt sich bei Signaturen also nicht um faksimilierte Unterschriften im Sinne des § 886 (keine mechanische Nachbildung der Unterschrift auf einer E-Mail), sondern um kryptographische Verfahren (Verschlüsselungstechniken), mit deren Hilfe der Absender und der Inhalt einer elektronischen Nachricht identifiziert werden kann. IdR geschieht dies dadurch, dass ein für das zu signierende elektronische Dokument repräsentativer Wert (sog Hashwert: eine binäre Zahlenkombination, die eine Art Quersumme der gesamten zu signierenden Daten darstellt) mit Hilfe des sog privaten Schlüssels (zB Eingabe eines Passwortes oder einer Karte mit PIN-Code) chiffriert wird. Nur mit einem dazugehörigen komplementären (öffentlichen) Schlüssel, der mitgeschickt oder online zur Verfügung gestellt wird, kann die Zeichenfolge wieder entschlüsselt werden. Diese Technik lässt gewisse Rückschlüsse darauf zu, dass das Dokument von demjenigen stammt, dem der private Schlüssel zugewiesen ist (str), und ermöglicht Gewissheit darüber, ob das Dokument authentisch oder unterwegs verändert worden ist (dann passt der öffentliche Schlüssel nicht mehr). Das SignaturG entspricht diesen Anforderungen – es soll die *Authentizität (Echtheit)* wie auch die *Integrität (Unverfälschtheit)* der elektronischen Daten ermöglichen. Die Vertraulichkeit übermittelter Daten wird hingegen durch Verschlüsselungstechniken der vorliegenden Art nicht gewährleistet, da das signierte Dokument weiterhin lesbar bleibt (nur der Hashwert wird verschlüsselt). Der Schutz elektronischer Daten vor Kenntnisnahme Dritter ist daher kein Regelungsthema des SigG. Es nimmt auf die hier erörterten privaten und öffentlichen Schlüssel auch nicht ausdrücklich Bezug, sondern spricht allgemein von Signaturerstellungs- und Signaturprüfdaten (§ 2 Z 2, 4 und 6 SigG) und gewährleistet damit Technologieneutralität, also die Anwendbarkeit der gesetzlichen Regelungen auf andere Methoden der Authentifizierung. Auch der Einsatz im öffentlichen Recht ist damit möglich. So kann durch (qualifizierte) Signatur einer elektronischen Rechnung (s dazu auch die RL 2010/45/EG) dem Erfordernis der „Echtheit der Herkunft und Unversehrtheit des Inhalts" entsprochen werden, das im Sinne einer Verordnung des Finanzministers (BGBl II 583/2003) gegeben sein muss, damit der Rechnungsempfänger zum Vorsteuerabzug gem § 11 UStG berechtigt ist. Die vom E-Government-Gesetz (dazu oben Rz 252) vorgesehene Bürgerkarte soll ebenfalls Signaturdaten enthalten, durch die sich der Inhaber gegenüber Behörden legitimieren kann (E-Government). Da diese Signaturdaten auch im Privatrechtsverkehr eingesetzt werden können, entstehen Überschneidungen zwischen E-Government und E-Commerce (s schon oben Rz 252) und werden Signaturen voraussichtlich stärker verwendet werden, als dies derzeit der Fall ist.

2. Das SignaturG im Besonderen

Das SigG regelt den „rechtlichen Rahmen für die Erstellung und Verwen- **286** dung elektronischer Signaturen sowie für die Erbringung von Signatur- und Zertifizierungsdiensten" (§ 1 Abs 1). Es gilt auch in *geschlossenen Systemen*, sofern deren Teilnehmer dies vereinbart haben, sowie – mangels gegenteiliger

Anordnung – im *offenen elektronischen Verkehr* mit Gerichten und anderen Behörden (§ 1 Abs 2 SigG). Anzuwenden ist das SigG auf Zertifizierungsdienstanbieter, die qualifizierte Zertifikate ausstellen oder qualifizierte Zeitstempeldienste bereitstellen (§ 1 Abs 3 SigG). Bestimmte Regelungen (§§ 6 Abs 1, 22 und 24 SigG) gelten auch für die übrigen Zertifizierungsdiensteanbieter (§ 1 Abs 3 SigG).

287   § 3 SigG betrifft *„allgemeine Rechtswirkungen"* elektronischer Signaturen und geht davon aus, dass Signaturverfahren mit unterschiedlichen Sicherheitsstufen und unterschiedlichen Zertifikatsklassen verwendet werden können (Abs 1). Die rechtliche Wirksamkeit einer elektronischen Signatur und deren Verwendung als Beweismittel können nicht allein deshalb ausgeschlossen werden, weil die Signatur nur in elektronischer Form vorliegt, weil sie nicht auf einem qualifizierten Zertifikat (dazu Rz 288 unten) oder nicht auf einem von einem akkreditierten Zertifizierungsdiensteanbieter ausgestellten qualifizierten Zertifikat beruht oder weil sie nicht unter Verwendung von technischen Komponenten und Verfahren im Sinne des § 18 SigG erstellt wurde (Abs 2).

288   § 4 SigG knüpft *„besondere Rechtswirkungen"* (vor allem die Erfüllung der Schriftform, s nächsten Absatz) an eine qualifizierte Signatur. Eine qualifizierte elektronische Signatur ist eine fortgeschrittene elektronische Signatur, die auf einem qualifizierten Zertifikat (siehe im Einzelnen § 5 SigG) beruht und von einer sicheren Signaturerstellungseinheit erstellt wird (§ 2 Z 3a SigG). Eine fortgeschrittene elektronische Signatur liegt dann vor, wenn sie
- ausschließlich dem Signator zugeordnet ist,
- die Identifizierung des Signators ermöglicht,
- mit Mitteln erstellt wird, die der Signator unter seiner alleinigen Kontrolle halten kann,
- mit den Daten, auf die sie sich bezieht, so verknüpft ist, dass jede nachträgliche Veränderung der Daten festgestellt werden kann (§ 2 Z 3 SigG).

289   Wie bereits erwähnt, liegen die Besonderheiten qualifizierter Signaturen vor allem darin, dass sie grundsätzlich (Ausnahmen zB in Bezug auf die Formvorschriften des Erbrechts oder bei Privatbürgschaften) der *Schriftform des § 886* entsprechen. Überall, wo also durch Parteivereinbarung oder durch Gesetz eine eigenhändige *Unterschrift* erforderlich ist (damit ist die Schriftform nach § 886 gewahrt), kann diesem Erfordernis durch eine (qualifizierte) digitale Signatur entsprochen werden.

290   § 20 SigG statuiert *Informationspflichten* der Zertifizierungsdiensteanbieter gegenüber Zertifikatswerbern (zB über die Rechtswirkungen des verwendeten Signaturverfahrens). § 21 SigG verpflichtet den Signator ua zur *sorgfältigen Verwahrung* der Signaturerstellungsdaten und *zur Unterlassung der Weitergabe* an Dritte.

291   § 23 SigG sieht eine weitreichende *Verantwortlichkeit der Zertifizierungsdiensteanbieter* für qualifizierte Zertifikate vor. Sie haften zB gegenüber jeder Person (also insb gegenüber Adressaten sicher signierter elektronischer Erklärungen), die auf das Zertifikat vertraut, dafür, dass alle Angaben im Zertifikat richtig sind (Z 1). In Abweichung von allgemeinen (deliktischen) Regeln des Zivilrechts bestehen zu Gunsten des Geschädigten *Beweiserleichterungen* bezüglich der Rechtswidrigkeit und der Verursachung, weiters eine *Beweislastumkehr* bezüglich des Verschuldens und eine allgemeine Einstandspflicht für das *Fehlverhalten der Leute* des Zertifizierungsdiensteanbieters (§ 23 Abs 3 SigG). Zu beachten sind auch die Haftungsausschlüsse bei Einschränkung des Anwendungsbereichs oder Transaktionswerts eines Zertifikats (Abs 4), der zwingende Charakter der Haftungsbestimmungen (Abs 5) und deren Charakter als Mindesthaftung (Abs 6: weitergehende Ansprüche nach anderen Vorschriften bleiben unberührt).

§ 24 SigG betrifft die Anerkennung *ausländischer Zertifikate*, § 25 SigG **292** die *Signaturverordnung* (BGBl II 2008/3), in der ua die Sicherheitskriterien für die Bereitstellung qualifizierter Zertifikate konkretisiert werden, § 26 SigG enthält Verwaltungsstrafbestimmungen. Letztere treten – wie schon im Zusammenhang mit dem FernabsatzG und dem ECG erwähnt – neben die *zivilrechtliche Verantwortung*. Wer also zB fremde Signaturerstellungsdaten ohne Wissen und Willen des Signators missbräuchlich verwendet, begeht eine Verwaltungsübertretung (Abs 1). Gleichzeitig kann der Vertragspartner, den er dadurch über seine Identität getäuscht hat, wegen Arglist anfechten und Schadenersatz verlangen. Dieselbe Konkurrenz besteht für die Pflichten des Anbieters. Verletzt er zB seine Informationspflichten gegenüber dem Signator (s oben), so erfüllt er einerseits den Verwaltungsstraftatbestand des Abs 2 Z 4, könnte andererseits aber auch mit Irrtumsanfechtung (§ 871 Abs 2) und/oder Schadenersatz konfrontiert werden.

IV. Zugangskontrollgesetz

Literaturauswahl: *Dittrich*, Internet und On-Demand-Dienste im IPR, ecolex 1997, 166; *Brenn* (Hg), Zugangskontrollgesetz (2001).

Das Zugangskontrollgesetz räumt einem Diensteanbieter das ausschließliche Recht ein, den Zugang zu einem von ihm bereitgestellten *geschützten Dienst* von seiner vorherigen individuellen *Erlaubnis* abhängig zu machen (§ 3 ZuKG). Die Herstellung, die Einfuhr, der Vertrieb, der Verkauf, die Vermietung oder Verpachtung und die Innehabung von *Umgehungsvorrichtungen* sowie deren Installierung, Wartung, Instandsetzung oder Austausch sind, soweit damit gewerbliche Zwecke verfolgt werden, *verboten* (§ 4 Abs 1 ZuKG). Ebenso sind, soweit damit gewerbliche Zwecke verfolgt werden, die Werbung und andere Maßnahmen zur Förderung des In-Verkehr-Bringens von Umgehungsvorrichtungen, wie etwa das Direktmarketing, das Sponsoring oder die Öffentlichkeitsarbeit verboten (§ 4 Abs 2 ZuKG). Die Verbote nach den Abs 1 und 2 erfassen alle im Inland begangenen oder verwirklichten Handlungen unabhängig davon, wo sich der den Verboten Zuwiderhandelnde niedergelassen hat (§ 4 Abs 3 ZuKG). Die §§ 5 und 6 ZuKG regeln Unterlassungs- und Beseitigungsansprüche, § 7 ZuKG enthält *schadenersatzrechtliche Bestimmun-*

293

gen: Wer durch eine unerlaubte Handlung (§ 4) einen Diensteanbieter schuldhaft schädigt, hat diesem ohne Rücksicht auf den Grad des Verschuldens auch den entgangenen Gewinn zu ersetzen (Abs 1). Wird ein geschützter Dienst unbefugt zugänglich gemacht, so hat der Diensteanbieter auch Anspruch auf Herausgabe des Gewinns, den der Schädiger durch den schuldhaften Eingriff erzielt hat. Die Verjährung dieses Anspruchs richtet sich nach allgemeinen schadenersatzrechtlichen Regeln. Neben der Herausgabe des Gewinns kann ein Ersatz des Vermögensschadens (Abs 1) nur begehrt werden, soweit dieser den herauszugebenden Gewinn übersteigt (Abs 2). Der Diensteanbieter kann anstelle des Ersatzes des Vermögensschadens (Abs 1) sowie der Herausgabe des Gewinns (Abs 2) das Doppelte des angemessenen Entgelts für die Inanspruchnahme des geschützten Dienstes begehren (Abs 3). Hat ein Bediensteter oder Beauftragter eine unerlaubte Handlung (§ 4) im Betrieb eines Unternehmens begangen, so haftet, unbeschadet einer allfälligen Ersatzpflicht dieser Personen, der Inhaber des Unternehmens für die in Abs 1 bis 3 genannten Ansprüche, wenn ihm die unerlaubte Handlung bekannt war oder bekannt sein musste (Abs 4). Mehrere Personen haften für die in den Abs 1 bis 3 genannten Ansprüche zur ungeteilten Hand (Abs 5).

V. E-Geld-Gesetz

294   Das E-Geld-Gesetz regelt die Berechtigung zur Ausgabe *elektronischen Geldes* (§ 1 Abs 1 E-Geldgesetz). Dabei handelt es sich um jeden elektronisch „*gespeicherten monetären Wert*" in Form einer Forderung gegenüber dem E-Geld-Emittenten, der gegen Zahlung eines Geldbetrags ausgestellt wird und dadurch ermöglicht, Zahlungsvorgänge iSd § 3 Z 5 ZaDiG durchzuführen, die auch von anderen natürlichen oder juristischen Personen als dem E-Geld-Emittenten angenommen werden. Zivilrechtlich liegt in der Bezahlung mit E-Geld eine Art Leistung zahlungshalber (dazu oben Rz 145). Gem § 1 Abs 2 E-Geld-Gesetz sind nur E-Geld-Emittenten, wie zB Kreditinstitute iSd § 1 BWG, die Post im Rahmen des Geldverkehrs oder die Europäische Zentralbank zur Ausgabe von E-Geld berechtigt. § 2 E-Geld-Gesetz regelt die Fälle, in denen das E-Geld-Gesetz für unterschiedliche E-Geld-Emittenten, wie etwa für die Österreichische Nationalbank, nicht anwendbar oder nur beschränkt anwendbar ist (§ 2 Abs 2 E-Geldgesetz). Darüber hinaus definiert § 2 Abs 3 E-Geld-Gesetz, welche Werte kein E-Geld im Sinne dieses Bundesgesetzes darstellen (so zB ein monetärer Wert, der auf Instrumenten gespeichert ist, die für den Erwerb von Waren oder Dienstleistungen nur in den Geschäftsräumen des Ausstellers verwendet werden können). § 3/1 E-Geld-Gesetz enthält jene Voraussetzungen, die ein E-Geld-Emittent erfüllen muss, um eine Konzession zu erhalten. Gemäß § 11 E-Geld-Gesetz dürfen die Eigenmittel des E-Geld-Instituts, die die Bestandteile von § 23 Abs 1 Z 1 und 2 BWG umfassen, niemals weniger als EUR 350.000,– betragen. Außerdem sieht § 17 E-Geld-Gesetz vor, dass das E-Geld stets in der Höhe des Nennwertes des entgegengenommenen Geldbetrages auszugeben ist. Vereinbarungen, die zu Lasten des E-Geld-Inhabers abweichen, sind unwirksam.

VI. Fern-Finanzdienstleistungs-Gesetz

Literaturauswahl: *Fletzberger/Schopper* (Hg), Fernabsatz von Finanzdienstleistungen (2004); *Haberer*, Neues zu Gewinnzusagen, RdW 2004, 386; *Krassnigg*, Das Fern-Finanzdienstleistungs-Gesetz und seine Auswirkung auf den Bankensektor, ÖJZ 2005, 134; *Schauer*, Die Informationspflichten in der Richtlinie über den Fernabsatz von Finanzdienstleistungen, VR 2004, 2; *Zankl*, Fern-Finanzdienstleistungs-Gesetz, ecolex 2004, 601; *Blume/Hammerl/Blaschek*, Fern-Finanzdienstleistungs-Gesetz (2005); *Gruber*, Das Fern-Finanzdienstleistungs-Gesetz, wbl 2005, 53; *Krassnigg*, Fern-Finanzdienstleistungs-Gesetz und Mobile-Payment, MR 2005, 150; *Schopper*, Verbraucherschutz beim Fernabsatz von Finanzdienstleistungen, JAP 2005/06, 58; *Putzer*, Mit einer Lebensversicherung oder Altersversorgung zusammenhängende Fernabsatz-Dienstleistungsgeschäfte aus dem Blickwinkel des FernFinG, wbl 2007, 457; *Wurmbäck*, Versicherungsvertragsabschluss mittels mobiler Endgeräte, in Feiler/Raschhofer (Hg), Innovation und internationale Rechtspraxis, Praxisschrift für Wolfgang Zankl (2009) 941.

Wie bereits erwähnt (s oben Rz 276), sind Finanzdienstleitungen – das **295** sind zB Wertpapiergeschäfte, Versicherungen und Bankdienstleistungen – vom Anwendungsbereich der §§ 5a ff KSchG, die den Fernabsatz betreffen, ausgenommen. Dieser Bereich wurde, da es sich um ein homogenes, aber sehr komplexes Rechtsgebiet handelt, eigenen Regelungen vorbehalten. Diese liegen nun in Form des Fern-Finanzdienstleistungs-Gesetzes, womit die Finanzdienstleistungs-Richtlinie umgesetzt wurde, vor. Das Ziel der Richtlinie, somit auch des Gesetzes, ist die Information des Verbrauchers. Im Einzelnen sind daher wiederum (s bereits oben Rz 262 u 276) *umfangreiche Informationspflichten* des Unternehmers, der Finanzdienstleistungen im Fernabsatz anbietet (zum Begriff des Fernabsatzes s schon oben Rz 274 f), vorgesehen. Konkret sind davon zB Transaktionen wie *Internetbanking, Discount Broking* oder *M-Payment* (Mobile Payment) erfasst. § 5 FernFinG verlangt, dass dem Verbraucher vor der Abgabe seiner Vertragserklärung bestimmte Informationen in klarer und verständlicher Form zur Verfügung stehen müssen. Auf Zahlungsdienste (vgl § 1 Abs 2 Zahlungsdienstegesetz – ZaDiG) finden bestimmte Informationspflichten nach § 5 FernFinG keine Anwendung (vgl § 5 Abs 4 FernFinG und § 28 ZaDiG, wo die Informationspflichten der Zahlungsdienstleister iSd § 1 Abs 3 ZaDiG geregelt sind).

Trotz der Bestimmung in der Finanzdienstleistungs-Richtlinie, dass die Mitgliedstaaten angemessene Sanktionen zur Ahndung von Verstößen gegen die Informationspflicht vorzusehen haben, fehlt eine solche Regelung im Fern-FinG. Daher richten sich die Folgen eines Verstoßes gegen die Informationspflicht nach allgemeinem Zivilrecht (zB Schadenersatz; vgl auch § 871/2). Ausdrücklich räumt § 7 FernFinG dem Verbraucher das Recht ein, die Übermittlung der Vertragsbedingungen und Vertriebsinformationen auf einem dauerhaften Datenträger sowie jederzeit deren Vorlage in Papierform zu verlangen. Weiters wird dem Verbraucher ein *Rücktrittsrecht* zuerkannt (§ 8 FernFinG), das er ohne Angabe von Gründen sowie ohne etwaige Nachteile grundsätzlich binnen einer Frist von 14 Tagen geltend machen kann (vgl demgegenüber 7 Werktage nach allgemeinen Regeln des Fernabsatzes). Die Frist läuft grundsätzlich ab Vertragsabschluss bzw (später) ab Erhalt aller Vertragsbedingungen und Vertriebsinformationen, hat also letzterenfalls keine bestimmte Höchstdauer (vgl demgegenüber maximal drei Monate nach allgemeinen Fernabsatzregeln, wenn der Unternehmer seinen Informationspflichten nicht nachkommt, § 5e/3 KSchG). Kein Rücktrittsrecht besteht bei Verträgen über Finanzdienstleistungen, deren Preise auf dem Finanzmarkt Schwankungen unterliegen, oder bei kurzfristigen Versicherungen, zB Reise- und Gepäckversicherung.

4. Teil

Sachenrecht

A. Allgemeines

Literaturauswahl: *Hämmerle*, Zur rechtlichen Struktur des Unternehmens, JBl 1966, 445; *Ertl*, Aneignung preisgegebener Sachen, JBl 1974, 281, 342; *F. Bydlinski*, Das Recht der Superädifikate (1982); *Ostheim*, Gedanken zum Recht der Superädifikate, FS Kralik (1986) 495; *Gimpel-Hinteregger*, Das Tier als Sache und Schadenersatz für ein verletztes Tier, ÖJZ, 1989, 65; *Lippold*, Über Tiere und andere Sachen – § 285a ABGB als Beispiel zeitgenössischer Gesetzgebungskunst, ÖJZ 1989 335; *M. Binder*, Plädoyer für die Wiederbelebung der Maschineneigentumsanmerkung nach § 297a ABGB, FS Ostheim (1990) 11; *Hoyer*, Ein Beitrag zum Recht der Superädifikate, FS Ostheim (1990) 95; *Angst*, Das Unternehmen als Zubehör der Pfandliegenschaft, ÖBA 1998, 82; *P. Bydlinski*, Der Sachbegriff im elektronischen Zeitalter: zeitlos oder anpassungsbedürftig? AcP 198 (1998) 287; *Krejci*, Wem gehört die Nabelschnur? RdM 2001, 67; *G. Kodek*, Die Besitzstörung (2002); *P. Bydlinski/Stefula*, Zur sachenrechtlichen Qualifikation von Leitungsnetzen, JBl 2003, 69; *Kletečka*, Der Bauwerksbegriff im Superädifikatsrecht, immolex 2004, 264; *Rechberger/C. Graf*, Das Superädifikat, immolex 2004, 260; *Kieninger*, Das Mobiliarsachenrecht als Objekt differenzierter Integrationsschritte, in *Jung* (Hg), Differenzierte Integration im Gemeinschaftsprivatrecht (2007) 187; *Schütze*, „Second Life" – Rechtliche Herausforderungen der virtuellen Welt, in *Feiler/Raschhofer* (Hg), Innovation und internationale Rechtspraxis, Praxisschrift für Wolfgang Zankl (2009) 753.

Das Sachenrecht betrifft die Zuordnung von Sachen und die entsprechende **296** Verfügungsgewalt darüber. Das *Sachenrecht im objektiven Sinn* regelt die Beziehung von Personen und Sachen („Dingen"), *Sachenrechte im subjektiven Sinn* hingegen sind jene Rechte, die jemandem unmittelbar an einer Sache zustehen („dingliche" Rechte) und es ihm ermöglichen, Dritte davon auszuschließen (zum Unterschied von obligatorischen Rechten, die nicht beliebigen Dritten, sondern nur demjenigen gegenüber bestehen, der diesbezüglich schuldrechtlich verpflichtet ist).

Im Gegensatz zu den Schuldverhältnissen, wo atypische oder gemischte **297** Verträge abgeschlossen werden können, sind die einzelnen subjektiven Sachenrechte auch von ihrer Anzahl her begrenzt (Typenbeschränkung, *„numerus clausus"*) und nicht oder nur in gewissen Grenzen, wie etwa im Bereich der Dienstbarkeiten und Reallasten, durch Parteienvereinbarung in ihrer Ausgestaltung veränderbar, es herrscht *Typenzwang*. Sachenrechte sind von jedermann zu akzeptieren, es sind absolute Rechte (s oben Rz 296).

§ 308 enthält eine taxative *Aufzählung* der Sachenrechte, die jedoch über- **298** holt ist: Nach hM ist der Besitz kein Sachenrecht, und das Erbrecht gewährt keine unmittelbare Sachherrschaft. Weiters wurden außerhalb des ABGB die Reallastberechtigungen, das Wohnungseigentum, das Baurecht und die Bergwerksberechtigung geregelt, die ebenfalls subjektive Sachenrechte sind, aber in der Aufzählung des § 308 fehlen.

299 Der *Sachbegriff* des ABGB ist umfassend: „Alles, was von der Person unterschieden ist, und zum Gebrauche der Menschen dient, wird im rechtlichen Sinne eine Sache genannt" (§ 285 ABGB). Von dieser Definition sind nicht nur *körperliche,* sondern auch *unkörperliche* Sachen erfasst. Wie jedoch nicht zuletzt die Vorschriften über den Besitz zeigen, gilt das Sachenrecht nur für körperliche Sachen. Im Einzelnen unterscheidet man vor allem zwischen *öffentlichen* und *privaten*; *beweglichen* und *unbeweglichen; teilbaren* und *unteilbaren; schätzbaren* und *unschätzbaren; verbrauchbaren* und *unverbrauchbaren* sowie zwischen *einfachen* und *verbundenen* Sachen. Diese Unterscheidungen haben für verschiedene Rechtsfolgen Bedeutung (zB Rechtserwerb), auf die noch genauer eingegangen wird.

300 Zu den *körperlichen* Sachen zählen jene Sachen, die „in die Sinne fallen" (§ 292), also als Materie wahrnehmbar sind, wie beispielsweise ein Buch oder ein Auto, aber auch Energie (vgl § 15/1 KSchG). Unkörperliche Sachen sind ua Rechte und Dienstleistungen; aber zB auch „Gegenstände", die in virtuellen Welten (etwa bei Online-Spielen) gehandelt werden.

300a *Öffentliche* Sachen stehen im Eigentum des Staates und unterteilen sich in öffentliches Gut (vgl § 287 Satz 2) einerseits und Staatsvermögen (Satz 3 leg cit) andererseits; an ersterem besteht *Gemeingebrauch* (zB öffentliche Gewässer, § 8 Abs 1 WRG); letzteres ist „zur Bedeckung der Staatsbedürfnisse bestimmt" und umfasst Gebäude zur Unterbringung von Behörden („Staatsvermögen") ebenso wie zB Einnahmen aus Steuern und Zöllen („Finanzvermögen"). Das private Sachenrecht ist grundsätzlich auch auf öffentliche Sachen anwendbar (§ 290).

301 *Bewegliche* Sachen sind gem § 293 solche, die ohne Verletzung ihrer Substanz von einer Stelle zur anderen versetzt werden können, sonst sind sie unbeweglich. Bewegliche Sachen werden auch „Fahrnis" genannt, unbewegliche „Liegenschaft". Obwohl an sich unbeweglich, gehören zu den beweglichen Sachen auch die sog Superädifikate (Überbauten), das sind Bauten, die nicht ständig auf dem Grund bleiben sollen, auf dem sie errichtet sind (vgl § 297). Dies ergibt sich entweder aus der Bauweise (zB Würstelstand) oder aus einem befristeten Nutzungsrecht an der Liegenschaft, auf der sie sich befinden. Andererseits gelten auch an sich bewegliche Sachen als unbeweglich, wenn sie *Zugehör* (unten Rz 303) einer unbeweglichen Sache sind (§ 293 Satz 2). Die Unterscheidung zwischen beweglichen und unbeweglichen Sachen ist von grundlegender Bedeutung, so für den Rechtserwerb, den Gutglaubensschutz und die Ersitzungsdauer. *Rechte* (vgl § 298) gelten grundsätzlich als bewegliche Sachen, sofern sie nicht mit dem Besitz einer unbewegliche Sache verbunden oder durch Gesetz für unbeweglich erklärt sind (zB das Baurecht, vgl § 6 Abs 1 BauRG).

302 *Teilbar* sind Sachen, wenn die Zerlegung ihrer Beschaffenheit nach und ohne große Wertminderung möglich und nicht gesetzlich unzulässig ist. Dies ist vor allem für die Auseinandersetzung der Miteigentumsgemeinschaft von Bedeutung, weil bei unteilbaren Sachen nur die Zivilteilung, bei teilbaren auch die Realteilung in Betracht kommt (s Rz 318 ff).

Eine Sache ist *schätzbar*, wenn sie einer Bewertung in Geld zugänglich ist, sonst unschätzbar; vgl dazu §§ 303–306.

Verbrauchbare Sachen sind solche, deren bestimmungsgemäßer Gebrauch in ihrer Zerstörung oder Verzehrung besteht. Diese Unterscheidung ist im Sachenrecht für den Fruchtgenuss von Bedeutung, weil dieser nur an unverbrauchbaren Sachen möglich ist (§ 510).

Zu den *verbundenen* Sachen gehören vor allem die ***Gesamtsachen*** (§ 302, zB Unternehmen, kann daher als solches verkauft werden, ansonsten gilt der Grundsatz, dass an jeder Sache das Eigentumsrecht gesondert begründet werden muss – sog *Spezialität*) und das ***Zubehör***. Darunter versteht man Sachen, die rechtlich (also vom Eigentümer gewidmet) auf Dauer dem Gebrauch einer Hauptsache dienen, mit der sie faktisch in einem Zusammenhang stehen (zB Benzin im Fahrzeugtank). Vor allem nach der älteren Lehre müssen Hauptsache und Zubehör im Eigentum ein und derselben Person stehen: ***Eigentümeridentität***; aus dem Gesetzeswortlaut (§ 294) ergibt sich dies allerdings nicht zwingend, weshalb das Erfordernis der Eigentümeridentität von der neueren Lehre auch verneint wird. Das Zubehör teilt grundsätzlich das rechtliche Schicksal der Hauptsache, gilt also im Zweifel als mit dieser veräußert (§ 1047) und verpfändet (§ 457); an sich bewegliches Zubehör einer unbeweglichen oder gesetzlich für unbeweglich erklärten Sache gilt als unbeweglich (zB der Wachhund eines Grundstücks, das Bauwerk, das als Zugehör eines Baurechts errichtet wurde, vgl § 6 Abs 1 BaurechtsG). Der Eigentümer kann die Widmung allerdings aufheben, so dass das Zubehör wieder selbständig wird. Zu den Besonderheiten für ***Maschinen***, die mit unbeweglichen Sachen in Verbindung stehen, s § 297a: Sie gelten nicht als Zubehör, wenn im Grundbuch angemerkt wird, dass sie Eigentum eines anderen (zB noch des Verkäufers bei Eigentumsvorbehalt) sind. Die Anmerkung gilt fünf Jahre und bewirkt, dass die Maschinen den Gläubigern des Grundeigentümers nicht haften. **303**

Sachen, die niemandem gehören, sind ***herrenlos*** und können grundsätzlich von jedermann angeeignet werden (§ 287). Entweder haben sie nie jemandem gehört (ursprünglich herrenlos, zB Steine), oder sie wurden vom Berechtigten aufgegeben (derelinquiert, zB weggeworfene Zeitung). **304**

Tiere sind gem § 285a keine Sachen. Die für Sachen geltenden Vorschriften sind jedoch auf Tiere insoweit anzuwenden, als keine abweichenden Regelungen bestehen (vgl zB § 1332a). Solche gibt es im Sachenrecht mit Ausnahme des § 384 nicht, im sonstigen Zivilrecht nur vereinzelt (zB §§ 925, 1320, 1332a). Für das öffentliche Recht und das Strafrecht, wo derartige Sonderregeln in größerer Zahl bestehen (zB Tierschutzgesetz; § 222 StGB) hat § 285a indessen keine Relevanz, weshalb seine Bedeutung auch bloß eine plakative ist. **305**

B. Besitz

I. Allgemeines

Literaturauswahl: *Apathy*, Das Recht des redlichen Besitzers an den Früchten, JBl 1978, 517; *Iro*, Besitzerwerb durch Gehilfen (1982); *Apathy*, Redlicher oder unredlicher Besitzer, NZ 1989, 137; *B. A. Oberhofer*, Sonderhaftpflicht für Besitzer? JBl 1996, 152; *G. Kodek*, Die Besitzstörung (2002); *Karner*, Rechtsscheinwirkung des Besitzes und Scheinermächtigung, JBl 2004, 486; *Fischer-Czermak*, Zum Verwendungsanspruch gegen den redlichen Besitzer – Die Konkurrenz zwischen §§ 329 f und § 1041 ABGB, FS 200 Jahre ABGB II (2011) 955.

306   „Wer eine (körperliche, s oben Rz 299) Sache in seiner Macht oder Gewahrsame hat, heißt ihr *Inhaber*. Hat der Inhaber einer Sache den Willen, sie als die seinige zu behalten, so ist er ihr *Besitzer*" (§ 309 ABGB). Zum Besitz ist also nicht nur die Innehabung (corpus), sondern auch der durch tatsächliche Handlungen nach außen hin manifestierte Wille, die Sache behalten zu wollen (animus), nötig. Unterscheide vom Besitzer den *Eigentümer*, dem die Sache gehört, weil sie ihm rechtlich zugeordnet ist (dazu unten Rz 316 ff).

307   Besitzbar sind nicht nur körperliche *Sachen* (*Sachbesitz*), sondern auch *Rechte* (*Rechtsbesitz*), letztere allerdings nur dann, wenn sie auf dauernde Ausübung gerichtet und mit der Innehabung einer körperlichen Sache verbunden sind (zB Mietrecht oder Pfandrecht an beweglicher Sache, nicht aber zB das Recht auf Kaufpreiszahlung oder das Grundpfand, da diese nicht mit dem Besitz an einer körperlichen Sache einhergehen). Von Bedeutung ist dies vor allem für die Besitzstörung (dazu unten Rz 312). Sach- und Rechtsbesitz werden als sog *Naturalbesitz* dem *Buch- bzw Tabularbesitz* (vgl § 321) an Liegenschaften gegenübergestellt, der allerdings keine Sachherrschaft vermittelt und daher auch nicht den Vorschriften über den Besitzschutz unterliegt.

307a   Der Besitz an einer Sache oder einem selbständigen Teil derselben (letzterenfalls spricht man von *Teilbesitz*) kann entweder einer Person alleine zustehen (*Alleinbesitz*) oder – wie insb bei Eigentums- und Mietergemeinschaften – zwischen mehreren Personen nach (ideellen) Quoten geteilt sein (*Mitbesitz*, vgl § 833).

308   Bezüglich verschiedener Rechtsfolgen (zu diesen später) ist zwischen 1. rechtmäßigem und unrechtmäßigem, 2. redlichem und unredlichem, 3. echtem und unechtem Besitz zu unterscheiden:
1. Der Besitz ist *rechtmäßig*, wenn er auf einem gültigen Titel (zB Mietvertrag) beruht.
2. Der Besitz ist *redlich*, wenn der Besitzer die Sache „aus wahrscheinlichen Gründen für die seinige hält". Weiß er hingegen oder muss er aus den Umständen vermuten, „dass die in seinem Besitz befindliche Sache einem anderen zugehöre" (§ 326), so ist er unredlich (zB der Dieb). Die Redlichkeit des Besitzes wird im Zweifel vermutet (§ 328).
3. Der Besitz ist gem § 345 *echt*, wenn ihn sich der Besitzer weder gewaltsam noch heimlich oder dadurch verschafft hat, dass er eine gegen

jederzeitigen Widerruf überlassene Sache (Bittleihe) nicht zurückgibt („nec vi, clam, precario modo").

II. Erwerb und Verlust des Besitzes

Literaturauswahl: *Iro*, Besitzerwerb durch Gehilfen (1982).

Da der Besitz (zum Unterschied von der Innehabung) einen entsprechen- **309** den Willen voraussetzt (siehe oben Rz 306), kann er von Geschäftsunfähigen über § 151/3 hinaus nur mit Hilfe ihrer gesetzlichen Vertreter erworben werden (vgl § 310). Im Einzelnen ist zwischen dem Erwerb von *Sachbesitz* und von *Rechtsbesitz* zu unterscheiden. Sachbesitz wird durch Bildung des Besitzwillens („animus") und Begründung der Gewahrsame an einer körperlichen Sache erworben. Rechtsbesitz wird dadurch erworben, dass das entsprechende Recht dauernd ausgeübt wird und der dadurch Verpflichtete dies akzeptiert (§§ 312 f). Der Erwerb ist **unmittelbar**, wenn er eine gewahrsamsfreie Sache betrifft (so bei Aneignung einer herrenlosen Sache), und **mittelbar**, wenn sich die Sache vorher im Gewahrsam eines anderen befunden hat. Demgegenüber beruht **zweiseitiger** Erwerb auf einer einvernehmlichen, **einseitiger** Erwerb hingegen auf einer eigenmächtigen Gewahrsamsänderung (zB Raub, Diebstahl). Um eine Sache in Besitz nehmen zu können, muss sie idR übergeben werden (zu den verschiedenen Übergabsarten siehe beim Eigentumserwerb, Rz 328 ff).

Der Sachbesitz geht dadurch verloren, dass zumindest eines seiner Ele- **310** mente (Sachherrschaft oder manifestierter Besitzwille) wegfällt. Zur Beendigung des Rechtsbesitzes kommt es durch Verzicht auf das Recht, durch die vom Rechtsbesitzer akzeptierte Weigerung des Verpflichteten, das Recht anzuerkennen, und durch Verjährung wegen Nichtausübung (§ 351).

III. Besitzschutz

Literaturauswahl: *Apathy*, Der possessorische Schutz gegenüber Eigenmächtigkeiten eines Miteigentümers, JBl 1977, 341; *derselbe*, Die publizianische Klage (1981); *Lewisch*, Altes und Neues zur Notwehr, JBl 1990, 772; *F. Bydlinski*, Der negatorische Schutz des Mieters gegen Dritte und das Rechtssystem, wobl 1993, 1; *H. Haller*, Die Genehmigung des Eingriffs durch Mitbesitzer bei der Besitzstörung, JAP 1996/97, 233; *Hoyer*, Bezugsverträge und Besitzstörung, wbl 1997, 147; *P. Bydlinski*, Die Eigenmacht im Besitzstörungsrecht, RZ 1998, 97; *Legerer*, Zur Zulässigkeit des Abschleppens besitzstörend abgestellter Kraftfahrzeuge von Privatgrundstücken, ÖJZ 1998, 607; *Hoyer*, Zum possessorischen Schutz des Rechtsbesitzes, wbl 1999, 341; *Reckenzaun*, Besitzschutz für den Masseverwalter? ZIK 2000, 116; *G. Kodek*, Die Besitzstörung (2002); *Spitzer*, Das Verhältnis Eigentümer – Untermieter, ÖJZ 2010, 10; *Apathy*, Der Schutz der Miete gegenüber Dritten, FS 200 Jahre ABGB II (2011) 799; *Kodek*, Die heutige Bedeutung der actio Publiciana – Zauberformel oder Irrweg? FS 200 Jahre ABGB II (2011) 1139.
Judikaturauswahl: 7 Ob 251/03t (Unterlassungsansprüche des Pächters).

„Der Besitz mag von was immer für einer Beschaffenheit sein, so ist nie- **311** mand befugt, denselben eigenmächtig zu stören" (§ 339). Besitzschutz genießt daher auch der unredliche Besitzer (zB der Dieb). Im Einzelnen kann sich der Besitzer durch *Klage* (unten Rz 312 f) oder – falls diese zu spät käme – durch *Selbsthilfe* (unten Rz 314) und *Notwehr* (unten Rz 315) gegen Störungen zur Wehr setzen.

1. Klage

a) Besitzstörungsklage (§§ 454 ff ZPO)

312 Die Besitzstörungs- oder Besitzentziehungsklage dient dem Schutz bzw der Aufrechterhaltung der privatrechtlichen *Friedensordnung* und setzt voraus, dass der Besitz des Klägers vom Beklagten eigenmächtig gestört oder entzogen wurde, wobei der Kläger seinen Besitz und dessen Beeinträchtigung zu beweisen hat, während der Beklagte zB das Nichtvorliegen einer Störung oder ein Recht zur Innehabung einwenden kann. Sie muss innerhalb von 30 Tagen ab Kenntnis von Besitzverletzung und Verletzer eingebracht werden, wobei es sich nach hA um eine materiellrechtliche Ausschlussfrist handelt, dh der Postlauf wird eingerechnet. Die Besitzstörungs- oder Besitzentziehungsklage ist auf Wiederherstellung des verletzten Besitzstandes (zB Rückgabe der dem Besitzer entzogenen Sache), bei Wiederholungsgefahr auch auf Unterlassung künftiger Besitzverletzungen gerichtet.

312a Da im *Besitzstörungsverfahren* nur die Verhältnisse zwischen Kläger und Beklagtem erheblich sind, steht die Besitzstörungsklage auch demjenigen zu, der seinerseits unrechtmäßig, unredlich oder unecht besessen hat (zB dem Dieb, dem die Sache entzogen wird, gegen den Entzieher); nicht aber demjenigen, der gegenüber dem Beklagten unechter Besitzer ist (zB nicht dem Dieb gegenüber dem Eigentümer, wenn sich dieser die Sache zurückholt), und auch nicht demjenigen gegenüber, der nicht eigenmächtig (zB auf Grund eines Exekutionstitels) handelt. Entgegen § 339 zweiter Satz können sonstige Ansprüche (zB aus Bereicherung oder Schadenersatz) im Besitzstörungsverfahren nicht geltend gemacht werden, weil § 457 ZPO als historisch jüngere Norm dieses auf die Erörterung des letzten Besitzstandes beschränkt.

312b Einen Sonderfall des Besitzschutzes normieren die §§ 340–342. Wer als Besitzer oder als Inhaber eines dinglichen Rechts an einer unbeweglichen Sache durch die beabsichtigte *Neuerrichtung* oder den *Abriss* eines *Gebäudes* oder eines sonstigen Bauwerks (zB Wasserwerk) bloß *gefährdet* wird, kann ein Verbot begehren, sofern ein behördliches Bewilligungsverfahren entweder unterblieben ist oder zwar stattgefunden hat, der Besitzer oder dinglich Berechtigte aber privatrechtliche Einwendungen dagegen erhoben hat (*Bauverbotsklage*, vgl Art XXXVII EGZPO).

b) Klage aus dem mutmaßlichen Eigentum (§ 372)

313 Wer *qualifizierter*, dh rechtmäßiger, redlicher und echter Sach- oder Rechtsbesitzer, also auch zB Mieter ist, kann sein Besitzrecht mit der sog actio

Publiciana gegenüber jedermann verteidigen, der schlechter qualifiziert (also zB unredlich) ist (vgl im Einzelnen §§ 373 f). Geschützt ist das *relativ bessere Recht.* Wenn also zB eine Wohnung an A vermietet ist und während dessen Abwesenheit nochmals an B vermietet wird, so unterliegt dieser gegenüber A, wenn er vom ersten Mietvertrag wusste oder wissen musste, weil er dann unredlicher Besitzer, somit im Verhältnis zu A schlechter qualifiziert ist. War er hingegen redlich, so unterliegt A (vgl § 374; dazu auch unten Rz 313a aE).

Sind sowohl Kläger als auch Beklagter qualifiziert, so unterliegt derjenige, der keinen oder nur einen verdächtigen Vormann anzugeben vermag (vgl § 373) oder im Gegensatz zu seinem Gegner auf Grund eines unentgeltlichen Titels erworben hat; nach hA gilt dies allerdings nur dann, wenn Kläger und Beklagter von unterschiedlichen Vormännern erworben haben – haben sie von demselben Vormann erworben, so obsiegt derjenige, der die Sache in Händen hält (*„beatus possidens"*). **313a**

2. Selbsthilfe (§ 344)

Falls behördliche Hilfe zu spät käme, hat der Besitzer das Recht, „Gewalt mit angemessener Gewalt abzutreiben". Er darf also seinen Besitz bei *Gefahr im Verzug* verteidigen und allenfalls selbst zurückholen. Dies gilt auch für den Sachinhaber. **314**

3. Notwehr (§§ 19, 344)

Die Notwehr gegen einen gegenwärtigen oder unmittelbar drohenden Angriff (vgl § 3 StGB) ist dann rechtmäßig, wenn behördliche Hilfe zu spät käme und das zur Abwehr notwendige Maß nicht überschritten wird. Das Notwehrrecht steht nach hM auch dem Sachinhaber zu. **315**

C. Eigentum

I. Allgemeines

Literaturauswahl: *Aicher*, Das Eigentum als subjektives Recht (1975); *Apathy*, Das Recht des redlichen Besitzers an den Früchten, JBl 1978, 517; *Aicher*, Verfassungsrechtlicher Eigentumsschutz und Enteignung (1985); *Jabornegg/Strasser*, Nachbarrechtliche Ansprüche als Instrument des Umweltschutzes (1978); *Stabentheiner*, Zivilrechtliche Unterlassungsansprüche zur Abwehr gesundheitsgefährdender Umwelteinwirkungen, ÖJZ 1992, 78; *Hecht*, Nachbarrechtlicher Untersagungsanspruch und Immissionen von Straßen, ÖJZ 1993, 289; *Kleewein*, Anrainerschutz bei Massentierhaltung im Privatrecht, RdU 1995, 55; *Lux*, Kollisionsrechtliche Probleme bei grenzüberschreitenden Immissionen, RdU 1995, 108, 161; *Angst*, Rechtsfragen des rechtsgeschäftlichen Veräußerungs- und Belastungsverbotes, GedS Hofmeister (1996) 1; *Fischer-Czermak*, Veräußerungsverbot und Besitznachfolgerechte, GedS Hofmeister (1996) 169; *P. Oberhammer*, Grundprobleme des Belastungs- und Veräußerungsverbots nach § 364c ABGB, JAP 1998/99, 30, 79; *Gaisbauer*, Klavierspielen in Mietwohnung und Nachbarrecht, wobl 1999, 85; *G. Graf*, Zur Zulässigkeit der Vormerkung trotz Veräußerungs- und Belastungsverbots, ÖBA 1999, 343; *Größ*, Nochmals: Immissionen durch Klavierspielen in Wohnhaus, wobl 1999, 189; *Lepeska*, Der verschuldensunabhängige Beseitigungsanspruch nach dem ABGB als Instrument des Umweltschutzes, RdU 2000, 97; *derselbe*, Immissionen ohne Schranken – grenzenloser Umweltschutz? RdU 2001, 50; *Kathrein*, Mehr Licht! ecolex 2003, 894; *Kerschner*, Abwehrklagen gegen grenznahe Atomkraftwerke (1. Teil), RdU 2003, 128; *Domej*, „Rechtsgemeinschaft" durch Nachbarschaft? JAP 2003/04, 198; *P. Bydlinski*, Neuerungen im Nachbarrecht, JBl 2004, 86; *Holzner*, Ausschluss der Zivilteilung durch § 364c ABGB? JBl 2004, 477; *Kerschner*, Neues Nachbarrecht: Abwehr negativer Immissionen/Selbsthilferecht, RZ 2004, 9; *Kissich/Pfurtscheller*, Der Baum am Nachbargrund – wirksamer Rechtsschutz durch das Zivilrechts-Änderungsgesetz? ÖJZ 2004, 706; *F. Bydlinski*, Zum doppelten Eigentumsbegriff, FS Wiegand (2005) 141; *Domej*, Sportanlagen und Nachbarrecht im Licht der österreichischen Rechtsprechung, CaS 2005, 334; *Jelinek*, Die Tragweite nachrangiger Veräußerungs- und Belastungsverbote (§ 364c ABGB) im Exekutions- und im Konkursrecht, FS Rechberger (2005) 227; *Kisslinger*, Gefährdungshaftung im Nachbarrecht (2006); *Lurger*, The Unification of Property Law in the European Union, FS Ansay (2006) 167; *Wimmer*, Konstruktionen gebundenen Eigentums, FS H. Hausmaninger (2006) 341; *Samek*, Neues zum Besitznachfolgerecht, NZ 2007, 237; *P. Bydlinski*, Formlose Gesetzesnovellen? Vier Jahre Recht auf Licht und nach wie vor viel Schatten, JBl 2008, 334; *Holzner*, Immer Zuwachs des Überbaus, wenn der Bauwerkseigentümer später die Liegenschaft erwirbt? JBl 2008, 809; *Kletec̆ka*, Die Belastungen der Kreditwirtschaft durch das Superädifikat – Analyse und Rechtspolitik, RdW 2008, 13; *Kletec̆ka/Häusler*, Superädifikat: OGH verschärft Anforderungen, ecolex 2008, 718; *Wilhelm*, Massen-Immission von der EURO-Fan-Meile, ecolex 2008, 389; *Wilhelm/Tschugguel*, Zur Schadenshaftung im Gefolge von Massenveranstaltungen (EURO-Fan-Meile), ecolex 2008, 515; *Hirsch*, (K)ein Recht auf Licht, ÖJZ 2009, 293; *Reihs*, Besitzstörung durch abgestellte Kraftfahrzeuge, ZVR 2009, 46; *Holzner*, Beschattungsverbot und Überhangsrecht, JBl 2009, 144; *Atzlinger*, Es gibt ein Recht auf Licht! wobl 2010, 93; *Bittner*, Das Superädifikat im Rechts- und Wirtschaftsleben als Spielball von Lehre und Rechtsprechung (zugleich eine Bemerkung zur Entscheidung 2 Ob 242/05k), NZ 2010, 65; *Fluch*, Berechtigte Sportausübung vs unzulässige Immissionen – ein Judikaturüberblick, Zak 2011, 383.

Judikaturauswahl: 5 Ob 104/98z (Veräußerungs- und Belastungsverbot zwischen Stiefkind und Elternteil); 7 Ob 66/02k (Immissionen von Gemeindestraße); 4 Ob 137/03f (Reichweite des Begriffs „behördlich genehmigte Anlage" – § 359b GewO); 10 Ob 37/05x (Fliegende Fußbälle – Nachbarrecht); 6 Ob 180/05x (Wertminderung der Nachbarliegenschaft durch Handymast); 6 Ob 304/05g (Pfandrechtseintragung trotz obligatorischen Belastungsverbots); 1 Ob 5/06a (Unterlassungsanspruch gegen AKW-Betreiber); 8 Ob 99/06a (Recht auf Licht – „Unzumutbare Beeinträchtigung"); 1 Ob 130/06h (Bestimmtheit des Klagebegehrens für „Recht auf Licht"); 4 Ob 196/07p (Nachbarrechtsstreit); 2 Ob 104/09x (Einlösungsrecht gem § 462); 3 Ob 77/09h (Öffentliche Straße als „behördlich genehmigte Anlage" iSd § 364a); 7 Ob 192/09z (Immission durch Freizeitanlage); 4 Ob 89/10g (Ausgleichsanspruch analog § 364a); 1 Ob 182/10m (Veränderung des Grundwasserspiegels durch behördlich genehmigte Bauarbeiten); 3 Ob 216/10a (Anfechtung von Belastungs- und Veräußerungsverboten verschiedener Berechtigter); 9 Ob 86/10b (Haftung des Servitutsberechtigten gem § 364a); 4 Ob 96/11p (Nadel- und Laubablagerungen auf dem Dach: nicht ortsüblich).

316   § 354 definiert Eigentum als die „Befugnis, mit der Substanz und den Nutzungen einer Sache nach Willkür zu schalten, und jeden andern davon auszuschließen": Eigentum im *subjektiven* Sinn. Die Eigentümerbefugnisse bestehen also aus einer *positiven* ("Herrschaftsrecht" bezüglich der Substanz, vgl § 362) und einer *negativen* Seite ("Ausschließungsrecht" gegenüber Dritten). Das Herrschaftsrecht schließt gem § 362 auch die Befugnis mit ein, die Sache unbenützt zu lassen, sein Eigentumsrecht also nicht auszuüben. Daraus folgt, dass die Eigentumsklage (§ 366) unverjährbar ist, weil der Beginn der Verjährungsfrist die Möglichkeit der Ausübung des verjährenden Rechts voraussetzt (§ 1478 Satz 2). Eigentum im *objektiven* Sinn sind demgegenüber alle in jemandes Eigentum stehenden Sachen. Entgegen der – im Hinblick auf den weiten Sachbegriff des § 285 konsequenten – Erwähnung auch der unkörperlichen Sachen gelten diese nach heutigem Verständnis aber nicht als eigentumsfähig; vielmehr wird in Bezug auf Forderungsrechte von *Rechtszuständigkeit* gesprochen. Davon zu unterscheiden ist der wesentlich weiter gefasste Eigentumsbegriff des Verfassungsrechts (Art 5 StGG, Art 1 des 1. ZPEMRK), der über das Eigentum an Sachen und die Rechtszuständigkeit an Forderungen hinaus jedwedes vermögenswerte Privatrecht (zB Immaterialgüterrechte) und fallweise sogar bestimmte öffentlichrechtliche Geldansprüche umfasst, sofern diesen eine vermögenswerte Gegenleistung (insb Beitragszahlung) des Berechtigten gegenübersteht (zB Ansprüche auf Leistung von Notstandshilfe).

Eine Sache ist dem Eigentümer rechtlich zugeordnet. Sie gehört ihm. Er **316a** hat daher ein *absolutes Recht* an ihr, das gegenüber jedermann durchgesetzt und verteidigt werden kann, der es beeinträchtigt (§§ 353 ff; unterscheide davon die *relativen Rechte*, die nur gegenüber bestimmten Personen bestehen, zB Kaufpreisanspruch nur gegenüber dem Vertragspartner). Das Eigentumsrecht kann allerdings *Beschränkungen* unterworfen sein. Solche bestehen entweder im Interesse der Allgemeinheit (1.) oder der Nachbarn (2.). Außerdem können Veräußerungs- und Belastungsverbote bestehen (3.):

1. *im Interesse der Allgemeinheit* ist das Eigentum zB durch das Forstgesetz, durch das Luftfahrtgesetz, durch Naturschutz, Denkmalschutz usw beschränkt und kann durch *Enteignung* unter bestimmten Voraussetzungen sogar gänzlich entzogen werden (Rz 346).

2. *im Interesse "der Nachbarn"* (das sind alle Personen, deren Liegenschaften im gegenseitigen Einflussbereich liegen) haben die Eigentümer benachbarter Grundstücke bei der Ausübung ihrer Rechte aufeinander Rücksicht zu nehmen (§ 364/1) und müssen Einwirkungen durch Abwässer, Rauch, Gase, Wärme, Geruch, Geräusche, Erschütterungen usw (*"Immissionen"*) geduldet werden, wenn sie das nach den örtlichen Verhältnissen übliche Maß nicht überschreiten oder die ortsübliche Benützung des Grundstücks nicht wesentlich beeinträchtigen. Die Beurteilung der *Ortsüblichkeit* richtet sich nicht notwendigerweise nach den politischen Grenzen eines Bezirks oder einer Gemeinde, sondern eher nach einzelnen "Gebietseinheiten", die nach der Verkehrsanschauung eine gemeinsame Eigenart aufweisen und daher auch mit einem gemeinsamen Namen bezeichnet werden (zB die "Industrieregion", der "Grüngürtel" usw). Eine *unmittelbare Zuleitung* muss ohne

besonderen Rechtstitel unter keinen Umständen hingenommen werden
(§ 364/2). Ortsunübliche Immissionen kann der Eigentümer (nach hA
auch andere dinglich Berechtigte, darüber hinaus auch der Mieter) der
betroffenen Liegenschaft untersagen. Unter denselben Voraussetzungen
(Ortsunüblichkeit) können einem Nachbarn auch sog *„negative Immissionen"*, nämlich die von dessen Bäumen (Pflanzen) ausgehenden Einwirkungen durch den Entzug von Licht oder Luft, untersagt werden
(„Prozesssperre": Klage erst nach Befassung einer Schlichtungsstelle
oder eines Mediators), soweit es dadurch zu einer unzumutbaren Beeinträchtigung des Grundstücks (zB künstliche Beleuchtung bei hell-
lichtem Tag) kommt (§ 364/3). Keine Handhabe besteht jedoch gegen
Einwirkungen, die bloß das sittliche oder moralische Empfinden des
sich gestört Fühlenden beeinträchtigen (zB Bordell uä). Geht die Ein-
wirkung von einer **behördlich genehmigten Anlage** (zB einer öffentlichen Straße – Rsp) aus oder liegt sonst eine behördliche Genehmigung
(zB Baubewilligung) vor, bei welcher betroffene Nachbarn Parteistellung hatten, so muss sie – außer bei ernsthafter Gefahr für Leib und
Leben oder bei Eindringen fester Körper größeren Umfangs – jedenfalls toleriert werden; der beeinträchtigte Eigentümer hat dafür allerdings einen (verschuldensunabhängigen) **Ausgleichsanspruch** (vgl
§ 364a). Vgl auch § 364b über die Vertiefung eines Grundstücks sowie
die weiteren Sonderbestimmungen des Nachbarrechts über Grenzein-
richtungen (§§ 854 ff), den Grenzbaum (§ 421) und den Baum an der
Grenze: „Jeder Grundeigentümer kann die Wurzeln eines fremden Baumes aus seinem Boden reißen und die über seinem Luftraume hängen-
den Äste abschneiden oder sonst benützen. Dabei hat er aber fachge-
recht vorzugehen und die Pflanze möglichst zu schonen" (§ 422/1);
„die für die Entfernung der Wurzeln oder das Abschneiden der Äste
notwendigen Kosten hat der beeinträchtigte Grundeigentümer zu tragen. Sofern diesem aber durch die Wurzeln oder Äste ein Schaden entstanden ist oder offenbar droht, hat der Eigentümer des Baumes oder
der Pflanze die Hälfte der notwendigen Kosten zu ersetzen" (§ 422/2
„geteilter Schaden"). Aus § 422 ergibt sich auch das sog **Überhangsrecht**, also das Recht, die überhängenden Früchte zu ziehen; nicht hingegen das Recht, die von nicht überhängenden Ästen herübergefallenen
Früchte zu behalten.

3. **Veräußerungs- und Belastungsverbote** können gesetzlich, richterlich
oder rechtsgeschäftlich begründet werden. Beziehen sich diese auf unbewegliche Sachen und bestehen sie zwischen Ehegatten oder nahen
Verwandten, so können sie im Grundbuch eingetragen werden (§ 364c)
und haben dann *„dingliche"* Wirkung (dh dass die Veräußerung oder
Belastung – zB Verpfändung – unwirksam ist). Ansonsten ist eine ver-
botswidrige Verfügung zwar wirksam, löst aber Schadenersatzansprüche des Verbotsberechtigten aus. Der Verbotsberechtigte hat nach der
Rsp im Falle der Zwangsversteigerung der mit dem Verbot belasteten
Liegenschaft ein Einlösungsrecht (§ 462 analog).

Soweit das Eigentum keinen der eben erörterten Beschränkungen unterliegt, ist es *absolut*, also gegenüber jedermann geschützt (s oben). Dieser Schutz wird vor allem durch die Eigentumsklage (1.) und die Eigentumsfreiheitsklage (2.) realisiert:

1. Mit der *Eigentumsklage* („rei vindicatio") kann der Eigentümer seine **317** Sache (mitsamt allfälligen Früchten, vgl im Einzelnen §§ 330, 335) vom jeweiligen Inhaber herausverlangen, soweit dieser kein Recht zur Innehabung (zB aus Miete) hat (§ 366). Der Herausgabpflichtige kann vom Eigentümer Ersatz für Aufwendungen verlangen, die er auf die herauszugebende Sache gemacht hat. Der Umfang der Ersatzpflicht richtet sich nach der Redlichkeit oder Unredlichkeit des Herausgabepflichtigen (vgl §§ 331 f, 336). Den vom Herausgabpflichtigen bezahlten Kaufpreis muss der Eigentümer keinesfalls ersetzen (§ 333; vgl aber auch § 403). Wenn dem Inhaber Aufwandersatz gebührt oder ihm die Sache einen Schaden verursacht hat, steht ihm ein *Zurückbehaltungsrecht* zu (§ 471/1), das heißt, dass er die Sache nur gegen Erfüllung seiner Ansprüche (oder gegen Sicherheitsleistung, § 471/2) herausgeben muss, sich aber nicht aus der zurückbehaltenen Sache befriedigen kann (zum Zurückbehaltungsrecht des *Unternehmers* s §§ 369 ff UGB). Der redliche Besitzer kann für einen Schaden an der Sache nicht zur Verantwortung gezogen werden (§ 329), anders der unredliche Besitzer, der für jede Verschlechterung einzustehen hat (§ 335).

2. Mit der *Eigentumsfreiheitsklage* („actio negatoria") kann der Eigentümer bei Gefährdung oder Wiederholungsgefahr die Unterlassung von Störungen (zB die Anmaßung einer Servitut) und die Herstellung des störungsfreien Zustands verlangen (vgl § 523).

II. Besondere Eigentumsformen

1. Miteigentum

Literaturauswahl: *F. Bydlinski*, Probleme des Quantitätseigentums, JBl 1974, 32; *Apathy*, Der possessorische Schutz gegenüber Eigenmächtigkeiten eines Miteigentümers, JBl 1977, 341; *R. Oberhofer*, Die Aufhebung von Miteigentumsgemeinschaften an bebauten Grundstücken, wobl 1994, 58; *Meissel*, Miteigentum und ABGB-Gesellschaft, GedS Hofmeister (1996) 419; *Riedler*, Gesamt- und Teilgläubigerschaft im österreichischen Recht (1998); *Ziehensack*, Die Aufhebung der Eigentumsgemeinschaft (1998); *Schauer*, Verwalterbestellung und konkurrierendes Verwaltungshandeln von Miteigentümern, wobl 1999, 384; *Derbolav*, Ist eine Reform der Bestimmungen des ABGB über die Gemeinschaft des Eigentums angezeigt? wobl 2003, 133; *Perner*, Eigentümergemeinschaft: Forderungserwerb ex lege? ecolex 2004, 938; *derselbe*, Gemeinschaftliche Forderungen (2004); *Friedl*, Benützungsentgelt gegen den Miteigentümer wegen übermäßiger Nutzung – Rsp-Wende, ecolex 2009, 1044; *Gruber*, Ausschlussklage bei (schlichter) Miteigentumsgemeinschaft? NZ 2011, 139; *Kammel/Thierrichter*, Der Begriff des Sondervermögens vor einem investmentfondsrechtlichen Hintergrund, ÖBA 2011, 237; *Krejci*, Miteigentum und Vermögensordnung der Gesellschaft bürgerlichen Rechts de lege ferenda, FS 200 Jahre ABGB II (2011) 1191; *Scho-*

ditsch/Tanczos, Zur Qualifikation von Forderungen der Miteigentümer, ecolex 2011, 504; *U. Terlitza*, Zur Abgrenzung von Verwaltung und Verfügung – eine dogmatische Frage von eminenter praktischer Bedeutung, wobl 2011, 185; *Pittl*, Klage auf Ausschließung eines „schlichten" Miteigentümers? wobl 2012, 1.

Judikaturauswahl: 7 Ob 23/02p (Zivilteilung versus Realteilung bei Miteigentümern); 3 Ob 29/04t (Gerichtliche Benützungsregelung); 1 Ob 259/03z (Konkludente Zustimmung des Miteigentümers); 6 Ob 233/04i (Teilungsklage zur Unzeit); 1 Ob 250/05d (Verhinderung des Hausabrisses durch Miteigentümer); 5 Ob 36/09v (Teilung durch Begründung von Wohnungseigentum); 5 Ob 275/08i (§ 838a – Unanwendbarkeit auf Eigentumsfreiheitsklage unter Miteigentümern); 5 Ob 268/09m (Unzulässigkeit der Naturalteilung wegen unverhältnismäßig hoher Umbaukosten); 5 Ob 63/10s (Keine Ausschlussklage bei schlichter Miteigentumsgemeinschaft).

318   Eine besondere Form des Eigentums (siehe dazu §§ 353 ff) ist das Miteigentum; das bedeutet, dass das Eigentumsrecht an einer Sache (nicht aber die Sache selbst!) unter mehreren Personen *nach idellen Quoten* (Miteigentumsanteilen) aufgeteilt ist (§ 825). Dass nicht die Sache selbst (sondern das Recht) geteilt ist, heißt, dass bei Miteigentum an einem Haus nicht einzelne Räume dem Miteigentümer A, andere dem Miteigentümer B (s auch unten beim Wohnungseigentum), sondern alle Räume A und B gemeinsam gehören; dies hängt damit zusammen, dass es keine selbständigen Rechte an unselbständigen Teilen (Räumen) einer Sache (Haus) gibt, weshalb zB auch nicht A Eigentum an den Zeigern der Uhr des B haben kann, solange diese mit der Uhr verbunden sind. Eine Unterart des Miteigentums ist das *Quantitätseigentum*, das durch Vermischung oder Vermengung gleichartiger Sachen entsteht und dessen Auseinandersetzung vereinfacht möglich ist, weil der Eigentümer einfach den ihm zustehenden Anteil am Gemenge verlangen kann (*Quantitätsvindikation*).

319   Die Miteigentümer bilden eine Rechtsgemeinschaft, die durch Gesetz, Vertrag oder letztwillige Verfügung entsteht (§ 825) und einvernehmlich jederzeit aufgelöst werden kann, wobei bei unteilbaren Sachen nur die Zivilteilung (Veräußerung und Aufteilung des Erlöses), bei teilbaren Sachen auch die Realteilung in Betracht kommt, bei Liegenschaften auch die einvernehmliche öffentliche Feilbietung gem §§ 87a ff NO. Bei mangelndem Einvernehmen kann jeder Miteigentümer, sofern er sich nicht für bestimmte Zeit zur Fortsetzung der Gemeinschaft verpflichtet hat (vgl § 831), die *Teilungsklage* erheben, die – je nachdem, ob die Sache teilbar oder unteilbar ist – zur Real- oder Zivilteilung führt. Zur „Unzeit" und zum *Nachteil der übrigen Miteigentümer* kann die Teilungsklage nicht erhoben werden (§ 830). Zur „Unzeit" erfolgt die Teilung, wenn auf Grund eines äußeren, von den Miteigentümern nicht beeinflussbaren Umstands die Teilung zu dem Zeitpunkt, da sie begehrt wird, unzweckmäßig wäre (zB eine kurz bevorstehende Änderung der Flächenwidmung würde zu einer beträchtlichen Wertsteigerung des Grundstücks führen). Zum „Nachteil der Übrigen" bedeutet, dass die Teilung subjektive Interessen eines oder mehrerer Miteigentümer verletzen würde (zB das im Miteigentum stehende Wohngebäude dient einem von ihnen zur Befriedigung eines dringenden Wohnbedürfnisses). Da in all diesen Fällen nur ein Aufschub (vgl § 830 aE) verlangt werden kann, sind dauerhaft nachteilig wirkende Umstände, mit deren Ende in absehbarer Zeit nicht zu rechnen ist, keine Fälle der Unzeit bzw des Nachteils der Übrigen.

Mit dem Umstand, dass eine in Miteigentum stehende Sache nicht real ge-   **320** teilt ist, sondern den Miteigentümern gemeinsam gehört (s oben Rz 318), hängt es zusammen, dass sie auch *gemeinsam benützt* werden kann, und zwar von jedem unbeschränkt, soweit er die Rechte der anderen dadurch nicht beeinträchtigt (ansonsten Gebrauchsregelung, die allerdings nur obligatorisch wirkt, bei Veräußerung eines Anteils also den neuen Miteigentümer nicht bindet). Beeinträchtigt ein Miteigentümer einen anderen, so kann dieser aus der Gebrauchsregelung auf Unterlassung klagen, ohne solche Regelung gem § 523 (actio negatoria, s oben Rz 317).

Auch die *Erträgnisse* und die mit der Sache verbundenen *Belastungen*   **321** und *Schulden* betreffen alle Miteigentümer gemeinsam, so dass zB Forderungen grundsätzlich nur von allen geltend gemacht werden können (§ 848, Gesamthandforderung, s oben Rz 129). Im Innenverhältnis wird allerdings nach Quoten verteilt (§ 839).

Die *Verwaltung und Vertretung* der Miteigentumsgemeinschaft kann ent-   **322** weder durch einen von den Miteigentümern bestellten Verwalter (§ 836) oder durch diese selbst erfolgen (wobei die Stimmen nicht nach Köpfen, sondern nach Anteilen gezählt werden) und richtet sich im Einzelnen danach, ob eine Maßnahme der ordentlichen Verwaltung (zB Vermietung zu üblichen Bedingungen, Ausbesserungsarbeiten an im Miteigentum stehendem Gebäude) oder der außerordentlichen Verwaltung (zB wesentliche Umbauten, Generalsanierung des Gebäudes) vorliegt. Ersterenfalls entscheidet die (Anteils-)Mehrheit (§ 833; daher kann der Mehrheitseigentümer die ordentliche Verwaltung alleine führen), letzterenfalls muss entweder Einstimmigkeit vorliegen oder nach dem Prozedere der § 834 f vorgegangen werden (Sicherstellung gegenüber der überstimmten Minderheit, uU Austritt, Losentscheidung oder Entscheidung des Außerstreitrichters).

Streitigkeiten zwischen den Teilhabern über die Rechte und Pflichten, die mit der Verwaltung und Benützung der gemeinsamen Sache unmittelbar zusammenhängen, sind im Verfahren außer Streitsachen zu entscheiden.

2. Wohnungseigentum

Literaturauswahl: *Kletečka*, Die Novellierung des WEG durch das 3. WÄG – Begründung, Ausschluß und Bewerberschutz (§§ 1 bis 12 und 22 bis 30 WEG), wobl 1993, 217; *Niedermayr*, Die Wohnungseigentümergemeinschaft (§ 13c WEG), wobl 1994, 6; *Kletečka*, Probleme der Willensbildung in der Wohnungseigentümergemeinschaft, wobl 1995, 82; *Call*, Die Novellierung des Wohnungseigentumsgesetzes 1975 im Rahmen des Bauträgervertragsgesetzes – ein Überblick, wobl 1997, 5; *Vonkilch*, Zwei Fragen des Übergangsrechts im Zusammenhang mit der durch das 3. WÄG eingeführten Wohnungseigentümergemeinschaft (§ 13c WEG), wobl 1999, 253; *H. Böhm*,

Das neue Wohnungseigentumsgesetz, bbl 2002, 141; *Kletečka*, Die Beschlussfassung nach dem WEG 2002, wobl 2002, 143; *derselbe*, Die Eigentümergemeinschaft nach dem WEG 2002, immolex 2002, 174; *derselbe*, Wohnungseigentumsgesetz 2002 (2002); *A. Mayer*, Neues Wohnungseigentumsgesetz – (weiterhin) aktuelle Judikatur zu Eigentümergemeinschaft und Vorzugspfandrecht, ZIK 2002, 123; *Prader*, Verwaltung nach dem WEG 2002, immolex 2002, 202; *Schauer*, Die Eigentümergemeinschaft (§§ 18 ff WEG 2002), wobl 2002, 135; *Call*, Ungereimtheiten und Versäumtes im Wohnungseigentumsgesetz (WEG) 2002, NZ 2003, 225; *Vonkilch*, Wer ist zur Vertretung der Eigentümerschaft gegenüber dem Verwalter befugt? immolex 2003, 335; *Call*, Gewährleistung und Schadenersatz im Wohnungseigentum, FS Welser (2004) 109; *Fischer-Czermak*, Vereinbarungen nach § 14 Abs 4 WEG, FS Welser (2004) 189; *Kletečka*, Die Eigentümerpartnerschaft im Todesfall – Die lex lata und ein Vorschlag für eine Novellierung, NZ 2004, 225; *Umlauft*, Fragen und Fragwürdigkeiten im Zusammenhang mit Vereinbarungen zwischen Eigentümerpartnern zu Gunsten Dritter gemäß § 14 Abs 4 WEG 2002, FS Welser (2004) 1119; *Spitzer*, § 14 WEG neu: Tod des Eigentümerpartners, ecolex 2006, 818; *Tschütscher*, WEG – Handbuch für die Praxis[2] (2006); *Derbolav*, Wohnungseigentumsrecht 2006 (2007); *Hausmann/Vonkilch* (Hg), Österreichisches Wohnrecht. WEG (2007); *Bittner/Rotter*, Die Berichtigung des Grundbuchs (§ 136 GBG) bei der Begründung von Wohnungseigentum, wobl 2009, 216; *Holzner*, Zubehör-Wohnungseigentum ohne Eintragung ins Hauptbuch? wobl 2010, 157; *Pittl*, Zur elektronischen Stimmabgabe nach WEG, MRG und WGG, wobl 2010, 321; *Hausmann*, Praktische Konsequenzen der wohnungseigentumsrechtlichen „Zubehör"-Rechtsprechung des OGH, wobl 2011, 160.

323   Das Wohnungseigentumsgesetz 2002 (WEG) regelt die Rechtsform des **Wohnungseigentums**, insbesondere die Voraussetzungen, die Begründung, den Erwerb und das Erlöschen von Wohnungseigentum (§ 1 WEG). Unter Wohnungseigentum versteht man das dem Miteigentümer einer Liegenschaft oder einer Eigentümerpartnerschaft eingeräumte *dingliche Recht*, ein Eigentumsobjekt (Wohnung, sonstige selbständige Räumlichkeit oder Kfz-Abstellplatz) ausschließlich zu nutzen und allein darüber zu verfügen (§ 2/1 WEG). Demnach steht zB die Wohnung nicht im Eigentum des Wohnungseigentümers, er hat an ihr nur ein dingliches, dh ein gegenüber jedermann durchsetzbares Nutzungsrecht. Das (Mit-)Eigentumsrecht steht ihm nur an der Liegenschaft zu, auf welcher sich das Gebäude mit den Eigentumswohnungen befindet. Die Begründung von Wohnungseigentum an einem **Kfz-Abstellplatz** kann bis zum Ablauf von drei Jahren nach Begründung von Wohnungseigentum an der jeweiligen Liegenschaft nur von einer Person oder Eigentümerpartnerschaft erworben werden, der Wohnungseigentum an der Wohnung zukommt (§ 5/2 WEG).

324   Das Wohnungseigentum kann von jedem Miteigentümer erworben werden, dessen Anteil dem **Mindestanteil** entspricht (zur Berechnung des Mindestanteils vgl §§ 7 ff, WEG, insb § 10 WEG: bei gerichtlicher oder neu durch die **WRN 2006** geschaffene Möglichkeit, eine einvernehmliche Änderung der **Nutzwertfestsetzung** der Miteigentumsanteile auf Grund eines von allen Wohnungseigentümern getragenen Gutachtens zu beantragen, kann dies, bei bereits einverleibtem Wohnungseigentum, im Weg der Grundbuchsberichtigung nach § 136 GBG erfolgen, sofern sich keiner der Anteile um mehr als 10 % ändert). Der Erwerb von Wohnungseigentum erfolgt durch Einverleibung ins Grundbuch (§ 5/3 WEG). Das Wohnungseigentum ist mit dem Mindestanteil, der außer im Fall einer Eigentümerpartnerschaft unteilbar ist, untrennbar verbunden. Es kann nur mit diesem zusammen veräußert, belastet und von Todes wegen übertragen werden (§ 11/1 WEG).

Zwei natürliche Personen (gleichen oder verschiedenen Geschlechts), deren **325** Miteigentumsanteile je dem halben Mindestanteil entsprechen, können gem § 13 WEG als *Eigentümerpartnerschaft* gemeinsam Wohnungseigentum erwerben (früher gemeinsames Wohnungseigentum nur zwischen Ehegatten). Im Fall des *Konkurses* über das Vermögen des anderen Partners steht dem Wohnungseigentumspartner ein *Aussonderungsrecht* an dessen halbem Mindestanteil zu (§ 13/3 WEG iVm § 44 IO). Der halbe Mindestanteil eines Eigentümerpartners kann mit Zustimmung des anderen direkt an einen Dritten veräußert werden (§ 13/3 letzter Satz WEG). Vertragliche Vereinbarungen, die eine Klage auf Aufhebung der Eigentümerpartnerschaft gem § 830 ausschließen, bedürfen der *Schriftform* und sind grundsätzlich nur für drei Jahre ab Abschluss rechtswirksam (§ 13/6 WEG; Ausnahme möglich, wenn wesentliche Gründe, wie zB hohes Alter, vorliegen). Eine Ausschlussvereinbarung kann beliebig oft wiederholt werden. Beim Tod eines Partners geht dessen Anteil gem § 14 Abs 1 WEG grundsätzlich unmittelbar ins Eigentum des Überlebenden über (Vindikationslegat), sofern dieser darauf nicht verzichtet (dann Versteigerung durch das Verlassenschaftsgericht) oder gemeinsam mit den Erben des Verstorbenen unter Zustimmung der Pflichtteilsberechtigten eine Vereinbarung schließt, auf Grund derer der Anteil des Verstorbenen einer anderen Person zukommt. Bleibt es beim gesetzlichen Übergang, so hat der Erwerber einen Betrag im Wert der *Hälfte des Verkehrswerts des Mindestanteils* an die Verlassenschaft zu bezahlen (§ 14/2 WEG: *Übernahmspreis*; das Vindikationslegat ist also eine Art entgeltliches Vermächtnis). Der Übernahmspreis kann einvernehmlich bestimmt werden, sofern nicht in Gläubiger- oder Pflichtteilsrechte eingegriffen wird. Nur wenn der Erbwerber pflichtteilsberechtigt ist und ein dringendes Wohnbedürfnis hat, entfällt die Zahlungspflicht; er hat aber die anderen Pflichtteilsberechtigten abzufinden (zur Berechnung des Übernahmspreises des überlebenden Eigentumspartners s Rz 535c samt Bsp).

Die *Eigentümergemeinschaft* kann in Angelegenheiten der Verwaltung der **326** Liegenschaften Rechte erwerben und Verbindlichkeiten eingehen sowie klagen und geklagt werden (§ 18/1 WEG). Sie wird idR durch einen *Verwalter* vertreten (§§ 19 ff WEG). Die Bestellung und auch die Abberufung des Verwalters sind im *Grundbuch* ersichtlich zu machen. In allen Verfahren, die sein Verhalten betreffen, kommt dem Verwalter *Parteistellung* zu (§ 52/2 Z 1 WEG). Der Verwalter hat gem § 20/6 WEG ein Wahlrecht bezüglich der Ein- und Auszahlungen der Eigentümergemeinschaft: er kann diese entweder über ein einsehbares Eigenkonto oder ein ebenso einsehbares Anderkonto verrichten. Den Verwalter treffen besondere *Auskunftspflichten* gegenüber jedem Wohnungseigentümer (§ 20/7 WEG enthält keine abschließende Aufzählung). Diese umfassen den Inhalt des Verwaltungsvertrags, besonders dessen Entgeltvereinbarungen und den Umfang der vereinbarten Leistungen sowie das Stimmverhalten der anderen Wohnungseigentümer im Fall einer schriftlichen *Willensbildung*.

327   In Angelegenheiten der ordentlichen *Verwaltung* (zB Erhaltung des Hauses, Verwalter) entscheidet – unbeschadet der Rechte des einzelnen Wohnungseigentümers (§ 30 WEG) – die Mehrheit der Wohnungseigentümer (§ 28 WEG), bei Maßnahmen der außerordentlichen Verwaltung (zB bauliche Veränderungen) gilt dasselbe, doch kann jeder Überstimmte die gerichtliche Aufhebung des Mehrheitsbeschlusses verlangen, die grundsätzlich dann vorzunehmen ist, wenn die Veränderung den Antragsteller übermäßig beeinträchtigen würde oder die Kosten nicht aus der Rücklage gedeckt sind (§ 29/1 und 2 WEG; keine Aufhebung in den Fällen der Abs 3 und 4); im Übrigen gelten für die außerordentliche Verwaltung die §§ 834 und 835 (§ 29/5 WEG). Der einzelne Wohnungseigentümer kann seit der *WRN 2006* auch einen Antrag auf Durchsetzung der Verwalterpflichten gegen den Verwalter direkt stellen und darüber eine Entscheidung des Gerichts verlangen (§ 30/1 Z 5 WEG).

3. Kellereigentum

327a   Durch die Grundbuchs-Novelle 2008 (BGBl I 100/2008) wurde in § 300 die Möglichkeit geregelt, an selbständigen Räumen und Bauwerken, die sich unterhalb der Liegenschaft eines anderen befinden und nicht der Fundierung von über der Erdoberfläche errichteten Bauwerken dienen (zB Keller, Tiefgaragen), gesondert Eigentum zu begründen. Diese Möglichkeit bestand bisher aufgrund eines Hofkanzleidekrets aus dem Jahr 1832, das am 31.12.2009 außer Kraft getreten ist.

III. Eigentumserwerb

1. Derivativer Erwerb

Literaturauswahl: *Czermak*, Das Besitzkonstitut beim Sale-and-lease-back-Verfahren, ÖBA 1987, 232; *Meinhart*, Die Übertragung des Eigentums (1988); *Puck*, Die wirkliche Übergabe bei der Schenkung einer Forderung, ecolex 1992, 230; *Benke*, Zur „traditio" als zentralem Modell privatrechtlicher Vermögensübertragung – rechtshistorische und rechtsvergleichende Bemerkungen auf dem Weg zum gemeineuropäischen Privatrecht, GedS Hofmeister (1996) 31; *Bittner*, Der Mythos von der wirklichen Übergabe von Liegenschaften, GedS Hofmeister (1996) 74; *Rummel*, Zum Grundsatz der abstrakten Tradition – Überlegungen aus Anlaß der Neuregelung des § 65 AktG durch das Aktienrückerwerbsgesetz, ÖBA 2000, 567; *Ch. Rabl*, Die Gefahrtragung beim Kauf (2002); *Spielbüchler*, Das Prinzip der kausalen Tradition, FS 200 Jahre ABGB II (2011) 1433.

328   Beim *derivativen* Erwerb (in der Praxis am häufigsten) ist das Eigentumsrecht vom Vormann des Erwerbers *abgeleitet*. War daher dieser nicht Eigentümer, so wird es auch der Erwerber nicht (§ 442: „niemand kann einem andern mehr Recht abtreten, als er selbst hat").

329   Der derivative Eigentumserwerb erfordert einen gültigen *Titel* (einen „rechtlichen Zuweisungsgrund", also insb Schuldverträge, die einen nachfol-

genden Eigentumserwerb bezwecken, wie zB Kaufvertrag oder Schenkung, nicht aber Miete oder Leihe) und einen *„Modus"* (eine „rechtliche Erwerbungsart", § 380). Der Titel muss nicht notwendigerweise auf einem schuldrechtlichen Rechtsgeschäft, sondern kann auch auf einer letztwilligen Verfügung, auf einem richterlichen Ausspruch oder auf dem Gesetz beruhen. Der Modus besteht in der Einigung der Parteien über den Eigentumsübergang (Verfügungsgeschäft s oben Rz 37) und darüber hinaus einem faktischen Vorgang. Bei *beweglichen Sachen* liegt dieser faktische Vorgang in erster Linie in der körperlichen Übergabe (§ 426), bei unbeweglichen in der Eintragung in das Grundbuch (§ 431, dazu unten Rz 375 ff), bei Superädifikaten und unverbücherten Liegenschaften in der Urkundenhinterlegung. Ist eine körperliche Übergabe aufgrund der Sachbeschaffenheit unmöglich oder untunlich (zB bei einem Warenlager, nicht aber bei einem Kfz), so kann sie *durch Zeichen* geschehen (§ 427), vor allem durch Urkunden, Schlüssel oder Hinweistafeln. Neben Titel und Modus ist für den derivativen Erwerb auch das Eigentum bzw die Verfügungsbefugnis des Vormannes erforderlich.

Die *Übergabe durch Erklärung* (§ 428) ist auch dann wirksam, wenn eine körperliche Übergabe leicht möglich (tunlich) wäre, steht also – im Unterschied zur Übergabe durch Zeichen – als Alternative zur körperlichen Übergabe zur Verfügung. Man unterscheidet hierbei zwischen der *Besitzauflassung* bzw Übergabe kurzer Hand (die Parteien vereinbaren, dass der bisherige Inhaber der Sache nunmehr Besitzer sein soll) und der Besitzauftragung (*Besitzkonstitut*), nach der der veräußernde bisherige Besitzer die Sache für den Erwerber (noch) innehaben soll. Besonders das Besitzkonstitut widerspricht dem Publizitätsgedanken (es soll leicht erkennbar sein, wem eine Sache zusteht) und scheidet daher bei Verfügungsgeschäften, die vor allem aus Gründen des Gläubigerschutzes eine besondere Erkennbarkeit verlangen (zB bei Sicherungsübereignung analog § 451, s unten Rz 363), als Modus aus. Gesetzlich nicht geregelt ist die *Besitzanweisung*, bei der ein die Sache innehabender Dritter – ohne dass seine Zustimmung erforderlich ist – angewiesen wird, sie fortan nicht mehr für den Veräußerer, sondern für den Erwerber innezuhaben (Bsp: vermietetes Auto wird verkauft; Eigentumserwerb des Käufers durch Besitzanweisung des Verkäufers gegenüber dem Mieter). **330**

Bei der *Übergabe durch Versendung* (§ 429) wird der Erwerber erst Eigentümer (und natürlich Besitzer), wenn ihm die Sache vom Transporteur übergeben wird, es sei denn, er hätte die Übersendungsart bestimmt oder genehmigt (wird bei üblichen Versendungsarten angenommen). Dann erlangt er das Eigentumsrecht schon mit Übergabe der Sache vom Veräußerer an den Transporteur (diese Regelung gilt auch für Unternehmer seit dem HaRÄG und dem Entfall der Sonderregelung der 4. EVHGB). **331**

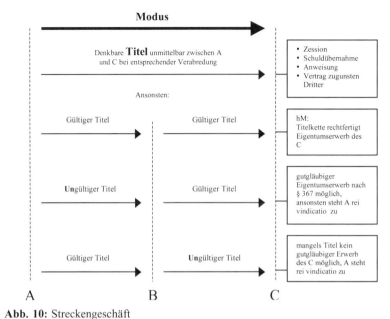

Abb. 10: Streckengeschäft

331a   ***Streckengeschäft:*** In der Praxis kommt es häufig vor, dass der Käufer (B) einer Sache an der realen Übergabe derselben selbst kein Interesse hat. Er verkauft diese gleich an einen Dritten (C) weiter, wobei der erste Verkäufer (A) ohne Umweg über B unmittelbar an C leisten soll. Man denke etwa an eine Kette zwischen Produzent (A), Händler (B) und Endabnehmer (C). Der Eigentumserwerb des C ist insofern problematisch, als C nur mit B einen Titel hat, die Sache aber von A übergeben erhält. Bei entsprechender Vereinbarung zwischen den Parteien lässt sich ein Titel zwischen A und C ableiten. Dabei sind folgende Fälle denkbar: B zediert seine Forderung gegen A an C (Rz 132); A übernimmt die Schuld des B gegenüber C (Rz 133); A und B schließen einen Vertrag zu Gunsten des C (Rz 130); B weist A zur Leistung an C an (Rz 134). Mangels einer solchen Vereinbarung rechtfertigen zwei gültige Titel (zwischen A und B einerseits und B und C andererseits) den Eigentumserwerb des C. Ist der Vertrag zwischen A und B hingegen ungültig, kann C nur bei Erfüllung der Voraussetzungen des § 367 gutgläubig Eigentum erwerben (bei Ungültigkeit des Vertrages zwischen B und C mangelt es am für den gutgläubigen Eigentumserwerb notwendigen Titel).

332   Bei *unbeweglichen Sachen* ist für den Eigentumserwerb die Eintragung im Grundbuch erforderlich (§ 431; dazu unten Rz 375 ff); der Besitz wird hingegen außerbücherlich erworben.

2. Originärer Erwerb

a) Allgemeines

Literaturauswahl: *Ertl*, Aneignung preisgegebener Sachen, JBl 1974, 281, 342; *F. Bydlinski*, Probleme des Quantitätseigentums, JBl 1974, 32; *Apathy*, Das Recht des redlichen Besitzers an den Früchten, JBl 1978, 517; *Meinhart*, Die Übertragung des Eigentums (1988); *Kohl*, Zur Rechtsnatur des österreichischen Jagdrechts, JBl 1998, 755; *Reidinger*, Ungerechtfertigte Bereicherung durch Einbau auf Auftrag eines Dritten, JAP 2000/01, 48; *Wieser*, Die Neuerungen im Fundrecht, JAP 2003/04, 182; *Knoll*, Schatzfund und Denkmalschutz, JBl 2005, 212; *Riener/Thunart*, Fundsache Tier, ÖJZ 2006, 617; *Holzner*, Immer Zuwachs des Überbaus, wenn der Bauwerkseigentümer später die Liegenschaft erwirbt? JBl 2008, 809; *Holzner*, Zur Anwendbarkeit der gesetzlichen Verarbeitungsregeln auf den Werkvertrag, JBl 2009, 684; *Jaksch-Ratajczak*, Bauen auf fremdem Grund – Widersprüchliche Judikatur und Lehre zum erweiterten Anwendungsbereich des § 418 Satz 3 ABGB, wobl 2009, 333; *Sailer*, Zwangsversteigerung von Liegenschaften – materiell- und formalrechtliche Fragen, JBl 2010, 613; *derselbe*, Vom Zuschlag zum Volleigentum, FS Koziol (2010) 385.

Beim *originären* Erwerb hat das Eigentum in der Person des Erwerbers **333** seinen Ursprung, ist also nicht vom Recht eines anderen abgeleitet. Die wichtigsten Fälle sind der Gutglaubenserwerb (unten Rz 339 ff) und die Ersitzung (unten Rz 343 ff). Weitere Fälle:

Aneignung (§§ 382 f): Herrenlose Sachen (dazu oben Rz 304) können da- **334** durch angeeignet (okkupiert) werden, dass man sie mit dem entsprechenden Zueignungswillen an sich nimmt; das Aneignungsrecht steht grundsätzlich jedermann zu, es sei denn, dass es durch öffentlichrechtliche Bestimmungen auf bestimmte Anspruchsberechtigte beschränkt ist, so zB beim Tierfang durch Jagdgesetze und bei Bodenschätzen durch das MineralrohstoffG.

Fund (§§ 388 ff; Sonderregeln für den Schatzfund in §§ 398 ff): *Verlore-* **335** *ne* Sachen darf sich niemand aneignen, da iZw nicht anzunehmen ist, dass sie der Eigentümer preisgeben wollte. Wer sie findet, muss sich zwar nicht darum kümmern, tut er dies aber, so hat er bestimmte Rechte (nach einem Jahr Eigentumserwerb, Finderlohn: bis € 2000,– 10 %, darüber hinaus 5 %) und Pflichten (ab € 10,– Bekanntmachung, ab € 40,– Anzeige). Weiß der Finder, wem die Sache gehört, so hat er sie – gegen Aufwandersatz – zurückzugeben. Unterlässt er dies, ist er unredlich, verliert seine Rechte und wird dem Eigentümer haftbar (zB für Nachforschungskosten). Seit der SPG-Novelle 2002 fallen auch (zB in einem Lokal) *vergessene* Gegenstände unter die §§ 388 ff (teilweise Sonderregeln, zB nur halber Finderlohn, § 393/1). Die gefundenen Sachen (€ 110,–) sind sofort bei der Fundbehörde (Bürgermeister, nicht mehr Polizei) abzugeben, die in der Folge Pflichten wie Verwahrung, Verwertung oder Ausfolgung treffen (vgl § 42a SPG).

Verarbeitung und Vereinigung (§§ 414 ff): Werden aus Sachen neue Sa- **336** chen hergestellt (zB Statue aus Steinblock), selbständige Sachen zu einer neuen verbunden oder gemischt (zB neuer Wein aus zwei bestehenden Sorten) und liegt keine vertragliche Regelung der Rechtsfolgen vor, so kommt es primär darauf an, ob eine Rückführung möglich und tunlich ist. Soweit dies nicht der Fall ist, entsteht – außer bei bloßer Ausbesserung einer Sache mit fremdem Material: Alleineigentum des Eigentümers der Hauptsache mit Ersatzpflicht (§ 416) – Miteigentum im Verhältnis des Umfangs der jeweiligen Beiträge (Arbeits- bzw Sachwert), wobei der Schuldlose gegen den für die Umgestaltung Verantwortlichen (ohne oder bei gleichem Verschulden derjenige, dessen Beitrag überwiegt) ein Wahlrecht hat: Übernahme oder Überlassung der neuen Sache jeweils gegen Vergütung. *Besonderheiten* gelten bei Vermengung ununterscheidbarer Sachen (vor allem *Geld*) und abgegrenzter Mengen gleicher Sachen (2000 kg Getreide des A werden in einen Silo gefüllt, in dem sich bereits 5000 kg des B befinden). Im ersten Fall kommt es bei ununterscheidbarer Vermischung (mit bereicherungsrechtlicher Ausgleichspflicht) zum Eigentumserwerb (§ 371); im zweiten Fall zum sog *Quantitätseigentum*, das dadurch charakterisiert ist, dass jeder Miteigentümer ohne weiteres (keine Teilungsklage) seine Menge herausverlangen kann (sog Quantitätsvindikation).

337 *Bauen* (§§ 417 ff): Wiederum gilt primär die vertragliche Regelung. Mangels einer solchen greift der Grundsatz *„superficies solo cedit"* (Bauten gehören dem Eigentümer des Grundstücks, auf dem sie sich befinden, sofern es sich nicht um Superädifikate gemäß § 435 handelt oder die Bauwerke als Zugehör eines Baurechts im Eigentum eines Bauberechtigten stehen, vgl § 6 Abs 1 BauRG). Wird daher auf eigenem Grund mit fremdem Material gebaut, so wird der Grundeigentümer ebenso Eigentümer, wie wenn mit eigenem Material auf fremdem Grund gebaut wird (jeweils mit Ersatzpflicht des Grundeigentümers). Nur wenn der Grundeigentümer auch weiß, dass ein (redlicher) Dritter auf seinem Grund baut (zB über die Grenze), und es nicht sogleich verbietet, erwirbt der Dritte (gegen Wertersatz) Eigentum am bebauten Grund.

338 *Fruchterwerb* (§§ 404–406, 420, 430): kommt vor allem derivativ vor (zB beim Fruchtgenussberechtigten, s unten Rz 370), zT aber auch originär (zB beim redlichen Besitzer, § 330).

b) Gutglaubenserwerb

Literaturauswahl: *E. Bydlinski*, Der gutgläubige Erwerb von Sicherungseigentum, ÖBA 1988, 958; *Karollus*, Grundbücherlicher Vertrauensschutz bei unentgeltlichem Erwerb? JAP 1990/91, 228; *Holzner*, Gutgläubiger Rechtserwerb an Nebensachen, JBl 1994, 511, 587; *Bollenberger*, Veräußerung von Vorbehaltsgut, ÖJZ 1995, 641; *derselbe*, Gutglaubenserwerb nach Maßgabe der Zahlung – Anhaltspunkte in der Rechtsordnung, ÖJZ 1996, 851; *Holzner*, Gutglaubenserwerb nur nach Maßgabe der Zahlung? ÖJZ 1996, 372; *derselbe*, Umdenken beim Gutglaubenserwerb? ÖJZ 1997, 499; *derselbe*, Kein gutgläubiger Hypothekenerwerb ohne gesicherte Forderung? NZ 2000, 289; *Spielbüchler*, Der Rückerwerb durch den Nichtberechtigten, ÖBA 2000, 361; *Zeinhofer*, Gutgläubiger Erwerb auch bei Verlust der Redlichkeit zwischen Übergabe und Zahlung, JAP 2002/03, 178; *Hoyer*, Erwerb dinglicher Rechte im Vertrauen auf den Grundbuchsstand nur entgeltlich? FS Welser (2004) 295; *Karner*, Der redliche Mobiliarerwerb aus rechtsvergleichender und rechtsgeschichtlicher Perspektive, ZfRV 2004, 83; *derselbe*, Gutgläubiger Mobiliarerwerb und HGB-Reform, RdW 2004, 139; *Siehr*, Verlust von Ansprüchen auf Herausgabe von Mobilien, FS Welser (2004) 997; *derselbe*, Geraubtes

Kulturgut vor nationalen Gerichten, FS Boguslavskij (2004) 497; *P. Bydlinski*, Zu ausgewählten Änderungsvorschlägen im Bereich des Handelsgeschäftsrechts, in *Harrer/Mader* (Hg), Die HGB-Reform in Österreich (2005) 57; *Kühnberg*, Sachenrechtliche Änderungen im ABGB durch die Handelsrechtsreform, JAP 2005/06, 250; *Karner*, Gutgläubiger Mobiliarerwerb (2006); *Iro*, HaRÄG: Irrwege beim lastenfreien Erwerb kraft guten Glaubens, RdW 2006, 675; *Schauer*, Handelsrechtsreform: Die Neuerungen im Vierten und Fünften Buch, ÖJZ 2006, 64; *Holzner*, Altes und Neues zum gutgläubigen Mobiliarerwerb, JBl 2007, 401; *Karner*, Erwerb vom (Schein-)Unternehmer nach § 367 Satz 1 Fall 2 ABGB, RdW 2008, 16; *Handig*, Guter Glaube – schlechte Chancen. Der gutgläubige Erwerb im Urheberrecht, wbl 2010, 209; *Rass*, Ranganmerkung, Streitanmerkung und gutgläubiger Eigentumserwerb? ecolex 2010, 1037.

Judikaturauswahl: 1 Ob 353/97m (Heizkessel/Erwerb durch Leistung an Zahlungs Statt – Zentralheizungskessel); 3 Ob 303/00f (Eingriff in fremdes Eigentum/Gutglaubenserwerb); 6 Ob 104/07y (Gutglaubenserwerb unter Autohändlern).

Während die Rechtsverhältnisse an unbeweglichen Sachen durch das **339** Grundbuch klar sind, existieren für bewegliche Sachen keine Verzeichnisse, aus denen sich ihr Eigentümer ergibt. Immerhin spricht aber ein gewisser Anschein dafür (vgl auch § 323), dass der Besitzer einer beweglichen Sache auch ihr Eigentümer ist.

Das Vertrauen auf diesen Anschein ist unter bestimmten Voraussetzungen **340** geschützt, die auch die Interessen des wirklichen Eigentümers miteinbeziehen und letztlich einen Kompromiss darstellen: Entscheidend dafür ist, wer als schutzwürdiger angesehen werden kann. In den Fällen des § 367 ist es der Erwerber. Er erlangt Eigentum vom Nichteigentümer, wodurch der bisherige Eigentümer sein Recht verliert und sich nur bei jenen schadlos halten kann, „die ihm dafür verantwortlich sind" (§ 367 Satz 2), zB der Entlehner, der die Sache treuwidrig veräußert hat. Gegen den gutgläubigen Erwerber bestehen hingegen weder Bereicherungs- noch Schadenersatzansprüche, weil der Erwerb sonst wirtschaftlich sinnlos wäre.

Im Einzelnen sind folgende Voraussetzungen erforderlich (§ 367 Satz 1):
- allgemeine (*kumulative*) Voraussetzungen (alle müssen vorliegen): entgeltlicher Titel (zB Kauf), bewegliche Sache, Redlichkeit des Erwerbers. Letztere wird im Zweifel vermutet (§ 328) und muss zumindest im Zeitpunkt der Übergabe vorliegen. Sie fehlt, wenn der Erwerber wusste oder infolge auch nur leichter Fahrlässigkeit nicht wusste, dass der Veräußerer nicht Eigentümer ist. Der gute Glaube an die *Verfügungsbefugnis* ist ausreichend beim Erwerb vom Unternehmer im gewöhnlichen Betrieb seines Unternehmens; vgl zu den Kriterien der Redlichkeit auch § 368.
- spezielle (*alternative*) Voraussetzungen (eine davon muss vorliegen): Erwerb entweder vom *Vertrauensmann* des Eigentümers (das ist jeder, dem der Eigentümer seine Sache freiwillig – „in was immer für einer Absicht" – überlässt, zB Verwahrer, Entlehner; geschützt ist auch der Erwerb im Wege der Vertrauensmannkette, dh der Veräußerer hat die Sache nicht vom Eigentümer, sondern von dessen Vertrauensmann erhalten) oder von einem *Unternehmer* im *gewöhnlichen Betrieb seines Unternehmens* (betriebsuntypische oder betriebsfremde Geschäfte begründen

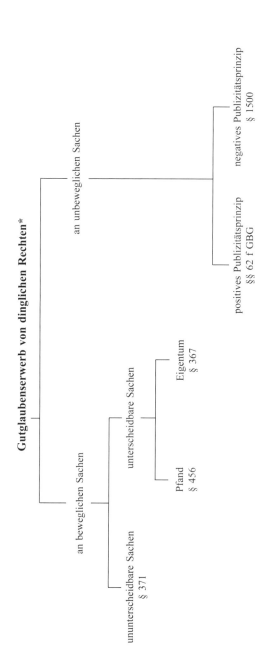

Abb. 11: Gutglaubenserwerb

* Es existieren folgende weitere Rechtsfiguren, die allerdings nicht durchwegs zum Gutglaubenserwerb im eigentlichen Sinn gezählt werden:
  • Erwerb von Scheinerben, s Rz 559
  • Erwerb von Forderungen:
  – Nach § 916/2 Scheinforderungen, die gutgläubigem Dritten abgetreten werden.
  – Getilgte, aber noch im Grundbuch stehende Hypothekarforderung wird abgetreten.
  – § 1395: Mehrfachzession, an den Zweitzessionar leistet der Schuldner schuldbefreiend, wenn er nur von Zweitzession verständigt wurde.
  – Soweit der Schuldner gegenüber dem redlichen Zessionar eine nicht oder nicht in der Höhe bestehende Forderung als richtig erkannt hat, ist er gem § 1396 „verbunden, denselben als Gläubiger zu befriedigen".

234

keinen Vertrauenstatbestand; es muss auf den konkreten Unternehmensgegenstand abgestellt werden; auf das Vorhandensein einer entsprechenden Gewerbeberechtigung kommt es dabei nicht an) oder *in öffentlicher Versteigerung*. Eine öffentliche Versteigerung setzt eine behördliche Bewilligung und eine ordnungsgemäße Ankündigung voraus, weshalb eine Zwangsvollstreckung im Zuge eines Exekutionsverfahrens, nicht aber zB eine Internetauktion unter diese Variante fällt (vgl checkmycase.com: Gestohlenes Rad auf ebay – rei vindicatio gegen Ersteigerer). Der freihändige Verkauf einer gepfändeten Sache durch einen Handelsmakler, ein Kreditinstitut, ein Versteigerungshaus (zB Dorotheum) oder ein Vollstreckungsorgan (§ 269 EO) steht einer öffentlichen Versteigerung gleich.

341 Mit In-Kraft-Treten des HaRÄG ist der originäre Erwerb durch guten Glauben auch für *Unternehmer* nach dem ABGB zu beurteilen. Auch der Unternehmer muss die allgemeinen Erfordernisse des § 367 (auch ihm schadet bereits leichte Fahrlässigkeit bei der Prüfung der Redlichkeit) und eine der alternativen Voraussetzungen erfüllen. Im Ergebnis ist nach § 367 sowohl für Nicht-Unternehmer als auch für Unternehmer der Erwerb gestohlener oder abhanden gekommener Sachen durch guten Glauben möglich.

341a Steht einem Dritten ein dingliches Recht an der Sache zu (zB Anwartschaft), so ist gem § 367/2 der *gutgläubige lastenfreie Erwerb* zu prüfen. Die Voraussetzungen dafür sind die bereits zu § 367/1 angeführten. Die Redlichkeit des Erwerbers muss sich hier aber auf die Lastenfreiheit (arg: „in Ansehung dieser Last", § 367/2) beziehen. Für die Vertrauensmannvariante ist dabei erforderlich, dass die Sache dem Veräußerer gerade von demjenigen anvertraut wurde, der aus der Last begünstigt ist. Gutgläubiger Eigentumserwerb vom Nichtberechtigten und gutgläubiger lastenfreier Erwerb sind auch kumulativ – dh auch in Fällen, in denen der Veräußerer nicht Eigentümer ist – möglich. Bei der Vertrauensmannvariante müssen dann allerdings sowohl der Eigentümer als auch der durch die Last berechtigte Dritte die Sache freiwillig aus der Hand gegeben haben (zB der Verwahrer verkauft eine Sache, die ihm ein Pfandgläubiger anvertraut hat).

341b Vom Gesetz nicht geregelt (und entsprechend umstritten) ist der Fall, dass der untreue Veräußerer die Sache später vom Gutgläubigen *zurückerwirbt*. Hier ist zu bedenken, dass der Gutgläubige einerseits idR *keinen Verfügungsbeschränkungen* unterliegt, andererseits mit § 367 *vollwertiges und unbelastetes Eigentum* erwirbt; dann müsste er die Sache freilich auch an beliebige Personen seiner Wahl, sei es auch an den untreuen Veräußerer, wirksam veräußern können. Dieses Ergebnis erscheint jedoch manchen, die den ursprünglichen, „geprellten" Eigentümer für schutzwürdiger halten, als unbillig, die daher einen vom Willen der Parteien unabhängigen, „automatischen" Rückfall des Eigentums an den ursprünglich Berechtigten befürworten.

341c Bei *Geld* und bestimmten anderen ununterscheidbaren Sachen (zB Inhaberpapieren) vollzieht sich der gutgläubige Erwerb, Redlichkeit vorausgesetzt, allein auf Grund eines gültigen Titels, ohne dass die Voraussetzungen des § 367 vorliegen müssten (§ 371 Fall 2).

342   *Weitere Fälle* des Gutglaubenserwerbs im bürgerlichen Recht:
- Erwerb von Scheinerben (§ 824), dazu unten Rz 559.
- Erwerb nach dem Vertrauensgrundsatz des Grundbuches, dazu Rz 377.
- Gutgläubiger Erwerb von *Forderungen* nach § 916/2 (s Rz 80).

Vgl auch den Erwerb nach besonderen Vorschriften des *Wertpapierrechts* (zB Art 16 WechselG, Art 21 ScheckG; § 365 UGB).

c) Ersitzung

Literaturauswahl: *Welser*, Vertragsauslegung, Gutglaubenserwerb und Freiheitsersitzung bei der Wegeservitut, JBl 1983, 4; *Apathy*, Ausgewählte Fragen des Ersitzungsrechts, JBl 1999, 205; *Gusenleitner*, Ersitzung als allgemeiner Rechtserwerbstatbestand (2004); *Sprung/Köllensperger*, Zur Intabulation des ersessenen Eigentums an verbücherten Liegenschaften (§ 1498 ABGB), FS Rechberger (2005) 623; *Apathy*, Ersitzung zu Gunsten und zu Lasten von Gemeinden, RFG 2006, 82.
Judikaturauswahl: 4 Ob 87/04d (Besitzwille und Ersitzung).

343   Wie bereits dargelegt (oben Rz 17 ff), können Zeitabläufe normative (gesetzliche) Bedeutung haben. In diesem Sinne bedeutet Ersitzung *Eigentumserwerb durch qualifizierten Besitz während bestimmter Zeit* (§§ 1466 ff) und kommt in zwei Formen vor:

344   Die *eigentliche Ersitzung* verlangt rechtmäßigen, echten und redlichen Besitz über drei Jahre hindurch bei beweglichen Sachen (30 Jahre bei unbeweglichen; in bestimmten Fällen Fristverlängerungen gem §§ 1472, 1476). Sie erlangt vor allem beim Erwerb vom Nichteigentümer Bedeutung, wenn die Voraussetzungen des § 367 nicht gegeben sind; Bsp: A hat X eine Sache gestohlen und schenkt sie B, der sie wiederum an C weiterverschenkt, der B für den Eigentümer hält, also redlich ist. Der Gutglaubenserwerb scheitert schon an der Unentgeltlichkeit des Erwerbs (s oben Rz 340); nach drei Jahren erwirbt C aber durch Ersitzung Eigentum (ohne weiteren Ansprüchen des X ausgesetzt zu sein; dieser muss sich bei A schadlos halten).

345   Die *uneigentliche Ersitzung* erfordert keine Rechtmäßigkeit, dafür aber immer (auch bei beweglichen Sachen) den Ablauf von 30 Jahren. Auf diese Art werden häufig Servituten (vor allem Wegerechte) erworben: A geht seit Jahren über den Nachbargrund; dies in der Annahme, dazu berechtigt zu sein, weil schon seine Vorfahren den Weg immer unbeanstandet benützt haben. Hat A keine Kenntnis oder fahrlässige Unkenntnis davon, dass in Wirklichkeit kein Titel zur Benützung des Weges besteht (zB eine Vereinbarung zwischen seinen Vorfahren und dem Eigentümer des Nachbargrundes), so erwirbt er nach insgesamt 30-jähriger Benützung des Weges (Anrechnung der Zeit der Vorfahren, vgl § 1493) ein entsprechendes Recht – und zwar außerbücherlich (Durchbrechung des Eintragungsgrundsatzes, dazu unten Rz 375 ff). Um zu verhindern, dass gutgläubige Dritte die Liegenschaft aufgrund des grundbücherlichen Vertrauensgrundsatzes –

was nicht eingetragen ist, gilt nicht – lastenfrei erwerben (s unten Rz 375 ff), wäre freilich eine rasche Eintragung der Servitut zu empfehlen.

d) Enteignung

Literaturauswahl: *Koziol*, Elastizität des Eigentums und Eigentumsgarantie, JBl 1966, 333; *J.-P. Blanc*, Das öffentliche Interesse als Voraussetzung der Enteignung (1967); *F. Bydlinski*, Rückübereignungs- und Vergütungsansprüche bei zweckverfehlender Enteignung, JBl 1972, 129; *Flume*, Juristische Person und Enteignung im internationalen Privatrecht, FS F. A. Mann (1977) 143; *Aicher*, Grundfragen der Staatshaftung bei rechtmäßigen hoheitlichen Eigentumsbeeinträchtigungen (1978); *Rummel/Schlager*, Enteignungsentschädigung (1981); *Holzner*, Die „Enteignung" des Nichteigentümers (1992); *Korinek/Pauger/Rummel* (Hg), Handbuch des Enteignungsrechts (1994); *Postl*, Eigentum und Enteignung (1996); *Rummel*, Vorwirkungen der Enteignung, JBl 1998, 20; *W. Hauer*, Fragen der Grundabtretung und Entschädigung (2000); *Bailer-Galanda*, Die Entstehung der Rückstellungs- und Entschädigungsgesetzgebung (2003); *Th. Rabl*, OGH: Schluss mit der entschädigungslosen Grundinanspruchnahme durch Elektrizitäts-Versorgungsunternehmen! ecolex 2008, 122; *Kerschner*, Zur Enteignungsentschädigung für Wertminderung der Restliegenschaft, JBl 2009, 555; *Sailer*, Vom Zuschlag zum Volleigentum, FS Koziol (2010) 385; *Berka*, Entschädigungsanspruch und Sonderopfer, FS Griss (2011) 51; *Wilhelm*, Die „Sonderopfer"-Sondertheorie. Zur Entschädigung bei Flächenrückwidmung, ecolex 2011, 381.

Judikaturauswahl: 3 Ob 138/05b (Höhe der Wiederbeschaffungskosten im Rahmen der Enteignung).

Durch *Enteignung* kann das Eigentum (oder ein anderes vermögenswertes **345a** Privatrecht; vgl den verfassungsrechtlichen Eigentumsbegriff, oben Rz 316) – durch Verwaltungsakt (Bescheid) oder unmittelbar auf Grund des Gesetzes („Legalenteignung") – dem Berechtigten teilweise oder zur Gänze entzogen werden (§ 365). *„Eine Enteignung gegen den Willen des Eigentümers kann nur in den Fällen und in der Art eintreten, welche das Gesetz bestimmt"* (Art 5 StGG). § 365 bietet heute keine taugliche Rechtgrundlage für die Enteignung (mehr), weil Art 5 StGG eine solche „nur in den Fällen und in der Art (…), welche das Gesetz bestimmt", zulässt.

Eine Enteignung ist zulässig bei Vorliegen eines **konkreten Bedarfes** („in **345b** den Fällen"), dessen Deckung im öffentlichen Interesse gelegen ist (zB Bau einer Umfahrungsstraße oder einer Eisenbahnstrecke), wobei das zu enteignende Objekt zur Erfüllung des Bedarfes geeignet sein und es unmöglich sein muss, den Bedarf anders als durch Enteignung zu decken. Sodann muss ein Verfahren stattfinden („in der Art"), das dem von der Enteignung Betroffenen ausreichend Gelegenheit zur Wahrung seiner Rechte gibt. Beachte idZ § 13 VerwaltungsentlastungsG, wonach mangels einer besonderen Regelung im jeweiligen Enteignungsgesetz das Verfahren nach dem EisenbahnenteignungsG zur Anwendung kommt.

Umstritten ist die Frage, ob auch eine *Entschädigung* notwendig ist, weil **345c** Art 5 StGG eine solche im Gegensatz zu § 365 nicht mehr erwähnt. Der VfGH verneint zwar eine generelle Entschädigungspflicht, kommt aber unter Zugrundelegung des Gleichheitssatzes (Art 7 B-VG) fallweise zu einem anderen Ergebnis. Demgegenüber meint die hL, dass die Entschädigung geradezu ein Wesensmerkmal jeder Enteignung ist (im Gegensatz zu einer *Konfiskation*, die entschädigungslos vorgenommen wird).

345d Der *Eigentumserwerb* erfolgt originär, bei Liegenschaften nach hA unter Durchbrechung des Eintragungsgrundsatzes.

IV. Eigentumsverlust

Literaturauswahl: *Ertl*, Aneignung preisgegebener Sachen, JBl 1974, 281, 342.

Indikaturauswahl: 4 Ob 117/88 (Altpapier nicht derelinquiert).

346 Das Eigentum geht durch Untergang, Preisgabe (§ 362: Aufgabe des Eigentums, zB Wegwerfen gelesener Zeitungen: *absoluter* Eigentumsverlust) oder dadurch verloren, dass es ein anderer erwirbt (*relativer* Eigentumsverlust). Die Ablage von Altpapier in einen Sammelbehälter ist nach der Rsp keine Preisgabe (Dereliktion), sondern bewirkt den Besitzerwerb dessen, der den Behälter aufgestellt hat.

D. Sicherungsrechte

I. Pfandrecht

1. Allgemeines

Literaturauswahl: *Hoyer*, Die Simultanhypothek[2] (1977); *Ch. Huber*, Probleme der Verjährung und des Einlösungsrechts bei Faustpfandbestellung durch einen Dritten, ÖJZ 1986, 193; *Zankl*, Zur Rechtsnatur des „Flaschenpfandes", JBl 1986, 493; *Reidinger*, Die Berechnung des internen Ausgleichs zwischen zwei Bestellern von Teilsicherheiten, JBl 1990, 73; *derselbe*, Inbestandgabe zur Erschwerung von Liegenschaftsexekutionen. Rechte der Hypothekargläubiger und der Betreibenden, wobl 1990, 122; *derselbe*, Inbestandgabe zur Erschwerung von Liegenschaftsexekution. Rechte des Erstehers, JBl 1991, 217; *Böhler*, Die Verpfändung von Sparbüchern (1992); *Markl/Niedermayr*, Zur Rückgabe des Mobiliarpfands unter Vorbehalt, ÖJZ 1994, 185; *Vranes*, Nochmals zur Rückstellung der Pfandsache unter Vorbehalt (§ 467 3. Alt ABGB), JBl 1996, 763; *Reidinger*, Welche Forderungen sind durch eine Höchstbetragshypothek sicherbar? JAP 1996/97, 249; *Angst*, Das Unternehmen als Zubehör der Pfandliegenschaft, ÖBA 1998, 82; *Apathy*, Kreditnehmer- und Kreditgeberwechsel bei Höchstbetragshypotheken, ÖBA 2000, 1031; *Holzner*, Kein gutgläubiger Hypothekenerwerb ohne gesicherte Forderung? NZ 2000, 289; *Sailer*, Aktuelle Rechtsprobleme des Mobiliarpfandes, ÖBA 2001, 211; *Harrer*, Sicherungsrechte (2002); *Andová*, Das Mobiliarpfandrecht in Österreich, Ungarn, Tschechien und in der Slowakei unter besonderer Berücksichtigung des besitzlosen Pfandrechts (2004); *Migsch*, Faustpfandprinzip und Publizitätsprinzip, FS Welser (2004) 711; *Spitzer*, Die Pfandverwertung im Zivil- und Handelsrecht (2004); *Schauer*, Arbeitsgruppe „Register für Mobiliarsicherheiten": ein Zwischenbericht, NZ 2005, 192; *Vollmaier*, Die Form des dreipersonalen Pfandverhältnisses, JBl 2005, 545; *Iro*, HaRÄG: Gutgläubiger Pfandrechtserwerb vom Unternehmer? RdW 2006, 739; *Spitzer*, Enteignung des Pfandbestellers durch das UGB? RdW 2006, 678; *Angst*, Hypothekarische Besicherung und nachträgliche Abtretung von Bestandzinsforderungen, ÖBA 2007, 444; *Appl*, Der Gläserne Schuldner. Mobiliarpfandregister und Datenschutz, NZ 2007, 161; *Gruber*, Das Register für Mobiliarsicherheiten, ÖJZ 2007, 437; *Lukas*, Vom UNCITRAL Legislative Guide on Secured Transactions zu einem Mobiliarpfandregister in Österreich, ÖBA 2007, 262; *Schauer* (Hg), Ein Register für Mobiliarsicherheiten im österreichischen Recht (2007); *Holzner*, Zur Neuregelung der außergerichtlichen Pfandverwertung, ÖBA 2007, 940; *Bollenberger*, Drittpfandbestellung und Verbraucherschutz nach §§ 25c und 25d KSchG, ÖBA 2008, 650; *Butschek/Cech*, Immobiliensicherheiten nach Basel II, ÖBA 2008, 567; *Eliskases*, Kreditsicherung durch Superädifikate (2008); *Holzner*, Fragen der Pfandrechtsakzessorietät im Hypothekarrecht, JBl 2010, 750; *Sailer*, Zwangsversteigerung von Liegenschaften – materiell- und formalrechtliche Fragen, JBl 2010, 613; *Wolkerstorfer*, Zur Publizität bei der Verpfändung von Forderungen, JBL 2011, 225, 288; *Zib*, Verpfändung von Superädifikaten durch Einpersonen-GmbH, NZ 2011, 235; *Hämmerle*, Absonderungsrechte und Kreditsicherheiten, ÖBA 2011, 641; *Iro*, Miszellen zum Afterpfandrecht, FS 200 Jahre ABGB II (2011) 1077; *Weissel*, Die neue Rechtsstellung des Absonderungsgläubigers nach dem IRÄG 2010, ÖBA 2011, 391. S auch die Lit vor Rz 363.

Judikaturauswahl: 1 Ob 64/04z (Schuldhafte Verletzung des Pfandbestellungsvertrags); 6 Ob 304/05g (Pfandrechtseintragung trotz obligatorischen Belastungsverbots); 5 Ob 16/08a (Verkaufsvollmacht zur „bestmöglichen Verwertung" – § 1371); 5 Ob 10/09w (Umwandlung einer Höchstbetrags- in eine Verkehrshypothek); 5 Ob 258/09s (Verkaufsvollmacht der Bank als Umgehung des § 1371); 3 Ob 148/10w (Höchstbetragshypothek bei Rahmenkreditvertrag); 6 Ob 111/10g (Pfandverwertung – Interessenwahrungspflicht gem § 466a Abs 2); 5 Ob 126/10f (Hypothekenerwerb durch Zession der besicherten Forderung – Eintragungserfordernis); 6 Ob 249/10a (Informationspflichten der Bank gegenüber Pfandbesteller).

„Das Pfandrecht ist das dingliche Recht, welches dem Gläubiger einge-   **347**
räumt wird, aus einer Sache, wenn die Verbindlichkeit zu einer bestimmten Zeit nicht erfüllt wird, die Befriedigung zu erlangen" (§ 447). Verpfändbar sind *alle Sachen* im weiten Sinne des § 285, also *auch Rechte* (zum Pfandrecht an Forderungen s Rz 352, zum Afterpfandrecht s Rz 354). Das Pfandrecht an einer Forderung zählt freilich – wie auch die Forderung selbst – nicht zu den dinglichen Rechten.

Zum Unterschied von der Bürgschaft (Rz 140), die eine persönliche Haf-   **348**
tung des Bürgen begründet, verschafft das Pfandrecht dem Gläubiger eine *dingliche Sicherung*, dh er kann das Pfandrecht gegenüber jedermann durchsetzen, also zB die ihm verpfändete Sache von jedermann herausverlangen (außer bei gutgläubigem lastenfreiem Erwerb gem § 367/2; praktisch nur denkbar, wenn die Sache einem Dritten anvertraut wurde, da bei Rückstellung an den Pfandbesteller das Pfandrecht nach hA erlischt und dann ohnehin ein unbelasteter Eigentumserwerb möglich ist). Er ist durch die dingliche Sicherung – anders als bei Bürgschaft – auch vor Konkurs des Sicherungsgebers geschützt (§ 48 IO, sog *Absonderungsrecht*). Bei Exekution in die Pfandsache durch Gläubiger des Pfandbestellers hat er zwar kein Widerspruchsrecht (§ 37 EO), kann aber durch Pfandvorrechtsklage vorzugsweise Befriedigung aus dem Erlös verlangen (§ 258 EO).

Das Pfandrecht kann entweder vom Schuldner selbst („*Personalschuld-*   **349**
ner") oder von einem Dritten („*Realschuldner*") bestellt werden. Wird die gesicherte Forderung nicht erfüllt, so kann der Gläubiger „die Feilbietung des Pfandes gerichtlich verlangen" (§ 461). Auf das Pfand wird dann Exekution

geführt, so dass es versteigert und ihm der Erlös (im Umfang der gesicherten Forderung) zugewiesen wird (bei mehreren Pfandgläubigern rangmäßig). Eine Vereinbarung, nach der der Gläubiger das Pfand bei Nichterfüllung der gesicherten Forderung behalten oder es nach Willkür oder zu einem im Voraus bestimmten Preis veräußern darf (§ 1371, sog *Verfallsklausel*), ist unwirksam; nach der Rsp ist wegen § 1371 auch eine Vollmacht für den Verkauf des Pfandgegenstandes unwirksam, die dem Pfandgläubiger vor Eintritt der Fälligkeit der gesicherten Forderung eingeräumt wird. Es kann allerdings eine *außergerichtliche Verwertung* vereinbart werden, die mit dem HaRÄG umfassend in §§ 466a ff geregelt wurde: Gegenstand sind bewegliche körperliche Sachen (einschließlich Inhaber- oder Orderpapiere). Der Pfandgläubiger muss dem Pfandbesteller und allfälligen anderen Pfandgläubigern die Verwertung des Pfandes androhen und zugleich die offene Forderung bekanntgeben. Der Verkauf des Pfandes darf erst einen Monat nach der Androhung erfolgen, um dem Pfandgeber die Einlösung zu ermöglichen (§ 466b/1). Diese Frist verkürzt sich auf eine Woche, sofern Pfandgläubiger und Pfandgeber *Unternehmer* sind (§ 368/1 UGB). Der Verkauf ist in Form einer *öffentlichen Versteigerung* von einem dazu befugten Unternehmer durchzuführen (§ 466b/2), wobei Zeit und Ort öffentlich bekanntzumachen sind (§ 466b/3) und der Pfandgeber verständigt werden muss. Eine Veräußerung durch den Pfandgläubiger selbst kann nur erfolgen, wenn die Pfandsache einen Börsen- oder Marktpreis hat (§ 466b/4). Der Erwerber muss den Kaufpreis sofort entrichten (das Gesetz enthält die Fiktion, dass bei Übergabe des Pfandes an den Erwerber die Bezahlung an den Pfandgläubiger erfolgte, § 466c/1). Der Pfandgläubiger hat den Pfandgeber vom Verkauf unverzüglich zu benachrichtigen (§ 466c/2). Der Kaufpreis gebührt dem Pfandgläubiger nach Maßgabe seines Ranges im Ausmaß der gesicherten Forderung (§ 466c/4); ein allfälliger Mehrbetrag steht dem Pfandgeber zu (§ 466c/5). Diese Regelungen über die außergerichtliche Pfandverwertung gelten auch für *Unternehmer* (Ausnahme: die verkürzte Frist von einer Woche; § 368/1 UGB).

350 Das Pfandrecht ist, wie die Bürgschaft, aber im Unterschied zum Sicherungseigentum und zur Sicherungszession, *akzessorisch*, also grundsätzlich vom gültigen Bestand der gesicherten Forderung abhängig (§ 469). Es kann auch an Miteigentumsanteilen und Rechten begründet werden, muss sich aber immer auf bestimmte Sachen beziehen (sog *Spezialitätsgrundsatz*, es kann also nicht „das Vermögen" als solches verpfändet werden). Das Pfand haftet nicht nur für die gesicherte Schuld, sondern ua auch für die Nebengebühren (vor allem Zinsen und Nichterfüllungsansprüche); ansonsten ergibt sich der Umfang der Pfandhaftung aus der konkreten Parteienvereinbarung. Auch eine zukünftige Schuld kann pfandrechtlich gesichert werden, soweit sie ausreichend (nach Rechtsgrund und Gläubiger) bestimmt ist (das ist nicht der Fall, wenn etwa „alle zukünftigen Forderungen" eines Schuldners verpfändet werden). Das Pfandrecht ist dann allerdings aufschiebend durch das spätere Wirksamwerden der zu sichernden Forderung bedingt.

351 Das Pfandrecht wird – wie auch andere dingliche Rechte (s schon oben Rz 329) – durch *Titel und Modus* begründet. Darin kommt die im österreichischen Recht erforderliche **Kausalität** des Verfügungsgeschäfts (s schon oben Rz 37 aE) zum Ausdruck, die freilich bei schuldrechtlichen Verfügungen wie Verzicht, Vergleich und Zession ebenso gilt und daher kein spezifisch sachenrechtlicher Grundsatz ist. Der **Titel** besteht idR im **Pfandbestellungsvertrag**, also einer Sicherungsvereinbarung zwischen dem Pfandbesteller und dem Gläubiger (unterscheide davon den **Pfandvertrag** gem § 1368, der ein *Realvertrag* ist und daher erst mit wirklicher Übergabe zustande kommt), kann sich aber auch aus einer richterlichen Anordnung (sog **Pfändungspfandrecht**) oder aus dem Gesetz selbst ergeben (zB **Vermieterpfandrecht** gem § 1101; Pfandrecht des Kommissionärs, § 397 UGB, oder des Frachtführers, § 440 UGB). Sodann müssen Pfandschuldner und -gläubiger über die Pfandrechtbegründung Einvernehmen herstellen (dingliches Verfügungsgeschäft, s oben zum Eigentum Rz 329).

Als **Modus** ist bei unbeweglichen Sachen die Grundbuchseintragung (dazu **351a** unten Rz 359 ff), bei Superädifikaten die Urkundenhinterlegung und bei (sonstigen) **beweglichen Sachen** die Übergabe der Pfandsache an den Pfandgläubiger vorgesehen (§ 451, sog Faustpfand). Damit jedermann die Verpfändung „leicht erfahren kann" (Publizitätsprinzip, vgl § 452), reichen die anderen Übergabsarten (s dazu oben Rz 329 ff) nur insoweit, als sie eine der Übergabe vergleichbare „*Publizität*" aufweisen. Diese fehlt beim Besitzkonstitut, weil die Sache dabei faktisch bleibt, wo sie war, nicht aber bei der Besitzauflassung und der Besitzanweisung, weil bei diesen eine unmittelbare Gewahrsame des Schuldners nicht besteht, somit eine Enttäuschung dritter Personen bzgl seiner Vermögensverhältnisse nicht eintreten kann. Wenn die körperliche Übergabe, wie zB bei unkörperlichen Sachen, unmöglich oder auf Grund der Sachbeschaffenheit untunlich ist, also mit einem unvertretbaren wirtschaftlichen Aufwand verbunden wäre, erfolgt die Übergabe durch Zeichen, § 452, zB bei Verpfändung eines Warenlagers durch Übergabe der Schlüssel oder durch Anbringung von Schildern, die die Verpfändung unmissverständlich anzeigen. Da bei Kfz eine körperliche Übergabe nach der Rsp nicht untunlich ist, kann durch Übergabe des Typenscheins kein Pfandrecht begründet werden.

Das **Faustpfandprinzip** mag zwar interessierte dritte Personen in ihrem **351b** Vertrauen auf den Haftungsfonds und die Vermögenssituation des Schuldners schützen, ist aber trotzdem nicht ganz unproblematisch, weil es (für die Dauer der Verpfändung) einerseits dem Schuldner die aus der Sache erzielbaren Nutzungen entzieht und andererseits beim Gläubiger Verwahrungskosten auflaufen lässt. Aus diesem Grund wird – auch mit dem Hinweis, dass das österreichische Recht den Eigentumsvorbehalt kennt und ihm daher publizitätslose Sicherungen nicht grundsätzlich unbekannt sind – immer wieder die Abschaffung des Faustpfandes oder zumindest seine (eingeschränkte) Ersetzung durch ein **Registerpfand** gefordert. Ein Arbeitsgruppenentwurf, nach dem die Registereintragung als gleichwertiger Modus neben der körperlichen Übergabe möglich sein soll (dies mit Einschränkung auf Pfandrechte und Sicherungsübereignungen, die von einem Unternehmer im Betrieb seines Unternehmens bestellt bzw vorgenommen werden), ist vom Gesetzgeber bislang nicht aufgegriffen worden.

352 Bei *Verpfändung von Rechten* ist eine Übergabe definitionsgemäß nicht möglich. In Betracht kommt daher nur die Verpfändung durch Zeichen (§ 427). Die dafür erforderlichen Publizitätsakte können bei Forderungen entweder durch Verständigung des Drittschuldners oder, wenn **Buchführungspflicht** besteht (vgl dazu § 189/1 UGB), alternativ durch Vermerk der Verpfändung in den Geschäftsbüchern des Pfandbestellers bestehen. Die Publizitätsakte richten sich sonst jeweils nach der Eigenart des verpfändeten Rechts, sofern sie – wie etwa bei der Verpfändung von Marken- (vgl § 28/1 MSchG) oder Patentrechten (vgl § 43/1 PatG) – nicht anderweitig geregelt sind.

352a Beim sog *Afterpfandrecht* (§§ 454 f) verpfändet der Pfandgläubiger sein Pfandrecht (nicht notwendigerweise auch die durch dieses gesicherte Forderung selbst, was durch **Drittschuldnerverständigung** oder Buchvermerk zu geschehen hätte, s oben Rz 352) durch körperliche Übergabe der Pfandsache. Dadurch wird die Situation des Pfandschuldners mit der eines *debitor cessus* vergleichbar: unterblieb eine Verständigung von der Afterverpfändung, so kann er in entsprechender Anwendung des § 1395 mit schuldbefreiender Wirkung an den Pfandgläubiger (= den Afterverpfänder) leisten; dies führt zum Erlöschen der besicherten Forderung und damit auch des Pfandrechts (§ 469 erster Satz), was wiederum den Untergang des Afterpfandrechts zur Folge hat (§ 467 erster Satz). Wurde der Schuldner hingegen verständigt, so bedarf eine Zahlung an den Pfandgläubiger (den Afterverpfänder) der Zustimmung des Afterpfandgläubigers (§ 455). Ein Afterpfand kann auch an einer Hypothek eingeräumt werden. Zur Haftung des Afterverpfänders gegenüber dem Pfandbesteller s unten Rz 354.

353 Der *derivative* Pfandrechtserwerb setzt Eigentum (oder entsprechende Ermächtigung des Eigentümers) voraus. Der *originäre* (gutgläubige) Pfandrechtserwerb entspricht dem gutgläubigen Eigentumserwerb (vgl § 456), wobei allerdings nur die 3. Variante des § 367 in Betracht kommt (Vertrauensmann), weil es keine öffentliche Versteigerung von Pfandrechten gibt und Verpfändungen nach hA auch nicht zum gewöhnlichen Betrieb eines Unternehmens zählen. Haftet auf der verpfändeten Sache bereits das Recht eines Dritten, so tritt dieses Recht hinter das erworbene Pfandrecht zurück (Durchbrechung des Prioritätsgrundsatzes), wenn der Dritte die Sache dem Verpfänder anvertraut hat und der Pfandgläubiger hinsichtlich dieses Rechtes redlich war, also von ihm weder wusste noch wissen musste (gutgläubiger Erwerb des besseren Ranges, § 456/2). Ein weiterer Fall originären Pfandrechtserwerbs findet sich in § 1321 (*Privatpfändung* von fremden Tieren durch den Geschädigten).

354 Der Pfandgläubiger muss dem Schuldner auf Verlangen einen *Pfandschein* ausstellen. Er hat das Pfand sorgfältig zu verwahren (§ 1369), darf es also – bei sonstiger Zufallshaftung (vgl § 965; zur Haftung für „casus mixtus" s oben Rz 163) – grundsätzlich nicht benützen (ansonsten normale Verschuldenshaftung, § 459). Er kann es aber ohne Zustimmung des Bestellers weiterverpfänden („Afterpfandrecht", s oben Rz 352a), wobei er dann für jeden, auch zufälligen, Schaden an der Pfandsache haftet, der sonst nicht eingetreten wäre

(§ 460 als Anwendungsfall des § 965). Der Pfandgläubiger ist verpflichtet, die Pfandsache *Zug um Zug* (vgl § 469 Satz 2) gegen Tilgung der gesicherten Forderung an den Schuldner zurückzustellen (oder auf Verlangen einem Dritten herauszugeben, wenn dieser die Forderung erfüllt). Ein Hypothekargläubiger hat dem Schuldner eine Löschungsquittung auszuhändigen (§ 469 dritter Satz).

Reicht die Sache auf Grund eines bereits vor ihrer Übergabe bestehenden **354a** Rechts- oder Sachmangels zur Besicherung der Forderung nicht aus, so ist der Pfandgläubiger gem § 458 Fall 2 berechtigt, ohne Rücksicht auf Verschulden ein *Ersatzpfand* zu verlangen. Dabei handelt sich um eine Art Gewährleistungspflicht, was dafür spricht, subsidiär auch die §§ 922 ff anzuwenden. Außerdem hat der Schuldner für jeden von ihm schuldhaft verursachten Schaden Ersatz zu leisten (§ 458 Fall 1). Infolge des absoluten Charakters des Pfandrechts kann sich der Pfandgläubiger schließlich mit Unterlassungs- oder Beseitigungsansprüchen gegen Eingriffe, auch dritter Personen, und ohne dass Verschulden erforderlich ist, zur Wehr setzen, wenn diese eine Verschlechterung des Pfandobjekts bewirken (*Devastationsklage*). Dies gilt zB auch für den Fall, dass die Pfandliegenschaft deshalb in ihrer Verwertbarkeit gemindert wird, weil über sie kurz vor oder nach Einverleibung der Hypothek ein *Bestandverhältnis* zu ungewöhnlichen Konditionen, insb lange Dauer und niedriger Zins, eingegangen wird. Hierfür ist Verschulden des Bestandnehmers Voraussetzung (Rsp), der dann auf allfällige Ansprüche gegen seinen Vertragspartner verwiesen ist.

Zu einer *„automatischen" Übertragung* des Pfandrechts kommt es nach **355** der Judikatur bei *Legalzession* der gesicherten Forderung (wenn sie vom Bürgen, § 1358, oder einem Dritten erfüllt wird, der die Einlösung verlangt hat, § 1422). Damit gehen zugleich die für die Forderung bestellten Pfandrechte auf den Zahlenden über (vgl § 1358). Wird die mit einem Pfand besicherte Forderung *vom Pfandgläubiger rechtsgeschäftlich zediert*, so geht das Pfandrecht nicht automatisch auf den Zessionar über, vielmehr muss es gesondert übertragen werden. Da sich die Sache in diesem Fall ohnehin nicht mehr in der Gewahrsame des Schuldners befindet, ist bei beweglichen Sachen ausnahmsweise das *Besitzkonstitut* als Modus zulässig (s oben Rz 351a). Bei Pfandrechten an Liegenschaften ist die Übertragung an den Erwerber im Grundbuch einzutragen (s unten Rz 359 ff). Dabei kann zwischen altem und neuem Pfandgläubiger auch der Eintritt in den Pfandbestellungsvertrag vereinbart werden. Unterbleibt die gesonderte Übertragung des Pfandrechts, so erlischt es, weil es nicht ohne die zu besichernde Forderung bestehen kann.

Eine Sache kann auch zugunsten mehrerer Gläubiger verpfändet werden **356** (häufig bei Liegenschaften). Es gilt der *Prioritätsgrundsatz*. Bei Hypotheken richtet sich der Rang nach der zeitlichen Reihenfolge der Einverleibungsgesuche beim Grundbuchsgericht (s unten Rz 359 ff), bei beweglichen Sachen nach der zeitlichen Folge der Übergabsakte (vgl aber § 456/2).

357   Zu einer *Verjährung* des Pfandrechts kann es bei Hypotheken kommen (§ 1499), nicht aber bei beweglichen Sachen, „solange der Gläubiger das Pfand in Händen hat" (§ 1483). Verjährt die durch das Pfand gesicherte Forderung, so kommt es zu einer *reinen Sachhaftung* des Schuldners (dh der Gläubiger kann sich nur aus der Pfandsache befriedigen). Ob dies auch für Forderungspfandrechte gilt, ist umstritten, in Anbetracht des Wortlauts von § 1483 aber wohl zu verneinen (Forderungen kann man nicht „in Händen haben").

357a   Zu einer *Pfandrechtswandlung* kommt es, wenn sich das Pfandrecht in bestimmten Fällen ohne weitere Vereinbarung auf eine andere Sache, die an die Stelle der früheren getreten ist, bezieht, so zB auf die Versicherungssumme, wenn das verpfändete Haus abbrennt (§§ 99 ff VersVG) oder auf die Entschädigungssumme, wenn ein verpfändetes Baurecht endet (§ 10 BaurechtsG). Vgl auch § 460a/2.

358   Das Pfandrecht *erlischt* vor allem dadurch, dass die gesicherte Forderung vom Schuldner erfüllt (Akzessorietät, s aber unten Rz 359 ff) oder die Pfandsache zerstört wird (§ 467 Satz 1) oder sonst untergeht, ferner dadurch, dass das Pfand freiwillig dem Besteller zurückgegeben wird (§ 467 Satz 3). Bei *Verjährung der gesicherten Forderung* haftet das Pfand für die verbliebene Naturalobligation (Rz 18).

2. Pfandrecht an unbeweglichen Sachen

359   Der Modus für den Erwerb von Pfandrechten an unbeweglichen Sachen (*Hypotheken*) besteht in der *Grundbuchseintragung* (§ 451). Hypotheken sind somit ein besitzloses Pfand.

a) Besondere Hypotheken

360   • *Höchstbetragshypothek*: gem § 14/2 GBG können vor allem Kredite durch hypothekarische Eintragung eines ziffernmäßig bestimmten Höchstbetrages gesichert werden.
• *Ertragshypothek*: für eine Forderung besteht ein Pfandrecht an einer Liegenschaft; die Verwertung ist jedoch auf die Früchte beschränkt.
• *Simultanhypothek*: für eine Forderung haften mehrere Liegenschaften; daraus ergeben sich Besonderheiten, wenn sich der Hypothekargläubiger aus ihnen nicht verhältnismäßig befriedigt (vgl im Einzelnen § 222 EO).
• *„Forderungsentkleidete" Eigentümerhypothek*: liegt vor, wenn die hypothekarisch gesicherte Forderung erloschen ist. Der Eigentümer hat dann das Recht (soweit er darauf nicht gem § 469a verzichtet hat), die Hypothek (anstelle der Löschung) auf eine neue Forderung zu übertragen (§ 469: „Hypothekenerneuerung"). Dadurch wird die Vorrückung der nachrangigen Hypotheken verhindert.
• *„Forderungsbekleidete" Eigentümerhypothek*: liegt vor, wenn der Hypothekargläubiger mit dem Realschuldner „zusammenfällt" (zB weil der

Realschuldner Erbe des Gläubigers wird oder er den Gläubiger befriedigt, so dass dessen Forderung gegen den Personalschuldner gem § 1358 auf ihn übergeht). Für die Forderung gegen den Personalschuldner haftet dem Realschuldner die eigene Liegenschaft (s zu den Konsequenzen § 470 Satz 2 und § 1446 Satz 2).

b) Sonstige Besonderheiten

Der Umstand, dass Hypotheken ein besitzloses Pfandrecht begründen, bringt es mit sich, dass vor allem dem Liegenschaftseigentümer verschiedene Verfügungsrechte verbleiben. Neben den mit der forderungsbe- und -entkleideten Eigentümerhypothek verbundenen Rechten (s oben) sind dies der **Rangvorbehalt** (§ 58 GBG, zur späteren Besetzung einer frei gewordenen Pfandstelle) und die **bedingte Pfandrechtseintragung** (§ 59 GBG, zur Umschuldung). **361**

Auch für die Hypothekargläubiger ergeben sich aus der Grundbuchseintragung verschiedene Besonderheiten, vor allem das sog **Einlösungsrecht** (§ 462): Nachrangige Hypothekargläubiger haben das Recht, vorrangige Gläubiger (auch gegen deren Willen und den Willen des Schuldners, Ausnahme von § 1423) zu befriedigen. Sie erwerben dadurch deren Forderung und Hypothek und können damit die Versteigerung der Liegenschaft auf einen für sie günstigen Zeitpunkt hinausschieben (damit auch ihre eigene nachrangige Forderung noch befriedigt werden kann). **362**

II. Andere dingliche Sicherungsmittel

Literaturauswahl: *Czermak*, Zwei Rechtsfragen des Factoring, JBl 1984, 413; *Hoyer*, Sind Sicherungseigentum und Pfandrecht gleich zu behandeln? JBl 1984, 543; *Schwind*, „Hinkendes Eigentum" im österreichisch-deutschen Rechtsverkehr – ein juristischer Alptraum, 2. FS Kegel (1987) 599; *E. Bydlinski*, Der gutgläubige Erwerb von Sicherungseigentum, ÖBA 1988, 958; *dieselbe*, Zur Sicherungsübereignung verpfändeter Sachen, ÖBA 1988, 788; *Iro*, Zur Kollision von Factoring und verlängertem Eigentumsvorbehalt, ÖBA 1990, 259; *Lenneis*, Verlängerter Eigentumsvorbehalt, Mehrfachabtretung, Priorität, Publizität und IPR, AnwBl 1990, 679; *Bollenberger*, Konkursfeste Gestaltung des verlängerten Eigentumsvorbehaltes, RdW 1993, 36; *Iro*, Die Übertragung des vorbehaltenen Eigentums beim drittfinanzierten Kauf und beim Factoring, FS Frotz (1993) 101; *Bollenberger*, Veräußerung von Vorbehaltsgut, ÖJZ 1995, 641; *Zepke*, Kein wirksamer Zessionsvermerk bei Nichtaufscheinen in den OP-Listen? ZIK 1998, 19; *Apathy*, Die Forderungsabtretung, insbesondere zur Kreditsicherung, im österreichischen Recht, in *Hadding/Schneider* (Hg), Die Forderungsabtretung, insbesondere zur Kreditsicherung, in ausländischen Rechtsordnungen (1999) 509; *Karollus*, Aktuelle Probleme der Sicherungszession, ÖBA 1999, 327; *Teloni*, Buchvermerk und Zessionsprüfung in der Bankpraxis, ÖBA 1999, 335; *Zepke*, Buchvermerk für künftige Forderungen, ZIK 1999, 16; *Kepplinger*, Der Eigentumsvorbehalt in der Insolvenz, ZIK 2000, 110; *Riedler*, Gedankensplitter zur aktuellen Judikatur rund um Sicherungszessionen, ÖBA 2000, 583; *Harrer*, Sicherungsrechte (2002); *Thoss*, Schadenersatzanspruch von

Eigentümer und Anwartschaftsberechtigtem bei Verletzung des Vorbehaltsguts durch Dritte, JBl 2003, 277; *Lurger*, Die Zession im sachenrechtlichen Übertragungssystem des ABGB, FS Welser (2004) 639; *Otte*, Weltweite Mobiliarsicherheiten bei der Verkehrsmittel- und Ausrüstungsfinanzierung, FS Jayme I (2004) 643; *Diedrich*, Warenverkehrsfreiheit, Rechtspraxis und Rechtsvereinheitlichung bei internationalen Mobiliarsicherheitsrechten, ZVglRWiss 104 (2005) 116; *Iro*, Sicherungszession im Konkurs des Zedenten? RdW 2005, 266; *Schacherreiter*, Publizitätsloses Sicherungseigentum im deutsch-österreichischen Grenzverkehr, ZfRV 2005, 173; *Spitzer*, Wirksamwerden der Sicherungszession bei Drittschuldnerverständigung, JBl 2005, 695; *derselbe*, Sicherungszession und Drittschuldnerverständigung bei Wissenszurechnung, ÖBA 2005, 885; *Apathy*, Abtretung von Bankforderungen und Bankgeheimnis, ÖBA 2006, 33; *Brenner*, Die Mobiliarsicherheiten im Europäischen Insolvenzrecht, in *Konecny* (Hg), Insolvenz-Forum 2005 (2006) 101; *Drobnig/Snijders/Zippro* (eds.), Divergences of Property Law, An Obstacle to the Internal Market? (2006); *Flessner/Verhagen*, Assignment in European Private International Law (2006); *Riedler*, Sicherungszession: „Lichtblick" für den Inhalt des Buchvermerks? Zak 2006, 443; *Aydinonat*, Nichtabtretungsvereinbarungen und der neue § 1396a ABGB (2007); *Kaller*, Sicherungszession von Buchforderungen unter besonderer Berücksichtigung der Publizität (2007); *Schauer* (Hg), Ein Register für Mobiliarsicherheiten im österreichischen Recht (2007); *Spitzer*, Konkursfestigkeit und Publizität der Sicherungszession, Zak 2007, 47; *Wilhelm*, Wie publik muss/kann die Sicherungszession sein? ecolex 2007, 153; *J. Zehetner*, Zessionsrecht (2007); *Beig*, Die Zession künftiger Forderungen (2008); *Apathy*, Neue Judikatur zum Kreditsicherungsrecht, ÖJZ 2008, 253; *G. Kodek*, Die Abtretung künftiger Forderungen, in Konecny (Hg), Insolvenz-Forum 2008 (2009) 31; *Schoditsch*, Die Kollision von AGB bei der Eigentumsvorbehalts-Vereinbarung, ÖJZ 2009, 452; *derselbe*, Eigentumsvorbehalt und Insolvenz (2009); *Wiesinger*, Sicherungszession und Drittschuldnerverständigung, ÖJZ 2009, 395; *Ch. Rabl*, Die Verarbeitungsklausel beim Eigentumsvorbehalt, FS Koziol (2010) 341; *Riss*, Die sachenrechtliche Wirksamkeit des einseitig erklärten Eigentumsvorbehalts – neue Gedanken zu einer alten Streitfrage, ÖBA 2010, 215; *Riedler*, Der Eigentumsvorbehalt in der Insolvenz des Käufers nach dem IRÄG 2010, ÖJZ 2011, 904; *Bruchbacher*, Formpflicht für den sicherungsweisen Schuldbeitritt, Zak 2011, 303; *Kaller-Pröll*, Endlich Klarheit beim Buchvermerk? ZIK 2011, 82; *Riedler*, Sicherungszession: 3 Ob 155/10f – Neue Leitentscheidung zum Inhalt des Buchvermerks, Zak 2011, 143. S auch die Lit vor Rz 347.

Judikaturauswahl: 6 Ob 116/05k (Drittschuldnerverständigung als Modus bei der Sicherungszession); 8 Ob 78/07t (Weiterveräußerung von Vorbehaltsgut – Schadenersatz); 3 Ob 33/08m (Sicherungseigentum – Beweislast des Exszindierungsklägers hinsichtlich Erwerbszeitpunkt); 5 Ob 168/08d (Sicherungsübereignung einer Maschine durch Zeichen – § 452); 2 Ob 104/09x (Einlösungsrecht gem § 462); 3 Ob 246/09m (Abgrenzung Sicherungszession und Zession zahlungshalber);) 4 Ob 205/09i (Schuldbeitritt zu Sicherungszwecken – analoge Anwendung des § 1346 Abs 2); 8 Ob 82/09f (Eigentumsvorbehalt – Voraussetzung der Ersatzaussonderung bei Weiterveräußerung); 3 Ob 155/10f (Anforderungen an Buchvermerk bei Sicherungszession I); 9 Ob 13/10t (Sicherungsglobalzession und Insolvenz des Zedenten); 3 Ob 113/11f (Anforderungen an Buchvermerk bei Sicherungszession II).

1. Sicherungsübereignung

363   Das im Gesetz nicht geregelte, sondern von der Vertragspraxis entwickelte Sicherungseigentum ist eine Form der (eigennützigen Vollrechts-)Treuhand: Dem Gläubiger wird vom Schuldner das Eigentum an einer Sache mit der Vereinbarung übertragen, dass die Sache *nach Erfüllung* der gesicherten Schuld *rückzuübereignen* ist (Sicherungsabrede). Der *Gläubiger wird Eigentümer und kann* über die Sache beliebig verfügen, doch *darf* er es aufgrund der schuldrechtlichen Sicherungsabrede nur insoweit, als es zur Sicherung seiner Forderung notwendig ist. Ursprünglich bezweckte man mit dieser Konstruktion, bestimmten als unerwünscht empfundenen Eigenschaften des Pfandrechts aus dem Weg zu gehen (insb dem Faustpfandprinzip, vgl oben Rz 351b), was die Rsp jedoch, trotz anfänglicher Billigung, als Umgehungsgeschäft ansah und damit verhinderte. Denn formal wird der Gläubiger zwar – wie eben erwähnt – Eigentümer. *Wirtschaftlich* gesehen entspricht das Sicherungseigentum aber dem *Pfandrecht*, bei dem der Sicherungsgeber Eigentümer bleibt. Somit verbleibt dem Sicherungseigentum aber so gut wie kein eigenständiger Anwendungsbereich, weil als gleichwertige Alternative ohnehin immer die Einräumung eines Pfandrechts offenstünde (Anmerkung: in Deutschland verhält es sich genau umgekehrt; dort kann das Pfandrecht zwar ebenfalls nicht durch Besitzkonstitut eingeräumt werden, doch wird die Einräumung publizitätslosen Sicherungseigentums seit jeher zugelassen und auch nicht als Gesetzesumgehung angesehen). Im Einzelnen gilt daher:

- Verfällt der Sicherungsnehmer in Konkurs, so hat der Sicherungsgeber wie ein Eigentümer die Stellung eines ***Aussonderungsberechtigten***. Im Falle einer Einzelexekution auf die übertragene Sache kann der Sicherungsgeber die ***Exszindierungsklage*** (§ 37 EO) erheben.
- Wie beim Pfandrecht (s oben Rz 351a) reicht das ***Besitzkonstitut nicht als Erwerbsmodus*** (keine Publizität) und ist die Vereinbarung bestimmter Verwertungsmodalitäten unzulässig (vgl § 1371); darüber hinaus fällt das Eigentum am Sicherungsgegenstand bei Rückgabe der Sache automatisch an den Sicherungsgeber zurück (§ 467).

Ein gewisser Unterschied zwischen Pfandrecht und Sicherungseigentum besteht jedoch insofern, als das letztere wegen seines Charakters als Vollrecht ***nicht akzessorisch*** ist, bei Erfüllung der gesicherten Forderung also nicht erlischt. Daher spricht auch grundsätzlich nichts dagegen, nach Erfüllung der gesicherten Forderung eine andere an deren Stelle treten zu lassen. Dies ist allerdings nicht zwingend, denn die Parteien können zB auch als ***auflösende Bedingung*** vereinbaren, dass das Sicherungseigentum bei Erfüllung der Forderung automatisch an den Sicherungsgeber zurückfallen soll. Dies wird von der hA als im Zweifel vereinbart angenommen (§ 914), wodurch eine gewisse Annäherung an das Akzessorietätsprinzip erreicht wird.

2. Sicherungszession

Auch die Sicherungsabtretung ist ein Fall der Treuhand: Dem Gläubiger **364** wird vom Schuldner eine *Forderung gegen einen Dritten abgetreten*. Leistet der Schuldner nicht, so darf der Gläubiger die Forderung geltend machen und sich aus dem Erlös befriedigen (erfüllt der Schuldner, so ist die Forderung rückabzutreten). Die Sicherungszession bedarf – so wie alle Sicherungsrechte (s oben Rz 351) – zu ihrer Gültigkeit einer besonderen *Publizität*, wobei die Verständigung des Drittschuldners – also des Schuldners des Schuldners – von der Abtretung und der Abtretungsvermerk in den Geschäftsbüchern des Zedenten von der Rsp als gleichwertig anerkannt werden (bei nicht buchführungspflichtigen Zedenten kommt allerdings nur die Drittschuldnerverständigung als tauglicher Modus in Betracht). Wie beim Sicherungseigentum gibt es auch bei der Sicherungszession **keine Akzessorietät**, es kann aber wie beim Sicherungseigentum als auflösende Bedingung vereinbart werden, dass bei Erfüllung der gesicherten Forderung die zur Sicherung abgetretene Forderung an den Sicherungsgeber zurückfällt. Eine Abtretung künftiger Forderungen zu Sicherungszwecken ist möglich, sofern diese hinreichend bestimmt sind, also hinsichtlich Schuldner oder Rechtsgrund (zB Lieferforderungen) feststehen. Beachte idZ § 12 KSchG.

3. Eigentumsvorbehalt

365 Ein Gläubiger kann sich auch dadurch absichern, dass das Eigentum an der von ihm veräußerten Sache erst mit *vollständiger Zahlung des Kaufpreises* übergehen soll (aufschiebende Bedingung, die sich allerdings nach hA auf das Verfügungs- und nicht auf das Verpflichtungsgeschäft bezieht). Bis dahin ist der Käufer nur (Rechts-)Besitzer und als solcher zum Gebrauch der Sache berechtigt. Wird diese beeinträchtigt oder ihm entzogen, kann er mit Besitzstörungsansprüchen, als sog „werdender Eigentümer" aber auch gem § 372 mit der actio Publiciana vorgehen (s dazu oben Rz 313). Aus dieser Rechtsposition (*„Anwartschaftsrecht"*), die auch kraft guten Glaubens erworben oder an Dritte übertragen werden kann, wird auch die Legitimation zur Geltendmachung allfälliger Schadenersatzansprüche bei Beschädigung der Sache abgeleitet.

366 Die entsprechende Vereinbarung muss bei Abschluss des Verpflichtungsgeschäftes (Kaufvertrag) getroffen werden („nachgeschobener" Eigentumsvorbehalt auf Rechnung daher zu spät), kann aber vor allem beim Barkauf entfallen (genauer: konkludent angenommen werden), wenn der Verkäufer die Sache in der erkennbaren Annahme übergibt, sofort die Gegenleistung zu erhalten. Das Eigentum geht dann erst mit deren Erbringung über (**kurzfristiger Eigentumsvorbehalt**).

367 Leistet der Schuldner nicht, so kann der Gläubiger vom Vertrag zurücktreten (s oben Rz 100 ff) und seine Sache zurückfordern, wobei die Rückforderung nach Eintritt des Verzugs als konkludente (§ 863) Rücktrittserklärung gilt. Er ist auch im Konkurs des Käufers geschützt, ebenso steht ihm die Exszindierungsklage zu (dazu schon oben Rz 363), wenn Gläubiger des Käufers Exekution in die Vorbehaltsware führen. Nur beschränkten Schutz genießt der Verkäufer bei Weiterveräußerung der Vorbehaltsware. Da der Käufer als Vertrauensmann des Verkäufers anzusehen ist, kann der Erwerber von ihm gutgläubig Eigentum erwerben, wodurch der Vorbehaltsverkäufer sein Eigentum und damit seine dingliche Sicherung verliert. Um sich davor zu schützen, kann sich der Vorbehaltsverkäufer entweder den Kaufpreis aus der Weiterveräußerung im Voraus durch sog antizipiertes Besitzkonstitut übertragen oder die Forderung als solche im Voraus abtreten lassen (zu den Anforderungen an die Bestimmtheit s oben Rz 364). Dadurch wird eine Art *Verlängerung des Eigentumsvorbehalts* erreicht, bei der allerdings einerseits die Formbedürftigkeit der Zession (weil Sicherungszession, s oben Rz 364), andererseits auch § 371 zu beachten ist, wonach der Vorbehaltsverkäufer das Eigentum am Kaufpreis durch dessen Vermengung mit dem Geld des Vorbehaltskäufers wieder verliert.

Davon zu unterscheiden ist der sog *„weitergegebene Eigentumsvorbehalt"*, bei dem der Vorbehaltskäufer gegenüber seinem Abnehmer den bestehenden Eigentumsvorbehalt *offenlegt*, wodurch ein gutgläubiger Eigentumserwerb des Abnehmers ausgeschlossen wird und dieser nur die Anwartschaft des Vorbehaltskäufers erwirbt. Ferner bleibt das Eigentum des Vorbehaltsverkäufers aufrecht. Wenn sich hingegen der Vorbehaltskäufer gegenüber seinem Abnehmer als wahrer Eigentümer ausgibt, also den Eigentumsvorbehalt verschweigt, und sich überdies „sein" Eigentum vorbehält (sog *„nachgeschalteter Eigentumsvorbehalt"*), so kommt ein gutgläubiger Erwerb des Anwartschaftsrechts durch den Abnehmer in Betracht. Das Eigentum des Vorbehaltsverkäufers bleibt freilich aufrecht. Die weitere Entwicklung ist dann primär davon abhängig, wessen Zahlung zuerst erfolgt: Zahlt der Abnehmer des Vorbehaltskäufers zuerst, so verfestigt sich seine bereits gutgläubig erworbene Anwartschaft zum Eigentum, wodurch der Vorbehaltsverkäufer sein Eigentum und damit seine Sicherung verliert. Zahlt hingegen der Vorbehaltskäufer zuerst, so wird er Eigentümer, dessen Recht im Zeitpunkt der Zahlung durch seinen Abnehmer dann *derivativ* auf diesen übergeht. **367a**

Vom verlängerten ist der *erweiterte Eigentumsvorbehalt* zu unterscheiden, bei dem vereinbart wird, dass das Eigentum an einer Sache nicht schon mit Zahlung des Kaufpreises, sondern erst dann übergehen soll, wenn der Käufer auch bestimmte andere, also nicht „konnexe" Verbindlichkeiten gegenüber dem Verkäufer (zB aus anderen Geschäften) erfüllt. Dadurch kommt es zu einer Art publizitätslosen Sicherung. Dies gilt zwar für den Eigentumsvorbehalt ganz generell (der Vorbehaltsverkäufer ist dinglich gesichert, ohne dass dies nach außen hin zum Ausdruck kommt, weil sich die Sache, auf die sich die Sicherung bezieht, ja beim Käufer befindet), doch besteht im Normalfall des Eigentumsvorbehalts immerhin ein Zusammenhang zwischen der Sicherheit (der veräußerten Sache) und dem Kaufpreis, der die Lockerung der Publizitätsgrundsätze rechtfertigt. In Bezug auf andere Forderungen, die sich nicht auf die Sicherheit beziehen, fehlt dieser Konnex, so dass die Erweiterung für unwirksam gehalten wird. **368**

E. Weitere dingliche Rechte

I. Dienstbarkeiten

Literaturauswahl: *Welser*, Vertragsauslegung, Gutglaubenserwerb und Freiheitsersitzung bei der Wegeservitut, JBl 1983, 4; *M. Binder*, Der rechtliche Umgang mit „Ewigkeitsklauseln" in dinglichen Bezugsverträgen, JBl 1999, 368; *Hoyer*, Unübertragbarkeit persönlicher Dienstbarkeiten von juristischen Personen bei Fusions- und Abspaltungsvorgängen? FS Krejci II (2001) 1211; *Spielbüchler*, Vererbliche Personalservituten? FS Welser (2004) 1041; *Reich-Rohrwig*, Personalservitut und Gesamtrechtsnachfolge, ecolex 2005, 771; *Schilcher*, Offenkundige Servituten, Doppelveräußerung und Eintragungsgrundsatz, JBl 2005, 619; *Call*, „Offenkundige" Dienstbarkeit zwischen den Miteigentümern zweier WE-Liegenschaften? wobl 2008, 232; *Wilhelm/Friedl*, Konkurrenz zwischen Baurecht und Dienstbarkeit, ecolex 2008, 861; *Zangl*, Exekutionsfreiheit verbücherter Diensbarkeiten, ÖJZ 2009, 343; *R. Madl*, Rechtsunsicherheit bei der Verjährung des Rechts der Dienstbarkeit nach § 1488 ABGB, ÖJZ 2010, 572; *Neumayer*, Das Wegerecht, Zak 2011, 263.

Judikaturauswahl: 1 Ob 181/04f (Erzwingung der Verbücherung einer Dienstbarkeit); 10 Ob 33/04g (Konkludente Übertragung einer Wegeservitut); 3 Ob 235/05p (Gefährdung und Parteistellung des servitutsberechtigten Dritten nach dem NWG); 7 Ob 58/06i (Erlöschen einer unregelmäßigen Servitut); 5 Ob 1/07v (Wirksame Löschung eines Fruchtgenussrechts); 8 Ob 137/07p (außerbücherliche Dienstbarkeitserweiterung – Nachforschungspflicht des Liegenschaftserwerbers); 7 Ob 267/08b (konkludente Zustimmung zur Erweiterung einer Dienstbarkeit – Jagdrecht); 1 Ob 116/09d (Nicht verbücherte Dienstbarkeit und lastenfreier Erwerb); 6 Ob 138/09a (Erwerb einer Wegeservitut durch eine Gemeinde).

369   ***Dienstbarkeiten*** (*Servituten*) sind *dingliche Nutzungsrechte an fremden Sachen*. Sie stehen jemandem entweder persönlich (*Personalservituten*) oder als (jeweiligem) Eigentümer einer Liegenschaft zu (*Realservituten*) und werden – so wie andere dinglichen Rechte – durch Titel und Modus begründet, wobei der Verpflichtete immer nur zu einer Duldung oder Unterlassung, niemals aber zu einem aktiven Tun verpflichtet ist („*servitus in faciendo consistere nequit*", vgl § 482; der durch einen Murenabgang versperrte Servitutsweg muss daher nicht geräumt werden). In Betracht kommt auch die Ersitzung von Servituten, zB dadurch, dass der Nachbargrund benützt wird (s oben Rz 345). Solange die dadurch erworbene Servitut nicht im Grundbuch eingetragen ist, kann aber die Liegenschaft lastenfrei von Dritten erworben werden (vgl § 1500), die gutgläubig sind, also die Servitut weder kannten noch kennen mussten (s unten Rz 375 ff). Die Rsp verneint den guten Glauben, wenn die Servitut aufgrund äußerer Merkmale der Liegenschaft (zB breit ausgetretener Weg) erkennbar war (sog ***offenkundige Dienstbarkeiten***). Vgl auch die Möglichkeit richterlicher Begründung von Servituten im Rahmen des Notwegegesetzes (idF des Außerstreit-Begleitgesetzes 2003): Für eine Liegenschaft, die keine Verbindung mit dem öffentlichen Wegenetz hat, kann der Eigentümer unter bestimmten Voraussetzungen die Einräumung eines Weges über fremde Liegenschaften begehren (§ 1 NotwegeG).

370   Im Einzelnen ist zu unterscheiden zwischen ***Personalservituten***, die einer bestimmten Person zustehen, unübertragbar sowie unvererblich sind, und ***Re-***

alservituten, die der besseren Benutzbarkeit einer Liegenschaft (oder eines Gebäudes: sog Gebäudedienstbarkeiten oder Urbanalservituten) dienen, dem *jeweiligen Eigentümer* der Liegenschaft bzw des Gebäudes zustehen und vererblich sind. Letztere können allerdings auch einer bestimmten Person eingeräumt werden und sind dann, als sog *„unregelmäßige Dienstbarkeiten"*, unübertragbar. Zu den Personalservituten gehören das Gebrauchsrecht (§§ 504 ff: Benützung einer Sache für persönlichen Bedarf), das Fruchtgenussrecht (§§ 509 ff: unbeschränkte Benützung – daher zB auch Vermietung – unter Schonung der Substanz) und das Wohnrecht (§§ 521 ff), zu den *Realservituten* insb Wegerechte (Rechte, über fremden Grund zu gehen oder zu fahren) und Weiderechte. Sodann gibt es sog *„Legalservituten"*, das sind Eigentumsbeschränkungen verschiedenster Art, die jedoch im Grunde keine richtigen Dienstbarkeiten sind, weil sie unabhängig von einem Vertrag schon kraft objektiven Rechts bestehen (und entweder im Privatrecht – zB Nachbarrecht – oder öffentlichen Recht – zB Gemeingebrauch auf Grund verschiedener Vorschriften – ihren Ursprung haben).

Der (jeweilige) Eigentümer der mit der Servitut belasteten Sache ist zur **371** *Duldung* der Dienstbarkeit, nicht aber zu einem aktiven Verhalten (zB Instandhaltung des Weges) verpflichtet (§ 482). Der Berechtigte muss seine Servitut so schonend wie möglich ausüben (§ 484). Er kann sie nicht übertragen (§ 485); Realservituten gehen freilich bei Übereignung der Liegenschaft, deren Eigentümer sie zustehen, kraft ihrer Dinglichkeit auf den Erwerber über.

Die Servitut endet – außer durch Untergang der belasteten Sache, Ablauf **372** der vorgesehenen Zeit, Verzicht, *Verjährung* und Enteignung – insb auch dadurch, dass sich der Belastete ihrer Ausübung widersetzt (indem er zB einen Schranken auf dem servitutsbetroffenen Weg errichtet) und der Berechtigte drei Jahre lang nichts dagegen unternimmt (§ 1488: usucapio libertatis, *„Freiheitsersitzung"*). Persönliche Dienstbarkeiten sind iZw – wenn also nichts anderes bedungen wurde – nicht vererblich (§ 529), gehen also nicht auf den Erben des Berechtigten über.

II. Reallasten

Reallasten verpflichten zu einem bestimmten Verhalten (zB Zahlung einer **373** Leibrente, Pflegeleistungen usw), bei dessen Unterlassung auf jene Liegenschaft Exekution geführt werden kann, die dafür haftet (§ 12 GBG). Sie sind also zum Unterschied von Servituten, die ein Dulden oder Unterlassen zum Gegenstand haben (s oben Rz 371), auf ein *positives Tun* gerichtet. Reallasten können entweder, unabhängig von der Person des Berechtigten, bloß auf dem Eigentum an einem Grundstück aufbauen oder aber einer bestimmten Person zustehen (und sind dann unvererblich); im ersten Fall spricht man von *Prädial-* und im zweiten Fall von *Personalreallasten*.

III. Baurecht

Literaturauswahl: *Kletečka/Rechberger/Zitta* (Hg), Bauten auf fremdem Grund[2] (2004).

374   Eine Liegenschaft kann mit dem dinglichen, veräußerlichen und vererblichen Recht, auf oder unter der Bodenfläche ein *Bauwerk zu haben*, belastet werden (§ 1/1 BaurechtsG). Die Beschränkung des Baurechts auf einen Teil eines Gebäudes, insb ein Stockwerk, ist unzulässig (§ 1/3 BaurechtsG). Das im Grundbuch einzutragende Baurecht kann auf nicht weniger als 10 und nicht mehr als 100 Jahre begründet werden (§ 3/1 BaurechtsG). Das Baurecht gilt als unbewegliche Sache, das auf der Baurechtsliegenschaft errichtete Bauwerk ist Zugehör des Baurechts und daher – im Gegensatz zum Superädifikat – ebenfalls unbeweglich (vgl § 6 Abs 1 BaurechtsG und Rz 301, 303).

Der Bauberechtigte hat idR einen *Bauzins* zu entrichten (vgl § 3/2 BaurechtsG). Er erlangt dafür am Gebäude die Rechte eines Eigentümers und am Grundstück die Rechte eines Fruchtnießers (§ 6/2 BaurechtsG).

Erlischt das Baurecht, so fällt das Gebäude dem Grundeigentümer zu (§ 9/1 BaurechtsG). Er muss dem Bauberechtigten – mangels abweichender Vereinbarung – ein Viertel des vorhandenen Bauwertes ersetzen (§ 9/2 BaurechtsG).

F. Grundbuchsrecht

Literaturauswahl: *Hoyer*, Die Simultanhypothek[2] (1977); *M. Binder*, Plädoyer für die Wiederbelebung der Maschineneigentumsanmerkung nach § 297a ABGB, FS Ostheim (1990) 11; *Hoyer*, Ein Beitrag zum Recht der Superädifikate, FS Ostheim (1990) 95; *Karollus*, Grundbücherlicher Vertrauensschutz bei unentgeltlichem Erwerb? JAP 1990/91, 228; *Hoyer*, Gilt § 440 ABGB noch? Oder: Was leistet das Grundbuchsverfahren für das materielle Recht? JBl 1994, 645; *Rechberger/P. Oberhammer*, § 234 ZPO – einfach kompliziert? ecolex 1994, 456; *Wilhelm*, Kauf bricht Grundbuch, ecolex 1994, 305; *Hoyer*, Zeitlich begrenztes Eigentum durch Vertrag? GedS Hofmeister (1996) 283; *Schauer*, Zur Verbücherung von Bestandverträgen auf unbestimmte Zeit, GedS Hofmeister (1996) 631; *Knechtel*, Die Rechtlichkeit des Raumes, dargestellt am Beispiel der österreichischen Katastralvermessung, 2. FS Winkler (1997) 461; *G. Graf*, Zur Zulässigkeit der Vormerkung trotz Veräußerungs- und Belastungsverbots, ÖBA 1999, 343; *Holzner*, Mehr Publizität für Superädifikate, ÖBA 2001, 304; *Apathy*, Kreditnehmer- und Kreditgeberwechsel bei Höchstbetragshypotheken, ÖBA 2000, 1031; *Olechowski*, Grundbuch und Fischereirechte, JBl 2001, 505; *Apathy*, Gesamtrechtsnachfolge und Pfandrechtsbegründung, FS Welser (2004) 17; *Hoyer*, Erwerb dinglicher Rechte im Vertrauen auf den Grundbuchsstand nur entgeltlich? FS Welser (2004) 295; *Sprung/Köllensperger*, Zur Intabulation des ersessenen Eigentums an verbücherten Liegenschaften (§ 1498 ABGB), FS Rechberger (2005) 623; *Umlauft*, Zur Frage der Verbücherungsfähigkeit einer aufschiebend bedingten Leibrente als Reallast, FS Rechberger (2005) 687; *Bittner*, Gibt es einen eigenen Kaufvertrag für Grundbuchszwecke? NZ 2006, 12; *derselbe*, Der ABGB-Kaufvertrag gilt doch für Grundbuchszwecke, NZ 2006, 138; *B. Jud/Seidl*, Grundbuchsrechtliche Hürden der Vorsorgevollmacht? ecolex 2007, 495; *Kodek* (Hg), Kommentar zum Grundbuchsrecht (2007); *Rechberger/Bittner*, Grundbuchsrecht[2] (2007); *Samek*, Neues zum Besitznachfolgerecht, NZ 2007, 237; *Köllensperger*, Zum gründbücherlichen Richtigkeitsgebot und seiner Verwirklichung (§ 28 LiegTeilG), JBl 2008, 205, *Kletečka,* Die Belastungen der Kreditwirtschaft durch das Superädifikat – Analyse und Rechtspolitik, RdW 2008/1a, 12; *Kletečka /Häusler*, Superädifikat: OGH verschärft Anforderungen, ecolex 2008, 718; *Auinger*, Die Grundbuchs-Novelle 2008, ÖJZ 2009, 5; *Touaillon*, Die grundbuchsrichterliche Kognition, NZ 2009, 360 [Neudruck]; *Sailer*, Vom Zuschlag zum Volleigentum, FS Koziol (2010) 385.

Das Grundbuch entspricht *Publizitätserfordernissen*. Es wird von den Be-　**375** zirksgerichten geführt und besteht im Wesentlichen aus einem Hauptbuch und aus der Urkundensammlung (vgl §§ 1 ff GBG):

Im **Hauptbuch** werden die Eintragungen vorgenommen und elektronisch gespeichert (§ 2/1 GUG). Es besteht aus dem A-Blatt bzw Gutsbestandsblatt (in dem zB die Grundstücksnummern und Servitutsrechte in herrschender Stellung vermerkt sind), dem B-Blatt bzw Eigentumsblatt (Eigentumsverhältnisse und Eigentümerdaten) und dem C-Blatt bzw Lastenblatt für Belastungen (zB Hypotheken, Dienstbarkeiten in dienender Stellung).

In der *Urkundensammlung* werden jene Schriftstücke aufbewahrt, auf denen die Eintragungen beruhen. Sie ist nur durch Speicherung der Urkunden in einer Urkundendatenbank (§ 1 Abs 3 GUG) zu führen; die Zurückbehaltung von Abschriften hat zu unterbleiben (§ 2/4 GUG idF der Grundbuchsumstellungsgesetz-Novelle 2003). Hilfseinrichtungen des Grundbuchs sind die *Grundbuchsmappe*, das *Personenverzeichnis*, das *Grundstücksverzeichnis* und das *Straßenverzeichnis*.

Im Einzelnen kommen die in den jeweiligen Blättern vorzunehmenden　**376** Eintragungen in drei Arten vor:
- *Einverleibung* (dient dem unbedingten Rechtserwerb oder -verlust, zB Eigentumserwerb)
- *Vormerkung* (bedingter Erwerb oder Verlust von Rechten; wenn einem Kaufvertrag zB die „Aufsandungserklärung" fehlt, das ist die für die Einverleibung erforderliche ausdrückliche Erklärung des bisher Eingetragenen, dass er einer Änderung zustimmt). Werden die für die Einverleibung fehlenden Nachweise erbracht, so tritt *Rechtfertigung* ein, durch deren Anmerkung im Hauptbuch die Vormerkung die Wirkung einer Einverleibung erhält.
- *Anmerkung* (zur Ersichtlichmachung rechtserheblicher Umstände, zB Anmerkung der Streitanhängigkeit (§§ 61 ff GBG, welche zwecks Wahrung der Priorität von demjenigen begehrt wird, der die Einräumung von Rechten an der Liegenschaft verlangt).

Das Grundbuchsrecht ist vor allem durch folgende Grundsätze charakteri-　**377** siert:
1. *Öffentlichkeitsprinzip*: Jedermann darf das Grundbuch einsehen (§ 7 GBG); nach Maßgabe der technischen und personellen Möglichkeiten auch mittels automationsunterstützter Datenverarbeitung (vgl im Einzelnen § 6/1 GUG idF der Grundbuchumstellungsgesetz-Novelle 2003).

2. *Eintragungsgrundsatz*: Erwerb, Änderung und Aufhebung bücherlicher Rechte sind nur durch Eintragung möglich (§ 4 GBG; Ausnahme zB bei Ersitzung); Ausnahmen zB bei Ersitzung, Einantwortung und Zuschlag in der Zwangsversteigerung.

3. *Antragsgrundsatz*: Eintragungen erfolgen nicht von Amts wegen, sondern nur auf Antrag (§ 76 GBG).

4. *Prioritätsprinzip*: „wer zuerst kommt, mahlt zuerst" (§ 29 GBG), mit anderen Worten: der Rechtserwerb richtet sich nach dem Antragszeitpunkt (bedeutsam vor allem bei Hypotheken, aber auch bei Doppelveräußerung der Liegenschaft: einmal an A, dann an B; wer zuerst um Einverleibung ansucht, wird Eigentümer). Vgl allerdings die Möglichkeit des Rangtausches (§ 30 GBG). S auch §§ 53 ff GBG zur „Reservierung" eines Ranges durch Anmerkung der Rangordnung („Rangordnungsbeschluss", der nur in einfacher Ausfertigung ausgestellt wird und nur jenem die rangentsprechende Eintragung ermöglicht, der die Ausfertigung vorlegt).

5. *Vertrauensgrundsatz*: Das Vertrauen auf den Grundbuchsstand ist positiv (in Bezug auf das, was eingetragen ist) und negativ (in Bezug auf das, was nicht eingetragen ist) geschützt. Weicht also die tatsächliche Lage vom Grundbuch ab, so gilt bei Gutgläubigkeit des Vertrauenden das, was eingetragen ist.

Beispiel: Jemand hat eine Servitut ersessen, sie aber nicht ins Grundbuch eintragen lassen. Erwirbt jemand gutgläubig die Liegenschaft, so braucht er die Dienstbarkeit nicht gegen sich gelten zu lassen (Gutglaubensschutz bei nachträglicher Unrichtigkeit des Grundbuchs, negatives Publizitätsprinzip: § 1500).

Ist die Eintragung im Grundbuch hingegen etwa wegen des Ex-tunc-Wegfalls des Titels ursprünglich unrichtig, kann der materiell Berechtigte gegen seinen unmittelbaren Nachmann und dessen schlechtgläubigen Singularsukzessor innerhalb der gewöhnlichen Anfechtungsfrist (Rz 95) Löschungsklage erheben. Gegen einen gutgläubigen Singularsukzessor muss eine Streitanmerkung innerhalb der Rekursfrist erwirkt und die Löschungsklage binnen 60 Tagen nach Ablauf der Rekursfrist erhoben werden (positives Publizitätsprinzip, §§ 61 ff GBG).

Beispiel: A verkauft seine Liegenschaft an B, der auch eingetragen wird. B verkauft die Liegenschaft nun an C, der ebenfalls eingetragen wird. A ficht seinen Vertrag mit B wegen Irrtums an und möchte dies auch gegenüber C geltend machen. War C schlechtgläubig, kann A die Eintragung auch ihm gegenüber binnen der gleichen Frist als ungültig bestreiten. Ist C hingegen gutgläubig, kann nach Ablauf der Fristen des § 63 GBG keine Löschungsklage mehr erhoben werden. C hat im Vertrauen auf die Eintragung des B gutgläubig Eigentum erworben.

378 Rechte an Bauwerken, die nicht dem Eigentümer der Liegenschaft gehören, auf der sie sich befinden (*Superädifikate*, das sind Bauwerke, die „auf fremdem Grund in der Absicht aufgeführt sind, dass sie nicht stets darauf bleiben sollen", § 435), werden – da es sich um bewegliche Sachen handelt (s oben Rz 301) – nicht durch Grundbuchseintragung, sondern durch *Urkundenhinterlegung* erworben (Urkundenhinterlegungsgesetz).

5. Teil

Familienrecht

Literaturauswahl: *Rebhahn*, Familie und Gleichheitssatz, in *Harrer/Zitta* (Hg), Familie und Recht (1992) 145; *Hopf/Stabentheiner*, Das Eherechts-Änderungsgesetz 1999, ÖJZ 1999, 821; *Battes*, Das österreichische Eherechts-Änderungsgesetz 1999, FS Henrich (2000) 13; *Ferrari/Hopf* (Hg), Reform des Kindschaftsrechts (2001); *Hopf/Weitzenböck*, Schwerpunkte des Kindschaftsrechts-Änderungsgesetzes 2001, ÖJZ 2001, 485, 530; *Geimer*, Obsorgeregelung nach Scheidung der Eltern – KindRÄG 2001, JAP 2002/03, 72; *Beig*, Das Familien- und Erbrechtsänderungsgesetz 2004 – Teil I Abstammungsrecht, JAP 2004/05, 57; *Rosenmayr*, Änderungen im Abstammungsrecht durch das FamErbRÄG 2004, NZ 2004, 360; *M. Roth*, Impulse für ein europäisches Familienrecht, ZfRV 2004, 92; *Fischer-Czermak*, Neueste Änderungen im Abstammungs- und Erbrecht, JBl 2005, 2; *Schwimann*, Neuerliche Abstammungsrechtsreform mit Ablaufdatum, NZ 2005, 33; *Tettinger/Geerlings*, Ehe und Familie in der europäischen Grundrechtsordnung, EuR 2005, 419; *Wolff*, Ehe und Familie in Europa, EuR 2005, 721; *Möschl*, Die nichteheliche Lebensgemeinschaft[3] (2007); *Nademleinsky/Neumayr*, Internationales Familienrecht (2007).

A. Familie und Verwandtschaft

„Unter Familie werden die Stammeltern mit allen ihren Nachkommen verstanden" (§ 40). Obwohl die *Ehegatten* die Familie begründen, werden sie durch die Eheschließung *nicht* miteinander *verwandt*. Die Beziehung zwischen einem Ehegatten und den Verwandten des anderen Ehegatten heißt *Schwägerschaft* (§ 40) und ist *keine Verwandtschaft*. Zu den Verwandtschaftsgraden vgl § 41. **379**

Das Familienrecht ist vom Prinzip der Bestandfestigkeit geprägt, da die Familienverhältnisse *auf Dauer* begründet werden. Die familienrechtlichen Rechtsgeschäfte (wie der Abschluss der Ehe oder die Adoption) sind *streng formgebunden* und lassen meist keine Bedingungen und Befristungen zu. **379a**

B. Eherecht

I. Begriff und Abgrenzung

Literaturauswahl: *Meissel/Preslmayr*, Die Abgeltung von Leistungen in der Lebensgemeinschaft, in *Harrer/Zitta* (Hg), Familie und Recht (1992) 515; *Memmer*, Eheähnliche Lebensgemeinschaften und Reproduktionsmedizin, JBl 1993, 297; *Mair*, Verschuldensunabhängiger Schadenersatzanspruch nach Rücktritt vom Verlöbnis? ÖJZ 1994, 844; *R. Oberhofer*, Setzt der Schadenersatzanspruch wegen Rücktrittes vom Verlöbnis Verschulden des Ersatzpflichtigen voraus? ÖJZ 1994, 433; *Baumgartner*, Welche Formen des Zusammenlebens schützt die Verfassung? ÖJZ 1998, 761; *Deixler-Hübner*, Probleme der Leistungsabgeltung im Zusammenhang mit der Auflösung der Lebensgemeinschaft, ÖJZ 1999, 201; *Hopf/Stabentheiner*, Das Eherechts-Änderungsgesetz 1999, ÖJZ 1999, 821; *Lammer*, Zum „Ruhen" des Unterhaltsanspruchs bei Eingehen einer Lebensgemeinschaft, ÖJZ 1999, 53; *Aichhorn*, Das Recht der Lebenspartnerschaften (2003); *Kolbitsch/Stabentheiner*, Überlegungen zu einer Reform des Eherechts, FamZ

2007, 149; *Cornides*, Alles gleich? Gesetzesinitiativen zur Schaffung eines „Zivilpakts" und einer „Eingetragenen Partnerschaft", JBl 2008, 285; *U. Pesendorfer*, Das Familien-rechts-Änderungsgesetz 2008, iFamZ 2008, 232; *derselbe*, FamilienrechtsÄnderungsgesetz 2009 (2010); *Benke*, Zum Bundesgesetz über die eingetragene Partnerschaft 2009: Weder Ehe noch Familie, EF-Z 2010, 19; *Deixler-Hübner*, Das neue EPG – gesetzlicher Meilenstein oder kleinster gemeinsamer Nenner? iFamZ 2010, 93; *A. Haunschmidt*, Gelockerte Treuepflicht bei der eingetragenen Partnerschaft? iFamZ 2010, 97; *Traar*, Internationale Aspekte der eingetragenen Partnerschaft, iFamZ 2010, 102.

Judikaturauswahl: 1 Ob 146/98x (Detektivkosten bei Lebensgemeinschaft); 4 Ob 84/09w (Condictio causa data, causa non secuta unter Lebensgefährten für Lebenshaltungskosten); 3 Ob 186/09p (Definition der Lebensgemeinschaft); 1 Ob 138/10d (Doppelehe); 1 Ob 23/10d (Konkludente Begründung einer GesBR bei Zusammenwirken von Lebensgefährten?); 3 Ob 147/10d (Medizinische Fortpflanzung für gleichgeschlechtliche Paare?).

380

1. Durch Abschluss der *Ehe* erklären zwei Personen verschiedenen Geschlechts ihren Willen, in unzertrennlicher Gemeinschaft zu leben, Kinder zu zeugen, sie zu erziehen und sich gegenseitigen Beistand zu leisten (§ 44). Diese Definition entspricht der Idealvorstellung des Gesetzgebers, ist aber (durch das Scheidungsrecht) teilweise überholt.

2. Unter einem *Verlöbnis* versteht das ABGB „ein vorläufiges Versprechen, sich zu ehelichen" (§ 45). Das Verlöbnis ist nach hL ein Vorvertrag, da er auf den Abschluss eines anderen Rechtsgeschäfts gerichtet ist. Eine solche Vereinbarung kann formlos (auch konkludent) geschlossen werden und hat höchstpersönlich zu erfolgen; sie ist „unverbindlich", löst aber uU Schadenersatzpflichten desjenigen aus, der grundlos (schuldhaft) zurücktritt (vgl § 46: Ersatz des Vermögensschadens, zB Aufwendungen im Hinblick auf die Eheschließung; nicht aber immaterieller Schaden, zB die Schmach, „vor dem Altar" stehen gelassen zu werden). Eine Konventionalstrafe kann nicht vereinbart werden.

3. Eine *Lebensgemeinschaft* liegt vor, wenn Personen in einer Wohn-, Geschlechts- und (idR) Wirtschaftsgemeinschaft auf Dauer zusammenleben. Materiellrechtlich werden Lebensgefährten vereinzelt wie Ehegatten behandelt (vgl zB § 14 MRG: Eintritt in Mietvertrag, nicht aber zB im Erbrecht, wo eine diesbezügliche Diskussion herrscht; zur Beistandspflicht gegenüber dem Kind des Lebensgefährten s § 137/4, dazu Rz 428a). Im Gegensatz zur früheren Rechtslage sind bei Einstweiligen Verfügungen nicht mehr „nur" nahe Angehörige, sondern auch „andere Personen" geschützt, soweit diese davor mit dem Antragsgegner zusammengelebt haben bzw zusammengetroffen sind (Unzumutbarkeit des „weiteren Zusammenlebens" beim Schutz vor Gewalt in Wohnungen gem § 382b EO sowie des „weiteren Zusammentreffens" beim Allgemeinen Schutz vor Gewalt gem § 382e EO), weshalb die ursprünglich gesonderte Berücksichtigung der Lebensgefährten obsolet wurde. Andere Rechtswirkungen finden sich ua im Unterhaltsrecht (Ruhen des nachehelichen Unterhaltsanspruchs während Lebensgemeinschaft des Unterhaltsberechtigten). Nach Auflösung der Lebensgemeinschaft besteht, im Unterschied zu einer Ehescheidung, kein gesetzlicher Unter-

haltsanspruch. Die sonstigen Rechtsfolgen werden nach den allgemeinen schuldrechtlichen (insb auch bereicherungsrechtlichen) Regeln entschieden. Prozessrechtlich sind Lebensgefährten den Ehegatten im Wesentlichen gleichgestellt.

4. Das *Eingetragene Partnerschaft-Gesetz (EPG)* bietet seit dem 1.1.2010 gleichgeschlechtlichen Partnerschaften einen rechtlichen Rahmen für ihr Zusammenleben auf Dauer. Voraussetzungen für die Begründung einer *eingetragenen Partnerschaft* sind 1. Gleichgeschlechtlichkeit (§ 2 EPG), 2. Volljährigkeit und 3. Geschäftsfähigkeit (gesetzliche Vertretung möglich, § 4 EPG). Die Möglichkeit zur Ehemündigerklärung durch das Gericht (Rz 381) besteht im Gegensatz zur Ehe jedoch nicht. Auch ein Verlöbnis (s oben unter 2.) ist nicht vorgesehen. Personen, welche verheiratet sind oder bereits in einer aufrechten eingetragenen Partnerschaft leben, können weder eine weitere Ehe schließen noch eine weitere eingetragene Partnerschaft eingehen (§ 5 Z 2 EPG, §§ 8, 9 EheG). Der Abschluss erfolgt wie auch bei der Ehe nur unter persönlicher und gleichzeitiger Anwesenheit beider Partner vor der zuständigen Bezirksverwaltungsbehörde (§ 6/1 EPG iVm § 47a PStG). Die eingetragene Partnerschaft kann – wie auch im Eherecht – nicht unter einer Bedingung oder Befristung begründet werden (§ 6 EPG). Die Wirkungen der eingetragenen Partnerschaft entsprechen im Wesentlichen den Rechten (zB Wohnrecht, Schlüsselgewalt) und Pflichten (zB Unterhalt, Mitwirkung im Erwerb) verheirateter Personen (§§ 7–11 EPG). Ein gemeinsamer Name ist nicht vorgesehen; eine Änderung ist jedoch möglich (§ 2/1 Z 7a NÄG). Die aus dem Eherecht bekannten Beendigungsformen – Scheidung und Aufhebung – werden zu einer sogenannten Auflösung zusammengefasst. Das EPG sieht eine Auflösung wegen Willensmängeln (§ 14 EPG) sowie wegen Verschuldens oder wegen Zerrüttung (§ 15 EPG) vor. Die Nichtigkeit der eingetragenen Partnerschaft ist in § 19 EPG geregelt. Die rechtshistorisch bedingten speziellen Voraussetzungen und Folgen einer Scheidung gegen den Willen eines schuldlosen Teiles wurden jedoch nicht übernommen. Sowohl die unterhaltsrechtlichen Folgen der Auflösung oder Nichtigkeit der eingetragenen Partnerschaft als auch die Aufteilung des Gebrauchsvermögens und der Ersparnisse (auch der partnerschaftlichen Wohnung) orientieren sich im Wesentlichen an den eherechtlichen Bestimmungen (s dazu im Detail §§ 20 ff EPG). Hinsichtlich der Haftung für Kredite gibt es – wie auch im Eherecht – eine spezielle Regelung (§ 41 EPG). Das EPG enthält jedoch keine Bestimmungen, die sich auf Kinder beziehen, und auch das Kindschaftsrecht wurde im Zuge der Einführung des EPG nicht geändert. So bleibt auch die Adoption eines Kindes durch die beiden eingetragenen Partner ausgeschlossen (§ 8/4 EPG), und die medizinisch unterstützte Fortpflanzung ist nur in einer Ehe oder Lebensgemeinschaft von Personen verschiedenen Geschlechts möglich (Klarstellung in § 2 FMedG, wobei die Verfassungsmäßigkeit dieser Bestimmung fraglich ist und beim VfGH derzeit über

Antrag des OGH ein Verfahren diesbezüglich anhängig ist). Von einer ausdrücklichen Anpassung anderer justizrechtlicher Vorschriften wurde abgesehen, sodass die für Ehegatten, Ehesachen oder Eheangelegenheiten maßgebenden Bestimmungen bspw der ZPO, der EO, des AußStrG, des UGB, des UrhG uva nunmehr auf eingetragene Partner, Partnersachen oder Partnerangelegenheiten anzuwenden sind (§ 43 EPG). Auch erfolgte eine Gleichstellung der eingetragenen Partnerschaften im Erbrecht (§ 537a, vgl auch unten Rz 483).

II. Abschluss der Ehe

Literaturauswahl: *R. Oberhofer*, Die Ehefähigkeit im österreichischen Recht, ÖA 1997, 179; *Hopf/Weitzenböck*, Schwerpunkte des Kindschaftsrechts-Änderungsgesetzes 2001, ÖJZ 2001, 485, 530.

381   Eine Ehe ist nur gültig (sonst sog „Nichtehe"), wenn sie vor einem Standesbeamten geschlossen wird (Grundsatz der *„obligatorischen Zivilehe"*, § 15 EheG – Kirchenrechtliche Vorschriften sind im staatlichen Bereich unbeachtlich). Die Parteien müssen „ehefähig" sein (§§ 1–3 EheG), also einerseits die allgemeine Geschäftsfähigkeit oder die Zustimmung des Obsorgeberechtigten aufweisen (vgl im Einzelnen §§ 2 f EheG), andererseits ehemündig sein: sowohl Männer als auch Frauen sind ab dem vollendeten 18. Lebensjahr ehemündig. Hat eine Person das 16., nicht aber das 18. Lebensjahr vollendet, so kann sie vom Gericht für ehemündig erklärt werden, wenn sie für die Ehe reif erscheint und der künftige Ehegatte volljährig ist (§ 1/2 EheG).

382   Die Ehewilligen haben ihre Eheerklärung in gleichzeitiger Anwesenheit vor dem *Standesbeamten* zu erklären. Bedingungen oder Befristungen sind unwirksam (§ 17 EheG). Bei Vorliegen von Eheverboten (zB Verstöße gegen die Vorschriften über die Ehefähigkeit, Blutsverwandtschaft, Bigamie; vgl auch unten Rz 386 ff) darf der Standesbeamte die Trauung nicht vornehmen.

III. Wirkungen der Ehe

Literaturauswahl: *Kerschner*, Vereinbarungen der Ehegatten über die Gestaltung der ehelichen Lebensgemeinschaft, in *Harrer/Zitta* (Hg), Familie und Recht (1992) 391; *Gitschthaler*, Die Anspannungstheorie im Unterhaltsrecht – 20 Jahre später, ÖJZ 1996, 553; *Mottl*, Alte und neue rechtliche Instrumente gegen Gewalt in der Familie, ÖJZ 1997, 542; *Deixler-Hübner*, Probleme der Leistungsabgeltung im Zusammenhang mit der Auflösung der Lebensgemeinschaft, ÖJZ 1999, 201; *Hopf/Stabentheiner*, Das Eherechts-Änderungsgesetz 1999, ÖJZ 1999, 821; *B. Jud*, Ausgewählte Fragen zu Heiratsgut und Ausstattung (§§ 1220, 1231 ABGB), NZ 1999, 37; *Schramböck*, Ausgewählte Rechtsprobleme der ehelichen Gütergemeinschaft, ÖJZ 1999, 443; *Ch. Rabl*, Die Zulässigkeit eines Unterhaltsverzichts während aufrechter Ehe, ÖJZ 2000, 591; *Battlogg*, Die Inflationskomponente im Unterhaltsrecht, AnwBl 2001, 313; *Deixler-Hübner*, Zur Anrechnung von Geld- und Naturalunterhalt, ecolex 2001, 110; *Zankl*, Unterhaltsrechtliche Partizipation am Vermögenszuwachs bei Getrenntleben? ecolex 2001, 272; *Kühn-*

berg, Gewalt in der Familie und Zivilrecht, LJZ 2005, 69; *Stefula*, Zu den allgemeinen familiären Beistandspflichten, ÖJZ 2005, 609; *Ofner*, Internationales Ehegüterrecht, ZfRV 2006, 84; *Deixler-Hübner*, Ist das österreichische Namensrecht noch zeitgemäß? FamZ 2007, 159; *Beclin*, Sind nicht verheiratete Eltern einander zu Unterhalt verpflichtet? EF-Z 2007, 10; *Gitschthaler/Höllwerth*, Kommentar zum Eherecht (2007); *Limberg*, Privatstiftung und Unterhalt, EF-Z 2008, 175; *Fischer-Czermak*, Die Ausstattung nach dem FamRÄG 2009, EF-fZ 2010, 8; *Keller*, Der Ehepakt der Gütergemeinschaft und Abgrenzung zur Erwerbsgesellschaft bürgerlichen Rechts (GesbR), NZ 2010, 297; *Oswald*, Ehe ohne Grenzen. Rechtsfragen rund um binationale Partnerschaften, iFamZ 2010, 348.

Judikaturauswahl: 3 Ob 2292/96x (Berufsbedingtes Getrenntwohnen); 3 Ob 121/97h (Wohnrecht des Ehegatten und Schadenersatz); 3 Ob 505/06 (Entziehung des gemeinsamen Kindes); 6 Ob 180/01s (Privatstiftung als Bemessungsgrundlage für Heiratsgut); 7 Ob 194/03k (Grenzen der Anspannungstheorie im Unterhaltsrecht); 4 Ob 223/02a (Unterlassungsanspruch des Ehegatten gegen Dritte); 2 Ob 193/06f (Verschuldensunabhängiger Unterhalt bei aufrechter Ehe); 1 Ob 219/08z (Vorübergehende Wohnungsnahme aufgrund von Migräneattacken).

Die persönlichen Rechte und Pflichten der Ehegatten sind *gleich* (§ 89). **383** Die Ehegatten sollen hiebei – vor allem in Bezug auf Haushaltsführung, Berufstätigkeit, Kindererziehung – einvernehmlich vorgehen (§ 91/1). Dabei besteht weitgehend *Gestaltungsfreiheit* (Grundsatz der Familienautonomie), die der Gesetzgeber insofern einschränkt, als er bestimmte zwingende (arg: „verpflichtet") Prinzipien aufstellt, deren einvernehmliches Abgehen gesetzes- bzw sittenwidrig ist (zB Beistand, Treuepflicht). Für den Fall der mangelnden Einigung der Ehegatten bestehen, mit Ausnahme der Namensführung (§ 93), keine ausdrücklichen gesetzlichen Regelungen. Von einer vereinbarten Gestaltung der ehelichen Lebensgemeinschaft kann ein Ehegatte abgehen, wenn nicht ein wichtiges Anliegen des anderen oder der Kinder entgegensteht (§ 91/2).

Im Einzelnen kann man zwischen *immateriellen* und *materiellen* *Rechts-* **384** *wirkungen* unterscheiden:

1. *Immaterielle* Rechtswirkungen (betreffen idR den höchstpersönlichen Lebensbereich und können daher nicht erzwungen werden – ihre Verletzung kann aber eine Eheverfehlung darstellen und zur Scheidung führen, s unten Rz 393 ff):

a) *Beistandspflicht* (§ 90): Fürsorge, Pflege, Motivation usw. Auch hat jeder Ehegatte (nicht aber Lebensgefährte) dem anderen in der Ausübung der Obsorge für dessen Kinder in angemessener Weise beizustehen (gilt für Stiefeltern – § 90/3, s auch Rz 444).

b) *Treuepflicht* (§ 90): wird durch Ehebruch und andere sexuelle Verfehlungen verletzt und kann – wie die Verletzung der übrigen ehelichen Pflichten – zur Scheidung führen (nicht aber zu Schadenersatzansprüchen für die erlittene Kränkung, Rsp).

c) *Pflicht zum gemeinsamen Wohnen* (§ 90); vgl aber § 92: Verlegung der gemeinsamen Wohnung aus gerechtfertigten Gründen, wenn nicht der andere zumindest gleichgewichtige Gründe hat, nicht mitzuziehen (Abs 1) – dann gesonderte Wohnungsnahme möglich (strittig). Gesonderte Wohnungsnahme ist jedenfalls bei Unzumutbarkeit des Zusammenlebens, vorübergehend, zB bei Migräneattacken und Depressionen, die mit dem Verhalten des Ehegatten zusammenhängen (Rsp), gerechtfertigt (Abs 2; über Antrag auf gesonderte Wohnungsnahme wird die Recht- bzw Unrechtmäßigkeit des Verhaltens festgestellt, die im Folgenden für ein allfälliges Scheidungs- bzw Unterhaltsverfahren relevant ist, vgl auch § 382b/1 EO: Ausweisung aus der Wohnung und dazu oben Rz 380).

d) *Haushaltsführung* (§§ 95 f): Die Ehegatten haben an der Haushaltsführung nach ihren persönlichen Verhältnissen unter Berücksichtigung ihrer beruflichen Belastung mitzuwirken. Ist jedoch ein Ehegatte nicht erwerbstätig, so obliegt diesem die Haushaltsführung, der andere Teil ist dann zur Mithilfe verpflichtet. Der Ehegatte, der den Haushalt führt und keine Einkünfte hat, vertritt den anderen – außer dieser hat dem betroffenen Dritten gegenüber das Gegenteil zu erkennen gegeben – bei Rechtsgeschäften des täglichen Lebens, die er für den gemeinsamen Haushalt schließt und die den Lebensverhältnissen der Ehegatten entsprechen („*Schlüsselgewalt*"). Ist die Ausübung der Schlüsselgewalt dem Dritten nicht erkennbar, haften beide Ehegatten solidarisch.

e) *Namensrecht* (§ 93): Grundsätzlich führen die Ehegatten den Namen des einen oder des anderen, den sie als gemeinsamen Ehenamen vor oder spätestens bei der Eheschließung bestimmen (mangels Bestimmung gilt der Name des Mannes). Derjenige, dessen Name nicht Ehename ist, kann seinen Namen mit Bindestrich nach oder vor dem Ehenamen führen. Die Ehegatten können aber auch ihre bisherigen Namen getrennt weiterführen.

385   2. *Materielle* Rechtswirkungen (betreffen die wirtschaftlichen Aspekte der Ehe und können daher idR von den Ehegatten klagsweise durchgesetzt werden bzw haben Konsequenzen, die – wie das Ehegüterrecht – auch für Dritte vermögensrechtlich relevant sind):

a) *Mitwirkung im Erwerb* des anderen (§ 90/2, § 98): Eine diesbezügliche Verpflichtung besteht nach Maßgabe der *Üblichkeit* (zB im Hotel des Erwerbstätigen, nicht aber, wenn dieser Büroangestellter ist) und der *Zumutbarkeit* (eigener Beruf, Haushalt, Kinder, Gesundheit usw). Die Mitwirkung kann durch tatsächliche Arbeiten (die Frau hilft in der Ordination ihres Mannes aus) oder rechtsgeschäftliche Tätigkeiten (der Mann kauft im Auftrag der Frau Stoffe für deren Näherei) erfolgen. Ihre (nicht einklagbare) Erfüllung – allenfalls Eheverfehlung, s oben – begründet einen (klagbaren) angemessenen Abgeltungsanspruch (zu den Anspruchsmodalitäten vgl § 99), soweit der Erwerb gewinnbringend war, die Mitwirkung nicht schon durch höheren Unterhalt ausgeglichen wurde (vgl § 98: Berücksichtigung der „gesamten Lebensverhältnisse … besonders auch die Unterhaltsleistungen") und kein (höher entlohntes) Vertragsverhältnis zwischen den Ehegatten bestand (vgl

§ 100). Der Abgeltungsanspruch für die Mitwirkung richtet sich nicht ausschließlich nach Art und Dauer der erbrachten Leistung (wie bei einem Dienstverhältnis), da die Ehe nicht nur eine Lebens-, sondern auch eine Risikogemeinschaft ist. In der Regel wird die Abgeltung erst bei Auflösung der Ehe verlangt, der Ehegatte kann sie allerdings auch während der Ehe begehren. Der Anspruch auf Abgeltung verjährt nach sechs Jahren vom Ende des Monats, in dem die Leistung erbracht worden ist (§ 1486a).

b) **Unterhalt** (§ 94): Die Ehegatten haben nach ihren Kräften und gemäß der Gestaltung ihrer ehelichen Lebensgemeinschaft zur Deckung der ihren Lebensverhältnissen angemessenen Bedürfnisse gemeinsam beizutragen. Der Ehegatte, der den gemeinsamen Haushalt führt, leistet dadurch seinen Beitrag. Der Unterhaltsanspruch ergibt sich sohin aus der Leistungsfähigkeit (Arbeitseinkommen und Vermögenserträgnisse) auf der einen Seite und den Bedürfnissen (die sich wiederum am Lebensstandard und allfälligem Sonderbedarf orientieren) auf der anderen Seite. Beide Teile müssen ein *zumutbares* Einkommen erzielen (ihre Kräfte diesbezüglich anspannen), ansonsten wird der Unterhaltsbemessung das erzielbare (fiktive) Einkommen zugrunde gelegt (**Anspannungstheorie**). Die Praxis setzt sich über die an Leistungsfähigkeit und Bedarf, also an konkreten Parametern orientierte Bemessung, insofern hinweg, als sie einfach schematische Prozentsätze zugrunde legt: 33 % vom Nettoeinkommen des Unterhaltspflichtigen, wenn der Unterhaltsberechtigte kein Einkommen hat. Bei beiderseitigem Einkommen wird folgende Formel angenommen: 40 % von der Summe beider Einkommen abzüglich Eigeneinkommen des Unterhaltsberechtigten.

Beispiel: Beim Ehepaar X hat der Mann ein Einkommen von € 1900,– und die Frau von € 800,–. Hier müssen beide Einkommen zusammengezählt werden, um von dieser Summe die 40 % auszurechnen; von diesen 40 % wird nun das Einkommen der Frau abgezogen; die sich daraus ergebende Differenz ergibt ihren Unterhaltsanspruch. Dh 1900 + 800 = 2700 davon 40 % = 1080 – 800 = 280. Die Frau erhält daher von ihrem Mann € 280,– zu ihrem Einkommen von € 800,– dazu.

Von den erwähnten Prozentsätzen werden Abzüge bei gleichzeitiger Unterhaltspflicht für Kinder vorgenommen. Auf Verlangen des Unterhaltsberechtigten ist der Unterhalt auch während aufrechter ehelicher Lebens-(Haushalts-)Gemeinschaft ganz oder zum Teil in Geld zu leisten, soweit dies nicht unbillig ist (§ 94/3). Der unterhaltsberechtigte Teil verliert seinen Anspruch nicht dadurch, dass der gemeinsame Haushalt aufgehoben wird, es sei denn, die Geltendmachung des Anspruchs wäre rechtsmissbräuchlich (zB unterhaltsberechtigte Frau zieht nach Ehebruch zu ihrem Liebhaber). Ist ein Ehegatte nicht in der Lage (zB wegen Krankheit), einen Beitrag zur Deckung der gemeinsamen Bedürfnisse zu leisten, so steht ihm dennoch ein Unterhaltsanspruch gegen den anderen zu. Auch in diesem Fall kann der Anspruch wegen Missbrauchs abgelehnt werden. Auf den Unterhaltsanspruch an sich (dem Grunde nach) kann nicht im Vorhinein verzichtet werden (§ 94/3 letzter Satz), wohl aber auf bereits fällige oder einzelne zukünftige Unterhaltsbeträge, zB für einen bestimmten Zeitraum. Zum Verhältnis Unterhalt und Schenkungen an Dritte s § 950.

c) *Wohnrecht* (§ 97): Ist ein Ehegatte über die Wohnung, die der Befriedigung des dringenden Wohnbedürfnisses des anderen dient, verfügungsberechtigt (zB als Mieter oder Eigentümer), so hat er im Rahmen des Zumutbaren alles zu unterlassen (zB Kündigung, Verkauf) und vorzukehren (zB Erhaltungsarbeiten), damit der auf die Wohnung angewiesene Ehegatte diese nicht verliert. Er darf das Wohnrecht seines Ehegatten auch nicht tatsächlich beschränken (zB durch Aufnahme störender Personen). Der Anspruch des wohnberechtigten Ehegatten ist obligatorisch, richtet sich also nur gegen den anderen Ehegatten, grundsätzlich aber nicht gegen Dritte, welche die Wohnung zB vom Verfügungsberechtigten erworben haben. Die schuldhafte Verletzung der Wohnungserhaltungspflicht löst aber Schadenersatzpflichten des verfügungsberechtigten Ehegatten aus (zB Kosten einer Ersatzwohnung). Der Erwerber haftet schadenersatzrechtlich nach den Grundsätzen der Beeinträchtigung fremder Forderungsrechte (im Ergebnis also schon bei leichter Fahrlässigkeit, da das Recht des wohnberechtigten Ehegatten besitzverstärkt ist, s oben Rz 191).

d) *Ehegüterrecht*: Der gesetzliche Güterstand – der mangels anderer Vereinbarung gilt – ist die **Gütertrennung** (§§ 1233, 1237), dh jeder Ehegatte bleibt *während aufrechter Ehe* (arg „solange die Ehe besteht",) Eigentümer des eingebrachten und während der Ehe im eigenen Namen erworbenen Vermögens. Die sog „Ehepakte" (§ 1217) ändern den gesetzlichen Güterstand, vor allem in Form der **Gütergemeinschaft** (die Bestimmungen sind auf eingetragene Partner sinngemäß anzuwenden, § 1217/2). Die Vertragsparteien eines Ehepaktes sind die Ehepartner; ein Ehepakt vor der Ehe kann nur unter der Bedingung der späteren Eheschließung abgeschlossen werden. Die Gütergemeinschaft kann entweder allgemein sein oder beschränkt, sich also je nach Vereinbarung nur auf bestimmte Vermögensteile beziehen (im Zweifel – wenn diesbezüglich keine klare Regelung getroffen wurde – wird eigenartiger Weise vermutet, dass nur das gegenwärtige Vermögen betroffen sein soll, vgl § 1233 iVm § 1177). Sie muss in Form eines Notariatsakts geschlossen werden und bildet dann den Titel für den Erwerb von Miteigentum der Ehegatten am betroffenen Vermögen (der Modus richtet sich nach allgemeinen Regeln, s oben). Über seinen Miteigentumsanteil, der sich nach der konkreten Vereinbarung richtet (im Zweifel 50:50), darf ein Ehegatte nicht verfügen. Sachenrechtlich wäre eine solche Verfügung allerdings wirksam (Konsequenz: Schadenersatzpflicht, allenfalls Eheverfehlung), soweit kein bücherlich eingetragenes Veräußerungs- und Belastungsverbot gem § 364c besteht. Die (allgemeine) Gütergemeinschaft bezieht sich auch auf Schulden, die einen Ehegatten allein betreffen, bei beschränkter Gütergemeinschaft haftet der andere

Ehegatte hingegen nicht. Im Falle des Todes eines in (allgemeiner) Gütergemeinschaft lebenden Ehegatten werden zuerst alle Schulden abgezogen, um so das Aktivvermögen zu bilden. Von diesem steht dem überlebenden Ehegatten jener Teil zu, der seinem Anteilsverhältnis an der Gütergemeinschaft entspricht. Der restliche Teil fließt in den Nachlass. Im Falle der Scheidung oder der Aufhebung der Ehe bestimmen die Ehegatten einvernehmlich über das gemeinschaftliche Vermögen. Kann kein Einvernehmen erzielt werden, ist zu untersuchen, ob einen Teil ein alleiniges oder überwiegendes Verschulden an der Scheidung trifft. Ist dies nicht der Fall (gleichteiliges oder ohne Verschulden bzw einvernehmliche Scheidung), so sind die Ehepakte als aufgehoben anzusehen; jeder erhält das von ihm Eingebrachte zurück. Ist hingegen ein Teil überwiegend schuld an der Scheidung, so kann der andere Teil auch Teilung wie beim Tode fordern (§ 1266). Durch die Nichtigerklärung der Ehe zerfallen die Ehepakte und das Vermögen der Ehegatten kommt in den vorigen Stand zurück (§ 1265).

Das auch als Ehepakt zu wertende Rechtsinstitut des *Heiratsgutes* (von den Eltern der Braut oder von Dritten dem Mann zur Erleichterung des „ehelichen Aufwands" gegeben) wurde beseitigt (zum Anspruch des heiratenden Kindes auf Ausstattung vgl §§ 1220 bis 1223, s dazu unten Rz 437).

IV. Beendigung der Ehe

1. Nichtigerklärung

Literaturauswahl: *Welser*, Das Verschulden bei der Aufhebung und Nichtigerklärung der Ehe, RZ 1973, 185; *Schauer*, Zur Anwendung der §§ 81 ff EheG auf die nichtig erklärte Ehe, ÖJZ 1982, 147; *Dullinger/Kerschner*, Aufteilung des Gebrauchsvermögens und der Ersparnisse bei für nichtig erklärter Ehe, ÖJZ 1984, 281; *Baumgartner*, Welche Formen des Zusammenlebens schützt die Verfassung? ÖJZ 1998, 761.
Judikaturauswahl: 7 Ob 199/04x (Eheschließung und Sachwalterschaft).

Auf *Antrag* des Staatsanwalts oder eines Ehegatten (s im Einzelnen § 28 EheG) kann die Ehe gem § 20 EheG aus den folgenden Gründen gerichtlich für (rückwirkend, *ex tunc*) nichtig erklärt werden (ohne ein entsprechendes Urteil kann sich niemand auf die Nichtigkeit berufen, § 27 EheG): **386**

   a) *Formmangel* (§ 21 EheG), wenn also die Ehe nicht den Formvorschriften des § 17 EheG entspricht (s dazu oben Rz 382)
   b) *Geschäftsunfähigkeit* (§ 22 EheG)
   c) *Namens- und Staatsangehörigkeitsehe* (§ 23 EheG)
   d) *Bigamie* (§ 24 EheG, vgl auch § 43 EheG)
   e) *Blutsverwandtschaft* (§ 25 EheG)

In den Fällen a–c kann die *Nichtigkeit* (idR durch qualifiziertes Zusammenleben der Ehegatten) *geheilt* werden (vgl §§ 21/2, 22/2, 23/2 EheG), im **387**

Fall d kann die Nichtigkeitsklage nicht mehr erhoben werden, wenn beide Ehegatten tot sind. Bigamie und Blutsverwandtschaft heilen wegen der Schwere des Nichtigkeitsgrundes nicht.

388   *Trotz Nichtigerklärung* der Ehe entfaltet sie gewisse ***Rechtswirkungen:*** Die Kinder gelten als ehelich (§ 138), und Dritte, die im Vertrauen darauf Rechte erworben haben (zB im Rahmen der Schlüsselgewalt, s oben Rz 384), sind geschützt (vgl § 32 EheG). Hat auch nur ein Ehegatte bei der Heirat die Nichtigkeit nicht gekannt, so gelten für die vermögensrechtlichen Beziehungen der Ehegatten die Scheidungsfolgen; der Teil, dem die Nichtigkeit bekannt war, ist wie ein für schuldig erklärter Ehegatte zu behandeln (§ 31/1 EheG). Wussten hingegen beide Teile von der Nichtigkeit, so sind gegenseitige Leistungen nach bereicherungsrechtlichen Vorschriften zurückzustellen, da wegen der Ex-tunc-Wirkung der Nichtigerklärung kein Rechtsgrund für die erbrachten Leistungen mehr besteht. Der Ehegatte, der die Nichtigkeit der Ehe bei der Eheschließung nicht gekannt hat, kann dem anderen binnen sechs Monaten nach rechtskräftiger Nichtigerklärung kundtun, dass es für ihn bei den Folgen der Nichtigkeit bleiben soll (§ 31/2 EheG). Der schuldlose Ehegatte kann für den durch die Nichtigerklärung entstandenen Schaden vom anderen Schadenersatz verlangen, falls dieser beim Eheabschluss von der Nichtigkeit Kenntnis hatte oder haben musste.

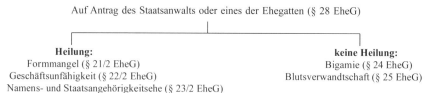

Nichterklärung der Ehe

Auf Antrag des Staatsanwalts oder eines der Ehegatten (§ 28 EheG)

Heilung:	**keine Heilung:**
Formmangel (§ 21/2 EheG)	Bigamie (§ 24 EheG)
Geschäftsunfähigkeit (§ 22/2 EheG)	Blutsverwandtschaft (§ 25 EheG)
Namens- und Staatsangehörigkeitsehe (§ 23/2 EheG)	

Abb. 12: Nichtigerklärung der Ehe

2. Aufhebung

Judikaturauswahl: 3 Ob 91/08s (HIV-Infektion).

389   Ein Ehegatte kann gem §§ 33, 34 EheG aus folgenden Gründen die – zum Unterschied von der Nichtigerklärung *ex nunc* wirkende – gerichtliche Aufhebung der Ehe verlangen:

a) ***Mangelnde Einwilligung seines gesetzlichen Vertreters*** (§ 35 EheG).
b) ***Irrtum über die Eheschließung*** *oder über die* ***Person*** des anderen Ehegatten (§ 36 EheG).
c) ***Irrtum über Umstände*** (zB schwerwiegende Charaktermängel), ***die die Person des anderen betreffen*** und die den Ehegatten bei Kenntnis der Sachlage und richtiger Würdigung des Wesens der Ehe davon abgehalten hätten (§ 37 EheG).

d) **Arglistige Täuschung** über Umstände, die den Ehegatten bei Kenntnis der Sachlage und richtiger Würdigung des Wesens der Ehe davon abgehalten hätten, wobei aber die Täuschung über Vermögensverhältnisse unbeachtlich ist (§ 38 EheG).

e) **Drohung** (§ 39 EheG), wobei es keine Rolle spielt, wer gedroht hat und ob der Ehegatte des Bedrohten von der Drohung wusste oder wissen musste.

Auch die **Aufhebungsgründe** können (idR durch Fortsetzung der Ehe nach Wegfall des Aufhebungsgrundes) **geheilt** werden (vgl §§ 35/2, 36/2, 37/2, 38/2, 39/2 EheG). Dafür ist es erforderlich, dass der aufhebungsberechtigte Ehegatte die aufhebungsbegründenden Tatsachen, ihre Tragweite und sein Aufhebungsrecht kennt.   **390**

Die Folgen der Aufhebung richten sich nach den **Scheidungsfolgen**, wobei – da für die Scheidungsfolgen das Verschulden eine wesentliche Rolle spielt – in den Fällen a–c derjenige als schuldig anzusehen ist, der den Aufhebungsgrund kannte, in den Fällen d und e derjenige, der getäuscht bzw gedroht hat (§ 42 EheG); zu den Klagefristen s §§ 40 f EheG.   **391**

Besonderes regelt § 43/2 EheG: Geht ein Ehegatte, nachdem der andere Ehegatte für tot erklärt worden ist, eine neue Ehe ein, so wird die frühere Ehe unabhängig davon aufgelöst, ob der für tot erklärte Ehegatte noch lebt oder nicht; vgl auch § 44/1 EheG.   **392**

3. Scheidung

Literaturauswahl: *Ch. Nowotny*, Ehescheidung und Unternehmensvermögen, ÖJZ 1988, 609, 650; *Ferrari-Hofmann-Wellenhof*, Ausgestaltung und Mangelhaftigkeit von Vereinbarungen im Zuge einer einvernehmlichen Scheidung, JBl 1992, 409; *Gruber*, Mitverschuldensantrag des Klägers bei Scheidung aus anderen Gründen? in *Harrer/Zitta* (Hg), Familie und Recht (1992) 565; *Harrer*, Verschuldensprinzip und Scheidungsrecht, in *Harrer/Zitta* (Hg), Familie und Recht (1992) 553; *Honsell*, Vermögensteilung nach der Scheidung und Billigkeit, in *Harrer/Zitta* (Hg), Familie und Recht (1992) 613; *Gitschthaler*, Zur Rückforderbarkeit zu Unrecht bezahlter Unterhaltsbeiträge, ÖJZ 1995, 652; *Wilhelm*, Scheidung auf österreichisch, ecolex 1998, 749; *Hinteregger*, Die Bedeutung der Grundrechte für das Privatrecht, ÖJZ 1999, 741; *Lammer*, Zum „Ruhen" des Unterhaltsanspruchs bei Eingehen einer Lebensgemeinschaft, ÖJZ 1999, 53; *Wilhelm*, Der Lebensbedarf des schuldig Geschiedenen, ecolex 1999, 378; *Battes*, Das österreichische Eherechts-Änderungsgesetz 1999, FS Henrich (2000) 13; *Lukasser*, Zum „ehrlosen oder unsittlichen Lebenswandel" im Sinne des § 74 EheG, ÖJZ 2000, 301; *Reischauer*, Unterhalt für die Vergangenheit und materielle Rechtskraft, JBl 2000, 421; *Battlogg*, Die Inflationskomponente im Unterhaltsrecht, AnwBl 2001, 313; *Brugger*, Die Barunterhaltspflicht eines vermögens- und einkommenslosen Elternteils gegenüber Kindern aus einer früheren Ehe, ÖJZ 2001, 11; *Fischer-Czermak*, Zum Unterhalt nach Scheidung bei gleichem und ohne Verschulden, NZ 2001, 254; *Gitschthaler*, Unterhaltsrecht (2001); *Stefula*, Der gemeinsame Hausbau bei der Auflösung von Ehe und Lebensgemeinschaft, JAP 2001/02, 138, 203; *P. Böhm/Fuchs*, Zum Eintritt der Rechtskraft und der zivilrechtlichen Wirkungen des Ehescheidungsbeschlusses, ÖJZ 2002, 628; *Spitzer*, Verlust des Ehegattenerbrechts durch Eröffnung des Scheidungsverfahrens? JBl 2003, 837; *Berka-Böckle*, Der verschuldensunabhängige Anspruch nach § 68a EheG – Neue Überlegungen zum Scheidungsunterhalt, JBl 2004, 223; *Schwimann/ Kolmasch*, Unterhaltsrecht[3] (2004); *Koch-Hipp*, Die einvernehmliche Scheidung – Voraussetzungen, Verfahren und Rechtskraft, FamZ 2006, 100; *dieselbe*, Das rechtliche Schicksal der Ehewohnung im Überblick, EF-Z 2007, 44; *Kolbitsch/Stabentheiner*, Überlegungen zu einer Reform des Eherechts, FamZ 2007, 149; *Linder*, Das Unternehmen in der Ehescheidung zwischen Ehe- und Gesellschaftsrecht, GesRZ 2007, 7; *B. Jud*, Nachehelicher Unterhalt und Privatstiftung, in *Eiselsberg* (Hg), Jahrbuch Stiftungsrecht 2008 (2008) 159; *Limberg*, Privatstiftung und Unterhalt, EF-Z 2008, 175; *M. Bauer*, Zum Ehegattenunterhalt zwischen Rechtskraft des Scheidungsausspruchs und Rechtskraft der Verschuldensentscheidung, iFamZ 2009, 354; *Hirsch*, Zur Höhe des nachehelichen Unterhalts in §§ 68, 69 Abs 3 und 69a Abs 2 EheG, EF-Z 2009, 204; *Siart/Dürauer*, Wie sind Wertpapiere und Kapitalerträge bei der Unterhaltsbemessung zu behandeln? iFamZ 2009, 343; *Nowack/Ganner*, Verfassungswidrigkeit des Betreuungsunterhalts und des Unterhaltsanspruchs des nicht verheirateten Ehegatten? iFamZ 2010, 68; *Schwarz*, Zum Ehegattenunterhalt infolge der Geburt eines nachehelichen Kindes, ÖJZ 2010, 499; *Deixler-Hübner*, Die Behandlung von Schenkungen zwischen Ehegatten im Aufteilungsverfahren, iFamZ 2011, 210.

Judikaturauswahl: 5 Ob 155/02h (Zulässigkeit der Ehescheidung – §§ 55 EheG); 4 Ob 278/02i (Erste OGH-E zur Unterhaltsbemessung nach § 68a EheG); 3 Ob 51/03a (Ehewohnung im Aufteilungsverfahren); 9 Ob 33/03y (Abwägung der Eheverfehlungen/Gewaltanwendung); 7 Ob 295/03p (Ehewohnung bei Tod); 1 Ob 212/03p (Ehewohnung bei Scheidung); 2 Ob 5/04f (Aufteilung ehelichen Gebrauchsvermögens und Scheidung); 10 Ob 92/04h (Heiratsgut und Unterhaltsbemessung); 1 Ob 88/05f (Steuerschulden bei ehelicher Vermögensaufteilung); 10 Ob 90/05s (Verjährung von Unterhalt); 2 Ob 193/06f (Beurteilung der Rechtsmissbräuchlichkeit iSd § 94/2 Satz 2 ABGB hat unter Berücksichtigung des § 68a/1 EheG zu erfolgen); 6 Ob 212/08g (Sittenwidrigkeit bei Beharren auf Unterhaltsverzicht unter Ausschluss der Umstandsklausel möglich); 3 Ob 134/09s (Unterhaltspflicht bei Geburt eines Kindes nach Scheidung); 7 Ob 7/10w (Gleichteiliges Verschulden, wenn das mindere Verschulden eines Ehegatten nicht fast völlig in den Hintergrund tritt); 2 Ob 31/10p (Gegenüberstellung von Eheverfehlungen in ihrer Gesamtheit); 6 Ob 87/10b (Zinshaus als Unternehmen unterliegt nicht der ehelichen Aufteilung); 7 Ob 221/10s (Verfristete Scheidungsgründe).

a) Scheidungsgründe

aa) Verschuldensscheidung

393 Ein Ehegatte kann Scheidung begehren, wenn der andere durch eine **schwere Eheverfehlung** oder durch **ehrloses oder unsittliches Verhalten** die Ehe schuldhaft so tief zerrüttet hat, dass die Wiederherstellung einer ihrem Wesen entsprechenden Lebensgemeinschaft nicht erwartet werden kann. Eine Zerrüttung der Ehe liegt vor, wenn die objektive Beendigung der Lebensgemeinschaft mindestens für einen der Ehegatten erkennbar ist. Eine Eheverfehlung ist schuldhaft, wenn ein Ehegatte gegen die ehelichen Pflichten verstößt und ihm sein Verhalten zurechenbar ist. Eine schwere Eheverfehlung liegt insb vor, wenn ein Ehegatte die Ehe gebrochen oder dem anderen körperliche Gewalt oder schweres seelisches Leid zugefügt hat. Die im Zusammenhang mit dem GewaltschutzG erfolgte Erwähnung körperlicher Gewalt bedeutet eine

Objektivierung dieser Eheverfehlung, die somit auch dann vorliegt, wenn im konkreten Fall körperliche Gewalt „milieubedingt" üblich ist (Rsp). Wer selbst eine Verfehlung begangen hat, kann die Scheidung nicht begehren, wenn nach der Art seiner Verfehlung, insb wegen des Zusammenhangs der Verfehlung des anderen Ehegatten mit seinem eigenen Verschulden – wenn also zB der eine die Ehe bricht und der andere daraufhin lieblos wird – sein Scheidungsbegehren bei richtiger Würdigung des Wesens der Ehe sittlich nicht gerechtfertigt ist (§ 49 EheG). Nach der Rsp sind überdies bei Vorliegen beiderseitiger Eheverfehlungen diese in ihrer Gesamtheit gegenüberzustellen (jahrelanges, respektloses und herabwürdigendes Verhalten vs Ehebruch: gleichteiliges Verschulden, vgl hierzu Rz 403).

bb) Scheidung aus anderen Gründen

• **Auf geistiger Störung beruhendes Verhalten**

Ein Ehegatte kann Scheidung begehren, wenn die Ehe infolge eines Verhaltens des anderen Ehegatten, das nicht als Eheverfehlung betrachtet werden kann, weil es auf einer geistigen Störung beruht (und somit nicht zurechenbar ist), so tief *zerrüttet* ist, dass die Wiederherstellung einer dem Wesen der Ehe entsprechenden Lebensgemeinschaft nicht erwartet werden kann (§ 50 EheG). Die geistige Störung als solche ist kein Scheidungsgrund, sondern das dadurch verursachte ehewidrige Verhalten des Ehegatten, das die Lebensgemeinschaft zerrüttet hat.   **394**

• **Geisteskrankheit**

Ein Ehegatte kann Scheidung begehren, wenn der andere geisteskrank ist, die Krankheit einen solchen Grad erreicht hat, dass die *geistige Gemeinschaft zwischen den Ehegatten aufgehoben* ist, und eine Wiederherstellung dieser Gemeinschaft nicht erwartet werden kann (§ 51 EheG). Die Scheidung hängt nicht davon ab, ob der geisteskranke Ehegatte ein ehewidriges Verhalten gesetzt hat.   **395**

• **Ansteckende oder ekelerregende Krankheit**

Ein Ehegatte kann Scheidung begehren, wenn der andere an einer schweren ansteckenden oder ekelerregenden Krankheit leidet und ihre *Heilung* oder die Beseitigung der Ansteckungsgefahr in absehbarer Zeit *nicht erwartet* werden kann (§ 52 EheG).   **396**

In den Fällen der §§ 50 bis 52 EheG darf die Ehe nicht geschieden werden, wenn das Scheidungsbegehren sittlich nicht gerechtfertigt ist. Dies ist in der Regel dann anzunehmen, wenn die Auflösung der Ehe den anderen Ehegatten außergewöhnlich hart treffen würde (sog *Härteklausel*). Ob dies der Fall ist, richtet sich nach den Umständen, namentlich auch nach der Dauer der Ehe, dem Lebensalter der Ehegatten und dem Anlass der Erkrankung (§ 54 EheG). Wenn sich daher ein Ehegatte zB anlässlich eines Ehebruchs eine   **397**

AIDS-Infektion zuzieht (§ 52 EheG), kommt die Klausel nicht zur Anwendung („Anlass der Erkrankung").

• **Auflösung der häuslichen Gemeinschaft**

398   Ist die häusliche Gemeinschaft der Ehegatten *seit drei Jahren* aufgehoben, so kann jeder Ehegatte wegen *tiefgreifender unheilbarer Zerrüttung* der Ehe deren Scheidung begehren. Auf ein Verschulden an der Zerrüttung kommt es nicht an. Wird die häusliche Gemeinschaft auch nur für kurze Zeit wiederaufgenommen, so beginnt die Frist bei neuerlicher Trennung erneut zu laufen. Dem Scheidungsbegehren ist nicht stattzugeben, wenn das Gericht zur Überzeugung gelangt, dass die Wiederherstellung einer dem Wesen der Ehe entsprechenden Lebensgemeinschaft zu erwarten ist. Dem Scheidungsbegehren ist auf Verlangen des beklagten Ehegatten auch dann nicht stattzugeben, wenn der Ehegatte, der die Scheidung begehrt, die Zerrüttung allein oder überwiegend verschuldet hat und den beklagten Ehegatten die Scheidung härter träfe als den klagenden Ehegatten die Abweisung des Scheidungsbegehrens (*Härteklausel*). Bei dieser Abwägung ist auf alle Umstände des Falles, besonders auf die Dauer der ehelichen Lebensgemeinschaft, das Alter und die Gesundheit der Ehegatten, das Wohl der Kinder sowie auch auf die Dauer der Aufhebung der häuslichen Gemeinschaft, Bedacht zu nehmen. Wirtschaftliche Gründe sind nur ausnahmsweise zu berücksichtigen, weil für den Unterhaltsanspruch des Geschiedenen auch nach der Scheidung § 94 gilt, s unten Rz 407. Dem Scheidungsbegehren ist aber jedenfalls stattzugeben, wenn die häusliche Gemeinschaft der Ehegatten *seit sechs Jahren* aufgehoben ist (§ 55 EheG). Es findet dann keine Interessensabwägung mehr statt.

• **Einvernehmliche Scheidung**

399   Ist die *eheliche Lebensgemeinschaft* (nicht unbedingt – wie oben bei § 55 EheG – die *häusliche Gemeinschaft*) der Ehegatten *seit mindestens einem halben Jahr* aufgehoben, gestehen beide die unheilbare Zerrüttung des ehelichen Verhältnisses zu (wird vom Gericht nicht nachgeprüft) und besteht zwischen ihnen Einvernehmen über die Scheidung, so können sie die Scheidung gemeinsam begehren (§ 55a/1 EheG). Die Ehe darf aber nur geschieden werden, wenn die Ehegatten eine schriftliche Vereinbarung über den hauptsächlichen Aufenthalt der Kinder oder die Obsorge, die Ausübung des Rechtes auf persönlichen Verkehr und die Unterhaltspflicht hinsichtlich ihrer gemeinsamen Kinder sowie ihre unterhaltsrechtlichen Beziehungen und die gesetzlichen vermögensrechtlichen Ansprüche im Verhältnis zueinander für den Fall der Scheidung dem Gericht unterbreiten oder vor Gericht schließen (§ 55a/2 EheG). Einer Vereinbarung bedarf es nicht, wenn über diese Fragen schon eine rechtskräftige gerichtliche Entscheidung vorliegt (§ 55a/3 EheG). Hinsichtlich des Rechtes auf persönlichen Verkehr mit gemeinsamen Kindern können die Ehegatten vereinbaren, dass sie sich die Regelung vorbehalten (§ 55a/2 letzter Satz EheG). Die Einigung der Ehegatten über die Scheidungsfolgen ist ein Vergleich.

b) Scheidungsausschluss

Die Verschuldensscheidung ist ausgeschlossen, wenn ein Ehegatte dem an- **400**
deren die Verfehlung verziehen oder sie nicht als ehestörend empfunden hat
(§ 56 EheG). Der Ehegatte kann nur höchstpersönlich verzeihen, eine Vertretung ist unzulässig. Die Verzeihung muss nicht wörtlich erfolgen, sondern kann
zB aus dem Verhalten des Ehegatten erkennbar sein. § 56 EheG lässt erkennen,
dass alle Eheverfehlungen nur *relative Scheidungsgründe* sind. Sie können
nur geltend gemacht werden, wenn sie die eheliche Gemeinschaft beeinträchtigt haben. Die Scheidung wird auch durch Verzicht ausgeschlossen. Der Verzicht kann sich aber nur auf bereits entstandene Scheidungsgründe beziehen,
sonst ist er nichtig.

Das Recht auf Scheidung erlischt auch, wenn die Klage *nicht fristgerecht* **401**
erhoben wurde. Die Frist beträgt sechs Monate ab Kenntnis des Scheidungs-
grundes. Sie läuft nicht, solange die häusliche Gemeinschaft der Ehegatten aufgehoben ist. Nach stRsp ist zudem fortgesetztes ehewidriges Verhalten als Einheit aufzufassen, so dass bei der Berechnung der Frist auf die letzte Handlung
abzustellen ist. Fordert der schuldige Ehegatte den anderen auf, die Gemeinschaft herzustellen oder die Klage auf Scheidung zu erheben, so läuft die Frist
vom Empfang der Aufforderung an. Unabhängig von der Kenntnis des Schei-
dungsgrundes ist die Klage verfristet, wenn seit dem Eintritt des Scheidungs-
grundes zehn Jahre verstrichen sind (§ 57 EheG). Verfristete Eheverfehlungen
können aber zur Unterstützung einer (auf eine andere Verfehlung gegründeten)
Scheidungsklage geltend gemacht werden (§ 59/2 EheG), was für den Ver-
schuldensausspruch Bedeutung erlangen kann (s dazu im Folgenden).

c) Scheidungsverschulden

Da wichtige Scheidungsfolgen (insb der Unterhalt) vom Verschulden ab- **402**
hängen, enthält das EheG diesbezüglich ausführliche Regelungen und unterscheidet dabei wiederum zwischen Scheidung aus Verschulden und aus anderen Gründen:

aa) Verschuldensscheidung

Wird die Ehe wegen *Verschuldens des Beklagten* geschieden, so ist dies **403**
im Urteil auszusprechen (§ 60/1 EheG). Hat der Beklagte Widerklage erhoben
(also auch seinerseits eine Scheidungsklage wegen Verschuldens eingebracht)
und wird die Ehe wegen *Verschuldens beider Ehegatten* geschieden, so sind
beide für schuldig zu erklären. Ist das Verschulden des einen Ehegatten erheblich schwerer als das des anderen, so ist zugleich auszusprechen, dass seine
Schuld überwiegt. Auch ohne Erhebung einer Widerklage ist auf Antrag des
Beklagten die *Mitschuld des Klägers* auszusprechen (sogenannter *Mitverschuldensantrag*), wenn die Ehe wegen einer Verfehlung des Beklagten geschieden wird und dieser zur Zeit der Erhebung der Klage oder später auf

Scheidung wegen Verschuldens hätte klagen können. Hatte der Beklagte bei der Klageerhebung das Recht, die Scheidung wegen Verschuldens des Klägers zu begehren, bereits verloren (zB wegen Verfristung), so ist dem Antrag gleichwohl stattzugeben, wenn dies der Billigkeit entspricht (§ 60 EheG).

bb) Scheidung aus anderen Gründen

404   Wird die Ehe auf Klage und Widerklage geschieden und trifft nur einen Ehegatten ein Verschulden, so ist dies im Urteil auszusprechen. Wird die Ehe lediglich auf Grund der Vorschriften der §§ 50 bis 52 EheG geschieden und hätte der Beklagte zur Zeit der Erhebung der Klage oder später auf Scheidung wegen Verschuldens des Klägers klagen können, so ist auch *ohne* Erhebung einer *Widerklage auf Antrag des Beklagten* auszusprechen, dass den Kläger ein Verschulden trifft. Hatte der Beklagte bei der Klageerhebung das Recht, die Scheidung wegen Verschuldens des Klägers zu begehren, bereits verloren, so ist dem Antrag gleichwohl stattzugeben, wenn dies der *Billigkeit* entspricht. Wird die Ehe nach § 55 EheG geschieden und hat der Kläger die Zerrüttung allein oder überwiegend verschuldet, so ist dies auf Antrag des Beklagten im Urteil auszusprechen (§ 61 EheG).

d) Scheidungsfolgen (zwischen den Ehegatten; zu den Kindern siehe unten Rz 447)

aa) Namensrecht

405   Grundsätzlich *behalten* die geschiedenen Ehegatten ihren *Ehenamen* (§ 62 EheG; Art II Z 1 EheRwG). Es kann jedoch dem Standesbeamten gegenüber erklärt werden, wieder einen früheren Namen anzunehmen (§ 72b PStG, § 93a). Ein von einem früheren Ehegatten aus einer geschiedenen oder aufgehobenen Ehe abgeleiteter Name darf nur dann wieder angenommen werden, wenn aus dieser Ehe Nachkommenschaft vorhanden ist (§ 93a).

bb) Unterhalt

aaa) Unterhaltstatbestände

406   Auch bezüglich des Scheidungsunterhalts unterscheidet das EheG konsequent zwischen Verschuldensscheidung und Scheidung aus anderen Gründen:

aaaa) Verschuldensscheidung

407   • *Unterhalt bei alleinigem oder überwiegendem Verschulden (§ 66 EheG)*:
Der allein oder überwiegend schuldige Ehegatte hat dem anderen, soweit dessen Einkünfte aus Vermögen (der Stamm des Vermögens bleibt unberücksichtigt) und die Erträgnisse einer Erwerbstätigkeit, die von ihm den Umständen (zB Ausbildung, Gesundheit, Alter, Kinder) nach erwartet werden kann, nicht ausreichen, den nach den Lebensverhältnissen der

Ehegatten *angemessenen Unterhalt* zu gewähren. Für die Einzelheiten der Unterhaltsbemessung – wie etwa Prozentsätze und Anspannungstheorie – gelten dieselben Grundsätze wie bei aufrechter Ehe (s daher oben Rz 385). Würde allerdings der allein oder überwiegend schuldige Ehegatte durch Gewährung des im § 66 EheG bestimmten Unterhalts bei Berücksichtigung seiner sonstigen Verpflichtungen den eigenen angemessenen Unterhalt gefährden, so braucht er nur so viel zu leisten, als es mit Rücksicht auf die Bedürfnisse und die Vermögens- und Erwerbsverhältnisse der geschiedenen Ehegatten der *Billigkeit* entspricht. Hat der Verpflichtete einem minderjährigen unverheirateten Kind oder bei Wiederverheiratung dem neuen Ehegatten oder eingetragenen Partner Unterhalt zu gewähren, so sind auch die Bedürfnisse und die wirtschaftlichen Verhältnisse dieser Personen zu berücksichtigen (§ 67/1 EheG). Zwischen dem geschiedenen und neuen Ehegatten herrscht Gleichrangigkeit. Überdies ist ein Ehegatte bei Gefährdung des eigenen Unterhalts von der Unterhaltspflicht ganz befreit, wenn der andere den Unterhalt aus dem Stamm seines Vermögens bestreiten kann (§ 67/2 EheG) oder soweit dessen Verwandte in der Lage sind, Unterhalt zu leisten (§ 71 EheG).

• *Unterhalt bei gleichem Verschulden (§ 68 EheG)*: Sind beide Ehegatten schuld an der Scheidung, trägt aber keiner die überwiegende Schuld, so gebührt prinzipiell keinem von beiden Unterhalt. Es kann aber dem Ehegatten, der sich nicht selbst erhalten kann, ein *Unterhaltsbeitrag* zugebilligt werden, wenn und soweit dies mit Rücksicht auf die Bedürfnisse und die Vermögens- und Erwerbsverhältnisse des anderen Ehegatten der *Billigkeit* entspricht. Die Beitragspflicht kann zeitlich beschränkt werden. Der Billigkeitsunterhalt liegt betraglich unter dem angemessenen Unterhalt nach § 66 EheG (in der Praxis bei ca 15 % des Nettoeinkommens des Beitragspflichtigen).

• *Unterhalt unabhängig vom Verschulden (§ 68a EheG)*: Soweit und solange einem geschiedenen Ehegatten auf Grund der *Pflege und Erziehung eines gemeinsamen Kindes* unter Berücksichtigung dessen Wohles nicht zugemutet werden kann, sich selbst zu erhalten, hat ihm der andere unabhängig vom Verschulden an der Scheidung (also insb auch bei alleinigem oder überwiegendem eigenen Verschulden) *Unterhalt nach dessen Lebensbedarf* – dieser liegt nach hA zwischen angemessenem Unterhalt nach § 66 EheG und Billigkeitsunterhalt nach § 68 EheG – zu gewähren. Die Unzumutbarkeit der Selbsterhaltung wird vermutet, solange das Kind das fünfte Lebensjahr noch nicht vollendet hat (*§ 68a/1 EheG*, s dort auch zur Befristung des Unterhalts). Hat sich ein Ehegatte während der Ehe auf Grund der einvernehmlichen Gestaltung der ehelichen Lebensgemeinschaft der *Haushaltsführung* sowie gegebenenfalls der *Pflege und Erziehung* eines gemeinsamen Kindes oder der *Betreuung* eines Angehörigen eines der Ehegatten gewidmet und kann ihm auf Grund des dadurch bedingten *Mangels an Erwerbsmöglichkeiten*, etwa wegen mangelnder beruflicher Aus- oder Fortbildung, der Dauer der ehelichen Lebensgemeinschaft, seines Alters oder seiner Gesundheit, nicht zugemutet werden, sich ganz oder zum Teil selbst zu erhalten, so hat ihm insoweit der andere Ehegatte unabhängig vom Verschulden an der Scheidung den *Unterhalt nach dessen Lebensbedarf* zu gewähren (*§ 68a/2 EheG*, s dort auch zur Befristung). Der Unterhaltsanspruch nach den Abs 1 und 2 vermindert sich oder besteht nicht, soweit die Gewährung des Unterhalts unbillig wäre, weil der Bedürftige einseitig besonders schwerwiegende Eheverfehlungen begangen oder seine Bedürftigkeit grob schuldhaft herbeigeführt hat oder ein gleich schwerwiegender Grund vorliegt, im Fall des Abs 2 auch, weil die Ehe nur kurz gedauert hat. Je gewichtiger diese Gründe sind, desto eher ist vom Bedürftigen zu verlangen, seinen Unterhalt durch die Erträgnisse einer anderen als einer zumutbaren Erwerbstätigkeit oder aus dem Stamm seines Vermögens zu decken.

bbbb) Scheidung aus anderen Gründen

408

- *mit Schuldausspruch*: Ist die Ehe nach den §§ 50 bis 52 EheG (wegen des auf einer geistigen Störung beruhenden Verhaltens, Geisteskrankheit oder ansteckender bzw ekelerregender Krankheit) geschieden und enthält das Urteil einen Schuldausspruch gem § 61 EheG, so gelten die §§ 66 und 67 EheG entsprechend (§ 69/1 EheG). Ist die Ehe nach § 55 EheG (Auflösung der häuslichen Gemeinschaft) geschieden worden und trifft den Kläger das Zerrüttungsverschulden (Ausspruch nach § 61/3 EheG), so gilt für den Unterhaltsanspruch des beklagten Ehegatten auch nach der Scheidung der § 94. Die Unterhaltsbemessung erfolgt dann also so, als wenn die Ehe nicht geschieden wäre. Dies hat für den Unterhaltsberechtigten zum einen den Vorteil, dass er – wenn er bisher nicht berufstätig war – grundsätzlich auch weiter nicht arbeiten muss (vgl demgegenüber § 66 EheG: zumutbare Erwerbstätigkeit), auf der anderen Seite ist es auch zu seinen Gunsten, dass bei der Bemessung des Unterhaltsanspruchs die Unterhaltspflicht des Verpflichteten für einen neuen Ehegatten grundsätzlich unberücksichtigt bleibt (§ 69/2 EheG). Der Unterhaltsanspruch des geschiedenen Ehegatten geht jenem des neuen Ehegatten vor, nur unter gewissen Umständen (zB Lebensalter, Gesundheit des geschiedenen und des neuen Ehegatten, Dauer des gemeinsamen Wohnens im selben Haushalt, das Wohl der Kinder) ist er nach Billigkeit zu berücksichtigen (§ 69/2 EheG). Ferner gebühren dem Berechtigten jedenfalls die Krankenversicherungsbeiträge.
- *ohne Schuldausspruch*: Enthält das Urteil keinen Schuldausspruch, so hat der Ehegatte, der die Scheidung verlangt hat, dem anderen Unterhalt zu gewähren, wenn und soweit dies mit Rücksicht auf die Bedürfnisse und die Vermögens- und Erwerbsverhältnisse der geschiedenen Ehegatten und der nach § 71 EheG unterhaltspflichtigen Verwandten des Berechtigten der *Billigkeit* entspricht (§ 69/3 EheG).

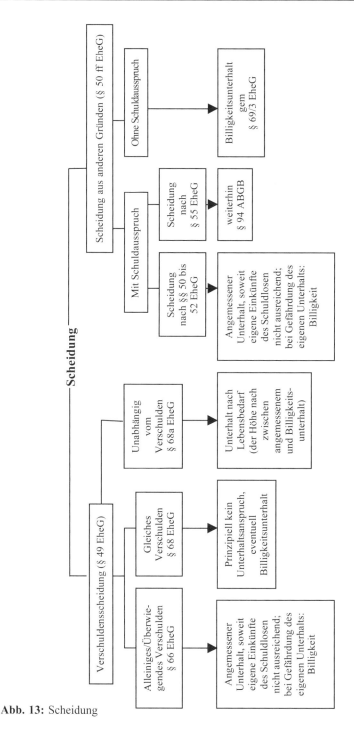

Abb. 13: Scheidung

bbb) Art der Unterhaltsgewährung

409   Der Unterhalt ist durch Zahlung einer *Geldrente monatlich im Voraus* zu gewähren. Statt der Rente kann der Berechtigte eine Abfindung in Kapital verlangen, wenn ein wichtiger Grund vorliegt und der Verpflichtete dadurch nicht unbillig belastet wird (§ 70 EheG).

410   Der unterhaltspflichtige *Ehegatte* haftet – außer im Fall des § 67 EheG (Gefährdung des eigenen Unterhalts) – *vor* den *Verwandten*. Diese haften also grundsätzlich nur insoweit, als kein Scheidungsunterhalt gebührt, aber auch dann, wenn ein solcher zusteht, die Durchsetzung im Inland jedoch ausgeschlossen oder erschwert ist. In diesem Falle geht der Anspruch des unterhaltsberechtigten Ehegatten gegen den unterhaltspflichtigen Ehegatten auf den Verwandten über, der den Unterhalt tatsächlich gewährt hat (§ 71 EheG). Zur Haftung Dritter, die der Unterhaltspflichtige beschenkt hat, s § 950.

411   Für die *Vergangenheit* kann der Berechtigte Erfüllung oder Schadenersatz wegen Nichterfüllung erst von der Zeit an fordern, in der der Unterhaltspflichtige in Verzug gekommen oder der Unterhaltsanspruch gerichtsanhängig geworden ist (§ 72 EheG). Die Einschränkung, dass die Geltendmachung grundsätzlich nur innerhalb einer Frist von einem Jahr zulässig ist, wurde vom Verfassungsgerichtshof wegen Gleichheitswidrigkeit – in Bezug auf die allgemeine dreijährige Verjährungsfrist für Unterhaltsansprüche im ABGB – aufgehoben.

ccc) Begrenzung, Wegfall und Vererblichkeit des Unterhaltsanspruchs

412   Ein Unterhaltsberechtigter, der infolge sittlichen Verschuldens bedürftig ist, kann nur den *notdürftigen Unterhalt* verlangen. Ein *Mehrbedarf*, der *durch grobes Verschulden* des Berechtigten herbeigeführt worden ist, begründet keinen Anspruch auf erhöhten Unterhalt (§ 73 EheG).

413   Zu einer *Verwirkung* des Unterhaltsanspruchs kommt es, wenn sich der Berechtigte nach der Scheidung einer schweren Verfehlung gegen den Verpflichteten schuldig macht (nach der Rsp diesbezüglich kein strenger Maßstab) oder gegen dessen Willen einen ehrlosen oder unsittlichen Lebenswandel (zB Prostitution) führt (§ 74 EheG). Der Unterhaltsanspruch *erlischt*, wenn der Berechtigte wieder *heiratet* (§ 75 EheG), während das Eingehen einer *Lebensgemeinschaft* nur zum *Ruhen* des Anspruchs führt (nach Beendigung daher Wiederaufleben); dies nach herrschender (aber fragwürdiger) Ansicht unabhängig davon, ob die Lebensgemeinschaft dem Berechtigten wirtschaftliche Vorteile bringt.

414   Während der Unterhaltsanspruch mit dem *Tod des Berechtigten* erlischt (vgl § 77 EheG), geht er bei *Tod des Verpflichteten* grundsätzlich (Ausnahme: Unterhaltsbeitrag gem § 68 EheG) als Nachlassverbindlichkeit auf dessen Erben über, die jedoch die Rente auf einen Betrag herabsetzen können, der bei Berücksichtigung ihrer Verhältnisse und der Ertragsfähigkeit des Nachlasses der Billigkeit entspricht (§ 78 EheG).

ddd) Unterhaltsvereinbarungen

Die Ehegatten können in den Schranken der *guten Sitten* vor, während **415** oder nach der Ehe Unterhaltsvereinbarungen treffen (§ 80 EheG). Soweit sich diese im Rahmen dessen halten, was auch von Gesetzes wegen gebühren würde, wird ein solcher Unterhalt auch wie ein gesetzlicher behandelt und unterliegt daher den oben (Rz 391 und 406 ff) dargelegten Regeln.

Die Unterhaltsvereinbarung kann auch in einem *Unterhaltsverzicht* beste- **416** hen. Die Judikatur hat freilich angenommen, dass ein solcher Verzicht (oder die Berufung darauf) insoweit sittenwidrig ist, als er sich auch auf den Unterhalt für den Fall unverschuldeter Not bezieht, was unter dem Gesichtspunkt der Vertragstreue (pacta sunt servanda) und der Rechtssicherheit (man ist trotz Verzichts uU noch Jahrzehnte später mit Unterhaltsansprüchen konfrontiert) eher fragwürdig erscheint, zumal der Verzicht oft als Ausgleich für die Scheidungsbereitschaft des anderen abgegeben wird und/oder Vorteile in anderen Bereichen (zB im Rahmen der Vermögensaufteilung) nach sich zieht.

eee) Vorbehaltsklausel (clausula rebus sic stantibus)

Jede Unterhaltsregelung (durch Urteil oder Vereinbarung) steht unter dem **417** *Vorbehalt geänderter Verhältnisse*, soweit dies nicht abbedungen wurde. Das heißt, dass grundsätzlich jeder (geschiedene) Ehegatte eine Neubemessung des Unterhalts verlangen kann, wenn sich die Bemessungsfaktoren (Bedarf und Einkommen) wesentlich und dauerhaft geändert haben. Wenn also zB der Unterhaltspflichtige – ohne Verletzung des Anspannungsgrundsatzes – *weniger* verdient, kann er eine entsprechende Herabsetzung seiner Unterhaltspflicht verlangen (nach Maßgabe der Prozentsätze, s oben). Verdient er umgekehrt *mehr* als zum Zeitpunkt der letzten Unterhaltsfestsetzung, kann der Berechtigte eine Erhöhung seines Unterhalts verlangen, partizipiert also an den steigenden Lebensverhältnissen des Verpflichteten. Dies ist zum einen deshalb problematisch, weil er – zum Unterschied von aufrechter ehelicher Lebensgemeinschaft – dazu nichts mehr beiträgt, auf der anderen Seite auch deshalb, weil es zum Unterschied vom Kindesunterhalt (dazu unten Rz 431 ff) keinerlei „Deckelung", also keine betragsmäßige Beschränkung der Unterhaltspflicht gibt. Wenn also der Unterhaltspflichtige durch geschicktes Wirtschaften Jahre oder Jahrzehnte nach der Scheidung ein Vielfaches seines damaligen Einkommens verdient, so profitiert auch der Berechtigte davon entsprechend, was aus den erwähnten Gründen rechtspolitisch abzulehnen ist.

cc) Aufteilung des ehelichen Gebrauchsvermögens und der Ersparnisse

aaa) Gegenstand der Aufteilung

Nach der Scheidung (Aufhebung, Nichtigerklärung) sind das eheliche Ge- **418** brauchsvermögen und die ehelichen Ersparnisse unter den Ehegatten aufzuteilen. Bei der Aufteilung sind die Schulden, die mit dem ehelichen Gebrauchsvermögen und den ehelichen Ersparnissen in einem inneren Zusammenhang stehen, in Anschlag zu bringen. *Eheliches Gebrauchsvermögen* sind die beweglichen oder unbeweglichen körperlichen Sachen, die während aufrechter ehelicher Lebensgemeinschaft dem Gebrauch beider Ehegatten gedient haben; hierzu gehören auch der Hausrat und die Ehewohnung. *Eheliche Ersparnisse* sind Wertanlagen, gleich welcher Art, die die Ehegatten während aufrechter ehelicher Lebensgemeinschaft angesammelt haben und die ihrer Art nach üblicherweise für eine Verwertung bestimmt sind (§ 81 EheG). Der Aufteilung unterliegen zB Spareinlagen, Wertpapiere, Geld, Liegenschaften, nicht aber zB Schadenersatzansprüche für Körperverletzung (Rsp). Die Bewertung der ehelichen Ersparnisse und des ehelichen Gebrauchsvermögens richtet sich nach dem Zeitpunkt der Auflösung der ehelichen Lebensgemeinschaft und nicht nach dem Zeitpunkt der Auflösung der Ehe, da nur die Vermögenswerte berücksichtigt werden sollen, die die Ehegatten gemeinsam erwirtschaftet haben.

419   *Ausgenommen von der Aufteilung* sind gem § 82 EheG Sachen, die

1. ein Ehegatte in die Ehe eingebracht, von Todes wegen erworben oder ihm ein Dritter geschenkt hat (*Gegenausnahme für Ehewohnung und Hausrat*, wenn diesbezüglich ein Bedarf eines Ehegatten oder eines gemeinsamen Kindes besteht oder die Einbeziehung bezüglich der Ehewohnung vereinbart wurde, „*opting-in*" – § 82/2 EheG),
2. dem persönlichen Gebrauch eines Ehegatten allein oder der Ausübung seines Berufes dienen,
3. zu einem Unternehmen gehören oder
4. Anteile an einem Unternehmen sind, außer es handelt sich um bloße Wertanlagen (zB Aktien).

bbb) Aufteilungsgrundsätze

420   Die Aufteilung soll so erfolgen, dass sich die Lebensbereiche der geschiedenen Ehegatten künftig möglichst wenig berühren (§ 84 EheG), und nach *Billigkeit* vorgenommen werden. Dabei kann auch das Scheidungsverschulden, das an sich keine Rolle für die Aufteilung spielt, relevieren werden. Insb ist aber auf Gewicht und Umfang des Beitrags jedes Ehegatten zur Anschaffung des ehelichen Gebrauchsvermögens und zur Ansammlung der ehelichen Ersparnisse sowie auf das Wohl der Kinder Bedacht zu nehmen. Als Beitrag sind auch die Leistung des Unterhalts, die Mitwirkung im Erwerb, soweit sie nicht anders abgegolten worden ist, die Führung des gemeinsamen Haushalts, die Pflege und Erziehung gemeinsamer Kinder und jeder sonstige eheliche Beistand zu werten (§ 83 EheG).

ccc) Einvernehmliche und gerichtliche Aufteilung

421   Die Ehegatten können die Aufteilung im Zusammenhang mit dem Scheidungsverfahren *einvernehmlich* regeln. Nach § 97 EheG bedürfen *Vorwegver-*

einbarungen in Bezug auf die Aufteilung ehelicher Ersparnisse oder der Ehewohnung zu ihrer Rechtswirksamkeit der Form eines Notariatsaktes; Vorwegvereinbarungen, die das übrige eheliche Gebrauchsvermögen betreffen, zumindest der Schriftform. Dabei kann das Gericht von einer Vereinbarung betreffend die ehelichen Ersparnisse und das Gebrauchsvermögen mit Ausnahme der Ehewohnung nur abweichen, soweit die Vereinbarung in einer Gesamtbetrachtung des in die Aufteilung einzubeziehenden Vermögens im Zeitpunkt der Aufteilungsentscheidung einen Teil unbillig benachteiligt, sodass ihm die Zuhaltung unzumutbar ist. Von der Vereinbarung hinsichtlich der Ehewohnung kann nur abgewichen werden, soweit der andere Ehegatte oder ein gemeinsames Kind seine Lebensbedürfnisse nicht hinreichend decken kann oder eine deutliche Verschlechterung seiner Lebensverhältnisse hinnehmen müsste. Dabei ist auf die Gestaltung der ehelichen Lebensverhältnisse, die Dauer der Ehe sowie darauf Bedacht zu nehmen, inwieweit der Vereinbarung eine rechtliche Beratung vorangegangen ist und in welcher Form sie geschlossen wurde.

Soweit die Ehegatten bezüglich der Aufteilung kein Einvernehmen erzielen, **422** kann jeder Ehegatte *innerhalb eines Jahres* nach Beendigung der Ehe (§ 95 EheG) einen *gerichtlichen Antrag* stellen (§ 85 EheG). Das Gericht kann dann im Rahmen der oben dargelegten Grundsätze verschiedenste Anordnungen treffen, um eine billige Aufteilung herbeizuführen. ZB kann die Übertragung von Eigentum an beweglichen körperlichen Sachen oder – ausnahmsweise (§ 90/1 EheG) – die Übertragung von Eigentum und sonstigen Rechten an unbeweglichen körperlichen Sachen von einem auf den anderen Ehegatten sowie die Begründung von dinglichen Rechten oder schuldrechtlichen Rechtsverhältnissen zugunsten des einen Ehegatten an unbeweglichen körperlichen Sachen des anderen angeordnet werden. Steht eheliches Gebrauchsvermögen allerdings im Eigentum eines Dritten, so ist für die Übertragung von Rechten und Pflichten an diesen Sachen dessen Zustimmung erforderlich (§ 86 EheG). Das Gericht kann auch anordnen, welcher Ehegatte im Innenverhältnis zur Tragung von Schulden verpflichtet ist (§ 92 EheG) und (billige) Ausgleichszahlungen anordnen, wenn die Aufteilung nicht realiter durchgeführt werden kann (§ 94 EheG).

Sondervorschriften bestehen insb für die *Kredithaftung* (§ 98 EheG) und **423** für die *Ehewohnung* (§§ 87 f EheG): Entscheidet das Gericht (§ 92 EheG) oder vereinbaren die Ehegatten (§ 97/5 EheG, gegebenenfalls § 55a/2 EheG), wer von beiden im Innenverhältnis zur Zahlung von *Kreditverbindlichkeiten*, für die beide haften, verpflichtet ist, so hat das Gericht auf Antrag mit Wirkung für den Gläubiger auszusprechen, dass derjenige Ehegatte, der im Innenverhältnis zur Zahlung verpflichtet ist, Hauptschuldner, der andere Ausfallsbürge wird. Für die *Ehewohnung* kann das Gericht anordnen, dass ein Ehegatte an Stelle des anderen in das der Benützung der Ehewohnung zugrunde liegende Rechtsverhältnis eintritt oder das bisher gemeinsame Rechtsverhältnis allein fortsetzt. Bei Ehewohnungen, die Dienstwohnungen sind, ist die Zustimmung des Dienstgebers erforderlich (§ 88/1 EheG). Die Übertragung des Eigentums oder des dinglichen Rechts an der Ehewohnung von einem auf den anderen Ehegatten kann durch Vereinbarung vorab ausgeschlossen werden, „*opting-out*" (§ 87/1 EheG).

ddd) Umgehung der Aufteilung

424   Hat ein Ehegatte ohne Zustimmung des anderen frühestens zwei Jahre vor Einbringung der Scheidungsklage oder, wenn die eheliche Lebensgemeinschaft vor Einbringung der Klage aufgehoben worden ist, frühestens zwei Jahre vor dieser Aufhebung eheliches Gebrauchsvermögen oder eheliche Ersparnisse in einer Weise verringert, die der Gestaltung der Lebensverhältnisse der Ehegatten während der ehelichen Lebensgemeinschaft widerspricht, so ist der ***Wert des Fehlenden in die Aufteilung einzubeziehen***. Es wird also fingiert, dass der das eheliche Vermögen schmälernde Ehegatte den Wert der Schmälerung bei der Aufteilung erhält. Wurde eheliches Gebrauchsvermögen oder wurden eheliche Ersparnisse in ein Unternehmen, an dem einem oder beiden Ehegatten ein Anteil zusteht, eingebracht oder für ein solches Unternehmen sonst verwendet, so ist der Wert des Eingebrachten oder Verwendeten ebenfalls in die Aufteilung einzubeziehen. Bei der Aufteilung ist jedoch zu berücksichtigen, inwieweit jedem Ehegatten durch die Einbringung oder Verwendung Vorteile entstanden sind und inwieweit die eingebrachten oder verwendeten ehelichen Ersparnisse aus den Gewinnen des Unternehmens stammten. Der Bestand des Unternehmens darf durch die Aufteilung nicht gefährdet werden (§ 91 EheG).

C. Kindschaftsrecht

I. Eheliche Kinder

Literaturauswahl: *Zankl*, Eigenmächtige Heilbehandlung und Gefährdung des Kindeswohls, ÖJZ 1989, 299; *Beig*, Das Familien- und Erbrechtsänderungsgesetz 2004 – Teil I Abstammungsrecht, JAP 2004/05, 57; *Rosenmayr*, Änderungen im Abstammungsrecht durch das FamErbRÄG 2004, NZ 2004, 360; *Fischer-Czermak*, Neueste Änderungen im Abstammungs- und Erbrecht, JBl 2005, 2; *Schwimann*, Neuerliche Abstammungsrechtsreform mit Ablaufdatum, NZ 2005, 33; *Stefula*, Zu den allgemeinen familiären Beistandspflichten, ÖJZ 2005, 609; *Ch. Zemanek*, Das erfolgreiche Abstammungsverfahren. Ein Überblick für die Praxis, iFamZ 2009, 337.

Judikaturauswahl: 5 Ob 11/11w (Zustimmung des Ehemannes zur Zeugung durch anderen Mann).

1. Abstammung des Kindes von Vater und Mutter

425   ***Mutter*** ist die Frau, die das Kind *geboren* hat (§ 137b). Dies gilt bei *medizinisch unterstützter Fortpflanzung* insb auch für den – in Österreich allerdings unzulässigen – Fall (§ 3 FMedG), dass die Frau einen Embryo austrägt, der nicht von ihr stammt. ***Vater*** (§ 138/1) ist der Mann, der zum Zeitpunkt der Geburt mit der Mutter verheiratet ist oder als Ehemann nicht früher als 300 Tage vor der Geburt des Kindes verstorben ist (Z 1), der Mann, der die Vaterschaft anerkannt hat (Z 2), oder der Mann, dessen Vaterschaft gerichtlich festgestellt wurde (Z 3).

Ein Kind ist ***ehelich***, wenn es während aufrechter Ehe oder längstens binnen 300 Tagen nach dem Tod des Ehemanns der Mutter geboren wird (§ 138c).

Den Status der Ehelichkeit erlangt das Kind auch, wenn es innerhalb von 300 **426** Tagen nach Scheidung, Aufhebung oder Nichtigerklärung der Ehe geboren und der frühere Ehemann als Vater festgestellt wird oder der frühere Ehemann die Vaterschaft anerkennt (§ 138d/1). Im Rahmen einer *medizinisch unterstützten Fortpflanzung* gilt das Kind bei homologer Insemination (wenn der Samen des Ehemannes verwendet wird) als ehelich, wenn der Ehemann schriftlich zugestimmt hat; bei heterologer Insemination (Samen eines Dritten) muss der Ehemann in qualifizierter Form sein Einverständnis erklären (Notariatsakt; die Zustimmung darf im Zeitpunkt der Einbringung von Samen, Eizellen oder entwicklungsfähigen Zellen in den Körper der Frau nicht älter als ein Jahr sein; § 8 FMedG) und kann die Ehelichkeit dann gem § 157 nicht bestreiten (anders nach der Rsp, wenn er der „natürlichen Zeugung" durch einen anderen Mann zugestimmt hat).

2. Feststellung der Nichtabstammung vom Ehemann der Mutter

Die nach § 138/1 Z 1 begründete Abstammung kann entweder vom Ehe- **427** mann der Mutter oder vom Kind durch einen *Antrag auf Feststellung der Nichtabstammung vom Ehemann* (§ 156) beseitigt werden (Mutter und biologischer Vater sind nicht antragslegitimiert). Die Abstammung vom Ehemann der Mutter kann aber auch dadurch aufgehoben werden, dass die *Vaterschaft eines anderen Mannes festgestellt* (§ 163b) oder ein *durchbrechendes Vaterschaftsanerkenntnis* (§ 163e/2) abgegeben wird. Auf das Abstammungsverfahren finden die Vorschriften des AußStrG Anwendung, die Klage- und Antragsrechte des Staatsanwalts in Ehelichkeitsbestreitungssachen existieren nicht mehr. Die Frist für die Bestreitung der Abstammung beträgt zwei Jahre ab Kenntnis der dafür sprechenden Umstände und ist ua gehemmt, solange der antragsberechtigten Person die Eigenberechtigung fehlt (§ 158). Anknüpfungspunkt für die Geschäftsfähigkeit in Abstammungsangelegenheiten ist die Eigenberechtigung sowie die Einsichts- und Urteilsfähigkeit der handelnden Personen (§ 138b). Später als 30 Jahre nach der Geburt des Kindes oder nach einer Änderung der Abstammung kann nur das Kind die Feststellung der Nichtabstammung beantragen (§ 158/3). Sind Minderjährige oder besachwaltete Personen einsichts- und urteilsfähig, dann können sie mit Zustimmung ihres gesetzlichen Vertreters selbst handeln. Wird der gesetzliche Vertreter tätig, muss auch die einsichts- und urteilsfähige Person einwilligen (gegenseitige Zustimmung erforderlich bei §§ 138d, 156/1, 163 und 163b).

3. Rechte und Pflichten der ehelichen Eltern

a) Allgemeines

Die Rechte und Pflichten der Eltern sind grundsätzlich *gleich* (§ 137/3). **428** Sie haben für die Erziehung ihrer minderjährigen Kinder zu sorgen, ihr Wohl zu fördern (§ 137/1) und dabei einvernehmlich vorzugehen (§ 144). Das damit angesprochene *Kindeswohl* bildet den Leitgedanken des gesamten Kindschaftsrechts. Sämtliche Entscheidungen der Eltern und/oder des Pflegschaftsgerichts haben sich daran zu orientieren. Bei Beurteilung des Kindeswohls sind die Persönlichkeit des Kindes und seine Bedürfnisse, besonders seine Anlagen, Fähigkeiten, Neigungen und Entwicklungsmöglichkeiten, sowie die Lebensverhältnisse der Eltern entsprechend zu berücksichtigen (§ 178a). Bei der Ausübung der Rechte und Pflichten ist zur Wahrung des Kindeswohls überdies alles zu unterlassen, was das Verhältnis des Minderjährigen zu anderen Personen, denen auch das Kind betreffende Rechte und Pflichten zukommen, beeinträchtigt oder die Wahrnehmung von deren Aufgaben erschwert (§ 145b). Dabei sind auch die nunmehr in der Bundesverfassung verankerten Rechte von Kindern (so insb auf Schutz und Fürsorge, auf regelmäßige persönliche Beziehungen und direkte Kontakte zu beiden Elternteilen sowie auf gewaltfreie Erziehung) zu berücksichtigen (BVG über die Rechte von Kindern).

428a   Das Kindeswohl ist dabei nicht nur von den Eltern zu beachten. Gemäß § 137/4 hat auch eine mit dem Elternteil und dessen minderjährigem Kind nicht nur vorübergehend im gemeinsamen Haushalt lebende *volljährige Person*, die in einem familiären Verhältnis zum Elternteil steht, alles den Umständen nach Zumutbare zu tun, um das *Kindeswohl zu schützen*. Dies gilt für den ehelichen wie auch für den nichtehelichen Partner (Ehegatten oder Lebensgefährten), aber auch zB für einen im gleichen Haushalt wohnenden Bruder des Elternteils (Onkel des Kindes), wobei beistandsberechtigt alleine das (eheliche oder uneheliche) Kind ist (keine Begründung von Pflichten zwischen Lebensgefährten).

429   Eltern und Kinder haben einander *beizustehen*, die Kinder ihren Eltern *Achtung* entgegenzubringen (§ 137/2). Diese *höchstpersönlichen Rechte und Pflichten* können – so wie jene zwischen Ehegatten (s oben Rz 383 ff) – zwar nicht klagsweise durchgesetzt werden, ihre Verletzung kann aber sonstige Konsequenzen auslösen, zB kann der Unterhalt bei qualifizierten Pflichtverletzungen reduziert werden (s unten Rz 432 ff).

430   Haben die Eltern einen gemeinsamen *Familiennamen*, so erhält das Kind diesen. Haben die Eltern keinen gemeinsamen Familiennamen, so erhält das Kind den Familiennamen, den die Eltern dem Standesbeamten gegenüber vor oder bei der Eheschließung in öffentlicher oder öffentlich beglaubigter Urkunde zum Familiennamen der aus der Ehe stammenden Kinder bestimmt haben. Hiezu können die Eltern nur den Familiennamen eines Elternteils bestimmen. Mangels einer Bestimmung erhält das Kind den Familiennamen des Vaters (§ 139). Ein minderjähriges Kind teilt den allgemeinen *Gerichtsstand* seiner Eltern. Haben die Eltern keinen gemeinsamen Gerichtsstand, teilt das Kind den Gerichtsstand jenes Elternteils, dessen Haushalt es angehört (§ 71 JN).

b) Unterhalt

Literaturauswahl: *Gitschthaler*, Kindesunterhalt im Licht der jüngsten Judikatur des OGH, ÖJZ 1992, 529; derselbe, Einige aktuelle Probleme des Kindesunterhaltsrecht, ÖJZ 1994, 10; *derselbe*, Zur Rückforderbarkeit zu Unrecht bezahlter Unterhaltsbeiträge, ÖJZ 1995, 652; *Hinteregger*, Die Bedeutung der Grundrechte für das Privatrecht, ÖJZ

1999, 741; *B. Jud*, Ausgewählte Rechtsfragen zu Heiratsgut und Ausstattung, NZ 1999, 37; *Hohloch*, Die Abänderung ausländischer Unterhaltstitel im Inland, DEuFamR 2000, 193; *Reischauer*, Unterhalt für die Vergangenheit und materielle Rechtskraft, JBl 2000, 421; *Rudolf*, Kindesunterhalt – Die Pflicht zur Deckung des Sonderbedarfs, ÖJZ 2000, 172; *Battlogg*, Die Inflationskomponente im Unterhaltsrecht, AnwBl 2001, 313; *Gitschthaler*, Unterhaltsrecht (2001); *Holzner*, Familienbeihilfe und Unterhalt, ÖJZ 2002, 444; *Hoyer*, Recht des Kindes auf Unterhalt über seine Bedürfnisse hinaus? FS Hausheer (2002) 421; *Gitschthaler*, Familienbeihilfe und deren Anrechnung auf Kindesunterhaltsansprüche, JBl 2003, 9; *Schwimann/Kolmasch*, Unterhaltsrecht[3] (2004); *G. Kodek*, Zur Unterhaltsbemessung im Konkurs, Zak 2006, 146; *Kolmasch*, Die aktuellen variablen Werte im Kindesunterhaltsrecht, Zak 2006, 8; *derselbe*, Zur Anspannung des Unterhaltsschuldners bei Auslandsbeziehungen, Zak 2006, 150; *Neuhauser*, Unterhaltsvorschüsse für Drittstaatsangehörige, Zak 2006, 143; *Stabentheiner*, Kindesunterhalt und Verfahrenshilfe, EF-Z 2006, 9; *Fischer-Czermak*, Patchworkfamilien: Reformbedarf im Unterhaltsrecht? EF-Z 2007, 50; *Haidvogl*, Die „Patchworkfamilie" nach österreichischem Recht, FamZ 2007, 109; *Kolmasch*, Die aktuellen variablen Werte im Kindesunterhaltsrecht, Zak 2007, 10; *Ch. Huber*, Scheinvaterregress wegen des Unterhalts für das Kuckuckskind – ab wann und wie lange zurück? iFamZ 2008, 244; *Siart/Dürauer*, Die Unterhaltsbemessung bei mehreren Einkunftsquellen, iFamZ 2008, 248; *dieselben*, Die Behandlung von Krediten bei der Unterhaltsbemessung, iFamZ 2008, 308; *W. Tschugguel*, Die Vererblichkeit der (vertraglichen oder gesetzlichen?) Unterhaltsschuld der Eltern, iFamZ 2008, 218; *Heiderer*, Kinderfreibetrag nach § 106a EStG und Unterhaltsbemessung, EF-Z 2009, 208; *Neuhauser*, Unterhalt und Konkurs, iFamZ 2009, 141; *Gröger*, Unterhaltsvorschuss nach dem FamRÄG 2009, EF-Z 2010, 16; *Gitschthaler*, Neue Betreuungsmodelle – neue Unterhaltsmodelle. Ein Diskussionsvorschlag: Das betreuungsrechtliche Unterhaltsmodell, EF-Z 2010, 172; *Garber*, Zur Vollstreckbarkeit eines Unterhaltstitels als Voraussetzung für die Gewährung von Unterhaltsvorschüssen, iFamZ 2011, 1; *Neuhauser*, Vollstreckbarkeit eines Unterhaltstitels und Bevorschussungsfähigkeit nach dem UVG, iFamZ 2011, 9.

Judikaturauswahl: 1 Ob 268/02x (Unterhaltsansprüche studierender Kinder); 7 Ob 91/02m (Berücksichtigung der Kinderbeihilfe bei Unterhaltsbemessung); 10 Ob 92/04h (Heiratsgut und Unterhaltsbemessung); 6 Ob 122/06v (Unterhalt für Studenten – Selbsterhaltungsfähigkeit mangels zielstrebiger Betreibung des Studiums schon vor Ablauf der durchschnittlichen Studiendauer); 1 Ob 4/08g (Selbstmordversuch); 2 Ob 67/09f (Obergrenze des Unterhalts ist im Einzelfall zu beurteilen); 1 Ob 160/09z (Schuldenregulierungsverfahren mindert nicht generell die Unterhaltspflicht, verstSenat); 3 Ob 144/10p („Unterhaltsstopp" ist bei Sonderbedarf höher anzusetzen).

aa) Kinder gegenüber Eltern

Die Eltern haben zur Deckung der ihren Lebensverhältnissen angemesse- **431** nen Bedürfnisse des Kindes unter Berücksichtigung seiner Anlagen, Fähigkeiten, Neigungen und Entwicklungsmöglichkeiten nach ihren Kräften (Anspannungsgrundsatz, s oben Rz 385) *anteilig* beizutragen, was aber nicht bedeutet, dass von jedem Elternteil genau die Hälfte des Unterhalts verlangt werden kann. Der Elternteil, der den Haushalt führt, in dem er das Kind betreut, leistet dadurch seinen Beitrag. Darüber hinaus hat er zum Unterhalt des Kindes beizutragen, soweit der andere Elternteil zur vollen Deckung der Bedürfnisse des Kindes nicht imstande ist oder mehr leisten müsste, als es seinen eigenen Lebensverhältnissen angemessen wäre. Der Anspruch auf Unterhalt mindert sich insoweit, als das Kind eigene Einkünfte hat oder unter Berücksichtigung seiner Lebensverhältnisse selbsterhaltungsfähig ist (§ 140). Gemäß § 42 KBGG ist im Bereich des Unterhaltsrechts das Kinderbetreuungsgeld nicht als Einkommen des Kindes oder eines Elternteils zu berücksichtigen (vgl hierzu auch § 12a FLAG und den damit verbundenen steuerrechtlichen Ausgleich bei verfassungskonformer Auslegung).

432   Die Praxis operiert auch bezüglich des Kindesunterhalts mit festen *Prozentsätzen*, die sich je nach Alter und Anzahl der Sorgepflichten grundsätzlich zwischen 16 % und 22 % (des Nettoeinkommens des Unterhaltspflichtigen – wobei nach nunmehriger Rsp auch ein Insolvenzverfahren die Unterhaltspflicht nicht generell mindert, verstSenat) – bewegen, allerdings zum Unterschied vom Ehegattenunterhalt nach oben hin begrenzt sind, nämlich mit dem 2½-fachen des jährlich nach Altersstufen bemessenen Regel- (Durchschnitts-)Bedarfs (sog *Playboygrenze*). Dieser „Unterhaltsstopp" wird von der Rsp mit der Vermeidung von pädagogisch schädlicher Überalimentierung begründet, weshalb die Grenze bei Sonderbedarf des Kindes uU höher anzusetzen ist. Die Prozentsätze werden vor allem dann relevant (bei aufrechter Haushaltsgemeinschaft gebührt der Unterhalt in natura), wenn das Kind – zB wegen Scheidung der Eltern oder Studium an einem anderen Ort – nicht im Haushalt des Unterhaltspflichtigen wohnt. In diesem Fall haben minderjährige Kinder nach dem *Unterhaltsvorschussgesetz* (UVG) Anspruch auf *Unterhaltsvorschüsse* gegen den Bund, wenn für den Unterhaltsanspruch ein vollstreckbarer Exekutionstitel besteht, wenn der *Unterhaltsschuldner* nach Eintritt der Vollstreckbarkeit den laufenden Unterhaltsbeitrag *nicht* zur Gänze *leistet* sowie das Kind glaubhaft macht (§ 11/2 UVG), einen Exekutionsantrag eingebracht zu haben, bzw eine Durchsetzung aussichtslos scheint (vgl im Detail §§ 3 f UVG sowie zum Verfahren § 10a UVG). Der Jugendwohlfahrtsträger vertritt das Kind diesbezüglich und hat auch die Hereinbringung der gewährten Vorschüsse beim Unterhaltsschuldner zu betreiben (§ 31 UVG).

433   Eigenes Einkommen (also Arbeitsentgelt und Vermögenserträgnisse) ist auf den Unterhalt anzurechnen, *reduziert* ihn also. Zu einer Reduktion auf den notdürftigen Unterhalt kommt es, wenn das Kind einen Enterbungsgrund setzt (Analogie zu § 795).

434   Auch der Kindesunterhalt ist im Sinne der *clausula rebus sic stantibus* (s dazu oben Rz 417) insofern variabel, als er einer (wesentlichen) Änderung jener Parameter angepasst werden kann, die der Unterhaltsbemessung zugrunde liegen (Bedarf des Unterhaltsberechtigten – Leistungsfähigkeit des Unterhaltspflichtigen). Eine solche Änderung wesentlicher Verhältnisse kann – innerhalb der Verjährungsgrenzen des § 1480 – *auch rückwirkend* geltend gemacht werden („pro praeterito non alitur" – kein Unterhalt für die Vergangenheit – wurde von der Judikatur aufgegeben).

435   Auf den Unterhaltsanspruch an sich – wohl aber auf einzelne Teilansprüche – kann nicht verzichtet werden. Der Unterhaltsanspruch endet mit *Selbsterhaltungsfähigkeit* des Kindes (§ 140/3). Diese deckt sich *nicht* mit der *Volljährigkeit*, sondern kann früher – wenn ein Kind schon vorher ausreichend verdient – oder später – wenn das Kind zB entsprechend seinen Anlagen und Fähigkeiten (s oben) studiert oder krankheitshalber bedürftig ist – enden.

Stirbt ein Elternteil, so geht die Unterhaltsverpflichtung bis zum Wert der **436** Verlassenschaft auf seine Erben über. In den Anspruch des Kindes ist alles einzurechnen, was es nach dem Erblasser durch eine vertragliche oder letztwillige Zuwendung, als gesetzliches Erbteil, als Pflichtteil oder durch eine öffentlich-rechtliche oder privatrechtliche Leistung erhält (§ 142).

• **Sonderfall: Ausstattung**

Die Eltern (subsidiär die Großeltern) haben ihren (Enkel-)Kindern bei **437** deren erstmaliger Verehelichung eine ihrem Vermögen entsprechende **Ausstattung** zu geben (§§ 1220 ff). Die nach Geschlecht getrennten Bestimmungen über das Heiratsgut (§§ 1218, 1219, 1224–1229), die Widerlage (§§ 1230, 1231) sowie die Morgengabe (§ 1232) existieren nicht mehr; die Bestimmungen über das Heiratsgut wurden an die allgemeine geschlechterindifferente Begrifflichkeit der Ausstattung angepasst. In der Praxis wird der Anspruch idR mit ca 25 % des Jahresnettoeinkommens des Ausstattungspflichtigen bemessen und verjährt in drei Jahren (§ 1486). Da diesbezüglich **unterhaltsrechtliche Grundsätze** gelten (§ 1220), besteht kein Ausstattungsanspruch, wenn das Kind über ausreichende eigene Mittel verfügt, ferner dann nicht, wenn die Heirat ohne Wissen oder gegen den (gerechtfertigten) Willen der Eltern erfolgt (§ 1222) oder wenn die Ausstattung schon einmal gegeben wurde. Das Kind kann darüber hinaus auf die Ausstattung verzichten. Aus der Anwendbarkeit unterhaltsrechtlicher Grundsätze folgt auch (§ 950), dass die Ausstattung bei unentgeltlicher Vermögensveräußerung (zB durch Schenkung oder Privatstiftung) im Umfang des Fehlenden vom Begünstigten verlangt werden kann (nach der Rsp nur bei Umgehungsabsicht).

bb) Kinder gegenüber Großeltern

Soweit die Eltern zur Leistung des Unterhalts nicht imstande sind, schul- **438** den ihn die Großeltern nach den **Lebensverhältnissen der Eltern** angemessenen Bedürfnissen des Kindes. Im Übrigen gilt § 140 sinngemäß; der Unterhaltsanspruch eines Enkels mindert sich jedoch auch insoweit, als ihm die **Heranziehung des Stammes** eigenen Vermögens zumutbar ist. Überdies hat ein Großelternteil nur insoweit Unterhalt zu leisten, als er dadurch bei Berücksichtigung seiner sonstigen Sorgepflichten den eigenen angemessenen Unterhalt nicht gefährdet (§ 141).

cc) Eltern und Großeltern gegenüber Kindern

Unter Berücksichtigung seiner Lebensverhältnisse ist das Kind seinen El- **439** tern und Großeltern gegenüber unterhaltspflichtig, soweit diese nicht imstande sind, sich selbst zu erhalten, und ihre Unterhaltspflicht gegenüber dem Kind nicht gröblich vernachlässigt haben. Die Unterhaltspflicht der Kinder steht der eines Ehegatten, eines früheren Ehegatten, von Vorfahren und von Nachkommen näheren Grades des Unterhaltsberechtigten im Rang nach (**Subsidiarität**). Mehrere Kinder haben den Unterhalt anteilig nach ihren Kräften zu leisten. Der Unterhaltsanspruch eines Eltern- oder Großelternteils mindert sich insoweit, als ihm die Heranziehung des Stammes eigenen Vermögens zumutbar ist. Überdies hat ein Kind nur insoweit Unterhalt zu leisten, als es dadurch bei Berücksichtigung seiner sonstigen Sorgepflichten den eigenen angemessenen Unterhalt nicht gefährdet (§ 143).

dd) Unterhaltsschutz gegenüber Dritten

440
- **§ 1 USchG**: Geht jemand, der gesetzlich zur Leistung von Unterhalt verpflichtet ist, keinem Erwerb nach und gewährt ihm ein Dritter in Kenntnis dieser Pflicht Unterhalt, ohne seinerseits hiezu gesetzlich verpflichtet zu sein, so haftet dieser dem Unterhaltsberechtigten als Bürge und Zahler. Diese Regelung gilt – zum Unterschied vom UVG (dazu oben Rz 432) – nicht nur für den Kindesunterhalt, sondern für jede Unterhaltspflicht.
- **§ 292e EO**: Erbringt ein Unterhaltsschuldner (gilt ebenfalls für jeden Unterhalt) in einem ständigen Verhältnis Arbeitsleistungen, die nach Art und Umfang üblicherweise vergütet werden, ohne oder gegen eine unverhältnismäßig geringe Gegenleistung, so gilt im Verhältnis des Unterhaltsberechtigten zum Arbeitgeber ein angemessenes Entgelt als geschuldet. Auf dieses kann der Unterhaltsberechtigte sodann im Wege der Exekution greifen.
- **§ 950**: „Wer jemanden den Unterhalt zu reichen schuldig ist, kann dessen Recht durch Beschenkung eines Dritten nicht verletzen. Der auf solche Art Verkürzte ist befugt, dem Beschenkten um die Ergänzung desjenigen zu belangen, was ihm der Schenkende nun nicht mehr zu leisten vermag."
- **Gesetzliche Informationspflichten** Dritter gegenüber dem Kind zwecks Geltendmachung von Unterhaltsansprüchen bestehen – da nicht einmal die Mutter zur Bekanntgabe des Vaters verpflichtet ist (§ 163a) – nicht (anders zuletzt die deutsche Judikatur: Auskunftspflicht eines Telekommanbieters in Bezug auf Name und Adresse des Kindesvaters, von dem die Mutter nach einem One-Night-Stand nur die Nummer seines Handyanschlusses hatte, den der Vater – nachdem ihm die Mutter die Schwangerschaft telefonisch mitgeteilt hatte – abmeldete, vgl den Fall „One-Night-Stand" auf checkmycase.com).

c) Obsorge

Literaturauswahl: *Pichler*, Probleme der gemeinsamen Obsorge, ÖJZ 1996, 92; *Kolbitsch*, Wider die gemeinsame Obsorge nach Scheidung, ÖJZ 1997, 326; *Mottl*, Alte und neue rechtliche Instrumente gegen Gewalt in der Familie, ÖJZ 1997, 542; *Beclin*,

Die wichtigsten Änderungen durch das Kindschaftsrechts-Änderungsgesetz 2001 (Kind-RÄG 2001), JAP 2001/02, 121; *Gründler*, Die gemeinsame Obsorge nach dem Kind-RÄG 2001, ÖJZ 2001, 701; *Hopf/Weitzenböck*, Schwerpunkte des Kindschafts-rechts-Änderungsgesetzes 2001, ÖJZ 2001, 485, 530; *Schwarzl*, Obsorge, Kuratel und Sachwalterschaft nach dem KindRÄG 2001, in Ferrari/Hopf (Hg), Reform des Kind-schaftsrechts (2001) 19; *Geimer*, Obsorgeregelung nach Scheidung der Eltern – Kind-RÄG 2001, JAP 2002/03, 72; *Barth-Richtarz*, 5 Jahre Obsorge beider Eltern – eine Bilanz, FamZ 2006, 43; *Kaller*, Europaweite Durchsetzung von Obsorge- und Besuchs-recht, FamZ 2006, 37; *Lehner/Neudecker*, Am Schauplatz „Obsorge beider Eltern", FamZ 2006, 48; *Jaksch-Ratajczak*, Von der Betrauung mit der Obsorge nach ABGB und JWG, EF-Z 2007, 85; *Maurer*, Der geschenkte Gaul – Eine Gesetzeslücke? RZ 2007, 68; *Nademleinsky*, Der internationale Obsorge- und Besuchsrechtsfall, EF-Z 2008, 258; *Stefula/Thunart*, Die Ausübung der elterlichen Obsorge durch Dritte, iFamZ 2009, 70; *Werderitsch*, Die Rolle der Sachverständigen im Obsorge- und Besuchsrechtsstreit, iFamZ 2009, 5; *Barth-Richtarz*, Neue empirische Ergebnisse zur gemeinsamen Obsor-ge, iFamZ 2010, 126; *Fischer-Czermak*, Beistandspflichten und Vertretung in Obsorge-angelegenheiten nach dem FamRÄG 2009, EF-Z 2010, 4; *M. Fuchs*, Die Rolle des Sachverständigen im Obsorge- und Besuchsrechtsstreit, iFamZ 2010, 12; *Ch. Miklau*, Gemeinsame Obsorge, Kindesentführung und VO Brüssel IIa, iFamZ 2010, 133; *Ver-schraegen*, Elterliche (Ob-)sorge – Regel und Ausnahme: Wer bestimmt, wer entschei-det? iFamZ 2010, 4; *Pesendorfer*, Die Durchsetzung des Besuchsrechts, iFamZ 2011, 64; *Volgger*, Die Hinderung eines Elternteils an der Obsorge. Unter besonderer Berück-sichtigung der Stellung des Stiefelternteils, EF-Z 2011, 90.

Judikaturauswahl: 2 Ob 17/02t (Legat von Wertpapieren für Minderjährigen); 4 Ob 68/02g (Obsorgeberechtigung nach dem KindRÄG 2001); 1 Ob 177/03s (Haftung des Pflegschaftsrichters/Veranlagung von Mündelgeld); 10 Ob 69/09h (Vorrang des Va-ters bei der Obsorgezuteilung nach dem Tod der alleine obsorgeberechtigten Mutter); 7 Ob 29/10f (Geldveranlagung in Gold nicht mündelsicher); 5 Ob 41/11g (Verbote und Aufträge an den Obsorgebetrauten setzen Kindeswohlgefährdung voraus); 8 Ob 46/11i (Genehmigung des Pflegschaftsgerichts bei Amtshaftungsklage).

aa) Allgemeines

Die Obsorge umfasst das Recht und die Pflicht, das Kind zu pflegen und **441** zu erziehen (unten Rz 443), sowie die Vertretung des Kindes (unten Rz 444 f) und die Verwaltung seines Vermögens (unten Rz 446). Die Eltern haben dabei *einvernehmlich* vorzugehen (§ 144). Nicht geregelt ist allerdings, was zu ge-schehen hat, wenn kein Einvernehmen erzielt werden kann. Zu denken ist al-lenfalls an § 176 (s unten unter Rz 449 f) oder an eine Mediation.

Dritte dürfen in die elterlichen Rechte nur insoweit eingreifen, als ihnen **442** dies durch die Eltern selbst, unmittelbar auf Grund des Gesetzes oder durch eine behördliche Verfügung gestattet ist (§ 137a). Ist ein Elternteil gestorben, ist sein Aufenthalt unbekannt oder ist ihm die Obsorge über das Kind entzo-gen, so ist der *andere Elternteil allein* mit der Obsorge betraut. Treffen diese Voraussetzungen auf den Elternteil zu, der mit der Obsorge alleine betraut ist, so hat das Gericht zu entscheiden, ob der andere Elternteil oder ob und wel-ches Großelternpaar (Großelternteil) oder Pflegeelternpaar (Pflegeelternteil) mit der Obsorge zu betrauen ist; letzteres gilt auch, wenn beide Elternteile be-troffen sind (§ 145). Das Gericht hat bei der Entscheidung das Wohl des Kindes zu beachten. Dabei sind seine Persönlichkeit und Bedürfnisse, besonders seine Anlagen, Fähigkeiten, Neigungen und Entwicklungsmöglichkeiten, sowie die Lebensverhältnisse der Eltern entsprechend zu berücksichtigen (§ 178a). Soweit weder Eltern noch Großeltern oder Pflegeeltern mit der Obsorge betraut werden können, hat das Gericht unter Beachtung des Kindeswohls eine andere geeignete Person mit der Obsorge zu betrauen (§ 187).

bb) Pflege und Erziehung

443   Die Pflege umfasst besonders die Wahrnehmung des *körperlichen Wohles* und der *Gesundheit* (zu medizinischen Behandlungen vgl §§ 146c und Rz 450), die unmittelbare *Aufsicht*, die *Erziehung*, besonders die Entfaltung der körperlichen, geistigen, seelischen und sittlichen Kräfte, die Förderung der Anlagen, Fähigkeiten, Neigungen und Entwicklungsmöglichkeiten des Kindes sowie dessen *Ausbildung in Schule* und *Beruf* (§ 146). Die Eltern bestimmen gemeinsam das *Religionsbekenntnis* des Kindes und können es auch einvernehmlich ändern; gegen den Willen des Kindes aber nur bis zu dessen zwölften Lebensjahr. Das mündige Kind kann sein Religionsbekenntnis frei wählen (vgl das BG über die religiöse Kindererziehung). Das Kind hat die Anordnungen der Eltern – auch in Bezug auf seinen *Aufenthalt* (§ 146b) – zu befolgen (§ 146a), die umgekehrt aber auch auf den Willen des Kindes angemessen Rücksicht nehmen müssen (§ 146/3) und die Anwendung von Gewalt und die Zufügung körperlichen und seelischen Leides zu unterlassen haben (§ 146a).

cc) Vertretung

444   Jeder Elternteil ist *für sich allein* berechtigt und verpflichtet, das Kind zu vertreten; seine Vertretungshandlung ist selbst dann rechtswirksam, wenn der andere Elternteil mit ihr nicht einverstanden ist. Es gilt also der Grundsatz: „wer zuerst kommt, mahlt zuerst". Die qualifizierte (also zB andauernde) Übergehung des anderen kann aber die Entziehung der Obsorge rechtfertigen oder uU sogar eine Eheverfehlung darstellen. Bei fehlender Geschäftsfähigkeit eines Elternteils fehlt auch dessen Vertretungsbefugnis (§ 145a). Im Rahmen der Beistandspflicht des Ehegatten im Hinblick auf die Ausübung der Obsorge für dessen Kinder (s oben Rz 384) ist auch der Ehegatte, der nicht selbst Vater oder Mutter des Kindes ist (Stiefelternteil), zur Vertretung des Ehegatten (nicht als gesetzlicher Vertreter des Kindes) in Obsorgeangelegenheiten des täglichen Lebens berechtigt (Erleichterung für sogenannte *Patchworkfamilien*, § 90/3).

445   Bestimmte Vertretungshandlungen und Einwilligungen (zB vorzeitige Lösung eines Lehr-, Ausbildungs- oder Dienstvertrages) bedürfen der Zustimmung *beider* Elternteile, besonders wichtige Maßnahmen (zB Veräußerung oder Belastung von Liegenschaften, Erbverzichte) überdies *pflegschaftsgerichtlicher Genehmigung* (§ 154). Im zivilgerichtlichen Verfahren ist nur ein Elternteil allein zur Vertretung des Kindes berechtigt (vgl § 154a).

dd) Verwaltung

Die Eltern haben das **Vermögen** des Kindes sorgfältig (es gilt ein objekti- **446** ver Sorgfaltsmaßstab „ordentlicher" Eltern) zu verwalten und es dabei in seinem Bestand zu erhalten und nach Möglichkeit zu **vermehren**; Geld ist nach den Vorschriften über die Anlegung von Mündelgeld anzulegen (vgl dazu §§ 230 ff). Aus dem Stamm des Vermögens sind jedenfalls die Kosten der Verwaltung und die fälligen Zahlungen zu berichtigen; weiters auch die Kosten des Unterhalts, soweit das Kind zur Heranziehung seines Vermögens verpflichtet ist (dazu oben Rz 433) oder seine Bedürfnisse nicht in anderer Weise gedeckt sind (§ 149). Einkünfte aus dem Vermögen können jedenfalls zur Deckung des Unterhaltes des Kindes herangezogen werden (§ 140/3). Solange ein Elternteil nicht voll geschäftsfähig ist, hat er nicht das Recht, das Vermögen des Kindes zu verwalten (§ 145a).

ee) Trennung der Eltern

Bei Auflösung der Ehe oder dauerhafter Trennung der Ehegatten bleibt die **447** **Obsorge beider Eltern** zunächst aufrecht, und sie können eine – gerichtlich zu genehmigende – Vereinbarung darüber treffen, ob dies weiter so bleibt oder ein Elternteil allein die Obsorge erhält. Im Fall der Obsorge beider Elternteile kann diejenige eines Elternteils auf bestimmte Angelegenheiten beschränkt werden. In jedem Fall einer *gemeinsamen Obsorge* haben die Eltern dem Gericht eine **Vereinbarung** darüber vorzulegen, **bei welchem Elternteil** sich das Kind hauptsächlich aufhalten soll. Dieser Elternteil muss immer mit der gesamten Obsorge betraut sein. Entspricht die Vereinbarung dem Wohl des Kindes, hat das Gericht sie zu genehmigen (§ 177). Kommt eine Vereinbarung nicht zustande oder widerspricht sie dem Kindeswohl, so entscheidet das Gericht, wem in Hinkunft die **alleinige Obsorge** zukommt (§ 177a). Das Gericht hat ebenso zu entscheiden, wenn ein Elternteil die Aufhebung der gemeinsamen Obsorge beantragt (§ 177a/2). Diese Regelungen finden auch dann Anwendung, wenn die Eltern während der Ehe nicht bloß vorübergehend getrennt leben (§ 177b).

ff) Beendigung und Entziehung der Obsorge

Zum Unterschied von der Unterhaltspflicht (s oben Rz 431 ff) endet die **448** Obsorge mit **Volljährigkeit** des Kindes. Der gesetzliche Vertreter hat dem volljährig gewordenen Kind dessen Vermögen, Urkunden und Nachweise zu übergeben (§ 172).

Die Obsorge kann allerdings schon vorher **vom Pflegschaftsgericht** je nach **449** Lage des Falles einem oder beiden Elternteilen ganz oder teilweise **entzogen** werden, wenn das Kindeswohl gefährdet ist oder die Eltern in wichtigen Angelegenheiten kein Einvernehmen erzielen (§ 176). Wenn eine gesetzlich vorgesehene Einwilligung der Eltern nicht vorliegt, kann diese durch das Gericht ersetzt werden, es sei denn, es liegen berechtigte Gründe für eine Weigerung vor (§ 176/1). Das Gericht darf die Obsorge nur so weit beschränken, als dies zur Sicherung des Wohles des Kindes nötig ist (§ 176b). Die gänzliche Entziehung der Pflege und Erziehung oder der Verwaltung des Vermögens des Kindes schließt die Entziehung der gesetzlichen Vertretung im jeweiligen Bereich mit ein (§ 176/3). Das Gericht agiert hierbei ganz im Sinne des Kindeswohls von Amts wegen (arg „von wem immer es angerufen wird", § 176/1) sowie auch über Antrag (zur Antragslegitimation s § 176/2).

d) Informations- und Äußerungsrechte

Literaturauswahl: *Prietl/Leeb*, Die Mindestrechte des nicht Obsorgeberechtigten (§ 178 ABGB), ÖJZ 1995, 613.

450   Soweit einem Elternteil die Obsorge nicht zukommt, hat er grundsätzlich das Recht auf *persönlichen Verkehr* (unten Rz 451) und das Recht, von wichtigen Angelegenheiten, die die Person des Kindes betreffen, insb von beabsichtigten Maßnahmen nach § 154/2 und 3 vom Obsorgeberechtigten rechtzeitig *verständigt* zu werden und *sich* zu diesen in angemessener Frist zu *äußern*. Die Äußerung ist zu berücksichtigen, wenn der darin ausgedrückte Wunsch dem Wohl des Kindes besser entspricht. Kommt der mit der Obsorge betraute Elternteil seiner Informationspflicht nicht nach, kann das Gericht angemessene Verfügungen treffen. Das Gericht kann die Informations- und Äußerungsrechte beschränken und sogar entziehen, wenn ihre Wahrnehmung in rechtsmissbräuchlicher Absicht oder auf unzumutbare Art und Weise erfolgt, schließlich wenn das Wohl des Kindes ernsthaft gefährdet erscheint (§ 178).

e) Persönlicher Verkehr

Literaturauswahl: *Hopf/Weitzenböck*, Schwerpunkte des Kindschaftsrechts-Änderungsgesetzes 2001, ÖJZ 2001, 485, 530; *Wallisch*, Der „andere Elternteil" und das Besuchsrecht (KindRÄG 2001), ÖJZ 2002, 487; *Kaller*, Europaweite Durchsetzung von Obsorge- und Besuchsrecht, FamZ 2006, 37; *Nademleinsky*, Der persönliche Verkehr zwischen Kind und „Dritten", ÖJZ 2006, 275.

Judikaturauswahl: 3 Ob 10/09f (Besuchsrecht); 7 Ob 8/09s (Besuchspflicht); 8 Ob 59/09y (Verpflichtung der Mutter, auf eine positive Einstellung des Kindes zu den Besuchskontakten des Vaters hinzuwirken); 4 Ob 8/11x (Schadenersatzpflicht des obsorgeberechtigten Elternteils wegen Vereitelung von Besuchskontakten).

451   Lebt ein Elternteil mit dem Kind *nicht* im *gemeinsamen Haushalt* (zB infolge Scheidung), so haben das Kind und dieser Elternteil das Recht (zu den Großeltern bzw Dritten vgl § 148/3 und § 148/4), miteinander *persönlich zu verkehren* (§ 148/1 – *Besuchsrecht*). Die Einzelheiten richten sich nach entsprechender Vereinbarung, mangels einer solchen nach der Anordnung des Pflegschaftsgerichts, das das Recht uU auch einschränken oder untersagen kann (§ 148/2; zur möglichen Gewährung von Besuchsbegleitung s § 111 AußStrG). Umgekehrt kann auch dem Obsorgeberechtigten ua aufgetragen werden, darauf hinzuwirken, dass das Kind eine positive Einstellung zu den Besuchskontakten des anderen Elternteils behält (Rsp). In diesem Zusammenhang kann nach jüngster Rsp die schuldhafte Verletzung der Pflicht nach § 145b (s hierzu oben Rz 428) zu Schadenersatzansprüchen führen (Ersatz der Kosten des Besuchsrechtsverfahrens bei Vereitelung des Besuchsrechts). Lehnt ein Elternteil den persönlichen Verkehr grundlos ab, so verliert er seine Äußerungsrechte nach § 178 (s oben Rz 450) und gem § 773a/3 das Recht auf Pflichtteilsminderung (dazu unten Rz 550 ff).

II. Uneheliche Kinder

Literaturauswahl: *Beig*, Das Familien- und Erbrechtsänderungsgesetz 2004 – Teil I Abstammungsrecht, JAP 2004/05, 57; *Rosenmayr*, Änderungen im Abstammungsrecht durch das FamErbRÄG 2004, NZ 2004, 360; *Fischer-Czermak*, Neueste Änderungen im Abstammungs- und Erbrecht, JBl 2005, 2; *Schwimann*, Neuerliche Abstammungsrechtsreform mit Ablaufdatum, NZ 2005, 33.

Judikaturauswahl: 5 Ob 18/05s (Bewilligung der Erwachsenenadoption); 9 Ob 76/07b (Antrag auf „Vätertausch" nach § 163b ABGB für das Kind zeitlich unbeschränkt); 4 Ob 201/07y (Verjährung des Bereicherungsanspruchs des Unterhaltsschuldners); 3 Ob 134/08i (Unterhaltsregress des Scheinvaters für die gesamte Dauer der erbrachten Leistungen); 2 Ob 74/10m (Ansprüche des Scheinvaters gegen den biologischen Vater, Verwendungs- und Unterhaltsanspruch).

1. Feststellung der Vaterschaft

Der gesetzliche Vertreter hat *dafür zu sorgen*, dass die Vaterschaft festgestellt wird, es sei denn, dass dies für das Wohl des Kindes *nachteilig* ist oder die Mutter von ihrem *Recht* Gebrauch macht, den *Namen des Vaters nicht bekanntzugeben* (§ 163a). Die Vaterschaft zu einem unehelichen Kind kann entweder durch gerichtliche Feststellung gem § 163 oder durch Anerkenntnis (§§ 163c, 138d) begründet werden: **452**

a) Feststellung durch Gerichtsbeschluss

Sowohl der Mann, der Verantwortung für das Kind übernehmen will, als auch das Kind können in einem gerichtlichen Verfahren die *Feststellung der Abstammung* beantragen (§ 163/1). Da das Abstammungsverfahren zur Gänze in das Außerstreitverfahren überstellt wurde, entscheidet das Gericht mit Beschluss und nicht durch Urteil. Für den Fall, dass eine genetische Abstammungsfeststellung nicht möglich ist, kann sich das Kind auf die *widerlegbare Beiwohnungsvermutung* berufen (§ 163/2). Demnach ist der Mann als Vater des Kindes festzustellen, der der Mutter während der kritischen Zeit (180–300 Tage vor der Geburt) beigewohnt hat (zur Feststellung der Vaterschaft bei einer medizinisch unterstützten Fortpflanzung s § 163/3 und 4). Der vermutete Vater müsste nun den Gegenbeweis erbringen, dass das Kind nicht von ihm abstammt; er trägt die Beweislast zur Widerlegung der Vaterschaftsvermutung. Es reicht daher nicht aus, die höhere Wahrscheinlichkeit der Vaterschaft eines anderen Mannes vorzubringen. Die Feststellung der Vaterschaft durch die Bei- **453** wohnungsvermutung ist aber im Fall des Todes des mutmaßlichen Vaters mit zwei Jahren begrenzt (§ 163/2 S 2). Diese zeitliche Beschränkung gilt nicht, wenn das Kind beweisen kann, dass ihm auf Grund von Umständen, die in der Sphäre des Mannes liegen, der Abstammungsbeweis nicht gelungen ist (*„flüchtige Männer"*).

454 Steht bereits die Vaterschaft eines Mannes fest, hat das Kind trotzdem die (zeitlich unbeschränkte) Möglichkeit, die Feststellung der Vaterschaft eines anderen Mannes zu beantragen (§ 163b, *„Vätertausch"*). Es wird dem Kind ein subjektives Recht auf Beseitigung einer bereits nach welchem Rechtsgrund auch immer bestehenden Abstammung eingeräumt. Ist das Kind noch nicht eigenberechtigt, wird es bei der Antragstellung von der Mutter vertreten. Dem Mann, der behauptet, der biologische Vater eines Kindes zu sein, wird aus Gründen des Schutzes der „sozialen Familie" kein Antragsrecht nach § 163b zuerkannt, damit er sich nicht in die Familie gegen den Willen aller übrigen hineindrängen kann.

b) Anerkenntnis

455 Neben der gerichtlichen Feststellung des Vaters kann ein Mann auch die **Vaterschaft anerkennen** (§ 163c), wogegen Kind und Mutter binnen zwei Jahren ab Kenntnis von der Rechtswirksamkeit des Anerkenntnisses bei Gericht Widerspruch erheben können. Die Anerkenntniserklärung muss persönlich abgegeben werden. Ihre *Rechtsunwirksamkeit* ist ua dann festzustellen, wenn dagegen Widerspruch erhoben wurde (es sei denn, es wurde der positive Abstammungsbeweis erbracht, § 164/1 Z 2), das Anerkenntnis den Formvorschriften nicht entspricht (§ 164/1 Z 1) oder auf Antrag des Anerkennenden zB dann, wenn er beweist, dass das Anerkenntnis durch List, Furcht oder Irrtum über die Abstammung des Kindes veranlasst wurde (§ 164/1 Z 3). Trotz bestehender Vaterschaft eines Mannes kann das Anerkenntnis eines anderen Mannes wirksam werden (*„vaterschaftsdurchbrechendes Anerkenntnis"*, § 163e), vorausgesetzt, die Mutter bezeichnet den Anerkennenden als Vater und das Kind (falls minderjährig, vertreten durch den Jugendwohlfahrtsträger) stimmt zu. Die Bezeichnung des Mannes als Vater durch die Mutter ist nur so lange Wirksamkeitsvoraussetzung, als das Kind noch nicht eigenberechtigt ist. Sowohl die Mutter (sofern sie den Mann nicht als Vater bezeichnet hat) als auch der noch feststehende Vater können gegen dieses durchbrechende Anerkenntnis Widerspruch erheben (§ 163e/3). Nach einem solchen hat der Anerkennende das Recht, die Abstammung des Kindes von ihm feststellen zu lassen. Rechtshandlungen im Zusammenhang mit der Feststellung der Abstammung, deren Änderung sowie die Feststellung der Nichtabstammung können grundsätzlich nach dem Tod der betroffenen Person von den Rechtsnachfolgern oder gegen diese vorgenommen werden, dh das Kind kann zB gegen die Erben des mutmaßlichen Vaters den Antrag auf Feststellung der Abstammung richten (§ 138a/2; Einschränkung: keine Rechtsnachfolge beim Widerspruch der Mutter und bei der Bezeichnung des Vaters durch die Mutter).

Der Vater ist verpflichtet, der Mutter alle **Kosten** der Entbindung zu erset- **456** zen und ihr für die ersten sechs Wochen nach der Entbindung Unterhalt zu gewähren (§ 168).

Nach der Rsp kann der vermeintliche Vater („*Scheinvater*") seinen ge- **456a** samten geleisteten Unterhaltsaufwand ohne Beschränkung der Dauer der erbrachten Leistungen vom tatsächlichen Vater bereicherungsrechtlich (nach § 1042) zurückverlangen, wobei die Verjährung des Anspruchs eines aufgrund eines Vaterschaftsanerkenntnisses feststehenden unehelichen Vaters gegen den leiblichen Vater nicht vor der rechtskräftigen Beseitigung des Anerkenntnisses beginnen kann.

	Eheliche Kinder	**Uneheliche Kinder**
Begründung der Vaterschaft	§ 138/1 (Geburt während der Ehe oder innerhalb 300 Tagen nach Tod des Ehemannes)	§ 163 (Gerichtsbeschluss) oder § 163c (Anerkenntnis)
Änderung der Vaterschaft	§ 156 (Nichtabstammung vom Ehemann der Mutter)	
	§ 163b (Vätertausch)	
	§ 163e (durchbrechendes Vaterschaftsanerkenntnis)	

Abb. 14: Begründung/Änderung der Vaterschaft

2. Rechte und Pflichten unehelicher Eltern

Das Kind erhält den Familiennamen der Mutter (§ 165), und auch die Ob- **457** sorge für das uneheliche Kind kommt der **Mutter allein** zu. Im Übrigen gelten, soweit nicht anderes bestimmt ist, die das eheliche Kind betreffenden Bestimmungen über den Unterhalt und die Obsorge auch für das uneheliche Kind (§ 166). Zur Vertretungsbefugnis des Ehegatten bezüglich der (auch unehelichen) Kinder des anderen s § 90/3, Rz 444; sowie zur Förderungspflicht des Kindes § 137/4, Rz 428a.

Leben die Eltern in **häuslicher Gemeinschaft**, so können sie vereinbaren, **458** dass beide Teile mit der Obsorge betraut sind. Das Gericht hat eine solche Vereinbarung zu genehmigen, wenn sie dem Kindeswohl entspricht (§ 167/1). Auch wenn die Eltern **nicht in häuslicher Gemeinschaft** leben, können sie vereinbaren, dass auch der Vater ganz oder in bestimmten Angelegenheiten mit der Obsorge betraut ist, wenn sie dem Gericht eine Vereinbarung darüber vorlegen, bei welchem Elternteil sich das Kind hauptsächlich aufhalten soll. Soll sich das Kind hauptsächlich beim Vater aufhalten, so muss auch dieser immer mit der gesamten Obsorge betraut sein. Wiederum hat das Gericht die Vereinbarung zu genehmigen, wenn sie dem Wohl des Kindes entspricht (§ 167/2).

III. Legitimierte Kinder

459   Durch *Eheschließung* ihrer bislang unehelichen Eltern (§ 161) oder durch *Begünstigung des Bundespräsidenten* (§ 162) werden uneheliche Kinder *ehelich* (vgl §§ 162a–162d). Für die Legitimation durch die nachfolgende Heirat ist keine besondere Willenserklärung erforderlich. Sie tritt automatisch mit der Eheschließung ein. Wenn die Vaterschaft erst nach der Eheschließung festgestellt wird, berührt dies die für das Kind gesetzten Vertretungshandlungen nicht (§ 161/2). Wird ein Kind legitimiert, erhält es den gemeinsamen Familiennamen der Eltern (§ 162a/1).

IV. Adoptivkinder (Wahlkinder)

Literaturauswahl: *Schwimann*, Das österreichische Adoptionsrecht nach seiner Reform, FamRZ 1973, 345; *derselbe*, Auslandsadoptionen im autonomen Kollisionsrecht Österreichs, FS Sonnenberger (2004) 651; *Verschraegen*, Kleiner Streifzug durch das österreichische Adoptionsrecht, FS Schwab (2005) 1481; *Weitzenböck*, Das neue materielle und formelle Recht der Abstammung und der Adoption – ein Überblick, ÖStA 2005, 68, 84.

Judikaturauswahl: 5 Ob 18/05s (Erwachsenenadoption); 6 Ob 179/05z (Adoption des unehelichen Kindes); 6 Ob 62/06t (Adoption durch Gleichgeschlechtliche); 2 Ob 129/06v (Gefährdung des Kindeswohls bei „Inkognitoadoption").

1. Allgemeines

460   Durch die Adoption soll zwischen Annehmenden und Wahlkind ein Rechtsverhältnis hergestellt werden, das *jenem zwischen leiblichen Eltern und Kind* ähnlich ist.

461   Die Annahme an Kindes Statt kann durch eigenberechtigte Personen (also nicht durch Minderjährige oder besachwaltete Personen) erfolgen, die nicht – wie zB katholische Geistliche – „den ehelosen Stand feierlich gelobt haben" (§ 179/1). Die Adoption durch zwei Personen ist nur zulässig, wenn diese verheiratet sind. Darüber hinaus dürfen Ehegatten idR nur gemeinsam annehmen (vgl zu den Ausnahmen § 179/2). Dass der Annehmende *schon leibliche Kinder hat*, steht der Adoption prinzipiell nicht entgegen. Auch können Großeltern ihre Enkelkinder und Väter ihre unehelichen Kinder adoptieren.

2. Voraussetzungen

462   a) *Form* (§ 179a): schriftlicher Vertrag zwischen Annehmendem und Wahlkind (dessen gesetzlichem Vertreter), der gerichtlich zu bewilligen ist (s unten Rz 463 ff).

  b) *Alter* (§ 180): Der Wahlvater muss grundsätzlich das 30., die Wahlmutter das 28. Lebensjahr vollendet haben und sie müssen mindestens *achtzehn* Jahre älter als das Wahlkind sein; eine *geringfügige Unter-*

schreitung dieses Altersunterschieds ist unbeachtlich, wenn zwischen dem Annehmenden und dem Wahlkind bereits eine dem Verhältnis zwischen leiblichen Eltern und Kindern entsprechende Beziehung besteht. Dabei darf es sich nach der Rsp jedenfalls nicht um Jahre handeln; als geringfügig wurden 8 Monate, nicht aber 2 ¾ Jahre angesehen. Ist das Wahlkind ein leibliches Kind des Ehegatten des Annehmenden oder mit dem Annehmenden verwandt, so genügt ein *Altersunterschied* von *sechzehn* Jahren – dann ist jedoch keine weitere Unterschreitung möglich, auch wenn bereits ein Eltern-Kind-Verhältnis besteht (aA Rsp).

3. Bewilligung

Die Annahme ist zu bewilligen, wenn eine dem Verhältnis zwischen leiblichen Eltern und Kindern entsprechende *Beziehung* besteht oder hergestellt werden soll. Sie muss dem Wohl des nicht eigenberechtigten Wahlkindes dienen. Die *Erwachsenenadoption* wird an strengere Voraussetzungen geknüpft, um Missbrauchsfälle zu vermeiden. Nur wenn eine solche auch in dem Staat möglich ist, aus dem das Kind stammt, ist sie auch in Österreich zulässig (vgl hierzu auch § 26 IPRG sowie die prozessrechtlichen Bestimmungen über die Anerkennung ausländischer Entscheidungen über die Annahme an Kindes statt – §§ 91a ff AußStrG). Für die Bewilligung der Adoption einer eigenberechtigten Person müssen die Antragsteller nachweisen, dass *bereits* ein enges Eltern-Kind-Verhältnis vorliegt (zB häusliche Gemeinschaft während einer Dauer von fünf Jahren oder Beistandsleistung in einer vergleichbar engen Gemeinschaft). Die Bewilligung ist grundsätzlich *zu versagen*, wenn ein überwiegendes Anliegen eines leiblichen Kindes des Annehmenden entgegensteht, insb dessen Unterhalt oder Erziehung gefährdet wären; im Übrigen sind wirtschaftliche Belange aber grundsätzlich nicht zu beachten (§ 180a). **463**

Die Bewilligung darf grundsätzlich nur erteilt werden – bestimmte Personen haben ein *Anhörungsrecht* (§ 181a) –, wenn folgende Personen der Annahme *zustimmen*: 1. die Eltern des minderjährigen Wahlkindes; 2. der Ehegatte des Annehmenden; 3. der Ehegatte des Wahlkindes (bzw jeweils die eingetragenen Partner) und 4. das Wahlkind ab Vollendung des 14. Lebensjahres (§ 181/1). Das Zustimmungsrecht entfällt, wenn die zustimmungsberechtigte Person als gesetzlicher Vertreter des Wahlkindes den Annahmevertrag geschlossen hat, wenn sie zu einer verständigen Äußerung nicht nur vorübergehend unfähig ist oder wenn der Aufenthalt einer der zustimmungsberechtigten Personen (nur betreffend 1. – 3.) seit mindestens sechs Monaten unbekannt ist. Das Gericht hat die verweigerte Zustimmung auf Antrag eines Vertragsteiles (auch nur betreffend 1. – 3.) zu ersetzen, wenn keine gerechtfertigten Gründe für die Weigerung vorliegen (§ 181/3). Im Verfahren hat das Gericht auf geeignete Weise zu ermitteln, ob die Annahme dem Wohl des minderjährigen Wahlkindes entspricht. Dazu hat es auch eine Strafregisterauskunft über die Wahleltern und gegebenenfalls sogar über Personen in deren familiärem Umfeld einzuholen (§ 90/3 AußStrG). **464**

464a   Bei einer *„Inkognitoadoption"* (§ 88 AußStrG) wird auf Antrag die Adoption davon abhängig gemacht, dass Zustimmungs- und Anhörungsberechtigte auf Bekanntgabe des Namens des Annehmenden verzichten. Die Inkognitoadoption soll einer von den leiblichen Verwandten des Kindes „ungestörten" Erziehung dienen.

4. Wirkungen

465   Zwischen dem Annehmenden und dessen Nachkommen einerseits und dem Wahlkind und dessen im Zeitpunkt der Adoption minderjährigen Nachkommen andererseits entstehen die *gleichen Rechte*, wie sie durch die *eheliche Abstammung* begründet werden. Wird das Wahlkind durch Ehegatten als Wahleltern angenommen, so *erlöschen* grundsätzlich die *familienrechtlichen Beziehungen* zwischen den leiblichen Eltern und deren Verwandten einerseits und dem Wahlkind und dessen im Zeitpunkt des Wirksamwerdens der Annahme minderjährigen Nachkommen andererseits. Wird das Wahlkind nur durch einen Wahlvater (eine Wahlmutter) angenommen, so erlöschen diese Beziehungen lediglich hinsichtlich des leiblichen Vaters (der leiblichen Mutter) und dessen (deren) Verwandten; insoweit danach diese Beziehungen aufrecht bleiben würden, ist – soweit der in Frage kommende Elternteil darin eingewilligt hat – das Erlöschen diesem Elternteil gegenüber (gerichtlich) auszusprechen (§ 182). Zu beachten ist freilich, dass die *Pflichten der leiblichen Eltern zur Leistung des Unterhaltes* und *der Ausstattung* gegenüber dem Wahlkind einerseits und die Pflicht des Wahlkindes zur Leistung des Unterhaltes gegenüber seinen leiblichen Eltern andererseits durch die Adoption *nicht erlöschen*, sondern lediglich den durch die Annahme begründeten gleichen Pflichten *im Rang nachgehen* (§ 182a). Den leiblichen Eltern kommt gegenüber dem adoptierten Kind allerdings kein Besuchsrecht zu.

465a   Die Adoption berührt nicht die Staatsbürgerschaft des Wahlkindes, zu den *erbrechtlichen Wirkungen* s unten Rz 482.

5. Widerruf und Aufhebung

466   Aus *bestimmten Gründen* (zB wenn der gesetzliche Vertreter des Wahlkindes nicht zugestimmt hat, mangelnde Eigenberechtigung des Annehmenden, Nichteinhaltung der Schriftform), ist die *Adoption zu widerrufen*. Der *Widerruf* wirkt *ex tunc*. Einem Dritten gegenüber, der im Vertrauen auf die Gültigkeit der Adoption vor deren Widerruf Rechte erworben hat, kann aber nicht eingewendet werden, dass die Bewilligung widerrufen worden ist. Zum Nachteil eines der Vertragsteile, der den Widerrufsgrund bei Abschließung des Annahmevertrages nicht gekannt hat, kann ein Dritter nicht die Wirkungen des Widerrufes beanspruchen (§ 184).

467   Die Adoption ist zB dann *aufzuheben*, wenn sie auf arglistiger Täuschung beruht, dem Kindeswohl widerspricht oder wenn der Annehmende und das eigenberechtigte Wahlkind es gemeinsam beantragen (§ 184a). Die Aufhebung wirkt *ex nunc* (§ 185). Vertragliche Ausschlüsse oder Regelungen solcher Anfechtungsrechte sind unwirksam (§ 185a).

V. Pflegekinder

Pflegeeltern sind Personen, die die *Pflege und Erziehung* eines Kindes ganz oder teilweise besorgen und zu denen eine dem Verhältnis zwischen leiblichen Eltern und Kindern nahe kommende *Beziehung* besteht oder hergestellt werden soll. Sie haben das Recht, in den die Person des Kindes betreffenden Verfahren Anträge zu stellen (§ 186) und gerichtliche Verfügungen nach § 176 zu beantragen. Die Pflegekindschaft beruht zumeist auf einer Ermächtigung der unmittelbar Erziehungsberechtigten (§ 137a). Die Pflichten der mit der Obsorge betrauten Person werden durch das Pflegschaftsverhältnis nicht beeinträchtigt. Das Gericht hat einem Pflegeelternpaar (Pflegeelternteil) auf seinen Antrag die *Obsorge* für das Kind ganz oder teilweise zu übertragen, wenn das Pflegeverhältnis nicht nur für kurze Zeit beabsichtigt ist und die Übertragung dem Wohl des Kindes entspricht. Die leiblichen Eltern sind lediglich anzuhören. Die Übertragung ist aufzuheben, wenn dies dem Wohl des Kindes entspricht. Gleichzeitig hat das Gericht auszusprechen, auf wen die Obsorge übergeht (§ 186a). Weitere wichtige Bestimmungen zur Pflegekindschaft finden sich in den §§ 14 ff Jugendwohlfahrtsgesetz (JWG).

468

VI. Kinder in Obsorge Dritter

Soweit *weder Eltern noch Großeltern oder Pflegeeltern* mit der Obsorge betraut sind oder betraut werden können und diese auch nicht gem § 211 dem *Jugendwohlfahrtsträger* zukommt, hat das Gericht unter Beachtung des Kindeswohles eine *andere geeignete Person* mit der *Obsorge* zu betrauen (§ 187). Für im Inland vorgefundene Kinder, deren Eltern unbekannt sind („*Findelkinder*"), ist der Jugendwohlfahrtsträger mit der Obsorge zu betrauen. Auch wenn keinem Elternteil die Obsorge zukommt, ist ein Jugendwohlfahrtsträger für den Bereich der Vermögensverwaltung und Vertretung zu bestellen. Bei der Auswahl mit der Obsorge betrauter dritter Personen ist besonders auf das Wohl des Kindes Bedacht zu nehmen (§ 188/1). Nicht voll handlungsfähige Personen und Personen, die insb wegen einer strafgerichtlichen Verurteilung für die Obsorge nicht geeignet erscheinen, dürfen nicht betraut werden (§ 188/2). Derjenige, den das Gericht mit der Obsorge betrauen will (bei besonderer Eignung ist eine Ablehnung nur wegen Unzumutbarkeit möglich), hat alle Umstände, die ihn dafür ungeeignet erscheinen lassen, dem Gericht mitzuteilen. Unterlässt er diese Mitteilung schuldhaft, so haftet er für alle dem minderjährigen Kind daraus entstehenden Nachteile (§ 189). Ist eine andere Person mit der Obsorge für einen Minderjährigen ganz oder teilweise zu betrauen oder dem Minderjährigen ein Kurator zu bestellen und lassen sich dafür Verwandte oder andere

469

nahestehende oder sonst geeignete Personen *nicht* finden, so hat das Gericht die *Obsorge* dem *Jugendwohlfahrtsträger* zu übertragen (§ 213).

470   Andere mit der Obsorge betraute Personen haben **besondere Rechte und Pflichten** in Angelegenheiten der Pflege und Erziehung (§ 216) und in Angelegenheiten der Vermögensverwaltung (§ 229/2; auf letztere ist sinngemäß die Bestimmung § 154/3, 4 anzuwenden). Die mit der Obsorge betraute Person kann einer medizinischen Behandlung, die gewöhnlich mit einer schweren oder nachhaltigen Beeinträchtigung der körperlichen Unversehrtheit oder der Persönlichkeit verbunden ist, nur zustimmen, wenn ein vom behandelnden Arzt unabhängiger Arzt in einem ärztlichen Zeugnis bestätigt, dass das Kind nicht über die erforderliche Einsichts- und Urteilsfähigkeit verfügt und die Behandlung zu seinem Wohl erforderlich ist (§ 216/2). Fehlt das Zeugnis oder lehnt das Kind den Eingriff ab, so muss das Gericht zustimmen. Der mit der Obsorge betrauten Person gebührt eine Entschädigung (§ 266) sowie allenfalls ein Entgelt und Aufwandersatz (§ 267). Auf der anderen Seite haftet sie gegenüber dem Kind – allerdings mit richterlicher Mäßigungsmöglichkeit (§ 265) – für jeden schuldhaft verursachten Schaden (§ 264).

471   Die Obsorge des Jugendwohlfahrtsträgers **endet**, sofern der Umstand, der die Eltern von der Ausübung der Obsorge ausgeschlossen hat, weggefallen ist (§ 250). Stirbt die mit der Obsorge betraute Person oder treten bei ihr die Umstände des § 188/2 (s oben Rz 469) ein, so hat das Gericht die Obsorge an eine andere Person zu übertragen (§ 253).

6. Teil
Erbrecht

A. Allgemeines

Literaturauswahl: *Zankl*, Das neue Erbrecht im Überblick, JAP 1990/91, 118; *Mayer-Maly*, Der grundrechtliche Schutz des Erbrechts, 1. FS Adamovich (1992) 430; *Zankl*, Verschiedenheiten und Anregungen im Erbrecht der neuen EU-Staaten, ZfRV 1996, 20; *Ch. Rabl*, Änderungen im Erbrecht durch das Erste Bundesrechtsbereinigungsgesetz, NZ 1999, 229; *Zankl*, Das erste Bundesrechtsbereinigungsgesetz, ecolex 1999, 626; *derselbe*, Recent Developments in Austrian Inheritance Law, in *Hausmaninger/Koziol/Rabello/Gilead* (Hg), Developments in Austrian and Israeli Private Law (1999) 249; *Welser*, Zur Reform des Anrechnungsrechts – Ergebnisse einer Umfrage im Notariat, NZ 2001, 105; *Spitzer*, Änderungen im Erbrecht durch das KindRÄG 2001, NZ 2003, 353; *Beclin*, Das Familien- und Erbrechtsänderungsgesetz 2004 – Teil II Erbrecht, JAP 2004/05, 61; *Bittner*, Das neue Verlassenschaftsverfahren, ecolex 2004, 927; *Goriany*, Das neue Verlassenschaftsverfahren, NZ 2004, 353; *Hoffmann*, Gedanken eines Praktikers zum österreichischen Erbrecht, FS Welser (2004) 285; *Zankl*, Entwicklungen im Erbrecht, FS Welser (2004) 1231; *Fischer-Czermak*, Neueste Änderungen im Abstammungs- und Erbrecht, JBl 2005, 2; *Fucik*, Das neue Verlassenschaftsverfahren (2005); *B. Jud*, Rechtswahl im Erbrecht: Das Grünbuch der Europäischen Kommission zum Erb- und Testamentsrecht, GPR 2005, 133; *Mayr/Fucik*, Das neue Verfahren außer Streitsachen[2] (2005); *Rudolf*, Vereinheitlichtes Europäisches Erbrecht – Das Grünbuch „Erb- und Testamentsrecht", NZ 2005, 297; *B. Jud*, Die kollisionsrechtliche Anknüpfungsverlegenheit im Erbrecht – Rechtswahl als Ausweg? in *Rechberger* (Hg), Winfried-Kralik-Symposion 2006 (2007); *Ferrari/Likar-Peer* (Hg), Erbrecht. Ein Handbuch für die Praxis (2007); *C. Stumpf*, EG-Rechtssetzungskompetenzen im Erbrecht, EuR 2007, 291; *Zankl*, Fehler bei der Vermögensweitergabe von Todes wegen, LJZ 2007, 11; *Zankl*, Erbrecht[7]/2008; *Rechberger/Schur*, Eine internationale Zuständigkeitsordnung in Verlassenschaftssachen, in *B. Jud/Rechberger/Reichelt* (Hg), Kollisionsrecht in der Europäischen Union (2008) 185; *B. Jud*, Reformbedarf im Erbrecht, in *Fischer-Czermak/Hopf/Schauer* (Hg), ABGB 2011. Chancen und Möglichkeiten einer Zivilrechtsreform (2009) 241; *Rechberger*, Europäische Projekte zum Erb- und Testamentsrecht, in *Reichelt* (Hg) 30 Jahre österreichisches IPR-Gesetz – Europäische Perspektiven (2009); *Beer*, Die vorweggenommene Erbfolge aus notarieller Sicht, in *Feiler/Raschhofer* (Hg), Innovation und internationale Rechtspraxis, Praxisschrift für Wolfgang Zankl (2009) 55; *Scheuba*, Grenzüberschreitende Erbfälle in der EU – Wahrung der Kompetenzgrundlagen und Praxisnähe erbeten, Praxisschrift Zankl (2009) 735; *Schur*, Vorschlag für eine Verordnung in Erbsachen sowie zur Einführung eines Europäischen Nachlasszeugnisses, AnwBl 2009, 541; *Welser*, Die Reform des österreichischen Erbrechts, Gutachten für den 17. ÖJT II/1 (2009); *Faber*, Der aktuelle Vorschlag einer EU-Verordnung für Erbsachen – ein Überblick, JEV 2010, 42; *Rudolf*, Vorschlag Rom IV-VO – Internationales Erbrecht, ecolex 2010, 620; *Schauer*, Nachlass und vererbliche Rechtsverhältnisse, in *Gruber/Kalss/Müller/Schauer* (Hg), Erbrecht und Vermögensnachfolge (2010) 383; *Traar*, Der Verordnungsvorschlag der Europäischen Kommission zum internationalen Erbrecht, iFamZ 2010, 42; *Faber/Grünberger*, Vorschlag der EU-Kommission zu einer Erbrechts-Verordnung, NZ 2011, 97; *Welser*, Die Entwicklung des Erbrechts, FS 200 Jahre ABGB (2011) 713.

I. Wesen und System des Erbrechts

472   Das Erbrecht gehört insofern zu den wichtigsten Rechtsgebieten, als es in der Natur der Sache liegt, dass über kurz oder lang jeder davon „betroffen" ist, als Erblasser (Erbfall) oder als Erbe (Erbanfall). So gesehen ist es eine Art Spiegelbild des Kindschaftsrechts: Während dieses am Anfang des Lebens steht, regelt das Erbrecht *privatrechtlich* (öffentlichrechtliche Bestimmungen regeln zB den Verbleib des Leichnams) das *juristische Ende des menschlichen Seins*. Das Familienrecht hängt auch insofern eng mit dem Erbrecht zusammen, als es die Grundvoraussetzungen (Verwandtschaft und Ehe) für die gesetzliche Erbfolge und das Pflichtteilsrecht regelt.

> *Systematisch* besteht das Erbrecht aus vier großen Regelungsbereichen:
> 1. *Gesamtrechtsnachfolge* (Erbfolge): Übernahme der vermögensrechtlichen Stellung des Erblassers (unten Rz 474 ff).
> 2. *Einzelrechtsnachfolge*: Erwerb einzelner Vermögensstücke des Erblassers (unten Rz 523 ff).
> 3. *Pflichtteilsrecht*: Mindestanteil am Vermögen des Erblassers (unten Rz 536 ff).
> 4. *Erbschaftserwerb:* Verlassenschaftsverfahren und Stellung der Erben (unten Rz 554 ff).

II. Gegenstand des Erbrechts und Person des Erblassers

473   *Vererblich* sind jene Rechte und Verbindlichkeiten eines Verstorbenen, die nicht „in bloß persönlichen Verhältnissen gegründet sind" (§ 531). *Unvererblich* sind hingegen *höchstpersönliche Rechte und Pflichten* (zB Pflichten des Dienstnehmers oder Unterhaltsansprüche) sowie die Rechtsposition juristischer Personen, da ihre Existenz nicht durch Tod, sondern aus anderen Gründen endet. Es gibt allerdings im Recht der Kapitalgesellschaften Konstruktionen (zB Verschmelzung, Spaltung, Umwandlung), die eine Gesamtrechtsnachfolge in das Vermögen juristischer Personen bewirken und insofern mit der erbrechtlichen Universalsukzession vergleichbar sind.

B. Gesamtrechtsnachfolge (Erbfolge)

I. Allgemeines

474   Bei der Erbfolge (Gesamtrechtsnachfolge) geht es darum, wer *Universalsukzessor* des Erblassers wird, also vermögensrechtlich an seine Stelle tritt. Die *Erbfolge* betrifft somit das **gesamte Vermögen** des Erblassers oder einen *quotenmäßig bestimmten Teil davon* und unterscheidet sich insofern von der *Einzelrechtsnachfolge*, die nur *einzelne Vermögensstücke* betrifft (s unten Rz 523 ff). Demgegenüber tritt der Erbe vollständig und uno actu (durch Einantwortung) in die Rechtsposition des Erblassers ein und haftet somit als dessen Rechtsnachfolger auch für seine Schulden. Um Erbe werden zu können, sind drei Voraussetzungen erforderlich:

1. Berufungsgrund (Testament, Erbvertrag oder Gesetz, s gleich unten Rz 475 ff);
2. Erleben des Erbanfalls (Rz 565);
3. Erbfähigkeit (Rz 517 ff).

II. Arten

1. Gesetzliche Erbfolge (§§ 727 ff)

Literaturauswahl: *Ferrari-Hofmann-Wellenhof*, Zum gesetzlichen Erbrecht der Verwandten seit dem Erbrechtsänderungsgesetz 1989, NZ 1991, 245; *Preslmayr*, Wirksamwerden des Vaterschaftsanerkenntnisses und neues Erbrecht, NZ 1990, 217; *Zankl*, Die Stellung des Ehegatten nach dem Erbrechtsänderungsgesetz, in *Harrer/Zitta* (Hg), Familie und Recht (1992) 545; *Rechberger/P. Oberhammer*, Zur Erbhofqualität überwiegend forstwirtschaftlich genutzter Großgrundbesitzungen, NZ 1993, 249; *Zankl*, Die erbrechtliche Stellung des Kindes im romanischen Rechtskreis, NZ 1994, 221; *derselbe*, Das gesetzliche Vorausvermächtnis des Ehegatten (1996); *derselbe*, Die Umsetzung der Empfehlung des Europarats „concernant les droits des epoux survivants" aus rechtsvergleichender Sicht, GedS Hofmeister (1996) 715; *Welser*, Einsetzung auf bestimmte Teile und gesetzliches Erbrecht, NZ 1997, 345; *Zankl*, Das Wohnrecht des Ehegatten gemäß § 758 ABGB, immolex 1997, 145; *Fischer-Czermak*, Das Erbrecht des Kindes nach artifizieller Insemination, NZ 1999, 262; *Zankl*, Right of Succession of the Spouse and the Relatives – A Comparative Analysis, in *Hausmaninger/Koziol/Rabello/Gilead* (Hg), Developments in Austrian and Israeli Private Law (1999) 255; *Hauser*, Das gesetzliche Vorausvermächtnis bei der Ermittlung der Erb- und Pflichtteilsansprüche, NZ 2000, 27; *Zankl*, Internationale Ansätze einer zeitlichen Staffelung des Ehegattenerbrechts, ZfRV 2000, 75; *Jaksch-Ratajczak*, Miteigentumsgemeinschaft und Wohnrecht nach § 758 ABGB, NZ 2001, 422; *Priglinger*, Wohnungseigentum von Partnern im Todesfall, NZ 2003, 97; *Ch. Rabl*, Die Folgen der Enterbung für die gesetzliche Erbfolge, NZ 2003, 257; *Spitzer*, Änderungen im Erbrecht durch das KindRÄG 2001, NZ 2003, 353; *Beclin*, Das Familien- und Erbrechtsänderungsgesetz 2004 – Teil II Erbrecht, JAP 2004/05, 61; *Zankl*, Entwicklungen im Erbrecht, FS Welser (2004) 1231; *Fischer-Czermak*, Neueste Änderungen im Abstammungs- und Erbrecht, JBl 2005, 2; *Konopatsch*, Englische Lösungen für österreichische Probleme im gesetzlichen Erbrecht? ZfRV 2006, 3; *Zemen*, Zur Bestimmung des Anerben nach § 3 Anerbengesetz, NZ 2006, 97; *derselbe*, Fragen der Nachtragserbteilung im Anerbenrecht, JBl 2007, 29; *W. Tschugguel*, Ein Repräsentationsfall oder doch: Nachwirkungen des aufgehobenen § 730 Abs 2 ABGB? iFamZ 2008, 266; *Zemen*, Zum Übernahmswert bei der bäuerlichen Hofübergabe unter Lebenden, JBl 2009, 560; *Koch-Hipp*, Das gesetzliche Erbrecht der Nachkommen, JAP 2009/1010, 49; *Probst*, Anerben- und Höferecht, in *Gruber/Kalss/Müller/Schauer* (Hg), Erbrecht und Vermögensnachfolge (2010) 113; *Scheuba*, Gesetzliche Erbfolge, in *Gruber/Kalss/Müller/Schauer* (Hg), Erbrecht und Vermögensnachfolge (2010) 91; *W. Tschugguel*, Ein spezielles Problem der gesetzlichen Erbfolge, iFamZ 2010, 214; *Aichberger-Beig*, Die Ehewohnung im Todesfall, E-FZ 2011, 41; *Jaksch-Ratajczak*, Ehewohnung im Todesfall – Das Spannungsverhältnis zwischen Miteigentum und Wohnrecht nach § 758 ABGB, E-FZ 2011, 4; *Welser*, Reform des Ehegattenerbrechts, FS Benn-Ibler (2011) 345.

Judikaturauswahl: 5 Ob 553/93 (gesetzliches Erbrecht unehelicher Kinder); 9 Ob 508/94 (Gesetzliches Vorausvermächtnis und Anwaltshaftung); 5 Ob 137/94 (Ehegatten-

wohnungseigentum); 7 Ob 2303/96v (Gesetzliches Vorausvermächtnis und Pflichtteilsverzicht); 1 Ob 2364/96w (Gesetzliches Vorausvermächtnis bei Pflegebedürftigkeit);
4 Ob 88/97p (Gesetzliches Erbrecht und Anwachsung); 1 Ob 216/98s (Gesetzliches Vorausvermächtnis und Amtshaftung); 6 Ob 13/02h (Umfang und Einschränkung des gesetzlichen Vorausvermächtnisses); 6 Ob 44/03v (Verkehrswertschätzung des Erbhofes);
3 Ob 231/04y (Reichweite des Anspruchs nach § 97); 2 Ob 187/06y (kein Verlust des
Vorausvermächtnisses bei Wegzug auf Grund von Gewalttätigkeiten des Erblassers); 7
Ob 145/09p (Grenzen des Eintrittsrechts nicht selbstbestimmungsfähiger Minderjähriger
nach § 14 MRG); 7 Ob 196/10i (Eintrittsrecht nach dem Tod des Hauptmieters).

a) Allgemeines

475   Die gesetzliche Erbfolge (*Intestaterbfolge*) kommt zum Tragen, wenn der
Erblasser keinen Erben bestimmt oder nur über einen Teil seines Vermögens
verfügt (gesetzliche Erbfolge bezüglich des Rests); ferner dann, wenn die letztwillige Verfügung ungültig ist oder die eingesetzten Erben nicht zur Erbschaft
gelangen (weil sie zB vor dem Erblasser gestorben sind oder sich entschlagen).
Im Einzelnen richtet sich die gesetzliche Erbfolge nach dem Parentelensystem
(dazu unten Rz 477 ff), also nach starren Strukturen, die auf die Gegebenheiten des Einzelfalles und die tatsächlichen Lebensverhältnisse des Erblassers
nicht Bedacht nehmen. So kann es geschehen, dass ein Verwandter zum Erben
berufen wird, den der Erblasser zeitlebens nie gesehen hat oder mit dem er wo-
möglich sogar verfeindet war. Gesetzliche Erben können (grundlos) ausdrücklich oder stillschweigend (durch Testament oder Enterbung ohne Enterbungsgrund, s Rz 544 ff) von der Intestaterbfolge ausgeschlossen werden.

b) Verwandtenerbrecht

aa) leibliche Verwandtschaft

476   Das Intestaterbrecht des ABGB beruht auf dem **Prinzip der Familienerb-
folge**, so dass zB der Schwiegersohn oder die Stiefmutter kein gesetzliches
Erbrecht haben, weil sie mit dem Erblasser nicht verwandt, sondern bloß
verschwägert sind. Zu den gesetzlichen Erben gehören der Ehegatte und diejenigen Personen, die mit dem Erblasser in nächster Linie verwandt sind. Zwischen **ehelicher und unehelicher Verwandtschaft** besteht (seit der Erbrechts-
novelle 1989 idF des FamErbRÄG 2004) kein Unterschied.

477   Im Einzelnen erben die Verwandten nach dem sog **Parentelensystem**. Dieses schafft eine erbrechtliche Ordnung innerhalb der familienrechtlichen
Verwandtschaftsbeziehungen. Es bestimmt die Reihenfolge, nach der die Verwandten zur Erbschaft berufen werden. Der Ausdruck „Parentel" (von
„parens" – Elternteil) bezeichnet die Stammeltern und ihre Nachkommen
(§ 731): Alle Personen, die dieselben Stammeltern oder denselben Stamm-
elternteil haben (einschließlich der Stammeltern selbst) bilden eine Parentel
(„Linie"). Die Parentelen kommen nacheinander an die Reihe (*die nähere
schließt die entferntere aus*). Daher können Angehörige der zweiten Parentel

nur dann erben, wenn aus der ersten Parentel niemand vorhanden ist, Angehörige der dritten Parentel werden durch die zweite Parentel ausgeschlossen usw. Verwandte verschiedener Parentelen können somit niemals gleichzeitig zur gesetzlichen Erbfolge berufen sein.

Zur **ersten Parentel** gehören die Deszendenten (Nachkommen) des Erblassers, also seine Kinder, Enkel, Großenkel usw. Wenn alle Kinder noch leben, so teilen sie sich die Erbschaft „nach Köpfen" und schließen ihre Nachkommen vom Erbrecht aus (§ 732: *„einer für alle"*). Gelangt ein Kind hingegen nicht zur Erbschaft (weil es zB erbunfähig oder vorverstorben ist), so fällt sein Anteil seinen Nachkommen zu, die es („nach Stämmen") repräsentieren (§ 733: *„alle für einen"*). Während also die äußere Hierarchie der Parentelen auf dem Grundsatz *„jung vor alt"* beruht, der Nachlass sohin insgesamt die Tendenz hat, nach unten zu sinken, ist es innerhalb der einzelnen Parentelen genau umgekehrt: Der Nachlass steigt wieder auf, lebende Vorfahren schließen ihre Nachkommen aus (*„alt vor jung"*).

478

Beispiele: Xaver hinterlässt zwei Söhne (Anton und Bruno), eine Tochter (Claudia) und deren Söhne Daniel und Erich. Anton, Bruno und Claudia erhalten je ein Drittel des Nachlasses, Daniel und Erich gehen leer aus (Abb. 15).

Xaver hinterlässt die Tochter Anna und den Sohn der vorverstorbenen Tochter (Enkel Bruno). Anna und Bruno erhalten je die Hälfte (Abb. 16).

Xaver hinterlässt drei Söhne (Anton, Bruno und Clemens) und die Kinder (Enkel Daniel und Erich) der vorverstorbenen Tochter. Anton, Bruno und Clemens erhalten je ein Viertel, Daniel und Erich erhalten das Viertel ihrer Mutter, also je ein Achtel (Abb. 17).

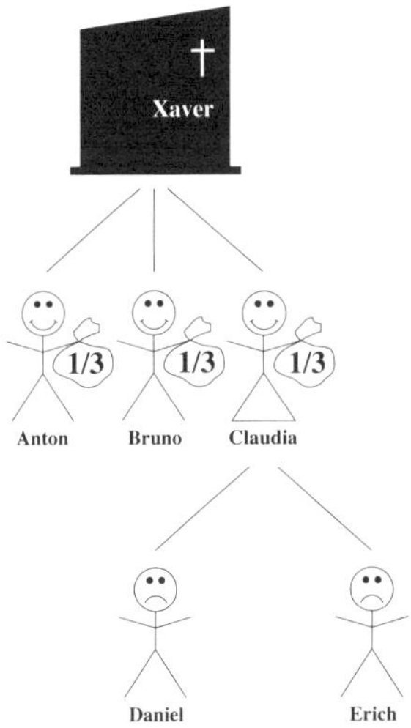

Abb. 15

Zur **zweiten Parentel** gehören die Eltern des Erblassers und deren Nachkommen (§ 735). Lebende Eltern schließen ihre Nachkommen aus („alt vor jung") und erben zu gleichen Teilen (je die Hälfte). Ein vorverstorbener Elternteil wird nach den oben dargestellten Grundsätzen von seinen Nachkommen repräsentiert („alle für einen"). Hat ein vorverstorbener Elternteil keine (lebende) Nachkommenschaft, so fällt seine Erbportion dem anderen Elternteil zu. Lebt auch dieser nicht mehr, so kommen dessen Nachkommen zum Zug (§ 737).

479

Beispiele: Xaver hinterlässt seinen Vater Anton, dessen Tochter Ilse (Halbschwester), seinen Großvater Franz, seinen (vollbürtigen) Bruder Bruno, dessen Söhne (Neffen Gustav und Hanno) und seine Nichten Dora und Eva (Kinder der vorverstorbenen vollbürtigen Schwester Claudia). Anton erhält eine Hälfte, die andere Hälfte der vorverstorbenen Mutter geht an ihre Nachkommen. Bruno erhält daher ein Viertel, das andere Viertel der Schwester Claudia teilen sich deren Nachkommen Dora und Eva, die daher je ein Achtel erhalten. Franz, Gustav, Hanno und Ilse

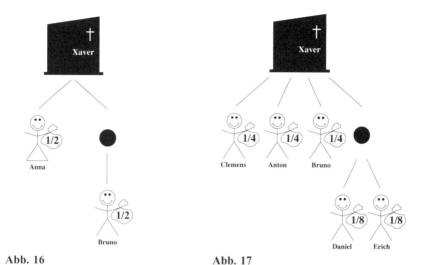

Abb. 16   **Abb. 17**

gehen leer aus (Franz nach dem Grundsatz „jung vor alt" [zweite vor dritter Parentel], Gustav, Hanno und Ilse nach dem Grundsatz „alt vor jung" [Vorfahren vor Nachkommen innerhalb der Parentel]). S Abb. 18.

Wäre auch Anton bereits verstorben, so würde er auch durch seine Tochter Ilse repräsentiert, die sich die Hälfte ihres Vaters mit ihrem Halbbruder Bruno und den Nachkommen ihrer Halbschwester Claudia (Dora und Eva) teilen müsste, während die Hälfte der vorverstorbenen Mutter bei ihren Nachkommen bliebe. Ilse und Bruno erhielten daher je ein Sechstel, Dora und Eva je ein Zwölftel (Hälfte des Vaters). Bruno erhielte außerdem ein Viertel (insgesamt also 5/12), Dora und Eva außerdem je ein Achtel (Hälfte der Mutter), insgesamt also je 5/24 (Abb. 19).

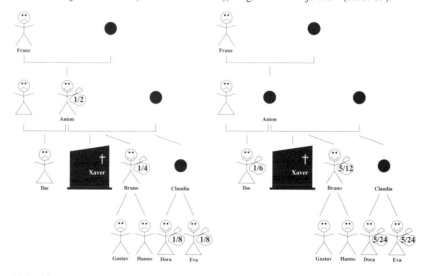

Abb. 18   **Abb. 19**

Die **dritte Parentel** besteht aus den Großeltern des Erblassers und deren **480** Nachkommen (§ 738). Jeder Großelternteil erhält ein Viertel. Lebt einer von ihnen nicht mehr, so treten an seine Stelle zuerst seine Nachkommen, dann sein Ehegatte, dann dessen Nachkommen, und wenn auch solche nicht vorhanden sind, das andere Großelternpaar, wo sich der Vorgang wiederholt (§§ 738 ff).

Beispiel: Xaver hinterlässt väterlicherseits seine Großmutter Anna, den Onkel Bruno und die Cousinen Claudia und Dora (Töchter des vorverstorbenen Onkels Erich). Mütterlicherseits lebt nur noch der uneheliche Sohn Franz der Großmutter Gerda (halbbürtiger Onkel des Erblassers). Franz erhält eine Hälfte, die andere teilen sich Anna (ein Viertel) und die Nachkommen des vorverstorbenen Großvaters väterlicherseits (Bruno erhält ein Achtel, das Achtel des vorverstorbenen Erich teilen sich seine Nachkommen Claudia und Dora, die daher je ein Sechzehntel erhalten), s Abb. 20.

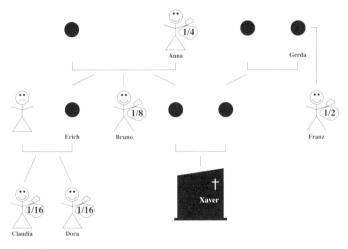

Abb. 20

Die **vierte Parentel** besteht an sich aus den Urgroßeltern des Erblassers **481** und deren Nachkommen. Zur Vermeidung extremer Nachlasszersplitterung werden aber aus der vierten Parentel nur noch die acht Urgroßelternteile selbst berufen (§ 741). Deren Nachkommen sind von der Erbschaft ausgeschlossen (**„Erbrechtsgrenze"**: keine Repräsentation). Ist ein Urgroßelternteil vorverstorben, so gelangt sein Achtel an den anderen Teil des Paares. Lebt auch dieser nicht mehr, so gelangt das Viertel dieses Paares an das (väterlicherseits oder mütterlicherseits) zunächst verbundene Paar. Wenn auch dieses nicht vorhanden ist, fällt der Anteil an die beiden anderen Urgroßeltern, wo er entsprechend verteilt wird.

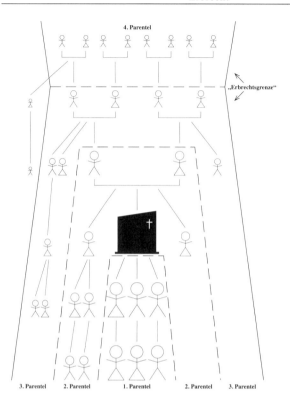

Abb. 21:
Parentelensystem

bb) Wahlverwandtschaft

482   Durch die Annahme an Kindes Statt entstehen zwischen dem Adoptierenden und seinen Nachkommen einerseits und dem Adoptivkind und seinen bei
der Annahme minderjährigen (sowie während aufrechter Adoption später geborenen) Nachkommen andererseits die gleichen Rechte wie durch leibliche
Abstammung (§ 182). Diese Personen beerben einander daher *wie leibliche
Verwandte. Daneben* bleibt das Erbrecht zwischen dem Adoptivkind (sowie
seinen bei der Adoption minderjährigen oder später geborenen Nachkommen)
und seinen *leiblichen Eltern* und deren Verwandten aufrecht (§ 182 b). Stirbt
das Wahlkind ohne Hinterlassung von Erben in der 1. Parentel, gehen in der
2. Parentel die Wahleltern bzw deren Nachkommen den leiblichen Eltern vor.
In der 3. und 4. Parentel ist die Wahlverwandtschaft nicht erbberechtigt, da
sich die Wirkung der Adoption nur auf den Adoptierenden und seine Deszendenten, nicht aber auf seine Aszendenten erstreckt.

Beispiel: A adoptiert das Wahlkind W und stirbt in der Folge vor seiner Mutter B.
W kann A nicht repräsentieren und ist daher gegenüber B nicht erbberechtigt, weil
sich die Wirkung der Adoption nur auf die Nachkommen, nicht aber auf die Vorfahren des A bezieht. Nur durch Transmission – wenn also A zwar nach B, aber vor
der Einantwortung stirbt (dazu unten Rz 565) – könnte W Erbin der B werden,
indem sie das A angefallene Erbrecht gegenüber B erbt.

Bei Adoption durch eine einzelne Person verdrängt diese das Erbrecht des entsprechenden leiblichen Elternteils. Der Nachlass wird also in zwei Hälften geteilt; eine Hälfte erhält der Wahlelternteil und die andere Hälfte der andersgeschlechtliche leibliche Elternteil. Ist der Wahlelternteil ohne Hinterlassung von Nachkommen vorverstorben, so erhält seine Hälfte der leibliche Elternteil. Ist hingegen der leibliche Elternteil ohne Hinterlassung von Nachkommen vorverstorben, ist strittig, ob seine Erbportion der andere leibliche Elternteil oder der Wahlelternteil erhält.

Beispiel: Das Adoptivkind hinterlässt seine leiblichen Eltern, die Wahlmutter und ein Kind des vorverstorbenen Wahlvaters. Die Wahlmutter erbt die Hälfte, die andere Hälfte fällt kraft Repräsentation dem Kind des Wahlvaters zu. Ist auch dieses vorverstorben, so erhält die Wahlmutter die Hälfte des Wahlvaters kraft Zuwachses.

Zum Zeitpunkt der Adoption durch die Wahleltern A und B hat der Wahlsohn W bereits eine 25-jährige Tochter E. Stirbt E, erbt ausschließlich ihre Blutsverwandtschaft, da sich die Wirkungen der Adoption nur auf die bei der Annahme minderjährigen Kinder des W beziehen. Hinterlässt E also keine Erben in der 1. und 2. Parentel, kommen in der 3. Parentel auf Großelternseite väterlichseits die leiblichen Eltern des W beziehungsweise dessen Nachkommen zum Zug, nicht aber A und B. Hat zum Zeitpunkt der Adoption auch E den einjährigen Sohn U, entsteht trotz dessen Minderjährigkeit zwischen ihm und A bzw B kein Erbrecht, da die Person, die das Erbrecht vermittelt (E), zum Zeitpunkt der Adoption vom Erbrecht ausgeschlossen war.

Die *Pflegekindschaft* (§§ 186, 186a) begründet *keine* erbrechtlichen Wirkungen.

c) Ehegattenerbrecht

Gesetzlich erbberechtigt ist der Ehegatte, welcher mit dem Erblasser im   **483**
Zeitpunkt seines Todes in gültiger Ehe lebt (§ 757), nicht hingegen der Lebensgefährte (Rz 380), wohl aber der Partner einer eingetragenen Partnerschaft nach dem EPG (dazu Rz 380).

Hatte der Erblasser Scheidungsklage erhoben und wäre der überlebende Ehegatte im Falle der – durch den Tod nicht mehr möglichen – Scheidung als schuldig anzusehen, so verliert er sein gesetzliches Erbrecht (§ 759). Der Ehegatte *erbt neben* den *Parentelen* und schmälert insofern das Erbrecht der Verwandten, als sich deren Erbquoten auf einen um die Portion des Ehegatten verringerten Nachlass beziehen. Seine Erbquote hängt davon ab, mit welcher Parentel er konkurriert: Neben Kindern des Erblassers und deren Nachkommen (1. Parentel) bekommt der Ehegatte *ein Drittel* des Nachlasses, neben den Eltern des Erblassers und dessen Geschwistern (2. Parentel) oder neben Großeltern *zwei Drittel*. Eine Erweiterung erfuhr das Ehegattenerbrecht mit dem FamErbRÄG 2004: Nachkommen der Geschwister des Erblassers (seine Neffen und Nichten) werden bei Vorhandensein eines Ehegatten vom gesetzlichen Erbrecht ausgeschlossen. Wenn neben Großeltern Nachkommen vorverstorbener Großeltern vorhanden sind, so erhält der Ehegatte von dem restlichen Drittel überdies jenen Teil, der kraft Repräsentation den Nachkommen der verstorbenen Großeltern zufallen würde. Gleiches gilt für jene Erbteile, die den Nachkommen verstorbener Geschwister zufallen würden.

Beispiele: Der Erblasser hinterlässt den Ehegatten und zwei Kinder. Der Ehegatte erhält daher ein Drittel des Nachlasses, die Kinder insgesamt zwei Drittel, also jedes Kind ein Drittel (Abb. 22).

Der Erblasser hinterlässt neben dem Ehegatten seinen Großvater mütterlicherseits und eine Tante (Schwester seiner Mutter). Der Ehegatte bekommt daher zusätzlich zu seinen „normalen" zwei Dritteln jenes Sechstel, das kraft Repräsentation der Tante zufiele, insgesamt also fünf Sechstel, das verbleibende Sechstel erhält der Großvater (Abb. 23).

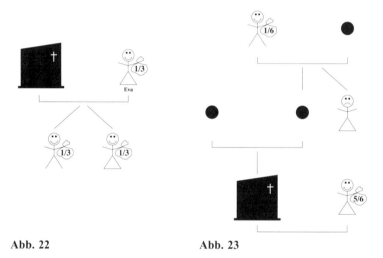

Abb. 22   **Abb. 23**

Der Erblasser hinterlässt neben dem Ehegatten seine Brüder B und C sowie die Neffen M und N, welche die Kinder seiner vorverstorbenen Schwester S sind. Der Ehegatte erhält zusätzlich zu seinen zwei Dritteln jenes Neuntel, das kraft Repräsentation den Kindern der vorverstorbenen Schwester S zufiele, insgesamt also sieben Neuntel. B und C erhalten jeweils ein Neuntel (Abb. 24).

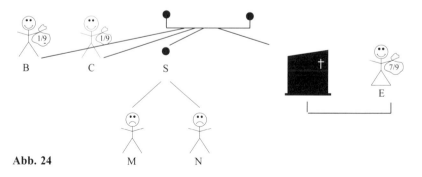

Abb. 24

Sind weder gesetzliche Erben aus der ersten oder zweiten Parentel noch **484** Großeltern vorhanden, so gebührt dem Ehegatten der *gesamte Nachlass*. Bei Vorhandensein eines Ehegatten ist die Erbrechtsgrenze in der dritten Parentel – keine Repräsentation mehr. Auch beim Ehegattenerbrecht selbst gibt es keine Repräsentation. Die Nachkommen eines vorverstorbenen Ehegatten treten also nicht an seine Stelle.

In den Erbteil des Ehegatten ist alles *einzurechnen* (genauer dazu unten **485** Rz 568 ff), was dieser durch Ehepakt (Gütergemeinschaft auf den Todesfall) oder Erbvertrag aus dem Vermögen des Erblassers erhält (§ 757/2).

Neben dem gesetzlichen Erbrecht stehen dem Ehegatten *Sonderrechte* zu, **486** und zwar

1. *Unterhaltsanspruch* (§ 796): Die Erben haften dafür – solange der Ehegatte nicht wieder heiratet – bis zum Wert der Verlassenschaft. In den Anspruch muss sich der Ehegatte eigenes Vermögen, die Erträgnisse einer tatsächlichen oder zumutbaren Erwerbstätigkeit sowie alles einrechnen lassen, was er von Todes wegen erhält (zB gesetzlichen Erbteil, Pflichtteil, Pension usw).

2. *Gesetzliches Vorausvermächtnis* (§ 758): Dem Ehegatten gebühren – unabhängig davon, mit welchen Verwandten er konkurriert – auch die zum ehelichen Haushalt gehörenden beweglichen Sachen, soweit sie zu dessen Fortführung entsprechend den bisherigen Lebensverhältnissen erforderlich sind; außerdem hat er das Recht, in der Ehewohnung weiter zu wohnen. Das Wohnrecht des § 758 ist die „erbrechtliche Fortsetzung" des § 97, zum Unterschied von dieser Bestimmung – und damit wertungswidrig – aber unabhängig von einem konkreten Wohnbedarf. Der wohnberechtigte Ehegatte darf die Wohnung wie zu Lebzeiten des Erblassers (obligatorisch) benützen, ohne dem Erben hiefür ein Entgelt leisten zu müssen. Er trägt aber die Lasten (vgl § 662), welche mit der Benützung der Wohnung verbunden sind (zB Betriebskosten, nicht aber Hypotheken – strittig). Die Wohnung, auf die sich das Wohnrecht bezieht, muss zum Nachlass gehören (keine Verschaffung aus eigenen Mitteln des Erben), was zB dann nicht der Fall ist, wenn sie von den Ehegatten aufgrund eines Fruchtgenussrechts des Erblassers benützt wurde (vgl § 529: usus fructus erlischt im Zweifel mit dem Tod des Fruchtnießers und ist daher nicht in seinem Nachlass). Erfasst sind vor allem jene Fälle, in denen die Ehegatten in der Eigentumswohnung oder im Haus des Erblassers gelebt haben (bei Mietwohnungen und gemeinsamen Eigentumswohnungen ist der überlebende Ehegatte idR durch § 14 MRG und § 14 WEG vor dem Verlust der Ehewohnung geschützt). Das Wohnrecht ist höchstpersönlich und erlischt daher mit dem Tod des berechtigten Ehegatten. Es erlischt auch bei (freiwilligem) Auszug des Ehegatten (konkludenter Verzicht); ob auch bei Wiederverheiratung (Analogie zu § 796), ist strittig. Bezüglich der *Haushaltsgegenstände* ist zwar die Unterscheidung zwischen großem und kleinem Voraus (§ 758 aF) entfallen, dafür aber eine neue geschaffen worden,

nämlich die Differenzierung zwischen (zur Fortsetzung des Haushalts nach den bisherigen Lebensverhältnissen) „erforderlichen" und „nicht erforderlichen" Sachen. Nicht zum Voraus gehört daher zB ein Fernsehapparat, der zwar zum gemeinsamen Haushalt gehörte, dort aber vorwiegend vom Erblasser benützt wurde, um Sportübertragungen zu verfolgen, wenn sich der überlebende Ehegatte mit dem anderen, ebenfalls zum Haushalt gehörenden Fernsehgerät Spielfilme ansah. In den Voraus fällt in diesem Fall nur das letztere Gerät. Zu den beweglichen Sachen iS des § 758 gehören auch Rechte (vgl § 285). Daher können zB auch Leasingverträge in den Voraus fallen, wenn sie sich auf Haushaltsgegenstände beziehen (zB Kfz). Dasselbe gilt für wertvolle Sachen (zB Gemälde, Antiquitäten), soweit sie zum Haushalt gehört haben. Der Voraus hat Pflichtteilscharakter, so dass ihn der Ehegatte durch Erbunwürdigkeit, (rechtmäßige) Enterbung und grundsätzlich auch durch Erbverzicht (beseitigt iZw auch Pflichtteilsrecht) verliert, nicht hingegen dadurch, dass ihm der Erblasser eine andere Wohnung oder andere Sachen zur Haushaltsführung vermacht (keine Surrogation). Der überlebende Ehegatte muss sich das Vorausvermächtnis nicht auf einen etwaigen Erbteil, wohl aber auf den Pflichtteil (§ 789) anrechnen lassen, zum Pflichtteil anderer Noterben muss er mit dem Voraus nicht beitragen (§ 783); besteht daher der Nachlass ausschließlich aus Vorausgegenständen, gehen die übrigen Pflichtteilsberechtigten völlig leer aus, was insb in Bezug auf Nachkommen des Erblassers wertungswidrig ist.

3. *Anteilsrecht am gemeinsamen Wohnungseigentum* (§ 14 WEG): S dazu unten Rz 535c. Für die Aufteilung des *Wohnungseigentums zweier Ehegatten* gilt als Besonderheit § 15 WEG: Er verdrängt Verfügungen des § 14 im Aufteilungsverfahren, wenn im Zeitpunkt des Todes eines der beiden Ehegatten ein Verfahren zur Aufteilung des *ehelichen Gebrauchsvermögens* und der *ehelichen Ersparnisse* anhängig ist und auch das gemeinsame Wohnungsobjekt zum Gegenstand dieses Verfahrens zählt.

d) Sondererbfolge

487   Von der allgemeinen Erbfolgeordnung abweichende Regelungen enthält das sog **Anerbenrecht** (AnerbenG 1958 idF BGBl 1989/659; Kärntner ErbhöfeG; Tiroler HöfeG). Es läuft darauf hinaus, den Vermögensübergang im landwirtschaftlichen Bereich auf eine Person (den sog Anerben) zu konzentrieren, die den Erbhof übernimmt und die anderen („weichenden") Erben zu einem begünstigten „Übernahmspreis" abfindet. Dadurch soll eine Zersplitterung von landwirtschaftlichen Betrieben bestimmter Größe verhindert werden. Weitere Sondervorschriften bestehen bezüglich des Erbrechts zum Nachlass bestimmter Geistlicher.

2. Testamentarische Erbfolge

Literaturauswahl: *Czermak*, Erlöschen der Substitution nach § 617 ABGB, NZ 1986, 1; *Kralik*, Zum Erlöschen der Substitution nach § 617 ABGB, FS Ostheim (1990) 75; *Welser*, Gegenständlich beschränkte (partielle) Testierunfähigkeit, NZ 1987, 169; *P. Bydlinski*, Offene Fragen der Substitution auf den Überrest, NZ 1988, 241; *M. Karollus*, Die testamentarische Nichtverehelichungsklausel, NZ 1988, 293; *Abraham*, Der Begriff der Testierfähigkeit, NZ 1993, 25; *Welser*, Befreite Vorerbschaft und „Löschungsklage" des Nacherben, NZ 1993, 140; *Tschugguel*, Zum Anwendungsbereich des § 658 ABGB, NZ 1995, 81; *Zankl*, Culpa in testando bei Widerruf und Formungültigkeit letztwilliger Verfügungen, NZ 1995, 265; *G. Graf*, Letztwilliges Veräußerungsverbot und fideikommissarische Substitution, AnwBl 1996, 222; *Sprung/Fink*, Letztwillig angeordnete Nachlassverwaltung im österreichischen Recht, JBl 1996, 205; *Ziehensack*, Zum Anwendungsbereich der §§ 568 f ABGB, NZ 1996, 25; *Kletečka*, Konstruktive Nacherbfolge und Pflichtteilsberechnung, NZ 1997, 137; *Ch. Rabl*; Die Nichterfüllung letztwilliger Auflagen, NZ 1998, 97; *Zankl*, Vertretungs- und schadenersatzrechtliche Aspekte der Testamentsvollstreckung, JBl 1998, 293; *derselbe*, Testamentsvollstreckung und Nachlassverwaltung, NZ 1998, 71; *derselbe*, Letztwillige Wertsicherungen im österreichischen und deutschen Recht, NZ 1998, 193; *Kletečka*, Die materielle Höchstpersönlichkeit letztwilliger Verfügungen, JBl 1999, 277; *derselbe*, Das Nachlegat einer Sache des Erben, NZ 1999, 66; *derselbe*, Ersatz- und Nacherbschaft (1999); *B. Jud*, Testierabsicht, Form und Konversion, NZ 2001, 10; *Kletečka*, Gestaltungsmöglichkeiten des Erblassers über den Tod hinaus, in *Kalss/Schauer* (Hg) Unternehmensnachfolge (2001) 53; *derselbe*, Die Drittwirkung des Nacherbrechts, NZ 2001, 21; *Ch. Rabl*, Mehrere letztwillige Verfügungen unbekannter zeitlicher Reihenfolge, NZ 2001, 48; *derselbe*, Altes Testament – Neues Testament (2001); *derselbe*, Der unbekannte Nacherbe, NZ 2003, 264; *Beclin*, Das Familien- und Erbrechtsänderungsgesetz 2004 – Teil II: Erbrecht, JAP 2004/05, 61; *Gruber*, Erbteilungsübereinkommen und Testament, FS Welser (2004) 239; *Schauer*, Was ist ein notarielles Testament? FS Welser (2004) 919; *Zankl*, Entwicklungen im Erbrecht, FS Welser (2004) 1231; *Fischer-Czermak*, Neueste Änderungen im Abstammungs- und Erbrecht, JBl 2005, 2; *Krejci*, Zum „Fall Klimt/Bloch-Bauer", ÖJZ 2005, 733; *derselbe*, Der Klimt-Streit (2005); *Ch. Rabl*, Der Fall Klimt/Bloch-Bauer, NZ 2005, 257; *Stagl*, Der Wortlaut als Grenze der Auslegung von Testamenten[2] (2005); *Welser/Ch. Rabl*, Der Fall Klimt (2005); *Welser*, Berufung zu Erbquoten und Zuweisung einzelner Sachen, FS Rechberger (2005) 709; *Apathy*, Teilungsanordnung und Erbeinsetzung, JBl 2006, 137; *Spitzer*, Neues zu letztwilligen Verfügungen, NZ 2006, 77; *Tschugguel*, Typische Formfehler beim eigenhändigen Testament, FamZ 2006, 33; *derselbe*, Die Einheitlichkeit des Testieraktes beim eigenhändigen und beim fremdhändigen Testament – eine Kurzanalyse und Gegenüberstellung einschlägiger OGH-Entscheidungen, FamZ 2006, 107; *Welser*, Erbschaftskauf und fideikommissarische Substitution, NZ 2006, 65; *derselbe*, Testiergebot, Testierverbot und Vermächtnis einer fremden Sache im österreichischen Recht, FS Ansay (2006) 517; *Zemen*, Zum Vermächtnis des Erbhofes, NZ 2006, 200; *Aufner*, Das gerichtliche Testament einer unter Sachwalterschaft stehenden Person – ein alter Bekannter der Amtshaftung, FamZ 2007, 92; *Ch. Bruckner*, Erbteilungsübereinkommen (2007); *Jordis*, Strategien zur rechtlichen Ordnung von Familienunternehmen in Österreich, in *Frasl/Rieger* (Hg) Family Business Handbuch (2007) 102; *Zankl*, Fehler bei der Vermögensweitergabe von Todes wegen, LJZ 2007, 11; *Zemen*, Ehegattenerbhof und Testament, NZ 2007, 79; *A. Tschugguel*, Das ungültig gewordene Nottestament, NZ 2008, 266; *W. Tschugguel*, Häufige Formfehler bei Errichtung eines Testaments, iFamZ 2008, 346; *Lukas* Unternehmensnachfolge von Todes wegen bzw im Hinblick auf den Todesfall, JEV 2009, 4, 40; *Beer*, Die vorweggenommene Erbfolge aus notarieller Sicht, in *Feiler/Raschhofer* (Hg), Innovation und internationale Rechtspraxis, Praxisschrift für Wolfgang Zankl (2009) 55; *Mondel*, Sittenwidrigkeit letztwilliger Anordnungen, Praxisschrift Zankl (2009) 569; *Spitzer*, Ein Bruderzwist im Fürstenhaus, ÖJZ 2009, 445; *A. Tschugguel*, Das Nottestament – Voraussetzungen, Konversion, Änderungsbedarf, NZ 2009, 129; *W. Tschugguel*, Testamentum mysticum, iFamZ 2009, 172; *derselbe*, Ersatzerbschaft oder Transmission, iFamZ 2009, 244; *derselbe*, Wann erlischt die gemeine Substitution? iFamZ 2009, 302; *Gruber/Sprohar-Helmich/Scheuba*, Die letztwillige Verfügung, in *Gruber/Kalss/Müller/Schauer* (Hg), Erbrecht und Vermögensnachfolge (2010) 432; *dieselben*, Instrumente zur Sicherung des Erblasserwillens, in *Gruber/Kalss/Müller/Schauer* (Hg), Erbrecht und Vermögensnachfolge (2010) 514; *Müller/Saurer*, Praxisfall – Nachlassplanung eines Unternehmers mit dem Ziel, den Unternehmenserhalt in der Familie sicherzustellen, JEV 2010, 125; *W. Tschugguel*, Wann ist ein fremdhändiges Zwei-Zeugen-Testament „fertig"? iFamZ 2010, 109; *Aigner*, Der Irrtum des Erblassers, NZ 2011, 193; *Müller/Saurer*, Praxisfall – Die Anordnung einer Ersatznacherbschaft und die Folgen, JEV 2011, 17; *A. Tschugguel*, Von der Wertlosigkeit des Nottestaments – die „objektive Gefahr" als Risikofaktor, NZ 2011, 177; *W. Tschugguel*, § 597 ABGB: Die Voraussetzungen für ein gültiges Nottestament aus dem Blickwinkel der Gefahrenlage, iFamZ 2011, 94.

Judikaturauswahl: 6 Ob 537/92 (Testamentsvollstreckung I); 10 Ob 507/95 (Testamentsvollstreckung II); 1 Ob 185/01i (Uneheliches Kind im Substitutionsfall); 6 Ob 196/01v (Haftung des Testamentsvollstreckers); 2 Ob 308/01k (Vorliegen des Testierwillens in letztwilliger Verfügung); 6 Ob 275/03i (Parteistellung des Substitutionskurators); 10 Ob 14/04p (Nacherbschaft und Auflage); 2 Ob 258/05p (Geltendmachung vererbter Restitutionsansprüche gegen ausländischen Staat als Gegenstand einer Auflage – § 709); 6 Ob 129/05x (Prüfpflicht von Urkundspersonen bzgl der Testierfähigkeit); 7 Ob 185/05i (Gültigkeit des eigenhändigen Testaments; Unlesbarkeit des Inhalts); 4 Ob 17/06p (Stillschweigender Widerruf eines Testaments); 10 Ob 2/06a (Motivirrtum bei letztwilliger Verfügung – nachträgliche Scheidung); 8 Ob 6/06z (§ 589 – Rechtspraktikant ist keine „Gerichtsperson" iSd § 589 ABGB); 8 Ob 10/07i (Unwirksamkeit von Hinzufügungen Dritter im eigenhändigen Testament); 2 Ob 1/08y (Testamentsvollstreckung); 6 Ob 167/09s (Erbeinsetzung unter Potestativbedingungen); 7 Ob 259/09b (Verlust der Erbschaft wegen Nichterfüllung von Auflagen); 6 Ob 89/10x (fideikommissarische Substitution – Vererbbarkeit der Anwartschaft des Nacherben); 6 Ob 30/11x (Schaden des überlebenden Ehegatten aus der Errichtung eines formungültigen Testaments); 1 Ob 102/11y (Wirksamkeit von Nottestamenten).

a) Allgemeines

488　Das *Testament* verdrängt die gesetzliche Erbfolge. Es handelt sich dabei um eine letztwillige Verfügung, die eine Erbseinsetzung enthält; ohne Erbseinsetzung spricht man von *Kodizill* (§ 553). Ein Kodizill ist also zB die Enterbung (dazu unten Rz 544 ff) oder ein Vermächtnis, durch das der Erblasser – wie bereits erwähnt (s oben Rz 472 und unten Rz 524 ff) – nur über einzelne Posten seines Vermögens verfügt, ohne dabei Gesamtrechtsnachfolge anzuordnen.

489　Das Testament ist „vertretungsfeindlich" (*Höchstpersönlichkeit im formellen Sinn*: weder gewillkürte noch gesetzliche Stellvertretung). Der Erblasser muss auch den Erben selbst einsetzen (*Höchstpersönlichkeit im materiellen Sinn*): „er kann dessen Ernennung nicht dem Ausspruche eines Dritten überlassen" (§ 564). Es reicht aber aus, wenn der Erbe bestimmbar ist oder von einem Dritten unter mehreren Personen nach objektiven Kriterien bestimmt wird („Erbe ist derjenige meiner Erben, der nach Einschätzung eines Wirtschaftsprüfers mit seinem Anteil innerhalb eines Jahres den meisten Gewinn macht").

Letztwillige Verfügungen sind *einseitige Rechtsgeschäfte* (im Gegensatz zum Erbvertrag, dazu unten Rz 535). Sie belassen dem Erblasser die Verfügungsfreiheit unter Lebenden. Die Testamentserben erhalten nur, was im Zeitpunkt des Erbfalls vom Vermögen des Erblassers vorhanden ist. **490**

b) Voraussetzungen

Die Erbseinsetzung (das Testament) ist nur unter folgenden Voraussetzungen gültig bzw unanfechtbar (Anfechtung nur durch Personen, die vom Wegfall der Verfügung profitieren, zB gesetzliche Erben): **491**

aa) Testierfähigkeit des Erblassers

Unbeschränkt testierfähig sind Personen ab 18 Jahren, soweit sie geistig in der Lage sind, den Testiervorgang und den Inhalt der Verfügung rational zu erfassen (vgl § 569). *Beschränkt testierfähig* sind mündige Minderjährige (zwischen 14 und 18) und Personen, die unter Sachwalterschaft stehen. Erstere können ihren letzten Willen nur mündlich vor Gericht oder mündlich vor dem Notar gültig erklären (§ 569); Letztere müssen diese Form der Testamentserrichtung nur einhalten, sofern es das Sachwalterschaftsgericht angeordnet hat (möglich sind Fälle, in denen ein Sachwalter aus Gründen bestellt wurde, die die Testierfähigkeit nicht berühren). *Testierunfähig* sind unmündige Minderjährige (unter 14), Geisteskranke, Geistesschwache und Personen, die aus sonstigen Gründen (zB Alkohol, Medikamente, Rauschgift) den Testiervorgang und den Inhalt der Verfügung nicht begreifen. Der Testator muss (nur) im Moment der Testamentserrichtung testierfähig sein (lucidum intervallum, vgl § 567). **492**

bb) Testierabsicht („animus testandi")

Der Erblasser muss „mit Überlegung und Ernst" testieren (§ 565), also das *Bewusstsein haben, eine letztwillige Verfügung zu treffen*. Dies ist zB nicht der Fall, wenn er jemandem schreibt, dass er ihn einmal bedenken werde (Form wäre möglicherweise erfüllt – s unten Rz 495 –, Testierabsicht wird aber idR fehlen). Der animus testandi muss freilich nur gegeben sein (Beweisfrage), nicht aber in der letztwilligen Verfügung selbst zum Ausdruck gelangen (Judikatur). Diese kann etwa auch dann gültig sein, wenn sie nicht mit „Mein letzter Wille" oä überschrieben ist. Die Testierabsicht ist idR auch dann gegeben, wenn eine Verfügung nur vorläufig oder aus Anlass eines bestimmten Ereignisses getroffen wird, das dann aber nicht eintritt; zB „für den Fall, dass ich auf der bevorstehenden Reise ums Leben kommen sollte" – die Ver- **493** fügung gilt auch dann, wenn der Erblasser die Reise überlebt und erst später stirbt.

cc) Freiheit von Willensmängeln

494   Die letztwillige Verfügung ist anfechtbar, wenn sie auf *arglistiger Täuschung, Zwang oder Irrtum* beruht (§ 565 und § 570). Da im Erbrecht nicht die Vertrauens-, sondern die *Willenstheorie* gilt (s oben Rz 44), können auch Motivirrtümer (sogar über Zukünftiges) geltend gemacht werden (§ 572) und ist die Geltendmachung des Irrtums von keinen besonderen Anfechtungsvoraussetzungen abhängig (vgl hingegen § 871). Der Willensmangel muss nur erweislich (zB kein Irrtum, wenn eine bloße Fehlbezeichnung vorliegt, falsa demonstratio non nocet, § 571) und kausal für die Verfügung sein, was zB dann der Fall ist, wenn der Erblasser nur deshalb neuerlich testiert (zweites Testament), weil er die Einsetzung seines unehelichen Kindes im ersten Testament für ungültig hält (Anfechtbarkeit des zweiten Testaments). Hingegen fehlt die Kausalität bei Einsetzung der „Ehegattin", die aber in Wirklichkeit (wegen Ungültigkeit der Ehe) gar nicht mit dem Erblasser verheiratet ist, wenn der Erblasser bei Kenntnis von der Ungültigkeit der Ehe genauso testiert hätte (keine Anfechtbarkeit). Auch die Scheidung der Ehe führt nach der Rsp nicht ohne weiteres zur Anfechtbarkeit jener Verfügung, mit welcher der Erblasser seine Ehegattin eingesetzt hat. Zur irrtümlichen Übergehung von Noterben s unten Rz 539.

dd) Formvorschriften

495   Das Testament ist nur gültig, wenn es in einer der folgenden Formen errichtet wird:
   • *Eigenhändig* (holograph, § 578): Der gesamte Text der Verfügung muss vom Erblasser eigenhändig geschrieben und unterschrieben werden. Der Erblasser muss mit seinem Namen unterfertigen, es genügt aber der Vorname oder eine sonst übliche Bezeichnung, die den Erblasser identifiziert („Dein Vater"). Die Unterschrift muss am Ende des Textes angebracht werden (nach der Rspr reicht hingegen Unterschrift auf Umschlag, in dem sich die Urkunde befindet). Ergänzungen gelten nur, wenn sie neuerlich unterschrieben werden. Die Erklärung kann an sich in jeder Sprache, auf und mit jedem Material erfolgen (auf Papier, Karton, Stoff, mit Kugelschreiber, Lippenstift usw). UU könnte freilich aus der Verwendung eines ganz ungewöhnlichen Textträgers (zB Rückseite eines Fahrscheins) später der Schluss gezogen werden, dass der Erblasser keinen Testierwillen hatte. Die Beisetzung von Ort und Datum ist zwar kein Gültigkeitserfordernis, wird aber vom Gesetz empfohlen (§ 578), um spätere Beweisschwierigkeiten zu vermeiden, wenn mehrere (einander widersprechende) Testamente auftauchen (es gilt dann im Zweifel die jüngere Verfügung, § 713).

- *Fremdhändig* (allograph, §§ 579–581): Der Text kann beliebig verfasst werden (zB maschinschriftlich, durch Computerausdruck oder handschriftlich durch eine andere Person). Er muss vom Erblasser selbst und von drei geeigneten (dazu gleich unten) Zeugen unterschrieben sein. Die Zeugen müssen auf der Urkunde (eigenhändig) mit einem Zusatz unterschreiben (nach der Rsp kann der Zusatz auch fremdhändig erfolgen), der auf ihre Zeugeneigenschaft hinweist. Außerdem muss der Erblasser vor den Zeugen erklären (mindestens zwei müssen gleichzeitig anwesend sein), dass der Text seinen letzten Willen enthält („Bekräftigung" oder „nuncupatio"). Nicht nötig ist es, dass die Zeugen den Inhalt des Testaments kennen. Sie müssen aber das Bewusstsein haben, als Testamentszeugen zu agieren. Während nachträgliche Streichungen im fremdhändigen Testament keiner besonderen Form bedürfen, sind eigenhändige Ergänzungen nur gültig, wenn die Form des § 578 gewahrt ist (Unterschrift) und die Änderung im Kontext der Verfügung (Judikatur: für sich allein) einen Sinn ergibt.
- *Mündlich*: Das außergerichtliche mündliche Testament wurde mit dem FamErbRÄG 2004 aufgehoben und besteht (für Testamente ab dem FamErbRÄG) nur mehr als Notform (s unten). Hauptgrund war die Fälschungsanfälligkeit und der immer häufigere Missbrauch in der Praxis.
- *Nottestament* (§ 597): Besteht die Gefahr, dass der Erblasser stirbt oder seine Testierfähigkeit verliert, so kann er außergerichtlich mündlich oder schriftlich unter Beiziehung von zwei fähigen und zugleich anwesenden Zeugen testieren. Diese Verfügung ist bis drei Monate nach Wegfall der Gefahr gültig. Auch mündige Minderjährige und Besachwaltete können sich dieser Form bedienen. Es muss für die Anwendung der Notform nicht tatsächlich eine Gefahrensituation bestehen; es genügt, wenn der Erblasser durch objektive Umstände begründet den Eindruck hat, dass eine Notsituation vorliegt.
- *Öffentlich* (§§ 587–590; §§ 70 ff NO): Während es sich bei den oben aufgezählten Testamenten um die sogenannten „Privattestamente" handelt, gibt es auch den Begriff des „öffentlichen Testaments". Dabei handelt es sich um Testamente, welche mündlich oder schriftlich entweder vor Gericht oder vor dem Notar errichtet werden. Bei der Entgegennahme der schriftlichen Anordnung bzw bei der mündlichen Erklärung müssen ein Richter und eine weitere Gerichtsperson (bzw ein Notar und zwei Zeugen) anwesend sein. Das öffentliche Testament wird vom Gericht (Notar) in Verwahrung genommen (keine Gefahr des Verlustes bzw der Unterdrückung). Gerichtspersonen können sich im Notfall zum Erblasser begeben, um den letzten Willen zu protokollieren.

Die beim fremdhändigen Testament bzw beim Nottestament erforderlichen „fähigen" *Zeugen* müssen folgende Voraussetzungen erfüllen (§§ 591 ff): Volljährigkeit; keine Behinderung, die die Fähigkeit den letzten Willen des Erblassers entsprechend der jeweiligen Testamentsform zu bezeugen, ausschließt; Kenntnis der Sprache des Erblassers; Unbefangenheit. Befangen ist der durch die letztwillige Verfügung Begünstigte, sein Ehegatte (nicht der Geschiedene), seine Eltern, Kinder und Geschwister oder in eben dem Grade verschwägerte Personen und seine besoldeten Hausgenossen (§ 594). Ist ein befangener Zeuge an der Errichtung der letztwilligen Verfügung beteiligt, so ist nur jener Teil ungültig, auf den sich die Befangenheit bezieht.

496   Letztwillige Verfügungen, die an einem *Formfehler* leiden, sind auch dann ungültig bzw anfechtbar (§ 601), wenn der Wille des Erblassers eindeutig beweisbar ist (zB durch eine Video- oder Tonbandaufzeichnung). Sie können allerdings bei der Auslegung formgültiger Verfügungen eine Rolle spielen; vgl in diesem Zusammenhang auch § 582 *("testamentum mysticum")*: Schriftliche Bemerkungen, auf die ein Testament verweist, sind nur gültig, wenn sie selbst einer Testamentsform entsprechen. Sonst können sie aber „zur Erläuterung" (Auslegung) des letzten Willens herangezogen werden. Das formungültige Testament kann nach herrschender – dogmatisch aber fragwürdiger – Ansicht dadurch „geheilt" werden, dass es von allen Beteiligten anerkannt wird.

c) Testamentarische Anordnungen

497   Neben der Erbeinsetzung kann eine letztwillige Verfügung noch eine Reihe anderer Anordnungen enthalten, durch die der Erblasser den Vermögensübergang besonderen Gegebenheiten anpassen kann:

aa) Voraussetzungsklauseln (Bedingung, Befristung, Auflage)

498   Der Erblasser kann den Erwerb oder den Verlust einer letztwilligen Zuwendung von bestimmten Voraussetzungen abhängig machen, insbesondere davon, dass

- ungewisse Umstände (*Bedingungen*) eintreten oder nicht eintreten (§§ 696 ff); zB dass A nur Erbe wird, wenn er sein Studium abschließt. Man unterscheidet zwischen aufschiebenden (Suspensiv-) und auflösenden (Resolutiv-)Bedingungen, je nachdem, ob der Erblasser einen ungewissen Rechtserwerb oder Rechtsverlust angeordnet hat. Im Falle der aufschiebenden Bedingung erwirbt der Begünstigte erst durch deren genaue Erfüllung (§ 699), bei auflösender Wirkung verliert er den Erwerb, wenn die Bedingung eintritt. Unmögliche oder unerlaubte Bedingungen kann der Erblasser jedoch nicht wirksam anordnen (§ 698; vgl auch § 700: Bedingung der Nichtverehelichung).
- bestimmte Termine oder Ereignisse eintreten (*Befristung*); zB dass A erst nach dem Tod des B erbt.
- der Bedachte ein bestimmtes Verhalten setzt (*Auflage*, § 709), zB dass sich der Erbe um die Kinder des Erblassers kümmern muss. Unerlaubte und unmögliche Auflagen gelten – da die Auflage in Bezug auf Erwerb und Verlust der Zuwendung wie eine auflösende Bedingung wirkt (§ 709) – als nicht beigesetzt (§ 698). Von der Bedingung unterscheidet

sich die Auflage dennoch vor allem dadurch, dass der Bedachte sie nur bei schuldhafter Nichterfüllung verliert (§ 710) und auf ihre Einhaltung geklagt werden kann (zB vom Testamentsvollstrecker; nicht hingegen vom Bedachten selbst, sonst läge ein Vermächtnis vor). Die Auflage ist (da nur schuldhafte Verletzung relevant) die geringere Belastung, iZw daher anzunehmen, wenn sich der Erblasser diesbezüglich nicht klar ausgedrückt hat.

bb) Substitution

Der Erblasser kann bestimmen, dass zuerst ein bestimmter Erbe (Vorerbe), nach dessen Tod oder nach Eintritt (Wegfall) eines anderen Umstands aber ein anderer (Nacherbe) zum Zuge kommt (*„Nacherbschaft"* oder *„fideikommissarische Substitution"*, § 608). **499**

> *Beispiel:* „Sollte mein Erbe A kinderlos bleiben, so geht mein Vermögen nach seinem Tod an B". Um allzu langfristige Vermögensbindungen zu vermeiden, kann der Erblasser allerdings nur dann unbegrenzt viele Nacherben hintereinander einsetzen, wenn diese im Zeitpunkt der letztwilligen Verfügung schon leben (oder zumindest gezeugt sind, sog *„Zeitgenossen"*). Ansonsten ist die Substitution bei beweglichen Sachen auf zwei und bei unbeweglichen Sachen auf einen Nacherben *beschränkt* (§ 612).

Die Substitutionsregeln gelten auch im Fall der *„konstruktiven Nacherbfolge"*, wenn also der Erblasser den Erben bedingt, befristet oder unter einer Auflage einsetzt (§§ 707 f) oder ihm verbietet, über den Nachlass letztwillig zu verfügen, oder wenn er anordnet, dass der Erbe zugunsten bestimmter anderer Personen zu testieren habe. Im ersten Fall (Testierverbot) sind die gesetzlichen Erben des Erben seine Nacherben, im zweiten Fall (Testiergebot) sind es die vom Erblasser Genannten (vgl § 610: *„stillschweigende fideikommissarische Substitution"*). **500**

Die Substitution bezieht sich nur auf das Vermögen des Erblassers, nicht auch auf jenes des Vorerben (vgl § 609). Von der *„Substitution auf den Überrest"* (welche iZw anzunehmen ist, § 614) ist überhaupt nur das erfasst, was vom Vermögen des Erblassers beim Substitutionsfall noch übrig ist (der Nacherbe erhält nur das, was der Vorerbe „übriggelassen" hat). **501**

Die einem *Testierunfähigen* gemachte fideikommissarische Substitution verliert ihre Kraft, wenn bewiesen wird, dass er zur Zeit seiner letztwilligen Verfügung bei voller Besonnenheit war, oder wenn ihm das Gericht wegen erlangten Verstandesgebrauchs wieder die freie Verfügung über sein Vermögen einräumt (§ 616). Die von einem Erblasser seinem *Kind* zur Zeit, da es noch keine Nachkommenschaft hatte, gemachte Substitution erlischt, wenn das Kind erbfähige Nachkommen hinterlässt (§ 617). **502**

Nach dem Erbfall ist bei unbeweglichen Gütern im Grundbuch anzumerken, dass das Grundstück einer fideikommissarischen Substitution unterliegt. Über bewegliches Vermögen ist ein Inventar zu errichten. Mit der Einantwor- **503** tung wird der Vorerbe Eigentümer des Nachlasses, darf darüber aber nicht frei verfügen, weil die *Substitutionsmasse* ja später uU dem Nacherben zukommen soll. Insbesondere darf er das Geerbte grundsätzlich *weder veräußern noch belasten*. Es steht ihm zwar ein unbeschränktes Nutzungsrecht zu (so dass zB der Ertrag von Liegenschaften oder die Zinsen der Substitutionsmasse in sein Vermögen fließen), doch darf er auch dieses Recht nur unter Schonung der Vermögenssubstanz ausüben (kein „Raubbau"). Er hat insofern die Stellung eines *Fruchtnießers* (§ 613). Verfügungen des Vorerben, die gegen die Substitutionsbindung verstoßen, sind sachenrechtlich wirksam, lösen aber Schadenersatzpflichten gegenüber dem Nacherben aus (strittig, überwiegend wird angenommen, dass die Substitution wie ein dingliches Veräußerungs- und Belastungsverbot wirkt, was aber ua § 364c widerspricht, wonach solche Verbote nur in engen Grenzen zulässig sind).

504   Ist die Vorerbschaft terminisiert (zB Tod des Vorerben), so geht das Nacherbrecht auch dann auf die Erben des Nacherben über, wenn dieser den Nacherbfall nicht erlebt hat (§§ 615/2, 705). Besteht der Nacherbfall hingegen in einer ungewissen Bedingung, so muss der Nacherbe sie erleben, um sein Recht *vererben* zu können (§ 703).

505   Eine *andere Form der Substitution* besteht darin, dass der Erblasser einen oder mehrere Ersatzerben für den Fall bestimmt, dass der von ihm eingesetzte Erbe die Erbschaft – egal aus welchem Grund (vgl aber § 605 bei Einschränkung durch den Erblasser) – nicht erlangt (§ 604: *„gemeine Substitution"*, *Ersatzerbschaft*). Die Einsetzung eines Nacherben macht diesen iZw auch zum Ersatzerben des Ersteingesetzten (§ 608); Bsp: Mein Erbe ist A, nach dessen Tod B (Nacherbschaft) – stirbt A vor dem Erblasser, so kommt B als dessen Ersatzerbe sofort zum Zug.

506   Zum Unterschied von der fideikommissarischen Substitution (s oben Rz 499) unterliegt die Ersatzerbschaft keiner zahlenmäßigen Beschränkung (§ 604): Der Erblasser kann *beliebig viele Ersatzerben* einsetzen. Der Ersatzerbe muss im Zweifel die dem ersten Erben auferlegten Lasten tragen (§ 606), nicht aber die gestellten Bedingungen erfüllen (§ 702).

507   Eine Art *„stillschweigende Ersatzerbfolge"* verfügt § 779/1: Hat der Erblasser ein (eigenes) Kind letztwillig bedacht und stirbt dieses vor ihm (ist erbunwürdig oder entschlägt sich), so treten – mangels anderer Anordnung – die Nachkommen des Kindes an dessen Stelle.

cc) Regelung der Erbauseinandersetzung

508   Da mehrere Erben Miteigentümer der Nachlassgegenstände werden (s unten Rz 556), kommt es häufig zur Erbteilung durch Erbteilungsübereinkommen oder Erbteilungsklage. Der Erblasser kann dem vorbeugen, indem er *Teilungsanordnungen* trifft, an die seine Erben (nicht aber deren Erben, § 832) dann gebunden sind. Dasselbe gilt für *Teilungsverbote*, die der Erblasser anordnen kann, um eine Zerstückelung des Nachlasses oder bestimmter

Nachlasswerte (vor allem Unternehmen) zu vermeiden. Eine weitere Möglichkeit, die Erbauseinandersetzung schon im Vorhinein zu regeln, besteht darin, dass der Erblasser ein *Aufgriffsrecht* verfügt. Die dadurch Begünstigten haben dann das Recht, den Nachlass oder bestimmte Teile davon gegen Zahlung eines Übernahmspreises zu erwerben.

dd) Testamentsvollstreckung

Zur Vollziehung seiner Anordnungen kann der Erblasser einen Testaments-   **509**
vollstrecker bestimmen. Nimmt dieser das Amt an, so hat er gem § 816 die *Durchführung des letzten Willens* zu überwachen und zu betreiben (indem er zB die Bestattungswünsche des Erblassers durchsetzt, an der Inventarisierung teilnimmt oder Personen, denen der Erblasser Zuwendungen unter Auflagen gemacht hat, auf Einhaltung klagt). Ferner kann der Testamentsvollstrecker vom Erblasser für die Zeit während des Verlassenschaftsverfahrens und auch über die Einantwortung hinaus mit der *Verwaltung und Vertretung* des Nachlasses betraut werden. Nach herrschender – im Hinblick auf die Testierfreiheit aber fragwürdiger – Auffassung ist der Erbe an diese Anordnung nicht gebunden. Er könne nur durch entsprechende Bedingung oder Auflage zu ihrer Beachtung verhalten werden. Der Testamentsvollstrecker kann den Erben – vor allem bei schuldhafter Fehlverwaltung – haftbar werden, soweit der Erblasser ihn davon (im Rahmen allgemeiner Grenzen der Haftungsfreizeichnung, daher zB nicht für Vorsatz) nicht befreit hat.

ee) Kassatorische Klausel

Die kassatorische Klausel (*Bestreitungsverbot*) ist eine Anordnung des   **510**
Erblassers, die es dem Erben oder Legatar unter angedrohter Entziehung eines Vorteils verbietet, den letzten Willen zu bestreiten. Sie ist aber jedenfalls für den Fall ungültig, „dass nur die Echtheit oder der Sinn der Erklärung angefochten wird" (§ 720).

d) Testamentsauslegung

Soweit die testamentarischen Anordnungen des Erblassers unklar sind (vgl   **511**
§ 565), muss interpretativ versucht werden, seinen wahren Willen zu ermitteln. IZw (wenn eine Verfügung mehrere Deutungen zulässt, ohne dass man feststellen könnte, welche gemeint ist) hat man nach dem *„favor testamenti"*, also so auszulegen, dass die Verfügung aufrecht bleiben kann (vgl § 655). IZw berührt die Ungültigkeit einer Verfügung die Gültigkeit der anderen nicht. Bei der Auslegung ist auf sämtliche Umstände, die zur Erforschung des wahren Willens des Erblassers beitragen können, Bedacht zu nehmen (zB auch formungültige Verfügungen oder Äußerungen, s oben). Das Auslegungsergebnis muss aber im Wortlaut der Verfügung zumindest irgendeine Deckung finden.

e) Testamentswiderruf und Testamentsänderung

512   Der Erblasser kann – soweit er testierfähig ist (§ 718) – ein Testament jederzeit ändern oder widerrufen (§ 552). Dies gilt auch dann, wenn er in der letztwilligen Verfügung auf den Widerruf verzichtet (sog „derogatorische Klausel") oder zB erklärt hat, dass jede spätere Anordnung oder Änderung ungültig sei, wenn sie nicht mit einem bestimmten Merkmal versehen ist (§ 716). Auch sonst bleibt ihm zu Lebzeiten die volle Verfügungsfreiheit über sein Vermögen. Die Bedachten erhalten nur das, was im Zeitpunkt des Todes vorhanden ist. Der Erblasser muss den Bedachten allerdings vom Widerruf der letztwilligen Verfügung informieren, wenn er sie als sicher hingestellt und vom Bedachten eine Leistung erhalten hat, die auf dessen Erbshoffnung schließen lässt. Die schuldhafte Verletzung dieser Pflicht (*culpa in testando*) begründet eine Haftung des Erben für den Vertrauensschaden.

Beispiel: Anton hat seiner Tochter Charlotte versichert, sie im Hinblick auf ihre wirtschaftliche Ausbildung zur Universalerbin einzusetzen. Charlotte verzichtet daher auf eine weitere postgraduale Ausbildung und beginnt schon zu Lebzeiten des Vaters (unentgeltlich) in seinem Unternehmen mitzuarbeiten. Sie schafft auch aus eigenen Mitteln die Einrichtung und Ausstattung ihres Büros an. Nach Antons Tod stellt sich heraus, dass er nicht Charlotte, sondern seinen früheren Geschäftspartner Gustav zum Universalerben eingesetzt hat. Charlotte kann von Gustav als Universalerbe Schadenersatz wegen culpa in testando des Erblassers verlangen. Zu ersetzen ist nur der Vertrauensschaden (hier die Büromöbel), nicht aber der Nichterfüllungsschaden (Wert der Erbschaft, hier das Unternehmen), weil das rechtswidrige Verhalten des Erblassers nur darin bestanden hat, den potenziell Bedachten nicht zu informieren, nicht aber darin, ihn nicht einzusetzen (dazu ist der Erblasser nicht verpflichtet – Testierfreiheit).

513   Im Einzelnen kann die letztwillige Verfügung entweder *ausdrücklich oder stillschweigend* widerrufen werden. Letzteres geschieht zB durch Zerreißen der Testamentsurkunde (§ 717) oder Durchstreichen der Unterschrift (§ 721), oft auch durch Errichtung einer neuen Verfügung (§ 713) oder durch absichtliche Vernichtung der (einzigen) Urkunde (§ 721). Geht das Testament unabsichtlich verloren, so bleibt es gültig, wenn sein Inhalt anderweitig (zB durch Zeugen oder eine Kopie) bewiesen werden kann (§ 722). Hat der Erblasser eine spätere Anordnung vernichtet, die frühere schriftliche Anordnung aber unversehrt gelassen, so lebt diese wieder auf (§ 723).

3. Vertragliche Erbfolge

Literaturauswahl: *Zemen*, Erbvertrag, reines Viertel und Pflichtteilsansprüche, NZ 1988, 29; *Grabenwarter*, Ist der Erbvertrag ein Auslaufmodell? ecolex 1996, 589; *Zankl*, Schenkung auf den Todesfall, Vermächtnisvertrag und „reines Viertel", NZ 1997, 311; *B. Jud*, Schenkung auf den Todesfall und Berechnung des „freien Viertels" beim Erbvertrag, NZ 1999, 268; *Leopold/Koland/Caspary*, Die Gültigkeit eines Erbvertrages nach österreichischem Recht bei Beurkundung durch einen deutschen Notar, NZ 2005, 193; *Fischer-Czermak*, Mehrseitige Planung der Nachfolge von Todes wegen, in *Gruber/Kalss/Müller/Schauer* (Hg), Erbrecht und Vermögensnachfolge (2010) 599.

Ehegatten können **Erbverträge** schließen (§ 602). Diese gehen sowohl der **514** gesetzlichen als auch der testamentarischen Erbfolge vor, bilden also den stärksten Berufungsgrund (Berufung zur Erbfolge). Sie bedürfen eines *Notariatsaktes* (§ 1 NotAktG) und können ihrem Vertragscharakter entsprechend nicht einseitig, sondern nur einvernehmlich aufgelöst werden. Sie hindern den Erblasser aber nicht, „mit seinem Vermögen, solange er lebt, nach Belieben zu schalten" (§ 1252): auch der Vertragserbe erhält (wie der Testamentserbe) aus dem Vermögen des Erblassers nur das, was bei dessen Tod noch vorhanden ist. Der Erbvertrag kann sich – damit sich der Erblasser nicht vollständig seiner Testierfreiheit begibt – nur auf drei Viertel des Nachlasses jedes Ehegatten beziehen. Ein Viertel, auf dem weder Schulden noch Pflichtteile haften dürfen, muss dem Erblasser zur freien Verfügung verbleiben (sog *„reines Viertel"*, § 1253).

> *Beispiel:* Der Erblasser hinterlässt seine Frau und seine Mutter. Der reine Nachlass (abzüglich Schulden) beträgt € 180.000,–. Das reine Viertel macht daher € 40.000,– aus (€ 180.000,– minus € 20.000,– als Pflichtteil der Mutter = € 160.000,– dividiert durch vier = € 40.000,–). Der Pflichtteil des Ehegatten wird nach hA nicht abgezogen, weil er durch die erbvertragliche Zuwendung gedeckt ist und daher das reine Viertel nicht schmälern kann. Über das reine Viertel kann der Erblasser auf den Todesfall frei disponieren (zugunsten anderer Personen, aber auch zugunsten des Vertragserben). Hat er dies nicht getan, so tritt bezüglich des reinen Viertels gesetzliche Erbfolge ein (§ 1253). Der Erbvertrag erlischt zwar grundsätzlich mit der *Scheidung*, doch bleibt dem schuldlos Geschiedenen gegenüber dem schuldigen Teil das Recht aus dem Erbvertrag vorbehalten (§ 1266).

Unterscheide vom Erbvertrag das **wechselseitige (gemeinschaftliche) Tes-** **515** **tament**: „Den Ehegatten ist gestattet in einem und dem nämlichen Testamente sich gegenseitig oder auch andere Personen als Erben einzusetzen. Auch ein solches Testament ist widerruflich; es kann aber aus der Widerrufung des einen Teiles auf die Widerrufung des anderen Teiles nicht geschlossen werden" (§ 1248).

4. Außerordentliche Erbfolge

Literaturauswahl: *Apathy*, Heimfall und Transmission, JBl 1990, 399; *Swoboda*, Transmission beim Heimfall hinfällig? JBl 1990, 298; *Ch. Rabl*, Verwendungsanspruch des wahren Erben gegen den Fiskus – ist der Heimfall gegenüber dem wahren Erben gerechtfertigt? NZ 1997, 141; *Schauer*, Bemerkungen zum heimfälligen Nachlass im österreichischen internationalen Privatrecht, FS 75 Jahre Max-Planck-Institut für Privatrecht (2001) 557; *W. Tschugguel*, Ein besonderer Fall des § 726 ABGB, iFamZ 2010, 163.

Judikaturauswahl: 7 Ob 641/90 (Außerordentliches Erbrecht).

Gem § 760 fällt die Verlassenschaft als ein erbloses Gut dem Staate **516** anheim (*„Heimfallsrecht"*), wenn kein zur Erbfolge Berechtigter vorhanden ist oder wenn niemand die Erbschaft erwirbt (*„Kaduzität"*). Das Gesetz geht aber davon aus, dass der Erblasser seinen Nachlass vermutlich eher den Vermächtnisnehmern (die an sich ja nur einzelne Vermögenswerte aus dem Nachlass erhalten sollten) als dem Staat zukommen lassen will (auf das gesetzliche Vorausvermächtnis, dazu oben Rz 486, trifft dies nicht zu, da es nicht auf dem Willen des Erblassers beruht). Daher werden die Vermächtnisnehmer nach dem Verhältnis des Wertes ihrer Vermächtnisse zu Erben berufen (müssen daher auch entsprechende Erklärungen abgeben), wenn sonst niemand die Verlassenschaft erlangt (§ 726: *außerordentliches Erbrecht der Legatare*).

III. Ausschluss der Erbfolge

1. Erbunwürdigkeit

Literaturauswahl: *Schauer*, Familienstiftung und Unwürdigkeit des Begünstigten als Problem des Privatstiftungsrechts, GesRZ 2000, 233; *B. Jud*, § 540 ABGB – Erbunwürdigkeit und Tod des Erblassers, NZ 2006, 70.

Judikaturauswahl: 6 Ob 636/93 (Tötung des Erblassers in schizophrener Psychose); 6 Ob 286/07p (Passive Sterbehilfe als Fall der Erbunwürdigkeit); 7 Ob 43/07k (Strafbare Handlung des Erben gegen Dritte).

517 Jedweder Erwerb von Todes wegen – und daher insb auch die Erbfolge – setzt *Erbwürdigkeit* voraus. Diese *fehlt* Personen (§§ 540–542), welche

- gegen den Erblasser (nach hL auch gegen ihm nahestehende Personen) eine gerichtlich strafbare Handlung gesetzt haben, die nur vorsätzlich begangen werden kann und mit mehr als einjähriger Freiheitsstrafe bedroht ist (zB schwerer Diebstahl, Mord). Verschuldensunfähigkeit (zB Tötung des Erblassers in schizophrener Psychose) schließt nach der Rsp die Erbunfähigkeit aus
- den Erblasser zur Erklärung seines letzten Willens gezwungen oder betrügerischerweise verleitet haben
- den Erblasser an der Erklärung seines letzten Willens gehindert oder einen von ihm bereits errichteten letzten Willen unterdrückt haben
- ihre aus dem Rechtsverhältnis zwischen Eltern und Kindern sich ergebenden Pflichten (zB Unterhalt, Obsorge) dem Erblasser gegenüber gröblich vernachlässigt haben.

518 Die Erbunwürdigkeitsgründe sind zugleich Enterbungsgründe (§ 770). Während aber die *Enterbung* ausdrücklich oder stillschweigend erklärt werden muss, bedarf die *Erbunwürdigkeit keiner besonderen Anordnung* des Erblassers (wirkt *von Gesetzes wegen*) und wird umgekehrt durch (formlose, nicht zugangsbedürftige) *Verzeihung* des Erblassers beseitigt. Die Enterbung muss hingegen (so wie andere letztwillige Verfügungen) widerrufen werden. Die Verzeihung kann (wie der Widerruf) auch stillschweigend erfolgen, zB dadurch, dass der Erblasser den Betroffenen in Kenntnis des Fehlverhaltens letztwillig bedenkt.

519 Bei gesetzlicher Erbfolge sind die Nachkommen des Erbunwürdigen an dessen Stelle zur Erbfolge berufen (§ 541). Dies gilt aber – da es sich um *Repräsentation* handelt – nicht für Nachkommen, die gegenüber dem Erblasser gar nicht gesetzlich erbberechtigt sind, zB uneheliches Kind der erbunwürdigen Ehegattin des Erblassers.

Absolut erbunfähig (also nicht nur gegenüber einem bestimmten Erblasser, sondern gegenüber jedermann) sind Ausländer, wenn Österreicher in deren Heimat erbunfähig sind (§ 33). **520**

2. Erbverzicht

Literaturauswahl: *Zankl*, Der Erbverzicht zum Nachteil minderjähriger Nachkommen, NZ 1990, 5; *Zemen*, Zu den Wirkungen des Erbverzichtes auf die Nachkommen, JBl 1990, 500; *Welser*, Erbverzicht und Schenkung auf den Todesfall, NZ 1991, 84; *Beer*, Die vorweggenommene Erbfolge, in *Kalss/Schauer* (Hg), Unternehmensnachfolge (2001) 35; *Ch. Rabl*, Die Stellvertretung beim Erbverzicht, NZ 2002, 105; *Lenneis*, Problematik der Pflichtteilsvergrößerung durch Verzicht auf das Erbrecht, AnwBl 2009, 263; *W. Tschugguel*, Muss der Erbverzichtsvertrag in gleichzeitiger persönlicher Anwesenheit der Vertragsparteien geschlossen werden? iFamz 2010, 163; *derselbe*, Gültigkeit einer Erbeinsetzung nach Erbverzicht und pflichtteilsrechtliche Folgen, iFamZ 2010, 290; *A. Wall*, Erbverzicht, in *Gruber/Kalss/Müller/Schauer* (Hg), Erbrecht und Vermögensnachfolge (2010) 660; *W. Tschugguel*, Form des Erbverzichtsvertrags – ein prätorischer Vergleich? iFamZ 2011, 34.

Die Erbfolge wird auch durch Erbverzicht ausgeschlossen. Dieser verschafft dem Erblasser *„freie Hand"*, was vor allem dann erforderlich ist, wenn die Vermögensnachfolge schon *zu seinen Lebzeiten* herbeigeführt oder verbindlich geregelt werden soll. **521**

Beispiel: Der Erblasser hat zwei Töchter (A und B). A soll das Unternehmen des Vaters fortführen und erhält es daher schon jetzt übertragen. Um nicht gegenüber B bevorzugt zu werden, muss sie auf ihren Erbteil verzichten, so dass das restliche Vermögen des Vaters nach dessen Tod B zufällt.

Der Erbverzicht kommt durch einen *Vertrag* zwischen dem Erblasser und dem potenziellen Erben zustande (Verzichtsverträge zwischen anderen Personen – zB A verzichtet gegenüber B auf das Erbrecht nach dem gemeinsamen Vater – sind ungültig, § 879/2 Z 3), bedarf zu seiner Gültigkeit eines *Notariatsaktes* oder eines *gerichtlichen Protokolls* und kann vom Verzichtenden nicht einseitig, sondern nur im Einvernehmen mit dem Erblasser widerrufen werden. Überlegt es sich hingegen der Erblasser anders, so kann er den Verzichtenden dennoch zum Erben einsetzen. **522**

Der Erbverzicht hat sowohl gegenständlich als auch personell *Reflexwirkungen*: Er schließt iZw (mangels gegenteiliger Vereinbarung) nicht nur das gesetzliche Erbrecht, sondern *auch das Pflichtteilsrecht* aus (wohingegen das gesetzliche Erbrecht bei bloßem Pflichtteilsverzicht aufrecht bleibt) und wirkt sich iZw (wenn also im Vertrag nicht das Gegenteil vorgesehen ist) *auch zu Lasten der Nachkommen* der Verzichtenden aus (§ 551), soweit diese in ihrer Eigenschaft als Repräsentanten des Verzichtenden erben würden.

Beispiel: Die Eltern A und B geben gegenüber ihrem Sohn C einen Erbverzicht ab. Damit sind auch dessen Geschwister (als Nachkommen der Eltern) vom Erbrecht nach C ausgeschlossen. Die eigenen Kinder des C bleiben aber gesetzlich erbberechtigt (obwohl sie als Enkel von A und B ebenfalls deren Nachkommen sind).

C. Einzelrechtsnachfolge

I. Allgemeines

523   Wie bereits dargelegt (s oben Rz 472 und unten Rz 524 ff), erhält der Einzelrechtsnachfolger (*Singularsukzessor*) nur einzelne Vermögenspositionen (die freilich wertmäßig durchaus wesentliche Teile des Nachlasses erfassen oder diesen sogar erschöpfen können, vgl §§ 535, 690). Da er nicht an die Stelle des Erblassers tritt, haftet er insb auch nicht dessen Gläubigern, sondern wird selbst Gläubiger: Er hat gegen den Erben einen *Erfüllungsanspruch*, der zwar erbrechtlichen Ursprungs ist (sich auf den Todesfall bezieht), sich aber sonst nicht von anderen Forderungsrechten unterscheidet und daher schuldrechtlichen Regeln folgt. Daraus ergibt sich zB die Anwendbarkeit des § 1313a, wenn der Erbe einen *Gehilfen* zum Vermächtnisnehmer schickt, um das Legat zu übergeben. Auch der *Erwerb* des Einzelrechtsnachfolgers richtet sich nach allgemeinen Regeln, vollzieht sich also nicht (wie beim Universalsukzessor) durch Einantwortung, sondern bedarf in Bezug auf bewegliche Sachen grundsätzlich der *Übergabe* und in Bezug auf unbewegliche Sachen der *Grundbuchseintragung*. Im Übrigen ist allerdings der erbrechtliche Ursprung doch insofern von Bedeutung, als für die Gültigkeit und den Inhalt des Erwerbstitels (also zB für das Vermächtnis) grundsätzlich *erbrechtliche Regeln* gelten (vgl auch § 647). Daraus folgt, dass die oben beim *Testament* behandelten *Voraussetzungen* (Rz 491 ff) *auch für die Einzelrechtsnachfolge* gelten; dies jedenfalls insoweit, als es sich um die – konstruktiv dem Testament entsprechende – einseitige Singularsukzession durch Vermächtnis handelt (unten Rz 524 ff). Für die vertragliche Einzelrechtsnachfolge (unten Rz 527 ff) gelten – eben im Hinblick auf ihre vertraglichen Elemente – teilweise Besonderheiten.

II. Einseitige Einzelrechtsnachfolge (Vermächtnis)

Literaturauswahl: *Zemen*, Zur Kürzung der Vermächtnisse nach § 783 ABGB, ÖJZ 1985, 65; *Welser*, Das Legat einer fremden Sache, NZ 1994, 197; *Zankl*, Schenkung auf den Todesfall, Vermächtnisvertrag und „reines Viertel", NZ 1997, 311; *derselbe*, Letztwillige Wertsicherungen im österreichischen und deutschen Recht, NZ 1998, 193; *Kletečka*, Das Nachlegat der Sache des Erben, NZ 1999, 66; *Zankl*, Antizipierte Vermächtniserfüllung, NZ 1999, 314; *Fischer-Czermak*, Vereinbarungen nach § 14 Abs 4 WEG, FS Welser (2004) 189; *Umlauft*, Fragen und Fragwürdigkeiten im Zusammenhang mit Vereinbarungen zwischen Eigentümerpartnern zu Gunsten Dritter gemäß § 14 Abs 4 WEG 2002, FS Welser (2004) 1119; *Gruber/Sprohar-Helmich/Scheuba*, Erbeinsetzung und Vermächtnis, in *Gruber/Kalss/Müller/Schauer* (Hg), Erbrecht und Vermögensnachfolge (2010) 484; *Schweda*, Zur Ausfolgung von Legaten, NZ 2011, 161.

Judikaturauswahl: 6 Ob 204/09g (Anspruch des Nachlasses gegen den Legatar aus einem Benützungsentgelt); 6 Ob 140/10x (Vermächtnis von Mietzinsen); 1 Ob 108/10d (Bestätigung für Legatar nur mit Zustimmung der Erben).

Gegenstand des Vermächtnisses (Legats) können einzelne Sachen, Sachen aus einer Gattung, bestimmte Summen oder Rechte sein (§ 535). *Beschwert* kann damit jeder werden, der eine letztwillige Zuwendung erhält. Das ist gewöhnlich der Erbe, doch kann auch ein Vermächtnisnehmer seinerseits mit einem Vermächtnis belastet werden (§§ 649 f: *„Untervermächtnis")*. Vermacht der Erblasser Sachen, die keine speziellen Merkmale aufweisen (zB „20 Goldbarren zu 500 Gramm"), so ist das Vermächtnis unabhängig davon zu erfüllen, ob die Sachen überhaupt im Nachlass oder im Eigentum des Beschwerten sind (zum Wahlrecht des Legatars s § 656). Den Belasteten trifft dann auch ohne besondere Anordnung des Erblassers eine Beschaffungspflicht (§ 658). Vermacht der Erblasser hingegen ganz bestimmte Sachen (zB „das Gemälde X"), so ist dieses Vermächtnis unwirksam, wenn sich die Sache nicht im Nachlass oder im Eigentum des Beschwerten befindet (es können also auch Sachen vermacht werden, die dem Beschwerten persönlich gehören). Der Erblasser kann für diesen Fall aber anordnen, dass der Belastete dem Vermächtnisnehmer die Sache zu besorgen hat (§ 662: *„Verschaffungsvermächtnis"*, bei Unmöglichkeit Wertersatz). War die vermachte Sache ursprünglich im Vermögen des Erblassers, hat er sie aber (unter Lebenden oder auf den Todesfall) veräußert, so gilt das Vermächtnis als widerrufen (§ 724). Auch beim Vermächtnis kann ein Ersatz- oder Nachlegatar bestimmt werden.

Konstruktiv ist das Vermächtnis als *„Damnationslegat"* ausgestaltet, verschafft also dem Vermächtnisnehmer nicht (wie das Vindikationslegat) unmittelbar das Recht am Vermächtnisgegenstand, sondern (zwingend) bloß einen schuldrechtlichen Erfüllungsanspruch gegen den Erben (str bei Übergabe des Vermächtnisgegenstands schon zu Lebzeiten des Erblassers und beim Wohnrecht gem § 758). Nachlassgläubiger, Unterhaltsberechtigte und Noterben gehen dem Vermächtnisnehmer vor. Zu einer (verhältnismäßigen) Kürzung des Legats kommt es, wenn der Erbe eine bedingte Erbantrittserklärung abgegeben hat und der Nachlass nicht ausreicht, um alle Forderungen (Schulden des Erblassers, Pflichtteile, Unterhaltsansprüche, Legate, Schenkungen auf den Todesfall) zu begleichen (vgl im Einzelnen §§ 692 f). Ist der Legatar zugleich Erbe, liegt im Zweifel ein Voraus- und kein Hineinvermächtnis vor (keine Anrechnung).

Der *Anfallstag* des Legats ist der Todestag des Erblassers. Diesen muss der Legatar erleben (um das Legat zu erwerben und vererben zu können). Wenn der Erblasser nichts anderes bestimmt hat, wird das Vermächtnis aber grundsätzlich erst ein Jahr nach seinem Tod *fällig* (§ 685; Ausnahme zB für das Vermächtnis einzelner Verlassenschaftsstücke). Bis dahin gebühren dem Legatar aber alle Zinsen und *Nutzungen* der vermachten Sache (§ 686). Umgekehrt trägt er auch die mit dem Legat zusammenhängenden *Lasten* (§§ 662, 686).

524

525

526

III. Vertragliche Einzelrechtsnachfolge (Vereinbarungen auf den Todesfall)

Literaturauswahl: *Eccher*, Antizipierte Erbfolge (1980); *Zankl*, Lebensversicherung und Nachlaß, NZ 1985, 81; *Kurschel*, Folgen des Zuwiderhandelns gegen einen Schenkungsvertrag auf den Todesfall, NZ 1986, 97; *Zankl*, Lebensversicherung mit Inhaberklausel, ecolex 1990, 217; *Welser*, Erbverzicht und Schenkung auf den Todesfall, NZ 1991, 84; *M. Mohr*, Wirkungen und Gefahren der Gütergemeinschaft auf den Todesfall, NZ 1995, 7; *Welser*, Gütergemeinschaft auf den Todesfall und unentgeltliche Verfügung unter Lebenden, NZ 1997, 270; *Zankl*, Schenkung auf den Todesfall, Vermächtnisvertrag und „reines Viertel", NZ 1997, 311; *derselbe*, Vertrag und Treuhand zugunsten Dritter auf den Todesfall, NZ 1998, 225; *B. Jud*, Schenkung auf den Todesfall und Berechnung des „freien Viertels" beim Erbvertrag, NZ 1999, 268; *Fischer-Czermak*, Verträge auf den Todesfall zwischen Ehegatten und Scheidung, NZ 2001, 3; *M. Binder*, Zum Erfordernis des Widerrufsverzichts bei der Schenkung auf den Todesfall, FS Welser (2004) 77; *B. Jud*, Die bedingte Schenkung auf den Todesfall, NZ 2004, 321; *Ch. Rabl*, Die Schenkung auf den Todesfall im Pflichtteilsrecht, NZ 2005, 129; *Welser*, Schenkung auf den Todesfall – Widerrufsverzicht und Bedingung, NZ 2005, 161; *Schauer*, Die Privatstiftung als Funktionsäquivalent der Schenkung auf den Todesfall, ZfS 2006, 52; *Zankl*, Fehler bei der Vermögensweitergabe von Todes wegen, LJZ 2007, 11; *Keinert*, Kassatorische Klausel bei Schenkung auf den Todesfall? JBl 2009, 217; *M. Längle*, Schenkung auf den Todesfall (2009*); Gantner-Doshi*, Die Vererbung von Sparbüchern, in *Feiler/Raschhofer* (Hg), Innovation und internationale Rechtspraxis, Praxisschrift für Wolfgang Zankl (2009) 177; *Schauer*, Vertrag zugunsten Dritter auf den Todesfall, in *Gruber/Kalss/Müller/Schauer* (Hg), Erbrecht und Vermögensnachfolge (2010) 675.

Judikaturauswahl: 4 Ob 2029/96b (Pflichtteilsrecht und Schenkung auf den Todesfall); 7 Ob 622, 623/95 (Lebensversicherung und Nachlass); 1 Ob 39/97k (Treuhand auf den Todesfall – Sparbuch); 9 Ob 98/01d (Passivlegitimation des auf den Todesfall Beschenkten); 1 Ob 133/02v (Sparbuchverfügung und Schenkung auf den Todesfall); 3 Ob 9/08g (Anfechtung); 5 Ob 205/09x (Verbücherungsfähigkeit einer Gütergemeinschaft auf den Todesfall); 5 Ob 245/10f (Gütergemeinschaft auf den Todesfall und Pflichtteilsansprüche).

1. Schenkung auf den Todesfall

527   Die Schenkung auf den Todesfall (§ 956) wird durch einen ***notariatsaktspflichtigen Vertrag*** zwischen dem Beschenkten und dem Erblasser geschlossen, in dem dieser ausdrücklich auf sein Widerrufsrecht (das ihm bei einer Verfügung auf den Todesfall an sich zustünde) verzichten muss. Der *Widerrufsverzicht* bezieht sich aber nur auf den grundlosen Widerruf; hingegen bleibt ein Widerruf nach den §§ 947 ff weiter möglich.

528   Konstruktiv handelt es sich bei der Schenkung auf den Todesfall nach hA um ein *„Mittelding"* zwischen Geschäften unter Lebenden und solchen auf den Todesfall: Man behandelt sie zu Lebzeiten des Geschenkgebers wie einen Vertrag (daher ist eine anderweitige Veräußerung rechtswidrig und die §§ 944, 1253 sind zu beachten), nach seinem Tod wie ein Vermächtnis, das aus dem Nachlass zu erfüllen ist (daher keine Schenkungsanrechnung, s unten Rz 578 ff).

Die Schenkung auf den Todesfall kann auch unter einer **Bedingung** ge- **529** schlossen werden, soweit der Erblasser auf ihren Eintritt keinen Einfluss hat (käme einer Widerrufsmöglichkeit gleich). Zulässig ist daher zB die Bedingung, dass der Beschenkte den Erbfall erlebt, nicht hingegen die Vereinbarung, dass der Beschenkte vom Schenkungsgegenstand (zB einem Aktiendepot) nur das erhält, was der Erblasser „übrig lässt".

Der Beschenkte erlangt einen **verbindlichen** – und daher schon zu Lebzei- **530** ten des Geschenkgebers abtretbaren und vererblichen (§ 705) – **Anspruch** auf den Schenkungsgegenstand, kann dieses Recht aber erst nach dem Tod des Erblassers geltend machen. Der Erblasser bleibt zu Lebzeiten im Besitz der verschenkten Sache und kann sie weiter benützen. Er darf hingegen keine Handlungen setzen, welche die schon vereinbarte Vermögensweitergabe beeinträchtigen können. Die auf den Todesfall verschenkten Sachen dürfen daher zB nicht an Dritte verkauft werden. Handelt der Erblasser diesem Verbot zuwider, so ist die Veräußerung zwar wirksam, seine Erben werden aber dem auf den Todesfall Beschenkten gegenüber **schadenersatzpflichtig** (der Dritte selbst haftet nach hA nur bei bewusster Verleitung zum Vertragsbruch).

2. Übergabe auf den Todesfall

Bei der Übergabe auf den Todesfall übergibt der Erblasser jemandem eine **531** Sache mit der Erklärung, dass dieser sie nach seinem (des Erblassers) Tod behalten darf. Nach hA wird dadurch **kein wirksamer Erwerb** begründet: Für ein Vermächtnis oder eine Schenkung auf den Todesfall fehlt die Form, und die Annahme einer Schenkung unter Lebenden scheitert daran, dass das Geschenk ja erst nach dem Tod des Übergebers (endgültig) beim Erwerber bleiben soll. Er muss es daher den Erben ausfolgen.

3. Auftrag auf den Todesfall

Beim Auftrag auf den Todesfall übergibt der Erblasser einem Dritten eine **532** Sache (oder sie befindet sich schon bei diesem) mit der Vereinbarung, dass dieser sie nach seinem (des Erblassers) Tod einem bestimmten Begünstigten ausfolgt. Wieder liegt **kein gültiger Erwerb** vor: Der Auftrag begründet nur die Pflicht des Beauftragten zur Ausfolgung, enthält aber für den Begünstigten noch keinen Erwerbstitel. Soweit dieser unentgeltlich ist, liegt eine Schenkung auf den Todesfall vor, für die aber mangels Notariatsakts der Titel fehlt. Unterscheide vom ungültigen Auftrag auf den Todesfall eine Vollmacht, die uU über den Tod des Vollmachtgebers hinaus wirkt (§§ 1022, 1025)

4. Treuhand auf den Todesfall

Bei der Treuhand auf den Todesfall überträgt der Erblasser das Eigentum **533** an einer Sache an einen Treuhänder mit der Vereinbarung, dass dieser sie nach dem Tod des Erblassers einem Dritten überlässt. Der Erwerb vollzieht sich hier zwar formal aus dem Vermögen des Treuhänders (so dass gar kein Geschäft auf den Todesfall vorzuliegen scheint), kommt bei wirtschaftlicher Betrachtungsweise (die bei der Treuhand anzustellen ist, s oben Rz 64) allerdings doch vom Erblasser, so dass letztlich wieder ein *ungültiger Auftrag auf den Todesfall* vorliegt.

5. Lebensversicherung auf den Todesfall

534   Eine Lebensversicherung kann auf Er- oder Ableben geschlossen werden. Ist bei letzterer ein Begünstigter vorgesehen (§ 166 VersVG), so erwirbt dieser gegen den Versicherer einen unmittelbaren Anspruch (echter Vertrag zugunsten Dritter) auf die Versicherungssumme, der *außerhalb des Verlassenschaftsverfahrens* geltend gemacht wird (gilt auch für Inhaberpolizzen, über die der Versicherungsnehmer durch Übergabe an Dritte verfügt hat). Dadurch kommt es nicht nur zu einem formlosen Erwerb von Todes wegen (einziger Fall!), sondern es ist die Versicherungssumme – weil sie sich nicht im Nachlass befindet – auch dem direkten Zugriff der Gläubiger und Pflichtteilsberechtigten des Erblassers entzogen. Letztere können allerdings mit Schenkungsanrechnung (§ 785, s unten Rz 578 ff), erstere allenfalls mit Anfechtung (nach der AnfO) vorgehen.

6. Gütergemeinschaft auf den Todesfall

535   Die Gütergemeinschaft auf den Todesfall bedarf als Ehepakt eines *Notariatsakts* (s oben Rz 385) und gibt dem überlebenden Ehegatten gem § 1234 das Recht auf die Hälfte des im Zeitpunkt des Todes vorhandenen Gemeinschaftsvermögens. Die andere Hälfte bildet den Nachlass des Erblassers, über den er letztwillig verfügen (also auch den Ehegatten zum Erben berufen) kann.

7. Privatstiftung auf den Todesfall

535a   Gemäß § 8 PrivatstiftungsG (PSG) kann durch eine letztwillige Stiftungserklärung eine *Privatstiftung von Todes wegen* errichtet werden. Die letztwillige Stiftungserklärung bedarf der Form einer letztwilligen Verfügung sowie der Beurkundung durch Notariatsakt (§ 39 Abs 1 PSG). Der Testator kann in die Privatstiftung sein gesamtes Vermögen oder Teile davon einbringen. Liegt eine entsprechende letztwillige Stiftungserklärung vor, ist der gegebenenfalls bestellte erste Stiftungsvorstand im Verlassenschaftsverfahren zu verständigen; nimmt die Eintragung in das Firmenbuch längere Zeit in Anspruch, ist bis zu diesem Zeitpunkt allenfalls ein Stiftungskurator zu bestellen, der für das ehestmögliche Entstehen der Privatstiftung Sorge zu tragen hat. Im Übrigen (Stiftungsorgane, Stiftungsvermögen usw) gelten für die Privatstiftung von Todes wegen die einschlägigen Bestimmungen des PSG.

IV. Gesetzliche Einzelrechtsnachfolge

Literaturauswahl: *Fischer-Czermak*, Vereinbarungen nach § 14 Abs 4 WEG, FS Welser (2004) 189; *Umlauft*, Fragen und Fragwürdigkeiten im Zusammenhang mit Vereinbarungen zwischen Eigentümerpartnern zu Gunsten Dritter gemäß § 14 Abs 4 WEG 2002, FS Welser (2004) 1119; *Frei*, Wohnungseigentum von Partnern im Todesfall nach der WRN 2006, NZ 2006, 292; *Likar-Peer*, Die Neufassung des § 14 WEG 2002 durch die WRN 2006, immolex 2006, 294; *Spitzer*, § 14 WEG neu: Tod des Eigentümerpartners, ecolex 2006, 818; *Markl/Hechenbichler*, Eigentümerpartnerschaft im Todesfall. § 14 WEG idF WRN 2006 im Überblick, EF-Z 2007, 16.

Judikaturauswahl: 5 Ob 200/05f (Übergang des Wohnungseigentums gem § 14 WEG 2002).

1. Unterhalt des Ehegatten und der Kinder

Sowohl dem überlebenden Ehegatten (dazu oben Rz 486) als auch den **535b** Kindern (§ 142) steht von Gesetzes wegen ein Unterhaltsanspruch zu. Die Unterhaltsansprüche gehen jeweils (auch bei unbedingter Erbantrittserklärung) nur *bis zum Wert der Verlassenschaft*, und es ist jeweils alles einzurechnen, was der Berechtigte durch vertragliche oder letztwillige Zuwendung, als gesetzlichen Erbteil, als Pflichtteil oder durch eine öffentlichrechtliche oder privatrechtliche Leistung erhält. Bei unzureichendem Nachlass geht der Unterhaltsanspruch nach hA den Nachlassschulden und Pflichtteilen (letzteres im Hinblick auf § 795 zweifelhaft) im Rang nach, Vermächtnissen hingegen vor.

2. Übergang des gemeinsamen Wohnungseigentums nach § 14 WEG

Seit Erlassung des WEG 2002 ist es zwei natürlichen Personen möglich **535c** (nach dem WEG 1975 galt dies nur für Ehegatten), gemeinsam eine Eigentumswohnung zu erwerben. Sie sind dann *„Eigentümerpartner"* iSd 4. Abschnitts des WEG 2002. Stirbt einer der Eigentümerpartner, sieht § 14 WEG 2002 idF Wohnrechtsnovelle 2006 eine im Einzelnen komplizierte Regelung für den Übergang seines Anteils vor. Demnach ist für den Erwerb des Anteils – unter Ausschluss sonstiger erbrechtlicher Regelungen – folgende absteigende Reihenfolge vorgesehen (beachte zur Terminologie: „Mindestanteil" = gesamtes Wohnungseigentumsobjekt; „Anteil am Mindestanteil" = halbes Wohnungseigentumsobjekt):

Die Partner haben **zu Lebzeiten** vor einem Notar oder einem Rechtsanwalt eine schriftliche **Vereinbarung** geschlossen (Abs 5 Z 1), dass der Anteil des Verstorbenen am Mindestanteil einer anderen Person zukommt. Der Begünstigte erhält im Todesfall des Eigentümerpartners einen Anspruch auf Übereignung, den er wahlweise geltend machen kann.

Der überlebende Partner schließt im Rahmen des Verlassenschaftsverfahrens **mit den Erben** unter Zustimmung der **Pflichtteilsberechtigten** eine Vereinbarung, auf Grund derer der Anteil auf eine andere Person übergehen soll (Abs 1 Z 2).

Der Anteil **geht von Gesetzes wegen** unmittelbar ins Eigentum des überlebenden Partners **über** (Abs 1 Z 1. Es handelt es sich dabei um einen Rechtserwerb sui generis; im Gegensatz dazu sah das WEG 1975 noch die Konstruktion des Vindikationslegats vor).

Bei einem Erwerb nach Punkt 1. und 3. hat der jeweils Begünstigte an die Verlassenschaft einen Übernahmspreis in der Höhe der Hälfte des Verkehrswerts des Mindestanteils zu bezahlen (Abs 2). Ist der Begünstigte jedoch selbst pflichtteilsberechtigt und dient die Wohnung der Befriedigung seines dringenden Wohnbedürfnisses (sog. „Bedarfsqualifizierung"), hat er ein Viertel (unabhängig von der Höhe der Pflichtteilsquote) des Verkehrswerts des Mindestanteils an die Verlassenschaft zu bezahlen, allerdings nur dann, wenn noch ein anderer Pflichtteilsberechtigter vorhanden ist oder die Verlassenschaft sonst überschuldet wäre. Ist ihm die sofortige Bezahlung nicht möglich, ist die Zahlungspflicht auf bis zu fünf Jahre hinauszuschieben (Abs 3). Gemäß Abs 4 kann die in den Absätzen 2 und 3 bestimmte Zahlungspflicht durch letztwillige Verfügung des Erblassers oder Schenkung auf den Todesfall erlassen werden.

Beispiel: Der Erblasser E hinterlässt zwei Kinder und seine Ehefrau F. E und F sind Eigentümerpartner einer Eigentumswohnung. F ist auf die Wohnung dringend angewiesen, eine Vereinbarung zu Lebzeiten wurde nicht getroffen. Der Mindestanteil hat einen Wert von € 60.000,–. Da neben der Ehefrau weitere Pflichtteilsberechtigte vorhanden sind, hat sie einen Betrag von € 15.000,– an die Verlassenschaft zu bezahlen. Hätte der Erblasser durch letztwillige Verfügung oder Schenkung auf den Todesfall die Zahlungspflicht erlassen, wären die Kinder (auch für den Fall ihrer Minderjährigkeit) hinsichtlich der Eigentumswohnung leer ausgegangen.

D. Pflichtteilsrecht

I. Allgemeines

Literaturauswahl: *Welser*, Hinterlassung des Pflichtteils als Vermächtnis und Abrechnungsgemeinschaft nach § 786 Satz 2 ABGB, NZ 1994, 269; *Ch. Rabl*, § 777 ABGB und die Anpassung einer letztwilligen Verfügung, NZ 1996, 49; *Zankl*, Rechtsvergleichende Gedanken zu einer Reform der Anrechnung, NZ 1998, 35; *Ch. Rabl*, Änderungen im Erbrecht durch das Erste Bundesrechtsbereinigungsgesetz, NZ 1999, 229; *Hauser*, Das gesetzliche Vorausvermächtnis bei der Ermittlung der Erb- und Pflichtteilsansprüche, NZ 2000, 27; *Zankl*, Pflichtteilsdeckung und Pflichtteilsverjährung, NZ 2000, 36; *Schauer*, Ist das Pflichtteilsrecht noch zeitgemäß? NZ 2001, 70; *derselbe*, Rechtsgeschäftliche Gestaltungsmöglichkeiten bei der erbrechtlichen Nachfolge in Personengesellschaften, in *Kalss/Schauer* (Hg), Unternehmensnachfolge (2001) 111; *Unterkofler*, Die rechtliche Stellung des Pflichtteilsberechtigten im Spannungsverhältnis zwischen Erbrecht und Privatstiftungsrecht (2003); *Samek*, Das österreichische Pflichtteilsrecht samt Anrechnungsrecht (2004); *Ch. Rabl*, Die Schenkung auf den Todesfall im Pflichtteilsrecht, NZ 2005, 129; *Limberg*, Privatstiftung und Pflichtteilsrecht (2006); *Krejci/Parapatits*, Unternehmensnachfolge und Pflichtteilsrecht (2006); *Jordis*, Strategien zur rechtlichen Ordnung von Familienunternehmen in Österreich, in *Frasl/Rieger* (Hg), Family Business Handbuch (2007) 102; *B. Jud*, Privatstiftung und Pflichtteilsrecht: Erste Klärung durch den OGH, Zak 2007, 369; *Giller*, Zur Reform der Pflicht-teilsdeckung, iFamZ 2008, 36; *Welser*, Die Reform des Pflichtteilsrechts in Österreich und Deutschland, ZfRV 2008, 175; *derselbe*, Ein eigenes Pflichtteilsrecht für Unternehmer? GesRZ 2008, 261; *derselbe*, Erbrechtsreform in Deutschland – ein Vorbild für Österreich? NZ 2008, 257; *Zollner*, Die neuen Herausforderungen an das Erbrecht. Privatstiftung und Pflichtteilsrecht – ein unlösbarer Widerspruch? EF-Z 2008, 4; *Zankl*, Austrian and Liechtenstein private foundations: interferences by forced heirship, Trusts & Trustees 2008, 284; *Riss*, Zur Behandlung der Kostenersatzpflicht aus dem Pflicht-teilsprozess bei der Bemessung des Pflichtteils, JBl 2009, 618; *Lenneis*, Problematik der Pflichtteilsvergrößerung durch Verzicht auf das Erbrecht gem § 767 ABGB, AnwBl 2009, 263; *Umlauft*, Die Rolle der Zeit bei der Bewertung anrechnungspflich-tiger Zuwendungen im Pflichtteilsrecht, in *Feiler/Raschhofer* (Hg), Innovation und internationale Rechtspraxis, Praxisschrift für Wolfgang Zankl (2009) 909; *Schauer*, Nachfolge im Recht der Personengesellschaften, in *Gruber/Kalss/Müller/Schauer* (Hg), Erbrecht und Vermögensnachfolge (2010) 988; *Scheuba*, Pflichtteilsrecht, in *Gruber/Kalss/Müller/Schauer* (Hg), Erbrecht und Vermögensnachfolge (2010) 189; *Wende-horst*, Nach der deutschen Erbrechtsreform: Anregungen für Österreich? E-FZ 2010, 138.

Judikaturauswahl: 6 Ob 52/05y (Pflichtteilsberechtigung und Ehelichkeitsvermu-tung – § 138 Abs 1); 3 Ob 315/05b (Teileinklagung des Pflichtteils); 4 Ob 214/06h (Schenkungspflichtteilsanspruch eines gesetzl Erben gg Miterben verjährt gem § 1487 in 3 Jahren); 6 Ob 52/05y (Pflichtteilsberechtigung und Ehelichkeitsvermutung – § 138 Abs 1); 3 Ob 315/05b (Teileinklagung des Pflichtteils); 4 Ob 214/06h (Schenkungs-pflichtteilsanspruch eines gesetzl Erben gg Miterben verjährt gem § 1487 in 3 Jahren); 10 Ob 45/07a (Vermögenszuwendung an Privatstiftung – Beginn des Fristenlaufs gem § 785 Abs 3); 7 Ob 56/10a (Prozess- und Vertretungskosten eines auf Zahlung des Pflichtteils gerichteten Verfahrens); 1 Ob 159/10d (Beginn der Verjährungsfrist für Pflichtteilsansprüche).

Der Erblasser kann grundsätzlich frei über den Verbleib seines Vermögens nach seinem Tod entscheiden (*Testierfreiheit* – erbrechtlicher Ausdruck der Privatautonomie). Gewisse *Schranken* sind ihm aber doch gesetzt, weil be-stimmten Personen (den Pflichtteilsberechtigten oder Noterben) ein Mindestan-teil am Wert der Verlassenschaft zusteht. Dieser Pflichtteilsanspruch muss dem Noterben „ganz frei bleiben" (§ 774), darf also auch nicht durch Bedingungen, Auflagen oder Substitutionen belastet werden. Der Erblasser kann allerdings einen Pflichtteilsberechtigten vor die Wahl stellen, entweder eine mit Belastun-gen (zB Auflagen) verbundene Zuwendung, die wertmäßig den Pflichtteil über-steigt, zu erhalten oder den unbelasteten, aber hinter der belasteten Zuwendung zurückbleibenden reinen Pflichtteil zu nehmen (sog *Socinische Kautel*). Durch die Mehrzuwendung soll ein Anreiz für den Noterben geschaffen werden, die Belastungen freiwillig zu akzeptieren. **536**

Wenn der den Pflichtteilsberechtigten zustehende Mindestanteil am Wert des Nachlasses nicht gedeckt ist (zB durch Erbeinsetzung oder Vermächtnis), steht ihnen ein der Pflichtteilsquote entsprechender *Geldanspruch* zu, der mit-tels *Pflichtteils(ergänzungs)klage* grundsätzlich innerhalb von *drei Jahren* ab Testamentskundmachung (ab Tod bei gesetzlicher Erbfolge) geltend zu machen ist (§ 1487). Zum Unterschied vom Erben, dem ein Teilantritt der Erbschaft verwehrt ist (s unten Rz 558), können Noterben „die Erbschaft mit Vorbehalt **537** ihres Pflichtteils ausschlagen" (§ 808 letzter Satz), also nur den Teil der Erbschaft antreten, der ihren Pflichtteil deckt. Nach hA müssen sie sich allerdings die Pflichtteilsdeckung durch Erbteil oder Vermächtnisse gefallen lassen (vgl §§ 774, 787/1), können diese also nicht ausschlagen und den Pflichtteil in Geld verlangen. Dies gilt auch dann, wenn ihnen die letztwillige Pflichtteilsdeckung „unerwünscht" ist (zB Kfz für deklarierten Autofeind). Sie kann aber schon ab Testamentskundmachung verlangt werden, weil der Pflichtteil in diesem Zeitpunkt fällig wird (siehe oben). § 685 (Fälligkeit von Legaten erst ein Jahr nach Erbfall) ist daher unanwendbar, weil dies eine Beschränkung des Pflichtteils bedeuten würde (§ 774). Aus ähnlichen Gründen (und aus der Sicht des Erblassers, der den eingesetzten Noterben vermutlich nicht schlechterstellen will als einen übergangenen, der den Pflichtteil sofort verlangen kann) ist es erwägenswert, dass der Noterbe den Pflichtteil in Geld verlangen kann, wenn das Verlassenschaftsverfahren überdurchschnittlich lang dauert.

538   Da der Pflichtteil *vom „reinen" Nachlass errechnet* wird (*Aktiva minus Passiva*), geht manchmal auch der Pflichtteilsanspruch ins Leere, nämlich dann, wenn der Erblasser keine Vermögensaktiva hinterlässt (allerdings besteht die Möglichkeit der Schenkungsanrechnung, unten Rz 567 ff) oder der gesamte Nachlass von seinen Schulden aufgezehrt wird. Die Pflichtteile gehen also den Gläubigern des Erblassers im Range nach, Vermächtnissen, Schenkungen auf den Todesfall und nach herrschender Auffassung auch den Unterhaltsansprüchen hingegen vor (letzteres zweifelhaft; vgl hinsichtlich des notwendigen Unterhalts die Wertung des § 795).

Die *Höhe* des Pflichtteils ist nicht nach dem Wert zur Zeit des Todes des Erblassers, sondern nach dem Wert zur Zeit der wirklichen Zuteilung zu errechnen, der Noterbe nimmt daher schuldrechtlich im Verhältnis seines Wertanspruchs zum Nachlass an der günstigen oder ungünstigen Entwicklung des Nachlasses zwischen Erbanfall und der wirklichen Zuteilung teil (§ 786). Die wirkliche Zuteilung ist die Fixierung des Pflichtteilsanspruchs, zB durch Vereinbarung der Beteiligten.

539   Liegt eine *„irrtümliche Übergehung"* des Pflichtteilsberechtigten vor (bei absichtlicher Übergehung gebührt der Pflichtteil, soweit kein Enterbungsgrund vorliegt, s unten), so braucht sich der Übergangene nicht mit dem Pflichtteil zu begnügen: Wurde eines von mehreren Kindern (Deszendenten) des Erblassers übergangen, so kann es (als Erbteil) so viel fordern wie das am mindesten bedachte Kind (§ 777). Hat der Erblasser sein *einziges Kind übergangen* oder erhält ein kinderloser Erblasser nach Errichtung seines letzten Willens (durch Geburt oder Adoption) ein Kind, das er dann letztwillig nicht erwähnt hat, so wird der letzte Wille entkräftet („testamentum ruptum", § 778) und es tritt gesetzliche Erbfolge ein.

II. Pflichtteilsberechtigte Personen

Literaturauswahl: *Zemen,* Der Kreis der Pflichtteilsberechtigten, ÖJZ 1987, 231.

Pflichtteilsberechtigt sind die *Nachkommen* des Erblassers, in Ermange- **540**
lung von Nachkommen die *Vorfahren,* und der *Ehegatte* (§ 762). Die genannten Personen sind allerdings nur unter der Voraussetzung pflichtteilsberechtigt,
dass sie **gesetzliche Erben geworden wären,** wenn nicht der Erblasser eine
letztwillige Verfügung zugunsten anderer Personen getroffen hätte (§ 763).

Beispiel: Der Erblasser hinterlässt seine Ehegattin, ein Kind und seine Eltern. Er
hat seinen Freund F zum Universalerben eingesetzt. Pflichtteilsberechtigt sind seine
Ehegattin und das Kind. Die Eltern (2. Parentel) werden durch das Kind (1. Parentel) vom gesetzlichen Erbrecht und daher auch vom Pflichtteilsrecht ausgeschlossen. Wäre das Kind hingegen vorverstorben, so hätten auch die Eltern ein Pflichtteilsrecht.

Das Pflichtteilsrecht wird auch durch uneheliche Verwandtschaft und **541**
Adoption begründet, soweit die in Frage kommenden Personen ein gesetzliches Erbrecht hätten. Nicht pflichtteilsberechtigt sind hingegen die Nachkommen von Vorfahren des Erblassers. Auch *Geschwister* des Erblassers haben
daher **kein Pflichtteilsrecht.** Sie schließen allerdings die Großeltern und Urgroßeltern des Erblassers vom Pflichtteil aus. Das liegt daran, dass sie zur
zweiten Parentel gehören („Eltern des Erblassers und deren Nachkommen"),
während die Großeltern zur dritten und die Urgroßeltern zur vierten Parentel
zählen, die durch die zweite Parentel vom gesetzlichen Erbrecht und damit
auch vom Pflichtteilsrecht ausgeschlossen werden.

III. Pflichtteilsquote

Die Pflichtteilsquote der *Nachkommen* des Erblassers und seines *Ehegat-* **542**
ten beträgt die **Hälfte** dessen, was sie als gesetzliche Erben bekommen hätten
(§ 765). Die *Vorfahren* des Erblassers erhalten als Pflichtteil *ein Drittel* der gesetzlichen Erbportion (§ 766). Wer auf das Erbrecht verzichtet hat, erbunwürdig oder rechtmäßig enterbt ist, hat keinen Pflichtteilsanspruch (s oben
Rz 517 ff) „und wird bei der Ausmessung desselben so behandelt, als wenn er
gar nicht vorhanden wäre" (§ 767/1).

Beispiel: Der Erblasser hinterlässt seine Frau und die Söhne A und B, hat aber seinen Bruder C zum Universalerben eingesetzt. Der Wert seines Nachlasses beträgt
€ 60.000,–. Wenn der Erblasser nicht zu Gunsten seines Bruders testiert hätte, würden seine Frau nach der gesetzlichen Erbfolgeordnung ein Drittel und die Kinder
gemeinsam zwei Drittel (also jedes ein Drittel) des Nachlasses bekommen. Da der
Pflichtteilsanspruch für Ehegatten und Kinder die Hälfte des gesetzlichen Erbteils
ausmacht, erhalten nun Ehegattin und Kinder je ein Sechstel vom Nachlasswert
(also je € 10.000,–). Hätte A einen Erbverzicht abgegeben, so würde sich die Quote
von B auf ein Drittel erhöhen (§ 767/1).

§ 767/1 gilt (abgesehen von Erbunwürdigkeit und Enterbung) nur bei *Erb-*
verzicht. Ein Noterbe, der bloß auf den Pflichtteil verzichtet oder ihn nach dem

Tod des Erblassers ausgeschlagen hat, wird bei der Pflichtteilsermittlung der anderen Noterben mitgezählt. Hätte also im obigen Beispiel A nur einen Pflichtteilsverzicht abgegeben, so bliebe es bei einem Sechstel für seinen Bruder B, die Erbschaft des C würde sich also entsprechend erhöhen. § 767/1 gilt überdies nicht nur für die „Ausmessung" der Pflichtteile, sondern überhaupt für die Hierarchie der Noterben. Wenn also zB der einzige (kinderlose) Sohn (1. Parentel) des Erblassers einen Erbverzicht abgegeben hat, erbunwürdig oder enterbt ist und deshalb als „gar nicht vorhanden" gilt, so folgt daraus, dass die Eltern (2. Parentel) des Erblassers als Pflichtteilsberechtigte an die Reihe kommen.

IV. Verfügungen über den Pflichtteil

Literaturauswahl: *Paliege*, Neues im österreichischen Erbrecht, ZfRV 1991, 169; *Umlauft*, Die Pflichtteilsminderung im Lichte des Repräsentationsrechts, JBl 1992, 557; *Battlogg*, Reformvorschläge und Auslegungsergebnisse im Hinblick auf die Pflichtteilsminderung nach § 773a ABGB, NZ 1998, 353; *Ch. Rabl*, Die Folgen der Enterbung für die gesetzliche Erbfolge, NZ 2003, 257; *Beclin*, Das Familien- und Erbrechtsänderungsgesetz 2004 – Teil II Erbrecht, JAP 2004/05, 61; *Fischer-Czermak*, Neueste Änderungen im Abstammungs- und Erbrecht, JBl 2005, 2.

Judikaturauswahl: 2 Ob 511/94 (Enterbung); 1 Ob 510/96 (Pflichtteilsminderung I – Anordnung); 1 Ob 2247/96i (Pflichtteilsminderung II); 1 Ob 155/04g (Familiäres Naheverhältnis bei der Pflichtteilsminderung); Ob 52/05y (Pflichtteilsberechtigung und Ehelichkeitsvermutung – § 138 Abs 1); 6 Ob 136/10h (Pflichtteilsminderung mangels Naheverhältnis); 4 Ob 98/11g (Schranken des Rechts zur Pflichtteilsminderung).

543 Der Pflichtteilsanspruch ist zwingend und daher an sich der Disposition des Erblassers entzogen. Aus besonderen Gründen kann er aber *ausgeschlossen* („Enterbung") oder *reduziert* werden („Pflichtteilsminderung"):

1. Enterbung

544 Unter Enterbung versteht man die **Entziehung des Pflichtteils**. Manchmal wird (untechnisch) auch dann von Enterbung gesprochen, wenn der Erblasser bloß das gesetzliche Erbrecht ausschließt. Der entscheidende Unterschied liegt darin, dass das gesetzliche Erbrecht ohne weiteres, der Pflichtteil hingegen nur bei Vorliegen von *„Enterbungsgründen"* entzogen werden kann. Die Enterbung kann stillschweigend (durch Übergehung) oder ausdrücklich (durch entsprechende Erklärung in der letztwilligen Verfügung) erfolgen. Die Anführung des Enterbungsgrundes ist zwar nicht erforderlich, könnte aber später dem Testamentserben eine Hilfe sein, weil er die Enterbung und ihre Rechtmäßigkeit einwenden und beweisen muss.

- *Beispiel I:* Der Erblasser hinterlässt zwei Töchter. Er verfügt aber über sein gesamtes Vermögen zu Gunsten seiner Mutter. Die Töchter sind dadurch vom gesetzlichen Erbrecht, nicht aber vom Pflichtteilsrecht ausgeschlossen (Enterbung im untechnischen Sinn), wenn kein Enterbungsgrund vorliegt.
- *Beispiel II:* Der Erblasser hinterlässt seine Ehegattin und einen Sohn und verfügt letztwillig Folgendes: „Ich enterbe meine Familie. Mein gesamter Nachlass soll meinem Freund F zukommen". Auch hier würde sich die „Enterbung" nur dann

auf den Pflichtteil erstrecken, wenn Enterbungsgründe vorlägen. Ansonsten würden Frau und Kind nur ihr gesetzliches Erbrecht verlieren (Frau: ein Drittel, Kind: zwei Drittel des Nachlasses), den Pflichtteilsanspruch aber behalten (Frau: ein Sechstel, Kind: ein Drittel des reinen Nachlasses).

Jeder Pflichtteilsberechtigte kann enterbt werden (§§ 770, 773), wenn er
545
- gegen den Erblasser eine gerichtlich strafbare Handlung gesetzt hat, die nur vorsätzlich begangen werden kann und mit mehr als einjähriger Freiheitsstrafe bedroht ist (zB schwerer Diebstahl, Mordversuch);
- den Erblasser zur Erklärung des letzten Willens gezwungen oder betrügerischerweise verleitet, an der Erklärung des letzten Willens gehindert oder einen von ihm bereits errichteten letzten Willen unterdrückt hat;
- ein „sehr verschuldeter oder verschwenderischer" Noterbe ist, bei dem die Gefahr besteht, dass der ihm gebührende Pflichtteil ganz oder zum größten Teil seinen Kindern entgehen würde (diese sog „Enterbung in guter Absicht" ist allerdings nur dann wirksam, wenn der dem Noterben entzogene Pflichtteil seinen Kindern zugewendet wird).

Ein *Kind* (Nachkomme) kann überdies enterbt werden (§ 768), wenn es
546
- den Erblasser im Notstand hilflos gelassen hat;
- wegen einer mit Vorsatz begangenen strafbaren Handlung zu einer lebenslangen oder zwanzigjährigen Freiheitsstrafe verurteilt worden ist;
- beharrlich eine gegen die öffentliche Sittlichkeit anstößige Lebensart führt.

Ehegatten können außerdem dann enterbt werden, wenn sie ihre Beistandspflicht (§ 769), *Eltern,* wenn sie die Pflege und Erziehung des Erblassers gröblich vernachlässigt haben (§ 540).
547

Auch der rechtmäßig Enterbte hat einen (unentziehbaren) Anspruch auf den *notwendigen Unterhalt* (§ 795). Überdies bezieht sich die Enterbung (im Gegensatz zum Erbverzicht, s oben Rz 521 f) nur auf den Betroffenen selbst, *nicht* aber *auf seine Nachkommen*, die bei gewillkürter Erbfolge den Pflichtteil (§ 780) und bei Intestaterbfolge (wenn sich also die letztwillige Verfügung in der Enterbung erschöpft) den gesetzlichen Erbteil erhalten (§ 541 per analogiam – strittig).
548

Im Unterschied zur Erbunwürdigkeit (§ 540) wird die Enterbung nicht durch Verzeihung, sondern *nur durch letztwilligen Widerruf* beseitigt (§ 772), der allerdings auch stillschweigend erklärt werden kann (zB durch letztwillige Zuwendung trotz Setzung eines Enterbungsgrundes).
549

2. Pflichtteilsminderung

„Standen der Erblasser und der Pflichtteilsberechtigte zu keiner Zeit in einem Naheverhältnis, wie es in der Familie zwischen solchen Verwandten gewöhnlich besteht, so kann der Erblasser den Pflichtteil auf die Hälfte mindern" (§ 773a/1 idF FamErbRÄG 2004). Die Pflichtteilsminderung ist nach dem Wortlaut des § 773a zwar auch in der ehelichen Familie möglich (nicht aber
550

gegenüber dem Ehegatten [„Verwandter"]), trifft aber *de facto nur Uneheliche*. Damit wird die erbrechtliche Gleichstellung mit den Ehelichen (s Rz 476) auf einem „Nebengleis" wieder abgeschwächt.

551   Das *familiäre Verhältnis*, auf dessen Fehlen es ankommt, ist typisch auch von einer geistig-emotionalen Bindung geprägt. Bloße Unterhaltsleistungen begründen daher noch keine familiäre Nahebeziehung. Entscheidend ist vielmehr die nach den konkreten Lebensverhältnissen mögliche „Anteilnahme an der Entwicklung und dem Wohlergehen" (Rsp). Zu einem *nasciturus* kann es begrifflich kein (familiäres) Naheverhältnis geben, so dass § 773a überhaupt *unanwendbar* ist. Da die Nahebeziehung „zu keiner Zeit" (= Zeitraum ≠ nie = Zeitpunkt) bestanden haben darf, ist die Minderung *ausgeschlossen*, wenn ein Naheverhältnis eine gewisse Zeit bestanden hat (zB bis zur Scheidung von der Kindesmutter im 4. Lebensjahr des Kindes; der spätere – auch jahrzehntelange – Entfall des Naheverhältnisses ist eigenartigerweise unbeachtlich). Ein Naheverhältnis von unbedeutender Dauer (Stunden, wenige Tage) verhindert die Pflichtteilsminderung allerdings nicht. Die Pflichtteilsminderung ist überdies dann *ausgeschlossen*, wenn das Naheverhältnis deshalb gefehlt hat, weil der Erblasser grundlos den Kontakt zu einem Kind gegen dessen Willen abgelehnt hat (§ 773a/3).

552   Der Pflichtteil kann auch *stillschweigend* (zB durch Enterbung ohne Enterbungsgrund) und (Größenschluss) auch um *weniger* als die Hälfte gemindert werden (zB um ein Viertel). Derjenige Teil der Verfügung des Erblassers, der den Pflichtteil auf *mehr* als die Hälfte (zB um drei Viertel) einschränkt, ist in Bezug auf den Mehrbetrag (im Bsp ein Viertel) ungültig.

553   Die Pflichtteilsminderung erhöht den Pflichtteil der übrigen Noterben nicht (§ 767/2), *erweitert* also *die Testierfreiheit* des Erblassers. Die *Nachkommen* eines vorverstorbenen Noterben, dessen Pflichtteil gemindert worden ist, können (im Zweifel) *ebenfalls nur* den *geminderten Pflichtteil* fordern (§ 779/2; vgl demgegenüber § 780 bei Enterbung).

E. Erwerb der Erbschaft (Rechtslage nach dem Erbfall)

I. Bestimmung des Erben

554   Die Reihenfolge, nach der die *Berufung zur Erbschaft* erfolgt, richtet sich nach der Merkformel „*ISTAGLS*":
- **I** = Institut (Erbe)
- **S** = Substitut (Ersatzerbe)
- **T** = Transmissar (Erbe des angefallenen Erbrechts, dazu unten Rz 565)
- **A** = Anwachsungsberechtigter (Akkreszenz, dazu unten Rz 556 ff)
- **G** = Gesetzlicher Erbe
- **L** = Legatar (außerordentliches Erbrecht)
- **S** = Staat (Heimfallsrecht)

Beachte aber: Nur die **Transmission im engeren Sinn** (Tod des Erben vor **555** Abgabe einer Erbserklärung, s unten) geht der Substitution nach, nicht hingegen die **Transmission im weiteren Sinn** (Tod nach Erbserklärung).

Beispiel: Der Erblasser X hat A und B zu Erben eingesetzt und C als Ersatzerben von B bestimmt. Kurz nach dem Erbfall stirbt auch B und hinterlässt D als Erben. Nach X erben sohin A und C (Vorrang der Substitution). Stirbt B hingegen erst nach Abgabe einer Erbserklärung, so erben (nach X) A und D (Vorrang der Transmission nach Erbserklärung).

II. Miterben

Judikaturauswahl: 4 Ob 88/97p (gesetzliches Erbrecht und Anwachsung); 7 Ob 236/04p (Prozessführung durch Miterben); 7 Ob 147/06b (Zulässigkeit der Stufenklage – Art XLII EGZPO); 5 Ob 97/11t (Überlebender ist nach Anwachsung außerbücherlicher Eigentümer).

Mehrere Erben bilden eine *Rechtsgemeinschaft* (nach Einantwortung: *Mit-* **556** *eigentumsgemeinschaft*), an der jeder Erbe nach Maßgabe seiner Erbquote beteiligt ist. Die Gemeinschaft wird durch *Erbteilung* aufgehoben, die jeder Miterbe verlangen kann, soweit nicht der Erblasser besondere *Teilungsanordnungen* getroffen hat (s oben Rz 508). Gelangen einzelne Testamentserben nicht zur Erbschaft (zB wegen Vortods, Erbverzichts, Entschlagung) und hat der Erblasser für den erledigten Erbteil nichts verfügt, so fällt dieser bei Fehlen von Ersatzerben oder Transmissaren (s oben: „ISTAGLS") iZw jenen Miterben zu, die ohne bestimmte Erbquote (*„unbestimmt"*) eingesetzt sind (§ 560: **„An-** **wachsung"**, „Akkreszenz"). „Einem bestimmt eingesetzten Erben gebührt in keinem Falle das Zuwachsrecht. Wenn also kein unbestimmt eingesetzter Erbe übrig ist, so fällt ein erledigter Erbteil … dem gesetzlichen Erben zu" (§ 562).

Beispiel: Der Erblasser hinterlässt die Söhne A und B, hat aber seine Brüder C, D ohne Nennung bestimmter Quoten und F zu einem Drittel eingesetzt. Stirbt nun F vor dem Erblasser oder entschlägt er sich nach dem Tod des Erblassers der Erbschaft, so fällt sein Anteil nicht den gesetzlichen Erben A und B, sondern den Testamentserben C und D zu. Dass der erledigte Erbteil des F bestimmt war (ein Drittel), spielt für die Anwachsung keine Rolle. Nur die Erbteile der Miterben dürfen nicht bestimmt sein. Wenn also der Erblasser im obigen Beispiel C, D und F zu je einem Drittel eingesetzt hätte, so wäre die Anwachsung an C und D ausgeschlossen und das freiwerdende Drittel ginge an die gesetzlichen Erben A und B. Nur wenn auch diese nicht zur Erbschaft gelangen (zB wegen Erbverzichts), könnten C und D (neben den Legataren) als außerordentliche Erben zum Zug kommen (§ 726 per analogiam), bevor Kaduzität eintritt.

III. Erwerb der Erbschaft

Literaturauswahl: *Mayerhofer,* Überlassung des Nachlasses an Zahlungs Statt und kridamäßige Verteilung, NZ 1992, 220; *Holzner,* Wer ist „dritter redlicher Besitzer" im Sinne des § 824 ABGB? NZ 1994, 121; *Riedler,* Zur personellen Reichweite des gutgläubigen Erwerbs vom Scheinerben, NZ 1994, 1; *Ch. Rabl,* Das Nachlaßinventar –

Inhalt und Zweck, NZ 1999, 129; *Solomon*, Erbfolge und Erbgang bei deutsch-österreichischen Erbfällen, ZVglRWiss 99 (2000) 170; *Bajons*, Zur Interdependenz von IPR und IZVR bei der Schaffung eines europäischen Justizraums für grenzüberschreitende Nachlassangelegenheiten, in *Deutsches Notarinstitut* (Hg), Internationales Erbrecht in der EU (2004) 465; *Bittner*, Das neue Verlassenschaftsverfahren, ecolex 2004, 927; *Goriany*, Das neue Verlassenschaftsverfahren, NZ 2004, 353; *Gruber*, Erbteilungsübereinkommen und Testament, FS Welser (2004) 239; *Bajons*, Die OGH-Judikatur zur internationalen Nachlassabwicklung im Lichte des neuen AußStrG und AußStr-BegleitG, NZ 2004, 289 und NZ 2005, 43, 66; *dieselbe*, Internationale Zuständigkeit und anwendbares Recht in grenzüberschreitenden Erbrechtsfällen innerhalb des europäischen Justizraums, FS Heldrich (2005) 495; *Fucik*, Das neue Verlassenschaftsverfahren (2005); *derselbe*, Das Verlassenschaftsverfahren, in *BMJ* (Hg), Vorarlberger Tage 2005 (2006) 29; *Ludwig*, Die Änderung der internationalen Zuständigkeit österreichischer Nachlassgerichte und ihre Auswirkung auf das österreichische Erbkollisionsrecht, ZEV 2005, 419; *Mayr/Fucik*, Das neue Verfahren außer Streitsachen[2] (2005); *Metzler*, Die Anerkennung des Erbrechts, ÖJZ 2006, 515; *derselbe*, Das Verfahren über das Erbrecht, in BMJ (Hg), Vorarlberger Tage 2005 (2006) 77; *Spitzer*, Benützung, Verwaltung und Vertretung des Nachlasses (§ 810 ABGB neu), NZ 2006, 33; *Mondel*, Die praktische Handhabung der Benützung, Verwaltung und Vertretung des Nachlasses, NZ 2006, 225; *Antenreiter/R. Kaindl*, The Civil Law Notary in Austria, in *Center of Legal Competence* (Hg), Notaries in Europe – Growing Fields of Competence (2007) 47; *Ch. Bruckner*, Erbteilungsübereinkommen (2007); *Reckenzaun*, Wann ist der überschuldete Nachlass ein Fall für den Masseverwalter? NZ 2007, 97; *Obermaier*, Zum Unterbleiben der Verlassenschaftsabhandlung, ÖJZ 2008, 125; *Engelhart*, Nachlassseparation und Verlassenschaftskonkurs, ZIK 2008, 6; *Kodek*, Die Suche nach dem unbekannten Erben im Verlassenschaftsverfahren, ÖJZ 2009, 197; *Bittner*, Nachlassteilung, in *Gruber/Kalss/Müller/Schauer* (Hg), Erbrecht und Vermögensnachfolge (2010) 354; *Bittner/Hawel*, Verlassenschaftsverfahren, in *Gruber/Kalss/Müller/Schauer* (Hg), Erbrecht und Vermögensnachfolge (2010) 250; *Kühnberg*, Erbschaftsstreit nach Einantwortung, in *Gruber/Kalss/Müller/Schauer* (Hg), Erbrecht und Vermögensnachfolge (2010) 367; *Koch-Hipp*, Kuratorenbestellung für den Nasciturus im Verlassenschaftsverfahren, iFamZ 2010, 209; *Leitner*, Einkünftezurechnung an den ruhenden Nachlass? JEV 2010, 78; *Linder*, Erbenhaftung, in *Gruber/Kalss/Müller/Schauer* (Hg), Erbrecht und Vermögensnachfolge (2010) 320; *Beck*, Pflegschaftsgericht und Außerstreitverfahren – Die Rolle des Pflegschaftsgericht im Verlassenschaftsverfahren, E-FZ 2011, 49; *Gelbmann*, Verlassenschaftsprovision – Wie der Tod weitere Bankgebühren auslöst, ecolex 2011, 394.

Judikaturauswahl: 6 Ob 8/02y (Liegenschaftsschätzung im Verlassenschaftsverfahren); 8 Ob 3/02b (Aufhebung der Nachlassseparation); 3 Ob 126/02d (Parteistellung bei Überlassung an Zahlungs Statt); 6 Ob 191/02k (Zulässigkeit der Nachlassseparation); 8 Ob 244/02v (Konkurs des Sondervermögens bei der Nachlassseparation); 7 Ob 49/04p (Rechte des minderjährigen Legatars; 2 Ob 39/03d (Durchsetzung der Rechte des ruhenden Nachlasses); 7 Ob 236/04p (Prozessführung durch Miterben); 2 Ob 225/06m (Gefahr der Verbringung von Nachlassvermögen ins Ausland) 5 Ob 249/07i (Konkurs des einzigen erbserklärten Erben – Unterbrechung des Abhandlungsverfahrens); 6 Ob 287/08m (Wertpapierdepot – Auskunftspflicht der Bank); 6 Ob 3/09y (Unwirksamkeit einer Erbentschlagung wegen Motivirrtums); 9 Ob 66/09k (Stellung des Legatars im Verlassenschaftsverfahren); 1 Ob 3/10p (Verjährungslauf gegen den ruhenden Nachlass: laesio enormis); 2 Ob 85/10d (Antragsrecht zur Inventarerrichtung); 2 Ob 148/10v (kein Verfügungsrecht des auf den Todesfall beschenkten Erben im separiertem Nachlass); 2 Ob 148/10v (Schenkung auf den Todesfall und Nachlassseparation); 1 Ob 222/10v (Verlassenschaft – kein Kurator für ungezeugte Ersatzerben); 3 Ob 227/10v (übergangener Erbe muss Erbschaftsklage erheben); 10 Ob 28/11g (Einbringung des Separationsantrags beim Gerichtskommissär als PDF-Datei); 3 Ob 44/11h (übergangener Nacherbe – kein Rekurs gegen Einantwortung, keine Substitutionsabhandlung).

1. Allgemeines

Auch der rechtmäßige Erbe darf die Erbschaft nicht eigenmächtig in Besitz nehmen (§ 797), sondern muss im Verlassenschaftsverfahren eine *Erbserklärung* abgeben (***Erbantrittserklärung*** nach neuer Terminologie des AußStrG 2003) und sein *Erbrecht ausweisen* (§ 799). Wenn mehrere einander widersprechende Erbantrittserklärungen abgegeben werden, kam es nach alter Rechtslage (§ 125 ff AußStrG 1854) zur Klärung des Erbrechts im streitigen Verfahren. Nach neuer Rechtslage (§§ 160 ff AußStrG 2003) ist darüber im außerstreitigen Verfahren abzusprechen: Soweit es zu keiner Einigung vor dem Gerichtskommissär kommt (§ 160 AußStrG 2003), hat das Gericht das Erbrecht des Berechtigten festzustellen und die übrigen Erbantrittserklärungen abzuweisen (§ 161/1 AußStrG 2003). Nach Rechtskraft der entsprechenden Einantwortung können erbrechtliche Ansprüche nur noch mit ***Erbschaftsklage*** (§ 823) geltend gemacht werden.

557

Im Einzelnen kann der Erbe die Erbschaft entweder annehmen oder ausschlagen. Die hA hält ***Teilantritte*** unter Berufung auf § 808 für ***unzulässig***: „Wird jemand zum Erben eingesetzt, dem auch ohne letzte Willenserklärung das Erbrecht ganz oder zum Teile gebührt hätte, so ist er nicht befugt, sich auf die gesetzliche Erbfolge zu berufen und dadurch die Erklärung des letzten Willens zu vereiteln. Er muss die Erbschaft entweder aus dem letzten Willen annehmen oder ihr ganz entsagen". Die Erbserklärung ist ***unwiderruflich*** (§ 806, 1. HS). Wenn daher der Erbe die Erbschaft einmal angenommen hat, kann er sie später nicht mehr ausschlagen. Er kann auch eine *unbedingte* Erbserklärung *nicht* mehr in eine bedingte *umwandeln* (§ 806, 2. HS), wohl aber umgekehrt. Die Erbserklärung kann bedingt oder unbedingt abgegeben werden. Die Unterscheidung ist für den Erben von allergrößter Bedeutung, weil der Umfang seiner Haftung für Schulden des Erblassers davon abhängt: Bei ***unbedingter Erbantrittserklärung*** (Vorteil: Verlassenschaftsverfahren ohne Inventar schneller und billiger) haftet er mit dem Nachlass und mit seinem gesamten persönlichen Vermögen in *unbeschränkter Höhe* für sämtliche Schulden des Erblassers (§ 801), und zwar unabhängig davon, ob ihm diese Verbindlichkeiten bei Abgabe der Erbserklärung bekannt waren oder nicht. UU kommt aber eine Haftung der Gläubiger wegen ***culpa in contrahendo*** in Betracht, wenn sie gegenüber dem Erben unrichtige Angaben über die Höhe der Schulden machen (die Situation zwischen ihnen und dem Erben ist vor Einantwortung mit einem vorvertraglichen Schuldverhältnis vergleichbar). Gibt der Erbe eine ***bedingte Erbantrittserklärung*** ab, so haftet er zwar ebenfalls für die Schulden des Erblassers, jedoch *nur bis zum Wert der Verlassenschaft* (§ 802). Er kann dadurch vermeiden, dass er für mehr haftet, als er wertmäßig erhält. Die Haftung ist auch bei bedingter Erbserklärung nur der Höhe nach (*„pro viribus"*), nicht

558

aber auf die zum Nachlass gehörigen Sachen („*cum viribus*") beschränkt. Die Gläubiger des Erblassers brauchen sich also nicht an die Verlassenschaftsgegenstände zu halten, sondern können (bis zum Wert des Nachlasses) auch in das persönliche Vermögen des Erben Exekution führen, wenn dieser die Schulden des Erblassers nicht begleicht. Wenn auch nur ein Erbe eine bedingte Erbserklärung abgibt, so haften die anderen Erben wegen der Inventarisierung selbst dann beschränkt, wenn sie sich unbedingt erbserklärt haben (§ 807).

559 Die *Einantwortung* bewirkt den Übergang des Nachlasses auf den Erben (§ 797: „Übergabe in den rechtlichen Besitz"). Auch die persönliche Haftung des Erben setzt mit der *Einantwortung* ein. Die hM betrachtet den Nachlass in der Zeit vom Erbfall bis zur Einantwortung als juristische Person. Bis zur Einantwortung müssen sich die Gläubiger des Erblassers also an die Verlassenschaft halten. Die damit verbundene Legitimationswirkung schützt auch gutgläubige Dritte, wenn diese Nachlassgegenstände von jemandem erwerben (oder ihm gegenüber Forderungen des Erblassers erfüllen), dem der Nachlass zu Unrecht eingeantwortet wurde (Erwerb vom „*Scheinerben*"): Sie brauchen diese Gegenstände dem wahren Erben, der mit der *Erbschaftsklage* durchgedrungen ist (§ 823), nicht herauszugeben (§ 824). Der erfolgreiche Erbschaftskläger haftet nach hA stets so, als hätte er eine bedingte Erbserklärung abgegeben.

2. Verfahren

a) Allgemeines

560 Das Verlassenschaftsverfahren beginnt (von Amts wegen) mit der *Todfallsaufnahme* (§ 145 AußStrG 2003) durch den Gerichtskommissär (örtlich zuständiger Notar), setzt sich fort mit der Abhandlung (in der insb die Erbantrittserklärungen abgegeben werden) und endet mit der Einantwortung. Der Gerichtskommissär verständigt die Noterben, die berechtigt sind, die Inventarisierung und die Absonderung des Nachlasses zu verlangen (s unten Rz 563).

561 Wenn der Erblasser nicht selbst einen Nachlassverwalter bestimmt hat und auch keine Kuratorbestellung erforderlich ist (zB bei widersprechenden Erbantrittserklärungen), wird die „*Besorgung und Verwaltung*" des Nachlasses *während* des Verlassenschaftsverfahrens dem Erben überlassen, der die Erbschaft angenommen und sein Erbrecht ausgewiesen hat (§ 810). Hierfür ist kein Bestellungsbeschluss des Gerichts mehr nötig. Es genügt eine Amtsbestätigung des Gerichtskommisärs, mit der dieser beurkundet, dass dem für die Verlassenschaft eine bestimmte Vertretungshandlung setzende Erbansprecher kraft Gesetzes Vertretungsbefugnis zukommt (§ 171 f AußStrG). Alle Maßnahmen der ordentlichen Verwaltung (auch Vertretungsakte, Veräußerungen) sind so weit genehmigungsfrei, als sie zum ordentlichen Wirtschaftsbetrieb gehören. Veräußerungen außerhalb des ordentlichen Wirtschaftsbetriebes muss der Erbe vom Gericht genehmigen lassen (neu seit dem FamErbRÄG 2004). Sind mehrere Erben vorhanden, so steht ihnen die *Verwaltung* gemeinsam zu. Einigen sie sich diesbezüglich nicht, so hat das Verlassenschaftsgericht einen Verlassenschaftskurator zu bestellen (§ 173/1 AußStrG 2003).

Betragen die Nachlassaktiva weniger als € 4000,–, sind keine Liegenschaften vorhanden und wird kein Fortsetzungsantrag gestellt, so unterbleibt die Abhandlung ohne weitere Verständigung und das Gericht ermächtigt diejenigen, deren Ansprüche bescheinigt sind, zur Übernahme des Verlassenschaftsvermögens (*Unterbleiben der Abhandlung*, § 153 AußStrG 2003). Bei überschuldeten Nachlässen kann es zum *Konkurs* kommen (§ 67 IO). Ist dies nicht der Fall und wurde keine unbedingte Erbserklärung abgegeben, so wird das Vermögen an die Gläubiger verteilt (*Überlassung an Zahlungs statt*, § 154 AußStrG 2003). Übersteigen die Aktiva € 4000,–, kann die Überlassung nur nach Verständigung der Gläubiger, Erben und Noterben erfolgen (§ 155/1 AußStrG 2003). Bei mehr als € 20.000,– sind die Gläubiger einzuberufen (§ 155/1 AußStrG 2003). **562**

b) Nachlassseparation und Inventarisierung

Die Nachlassabsonderung kann von Legataren, Noterben und Erbschaftsgläubigern verlangt werden, sofern deren Forderung durch Vermengung der Verlassenschaft mit dem Vermögen des Erben gefährdet ist (§ 812). Sie unterbleibt aber bei ausreichender Sicherheitsleistung. Durch die Nachlassseparation (*Nachlassabsonderung*) bleibt die Verlassenschaft (auch nach der Einantwortung) vom persönlichen Vermögen des Erben getrennt (gerichtliche Verwahrung oder Separationskuratel), so dass er nicht darüber verfügen kann und andere Gläubiger nicht darauf greifen können. Der abgesonderte Nachlass bleibt nach hA jenen Gläubigern zur Befriedigung vorbehalten, welche die Separation verlangt haben. Allerdings kommt es durch die mit der Nachlassabsonderung verbundene Inventarisierung der Verlassenschaft auch automatisch zu einer Haftungsbeschränkung des Erben: Er haftet selbst bei unbedingter Erbserklärung nur noch bis zum Wert der Verlassenschaft („pro viribus"), gegenüber den Separationsgläubigern überhaupt nur noch mit dem separierten Nachlass („cum viribus"). **563**

Zur Errichtung eines *Inventars*, also eines vollständigen Verzeichnisses der Verlassenschaft (körperliche Sachen, Rechte und Pflichten) mitsamt Bewertung (§§ 166 f AußStrG 2003), kommt es außer bei Nachlassabsonderung (§ 812) auch bei Abgabe einer bedingten Erbserklärung (§ 802) oder auf Antrag der Pflichtteilsberechtigten (§ 804), von Amts wegen zB bei Nacherbschaft oder letztwilliger Privatstiftung (§ 165/1 Z 4 AußStrG 2003). Unterbleibt allerdings in diesen Fällen eine Aufforderung der Gläubiger (durch gerichtliches Edikt), ihre Forderungen innerhalb einer gewissen Frist geltend zu machen (*„Gläubigerkonvokation"*), so hat der Erbe ungeachtet seiner an sich durch die Inventarisierung beschränkten Haftung und der Erschöpfung des Nachlasses späteren Gläubigern das zu leisten, was diese bei erfolgter Konvokation erhalten hätten (§ 815). **564**

IV. Übertragung des Erbrechts

Literaturauswahl: *B. Jud*, Der Erbschaftskauf (1998); *Zemen*, Das erbrechtliche Eintrittsrecht in der jüngeren Rechtsentwicklung, JBl 2004, 356; *Linder*, Der Erbschaftskauf, in *Gruber/Kalss/Müller/Schauer* (Hg), Erbrecht und Vermögensnachfolge (2010) 305.

Judikaturauswahl: 4 Ob 218/10b (Erbschaftskauf ist kein Vorkaufsfall)

565 Stirbt der Erbe vor der Einantwortung, so geht sein Erbrecht auf seine eigenen Erben über (*„Transmission"*). Es kommt dadurch zu einer „Vererbung des Erbrechts" (§ 537). Im Einzelnen unterscheidet man zwischen Transmission *im engeren Sinn* (Erbe stirbt *vor* Abgabe einer *Erbserklärung*) und Transmission *im weiteren Sinn* (Erbe stirbt *nach* Abgabe einer *Erbserklärung*). Die Unterscheidung ist für das Verhältnis zwischen Transmission und Substitution relevant (s oben Rz 554 f). Der Erbe muss aber den Erbanfall jedenfalls erleben (§ 536), um das Erbrecht zu erwerben (Ausnahme zugunsten des nasciturus, § 22) und durch Transmission weitervererben zu können. Kein Erleben des Erbfalls liegt vor, wenn der potenzielle Erbe und der Erblasser gleichzeitig versterben. § 11 TEG vermutet dies, wenn (zB nach einem Unfall) nicht mehr festgestellt werden kann, in welcher Reihenfolge die Opfer gestorben sind (sog „*Kommorientenpräsumtion*").

566 Zu einer Übertragung des Erbrechts kommt es auch beim *Erbschaftskauf* (§§ 1278 ff), worunter man die entgeltliche Veräußerung des Erbrechts zwischen Erbanfall und Einantwortung versteht. Der Erbschaftskauf bedarf eines Notariatsakts oder gerichtlichen Protokolls und macht den Käufer zum Gesamtrechtsnachfolger des Erblassers. Er tritt im Verlassenschaftsverfahren an die Stelle des Erben. Dieser haftet jedoch (je nach Erbantrittserklärung) solidarisch mit dem Käufer weiterhin für Nachlassschulden (§ 1282).

V. Veränderung des Erb- oder Pflichtteils durch Anrechnung

Literaturauswahl: *Schauer*, Rechtsprobleme bei der Anrechnung im Erbrecht, JBl 1980, 449; *Schauer*, Verzugszinsen und Pflichtteilsanrechnung, NZ 1987, 114; *Umlauft*, Unbefristete Schenkungsanrechnung im Pflichtteilsrecht, NZ 1988, 89; *derselbe*, Nochmals zur Schenkungsanrechnung im Pflichtteilsrecht, NZ 1989, 257; *Zankl*, Die Lebensversicherung im Pflichtteilsrecht, NZ 1989, 1; *Fischer-Czermak*, Die erbrechtliche Anrechnung und ihre Unzulänglichkeiten, NZ 1998, 2; *B. Jud*, Zur Entwicklung der Schenkungsanrechnung im ABGB, NZ 1998, 16; *Ch. Rabl*, Die historische Entwicklung der Anrechnung von Vorempfängen und Vorschüssen auf den Pflichtteil seit den Vorentwürfen zum ABGB, NZ 1998, 7; *Schauer*, Die Bewertung von Vorempfang und Schenkungen bei der Pflichtteilsanrechnung, NZ 1998, 23; *Zankl*, Rechtsvergleichende Gedanken zu einer Reform der Anrechnung, NZ 1998, 35; *Ch. Rabl*, Die Auswirkungen eines Fruchtgenußvorbehaltes auf die Schenkungsanrechnung, NZ 1999, 291; *Zankl*, Die Anrechnung im deutschen, schweizerischen und israelischen Erbrecht vor dem Hintergrund österreichischer Reformüberlegungen, ZfRV 1999, 13; *B. Jud*, Entwicklungen im Recht der Anrechnung beim Pflichtteil, AnwBl 2000, 716; *Umlauft*, Die Anrechnung von Schenkungen und Vorempfängen im Erb- und Pflichtteilsrecht (2001); *Welser*, Zur

Reform des Anrechnungsrechts – Ergebnisse einer Umfrage im Notariat, NZ 2001, 105; *Zankl*, Umgehung der Schenkungsanrechnung, NZ 2001, 111; *Unterkofler*, Die rechtliche Stellung des Pflichtteilsberechtigten im Spannungsverhältnis zwischen Erbrecht und Privatstiftungsrecht (2003); *B. Jud*, Privatstiftung und Pflichtteilsdeckung, FS Welser (2004) 369; *Mader*, Pflichtteilsverzicht und Schenkungsanrechnung, FS Welser (2004) 669; *Riedmann*, Privatstiftung und Schutz der Gläubiger des Stifters (2004); *Samek*, Das österreichische Pflichtteilsrecht samt Anrechnungsrecht (2004); *Müller*, Schenkungsanrechnung und verlorene Pflichtteilsberechtigung – Die Haftungsbeschränkung des § 951 Abs 2 ABGB, NZ 2005, 77; *Zemen*, Nochmals: Die Pflichtteilsminderung gegen den Enkel, JBl 2005, 538; *Limberg*, Privatstiftung und Pflichtteilsrecht (2006); *Karth*, Die Berechnung des Schenkungspflichtteils bei einer „gemischten" Schenkung, NZ 2007, 106; *B. Jud*, Privatstiftung und Pflichtteilsrecht: Erste Klärung durch den OGH, Zak 2007, 369; *Schauer*, OGH: Schutz der Pflichtteilsberechtigten gegenüber der Privatstiftung, JEV 2007, 90; *Limberg*, Die Privatstiftung im Zivilrecht, ecolex 2008, 724; *Parapatits/Schörghofer*, Privatstiftung und Schenkungsanrechnung, iFamZ 2008, 42; *Limberg*, Bemessung der Pflichtteile nach Stiftern, in *Eiselsberg* (Hg), Jahrbuch Stiftungsrecht 2009 (2009) 213; *Limberg/Tschugguel*, Neues zu Privatstiftung und Pflichtteilsrecht, NZ 2009, 200; *Umlauft*, Schenkungsanrechnung – Bewertungsfragen unter Berücksichtigung der gemischten Schenkung, NZ 2008, 33; *Umlauft*, Die Rolle der Zeit bei der Bewertung anrechnungspflichtiger Zuwendungen im Pflichtteilsrecht, in *Feiler/Raschhofer* (Hg), Innovation und internationale Rechtspraxis, Praxisschrift für Wolfgang Zankl (2009) 909; *Aichberger-Beig*, Erbrechtliche und pflichtteilsrechtliche Konsequenzen der vorweggenommenen Erbfolge, in *Gruber/Kalss/Müller/Schauer* (Hg), Erbrecht und Vermögensnachfolge (2010) 60; *Giller*, Die Hinterlassung des Pflichtteils, in *Gruber/Kalss/Müller/Schauer* (Hg), Erbrecht und Vermögensnachfolge (2010) 535; *Jaksch-Ratajczak*, Pflichtteilsverkürzung durch Schuldentilgung mit Geldgeschenken? E-FZ 2010, 180; *Scheuba*, Pflichtteilsrecht, in *Gruber/Kalss/Müller/Schauer* (Hg), Erbrecht und Vermögensnachfolge (2010) 189; *W. Tschugguel*, Probleme des Schenkungspflichtteils. Gegen wen richtet sich der Pflichtteilsauffüllungsanspruch? iFamZ 2010, 40; *Barth*, Die Anrechnung im Pflichtteilsrecht: Übersicht zur geltenden Rechtslage, iFamZ 2011, 287; *Eder*, Die Bewertung des Unternehmens zum Zwecke der Pflichtteilsanrechnung, JEV 2011, 49; *W. Tschugguel*, Wohnvoraus des Ehegatten in Kollision mit dem Pflichtteilsrecht des Kindes, iFamZ, 2011, 166; *Umlauft*, Die Anrechnung im Pfichtteilsrecht: Überlegungen de lege lata und de lege ferenda, iFamZ 2011, 282.

Judikaturauswahl: 7 Ob 600/90 (Befristete Schenkungsanrechnung); 1 Ob 525/92 (Schenkungspflichtteil bei überschuldetem Nachlass); 7 Ob 595/93 (Schenkungsanrechnung zugunsten unehelicher Kinder); 4 Ob 519/95 (Unbefristete Schenkungsanrechnung); 4 Ob 136/97x (Lebensversicherung und Pflichtteil); 6 Ob 615 – 617/95 (Hypothetisches Wohnrecht); 3 Ob 47/97a („Café Christl" – Anrechnung); 4 Ob 136/98y (Schenkung zu Lasten unehelicher Kinder); 6 Ob 181/02i (Lebensversicherung und Pflichtteilsrecht); 6 Ob 290/02v (Schenkungsanrechnung und Privatstiftung); 6 Ob 181/02i; 6 Ob 109/03b (Verzinsung des Pflichtteilsergänzungsanspruchs); 6 Ob 263/03z (Passivlegitimation bei Schenkungsanrechnung); 6 Ob 185/04f (Schenkungsanrechnung gegenüber Erben des Geschenknehmers); 6 Ob 154/06z (Schenkungsanrechnung beim Ehegatten); 10 Ob 45/07a (Vermögenszuwendung an Privatstiftung – Beginn des Fristenlaufs gem § 785 Abs 3); 9 Ob 48/09p (kein Pflichtteilsergänzungsanspruch bei redlicher Verwendung des Geschenks zur Schuldentilgung); 4 Ob 219/09y (Erb- und Pflichtteilsverzicht gegen Abfindung ist keine Schenkung); 2 Ob 208/09s (Pflichtteilsberücksichtigung von Schenkungen auf den Todesfall); 9 Ob 7/11m (Schenkungsanrechnung zwischen Pflichtteilsberechtigten); 6 Ob 54/11a (Geltendmachung des Schenkungspflichtteils der Erben).

1. Allgemeines

567   Manche Erben oder Pflichtteilsberechtigte haben schon zu Lebzeiten des Erblassers Zuwendungen erhalten oder sind jetzt (als Erben oder Vermächtnisnehmer) an seinem Nachlass beteiligt. Um eine *Ungleichbehandlung* jener Erben (oder Pflichtteilsberechtigten) zu *vermeiden*, die noch nichts bekommen haben, müssen sich die Zuwendungsempfänger den Wert der Zuwendung auf ihren Erb- oder Pflichtteil anrechnen lassen. Es kommt dadurch im Ergebnis zu einer Verringerung der ihnen nun zustehenden Erb- (oder Pflichtteils-)Ansprüche. Diese Verringerung schlägt sich auf Seiten derjenigen, die noch nichts (oder weniger) erhalten haben, in einer Erhöhung der Erb- oder Pflichtteilsansprüche nieder.

568   „Anrechnung" ist der Oberbegriff; im Einzelnen unterscheidet man aber (je nachdem ob die Zuwendung unter Lebenden oder letztwillig erfolgt ist) zwischen *Anrechnung ieS* (unter Lebenden) und *Einrechnung* (letztwillig). Rechnerisch kommt dieser Unterschied dadurch zum Ausdruck, dass der anrechnungspflichtige Posten dem gesamten Reinnachlass (fiktiv) zugeschlagen wird (um vom Erb- oder Pflichtteil des Anrechnungspflichtigen – nicht aber vom Erb- oder Pflichtteil der Übrigen – wieder abgezogen zu werden), während der *ein*rechnungspflichtige Posten lediglich vom Erb- oder Pflichtteil des Einrechnungspflichtigen abgezogen wird (ohne vorher dem Nachlass hinzu geschlagen worden zu sein) – Beispiele unten.

569   „Bei jeder Anrechnung wird, wenn das Empfangene nicht in barem Gelde, sondern in andern beweglichen oder unbeweglichen Sachen bestand, der Wert der letztern nach dem Zeitpunkte des Empfanges, der erstern dagegen nach dem Zeitpunkte des Erbanfalles bestimmt" (§ 794). Die Praxis hat sich mit Billigung der Lehre über diese Differenzierung hinweggesetzt und bewertet im Ergebnis sowohl bewegliche als auch unbewegliche Sachen zum Zeitpunkt des Erbanfalls; Barempfänge werden grundsätzlich mit dem Nominale *bewertet*, bei erheblicher Inflation jedoch auf den Zeitpunkt des Erbanfalls *aufgewertet*.

2. Anrechnung beim Erbteil

570   Sowohl bei gewillkürter als auch bei gesetzlicher Erbfolge kann der Erblasser die Anrechnung beliebiger Zuwendungen verfügen (soweit dadurch der Pflichtteil nicht geschmälert wird): *„gewillkürte Anrechnung"*. Bei gesetzlicher Erbfolge werden schon von Gesetzes wegen (auch ohne Anordnung des Erblassers) bestimmte Posten auf den Intestaterbteil angerechnet *(„gesetzliche Anrechnung")*, wenn der Erblasser die Anrechnung nicht erlassen hat (§ 792). Im Einzelnen ist hiebei zwischen Zuwendungen an Nachkommen und Zuwendungen an den Ehegatten des Erblassers zu unterscheiden:

571   a) *Nachkommen* wird (mangels Erlasses) Folgendes angerechnet (§ 790 iVm §§ 788 f):
  • Ausstattung

- Zuwendungen zum Antritt eines Amtes oder Gewerbes (iwS, zB auch Kanzleieröffnung)
- Aufwendungen zur Bezahlung von Schulden eines volljährigen Kindes
- Zuwendungen, die der Erblasser als Vorschuss (auf den Erb- oder Pflichtteil) geleistet hat (ergibt sich nicht wörtlich aus dem Verweis des § 790, entspricht aber herrschender Auffassung).

Die Anrechnung wird nur durchgeführt, wenn sie von einem *Nachkommen* **572** des Erblassers *verlangt* wird. Sie wirkt sich dann aber auf alle Nachkommen, also auch auf jene aus, die sie nicht begehrt haben. Einem Nachkommen werden nicht nur eigene Zuwendungen, sondern auch solche an Aszendenten angerechnet, an deren Stelle er als Repräsentant tritt (§ 790 letzter Satz). Der Ehegatte nimmt an der Anrechnung nicht teil. Sein Erbteil wird vom tatsächlichen Nachlass berechnet.

> *Beispiel:* Der Erblasser hinterlässt seine Ehegattin G, die Tochter A und den Enkel C (Sohn der vorverstorbenen Tochter B). Der Erblasser hatte A € 20.000,– als Vorschuss und B € 10.000,– zur Eröffnung ihres Frisiersalons gegeben. Wenn der Nachlass € 90.000,– beträgt, so erhält G davon ein Drittel (€ 30.000,–). Die verbleibenden € 60.000,– teilen sich A und C (je € 30.000,–). Verlangt C Anrechnung, so wird dem Restnachlass die Summe der anrechnungspflichtigen Posten hinzugeschlagen (€ 20.000,– + € 10.000,– + € 60.000,–), um sodann rechnerisch eine neuerliche Verteilung nach Maßgabe der Erbquoten (je € 45.000,–) und schließlich einen Abzug der Anrechnungsposten vorzunehmen: A muss sich die eigene Zuwendung (€ 20.000,–) abziehen lassen und erhält daher € 25.000,–; C wird der Vorschuss seiner Mutter B (€ 10.000,–) abgezogen, so dass er € 35.000,– bekommt. Gegenprobe: € 30.000,– (G) + € 25.000,– (A) + € 35.000,– (C) = € 90.000,– (tatsächlich vorhandener Nachlass).

Das Beispiel demonstriert, dass durch die Anrechnung dem oben erwähnten *Ausgleichsgedanken* entsprochen wird: Rechnet man nämlich die schon zu Lebzeiten erhaltenen Zuwendungen und den durch Anrechnung ermittelten letztwilligen Erhalt zusammen, so zeigt sich, dass A und C (der B repräsentiert und als ihr gesetzlicher Erbe zumindest mittelbar von den ihr gemachten Zuwendungen profitiert) insgesamt gleich viel aus dem Vermögen des Erblassers bekommen haben (je € 45.000,–).

Im Unterschied zur Schenkungsanrechnung beim Pflichtteil (dazu unten) **573** braucht der Anrechnungspflichtige *nichts* von dem, was er vom Erblasser erhalten hat, *zurückzugeben*, wenn der Nachlass nicht reicht, um die (durch die Hinzurechnung erhöhten) Erbteile zu decken (§ 793). Auf der anderen Seite haftet er Nachlassgläubigern gegenüber auch dann nach Maßgabe seiner Erbquote, wenn er aufgrund der Anrechnung (des Abzugs) gar nichts oder weniger aus dem Nachlass erhält als nötig ist, um seinen Anteil an der Schuld zu begleichen.

b) In den gesetzlichen Erbteil des *Ehegatten* ist (mangels Erlasses) alles **574** *einzurechnen*, „was dieser durch *Ehepakt* oder *Erbvertrag* aus dem Vermögen des Erblassers erhält" (§ 757/2). *Vermächtnisse und Zuwendungen unter Lebenden* unterliegen *nicht* der *gesetzlichen* Anrechnung. Auch was der Ehegatte durch Ehepakt bereits zu Lebzeiten des Erblassers *„erhalten hat"* (zB durch Gütergemeinschaft unter Lebenden), wird nicht eingerechnet. Er *„erhält"* (nach dem Tod des Erblassers) hingegen seinen Anteil an der Gütergemeinschaft auf den Todesfall (§ 1234), der daher einzurechnen ist. Die Anrechnung kann nicht nur von Nachkommen des Erblassers, sondern von jedem Miterben verlangt werden.

> *Beispiel:* Der Erblasser hinterlässt eine Tochter T und seine Ehegattin G, die er erbvertraglich zu einem Sechstel als Erbin eingesetzt hat. Beträgt der Nachlass € 90.000,–, so erhält G ohne Einrechnung € 15.000,– als Vertragserbin (ein Sechstel) und € 25.000,– als gesetzliche Erbin (ein Drittel von € 75.000,–), insgesamt also € 40.000,–. Verlangt nun aber T die Einrechnung der € 15.000,–, die G „durch Erbvertrag aus dem Vermögen des Erblassers erhält", so würden diese vom gesetzlichen Erbteil abgezogen (€ 30.000,– minus € 15.000,–), so dass G neben dem erbvertraglichen Teil von € 15.000,– als gesetzliche Erbin nur noch € 15.000,–, insgesamt also € 30.000,– erhält (beachte, dass der Abzug von € 30.000,– und nicht von € 25.000,– erfolgt, weil der erbvertragliche Teil sonst doppelt berücksichtigt würde und G dadurch weniger bekäme, als bei rein gesetzlicher Erbfolge: 25 – 15 = 10 + 15 = 25 < 30).

3. Anrechnung beim Pflichtteil

a) normale Anrechnung

575   *Jedem Noterben* werden Legate oder andere letztwillige Zuwendungen in den Pflichtteil eingerechnet (§ 787/1) und Zuwendungen, die der Erblasser zu Lebzeiten als Vorschuss auf den Pflichtteil geleistet hat, auf diesen angerechnet (§ 789). Pflichtteilsberechtigte *Deszendenten* müssen sich überdies die oben aufgezählten Zuwendungen des § 788 anrechnen und der *Ehegatte* den Voraus des § 758 einrechnen lassen (§ 789).

576   Auch die Anrechnung beim Pflichtteil findet *nur auf Verlangen* (eines Erben oder Pflichtteilsberechtigten) statt, begründet *keine Rückerstattungspflicht* (§ 793 per analogiam) und erfasst auch anrechnungspflichtige Zuwendungen, die Aszendenten des nunmehr kraft Repräsentation Pflichtteilsberechtigten erhalten haben (§ 790 per analogiam). Im Unterschied zur Anrechnung beim Erbteil wirkt aber die Anrechnung beim Pflichtteil auch zu Gunsten und zu Lasten des Ehegatten.

> *Beispiel:* Der Erblasser hinterlässt seine Ehegattin G und die Kinder A und B, hat aber seine Schwester C zur Universalerbin eingesetzt. Zu Lebzeiten hat er Schulden des A in der Höhe von € 30.000,– beglichen. Sein Nachlass beträgt € 60.000,–. Wenn B Anrechnung gem § 788 begehrt, so werden zunächst die € 30.000,– dem Nachlass rechnerisch hinzu geschlagen und von der Summe die Pflichtteile berechnet. G und B erhalten daher € 15.000,– (je ein Sechstel von € 90.000,–), von den auf A entfallenden € 15.000,– muss aber der anrechnungspflichtige Posten abgezogen werden, so dass A nichts mehr erhält, aber auch nichts von den € 30.000,– (die ja seinen Pflichtteil übersteigen) zurückgeben muss (§ 793). Erhält G auch den Voraus im Wert von € 20.000,–, so muss sie sich diesen vom Pflichtteil abziehen

lassen (Einrechnung) und bekommt daher ebenfalls nichts mehr, was (ebenso wie der „Ausfall" des A) der Testamentserbin C zugutekommt (weswegen auch der Erbe die Anrechnung verlangen kann!): Ohne Anrechnung blieben ihr nach Erfüllung der Pflichtteilsansprüche € 10.000,–, nach Anrechnung hingegen € 25.000,–. Dadurch wird auch die Testierfreiheit des Erblassers erweitert: Er kann – betraglich gesprochen – über € 15.000,– „mehr testieren" als ohne Anrechnung.

Im Unterschied zur Anrechnung beim Erbteil, über die der Erblasser frei **577** bestimmen kann („gewillkürte Anrechnung"), stehen ihm beim Pflichtteil nur beschränkte Verfügungsmöglichkeiten zu. Insbesondere kann er nicht die Anrechnung anderer als der im Gesetz genannten Zuwendungen anordnen, und auch ein *Erlass der Anrechnung* entfaltet nur beschränkte Wirkungen (nach hA *nur zum Nachteil des Testamentserben*, nicht aber der übrigen Noterben: kein Abzug der Zuwendung, deren Anrechnung der Erblasser erlassen hat, soweit der tatsächliche Nachlass ausreicht, um die vom erhöhten Nachlass berechneten Pflichtteile zu decken).

b) Schenkungsanrechnung

Wie schon mehrfach erwähnt, kann der Erblasser zu Lebzeiten beliebig **578** über sein Vermögen verfügen. Er kann es insb auch ganz oder zum Teil verschenken. Solche Verfügungen gehen freilich (auch) auf Kosten der Noterben, weil sich ihre Pflichtteilsansprüche nach dem Tod des Erblassers gegen einen Nachlass richten, der um die zu Lebzeiten des Erblassers verschenkten Vermögenswerte verringert ist (anders bei der Schenkung auf den Todesfall, da sich diese im Nachlass befindet, Rz 528, aus dem primär die Pflichtteilsansprüche befriedigt werden, Rz 525). Der Pflichtteilsanspruch fällt dementsprechend geringer aus, als wenn das Geschenk noch im Nachlass wäre. Um der Gefahr zu begegnen, dass der Erblasser durch Schenkungen unter Lebenden die *Pflichtteilsberechtigten verkürzt*, ist daher auf Verlangen eines pflichtteilsberechtigten Kindes oder des Ehegatten rechnerisch so vorzugehen, als wenn das Geschenk wertmäßig noch im Nachlass wäre (§ 785: Schenkungsanrechnung). Dadurch erhöht sich (zu Gunsten der Noterben und zu Lasten des Erben) die Berechnungsgrundlage des Pflichtteils und damit automatisch auch der Pflichtteilsanspruch jedes Noterben.

> *Beispiel:* Der Erblasser hinterlässt die Kinder A und B, setzt aber seine Mutter C zur Universalerbin ein. Zu Lebzeiten hatte der Erblasser seinem Neffen D ein Auto im Wert von € 10.000,– geschenkt. Der Nachlass beträgt € 30.000,–, so dass A und B je € 7500,– (ein Viertel) als Pflichtteil erhalten würden. Verlangt nun A oder B die Anrechnung des Geschenks, so würde dessen Wert dem Nachlass hinzu geschlagen und dadurch jeder Pflichtteilsanspruch um € 2500,– höher ausfallen.

Die Anrechnung kann von einem *Kind* nur hinsichtlich solcher Schenkun- **579** gen verlangt werden, die der Erblasser zu einer Zeit gemacht hat, zu der er schon (irgend) ein pflichtteilsberechtigtes Kind gehabt hat, vom *Ehegatten* nur hinsichtlich solcher Schenkungen, die während der Ehe mit dem Erblasser gemacht worden sind (§ 785/2). Wenn der Beschenkte selbst pflichtteilsberechtigt ist und daher vom Erblasser (bisher) mehr als die übrigen Noterben erhalten hat, wird dem oben erwähnten Ausgleichsgedanken dadurch Rechnung getragen, dass er (der beschenkte Noterbe) sich den Wert seines Geschenks abziehen lassen muss. Im Unterschied zur „normalen" Anrechnung beim Pflichtteil (oben Rz 575 ff) wird der anrechnungspflichtige Posten aber nicht vom ganzen, sondern *nur vom erhöhten Pflichtteil abgezogen* (von der Pflichtteilserhöhung), so dass auch dem anrechnungspflichtigen Noterben jedenfalls sein normaler *(„gemeiner") Pflichtteil bleibt*, während er diesen bei der „normalen" Anrechnung gem § 788 verliert, wenn die Zuwendung genauso hoch oder höher als die Summe des erhöhten und des normalen Pflichtteils ist (ebenso beim Erbteil, s oben Rz 570 ff).

> *Beispiel:* Der Erblasser hinterlässt die Söhne A, B u C, setzt aber seine Schwester D zur Universalerbin ein. A hat € 150.000,– geschenkt bekommen. Der Nachlass beträgt € 300.000,–. Der gemeine Pflichtteil von A, B und C beträgt daher je € 50.000,– (ein Sechstel). Wenn der Wert des Geschenks dem Nachlass hinzu geschlagen wird, bekommen A, B und C zusätzlich ein Sechstel von € 150.000,–, also je € 25.000,– (Pflichtteilserhöhung). Davon muss sich A den Wert des Geschenks abziehen lassen. Da dieser mehr als € 25.000,– ausmacht, erhält A nichts mehr zusätzlich, behält aber seinen gemeinen Pflichtteil von € 50.000,–. Seine Brüder erhalten hingegen zusätzlich € 25.000,–, insgesamt also je € 75.000,–.

579a   Die *Differenzierung zwischen Vorempfängen (§ 788) und Schenkungen (§ 785)* ist eher willkürlich und in der Praxis schwer nachvollziehbar. Da sie dem durchschnittlichen Erblasser nicht geläufig ist, hängt die Anrechnung oft vom Zufall ab, ob der Erblasser eine unentgeltliche Zuwendung (zB als solche zum Antritt eines Gewerbes) widmet (§ 788) oder nicht (§ 785).

580   Wenn die *Verlassenschaft nicht ausreicht*, um die (erhöhten) Pflichtteile zu decken (zB weil kein Nachlassvermögen vorhanden oder der Nachlass überschuldet ist), so können die verkürzten Noterben vom Beschenkten die *Herausgabe des Geschenks* verlangen, soweit dies nötig ist, um den fehlenden Betrag abzudecken (§ 951 Satz 1). Der Beschenkte hat aber eine *facultas alternativa* (Wahlmöglichkeit): Er kann die Herausgabe durch Zahlung des Fehlbetrages abwenden (§ 951 Satz 2). Unter mehreren Beschenkten richtet sich die Haftung nach der zeitlichen Reihenfolge der Schenkungen (vgl § 951/3). Besitzt der Beschenkte die geschenkte Sache nicht mehr, so haftet er nur insofern, als er sie unredlicherweise (wenn er mit der Anfechtung rechnen müsste) „aus dem Besitze gelassen" hat (§ 952); dies betrifft nur die Herausgabepflicht – die Anrechnung an sich ist unabhängig davon, ob der Beschenkte noch im Besitz des Geschenks ist.

581   Die Rechtsprechung lehnt die Schenkungsanrechnung ab, wenn die *Nachlassüberschuldung* so hoch ist, dass die Noterben wegen des Vorrangs der Gläubiger selbst dann keinen Pflichtteilsanspruch gehabt hätten, wenn die Schenkung unterblieben, wertmäßig also noch im Nachlass wäre.

582   Die Schenkungsanrechnung kommt nicht nur bei „Schenkungen" im üblichen Sinn, sondern immer dann zum Tragen, wenn der Erblasser durch *Ge-*

schäft unter Lebenden einer anderen Person etwas unentgeltlich zuwendet (nicht aber bei Schenkung auf den Todesfall, Rz 578). Daher unterliegt auch die Einbringung von Vermögen in eine (Privat-)Stiftung der Schenkungsanrechnung und muss sich zB auch der durch eine Lebensversicherung Begünstigte die Versicherungssumme anrechnen lassen. Von der Anrechnungspflicht *ausgenommen* sind allerdings Schenkungen, die (§ 785/3):

- der Erblasser aus seinen Einkünften ohne Schmälerung des Stammvermögens gemacht hat
- zu gemeinnützigen Zwecken, in Entsprechung einer sittlichen Pflicht oder aus Rücksichten des Anstands getätigt wurden
- früher als zwei Jahre vor dem Tod des Erblassers an nicht pflichtteilsberechtigte Personen gemacht wurden (Frist läuft bei Vermögenseinbringung in Stiftung nicht, wenn sich der Stifter den Widerruf der Stiftung vorbehalten hat; die Schenkung iSd § 785/3 ist in diesem Fall mangels Vermögensopfer noch nicht „gemacht"). Schenkungen an Pflichtteilsberechtigte sind daher (e contrario) unbefristet, also auch dann anzurechnen, wenn sie länger als zwei Jahre vor dem Tod des Erblassers gemacht

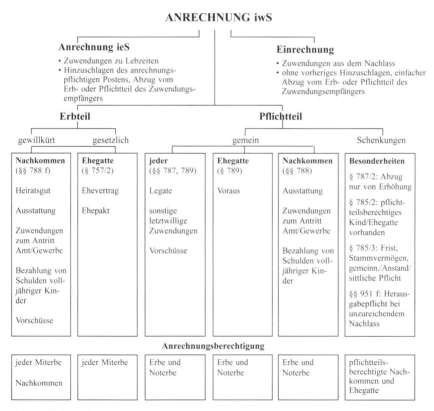

Abb. 25: Anrechnung

wurden (gilt auch, wenn ein Pflichtteilsberechtigter Zuwendungen aus einer Stiftung erhält, in die der Erblasser Vermögenswerte eingebracht hat, wenn also die Stiftung zur „Durchschleusung" bzw Umgehung der unbefristeten Anrechnung eingesetzt wird; allerdings in Analogie zu § 785/3 keine Anrechnung von Zuwendungen aus den Erträgnissen des Stiftungsvermögens – keine „Schmälerung des Stammvermögens"). Zur unbefristeten Anrechnung kommt es nach der Rsp auch dann, wenn der Pflichtteilsberechtigte vor dem Erblasser stirbt und seine Erben gegenüber dem Erblasser nicht pflichtteilsberechtigt sind. Dies folgt aus der Universalsukzession (Erbe tritt in die Rechtsstellung vollständig ein).

Judikaturverzeichnis

Die folgende Übersicht enthält wichtige Entscheidungen des OGH der letzten Jahre. Zur aktuellen Judikatur siehe oben im Update.

1. Allgemeiner Teil

OGH 23.4.2003, 9 Ob 247/02t: Irrtumsanfechtung beim Neuwagenkauf
OGH 27.5.2003, 1 Ob 244/02t: Telefonsex – nicht sittenwidrig/Stellvertretung
OGH 12.6.2003, 2 Ob 23/03a: Telefonsex grundsätzlich nicht sittenwidrig
OGH 24.6.2005, 1 Ob 49/05w: Hoheitliches Handeln
OGH 18.12.2003, 8 Ob 131/03b: Stillschweigende Willenserklärung (Scheckeinlösung)
OGH 10.2.2004, 1 Ob 46/03a: AGB-Transparenzgebot (§ 6/3 KSchG)
OGH 5.5.2005, 9 Ob 152/03y: Geschäftsgrundlage (Gesetzesänderung)
OGH 26.8.2004, 6 Ob 145/04y: Geschäftsgrundlage (9/11)
OGH 18.8.2004, 4 Ob 112/04f: Sittenwidrigkeit (Verfall Guthaben Wertkartenhandys)
OGH 12.8.2004, 1 Ob 144/04i: Sittenwidrigkeit (Nachforderungsausschluss Rechnung)
OGH 29.9.2004, 7 Ob 172/04a: Sittenwidrigkeit (Preiserhöhungsklauseln)
OGH 10.2.2004, 1 Ob 268/03y: Stornogebühr
OGH 15.4.2004, 2 Ob 36/04i: Verjährung bei Teilrechnung
OGH 25.5.2005, 7 Ob 19/05b: Verjährung von Regressansprüchen
OGH 11.8.2005, 4 Ob 76/05p: Verjährung von Folgeschäden
OGH 25.8.2005, 6 Ob 160/05f: Kollisionskurator für Sachwalterentschädigung
OGH 6.10.2005, 6 Ob 201/05k: Parteistellung des Sachwalters
OGH 18.10.2005, 1 Ob 206/05h: Auslegung des Garantievertrages – Erlöschen der Garantieerklärung
OGH 22.11.2005, 1 Ob 182/05d: Wechsel des Sachwalters
OGH 29.11.2005, 4 Ob 213/05k: Namensschutz des Vereins „Zukunft Österreich"
OGH 19.12.2005, 8 Ob 108/05y: Videoüberwachung als Eingriff in Persönlichkeitsrechte
OGH 26.1.2006, 8 Ob 81/05b: Verjährungsunterbrechung durch Klagseinbringung; fehlende Vollstreckbarkeit im Ausland
OGH 29.3.2006, 7 Ob 69/06g: Begriff der „Sturmflut" in AVB
OGH 30.5.2006, 3 Ob 121/06z: Bindungsdauer bei Wartung einer Telefonanlage
OGH 13.6.2006, 10 Ob 125/05p: Zulässigkeit einer Zinsanpassungsklausel
OGH 21.6.2006, 7 Ob 65/06v: Pflegschaftsgerichtliche Genehmigung zur Klagsführung – Unzulässige Behebung von Sparbüchern
OGH 21.11.2006, 4 Ob 149/06z: Auslegung von Garantieerklärungen
OGH 30.11.2006, 3 Ob 133/06i: Unterlassungsbegehren wegen nicht verwendeter Klauseln
OGH 30.11.2006, 3 Ob 176/06p: Umfang der Rechnungslegungspflicht unter Verwandten – Pauschalabrechnung
OGH 20.3.2007, 4 Ob 227/06w: Unzulässige Klauseln in Mobilfunkverträgen
OGH 17.4.2007, 10 Ob 21/07x: Verhältnis von laesio enormis und Gewährleistung
OGH 13.7.2007, 6 Ob 148/07v: Irrtum über mögliche künftige Wertsteigerung einer Aktie

2. Schuldrecht

OGH 30.1.2007, 10 Ob 2/07b:	Rückersatz von Reisekosten – Tsunamikatastrophe
OGH 14.2.2007, 7 Ob 255/06k:	Abgrenzung der Schenkung unter Auflage/Gültigkeit „ewiger" Vertragsklauseln
OGH 22.2.2007, 3 Ob 248/06a:	Ausgespähter Bankomatencode – Sorgfaltspflichten des Kunden
OGH 7.8.2007, 4 Ob 135/07t:	Kaufvertrag auf Auktionsplattform im Internet kein Glücksvertrag
OGH 8.8.2007, 9 Ob 42/07b:	Parkgarage kein Aufbewahrungsraum iSd § 970/2
OGH 7.11.2007, 6 Ob 110/07f:	Verbot der Geschenkannahme bei Auftrag
OGH 29.11.2007, 1 Ob 132/07d:	Erfolgshaftung in Analogie zu § 364a
OGH 19.12.2007, 3 Ob 252/07s:	Schutzpflichten der Bank
OGH 19.12.2007, 9 Ob 75/07f:	Zweijahres-Frist gem Art 39/2 UN-Kaufrecht gilt auch für verborgene Mängel
OGH 8.1.2008, 5 Ob 180/07t:	Keine Schenkungsabsicht bei gleichzeitiger Auferlegung von Pflichten
OGH 24.1.2008, 2 Ob 136/07z:	Prozessvergleich umfasst im Zweifel auch materiellrechtliche Wirkung
OGH 3.4.2008, 1 Ob 25/08w:	Abgrenzung Miete/Pacht bei Tabaktrafik in Krankenhaus
OGH 10.4. 2008, 3 Ob 11/08t:	Intraoperative Wachheit
OGH 15.5.2008, 7 Ob 238/07m:	Überholende Kausalität
OGH 29.5.2008, 2 Ob 79/08v:	Verkehrssicherungspflichten des Werkbestellers
OGH 26.6.2008, 2 Ob 158/07k:	Ersatz der objektiven Wertminderung statt niedriger fiktiver Reparaturkosten
OGH 26.6.2008, 2 Ob 55/08i:	Trauerschaden
OGH 7.7.2008, 6 Ob 60/08d:	Kein Vertrag mit Schutzwirkungen zugunsten Dritter bei Ersatzanspruch aus öffentlich-rechtlicher Sonderbeziehung
OGH 5.8.2008, 8 Ob 70/08i:	Zession gem § 16 BTVG ist eine Zession zahlungshalber und nicht an Zahlungs statt
OGH 3.9.2008, 3 Ob 111/08g:	Zum Begriff der Interzession
OGH 21.10.2008, 1 Ob 183/08f:	Auslegung von Klauseln über Aufrechnung
OGH 17.12.2008, 2 Ob 116/08k:	Absicht der Reparatur Voraussetzung für Ersatz fiktiver Reparaturkosten
OGH 17.12.2008, 6 Ob 257/08z:	Rückabwicklung eines Dauerschuldverhältnisses bei Arglist
OGH 20.1.2009, 4 Ob 204/08s:	Gehilfenzurechnung an Geschädigte analog §§ 1313a, 1315
OGH 28.1.2009, 9 Ob 59/08d:	Zur Natur von Barter-Systemen
OGH 26.2.2009, 1 Ob 1/09t:	Gehilfenhaftung
OGH 14.4.2009, 5 Ob 288/08a:	Erhaltungspflicht des Vermieters bei Thermen auf ernste Schäden beschränkt
OGH 16.4.2009, 2 Ob 137/08y:	Inkassobefugnis setzt keine Zession voraus/ Vorkasseklausel bei Online-Versteigerungen
OGH 19.5.2009, 3 Ob 20/09a:	Überwälzung von Erhaltungspflichten auf Mieter im Teilanwendungsbereich des MRG
OGH 20.5.2009, 2 Ob 84/09f:	Umfang einer Prozessvollmacht
OGH 20.5.2009, 2 Ob 205/08y:	Schadensminderungspflicht
OGH 2.6.2009, 9 Ob 57/08k:	Kein Ersatzanspruch des Mieters bei Reparatur einer Therme während aufrechtem Vertrag

3. E-Commerce-Recht

4. Sachenrecht

6. Erbrecht

Paragrafenregister

§	Rz
107	262, 279

UGB

§	Rz
8	30
48 ff	63
178	30
189	352
348	129
349	184
351	121
352	106
353	106
368	349
369	317
373	146
377	119
397	351
440	351

UN-K

§	Rz
Art 2	160
Art 6	160
Art 16	50, 160
Art 19	81, 160
Art 25	160
Art 46–52	160
Art 74	160
Art 79	160

UrhG

§	Rz
1	35
42	253
78	35
87	207a
87b	253
87c	207a, 253

USchG

§	Rz
1	440

UStG

§	Rz
11	285

UVG

§	Rz
3 f	432
31	432
10a	432
11	432

VereinsG

§	Rz
17	30
18	30

VersVG

§	Rz
166	534
99 ff	357a

VKrG

§	Rz
1	251

WechselG

§	Rz
Art 16	342

WEG

§	Rz
1	323
2	323, 327
5	323, 324
7 ff	324
10	324
11	324
13	325
14	325, 486
15	486
18	326
19 ff	326
28	327
29	327
30	327
52	326

WRG

§	Rz
8	300a

ZaDiG

§	Rz
1	295
3	294
28	295
44	284

1. ZPEMRK

§	Rz
Art 1	316

ZPO

§	Rz
35	68
45	213a
454 ff	312
530	249a
560	172
563	178
568	179
617	249a

ZivMediatG

§	Rz
22	18

ZuKG

§	Rz
3	293
4	293
5	293
6	293
7	293

Stichwortverzeichnis

Die Zahlen verweisen auf die Randziffern.

H

I

Q

checkmycase.com

checkmycase.com ist die weltweit erste und bislang einzige Internetplattform, auf der Rechtsfragen mithilfe der „Weisheit der Vielen" gelöst und diskutiert werden (Crowd-Intelligence):
User erhalten über den Ausgang ihres Falles eine Prognose der Community oder können zum „Richter" werden, indem sie die Rechtsprobleme anderer User bewerten. So wird nicht nur ein neuer Zugang zum Recht eröffnet, sondern auch Grundprinzipien der Verfassung entsprochen (Art 1 B-VG: „Das Recht geht vom Volk aus").

checkmycase
.com
das recht geht vom volk aus